Susan Leigh Star
Grenzobjekte und Medienforschung

Locating Media | Situierte Medien Band 10

Editorial

Orts- und situationsbezogene Medienprozesse erfordern von der Gegenwartsforschung eine innovative wissenschaftliche Herangehensweise, die auf medienethnographischen Methoden der teilnehmenden Beobachtung, Interviews und audiovisuellen Korpuserstellungen basiert.
In fortlaufender Auseinandersetzung mit diesem Methodenspektrum perspektiviert die Reihe **Locating Media/Situierte Medien** die Entstehung, Nutzung und Verbreitung aktueller geomedialer und historischer Medienentwicklungen. Im Mittelpunkt steht die Situierung *der* Medien und *durch* Medien.

Die Reihe wird herausgegeben von Sebastian Gießmann, Gabriele Schabacher, Jens Schröter, Erhard Schüttpelz und Tristan Thielmann.

Susan Leigh Star

Grenzobjekte und Medienforschung

hg. von Sebastian Gießmann und Nadine Taha

[transcript]

Diese Publikation ist am DFG-Graduiertenkolleg »Locating Media« an der Universität Siegen entstanden und wurde unter Verwendung der dem Graduiertenkolleg von der Deutschen Forschungsgemeinschaft zur Verfügung gestellten Mittel gedruckt.

Ausgezeichnet mit dem Zukunftspreis 2017 des Forschungskollegs der Universität Siegen.

Bibliografische Information der Deutschen Nationalbibliothek
Die Deutsche Nationalbibliothek verzeichnet diese Publikation in der Deutschen Nationalbibliografie; detaillierte bibliografische Daten sind im Internet über http://dnb.d-nb.de abrufbar.

Umschlaggestaltung: Kordula Röckenhaus, Bielefeld
Umschlagabbildung vorne: Fotomontage Matthias Schäfer, 2015, Siegen (oben Wikimedia Commons, Public Domain; unten flickr.com <http://flickr.com> kqedquest, CC-BY-NC 2.0)
Umschlagabbildung hinten: Geoffrey C. Bowker (2010).
Übersetzung aus dem Amerikanischen: Michael Schmidt; »Die Struktur schlecht strukturierter Lösungen« wurde von David Sittler übersetzt.
Korrektorat: Inga Luchs, Lüneburg
Satz: Michael Rauscher, Bielefeld
Druck: Majuskel Medienproduktion GmbH, Wetzlar
Print-ISBN 978-3-8376-3126-5
PDF-ISBN 978-3-8394-3126-9
EPUB-ISBN 978-3-7328-3126-5

Gedruckt auf alterungsbeständigem Papier mit chlorfrei gebleichtem Zellstoff.
Besuchen Sie uns im Internet: *http://www.transcript-verlag.de*
Bitte fordern Sie unser Gesamtverzeichnis und andere Broschüren an unter: *info@transcript-verlag.de*

Inhalt

Infrastrukturen und Praxisgemeinschaften

Preface

Geoffrey C. Bowker

I had the privilege and pleasure of working and living with Leigh Star for many years. The first time I heard of her work was when she was coming to Paris, and I was told there was this ›funny‹ American researcher, whom I must meet, working on museums, who would be visiting with us for six months.

This set me to reading her original boundary objects paper with Jim Griesemer – a paper which has been so influential over so many fields. What I loved about it was the mix of formalism and grounded analysis: I could see at once that this was a work which could travel across multiple arenas, and could picture the ways the bird specimens were treated in the Natural History Museum at Berkeley. At that period, working with Carl Hewitt at MIT amongst others, she was developing an account of scientific knowledge production based around the observation that it was not individuals who produced knowledge but communities – and so if we wanted to rigorously describe the process we should look not to the epistemology of the individual scientist but the ways in which groups of people with differing commitments could work together. This comes out beautifully in the *Structure of Ill-Structured Solutions* paper, where the emphasis was not on the point of epistemological closure but on the continued and necessary ambiguity so central to scientific work.

We discovered an elective affinity very soon after meeting: when her visit ended, I followed her back to the California she so loved. This led, over the years, to our book *Sorting Things Out: Classification and its Consequences*. The word ›consequences‹ was central here: she was forever citing the wonderful phrase from William and Dorothy Thomas that: »If men define situations as real, they are real in their consequences.«[1] Whether the classifications she studied were ›true‹ was just not a question for her – it was the nature of the outcomes that mattered. Thus, when she wrote about ›what is not a boundary object‹, one of her central points is that the real question is ›when‹ is a boundary object – not essentialism, but situational analysis. Over this period, I learned to appreciate the deep commitment she had to Chicago School sociology and the associated philosophy of pragmatism: there was for her no real separation between doing sociological and philosophical work, providing one took a rich enough view of the nature of philosophical enquiry.

1 | W. I. Thomas/D. S. Thomas: *The Child in America: Behavior Problems and Programs*, New York 1928, p. 571-572.

Each section in this collection begins with a paper which became a classic in its own right. Her work on marginality and suffering is one of her core contributions. We wrote about the ways in which individual biographies are governed by the active role of classification systems in our lives; her paper on the phenomenology of onions (known amongst her friends as ›the onions paper‹) is partly about what it means to live with an allergy that doesn't fit into standardized restaurant routines. (It was ›not elsewhere classified‹ – her favorite category). We used to bless this paper, since our friends who had read it would never serve her raw onions when we were over for dinner – so it served a pragmatic as well as a theoretical function. But suffering was key to her being – she suffered from largely undiagnosed severe pain for most of her life (from her early twenties until her death); and she wrote about it with such care and attention that it affected many. She was a pioneering feminist scholar here. Working in that way, she became increasingly personal in her writing – something she found difficult after her initial training – and wove in her biography and her poetry (she was a fine poet in her own right) in her articles. I was so looking forward to her continued work in this vein.

I still remember her working on *Steps Toward an Ecology of Infrastructure*. Again, where formalist, technocentric definitions of infrastructure were abounding, she and Karen Ruhleder came out with a heterogeneous list which can be read as saying that any formal definition needs to be complemented by an understanding of how infrastructure works in practice (›becomes visible upon breakdown‹, ›learned as part of a community of practice‹). The mix of rigor, empathy, and sociological insight that she developed is unique to her work.

Leigh had a difficult life in many ways; and it ended far too early. She had gone through a terrible period for a number of years, and then just as she found her health returning and her creativity fermenting (her last articles and poetry represented a whole new direction) she died suddenly after a minor operation. I can say that she (we) were as happy in her last three months as we had ever been, which is a consolation.

The work that Sebastian Gießmann and Nadine Taha have done in bringing this volume together, with such a rich group of commentators, is a splendid call to a continuing engagement with her work in just the way she would have so much appreciated.

Geoffrey C. Bowker lehrt an der School of Information and Computer Science der University of California at Irvine.

Einleitung

»Study the unstudied«

Zur medienwissenschaftlichen Aktualität von Susan Leigh Stars Denken

Sebastian Gießmann und Nadine Taha

»Study the unstudied«, erforsche das Unerforschte – dieser Devise ihres Lehrers Anselm Strauss ist die amerikanische Soziologin, Feministin, Technik- und Wissenschaftsforscherin Susan Leigh Star Zeit ihres Lebens gefolgt. So war das Spektrum der von ihr studierten Gegenstände immens. Es manifestierte sich vor allem in einer Vielzahl von verstreut publizierten Artikeln, die auffällig oft zusammen mit anderen Autorinnen und Autoren verfasst worden sind. Ob Star mit Wissenschaftsphilosophen wie James Griesemer, Historikern wie ihrem Partner Geoffrey C. Bowker, Sozioinformatikerinnen der Computer-Supported Cooperative Work wie Karen Ruhleder und Artificial-Intelligence-Forschern wie Les Gasser und Carl Hewitt, Bibliothekswissenschaftlern oder Soziologinnen wie Adele Clarke zusammenarbeitete, stets hat sie sich intensiv auf andere Wissens- und Wissenschaftskulturen eingelassen. Die dazu nötigen Lernprozesse reflektierte sie eindringlich – und teils sehr persönlich.[1] Ihre Vielseitigkeit beruhte dabei auf einer tiefen Verwurzelung im amerikanischen Pragmatismus, insbesondere in der Tradition der Chicago School of Sociology und des symbolischen Interaktionismus.[2] Stars ethnografische Arbeit zeichnete sich im Sinne der Grounded Theory durch ein stetiges Hin und Her zwischen Forschungsgegenständen, analytischen Kategorien und der eigenen, verkörperten Erfahrung aus.

Dem deutschen Publikum ist Susan Leigh Star dabei vergleichsweise unbekannt geblieben. Zwar sind ihre Schriften in der Wissenschaftsgeschichte, Soziologie und Sozioinformatik in Ausschnitten bekannt und teils ausdrücklich gewürdigt geworden.[3] Aber erst seitdem 2016 mit *Boundary Objects and Beyond: Working*

---

1 | Wir haben als Herausgeber diskutiert, ob der vorliegende Band nicht eher *Susan Leigh Star et al.* im Titel verzeichnen sollte – angemessen wäre es!

2 | Der symbolische Interaktionismus befasst sich auf mikrosoziologischer Ebene mit der Interaktion von Personen. Durch deren Handlungen erhalten Objekte, Beziehungen und Situationen symbolisch vermittelt ihre jeweilige Bedeutung.

3 | J. Strübing: *Pragmatistische Wissenschafts- und Technikforschung*. Siehe auch J. Strübing et al. (Hg.): *Kooperation im Niemandsland*.

with Leigh Star ein englischsprachiger Sammelband mit ausgewählten Texten von ihr erschienen ist,[4] lässt sich die gesamte »Distributedness of Leigh«,[5] der verteilte Modus von Stars Arbeiten ermessen. Ihre anhaltende Präsenz in den transdisziplinären, vorwiegend sozialwissenschaftlich geprägten Science and Technology Studies (STS) hat in den letzten Jahren bereits zu einer Neuentdeckung – gerade ihrer Schriften der 1980er Jahre – für die medienwissenschaftliche Forschung geführt. Jenseits der ausgetretenen Pfade der Medienanalyse bietet ihr Œuvre eine Vielzahl von Ansatzpunkten, vor allem für vermittlungsorientierte, praxistheoretische und auf infrastrukturelle wie bürokratische Medien hin orientierte Fragestellungen. Als Ansatzpunkt hierfür bietet sich ihre Heuristik der Grenzobjekte an, die erst seit kurzem die längst überfällige kritische Würdigung in der Medienwissenschaft erfährt.[6]

Tatsächlich lässt sich Star – einen gewissen transatlantischen Abstand in der Rezeption mit inbegriffen – als Vertreterin einer Medientheorie des Sozialen verstehen, die Arbeits- und Vermittlungsprozesse mikrologisch und mit wachem Blick für informationsethische Belange analysiert hat. Ihre Arbeiten erscheinen aus heutiger Perspektive als genuine und wegweisende Medienforschungen, die bei vermittelnden Praktiken und Objekten ansetzten. So lassen sich ausgehend von Stars den Grenzobjekten gewidmeten Publikationen die Konturen einer Medientheorie auffinden, die soziomateriellen Vermittlungsprozessen ethnografisch und historisch auf die Spur kommt. Für das Verständnis einer durch digitale und soziale Medien geprägten Gegenwart gewinnen Stars Diagnosen nochmals an Brisanz. Denn sie haben vor allem infrastrukturelle Medien in den Vordergrund gerückt, auf denen nicht nur, aber insbesondere in der digitalen Welt alle öffentlichen, populären und ästhetischen Medien beruhen.[7] Stars Schriften fokussierten jene Überlagerungen, Übersetzungen und Übergänge zwischen sozialen Welten, die Grundlage jeder Beschäftigung mit ›sozialen Medien‹ sind.

Durch ethnografische Studien in Artificial-Intelligence-Laboratorien und zur Chipproduktion operierte Susan Leigh Star auf der Höhe der zeitgenössischen Computertechnologie und den damit einhergehenden Fragen des Mediengebrauchs. Als Feministin erkannte sie die politischen Fragen »unsichtbarer Arbeit« in und mit (Informations-)Infrastrukturen und erinnerte mit Nachdruck an die Verbindung infrastruktureller Medien mit Fragen von *race, gender, class* und *body*. Im Konzept der Grenzobjekte trafen diese Elemente mit einem infrastrukturellen Verständnis von kooperativ bearbeiteter Information zusammen, die in Arbeitspraktiken sicht-, zeig- und hörbar gemacht wird. Die Frage nach medialen Vermittlungsleistungen zwischen heterogenen sozialen Welten, die Kenntnis der rezenten Computerpraktiken und der kritisch-ethische Impuls, oftmals unsichtbare Arbeit zu würdigen, machen Stars bleibende Aktualität aus.

4 | G. C. Bowker et al. (Hg.): *Boundary Objects and Beyond*.

5 | H. Verran: »Afterword«, S. 499.

6 | E. Schüttpelz: »Elemente einer Akteur-Medien-Theorie«; F. Hoof: »Ist jetzt alles ›Netzwerk‹?«; M. Zillinger: *Die Trance, das Blut, die Kamera*; C. Hanke: »Wissenschaftsforschung«; E. Schüttpelz/S. Gießmann: »Medien der Kooperation«.

7 | E. Schüttpelz: »Infrastrukturelle Medien und öffentliche Medien«.

Ihr wacher infrastruktureller Blick auf Arbeitsprozesse, so nehmen wir an, erlaubt wiederum eine andere Perspektive auf das »Medien-Werden«,[8] auf deren prozessuale Verfertigung und ihren kooperativen Charakter.[9] Zugleich sind gerade ihre infrastrukturethnografischen Arbeiten mittlerweile Teil der Zeitgeschichte digitaler Medien geworden, die alltägliche Praktiken des Computergebrauchs der 1980er und 1990er Jahre nicht nur dokumentieren, sondern in die zugrunde liegenden Arbeitsprozesse einbetten.[10]

Vor diesem Hintergrund verdanken sich die kommentierenden Beiträge dieses Buches einer intensiven Diskussion um die Adaption Stars für medientheoretische Fragestellungen in Sozial-, Kultur- und Technikwissenschaften, die gerade an den Schnittstellen zwischen diesen drei Wissensformationen entstehen. Es handelt sich dabei um ein dreifaches Übersetzungsvorhaben: Neben der sprachlichen Übertragung, die dieser Band der umsichtigen Arbeit Michael Schmidts verdankt, steht die inhaltlich-interdisziplinäre Aktualisierung, die Stars Arbeit zwischen den Wissensformationen würdigt und neu ausrichtet. Dazu gehört als drittes Element die medienwissenschaftliche Aneignung, die u.a. infrastrukturtheoretische und -ethnografische Fragestellungen pointiert, kooperative Arbeit als Grundlage von Vermittlungsphänomenen erforscht, eine an Praktiken ausgerichtete Medienökologie vorschlägt und akteursorientierte, sozialtheoretisch versierte Analysen zur Standardisierung und Digitalisierung der Medien verfolgt. Im besten Falle können diese dabei helfen, die Strauss'sche Devise »study the unstudied« in eine Gegenwart zu überführen, für die die mediale Vermittlung des Sozialen zur Dauerfrage geworden ist.

Unsere Einleitung in das vorliegende Buch skizziert zunächst den wissenschaftlichen Lebensweg Susan Leigh Stars und hält sich dabei an ihre Annahme, dass Wissenschaft gelebte Praxis darstellt, immer wieder »leaks of experience« enthält und einen grundlegend politischen Gehalt hat.[11] Die weiteren Elemente dieser Einleitung legen die Grundlagen für die Kapitel des Buches und stellen mit den »Grenzobjekten«, »Marginalität und Arbeit«, »Infrastrukturen und Praxisgemeinschaften« konzeptuelle Schwerpunkte von Stars Wirken vor, die für die medienwissenschaftliche Forschung eine bleibende Inspiration darstellen.

Wir haben dieses Buch zunächst als Anthologie konzipiert, die dem deutschsprachigen Publikum erstmals einen Überblick ihres umfangreichen Schaffens bieten soll. Ein umfangreiches Übersetzungs- und Kommentarprojekt erfordert eine Vielzahl handwerklicher Entscheidungen: Wir haben uns für Einleitung und Kommentare durchgängig dazu entschieden, die englischen Originale zu referenzieren. Die in diesem Band übersetzten längeren Textteile sind jeweils dialogisch in

---

8 | J. Vogl: »Medien-Werden«. Anhand von Joseph Vogls 2001 erschienenen Programmtext lässt sich die Ausrichtung der deutschsprachigen medienkulturwissenschaftlichen Forschung auf Vermittlungsprozesse und dynamische Konfigurationen dessen, was je spezifisch zum Medium wird, datieren. Eine vergleichbare Wende hat, so legt es die Rückschau nahe, bereits Ende der 1980er Jahre in der STS-basierten Medienforschung stattgefunden.

9 | So hat der Bielefelder Soziologe Jörg Bergmann früh erkannt, dass der Einsatz digitaler Medien als Arbeits- und Produktionsmedien die Medienwissenschaft vor eine erhebliche Herausforderung stellt. Vgl. J. Bergmann: »Studies of Work«, S. 391 f.

10 | S. L. Star (Hg.): *The Cultures of Computing*.

11 | S. L. Star: »Leaks of Experience«.

den Fußnoten dokumentiert. Weibliche und männliche Formen werden gemischt verwendet. Die vorliegenden interdisziplinären Kommentare dieses Bandes – entstanden anlässlich eines Siegener Workshops zur »Translation of Boundary Objects« im Mai 2015 – konturieren und kontextualisieren darüber hinaus das Denken Stars und ihres Umfelds. Sie bleiben hierbei jedoch nicht stehen, sondern loten die wechselseitigen Bezüge von Science and Technology Studies und Medienforschung neu aus.[12] In diesem Sinne ist das vor Ihnen liegende Buch weniger als eine Einführung zu verstehen, denn als Teil dessen, was Stars Weggefährtin Adele Clarke einmal als kommende »Leigh Studies« prophezeit hat.[13] »Grenzobjekte und Medienforschung« lässt sich sowohl als eine Pointierung und Weiterführung ihrer Erkenntnisinteressen in medienwissenschaftlicher Absicht lesen, wie auch als Würdigung der ungebrochenen interdisziplinären Attraktivität Susan Leigh Stars.[14]

Elemente einer wissenschaftlichen Biografie

Susan Leigh Star wurde unter dem Namen Susan Leigh Kippax am 3. Juli 1954 in Rhode Island geboren.[15] »Halb jüdisch, ein Viertel schottisch, und ein Viertel englisch«,[16] wuchs sie in ländlicher Umgebung als Teil einer *Working Class*-Familie mit einer Schwester auf.[17] Ihr Vater Glenn T. Kippax arbeitete als Maler und Tapezierer und besaß später einen eigenen Laden, der Fabrikbedarf führte. Ihre Mutter Elizabeth[18] war zunächst Kauffrau bei einem lokalen Ölversorger, später Telefonistin, die eine interne Telefonvermittlung für Roger Williams Foods bediente. Star selbst hat die technische Umgebung ihres Familienalltags plastisch beschrieben:

»Cars. Tractors. Do-It-Yourself Everything in our home. Bicycles. Sewing machines. Ovens. Gardens. Worms to sell for bait. Bucket for the backstairs bucket-brigade to get rid of water in the basement during heavy rains. A small television. A typewriter for my 11th or 12th

---

12 | In diesem Sinne ist unser Vorhaben Teil eines internationalen Forschungsfeldes, das sich um Aneignungen und Weiterführungen der STS herum entwickelt hat. Vgl. P. N. Edwards et al.: »American Historical Review Conversation«; L. Gitelman (Hg.): *Raw Data is an Oxymoron*; T. Thielmann/E. Schüttpelz (Hg.): *Akteur-Medien-Theorie*; T. Gillespie/P. Boczkowski/K. A. Foot: *Media Technologies*. Siehe auch S. Bauer/T. Heinemann/T. Lemke (Hg.): *Science and Technology Studies*.

13 | A. E. Clarke: »In Memoriam«, S. 591: »We used to tease her about the need to form a field called ›Leigh studies‹, and there will be such.«

14 | Vgl. G. C. Bowker et al.: *Boundary Objects and Beyond*.

15 | Der Nachname »Star« ist ein – auch aus feministischer Motivation heraus – selbstgewählter. Ihre Freunde nannten sie »Leigh«. E-Mail von Geoffrey Bowker, 4. Juli 2016.

16 | S. L. Star: »Leaks of Experience«, S. 11.

17 | Die folgenden Ausführungen basieren, wenn nicht gesondert nachgewiesen, auf den Nachrufen von E. Balka: »Susan Leigh Star (1954–2010)«; A. E. Clarke: »In Memoriam«; K. K. Barlow: »Obituary«. Vgl. zudem das Interview S. L. Star: »Five Answers«; S. L. Star: »Living Grounded Theory«.

18 | Star nennt ihre Mutter in Danksagungen meist Shirley.

birthday. A few books. Lawn mowers. Knitting needles. Hunting and fishing gear. A shotgun. A freezer.«[19]

Diese alltäglichen Technologien erschienen ihr später als Verankerungen in der *Working Class*, »a class that I seemed to have been born struggling to leave. Having a lifetime job as a beautician or factory worker was my nightmare.«[20] Stattdessen las Star intensiv – selbst Wörterbücher –, galt als in Bücher vernarrt und fiel generell durch ihren Wissenshunger auf. Sie realisierte früh, dass sie in vielerlei Hinsicht nicht in ihre Umgebung »passte«, woraus sie später ihr lebenslanges Interesse für ›residuale Kategorien‹ und für Phänomene des ›Nicht-Passens‹ begründete.[21] In der High School galt ihr Interesse der Philosophie; eine Freundschaft mit einer ehemaligen Nonne führte sie in theologische Diskussionen und Lektüren der in der High-School-Bibliothek erhältlichen Bücher von Teilhard de Chardin, Harvey Cox und Augustinus.

Star erhielt ein Vollstipendium für ihr Studium der Psychologie und sozialer Beziehungen *(Social Relations)* am Radcliff-College in Harvard, an dem sie zunächst einen Abschluss in Theologie anstrebte und vor allem Philosophie-Kurse belegte, mitsamt dem obligatorischen Anfang in symbolischer Logik. Sie war schüchtern, trug selbstgemachte Kleidung und traute sich gegenüber weltläufigen Studierenden nicht zuzugeben, dass sie am Wochenende mit dem Greyhound-Bus nach Providence zu ihrer Familie zurückfahren würde. Nach ihrem ersten Jahr verließ sie das College, heiratete nach eigener Auskunft einen »liebenswerten jungen Hippie«[22] und zog nach Venezuela, um eine ökologische Kommune in den Anden mit zu gründen. Die Zeit in Venezuela verbrachte sie zudem mit intensiven Lektüren, die ihr eigenes Denken, wie sie 2007 sagte, maßgeblich prägten: »[H]ow does technology (e. g. organic farming) connect with changing one's self? How does bad technology (e. g. clitoradectomy, guns) connect with the larger structure of the world? And vice versa.«[23]

Ihre Lektüren blieben vielfältig und richteten sich nach dem, was in Venezuela zugänglich war: Kate Millets feministischer Klassiker *Sexual Politics*,[24] Buckminster Fuller, Theologie, eine Kompostieranleitung von Ruth Stout und Schriften des zum Hinduismus konvertierten Yogi Baba Ram Dass. Mit der Rückkehr an das College erweiterte Star ihre Auswahl noch einmal, und zwar auf Bücher über Vergewaltigung, Orgasmus, Evolution, das Gehirn, Gemeinschaftsorganisation und ›konsensuelle Realität‹ von Autoren wie Gregory Bateson, William James, dem Religionsphilosophen Alan Watts, den Buddhisten Chogyam Trungpa Rinpoche und Daisetz Teitaro Suzuki. Hinzu kamen mimeografierte Newsletter über kreislauforientiertes ökologisches Wirtschaften, Pestizide und Sonnenkollektoren.

Im Rückblick auf ihre College-Zeit hat Star vor allem den Einfluss von methodologischen Skeptikern unter ihren Lehrern und Lehrerinnen betont. Hierzu gehörten Robert Rosenthal, der zu psychologischen Anomalien forschte und die

19 | S. L. Star: »Five Answers«, S. 223.

20 | Ebd., S. 224.

21 | Vgl. G. C. Bowker/S. L. Star: *Sorting Things Out*; S. L. Star/G. C. Bowker: »Enacting Silence«; S. L. Star: »Living Grounded Theory«.

22 | S. L. Star: »Five Answers«, S. 226.

23 | Ebd., S. 226.

24 | K. Millett: *Sexual Politics*.

feministische Theologin Mary Daly – »a true iconoclast, who railed against methodolatry«.[25] Teil ihrer psychologischen Ausbildung waren Experimente, mitsamt angelegter Elektroden und Lügendetektorentests. Die Effekte dieser Ausbildung wurden mindestens zweifach für ihre weitere Arbeit wirksam: Sowohl ihr Interesse für die Geschichte der Hirnforschung lässt sich bis in die Collegezeit zurückverfolgen, als auch die Problematisierung des Verhältnisses von Technologie und Wahrnehmung.[26] Ihr kombiniertes Studium der Psychologie und sozialer Beziehungen schloss sie 1976 mit *magna cum laude* ab.[27] Als *postgraduate student* in Kalifornien intensivierte Star ihre Beschäftigung mit philosophischen, feministischen und ökologischen Fragen des Verhältnisses von Wissenschaften und Technologien. Ihr erstes Promotionsstudium in Stanford, das auf einer Immatrikulation in »Philosophy of Education« beruhte, verfolgte sie nicht weiter und wechselte 1978 an die University of California in San Francisco (USCF), um dort eine Promotion in »Human Development« zu verfolgen.

Stars kritischer Feminismus

Ihre Kolleginnen Adele Clarke und Ellen Balka haben die frühe Imprägnierung von Susan Leigh Star durch feministisches Denken betont und ihre in diesem Kontext entstandenen literarischen Arbeiten, v. a. in Form von Gedichten, gewürdigt (Abbildung 1). Zu Beginn ihrer akademischen Karriere standen Stars Schriften ganz im Zeichen der feministischen Forschungstradition.[28] Auskunft über eine zentrale Leitfigur dieser Tradition gibt etwa die lyrische Arbeit »I Want My Accent Back«, die 1981 in *Sinister Wisdom: A Journal of Words and Pictures for the Lesbian Imagination in All Women* publiziert wurde.

Abbildung 1: Impressum von Sinister Wisdom, *Detail*

Sinister Wisdom 16 (1981)

25 | S. L. Star: »Five Answers«, S. 228. Star arbeitete als *research assistant* für Mary Daly. Vgl. A. E. Clarke: »In Memoriam«, S. 582.

26 | S. L. Star: »Five Answers«, S. 228: »Do technologies, all technologies, simply get in the way of perception?«. Siehe auch S. L. Star: »Living Grounded Theory«, S. 87: »Choices are complexly mediated by cultures, and also by cultures-at-a-distance, including media.«

27 | E. Balka: »Susan Leigh Star (1954–2010)«; J. Strübing: »Geoffrey C. Bowker und Susan Leigh Star«, S. 235. Star schrieb in einem Gedicht: »*Radcliffe College, Class of 1976, magna cum laude./Stanford University, graduate studies. currently pursuing PhD at California. Publications.*« S. L. Star: »I Want My Accent Back«, S. 21.

28 | Star reflektiert hier ihren Verlust von Herkunft durch die akademische Ausbildung. S. L. Star: »I Want My Accent Back«.

Star widmete das Gedicht der feministischen Aktivistin und Essayistin Cherríe Lawrence Moraga, deren Intersektionsforschung zu Sexualität, Gender und *race* sich mit der kulturellen Konstruktion der ›Women of Colour‹ auseinandersetzte. Gemeinsam mit Gloria Anzaldúa hatte Moraga die Anthologie *This Bridge Called My Back* herausgegeben, die zum ersten Mal afroamerikanische, asiatische und Chicana-Feministinnen versammelte.[29] Der ebenfalls im Jahr 1981 publizierte Band avancierte zur Pflichtlektüre der US-amerikanischen Bewegung, die sich gegen einen von weißen Frauen kontrollierten Feminismus richtete.[30] Für Star sollten die semi-autobiografischen Forschungen der Ko-Editorin Anzaldúa später zu einem zentralen Bezugspunkt für die Ausdifferenzierung ihres Verständnisses von Marginalisierung und *Borderlands* werden.[31] Zugleich verstand Star Moragas Ermahnung, dass im Verkennen der Spezifik von Unterdrückung eine Gefahr liegt,[32] als dringliche Arbeitsaufgabe.

Bereits ihre frühen, ab dem Ende der 1970er Jahre entstehenden wissenschaftlichen Arbeiten zur Hirnforschung waren stark von diesem politischen Leitmotiv geprägt. In »Politics of Left and Right« und »Sex Differences and the Dichotomization of the Brain« prüfte sie das von Psychologen, Soziologen und Neurologen behandelte Verhältnis von Geschlechterunterschieden und Hirnhälften kritisch. Ausgehend von der weit verbreiteten Annahme, dass Verhalten und Biologie miteinander korrelieren, rekonstruierte Star das experimentelle Setting des Hirnforschers Richard J. Davidson und des Parapsychologen Gary E. Schwartz. Für Star stand fest, dass die Testresultate eher Auskunft über die Ausbildung und Sozialisation der Experimentatoren als über angeborene kognitive Unterschiede ihrer Probanden gaben.[33] Dennoch blieben die Ergebnisse nicht ohne Konsequenzen: Da räumliche und sprachliche Fertigkeiten auf Prozesse der rechten oder linken Hirnhälfte zurückgeführt werden, formte sich eine stereotype Dualität zwischen ›männlich‹ und ›weiblich‹ aus.[34]

---

29 | C. Moraga/G. Anzaldúa (Hg.): *This Bridge Called My Back.*

30 | Inwieweit Star selbst als feministische Aktivistin tätig war, ist schwer rekonstruierbar. Folgende Aussage befreundeter Wissenschaftler gibt jedoch Anlass zu einer solchen Annahme: »She was very suspicious about generalisations and simplifications. Without being a militant (although she has been one), she always kept a vigilant stance, as a democrat and convinced feminist.« R. Arvanitis/P. Trompette/D. Vinck: »Hommage to Susan Leigh Star«, Zeile 53-54.

31 | Eine detaillierte Diskussion G. Anzaldúas findet sich in G. C. Bowker/S. L. Star: *Sorting Things Out*, S. 302 f.

32 | »The danger lies in failing to acknowledge the specificity of oppression.« C. Moraga: »La Guera«, zitiert nach S. L. Star: »I Want My Accent Back«, S. 23.

33 | S. L. Star: »Sex Differences and the Dichotomization of the Brain«, S. 124; S. L. Star: »The Politics of Right and Left«, S. 68 f.

34 | Die Zuweisung einer kognitiv-analytischen Überlegenheit des Mannes, so bemerkte Star nachdrücklich, blieb im wissenschaftlichen Diskurs der 1970er Jahre eine aufwendige Konstruktion: »Yet, men are also thought to be more analytic [...], which would be expected to be linked with the left hemisphere. Complex and circuitous arguments have been required to come up with men's ›superior spatial ability‹ while leaving the myth of their razor-sharp intellects intact.« S. L. Star: »Sex Differences and the Dichotomization of the Brain«, S. 125.

Grounded Theory

Stars wissenschaftskritischer Feminismus war für ihren weiteren Weg ebenso wichtig wie die Begegnung mit dem Soziologen Anselm Strauss. Zwar wurde ihr zunächst in San Francisco davon abgeraten, Kurse bei ihm zu belegen, da er »kein echter Soziologe« wäre.[35] Strauss war Star jedoch durch sein gemeinsam mit Barney G. Glaser 1967 publiziertes Buch *The Discovery of Grounded Theory: Strategies for Qualitative Research* bekannt, das Teil ihrer Lektüren im College war.[36] Er wurde schnell zu ihrem wichtigsten intellektuellen Bezugspunkt und in der Folge zum Betreuer ihrer Doktorarbeit. Star hat diese Transformation selber als »pathway to grounded theory« beschrieben.[37] Sie begann mit einer Ablösung vom psychologischen Verständnis des Individuums als zentraler Analyseeinheit. Vermittelt über Lektüren von Klaus Riegel, Lew S. Vygotsky, Lawrence Kohlberg und Carol Gilligan rückten Gemeinschaften, Organisationen und komplexe Relationen in den Vordergrund.[38]

Trotz des Widerstands ihrer Studienfachberater besuchte Star Feldforschungsseminare von Leonard Schatzman, Virginia Olesen, Barney Glaser und Anselm Strauss. Ihre ethnografische Ausbildung war auf dieser Basis von Anfang an mit der Wissenspraxis der Grounded Theory verbunden, oder, wie sie selbst rückblickend schrieb: »*The longer one practices grounded theory, the more deeply imbricated it becomes in daily life.*«[39] Die Begegnung mit der Tradition des symbolischen Interaktionismus, die Glaser, Strauss und George Herbert Blumer verkörperten, war dabei keine geplante, sondern wurde durch ihre Interessen motiviert. 1998 sagte sie hierzu in einem Interview:

> »I guess, accidentally in the way that I wasn't go looking for it. Not accidentally in the sense that I knew the things I further wanted to do, I was interested in qualitative research and in both political activism and the relationship between the cognitive issues and social issues. So I was looking for something I didn't really know what it was. But I certainly knew it when I found it. That was around 1980. No, actually it must have been before that, more around 1978.«[40]

An der Schnittstelle von Medizingeschichte und Laboratory Studies

Mit der Ausbildung in qualitativer Sozialforschung ging eine umfassende Verortung innerhalb der Tradition des amerikanischen Pragmatismus einher, vor allem der frühen Chicagoer Schule der Stadtsoziologie, James Dewey, William James, George Herbert Mead und dem Philosophen Arthur F. Bentley. Theorien und Methoden wurden Star gleichrangig vermittelt. Dies kennzeichnet auch ihre medizinhistorische Dissertation, die 1983 unter dem Titel *Scientific Theories as Going Concerns: The Development of the Localizationist Perspective in Neurophysiology,*

---

35 | S. L. Star: »Living Grounded Theory«, S. 79.

36 | B. G. Glaser/A. Strauss: *The Discovery of Grounded Theory.*

37 | S. L. Star: »Living Grounded Theory«, S. 77 f.

38 | Ebd., S. 76 f.

39 | Ebd., S. 79.

40 | J. Strübing: »Interview mit Leigh Star«, Zeile 33–40. Wir danken Jörg Strübing für den Zugang zu diesem Interview.

1870–1906 an der Graduate Division der University of California in San Francisco eingereicht und verteidigt wurde.[41]

Gemessen an ihrer wissenschaftlichen Ausbildung und der soziologischen Expertise ihres Betreuers Anselm Strauss war die Wahl eines mikrohistorischen Themas für die Dissertation ungewöhnlich, folgte aber konsequent Stars feministischen und wissenschaftskritischen Interessen. In der Abgabefassung der Dissertation, aber auch in der Buchpublikation der Doktorarbeit, die erst 1989 als *Regions of the Mind* erschien, finden sich die Spuren eines noch ambitionierteren Projekts: Neben der historischen Aufarbeitung des englischen Lokalisierungsstreits war Stars Doktorarbeit initial auch als gegenwartsanalytische Unternehmung angelegt gewesen. Ihr Interesse entstand sogar zunächst aus der ethnografischen Beobachtung neurophysiologischer Laborarbeit, und hier insbesondere der Reduktion komplexer Daten, der Auswirkung institutioneller Erfordernisse auf Theoriestile, dem Management von Anomalien und der Ko-Konstruktion von Technik und Theorie.[42]

Die Eingrenzung des historischen Parts auf die britische Neurophysiologie zwischen 1870 und 1906 und des Hauptschauplatzes auf das Londoner Queen Square Hospital erlaubte ihr allerdings eine deutliche Fokussierung. Zum zentralen Bezugspunkt ihrer wissenschaftshistorischen Untersuchungen wurden dabei Fragen, die tief im Selbstverständnis der symbolisch-interaktionistischen Soziologie verankert waren:

»I come from an intellectual tradition, American symbolic interactionist sociology, which tends to stress the everyday ways in which people are alike.[43] Scientists – like priests, bus drivers, parents, or criminals – work. As with all work, there are routines and emergencies, organizational hierarchies and power relations, uncertainties and conflicts. By attempting [...] to discuss scientists as workers, it is not my intention to create an exposé of science, to prove that it ›isn't really real‹. On the contrary, I believe that understanding work practices in science gives us a new understanding of the sturdiness of scientific findings. People create meaning when they undertake joint action. Scientific meaning – truth, or theories, or facts – is the result of innumerable encounters, actions, and situations[44].«[45]

Das Herzstück der Dissertation, die als Institutionalisierungs- und Professionalisierungsgeschichte angelegt war, bildete die Auseinandersetzung mit den alltäglichen Arbeitskontexten in klinischer Forschung und Grundlagenforschung. Stars Augenmerk auf das wissenschaftliche Arbeiten in der Medizin baute auf Konzepten von Everett C. Hughes auf, dem sie ihre Dissertationsschrift widmete.[46] In

41 | S. L. Star: *Scientific Theories as Going Concerns.*

42 | Ebd., S. 22 f.; S. L. Star: *Regions of the Mind*, S. 35 f.

43 | H. Blumer: *Symbolic Interactionism*; E. C. Hughes: *The Sociological Eye*. (Zitation übernommen aus dem Zitat, die Hg.)

44 | J. H. Fujimura/S. L. Star/E. M. Gerson: »Méthodes de recherche en sociologie des sciences«. (Zitation übernommen aus dem Zitat, die Hg.) Siehe auch A. E. Clarke/S. L. Star: »Science, Technology and Medicine Studies«.

45 | S. L. Star: *Regions of the Mind*, S. 3.

46 | S. L. Star: *Scientific Theories as Going Concerns*. Hughes' Studien zu Statuspositionen sowie Arbeitsorganisation und -teilung finden sich in der Wiederauflage seiner Schriften der

den Kontext der Organisations- und Berufssoziologie, wie sie die Chicago School entwickelt hatte, ist auch ihr wissenschaftlicher Lehrer Anselm Strauss einzuordnen. Dieser war durch seine in den 1960er Jahren durchgeführten empirischen Krankenhausstudien als Medizinsoziologe international bekannt geworden.[47] Stars andere Geschichte der Hirnforschung verfügte neben der arbeitssoziologischen Ausrichtung zudem über zwei weitere, persönlich grundierte Quellen: die physiologischen Anteile ihrer Psychologieausbildung und die feministische Aufarbeitung von Lokalisierungsdiskussionen in ihrer geschlechterspezifischen Zuspitzung von Gehirnfunktionen.[48]

Aufgrund von Thema und Zugangsweise war die Dissertation sowohl in der Abgabe- wie in der letztlich publizierten Fassung fest in den Laboratory Studies der internationalen Wissenschafts- und Technikforschung verortet. Die laborbezogenen Arbeitsplatzstudien von Bruno Latour, Karin Knorr-Cetina, Steve Woolgar, Trevor Pinch und Michael Lynch dienten Star häufig als theoretischer Bezugspunkt. Zwischen den Laboratory Studies und Star bestanden sowohl Ähnlichkeiten in der mikroanalytischen und pragmatistischen Darstellung von Aushandlungsprozessen, als auch ein vergleichbares Interesse an Kontroversen, Kontingenzen und Improvisationen in der wissenschaftlichen Arbeitsorganisation.

Feminismus, Religiosität, Ökologie

Neben der Verbindung feministischer mit wissenschaftshistorischen Erkenntnisinteressen zeichnete sich Stars Arbeit durch eine gleichsam religiöse wie ökologische Motivation aus. Ihre intellektuelle Biografie lässt sich ohne die Nähe von Feminismus, Religiosität und ökologischen Denken kaum verstehen. Aufgewachsen in einem katholischen Umfeld,[49] suchte Star zunächst die Nähe zu buddhistischen und hinduistischen Denkern, die sie in ihrer feministischen Forschung wiederum teils intensiv kritisierte.[50] Durch mehrere Erwähnungen ist ihr Wicca-Glauben belegbar, den sie ca. seit Ende der 1970er Jahre in enger Verbindung mit ihren feministisch-ökologischen Interessen praktizierte. So äußerte sie sich in einem Wicca-Newsletter aus den späten 1970er Jahren wie folgt:

»The union of female self-identification and mysticism is witchcraft. Politically, it has been/is ultimately threatening in its implications for the radical restructuring of man's world. It was once subjected to brutal control under patriarchy, now it is being subjected to extremely

1950er und 1960er Jahre: R. Helmes-Hayes/M. Santoro (Hg.): *The Anthem Companion to Everett Hughes*.

47 | Vgl. B. G. Glaser/A. Strauss: *Awareness of Dying*. Eine detaillierte Darstellung des Gesamtwerkes von Anselm Strauss bietet J. Strübing: *Anselm Strauss*.

48 | Vgl. S. L. Star: »The Politics of Right and Left«; S. L. Star: »Sex Differences and the Dichotomization of the Brain«.

49 | G. C. Bowker/S. L. Star: *Sorting Things Out*, S. 11.

50 | Dies betraf z. B. den Psychologen Robert Ornstein, der die Dichotomie von Yin und Yang auf die Differenz der beiden Hirnhälften übertrug. Vgl. S. L. Star: »The Politics of Right and Left«, S. 61; S. L. Star: »Sex Differences and the Dichotomization of the Brain«, S. 116 f.

subtle control [...] It is being done in a manner which ensures that the connections between feminism and wholeness will not be made.«[51]

Diese emanzipative Fusion von Religiosität und Feminismus wurde auch von ihrem späteren Partner Geoffrey Bowker geteilt, der unter Bezug auf den Wicca-Leitsatz »it is that we must learn to walk the twisted path« im Jahre 2010 bekannte:

»Leigh Star and I are both related to the Wiccan tradition in America which is out of an odd mixture of places. Our form was ›discovered‹ in the 1950s, but claimed naturally to descend directly from the Druids, all the way back in prehistoric England. They claim to have knowledge that was passed on from generation to generation through the killing of witches in the 1600–1700s in the various scourges through various countries. So it is either very old or very new – it certainly feels like both.«[52]

Non-Identity Politics

Susan Leigh Stars Erfahrungen in Sachen Feminismus und Wicca, das Spiel mit New-Age-Varianten von Buddhismus und Hinduismus, aber auch das durchgehende, praktische und intellektuelle Interesse an ökologischen Lebensweisen zeichneten sich dabei durch einen gemeinsamen Nenner aus: Sie suchte offenbar bewusst nach einer verteilten persönlichen Identität. Mit dem Ausbruch aus den ländlichen *Working Class*-Verhältnissen in Rhode Island, und der nur partiellen Zugehörigkeit zu den Elitestrukturen der von ihr besuchten Universitäten ging offenbar eine große Lust am Erkunden neuer Praxisgemeinschaften einher. Stars früh gesuchte multiple Identitäten lassen sich auch als Schlüssel für ihre zukünftige wissenschaftliche Arbeit verstehen, die in hohem Maße auf multiple, hybride Phänomene, deren mannigfaltige Übersetzungen und die Mitgliedschaft in mehreren Praxisgemeinschaften setzen sollte.

Susan Leigh Star legte bereits während ihrer Dissertation die Grundlagen für weitere Forschungsarbeiten. Zum Nexus der entsprechenden Aktivitäten wurde das von Anselm Strauss und Elihu Gerson begründete Tremont Research Institute in San Francisco.[53] Dieses wurde ab dem 11. November 1981 als Non-Profit-Organisation für sozialwissenschaftliche Forschung aufgebaut, in der gerade durch informelle Treffen – bei denen u.a. Bruno Latour häufig teilnahm[54] – die Ideenzirkulation in Sachen Wissenschafts- und Technikforschung befördert werden sollte. Zugleich diente das Institut als ideell-materieller Rahmen für Finanzanträge. Star konnte etwa von der Auftragsforschung im Bereich der Künstlichen Intelligenz profitieren – konkret über Finanzmittel, die das Tremont Institute als *subcontractor* des MIT eingeworben hatte, das wiederum bei einer Ausschreibung der Sys-

51 | Vgl. D. Hutchinson: *Antiquity and Social Reform*, S. 74. Im Original S. L. Star: »The Politics of Wholeness«, unbekannter Wicca-Newsletter, S. 36–44, American Religions Collections, Davidson Library, UCLA, Santa Barbara.

52 | G. C. Bowker: »All Knowledge is Local«, S. 148.

53 | Die Herausgeber danken Elihu Gerson und Andrea Ploder für wertvolle Informationen zum Tremont Institute. E-Mail vom 17. April 2017.

54 | J. Strübing: *Pragmatistische Wissenschafts- und Technikforschung*, S. 302.

tem Development Foundation[55] erfolgreich gewesen war.[56] Das intellektuelle Milieu des Tremont Research Institute motivierte mehrere wissenschaftshistorisch geprägte Dissertationen – neben Stars Arbeit auch diejenigen von Adele Clarke zur Geschichte der US-amerikanischen Reproduktionsmedizin seit 1910, Rachel Volbergs Dissertation zur Pflanzenökologie, Joan H. Fujimuras Doktorarbeit über die Durchsetzung der onkogenetischen Theorie zur Genese von Karzinomen und Elihu Gersons Schrift zur Geschichte der amerikanischen Evolutionsbiologie.[57] Zudem förderte das Institut die Überkreuzung von Sozial- und Technikwissenschaften, etwa im Falle der Kombination von Soziologie und Informatik zur ›Sozionik‹.[58]

Neben der Forschung am AI Lab des MIT[59] verfolgte Star zusammen mit Elihu Gerson ein weiteres Forschungsprojekt, das ebenfalls Arbeitsplätze in den Mittelpunkt stellte. Im Gegensatz zu den bisher untersuchten wissenschaftlichen Arbeitsplätzen galt hier die Aufmerksamkeit allerdings der Büroarbeit in einer kalifornischen Versicherung. Dieser Schritt aus der Laborforschung heraus, bei dem organisationell-bürokratische Abläufe aber weiterhin im Fokus blieben, wurde zugleich zur Grundlage ihres Engagements in der entstehenden sozioinformatischen Strömung der Computer-Supported Cooperative Work (CSCW). Zwar war ihre eigene Forschung zunächst eher in der Open-Systems-Community um Carl Hewitt und Les Gasser verortet.[60] Jedoch entwickelte sich die transatlantische sozioinformatische Forschungslandschaft um die CSCW deutlich dynamischer, v. a. im Bereich der Software zur Organisation von Arbeitsgruppen *(Groupware)*. Oder, wie es Star 1998 selber formulierte: »[W]e were eclipsed by CSCW and in fact I ran over to CSCW.«[61]

Susan Leigh Stars »twisted path« blieb weiterhin durch ein Ringen um Finanzierungsmöglichkeiten und durch eine hohe Mobilität gekennzeichnet. Beides führte sie in relativ kurzen zeitlichen Abständen an viele akademische Orte und in neue interdisziplinäre Arbeitskontexte. Durch ihre erste Anstellung als Assistant Professor an der University of California in Irvine (1987–1990) wurde sie zum Mitglied eines »innovative program on Computers, Organizations, Policy, and Socie-

---

55 | Hierbei handelt es sich um die aus der RAND Corporation heraus entstandene Firma SDC, die seit dem Aufbau des Flugabwehrsystems SAGE in den 1950er Jahren eine Vielzahl von militärischen Kontrakt-Programmieraufträgen durchführte.

56 | J. Strübing: »Interview mit Leigh Star«, Zeile 44–89. Derlei Geldquellen wurden auch in der AI-Community kontrovers diskutiert, vgl. ebd., Zeile 179–226. Star sagte zudem: »The MIT Contract […] We never had a lot of projects and we never had a lot of money. But I was on salary there from say like 1983 or 1984 through 1986 and then in 1986/87 I had [a] temporally teaching job in San Francisco, but I was still doing Tremont stuff, all the way looking for money.« Ebd., Zeile 314–319.

57 | R. Volberg: *Constraints and Commitments in the Development of American Botany, 1880–1920*; A. E. Clarke: *Emergence of the Reproductive Research Enterprise*; J. H. Fujimura: *Bandwagons in Science*; E. M. Gerson: *The American System of Research*.

58 | J. Strübing: *Pragmatistische Wissenschafts- und Technikforschung*, S. 249.

59 | Vgl. E. M. Gerson/S. L. Star: »Practical Reasoning«; E. M. Gerson/S. L. Star: »Representation and Re-Representation in Scientific Work«.

60 | Vgl. C. Hewitt: »Offices are Open Systems«.

61 | J. Strübing: »Interview mit Leigh Star«, Zeile 264–265.

ty«,[62] das von John King und Rob Kling geleitet wurde.[63] Star unterrichtete in Irvine vor allem qualitative Forschungsmethoden. Parallel dazu führte insbesondere ihr von der Fondation Fyssen geförderter, von 1987 bis 1988 dauernder Forschungsaufenthalt am Pariser Centre de la Sociologie de l'Innovation (CSI) der École des Mines zu einer anhaltenden, hoch produktiven, aber freundschaftlich geführten Kontroverse innerhalb der Science and Technology Studies. Star nahm darin prononciert eine stärker ethisch geprägte, amerikanisch-pragmatistische Position ein als die kontinentaleuropäisch-machtanalytisch vorgehenden Michel Callon, Bruno Latour und John Law. Die unterschiedlichen Positionen der Beteiligten bezogen sich notwendigerweise aufeinander und transformierten sich wechselseitig.[64]

Die intensiv geführte Kontroverse um die Logiken der soziotechnischen Vermittlung beruhte dabei auf teils engen persönlichen Kontakten, etwa zwischen Bruno Latour und Susan Leigh Star. Dieser hatte sie nach der Lektüre ihrer noch unpublizierten Texte zum Grenzobjekt für die Jahre 1987 und 1988 nach Paris eingeladen. Stars Zeit als Postdoktorandin brachte sie mit ihrem zukünftigen Partner Geoffrey C. Bowker zusammen, der ebenso von Latour eingeladen worden war und unter dessen Einfluss in Paris seine Arbeit auf die industrielle Forschungsgeschichte des Erdölexplorationsunternehmens Schlumberger ausrichtete.[65] Die Pariser Zeit eröffnete für alle Beteiligten, zu denen im Falle Bowkers auch die Nähe zu Michel Serres gehörte, einen Übergang zwischen den transatlantisch unterschiedlichen Interessen und Dispositionen der Technik- und Wissenschaftsforschung. So bezog Star gegenüber Latour, Callon und Law bewusst eine ökologisch argumentierende Stellung. Zusammen mit Bowker weckte sie, nach initialer Skepsis, am CSI das Interesse am amerikanischen symbolischen Interaktionismus, der in Frankreich durch Lektüren von Howard Becker und John Dewey nur langsam an Akzeptanz gewann. Zugleich waren ihre Interventionen auf die starken sozial- und machttheoretischen Annahmen der europäischen Akteur-Netzwerk-Theorie gerichtet: Wo Latour, Callon[66] und Law die Handlungsmacht in Akteur-Netzwerken an zentralen Stellen verorteten, zog Star es vor, die wechselseitigen Übersetzungen multipler Akteure im Modus »vieler zu vielen« zu analysieren.[67] Im Unterschied zu den kontinentaleuropäischen Ansätzen, die soziotechnische Operationen nichtnormativ verfolgten, nahm sie dabei stets eine ethisch-kritische Perspektive ein.

Stars weitere institutionelle Affiliationen zeugen von einer Lust am interdisziplinären Seitenwechsel, beginnend mit einem von John Law vermittelten Engagement als Senior Lecturer am Department of Sociology and Social Anthropology der mittelenglischen University of Keele. Gemeinsam mit ihrem Partner Bowker

62 | A. E. Clarke: »In Memoriam«, S. 583.

63 | Vgl. M. Zachry: »An Interview with Susan Leigh Star«, S. 438.

64 | Vgl. J. Law (Hg.): *A Sociology of Monsters?* und die Beiträge von Christine Hanke, Ulrike Bergermann und Nadine Taha in diesem Band für eine umfassendere Darstellung dieser folgenreichen Auseinandersetzung. Siehe zudem Stars eigenen Versuch einer Synthese in der Einleitung von S. L. Star (Hg.): *Ecologies of Knowledge*.

65 | Vgl. G. C. Bowker: *Science on the Run*.

66 | Vgl. M. Callon: »Einige Elemente einer Soziologie der Übersetzung«.

67 | Vgl. den Beitrag S. L. Star/J. R. Griesemer: »Institutionelle Ökologie, ›Übersetzungen‹ und Grenzobjekte« in diesem Band.

wechselte sie daraufhin von 1992 bis 1999 an die University of Illinois in Urbana-Champaign. Nach einem Disput über die Marginalisierung qualitativer, interpretativer Forschung verließ sie das dortige Soziologie-Department zugunsten der Graduate School of Library and Information Studies.[68] Mit diesem Arbeitsumfeld ging eine deutliche Neuausrichtung der Forschungsinteressen einher, bei denen in den 1990er Jahren vermehrt Informationsinfrastrukturen, Klassifikationssysteme, Standardisierungen und Formalisierungen in den Mittelpunkt rückten. Star erforschte diese nicht als abstrakte Entitäten, sondern weiterhin ethnografisch und historisch als Austragungsorte alltäglicher Arbeitspraktiken.[69]

Bowker und Star bestritten auch die nächsten institutionellen Wechsel gemeinsam, zunächst mit einem 1999 beginnenden Engagement am Department of Communication der University of California in San Diego. Star arbeitete hier vor allem mit Mike Cole und dem dortigen Laboratory of Comparative Human Cognition zusammen, die ihr ökologisches Interesse teilten.[70] 2004 ergriffen Star und Bowker die Gelegenheit, in ihre nordkalifornische Heimat zurückzukehren und wechselten an die jesuitische Santa Clara University und deren Center for Science, Technology, and Society. Als Soziologin zwischen den Wissensformationen war Susan Leigh Star bereits zu diesem Zeitpunkt hoch anerkannt, gerade auch durch ihren kollegialen Arbeitsstil als Mitherausgeberin und Redakteurin der Zeitschriften *Computer Supported Cooperative Work, Science, Technology and Human Values, Mind, Culture and Activity* und den *Social Studies of Science*. 2004 wurde sie – in Würdigung ihres Lebenswerks – zum Mitglied der Sociology Research Association gewählt. Die ihr angetragene Präsidentschaft der Society for Social Studies of Science (4S), die sie von 2005 bis 2007 innehatte, nutzte sie zum Setzen von Jahresthemen, etwa der Frage nach »Silence, Suffering, and Survival« in Vancouver 2006 und den »Ways of Knowing« in Montréal 2007.[71]

Damit ging, wie insgesamt in ihrer Karriere, eine bewusste Förderung junger Forscherinnen und Forscher einher. Susan Leigh Star war eine exzellente Lehrerin, deren leises, aber inspirierendes Auftreten von vielen Studierenden und Kolleginnen als beeindruckend und intellektuell großzügig beschrieben wird.[72] An ihrer letzten universitären Station, der University of Pittsburgh, waren die Studierenden nach dem 2009 erfolgten Ruf auf den Doreen E. Boyce Chair in Library and Information Services regelrecht enthusiastisch. In ihrer Erinnerungsrede nach Leigh Stars überraschenden Tod am 24. März 2010 hielten sie fest:

»When Leigh and Geof gave their job talk last fall, many of us became very excited because we knew that if they came to Pitt they would change our lives. Their hip and innovative scholarship was to be admired and when we found out they had been hired, we could not wait to take classes with them. This semester, doctoral students at different points in their scholarly

---

68 | A. E. Clarke: »In Memoriam«, S. 583.

69 | Star führte aber zugleich ihre bisherige Arbeit zur Wissenschaftsgeschichte, der Grounded Theory, dem symbolischen Interaktionismus und der CSCW weiter.

70 | A. E. Clarke: »In Memoriam: Susan Leigh Star«, S. 584.

71 | M. Zachry: »An Interview with Susan Leigh Star«, S. 442-443.

72 | Vgl. die Sammlung von Erinnerungen von J. H. Fujimura et al.: »Remembering Leigh«. Siehe auch E. Balka: »Susan Leigh Star (1954-2010)«, S. 649.

careers enrolled in Leigh's Seminar in Research Methods. Her insight and passion for scholarship; the stories of Anselm Strauss, Howard Becker and the Chicago School of Sociology; the ethical and moral implications of standards; boundary objects and boundary infrastructure; affordances and constraints; Science and Technology Studies meets Library and Information Science – she was grounding us and challenging us every Monday afternoon.«[73]

1989

Gerade ob der unbestrittenen inter- und transdisziplinären Erfolge Susan Leigh Stars lässt sich ihre wissenschaftliche Biografie jedoch auch kritisch lesen. Kontingenzen spielten eine große Rolle – wie etwa im Fall ihrer frühen Begegnung mit Anselm Strauss und Barney Glaser in San Francisco. Star war zudem immer wieder zu institutionellen Improvisationen genötigt, etwa bezüglich der situationsbedingten Finanzierungsmöglichkeiten innerhalb der Kontraktforschung am Tremont Institute. Sie verstand es ebenso, persönliche Zerreißproben in gewinnbringende epistemologische Argumente zum Wert gelebter Erfahrung zu überführen – wie etwa im Falle ihrer jahrelangen, durch einen Autounfall verursachten Schmerzen. Andere, scheinbar unwissenschaftliche Erfahrungswelten wie ihren Wicca-Glauben verwendete sie zur Ausrichtung ihrer feministisch-ökologischen Denkweise. Brüche, wie z. B. die nachhaltige eigene Enttäuschung über den irrlaufenden Erfolg des Grenzobjekt-Konzepts, nutzte sie für eine wissenschaftstheoretische Rückrufaktion unter dem Titel »Dies ist kein Grenzobjekt«.[74]

Ein Blick auf die Schriften von Star macht deutlich, dass sie es vor allem verstand, ihre Arbeitspartner klug auszuwählen. Bei ihren wissenschaftshistorischen, infrastrukturorientierten, bibliothekswissenschaftlichen und soziologischen Studien sowie den Forschungen im Bereich der Computer-Supported Cooperative Work und Künstlichen Intelligenz setzte Star auf das Erfolgsrezept kooperativer wissenschaftlicher Arbeit. Ihre Zusammenarbeit mit James R. Griesemer, Geoffrey C. Bowker, Karen Ruhleder, Les Gasser, Adele Clarke, Elihu Gerson, Martha Lampland und Lawrence Busch gibt einerseits darüber Auskunft, dass sie die theoretische, historische oder ethnologische Expertise ihrer Ko-Autorinnen schätzte. Anderseits kombinierte sie diese Wissensbestände mit ihren eigenen Qualitäten wie der theoretischen Tiefenschärfe, der Selbstreflexion und dem ethnologischen Feingefühl.

Das Jahr 1989 lässt sich als Höhepunkt ihrer medienwissenschaftlich folgenreichen, zentralen Forschungen ausmachen. Neben ihrer Dissertationsschrift *Regions of Mind* publizierte Star in diesem Jahr zudem mit dem Aufsatz zum Naturkundemuseum der University of Berkeley und der »Structure of Ill-Structured Solutions« ihre Überlegungen zu den Grenzobjekten. Gleichermaßen erschien »Layered Space, Formal Representations and Long-Distance Control«, ein Aufsatz der sich mit der medialen Spezifik der Re-Repräsentationspfade von Arbeitsschritten befasste. Zu dieser Zeit arbeitete Star ebenfalls an ihrem Text »Power, Technologies and the Phenomenology of Conventions« (1990), in dem sie die Folgen standardisierter Technologien wie z. B. von McDonald's-Hamburgern und die Marginalisierung durch derart vorgenommene Klassifikationen von Nutzerinnen behandelte.

73 | Vgl. K. K. Barlow: »Obituary«.

74 | Vgl. den gleichnamigen Beitrag in diesem Band.

Star gewann ihre Erkenntnisse für diese in kurzer Zeit hintereinander erscheinenden Schriften aus einer Kombination von wissenschaftlichem Querdenken und einem spezifisch interdisziplinären Arbeitsstil.

Welche Verbindungen existierten aber zwischen dem Feminismus, der CSCW- und KI-Forschung, den Science and Technology Studies und der Chicago School of Sociology? Wurde Stars medienorientierte Perspektive durch diese Forschungsrichtungen hervorgebracht oder geschärft? Wenn dies der Fall sein sollte, lassen sich die Wissensbestände dieser Disziplinen bereits als genuin medienwissenschaftlich bezeichnen?

Eine *erste* wissenschaftshistorische Situierung von Stars Forschungen zeigt, dass diese eng mit der Zeitgeschichte feministischer Bewegungen verwoben war. Star stellte die Kernfrage der Frauenbewegung der 1970er Jahre: Wieso finden die von Frauen erbrachten Leistungen jenseits der Erwerbstätigkeit keine Geltung? Sie nutzte diese, um ihren Blick für die Konzeptualisierung unsichtbarer Arbeit zu schärfen.[75] Damit standen Stars Überlegungen ganz im Zeichen einer übergreifenden Transformation der US-amerikanischen Sozialwissenschaften, die die sozialen Klassifikationssysteme neu erforschte. Mit der Einsicht in gesellschaftliche Ungleichheiten wurde – neben Formen der Klassentrennung – von nun an das »gender splitting« genauso als wirkmächtige Dynamik bei der hierarchischen Konstitution sozialer Tatbestände verstanden.[76] Insbesondere erfuhren Themen wie »weibliche Sexualität und Körpererfahrung, Sexismus, Gewalt gegen Frauen, Selbstbestimmung und Geburtenkontrolle, Frauenunterdrückung und die Geschichte des Rechts, Frauenbewegung und Widerstand« einen Aufschwung.[77] Vor diesem Hintergrund war es nicht verwunderlich, dass auch Wissenschaftlerinnen der Chicagoer School of Sociology einen wissenschaftskritischen Feminismus formulierten, wofür Adele Clarkes historische Aufarbeitung der Reproduktionsmedizin oder Susan Leigh Stars Forschungen zur Genderpolitik in der Hirnforschung beispielhaft sind.

Gleichermaßen stand Stars arbeitssoziologische Fokussetzung im Kontext einer in den 1980er Jahren agierenden Frauenbewegung, die sich für die Würdigung der Arbeit alleinstehender, einkommensschwacher und nicht-weißer Frauen einsetzte.[78] Aufmerksamkeit erfuhren im Rahmen dessen die Praktiken von Berufsgrup-

---

75 | S. L. Star: »The Ethnography of Infrastructure«.

76 | R. Becker-Schmidt/G. A. Knapp: *Feministische Theorien zur Einführung*, S. 33.

77 | Vgl. ebd., S. 33; Adele Clarke und Susan Leigh Star hielten für den Forschungsfokus des Symbolischen Interaktionismus in den 1980er Jahren fest, dass dieser »the creation of meaning among groups of people, ecologies of the workplace, the practices and meanings of work, and race/ethnicity as well as adding sex/gender/sexualities« umfasste. A. E. Clarke/S. L. Star: »Science, Technology and Medicine Studies«, S. 562.

78 | In diesem Kontext lassen sich auch Stars Äußerungen zur »sisterhood« einordnen. Einen Eindruck dieser Denkweise vermittelt Gloria Watkins: »We do not need to share common oppression to fight equally to end oppression. We do not need anti-male sentiments to bond us together, so great is the wealth of experience, culture, and ideas we have to share with one another. We can be sisters united by shared interests and beliefs, united in our appreciation for diversity, united in our struggle to end sexist oppression, united in political solidarity.« G. Watkins: *Feminist Theory*, S. 67.

pen wie Haushälterinnen, Babysitterinnen, Fabrikarbeiterinnen, Sekretärinnen oder Prostituierten.[79] Hieran anknüpfend sprach sich Star für die Sichtbarmachung von »invisible work« in Bürokratien aus, um etwa die Rolle von Sekretärinnen bei der Erzeugung und Instandhaltung medialer Infrastrukturen in Rechnung zu stellen.[80] Einen überaus prominenten Platz nahmen in Stars Forschungen auch Haushälterinnen ein, wobei sie sich maßgeblich auf die bahnbrechende Ethnografie *Between Women: Domestics and their Employers* (1985) der afroamerikanischen Soziologin Judith Rollins stütze. Rollins gab sich bei mehreren Arbeitgeberinnen als Dienstmädchen aus und führte zudem Interviews mit vielen schwarzen Hausangestellten. Ihre Studie bot bereits Anhaltspunkte zur medientechnischen Einrichtung von unsichtbarer Arbeit. So tendierten in manchen Fällen die Arbeitgeber zur elektronischen Überwachung und verwendeten hierzu Tonbandgeräte, welche im Schlafzimmer ihrer Angestellten zum Einsatz kamen.[81] Zudem wurde Personal als Teil des Ensembles der materiell-technischen Welt verstanden. Nicht nur ein der technischen Abnutzung ähnelnder körperlicher Verschleiß stand zur Diskussion, sondern auch die Unterbringung des Personals in räumlicher Nähe zu technischem Equipment und ihre damit einhergehende Gleichsetzung.[82]

Eine *zweite* wissenschaftshistorische Situierung lässt sich anhand der Rolle menschlicher Arbeit in Forschungen zu Human-Computer Interaction, Computer-Supported Cooperative Work und – in Teilen – der Artificial Intelligence vornehmen. Den gemeinsamen Nenner dieser Forschungslinien stellten empirische Studien dar, die sich der detaillierten Untersuchung von Technologie und Interaktion in Organisationen widmeten. So gingen die Workplace Studies der 1980er Jahre der Frage nach, wie in komplexen Organisationen Technologien und praktische Arbeitstätigkeiten miteinander verflochten waren. Dadurch gelang es nicht nur, das Wissen über technische Systeme zu erweitern, sondern auch Eigenschaften heutiger Arbeitsorganisation darzulegen.

Einen besonderen Einfluss auf die Entwicklung der Workplace Studies in den USA und Europa hatte Lucy Suchmans 1987 erschienene Untersuchung zu *Plans and Situated Action*. Suchman kritisierte die Auffassung, dass Handlungen der Künstlichen Intelligenz und der Mensch-Computer-Interaktion durch vorab bestimmte Pläne und Ziele festgelegt seien. Sie entwarf Alternativen zur Ausdifferenzierung der Interaktion mit Computersystemen – eine Arbeit, die durch ihre Anstellung als Business-Ethnologin im Labor von Xerox PARC ermöglicht wurde.[83] Neben solchen computerzentrierten Arbeitsplatzstudien standen weitere genuin medienwissenschaftliche Fragestellungen. Denn schnell wurde die Erklärung von Mensch-Maschine-Interaktion als linguistische Herausforderung verstanden. In

79 | Ebd., S. 2.

80 | Vgl. S. L. Star: »Macht, Technik und die Phänomenologie von Konventionen« in diesem Band.

81 | J. Rollins: *Between Women*, S. 145.

82 | Ebd., S. 63 f.

83 | Für detaillierte Informationen zu Suchmans 22-jähriger Tätigkeit im Xerox Parc siehe B. Adelson: »Bringing Considerations of Situated Action to Bear on the Paradigm of Cognitive Modeling«.

diesem Sinne zog man die Sprechakttheorie heran und nutzte zur Entwicklung von Computersystemen konversationsanalytische Modelle.[84]

Stars Anschluss an die Workplace Studies der Chicago School stellt die Grundlage für eine *dritte* wissenschaftshistorische Situierung dar. So hatten die Arbeitsplatzstudien eigene Annahmen zum medialen Charakter der von ihnen analysierten Formen von Face-to-Face- und Gestenkommunikation entwickelt. So war Barney Glasers und Anselm Strauss' medizinsoziologische Arbeit zur *Betreuung von Sterbenden* (1965) als Ratgeberliteratur gedacht, die an Ärzte, Pflegepersonal, Seelsorger und Angehörige adressiert wurde. Das Kapitel »Argwohn – Das Ringen um die Beherrschung der Situation« gab beispielsweise dem Klinikstab Interaktionshinweise an die Hand, die zu befolgen waren, wenn sterbenskranke Patienten erstmals die Fatalität ihres Zustands erahnten. War der Verdacht einmal geweckt, ging es nunmehr darum »bedeutsame Informationen nicht länger zurückzuhalten und bestimmte Hinweise zu geben, damit dem Patienten ›allmählich klar wird, wie ernst es um ihn steht‹«.[85] Inhalte, Tonfall oder der mangelnde Optimismus im Gespräch auf Seiten der Ärzte standen dabei genauso zur Diskussion, wie bestimmte Gesten der Patienten und ihre erzeugten Momente des Argwohns.[86] Weil dem Patienten ein geschlossenes und organisiertes Klinikpersonal gegenüberstand, so Glaser und Strauss, gelang es ihnen nicht, auf »Kundschafter«, »Vertrauensmänner« und »Informanten« zurückzugreifen. Den Patienten standen offenbar keine personalen Medien zur Seite, weswegen sie u. a. gezwungen waren, ihre eigenen Krankenblätter zu deuten und Gespräche zu belauschen.[87]

Für die Weiterentwicklung des medizinsoziologisch informierten Symbolischen Interaktionismus in den 1980er Jahren hielten Star und Adele Clarke fest, dass insbesondere die Erforschung von Technologie und Wissenschaft in den Mittelpunkt rückte. Neben der Untersuchung von Arbeitspraktiken und Wissensökologien nahmen Fragen der Materialität von Wissensproduktionsprozessen eine zentrale Rolle ein.[88] Diese Neuausprägung von Forschungsinteressen traf auf Ansätze der sich parallel etablierenden Science and Technology Studies, die das *vierte* Element zur wissensschaftshistorischen Situierung darstellen.[89] Star und Clarke formulierten dies folgendermaßen:

»The canonical marker event signaling this turn was the 1979 publication of Latour and Woolgar's *Laboratory Life*, a semiotically informed ethnography of a neuroendocrinology lab at Scripps Institute. *Lab Life* focused on scientific practices – the making of scientific facts, from uncertainty into certainty. This was soon followed by other more ethnomethodological lab studies[90].«[91]

---

84 | H. Knoblauch/C. Heath: »Die Workplace Studies«, S. 144.

85 | B. G. Glaser/A. L. Strauss: *Betreuung von Sterbenden*, S. 39.

86 | Ebd., S. 40 f.

87 | Ebd., S. 43.

88 | A. E. Clarke/S. L. Star: »Science, Technology and Medicine Studies«, S. 562.

89 | Zur Verschmelzung von Medizinwissenschaften und STS siehe S. L. Star: »Epilogue: Work and Practice in the Social Studies of Science, Medicine, and Technology«, S. 501 f.

90 | K. Knorr-Cetina: *The Manufacture of Knowledge*; M. Lynch: *Art and Artifact in Laboratory Science*. (Zitationen übernommen aus dem Zitat, die Hg.)

91 | A. E. Clarke/S. L. Star: »Science, Technology and Medicine Studies«, S. 539.

Diese Passage ist auf zweifache Weise wissenschaftshistorisch wie -theoretisch interessant: In dem Moment als sich die Science and Technology Studies – oder genauer gesagt: ihr Forschungszweig der Laboratory Studies – den Arbeitskontexten in der Medizinforschung zuwandten, wurden sie für die Symbolischen Interaktionistinnen zur erkenntnisreichen Partnerdisziplin. Gleichermaßen spezifizierten Clarke und Star die Natur der zu untersuchenden Materialität, denn es handelte sich bei *Laboratory Life* vor allen anderen Dingen um eine »semiotisch informierte Ethnografie«.

Für Latour und Woolgar charakterisierte die Anhäufung von »inscription devices« maßgeblich den Ort des medizinischen Laboratoriums. Das Labor wurde sogar auf eine Art systematisiert und organisiert, dass es »the appearance of a system of literary inscription« annahm.[92] Wissenschaftliche Messinstrumente und andere maschinelle Apparaturen produzierten Aufzeichnungen in Form von Zahlen und Grafiken, wobei die herausforderungsreiche Aufgabe darin bestand, nicht nur die Zeichen zu erzeugen, sondern ihnen auch Referenz und damit Sinn zu verleihen. Das Fixieren von Referenz genauso wie das Aufrechterhalten von Referenzketten gehört zu den zeit- und kostenintensivsten Aktivitäten der Laborforscher, denn wurden ›natürliche‹ Größen einmal aus ihrer Umwelt gelöst, war eine laboratorische Fixierung in Zeichen unabdingbar.[93] Zu einer ähnlichen Sicht kam die Wissenschaftssoziologin Karin Knorr-Cetina in ihren Laborforschungen, jedoch ging sie in einen entscheidenden Schritt weiter und fügte die Relevanz von Face-to-Face-Interaktion und informeller Kommunikation hinzu. Die »Gesprächsmaschinerie« war den technischen Inskriptionsapparaturen ähnlich, da sie zur Bedeutungskonstitution von Zeichen beitrug. Prägnanterweise wurde Mündlichkeit in solchen Situationen zentral, wenn die Schriftlichkeit versagte, bzw. Zeichen und Referenz auseinanderklafften.[94]

Die vier Varianten von Medienforschung im Feminismus, in der HCI-, CSCW- und KI-Forschung, dem Symbolischen Interaktionismus der Chicago School und den STS kamen allesamt ohne einen starken Medienbegriff aus. Sie zeichneten sich durch einen Fokus auf Arbeitspraktiken aus, die sämtliche anderen Vermittlungsprozesse bedingen und infrastrukturell konfigurieren. In den 1980er und 1990er Jahren lag der Forschungsfokus auf der tatsächlich geleisteten Arbeit in organisatorischen und berufsbedingten Kontexten, genauso wie auf den materiellen Ökologien dieser Arbeitsplätze. Hieraus entwickelte sich eine genuin medienzentrierte Auseinandersetzung, die den soziotechnischen Charakter der situierten Interaktion herausstellte. Dies betraf alle möglichen Formen der Inskription, von Tonaufnahmen über bürokratische Papier- und Formulararbeit, die Computernutzung und symmetrisch hierzu die Face-to-Face- und Gestenkommunikation, mit der die nötige verkörperte Arbeit in stark maschinellen Arrangements erst verrichtbar wird.

Dieser erste Practice Turn in der Medienforschung verdankte sich nicht nur Susan Leigh Stars Arbeiten, sondern wurde über den Atlantik hinweg von einer ganzen Generation von Wissenschafts- und Technikforscherinnen vollzogen, da-

92 | B. Latour/S. Woolgar: *Laboratory Life*, S. 52.

93 | Ebd., S. 48 f.

94 | K. Knorr-Cetina: »Das naturwissenschaftliche Labor als Ort der ›Verdichtung‹ von Gesellschaft«.

runter Dorothy Nelkin, Lucy Suchman, JoAnne Yates, Wanda Orlikowski, Adele Clarke, Joan Fujimura, Judith Rollins, Karin Knorr-Cetina, Judy Wajcman, Annemarie Mol, Madeleine Akrich und Cécile Méadel. Auffällig an diesem ersten Practice Turn bleibt dabei nicht nur die Präsenz feministischer Denkstile, sondern eine geteilte methodische Vorliebe für heuristisch unterdeterminierte Konzepte. Stars Grenzobjekte, mit denen zunächst nicht mehr erfasst wurde als kooperative Arbeitspraktiken an geteilter Information, sind hierfür ein maßgebliches Beispiel.

Grenzobjekte

Im Rückblick auf die Karriere ihrer erfolgreichsten Begriffsschöpfung hat Susan Leigh Star – nicht ohne Enttäuschung – ein großes Missverstehen dessen beklagt, was sie als Grenzobjekte bezeichnet hatte. »This is Not a Boundary Object« lautet ihre 2010 publizierte Erinnerung an die Herkunft und Entstehung des Konzepts der *boundary objects*. Auffällig offen stellt sich Star in dieser kritischen Erinnerung den vorschnellen, schematischen Anwendungen ihres Begriffs entgegen. Warum war diese Rückrufaktion nötig geworden, in der einer allzu einfachen Einschätzung dessen, was ein Grenzobjekt an sozialer Vermittlung leistet, eine selbstreflexive Wendung entgegengesetzt wurde?

Ein Grund für Stars introspektiven Blick mag nicht nur in den ihr immer wieder gestellten Fragen »Könnte nicht alles ein Grenzobjekt sein? Was ist keines?« bestanden haben.[95] Dieses Einfordern von Konkretion konterkarierte die Verortung der Grenzobjekte in der Grounded Theory und im symbolischen Interaktionismus.[96] Sie boten – nach heutigem Verständnis – eine praxistheoretische Heuristik, die folgerichtig vor allem in Anwendungsfeldern besondere Aufmerksamkeit erhielt. Seit dem Beginn der 1990er Jahre reüssierten die Grenzobjekte vor allem in Gestaltungs- und Managementliteratur[97] – und damit paradoxerweise außerhalb der Entstehungskontexte des Begriffs, die sich innerhalb der pragmatistischen Soziologie, der Wissenschaftsgeschichte und der Computer Science verorten lassen.

Was also sind die Grenzobjekte, bevor sie quer durch die Wissensformationen Popularität erlangen und Missverständnisse provozieren? Für welche sozialtheoretischen Fragen versuchen sie, eine Antwort zu geben und für welche medientheoretischen Probleme halten sie neue Antworten bereit?

Eine Frage der Interaktion mit Information

In ihrer medizinhistorischen Dissertation *Scientific Theories as Going Concerns* war Star auf grundlegende Paradoxien wissenschaftlicher Kontroversen und der durch

95 | S. L. Star: »This is Not a Boundary Object«, S. 612.

96 | »We always meant it as a tool for STS work, a heuristic methodological category to think with as much as an ontological category of objects to think about, and also as a subversive concept blurring distinctions between methodology and ontology.« J. R. Griesemer: »Sharing Space, Crossing Boundaries«, S. 207.

97 | P. Trompette/D. Vinck: »Revisiting the Notion of the Boundary Object«, Abs. 17–19; R. Zeiss/P. Groenwegen: »Engaging Boundary Objects in OMS and STS?«, S. 85.

sie vorangetriebenen Theoriebildung gestoßen.[98] Egal, zu welcher Fraktion des Streits um die Lokalisierung von Hirnfunktionen die jeweiligen Akteure gehörten – immer gingen ihre Einsätze aus der Übersetzung von lokalen Arbeitspraktiken in verallgemeinerungsfähige Wissensbestände hervor. Wissenschaftliche Theorien, so Star, entstehen so nicht aus einzelnen Experimenten, Laboratorien oder Momenten individueller Biografien, sondern aus Interaktionen und Machtverhältnissen. Auch die radikal geführte Kontroverse im England des späten 19. Jahrhunderts beinhaltete eine Form strittiger, nicht-konsensueller Zusammenarbeit: eine Kooperation ohne Konsens, die für einen Zeitraum andauert, in dem unterschiedliche Seiten um Ressourcen kämpfen, Programme etablieren und auf anderen Ebenen debattierten. »It can thus be a holding strategy that forestalls confrontation while validity is established through other channels.«[99] Mit der öffentlichen Aushandlung wissenschaftlicher Wahrheiten korrespondierte zudem die lokale Informationsverarbeitung an wissenschaftlichen Arbeitsplätzen, für die Star durch ihre ethnografische Arbeit und die Zusammenarbeit mit den Open-Systems-Forschern um Carl Hewitt besonders sensibilisiert war.[100] Die asynchrone, dezentrale Art und Weise der wissenschaftlichen Informationsverarbeitung in offenen, verteilten Systemen wurde so gleichzeitig zum mikrohistorischen Suchschema:

»People's definitions of their situations are fluid and differ sharply by location; the boundaries of a locality are also permeable and fluid. Scientific work is deeply heterogeneous: different viewpoints are constantly being adduced and reconciled. Information from different sources, with different ways of structuring data and different access to data, is continually being added.«[101]

Zu den durchlässigen, fluiden Grenzen eines Orts, über die Vermittlungen zwischen lokalen Praktiken und übergreifenden Wissensbeständen erfolgen, kamen in *Regions of the Mind* noch Fragen, wie ein wissenschaftlicher Streit gemeinsame Objekte, »common objects«[102] hervorbringen kann:

»In creating a common object, researchers often make the assumption that the boundaries of the phenomenon - as established by the several lines of work - coincide. Surgeons, neurologists, pathologists, and physiologists were all addressing the problem of localization of function in the nervous system. As their results were used to legitimate one another's findings, a common boundary for the functions they addressed was (often tacitly) established. The emergence of coincident boundaries here is important in understanding another aspect of the theory's success and entrenchment. This was the practical resolution of philosophical conundrums [of the mind/brain relation, die Hg.].«[103]

98 | S. L. Star: *Scientific Theories as Going Concerns*. Publiziert 1989 als S. L. Star: *Regions of the Mind*.

99 | S. L. Star: *Regions of the Mind*, S. 138.

100 | E. M. Gerson/S. L. Star: »Analyzing Due Process in the Workplace«.

101 | S. L. Star: *Regions of the Mind*, S. 20 f.

102 | Der Begriff wird von Star mit Bezug auf George Herbert Mead und Herbert Blumer verwendet, vgl. G. H. Mead: »The Objective Reality of Perspectives«. Siehe auch J. Strübing: *Pragmatistische Wissenschafts- und Technikforschung*, S. 111 f., 148 f.

103 | S. L. Star: *Regions of the Mind*, S. 156–157.

Im Falle der von Star rekonstruierten Debatte zwischen Lokalisation und Diffusion von Hirnfunktionen waren es vor allem Haut und Schädel, die als gemeinsame Grenzen der wissenschaftlichen Arbeit fungieren, jeweils ausdifferenziert nach den medizinischen Spezialisierungen: für Chirurgen und Physiologen als Ort des Einschnitts, für Neurologen als Informationsbarriere, für Pathologen als Datenquelle. Neben den gemeinsamen Grenzen hob Star die Rolle von Idealtypen hervor, die etwa im Falle der Atlanten von Hirnfunktionen den verallgemeinerten Bezug erlaubten, selbst wenn die lokale medizinische Praktik eine leicht differente Lokalisierung vornahm und taxonomische Unsicherheiten nicht restlos auflösbar waren.[104]

Die Wechselspiele zwischen situiertem, lokal bearbeitetem Wissen und seiner allgemeinen Verteilung lassen nicht nur ›coincident boundaries‹ – Gebiete mit sich überlagernden Grenzen – entstehen und Idealtypen zirkulieren, sondern stellen ebenso Anforderungen an wissenschaftliche Theorien. Diese müssen gleichzeitig »plastisch« und »robust« genug sein, um einerseits an heterogene lokale Umstände anpassbar zu sein *(practice)*, und andererseits auch bei weiterer Anpassung an lokale Gegebenheiten doch eine übergreifende Identität zu bewahren *(theory)*. Sie sind von Grund auf über mehrere Orte und lange Zeitrahmen verteilt. Sie kennen kein Zentrum, sondern sind Teil von Ökologien des Wissens: »No central authority evolves, adjudicates, or disseminates theories.«[105]

In der Buchfassung ihrer Dissertation war demnach bereits ein zentrales Anliegen von Stars Wissenschafts- und Technikforschung angelegt, das sie in einer späteren Publikation als »fundamental epistemological democracy« des Grenzobjekt-Konzepts bezeichnet hat.[106] Es beinhaltete die Annahme, dass durch das kooperative Bearbeiten von Informationen Grenzobjekte entstehen, die zwischen heterogenen sozialen Welten vermitteln können. Hierzu geben Grenzobjekte bestimmten Informationen eine mediale Form, ohne deren repräsentationalen Gehalt und praktische Kohärenz eine Zusammenarbeit weniger (gut) gelingt: Gerade weil verteilte Praktiken darauf beruhen, dass Informationen sichtbar, lesbar, berechenbar und zugänglich gemacht werden, erhalten Grenzobjekte ihre Vermittlungsfunktion. Das Grenzobjekt sitzt als Medium tatsächlich »in der Mitte« und versammelt ein Kollektiv von Akteuren bzw. eine Praxisgemeinschaft um sich, oder bringt sie teils erst hervor. Für die Beteiligten definiert es eine Situation. Es ist auf diese Art und Weise ein Medium. Im konkreten Gebrauch ist es ein Mediator, dessen Vermittlungsfunktion eher »in Aktion« praktisch hervorgebracht wird als dass sie sozial, technisch, ökonomisch oder ästhetisch präfiguriert wäre.[107] Grenzobjekte betonen die wechselseitige Verfertigung von Information, sind aber nicht eindeutig nur der »agency« zuzuordnen, sondern sollen ebenso die »structure« der kooperativ bearbeiteten Information beinhalten. Sie tarieren die klassischen sozialtheoretischen Annahmen zur Differenz von Struktur und Handlung aus, indem sie einerseits die strukturierende Kraft der Praxis primär setzen, anderseits aber die Mikrostrukturen des nicht-konsensualen Handelns verallgemeinern. Die

104 | Ebd., S. 68 ff.; S. L. Star: »Scientific Work and Uncertainty«, S. 409 f.

105 | S. L. Star: *Regions of the Mind*, S. 62. Vgl. S. L. Star (Hg.): *Ecologies of Knowledge*.

106 | S. L. Star: »Cooperation without Consensus in Scientific Problem Solving«, S. 95.

107 | Vgl. zur Differenz von ›Medium‹ und ›Mediator‹: B. Latour: »Über technische Vermittlung«; A. S. Lehmann: »Das Medium als Mediator«.

Spannung zwischen »structure« und »agency« geht dabei über Anthony Giddens' Begriff der »structuration«[108] hinaus. Vielmehr wird sie hier in den Übergängen zwischen lokal-situierten Praktiken und ihrer über Ort und Situation hinausgehenden Reichweite verortet. Grenzobjekte sind zu einhundert Prozent Praxis, sind dabei aber nicht nur flüchtig, sondern geben der praktisch vollzogenen Arbeit an Informationen eine veränderbare, objektbasierte Form.

Schlecht strukturierte Lösungen

Das strukturalistische Erbe von Stars Theorem[109] zeigte sich deutlich in der »Structure of Ill-Structured Solutions« – dem ersten Aufsatz, der den Begriff über das Vokabular der *Regions* hinaus in ein anderes empirisches Terrain einführte. Eine Definition dessen, was Grenzobjekte leisten, lautete hier:

»Boundary objects are objects that are both plastic enough to adapt to local needs and constraints of the several parties employing them, yet robust enough to maintain a common identity across sites. They are weakly structured in common use, and become strongly structured in individual-site use.«[110]

Während damit das Problem der Vermittlung zwischen lokalen und übergreifenden Wissensbeständen wieder aufgenommen wurde, veränderte es sich jedoch durch den anders gelagerten Entstehungskontext der Forschung zur Verteilten Künstlichen Intelligenz. Star formulierte ihr Konzept zunächst für einen Workshop des KI-Forschers Les Gasser, der im Mai 1988 in Arrowhead, Kalifornien stattfand.[111] Mit ihrem komplexen Text adressierte sie zugleich die Interessen der beteiligten Computerwissenschaftler und verwandte hierfür klassische Referenzen, wie etwa auf Alan Turing und Herbert A. Simon, um eine nicht-kybernetische, techniksoziologische Pragmatik der verteilten Informationsarbeit zu begründen. Die Botschaft der Grenzobjekte war hier eine zweifache. Erstens: Gerade weil sie aus zusammengezogenen, heterogenen Informationen auf der Basis verteilter sozialer Praktiken entstehen, muss die Computer Science ihre Arbeitsgrundlagen dementsprechend neu justieren. Und zweitens, so Star, sei nicht das Generieren von Verteilter Künstlicher Intelligenz entscheidend, sondern das Maß der Nützlichkeit eines Computersystems für eine Gemeinschaft. Kurz gesagt: Anstelle des Turing-Tests sollte ein »Durkheim-Test« den Rahmen für praxisorientiertes Programmieren setzen, das mit der Unordentlichkeit soziotechnischer Arbeit rechnen muss.[112]

108 | Vgl. A. Giddens: *The Constitution of Society*.

109 | Vgl. den Kommentar von Erhard Schüttpelz in diesem Band.

110 | S. L. Star: »The Structure of Ill-Structured Solutions«, S. 46. »Grenzobjekte sind Objekte, die sowohl plastisch genug sind, um sich lokalen Anforderungen und Einschränkungen von mehreren Parteien anzupassen und zugleich robust genug sind, um eine gemeinsame Identität über Ortswechsel hinweg aufrechtzuerhalten. Sie sind im gemeinsamen Gebrauch schwach strukturiert und werden beim ortsspezifischen Gebrauch stark strukturiert.« Übersetzung aus diesem Band, S. 141.

111 | L. Gasser: »Leigh Star and the Appearance of ›The Structure of Ill-Structured Solutions‹«.

112 | Vgl. S. Gießmann: »Der Durkheim-Test«.

Trotz aller unüberschaubaren Verteiltheit ihrer Arbeitspraktiken gelang es aber den von Star begleiteten KI-Forschern am MIT Artificial Intelligence Lab, mit wissenschaftlichen Lösungen aufzuwarten. Dementsprechend verfügte das schlecht strukturierte, situativ entstehende Wissen doch über eine Struktur. Die von Star vorgeschlagenen vier Typen von Grenzobjekten sollten zwar keine vollständige Liste darstellen, machten aber einen konzisen Vorschlag für die Bändigung heterogener Typen von kooperativ bearbeiteter Information.

Deren minimalistische Klassifikation, die auf empirischen Beispielen aus der historischen und ethnografischen Arbeit beruhte, benennt ›Repositorien‹ (Museen, Bibliotheken, Datenbanken), ›Idealtypen‹ (Atlanten, Diagramme), ›sich überlagernde Grenzen‹ (unterschiedlicher sozialer Räume und Wissensbestände) und ›Formulare/Etiketten‹ als verschiedene Grenzobjekttypen. Diese bedingen sich wechselseitig und werden in actu teils ineinandergeschachtelt, teils miteinander verkettet. So bedarf die Informationsstandardisierung in Repositorien der Gestaltung und Nutzung von Formularen, Idealtypen können zwischen verschiedenen Domänen vermitteln, die sich wiederum durch überlagernde Grenzen auszeichnen können. Alle Grenzobjekte und ihre Verkettungen sind aber wiederum nur durch lösungsorientiert-kooperative, aber nicht notwendig konsensuelle Praxis zu ihren Vermittlungsleistungen imstande. Diese Abhängigkeit von konkreten Handlungen und insbesondere Arbeitspraktiken modelliert auch das Verhältnis von ›structure‹ und ›agency‹ als nicht inhärent widersprüchlich – Strukturen werden ebenso fortwährend in situ hervorgebracht und bearbeitet, selbst wenn man ihre Vermittlungstypen strukturorientiert klassifizieren kann.[113] Stars an die Informatik adressierter, durchaus provokanter Text problematisierte die Formalisierbarkeit von handlungsrelevanten Problemen[114] – freilich nicht, ohne selbst eine minimale Klassifikation für ›schlechte‹ Strukturierungen anzubieten.

Verteilte Koordination im Naturkundemuseum

Im Gegensatz dazu handelte die parallel entstehende Fallstudie zum Museum für Naturgeschichte der University of Berkeley zunächst von einem anderen Theorieproblem, durch dessen Diskussion die Grenzobjekte vollends als pragmatistische Wissensfigur etabliert worden sind. »Institutional Ecology, ›Translations‹ and Boundary Objects: Amateurs and Professionals in Berkeley's Museum of Vertebrate Zoology, 1907–39« begann mit einer Grundlagenkritik an der Auffassung von ›Übersetzung‹, wie sie in der Akteur-Netzwerk-Theorie entwickelt worden war. Star und ihr Ko-Autor James R. Griesemer kritisierten dabei vor allem die von Michel Callon und Bruno Latour vorgenommene Betonung einzelner unverzichtbarer Akteure, sogenannter »obligatorischer Passagepunkte« in einer Handlungsverket-

113 | An Versuchen zur Erweiterung der ersten Viererliste gibt es keinen Mangel – keine hat sich aber bis jetzt als hinreichend erwiesen. Vgl. zur inneren Konsistenz der Grenzobjekt-Ordnung in Teile und Ganze den Beitrag von Erhard Schüttpelz in diesem Band.

114 | Z. B. im Falle des klassischen *frame problem* der Künstlichen Intelligenz, bei dem Kameras, Sensoren und Computing den Rahmen einer berechenbaren Situation stets erneut ermitteln müssen. Vgl. H. R. Ekbia: *Artificial Dreams*, S. 252, 362.

tung.[115] Viel eher interessierten sie sich für die Interaktion vieler mit vielen, die in Gestalt eines *many-to-many mappings*, einer Kartierung im Modus »vieler zu vielen«, nachvollzogen wird. Geoffrey Bowker hat dies etwas später als Suche nach »distributed passage points« bezeichnet.[116]

Tatsächlich entwickelte Star zusammen mit Griesemer ihre mikrohistorische Methode anhand des Museum of Vertebrate Zoology konsequent weiter. Die unterschiedlichen Perspektiven bzw. ›Visionen‹ der durch das Museum miteinander in Relation gesetzten heterogenen Akteure ließen die Institution als fortwährenden Fokus unterschiedlicher Arbeitspraktiken erscheinen.[117] Die für die alltägliche Arbeit verwendeten Grenzobjekte wurden so Teil einer »Ökologie der Institution«, wie sie die Workplace Studies von Everett Hughes analysiert hatten.[118]

Waren in den *Regions of the Mind* noch prominente Mediziner die hauptsächlichen Akteure, so entfalteten Star und Griesemer hier ein Tableau unterschiedlichster Charaktere. Dabei rückte die Frage in den Vordergrund, auf welcher Grundlage so unterschiedliche soziale Welten wie die universitäre Zoologie, naturkundlich interessierte ›Amateure‹, Fallensteller, eine Mäzenatin und eine Universitätsverwaltung ihre Zusammenarbeit koordinieren konnten. Welche konkreten und symbolischen Objekte wurden dazu benötigt, und wie resultiert deren Charakter aus der gemeinsam bearbeiteten und repräsentierten Information? Bereits im Falle einer musealen Institution werden die hierfür von Star und Griesemer historisch kartierten Praktiken so unübersichtlich, dass sie eine Neufassung des Übersetzungsverständnisses in den Science and Technology Studies nötig machten. Hatte Michel Callon noch festgehalten, dass sich ein Netzwerk zu formieren beginnt, sobald drei Akteure durch einen Intermediär zusammengebracht werden,[119] zielten Star und Griesemer auf multiple Übersetzungen, in denen viele mit vielen interagieren. Von Callons variabler Geometrie der Akteure in einem Netzwerk war dies zwar nicht weit entfernt, markierte aber eine deutliche Differenz hinsichtlich der Kapazitäten einzelner Akteure, Übersetzungsverhältnisse zu regulieren und zu bestimmen. So gibt es im Kontext des Museum of Vertebrate Zoology keine einzelnen ›obligatorischen Passagepunkte‹, ohne die eine Übersetzung nicht vonstattengeht. Vielmehr konstituierten die Akteure durch die multiple Übersetzungsarbeit in verketteten Situationen mannigfaltige Passagepunkte. Anstelle des Netzwerks tritt eine Ökologie sich wechselseitig durchdringender Praktiken in »networks-without-voids«,[120] deren Stabilisierung in fortwährenden Übersetzungen und Re-Repräsentationen von Arbeitsschritten erfolgt.

Im Falle des Museum of Vertebrate Zoology, eines ›Repositoriums‹, ist dies z. B. beim Ausfüllen der ›Etiketten‹ der Fall, mit denen einen Tierpräparat Teil der inter-

115 | Vgl. M. Callon: »Einige Elemente einer Soziologie der Übersetzung«, S. 149.

116 | G. C. Bowker: »How to Be Universal«, S. 107 ff.

117 | In Stars feministischen Schriften wird das *many-to-many relational mapping* noch komplexer aufgefasst und erstreckt sich zwischen multiplen Marginalitäten von Personen (»borderlands and monsters«) und der multiplen Naturalisierung von Objekten (Grenzobjekten und Standards). Vgl. S. L. Star: »Misplaced Concretism and Concrete Situations«, S. 159.

118 | E. C. Hughes: *The Sociological Eye*.

119 | M. Callon: »Techno-ökonomische Netzwerke und Reversibilität«, S. 325.

120 | S. L. Star (Hg.): *Ecologies of Knowledge*, S. 27.

nen Informationsverarbeitung wird. Während ›Amateur‹-Naturkundler und Trapper wussten, wo das Tier gefunden worden war und in welcher Umgebung es lebte, konnten es Museumsmitarbeiter in den Kontext der Sammlung und bestehende Klassifikationssysteme einordnen. Die heterogenen sozialen Welten mussten dabei kooperieren, um die Felder des Etiketts trotz interpretativer Flexibilität je nach eigener ›Vision‹ ausfüllen, vervollständigen oder korrigieren zu können. Nur so entstand für die Akteure das, was im Nachhinein die ›Kohärenz‹ der Datensammlung ermöglicht, während die gemeinsam bearbeitete, »zusammengezogene« *(joined)*[121] Information zugleich Medium der kooperativen Aushandlungsprozesse blieb.[122]

Die Grenzobjekte sind hier Medien der nicht-konsensuellen Kooperation im doppelten Wortsinne. Durch sie gelingt es heterogenen sozialen Welten, die nötigen infrastrukturellen Grundlagen und Arbeitsprozesse für eine wissenschaftliche Institution in Gang zu setzen und aufrecht zu erhalten. Zugleich sind sie unabdingbare mikro-koordinative Arbeitsmittel, ohne deren konstitutive Vermittlungsleistungen ein Zusammenwirken der unterschiedlichen sozialen Welten bzw. Praxisgemeinschaften kaum möglich erscheint: Alle Sozialität ist verteilte objektbasierte Sozialität.[123] Die Textur eines soziotechnischen Kollektivs wird anhand seines Medieneinsatzes lesbar. Grenzobjekten fällt dabei die Rolle als operativer Vermittler des Nicht-Konsensuellen zu. Diese pragmatistische Konzeption betont die Verteiltheit und interpretative Flexibilität kooperativ hergestellten Wissens, das durch viele für viele entsteht, aber auf sehr unterschiedliche Weise angeeignet und weiterverarbeitet werden kann.

Immutable Mobiles, Re-Repräsentationspfade, Information

In diesem Hin-und-Her liegt auch eine entscheidende medientheoretische Pointe. Obwohl die »immutable mobiles« Bruno Latours in die minimale Klassifikation von Grenzobjekten als Teil der ›Formulare/Etiketten‹ mit aufgenommen wurden, ist doch deren Formstabilität – mit der die logistische Verschickung und Übersetzung über große Distanzen realisiert wird – von Star erheblich in Zweifel gezogen worden. Die ›unveränderlich mobilen Elemente‹ seien eher als Resultat ständiger Neu-Übersetzungen und Transformationen aufzufassen: »[W]e can think of immutable mobiles as traveling along a path of work, where the tensions between mutability and immutability are managed in every situation.«[124] Dieser Pfad ist ein Pfad der Re-Repräsentation von Arbeit, »a re-representation path«.[125] Ein Großteil dieser fortwährenden Nutzung wird allerdings zum Teil einer Ökologie unsichtba-

121 | S. L. Star: »The Structure of Ill-Structured Solutions«, S. 46–47.

122 | Im ersten Zitat des Textes in der »Structure of Ill-Structured Solutions« steht anstelle der Grenzobjekte noch ›Kohärenz‹ im Titel. Ebd., S. 54.

123 | Oder, mit den Worten Michel Serres': »Es gibt kein menschliches Kollektiv ohne Dinge; die Beziehungen zwischen Menschen verlaufen über die Dinge, unsere Beziehungen zu den Dingen verlaufen über die Menschen.« M. Serres: *Der Naturvertrag*, S. 79.

124 | S. L. Star: »The Politics of Formal Representations«, S. 92.

125 | Ebd. Der Begriff wurde von Star zusammen mit Elihu Gerson geprägt, vgl. S. L. Star: »Layered Space, Formal Representations and Long-Distance Control«, S. 128.

rer und unhörbarer Arbeit, da die praktischen Schritte zur Re-Repräsentation aus den fertigen Ergebnissen getilgt werden.

Im Gegensatz zu Latours eher postalisch-analogen, an der Geltung wissenschaftlicher Inskriptionen geschulten Verständnis der *immutable mobiles*[126] basieren Stars Grenzobjekte ebenso auf ihren zeitgenössischen Ethnografien der Forschungen zu Verteiler Künstlicher Intelligenz, Agentensystemen, Büroarbeit und computerbasierter Entwurfsprozesse. Das fortwährende Versionieren und Aktualisieren von Informationen ist dabei aber unabhängig von der Materialität der verwendeten Medientechniken konzeptionalisiert – mit der jedoch in der Praxis die jeweiligen situierten Re-Repräsentationen vorgenommen werden.[127] So bearbeitete Grenzobjekte sind jedoch keineswegs unabhängig von ihren material-semiotischen Grundlagen. Sie verfügen aber über keine generelle, apparativ-instrumentelle oder wahrnehmungsbasierte Medienspezifik. Deutlich wichtiger ist hier der informationelle Charakter der vermittelnden Praktiken zwischen sozialen Welten. Kurz gesagt: Grenzobjekte handeln von einer situierten Vermittlungsspezifik des Sozialen, nicht aber von einer globalen Medienspezifik.

Wenn aber Informationsverarbeitung der gemeinsame Nenner für die Struktur der vier Grenzobjekttypen war, um was für ein Verständnis des Informationsbegriffs handelte es sich dann? Sowohl Geoffrey Bowker wie Susan Leigh Star haben sich hierfür in eine denkwürdige Distanz zum formalen informationstheoretischen und kybernetischen Verständnis und seinen Quellen in der Thermodynamik begeben.[128] So hat Bowker in seinem 1994 erschienenen, kritischen Aufsatz zur »Information Mythology« kybernetische Narrative, mit denen die gesamte physikalische Welt als in/formiert aufgefasst wird, entschieden dekonstruiert. Stattdessen betonte er: »In the case of information, organizational work is central.«[129] Die Verwechslung von Information als Teil ökonomischer Praktiken mit einer Annahme über die gesamte informatisierte Welt kann vor allem dann vollzogen werden, wenn die infrastrukturellen Grundlagen der Informationsverarbeitung genau dies zulassen: »The global statement that everything is information is not a preordained fact about the world, it becomes a fact as and when we make it so.«[130] Das zugrunde liegende Informationsverständnis ist so in jedem Fall ein bürokratisches, oder – neutraler formuliert – ein administratives.

Grenzobjekte haben ohne Zweifel an dieser vor allem in der zweiten Hälfte des 20. Jahrhunderts grassierenden Informationsmythologie teil, aber sie reduzieren diese auf die Schritt für Schritt vorgehende organisatorische Bearbeitung und Weitergabe. Innerhalb der von Star bevorzugt untersuchten Ökologie von Institutionen bestehen ›Informationen‹, wenn sie re-repräsentiert, d.h. gezeigt, artikuliert, ge-

126 | Vgl. E. Schüttpelz: »Die medientechnische Überlegenheit des Westens«; U. Bergermann: »Kettenagenturen«.

127 | Vgl. zu den Übergängen der Mediennutzung in der Ingenieurspraxis K. Henderson: »Flexible Sketches and Inflexible Data Bases«.

128 | Vgl. R. S. Kline: *The Cybernetics Moment.*

129 | G. C. Bowker: »Information Mythology and Infrastructure«, S. 235. Bowkers Beispiele sind zum einen Charles Babbage und zum anderen die von ihm rekonstruierte Industrialisierungsgeschichte der Firma Schlumberger und ihres »information management«.

130 | Ebd., S. 245.

sehen, gehört, geschrieben, gelesen, berechnet und gerechtfertigt werden. Oder, in ihren eigenen Worten:

»[W]e have long had models of signals and targets, background noise and filters, degradation of signals and quality controls. It becomes new, however, when people are added as active interpreters of information, who themselves inhabit multiple contexts of use and practice. What becomes problematic under these circumstances is the relationship between people and things, or objects, the relationship that creates representations and not just noise. Information is only information when there are *multiple* interpretations. One person's noise may be another's signal, or two people may agree to attend to something – but it is the tension between contexts that actually creates representation. [...]
The medium of an information system is not just wires and plugs, bits and bytes, but also conventions of representation, information both formal and empirical. A system becomes a system in design and use, not the one without the other. The medium is the message, certainly, and it is also the case that the medium is a political creation.«[131]

Medienökologie und Institutionenanalyse

Neben der Verschiebung des Informationsverständnisses in die Fragen multipler wechselseitiger Interpretation teilten Star und Griesemer aber, auf einer in der Regel wenig beachteten Ebene, Annahmen des Biologen und Philosophen William Wimsatt. Dessen Konzept des »generative entrenchment«, der ›generativen Verzweigung‹ prozessierter Information, erfasste u.a. die zeitbasierte Ausprägung von Informationen durch das Lernen lebendiger Organismen.[132] Situiert zwischen Entwicklungs- und Evolutionsbiologie, bezog sich die ›generative Verzweigung‹ auf das Verhältnis von angeborenem und erlerntem Verhalten. Wimsatts Annahme, dass vorhergehendes Verhalten als Umweltinformation weitergegeben wird, verortete die Vererbung von Informationen nicht nur in genetischen Programmen, sondern ebenso in der sukzessiven Prägung von Organismen durch ihre Umgebung.[133] Da erste Festlegungen hier weitaus folgenreicher sind als spätere, kommt ihnen eine wichtige Rolle für die generative Verzweigung von Informationen zu. In Star und Griesemers Grenzobjekt-Konzept war, vermittelt über ihre Wimsatt-Lektüren, auch diese komplexe bio-semiotische Annahme enthalten, die Grenzobjekte als Teil von verzeitlichten Umweltinformationen versteht.

Zentraler Bezugspunkt einer Ökologie der Grenzobjekte blieb dabei aber die von Star bevorzugte Analyseeinheit einer sozialen Organisation und ihrer Arbeitspraktiken. Die von ihr vorgeschlagenen Grenzobjekttypen, die Information in Repositorien, Idealtypen, Gebieten mit sich überlagernden Grenzen und Formularen bzw. Etiketten re-repräsentieren, sind Teil von Institutionen wie dem Naturkundemuseum. Was bei Wimsatt abstrakt ›generative Verzweigung‹ hieß, wurde so zum konkreten Bestandteil des zu organisierenden Informationshaushalts einer

131 | S. L. Star: »Misplaced Concretism and Concrete Situations«, S. 151.

132 | W. C. Wimsatt: »Developmental Constraints, Generative Entrenchment and the Innate-Acquired Distinction«.

133 | Ebd., S. 200 f. Wimsatts komplexes, sich sowohl auf Herbert Simon, Ernst Mayr und Konrad Lorenz beziehendes Argument können wir hier nur ansatzweise wiedergeben.

komplexen institutionellen Umwelt. Eine ökologische Vorgehensweise bedeutete für Star, deren Arbeitsplätze und -praktiken nicht primär als Netzwerke zu rekonstruieren,[134] sondern als elementaren Teil einer praktisch verfertigten, kritisierbaren und gestaltbaren Medienökologie von Institutionen. Konsequent führte sie diesen Ansatz vor allem in dem 1995 publizierten Sammelband *Ecologies of Knowledge* und den gemeinsam mit Karen Ruhleder verfassten »Steps Toward an Ecology of Infrastructure« (1995/1996) weiter. Ökologie, so ließe sich Stars Verständnis zusammenfassen, entsteht aus den kleinen, alltäglichen Praktiken der Informationsverarbeitung, die von sich aus nicht notwendigerweise auf eine Generalisierung zielen. Es handelte sich bei ihrer Vorgehensweise nicht um eine »allgemeine Ökologie«, die Medien als Umweltbedingungen adressiert,[135] sondern um eine Medienökologie selbst geschaffener und gestaltbarer Informationsumwelten.[136] Sie umfasste auch die Frage der Reichweite wissenschaftlichen Wissens, der Star durch einen ökologischen Ansatz, der nicht strikt zwischen System und Umwelt, zwischen lebendigen und nicht-lebendigen Entitäten unterscheidet, gerecht werden wollte:

> »If one adopts an ecological position, then one should include all elements of the ecosphere: bugs, germs, computers, wires, animal colonies, and buildings, as well as scientists, administrators, and clients or consumers.«[137]

Diese kritische Aufnahme der akteur-netzwerktheoretischen Annahmen zur Rolle nichtmenschlicher Aktanten erforderte für Star aber einen ethischen Ansatz, der menschliche Arbeitspraktiken konsequent mit einbezieht. Gerade in der Gestaltung großangelegter Informationsinfrastrukturen hieß dies, dass die Analyse von Grenzobjekten und des um sie konfigurierten situierten Handelns zum Maß des ökologischen Ansatzes wurde. Stars Ökologieverständnis betonte dabei die offene Interdependenz von laufenden Prozessen.[138]

Grenzinfrastrukturen gestalten

Der orts- und situationsbezogene Charakter der Grenzobjekte als Teil institutioneller Ökologien ließ die Frage, inwiefern kooperative Praktiken der Informationsverarbeitung im größeren Maßstab vollzogen werden können, zunächst weitestgehend offen.[139] Zwar diskutierte die Sozioinformatik unter Bezug auf Star, ob man Grenzobjekte per »engineering« erzeugen könnte, oder ob nur organisch durch

134 | M. P. de la Bellacasa: »Ecological Thinking, Material Spirituality, and the Poetics of Infrastructure«, S. 51. Vgl. zur Abgrenzung zu textilen Metaphern und insbesondere Netzwerken S. L. Star (Hg.): *Ecologies of Knowledge*, S. 27 f.

135 | Vgl. E. Hörl (Hg.): *General Ecology*.

136 | Vgl. zu den gegenwärtigen Ansätzen P. Löffler/F. Sprenger: »Medienökologien. Einleitung in den Schwerpunkt« und die gesamte Ausgabe 1 (2016) der *Zeitschrift für Medienwissenschaft*.

137 | S. L. Star (Hg.): *Ecologies of Knowledge*, S. 13.

138 | Ebd., S. 35.

139 | Stars eigene infrastrukturethnografische Arbeiten betonen die Dezentralität und Asynchronität des Abgleichs von Wissen, Daten und Skills zwischen wissenschaftlichen Laboren.

Gruppeninteraktion entstehende Grenzobjekte die gewünschten Vermittlungsleistungen und Nutzungsintensitäten in digitalen Infrastrukturen erreichen würden.[140] Trotz des Befundes, Grenzobjekte nicht prä-formieren zu können, stiegen jedoch die Gestaltungsanforderungen an digitale Informationsinfrastrukturen in den 1990er Jahren. Der von Star geforderte Durkheim-Test betraf nun ebenso die Welt der Library and Information Science, die auf eine nutzerorientierte Ausrichtung ihrer Informationssysteme zwingend angewiesen war (und ist).

Anhand der Frage, wie man vom lokal als sinnvoll und funktional erachteten soziotechnischen System – etwa einer Universitätsbibliothek – zu Anwendungen gelangen konnte, die als Grenzinfrastruktur zwischen sozialen Welten fungieren können, formulierten Bowker und Star eine Zwischenbilanz in *Sorting Things Out*: »Scaling up from the local to the social« lautete das ambitionierte Ziel dieses erweiterten Durkheim-Tests, der im Gegensatz zur Grenzobjekt-Heuristik negative Dynamiken von Klassifikationspraktiken und Informationstechnologien ebenso in Rechnung stellte.[141] Im Gegensatz zum transdisziplinären Erfolg der Grenzobjekt-Heuristik blieben jedoch die Grenzinfrastrukturen ein theoretisches Fragment, das innerhalb genereller Fragen zum Charakter von Informationsinfrastrukturen verortbar ist.[142]

Die Wendung von Objekten hin zu Infrastrukturen lässt sich als Versuch auffassen, die Skalierung von Grenzobjekten, ihre Verfestigung, Stabilisierung und Härtung nachzuvollziehen und, wo möglich, flexibel zu gestalten. Bei diesem Unternehmen stießen Star und Bowker aber auf ein diffiziles sozial- und kulturtheoretisches Problem. Jede von ihnen untersuchte Informationsinfrastruktur zeigte sich als Ensemble von Klassifikationspraktiken, egal ob es sich um die Codierung von Krankheiten oder die Zuordnung von rassistischen Kategorien im Apartheid-Regime handelte.[143] Zwar sollten Klassifikationen aus Grenzobjekten heraus entstehen,[144] aber zugleich konfrontierten alle Ordnungssysteme die von ihnen sortierten Objekte und Personen mit einem potenziell starren Raster.

Die Frage der Klassifikation erwies sich als die Grenze der Grenzobjekte. Denn in dem Maße, wie in Arbeitsumgebungen Klassifikationsentscheidungen getroffen werden müssen, werden Differenzen und Kategorien operationalisiert, die auf jedes Grenzobjekt einwirken. Die Frage der Interaktion mit Information, die sich mit den Grenzobjekten initial verband, wurde so zu einer machtanalytischen Fragestellung, denn Klassifikationen folgen in der Regel keiner »fundamentalen epistemologischen Demokratie«.[145]

Vielmehr lassen sich, so möchten wir vorschlagen, Grenzinfrastrukturen als koordinative und zugleich gestaltbare Medien auffassen, die über die Informationsverarbeitung sowohl Personen, Dinge, Zeichen als auch Abläufe klassifizieren.[146]

140 | G. C. Bowker/S. L. Star: *Sorting Things Out*, S. 305.

141 | Ebd., S. 317.

142 | S. L. Star/G. C. Bowker »How to Infrastructure«; S. L. Star/G. C. Bowker: »Enacting Silence«; G. C. Bowker et al.: »Towards Information Infrastructure Studies«.

143 | Vgl. den Beitrag von Cornelius Schubert in diesem Band.

144 | G. C. Bowker/S. L. Star: *Sorting Things Out*, S. 324.

145 | S. L. Star: »Cooperation Without Consensus in Scientific Problem Solving«, S. 95.

146 | Mit Dank an die interdisziplinäre Vorbereitungsgruppe des Workshops »Digital Platforms and Boundary Infrastructures« im Sonderforschungsbereich *Medien der Kooperation*, Siegen.

Ihre Vermittlungsleistungen zwischen sozialen Welten bedürfen eines gewissen Grades an stabilisierten, plastischen Vorgaben, die aber noch nicht die Formalität soziotechnischer Standards erreichen. Die in Grenzinfrastrukturen einfließenden »stable regimes of boundary objects«[147] müssen allerdings genügend Spiel für lokale Variation lassen. Auch für eine Grenzinfrastruktur gilt die praxistheoretische Einsicht, dass die Nutzung darüber entscheidet, wann ein soziotechnisches Ensemble »boundary« wird. Wenn Klassifikation unvermeidlich ist, so lautete die Pointe von Bowker und Star, dann muss sie gerade in digitalen Medien flexibel und beweglich gehalten werden.

Denn mit dem Erstaunen, in Informationsinfrastrukturen gewissermaßen die Selbstklassifikation und Institutionalisierung der modernen, globalisierten Kulturen des 19. und 20. Jahrhunderts vorzufinden,[148] verband sich für Bowker und Star zugleich das Grauen über deren teils mörderische Nutzung. Star setzte diesen Abgründen ihre ökologisch denkende Ethik entgegen, in der sie besondere Aufmerksamkeit auf die ausgeschlossenen, schweigenden und nicht-klassifizierbaren Entitäten richtete. Dabei nahm sie keine Trennung zwischen dem wissenschaftlichen Arbeiten und persönlicher gelebter Erfahrung vor. Im Gegenteil betonte sie, wie beide gerade in der qualitativen Forschung nicht getrennt werden können. Lebens- und Theoriestil sind so einerseits verflochten, andererseits gingen sie für Star nicht ineinander auf – ein »misplaced concretism« blieb für sie epistemologisch suspekt.[149] Ihre wissenschaftliche Biografie lässt sich so als Versuch verstehen, fortwährend die Vielfalt der eigenen Identitäten, die Mitgliedschaft in Praxisgemeinschaften – oder doch zumindest die vermittelnde Position an deren Rändern – als Ressource eines Denkens zu mobilisieren, das dieser praktischen Fundierung des eigenen Handelns gerecht wird. Stars Arbeit folgte regelrecht einer dynamischen Politik des Nicht-Identischen, die sich einfachen Klassifizierungen widersetzt.

Marginalität und Arbeit

Wissenschaftliches Schreiben, so hielt es Susan Leigh Star in »Living Grounded Theory« fest, ist durch die Codierung gefühlsgeladener Erzählungen und der eigenen erlebten Erfahrung charakterisiert.[150] Wissenschaftlerinnen und Wissenschaftler verfassen Texte mit einer verschlüsselten Stimme und verwenden eine Sprache, die von einem hohen Maß unsichtbarer Arbeit, Isolierung und Spezialisierung zeugt. Die populäre Vorstellung von Wissenschaft motiviert eine stillschweigende Unterdrückung von Leidenschaften: »The standards and formal classifications that pervade science always represent treaties between conflicting passions, yet what could look more boring?«[151] Auf virtuose Art gelang es Star, solchen formalisierten Wissenschaftsvorgaben zu entgehen. Gedichte, die eigene Zwiebelallergie,

147 | G. C. Bowker/S. L. Star: *Sorting Things Out*, S. 313.

148 | »We hardly know what we have built.« Ebd., S. 319.

149 | S. L. Star: »Misplaced Concretism and Concrete Situations«; N. Wakeford: »Don't Go All the Way«.

150 | S. L. Star: »Living Grounded Theory«, S. 77.

151 | S. L. Star/A. Strauss: »Layers of Silence, Arenas of Voice«, S. 76.

ihre Freundschaft zu einem Transgender-Studenten, erlebte Schmerzerfahrungen in Krankenhäusern und intellektuelle wie emotionale Zerreißproben bei der Suche nach einer geeigneten Praxisgemeinschaft setzte sie als Ausgangspunkt von Analysen soziotechnischer Phänomene.[152]

Diese Methode ist nicht allein mit einer thematischen Querverbindung zwischen eigener Erfahrung und untersuchtem Phänomen zu begründen. Vielmehr handelte es sich bei diesem Vorgehen um das Anerkennen der Validität erlebten, körperlichen Wissens im Erkenntnisprozess. In einem ihrer persönlichsten Texte, der den programmatischen Titel »Leaks of Experience« trug, schilderte Star ihren jahrelangen Leidensweg nach einem Autounfall. Therapien, chirurgische Eingriffe, medizinische Diagnose und etliche Falsch-Klassifizierungen ließen sie ihren eigenen Körper als Quelle des Lernens begreifen:

»I know myself now as an intersection of bodies coinciding at the place called me. The lie of the Human Body, the Invisible Woman, the anatomy book, the chassis – all the lies of normalcy – have been replaced by an understanding of the specificity of healing and the collective nature of suffering. I think I would like to call this learning.«[153]

Die Unterdrückung dieses erlernten Wissens verstand Leigh Star als Achillesferse all jener qualitativen Wissenschaften, die es sich gerade zur Aufgabe machen, die Relevanz informellen Wissens und des Lokalen zu stärken:

»We are concerned to demonstrate the situated, historicized nature of science, but lack tools with which to do so, which are not betrayals of the very phenomena we are trying to expose. We try to speak of informal knowledge, but have only formal words; we allude to situations and contexts using words inherited from decontextualized and transcendental frameworks. How can we both generalize and be situated?«[154]

Für ihren eigenen wissenschaftlichen Schreib- und Lehrstil schlug Star einen pragmatistischen Mittelweg ein, und wählte gerade dann einen intimen Zugriff, wenn Standardisierungen und formale Repräsentationen im Kontext von Arbeitsphänomenen und Marginalisierung analytisch und ethisch problematisch wurden. Wenn Star komplexe Konstellationen von Marginalisierung und Mitgliedschaft fernab ihrer persönlichen Erfahrungswelt behandelte, lag der Fokus sowohl auf Formalisierungsbemühungen innerhalb der Arbeitsorganisation von *Scientific Communities*, als auch auf der Bedeutung von Klassifikationen und Standards im Alltag von Nutzerinnen. Multiperspektivisch entfaltete Star die Konsequenzen von Marginalisierung für Personen, Emotionen, Dinge und Medien. Ihre Verortung in der Feministischen Theorie, der Chicago School of Sociology und der internationalen Wissenschafts- und Technikforschung ging mit dem Interesse an der Untersuchung von Marginalien, Cyborgs, Monstern, Improvisationen, Kontroversen, Hintergrundbühnen, Lösch- und Schattenarbeiten zumeist Hand in Hand.

152 | S. L. Star: »Power, Technologies and the Phenomenology of Conventions«; S. L. Star: »Leaks of Experience?«; S. L. Star/A. Strauss: »Layers of Silence, Arenas of Voice«.

153 | S. L. Star: »Leaks of Experience«, S. 137.

154 | Ebd., S. 129.

Zwischen formalistischer Strenge und (un-)sichtbarer Arbeit

Star hielt sich dabei an die grundlegenden Erkenntnisse der Laboratory Studies: Will man wissenschaftliches Arbeiten verstehen, sollte man nicht die fertigen Publikationen der jeweiligen Scientific Communities betrachten, sondern Augenmerk auf die Praktiken der Entstehung wissenschaftlichen Wissens – mitsamt ihren reibungsgeladenen soziotechnischen Interaktionen – lenken. Auf diese Weise gingen Elihu M. Gerson und Star in ihren Wissenschaftsforschungen der 1980er Jahre vor und spürten dabei insbesondere »Anomalien« nach. Definiert wurden diese als Ereignisse, die in der Lage sind, Routinen und Arbeitsflüsse zu unterbrechen.[155] Die Einordnung jener Anomalien als Fehler und Unfälle, Entdeckungen oder Unangebrachtheiten – man denke hier beispielsweise an Betrugsfälle durch Datenmanipulation – lag in den Händen der Akteure. Dennoch wird das Resultat der Aushandlungen von verschiedenen Faktoren, wie z. B. der Erfahrung der Forschenden, der Komplexität des Problems, der Machtfülle der Verhandlungspartner sowie der Sichtbarkeit der Arbeitsprozesse enorm gelenkt: »Visibility of the problem constrains options for continuing or avoiding negotiations: high visibility means fewer options for ignoring anomalies.«[156]

Stars weitere Arbeiten zeichneten sich aber nicht nur durch das Interesse an Anomalien, Workarounds[157] und »schlecht strukturierten Lösungen« in Form von Grenzobjekten aus. Im Gegenteil hat sie die Spannung zwischen generalisierbaren Erkenntnissen und lokal spezifischen Anomalien von Arbeitsorganisation ethnografisch mit großem Interesse erforscht. Denn diese Differenz nötigte Industrieforscher und Manager zur Repräsentation, Steuerung und Dokumentation von Arbeitsprozessen auch dort, wo hoch präzises und formalisiertes Vorgehen erforderlich ist. Anhand einer empirischen Studie zur unternehmerischen Entwicklung von Computerchips etwa führte Star die praktische Herausforderung vor Augen, formalisiertes Programmieren und persönliche Kreativität auszubalancieren. Während in der formalen Koordination das Löschen von Arbeit *(deleting the work)* fast unvermeidlich ist, bilden sich gleichzeitig Arbeitspraktiken aus, mit denen Ad-hoc-Entscheidungsmöglichkeiten aufrechterhalten und formale Systeme umgangen werden. Mit ihren Worten formuliert:

»There is a fact in the whole scientific mythology of wizards, ›gurus‹, laboratory technicians with ›golden hands‹, as well as a plethora of myths about scientific and technical creativity that are closely linked with the ability to ›restore the work‹.«[158]

Zu einer ähnlichen Diagnose gelangte Star in einer historischen Fallstudie zur Professionalisierung der Anfertigung von Tierpräparaten und Dioramen in ame-

155 | S. L. Star/E. M. Gerson: »The Management and Dynamics of Anomalies in Scientific Work«, S. 147.

156 | Ebd., S. 163.

157 | S. Gießmann/G. Schabacher: »Umwege und Umnutzung«; G. Schabacher: »Im Zwischenraum der Lösungen«.

158 | S. L. Star: »Layered Space, Formal Representations and Long-Distance Control«, S. 137.

rikanischen Naturkundemuseen. Die Entstehung der Tiermodelle herstellenden Praxis der »Taxidermie« beruhte auf einer überragenden materiellen und handwerklichen Kunstfertigkeit. So ging die in Dioramen ausgestellte ›natürliche‹ Wildheit aus einer Kombination von Malerei, Bildhauerei und Bewahrungsfertigkeiten *(preservation skills)* hervor.[159] Spuren zu diesen »skilled crafts« – mitsamt Tötung der Ausstellungsobjekte, Verfäulnisprozessen, mechanischer Erfindungen, Spurenlese- und Jagdaktivitäten – wurden aus der Repräsentation in den Museumsdioramen gelöscht:[160]

»The world [taxidermists] brought to the publica was a neat world, devoid of smells and toil, of commercialism and dirty politics. The materials they left behind for the world, behind glass cases, impose a local tidiness as well as an implicit power relationship with nature.«[161]

Gerade diese wissenschaftlichen Handwerker verfügen über die notwendige Expertise, die entsprechende »Artikulationsarbeit« – in Anselm Strauss' Sinne des Begriffs[162] – vollziehen zu können. Im Kern werden bei einer solchen Tätigkeit Handlungen modifiziert, um Arbeitsprozesse angesichts unerwarteter Ereignisse wieder in Fluss zu bringen.[163] An anderer Stelle belegte Star, dass die Artikulationsarbeit von Nutzerinnen im Design von CSCW-Systemen oftmals keine Berücksichtigung findet. Einen der Gründe hierfür stellt der soziale Status der Personen dar, die sie ausführen – insbesondere im Fall verborgener und abgewerteter Fähigkeiten von Bürokräften.[164]

Mittels der Sichtbarmachung von Artikulationsarbeit innerhalb der Bürokommunikation kann es jedoch gelingen, die Rolle der Angestellten für die Erzeugung und Instandhaltung administrativer Standards anzuerkennen – und nicht, wie das für gewöhnlich üblich ist, den Arbeitgebern zuzuschreiben. Erkenntnistheoretisch zentral ist hierbei, dass dadurch die Beschaffenheit der standardisierten Elemente präzisiert werden kann, da die angestellten Bürokräfte aus verschiedenen sozialen Welten stammen und diese im Technologiedesign zu repräsentieren versuchen.[165]

Sowohl bei der Behandlung von Anomalien als auch bei den Lösch- oder Artikulationsarbeiten in organisierten Arbeitskontexten zeichnete sich für Star eine ausgeprägte Dualität von Sichtbarkeit und Unsichtbarkeit ab. Das, was als Arbeit aufgefasst wurde, stand offenbar im direkten Zusammenhang mit der formalen Repräsentation dieser Tätigkeiten. Jörg Strübing hat dies für die arbeitssoziologische Wissenschafts- und Technikforschung von Star und Strauss wie folgt präzisiert:

---

159 | S. L. Star: »Craft vs. Commodity, Mess vs. Transcendence«, S. 262.

160 | Dabei handelt es sich vor allem um idiosynkratisch erscheinende Merkmale wissenschaftlicher Arbeit, zu denen individuelle und lokale Wissensbestände genauso wie das *tacit knowledge* gehören.

161 | S. L. Star: »Craft vs. Commodity, Mess vs. Transcendence«, S. 281.

162 | S. L. Star/A. Strauss, »Layers of Silence, Arenas of Voice«, S. 10.

163 | S. L. Star: »Invisible Work and Silenced Dialogues in Representing Knowledge«, S. 84.

164 | S. L. Star/A. Strauss: »Layers of Silence, Arenas of Voice«, S. 21.

165 | Ebd., S. 29.

»Die Anerkennung bestimmter Tätigkeiten als Arbeit ist die Voraussetzung, um die Tätigkeiten auch in Arbeitsorganisationen, Regelwerken, Maschinen, Instrumenten oder Architekturen zu vergegenständlichen. Was aber nicht in dieser Weise als Arbeit vergegenständlicht ist, gerät aus dem Blick, wird zur ›unsichtbaren Arbeit‹.«[166]

Vor diesem Hintergrund versuchten Geoffrey Bowkers, Stefan Timmermans und Susan Leigh Stars Forschungen zur Iowa Nursing Intervention Classification eine Antwort auf die Frage zu geben, welche Arbeiten als formal repräsentierbar und daher als legitim akzeptiert, bzw. als illegitim abgetan werden. Die Autoren untersuchten den Versuch von Pflegekräften, jede von ihnen vollrichtete Arbeit zu kategorisieren und sichtbar zu machen.[167] Die bis dato unkenntlichen Tätigkeiten sollten für medizinische Krankenakten, Forschungszwecke und vor allem für die Legitimierung und Professionalisierung von Pflegearbeit sichtbar gemacht werden. Detailliert führten Bowker, Timmerman und Star vor Augen, dass das Ringen um Sichtbarmachung mit Kompromissen und politischen Schachzügen einhergeht.[168] Obwohl die Pflegekräfte darum kämpften, sichtbar zu sein, waren sie gleichzeitig bestrebt, Mehrdeutigkeit und eigenes Ermessen zu bewahren. Zu klassifizieren, dass man einer sterbenden Patientin zur Seite gestanden hat, mag zwar legitim sein. Jedoch zeichnet sich ein anderes Bild ab, wenn man die Worte spezifizieren muss, die man in einer solchen Situation zu einer Patientin sagen würde.[169]

Die Differenz zwischen legitimer und illegitimer Arbeit lässt sich ebenso auf industrielle und kulturelle Medienunternehmen anwenden. Neben den Schriften von Susan Leigh Star verweisen auch die kulturwissenschaftlichen Forschungen der *Production Studies* auf die folgenreichen Reinigungsarbeiten, die bei der Produktion von »Content« am Werk sind. Der Blick hinter die Kulissen offenbart, dass bei der Erzeugung und Bearbeitung von Repräsentationen in der Museumsarbeit, Film-, Musik-, Games- und Social-Media-Industrie insbesondere die »skilled crafts« von Medienarbeiterinnen herausgetilgt werden. Damit sind Medienunternehmen zweifelsohne an der Definition von Arbeit beteiligt. Markanterweise definieren sie im gleichen Zug den für ihre Publika und Konsumenten zentralen Begriff der Freizeit. Nicht-gradliniges und chaotisches Arbeiten, koordinatives und kommunikatives Feingefühl, ›dreckige‹ und unehrenhafte Tätigkeiten, politisches Aushandlungsgeschick – wie sie auf Produktionsebene alltäglich sind – passen demnach kaum in das Bild von öffentlichen und freizeittauglichen Aktivitäten. Was bleibt, sind gereinigte Mainstream-Medienprodukte und glatte Außendarstellungen, die im Falle juristischer Streitigkeiten und gesellschaftlicher Kontroversen auf Seiten der Unternehmen abgesichert sind.[170]

---

166 | J. Strübing: *Pragmatistische Wissenschafts- und Technikforschung*, S. 289.

167 | Vgl. G. C. Bowker/S. Timmermans/S. L. Star: »Infrastructure and Organizational Transformation«.

168 | Ebd.

169 | Ebd.

170 | Dies zeigen etwa folgende *Production Studies* zu Film, Patenten, Werbung und Games: J. T. Caldwell: *Production Culture*; V. Mayer/M. J. Banks/J. T. Caldwell (Hg.): *Production Studies*; N. Taha: »Patent in Action«; H. Powdermaker: *Hollywood*; A. Hennion/C. Méadel: »In den

Am Rand und in der Mitte

In Stars Schriften zu Grenzobjekten sowie zu Marginalität und Arbeit nimmt die Sozialfigur des »marginal man« eine zentrale Position ein. Mit ihr wird der changierende Status zwischen Marginalisierung und Mitgliedschaft geschildert, den sowohl Menschen als auch Objekte annehmen können. Der prototypische ›marginale Mensch‹ wurde zunächst von Robert Ezra Park, einem der Begründer der Chicago School, beschrieben und durch seinen Schüler Everett V. Stonequist systematisiert. Park verstand unter dem marginalen Menschen eine Person, die sich am Rande *(margin)* zweier Kulturen befindet. Aus dieser doppelten Zugehörigkeit resultieren Lebenssituationen, durch die Identität und Loyalität in eine Krise geraten: Man partizipiert an beiden Kulturen, ist jedoch in keiner vollwertiges Mitglied. Ursprünglich bezog sich Park hierbei auf Personen, deren Eltern teils eine weiße und teils eine schwarze Hautfarbe haben.[171] Später wurde das Konzept generalisiert: Eine marginalisierte Person geht aus räumlichen, sozialen und kulturellen Mobilitätsprozessen hervor.[172]

Star lehnte sich in ihrer Theorie der Grenzobjekte explizit an die anfängliche Auffassung des ›marginalen Menschen‹ an,[173] nahm jedoch im Sinne der Science and Technology Studies eine Re-Perspektivierung vor. Anstelle einer soziologisch-personenzentrierten Auseinandersetzung trat ein Modell ›marginaler Medien‹ – die Grenzobjekte. Es ist vor allem der soziale Welten überspannenden Identität der Grenzobjekte geschuldet, dass Personen nicht gezwungen sind, zwischen heterogenen Welten zu schwanken oder versuchen müssen, in eine einzige Welt überzuwechseln. Dies ist vielmehr Aufgabe der Grenzobjekte – eine Aufgabe, die den damit angesprochenen kooperativ-objektbasierten Repräsentationen von kohärenter Information viel zutraut. Gerade *mediale Objekte* scheinen in der Lage, unbeschadet an den Grenzen der sozialen Welten verweilen zu können, da sie ›Sowohl als auch‹-Eigenschaften aufweisen. Geografische Karten, standardisierte Formulare und Etiketten, Atlanten und Bibliotheksmagazine sind gleichzeitig plastisch und robust, lokal und global, abstrakt und konkret sowie stark und schwach strukturiert. Eine solche Verschiebung delegiert elementare soziale Vermittlungsleistungen an die vom »marginal man« zum »marginal object« gewordenen Grenzobjekte, die freilich nicht unabhängig von ihrer praktischen Verfertigung gedacht werden können.

1990, ein Jahr nach Publikation der Schriften zum Grenzobjekt, veröffentlichte Star ihren danach als »Zwiebelaufsatz« bekannt werdenden Artikel »Power, Technologies and the Phenomenology of Conventions«. Sie nahm damit eine Rückbesinnung auf die personenbezogene Untersuchung multipler Mitgliedschaften und Marginalisierungen vor – eine Rückkehr, die die angeführten, zur Klassifikation und Standardisierung genutzten Grenzobjekte in ein anderes Licht rückte. Methodische Implikationen aus der feministischen Theorie und dem Symbolischen

Laboratorien des Begehrens«; J. Banks: *Co-Creating Videogames*; C. O'Donnell: *Developer's Dilemma*.

171 | R. E. Park: »Human Migration and the Marginal Man«; E. Stonequist: *The Marginal Man*.

172 | J. Reuter: »Der Fremde«, S. 165 f.

173 | S. L. Star/J. R. Griesemer: »Institutional Ecology, ›Translations‹ and Boundary Objects«, S. 411.

Interaktionismus beeinflussten die Erweiterung des Forschungsfeldes vom marginalen Menschen. Diese Erweiterung bezog sich *erstens* auf die Inklusion der soziologischen Kategorien Klasse, Gender und Körper mitsamt ihrer Intersektionalität. *Zweitens* fanden psychologische Krankheitsbilder wie die multiple Persönlichkeitsstörung Berücksichtigung. Als *drittes* Element wurden familiäre und freundschaftliche Kontakte von Manager- und Wissenschaftlerpersönlichkeiten – die nicht unmittelbar ihren professionellen Interessen dienen – integriert.[174] Das konzeptuelle Repertoire gab Star mit an die Hand, wenngleich sie es nicht konsequent für alle beschriebenen Inklusionskonstellationen vertieft behandelte. In einem Großteil ihrer Ausführungen skizzierte Star die Phänomenologie des Konventionellen und Nichtkonformen und versuchte, deren zugrunde liegende Praktiken des Klassifizierens zu identifizieren.

Diskriminierende Intentionen werden so nicht allein in die Materialität von Technologien eingeschrieben, sondern gehen ebenso aus dem scheinbar entgegenwirkenden *labeling* hervor: Aus wohlmeinender Inklusion wird tatsächlich Exklusion. Etikettierungen wie »handicapped access« und »special education« sind Beispiele hierfür. Werden jedoch unbekannte und unsichtbare Nutzer – und dies ist ein weiterer konzeptueller Vorschlag Stars – durch die Analyse der Residualkategorien »others« oder »not elsewhere classified« in den Blick genommen,[175] wird deutlich, dass sich hinter dem Nicht-Konformen schlichtweg Heterogenität verbirgt.[176] Unentwegt forderte Star, das Heterogene, Monströse und Nicht-Passförmige als Ausgangspunkt der Analyse von Standards und Klassifikationen zu setzen. Mit Donna Haraways Figur des Cyborgs nahm sie schließlich eine soziotechnische Aktualisierung des marginalen Menschen vor, durch die sie eine feministische mit einer wissenschafts- und techniktheoretischen Perspektive kombinierte. Während Haraway den Cyborg als Ausdruck eines Mensch-Maschine-Wesens sieht,[177] verwendete ihn Star als Sinnbild für die hybride Konstellation von kategoriebedingten Fremdzuschreibungen und gelebten Selbstbeschreibungen. Marginalität wird auf dieser Basis als eine Relation von standardisierten Technologien und lokalen Erfahrungen definiert. Zu lokalisieren ist die marginalisierte Person in einem Schwellenbereich, der durch die erlebte Grenzerfahrung zur »high tension zone« wird.[178] Eine letzte Ausformulierung dieses Schwellenbereiches nahm Star zusammen mit Geoffrey Bowker in *Sorting Things Out* vor. In Anlehnung an die feministische Theoretikerin Gloria Anzaldúa stellte hier ein durch Kategorisierung hervorgerufener Grenzbereich nunmehr die naturalisierte Heimat jener Cyborgs dar. Die damit einhergehende Akzeptanz der Grenzbereiche solle zwar nicht mit einem Wundermittel verwechselt werden, dennoch können auf diese Art leidvolle Erfahrungen in kreative Bewältigungsstrategien überführt werden. Um kategoriebedingte Zuschreibungen zu bezwingen, so Bowker und Star, müssen Vorstellungen von simplifizierender Reinheit und essenzialistische Kategorien abgelehnt werden.[179]

174 | S. L. Star: »Power, Technologies and the Phenomenology of Conventions«, S. 27 f.

175 | S. L. Star/G. C. Bowker: »Enacting Silence«.

176 | S. L. Star: »Power, Technologies and the Phenomenology of Conventions«, S. 39.

177 | D. Haraway: »A Cyborg Manifesto«.

178 | S. L. Star: »Power, Technologies and the Phenomenology of Conventions«, S. 39, 53.

179 | G. Anzaldúa: *Borderlands*; G. C. Bowker/S. L. Star: *Sorting Things Out*, S. 305.

Der Zusammenhang von ›Marginal Man‹ und ›Marginal Media‹ erforderte für Star eine Problematisierung der medialen Leistung standardisierter Technologien und Klassifikationen. Als Medien der Kooperation[180] treten Grenzobjekte in Kraft, wenn sie von der Mitte aus den heterogenen Ansprüchen diverser Kooperationspartner genügen, die sich um das Objekt herum gruppieren. Einerseits grenzt das Objekt dabei Kooperationspartner voneinander ab, damit diese ohne Konsens hinsichtlich ihrer informationellen Bedürfnisse und bestehenden Arbeitspraktiken getrennt voneinander in Aktion treten können. Andererseits bilden diese Medien an den Grenzen Interaktionsschnittstellen aus. In der Nutzung werden ihre Grenzen im Rahmen einer emergenten Wissensökologie dynamisiert, transformiert und erweitert. Klassifikationen, standardisierte Formulare und Etiketten bringen diesem Model zufolge Inklusion, Mitgliedschaft und Kooperation hervor. In anderen soziotechnischen Konstellationen tragen jedoch gerade diese medialen Typen maßgeblich zur Exklusion, Marginalisierung und Delegation bei. Anstelle eines an den Grenzen sozialer Interaktion positionierten Objektes treten marginalisierte Personen, die durch die Konfrontation mit standardisierten Technologien und Klassifikationen in spannungsgeladene Grenzbereiche geraten. Pointiert formuliert: Star skizzierte bei ihrer soziologisch fokussierten Erforschung von Mitgliedschaft und Marginalisierung zugleich das janusköpfige Gesicht von Medien. Deren mediale Leistung ist keinesfalls alleine mit der des Vermittelns oder ihrer Rolle als Mediator zu begründen. Mit Star lässt sich festhalten, wie das nachhaltige Trennen und Isolieren von Akteuren ebenso so maßgeblich zum medialen Handlungsspektrum gehört – eine Tatsache, die angesichts soziotechnisch verursachter Erfahrungen von Leid und Zerrissenheit nicht zu unterschätzen ist.[181]

Informationsinfrastrukturen und Praxisgemeinschaften

Digitale Informationsinfrastrukturen geografisch verteilter Computerarbeitsplätze sind groß, vielschichtig und komplex. In der lokalen Nutzung weisen die Nutzerinnen ihnen unterschiedliche Bedeutung zu. Auf diese Spannung stieß Star bei ihrer ethnografischen Arbeit im Bereich der Computer-Supported Cooperative Work in den 1990er Jahren. Als Mitglied einer sozialwissenschaftlichen Forschergruppe evaluierte sie im Illinois Digital Library Project Bibliothekstestumgebungen.[182] Zudem begleitete Star die Implementation einer digitalen Informationsplattform für eine international agierende Biologen-Community, das Worm-Community-System, und vermittelte in diesem Projekt als teilnehmende Beobachterin zwischen den Nutzerwünschen und dem Entwicklungsteam.[183]

Die Stärke des ethnografischen Methodenrepertoires führte Star insbesondere auf dessen Tiefenschärfe bei der Analyse soziotechnischer Interaktionen zurück. Will man Techniknutzerinnen adäquat folgen, und die lokale Bedeutung erfassen, die sie Computertechnologien aufgrund ihrer alltäglichen Erfahrungswelt verleihen, so sind die Interviewführung und die teilnehmende Beobachtung hierfür ge-

180 | E. Schüttpelz/S. Gießmann: »Medien der Kooperation«, S. 17.

181 | Siehe hierzu auch den Beitrag von Nadine Taha in diesem Band.

182 | Eine Auswertung der Studie findet sich bei A. P. Bishop et al.: »Digital Libraries«.

183 | S. L. Star/K. Ruhleder: »Steps Toward an Ecology of Infrastructure«.

nauso unerlässlich wie eine sozialwissenschaftliche Situierungsfähigkeit. Ethnografinnen sind im besonderen Maße dafür ausgebildet, die situativen Kategorien zu verstehen, mit denen Personen ihre Informationswelten beurteilen. Vor allem bei der Untersuchung internetbasierter Technologien erkannte Star, dass es für sie unumgänglich war, mit disparaten Bedeutungen zu jonglieren, da eine Kluft zwischen Online-Beschreibungen und ihren tatsächlichen Offline-Realisierungen bestand.[184]

Die Beantwortung der Frage, wie Online- und Offline-Interaktionen mit dem Leben von Menschen übereinstimmen, gehört aktuell zur methodischen und konzeptuellen Herausforderung der sich etablierenden Medienethnologie,[185] aber auch der nutzerorientierten CSCW-Studien.[186] Die Untersuchung orts- und situationsbezogener Medienprozesse wird in diesem Forschungszweig maßgeblich durch orts- und situationsbezogene Methoden vorangetrieben. Angesichts der aktuellen Entwicklungen im Bereich plattformbasierter Medien wie Facebook, Twitter oder Instagram, und der Tatsache, dass die gegenwärtige Mediennutzung zumeist durch und mittels mobiler Medien stattfindet, wird mittlerweile die Untersuchung simultaner Online- und Offline-Aktivitäten intensiviert.[187]

Stars ethnografische Studien zu verteilten Informationsinfrastrukturen sind Pionierarbeiten gewesen, die bereits in den 1990er Jahren die Grenzen des traditionellen ethnografischen Arbeitens ausloteten. Forschungsprojekte dieser Art, so stellte Star während ihrer Begleitstudien schnell fest, waren ausschließlich durchführbar, wenn es galt, eine kleinere Personengruppe und eine geringe Anzahl von Computerarbeitsplätzen zu untersuchen. Handelte es sich jedoch um die Arbeit geografisch verteilter Gruppen in großformatigen Computerinfrastrukturen, stellte die untersuchbare Größenordnung ein methodologisches Problem dar. In ihrer Feldarbeit kombinierte sie daher das ethnografische Analyserepertoire mit historischen und literarischen Analysen genauso wie mit Studien zur Benutzerfreundlichkeit. Übertragungsprotokolle und Archive von E-Mail-Diskussionen verwendete sie innovativ als vorgefertigte ›Feldnotizen‹ – ein Vorgehen, das sie ebenfalls kritisch reflektierte. Das Materialvolumen auf einen Umfang zu reduzieren, der bewältigbar und analytisch relevant war, gestaltete sich trotz der Verwendung von *Atlas.ti* – einem Programm zur systematischen Analyse unstrukturierter Daten – als unzureichend.[188]

Die Methodenprobleme einer qualitativen Forschung in digitalen Infrastrukturen führen zurzeit – gerade im Angesicht der Konjunktur von »Big Data«[189] – zur Rückbesinnung auf den für Star unabdingbaren orts- und situationsbezogenen Charakter von Feldforschungsdaten, auch in ihrer digitalen Form. Die Techniken zur Erfassung, Durchmusterung und Visualisierung riesiger Datenmengen wer-

184 | S. L. Star: »The Ethnography of Infrastructure«.

185 | C. Bender/M. Zillinger (Hg.): *Handbuch der Medienethnographie*.

186 | Vgl. für eine Übersicht J. Blomberg/H. Karasti: »Reflections on 25 Years of Ethnography in CSCW«.

187 | Vgl. DFG-Graduiertenkolleg 1769 Locating Media: »Fortsetzungsantrag 2017-2021.«

188 | S. L. Star: »The Ethnography of Infrastructure«.

189 | L. Gitelman (Hg.): *Raw Data is an Oxymoron*; M. Burkhardt/S. Gießmann (Hg.): »Was ist Datenkritik?«; R. Reichert (Hg.): *Big Data*.

den dabei von Seiten der Medienwissenschaft kontrovers diskutiert, auch wenn sie zur Erforschung von sozialen Medien, App-Ökologien oder der Überwachungspraktiken von Geheimdiensten unabdingbar dazugehören. Digitale Methoden ergänzen daher mittlerweile das Umgehen mit den Herausforderungen der interpretativen Flexibilität, wie sie z. B. Social-Media-Daten grundlegend kennzeichnet.[190]

Wann ist eine Informationsinfrastruktur?

Stars Untersuchungen zu Infrastrukturen leisteten einen wesentlichen Beitrag zur praxeologischen und interaktionistischen Erforschung der Computer-Supported Cooperative Work. Im gleichen Zug stellen diese Studien zentrale medienwissenschaftliche Zeitzeugnisse dar, die sich der angeführten ethnografischen und pragmatistischen Methodik verdanken. So ist für die Frühphase des Internets die gemeinsam mit der Informations- und Computerwissenschaftlerin Karen Ruhleder durchgeführte Begleitstudie zur Implementation eines digitalen Kommunikations- und Publikationssystems, das für eine geografisch-verteilte Community von Biologen entwickelt wurde, besonders aufschlussreich.[191] Der Aufbau des Worm-Community-Systems fand zwischen den Jahren 1991 und 1994 statt – im Zeitraum einer überaus brisanten Medientransformation. Nachdem das von Tim Berners-Lee zum arbeitsinternen Datenaustausch am Genfer CERN entworfene World Wide Web einen benutzerfreundlichen grafischen Zugang zum Internet bot,[192] erfuhr das WWW ab 1993 durch Zugangssoftware wie Mosaic und Netscape einen rasanten Aufschwung und machte zugleich bestehende Dienste wie E-Mail, elektronische Pinnwände und LISTSERV-Anwendungen besser zugänglich.[193] Gerade diese einfacheren, parallel entstehenden und leichter zugänglichen Anwendungen trugen u. a. zum Scheitern des Worm-Community-Projektes bei. Obwohl das Aufkommen solcher dezentralisierten Anwendungen ursprünglich das Bedürfnis nach einer zentralen Informationsressource und einem primären Kommunikationskanal stärkte, entstand nach der Einführung keine wirklich vielgenutzte Infrastruktur. Nachdem die Software funktionsfähig und gemäß der Nutzerwünsche eingeführt wurde, scheiterte das Worm-Community-Projekt trotz vorhandener Funktionalität.

Angesichts dieser Bilanz reformulierten Star und Ruhleder die Frage »Was ist eine Infrastruktur?« zu »Wann ist eine Infrastruktur?«. Damit wendeten sie sich zugleich gegen die gängige Auffassung von Infrastrukturen, in der deren Beschaffenheit auf Substrate reduziert wird:

»Common metaphors present infrastructure as a substrate: something upon which something else ›runs‹ or ›operates‹, such as a system of railroad tracks upon which rail cars run. This image presents an infrastructure as something that is built and maintained, and which

190 | R. Rogers: *Digital Methods*; J. Paßmann: »Forschungsmedien erforschen«; C. Gerlitz: »What Counts?«.

191 | S. L. Star/K. Ruhleder: »Steps Toward an Ecology of Infrastructure«.

192 | K. Schmidt: »Of Humble Origins«.

193 | J. Abbate: *Inventing the Internet*, S. 214 f.

then sinks into an invisible background. It is something that is just there, ready-to-hand, completely transparent.«[194]

Das trügerische Phänomen von Infrastrukturen, deren technische Materialität weitgehend unterhalb einer allgemeinen Aufmerksamkeitsschwelle angesetzt wird, ist den Medienwissenschaften nicht neu. Das Hauptaugenmerk der medienwissenschaftlichen Forschung lag für lange Zeit insbesondere auf dem Moment des infrastrukturellen Zusammenbruchs und der Störung. Solche reibungsgeladenen Ereignisse erzeugen die Sichtbarkeit von Infrastrukturen und machen insbesondere auf ihre Reichweite aufmerksam.[195] Während im mathematischen Informationsmodell von Claude E. Shannon und Warren Weaver ›Störung‹ im Rahmen der Signalübertragung noch als technisch destruktiv konnotiert wurde, hat die Medienwissenschaft *Signale der Störung* positiv gewendet. So besitzen Störphänomene ein konstitutives Potenzial bei der Etablierung hochgradig innovativer Infrastrukturen.[196] Sie bilden sich etwa bei untersagtem Konsum sowie der illegalen Zirkulation und Produktion von Medien zu wirkmächtigen Infrastrukturen der Piraterie aus.[197] Aktuelle Medienforschungen belegen zudem, dass vor allem die Praktiken des Reparierens und Instandhaltens sowohl ökonomisch und kulturell eine wesentliche Rolle bei der Lebensdauer von Infrastrukturen besetzen.[198]

Obwohl Star und Ruhleder ebenfalls den Moment der Störung behandelten und ihm eigens eine zentrale Position als Merkmal von Infrastrukturen einräumten, verwendeten sie stattdessen die Unsichtbarkeit von Infrastrukturen als zentralen Bezugspunkt. Hierdurch richteten sie ihre Aufmerksamkeit vor allem auf koordinierte Arbeitskontexte. Keinesfalls ist dies jedoch mit einem Wechsel der Untersuchungssubjekte von Techniknutzern zu Technikproduzenten zu verwechseln. Vielmehr handelt es sich um ein dezidiert multiperspektivisches Verständnis von Infrastruktur: Sie wird bei Star und Ruhleder zu einer Relation organisierter Praktiken und definiert sich über das Verhältnis von Arbeit und Technik.[199] Was für den einen Aufbau- und Instandhaltungsarbeiten sind, stellt für andere eine – oft als selbstverständlich angenommene – Versorgungsleistung dar.

In »The Ethnography of Infrastructure« reflektierte Star diese Relation mit einem kritischen Unterton. Werden im Entstehen begriffene technische Systeme ausgehend von Personen untersucht, die nicht von einer bestimmten Infrastruktur bedient werden, gestaltet sich das Bild weitaus komplizierter. So stellen für einen Stadtplaner Straßen keine Besonderheit dar, sondern etwas Alltägliches. Für eine

194 | S. L. Star/K. Ruhleder: »Steps Toward an Ecology of Infrastructure«, S. 112. »Übliche Metaphern stellen Infrastruktur als Substrat dar: als etwas, auf dem etwas anderes ›läuft‹ oder ›operiert‹, etwa ein Netz von Eisenbahnschienen, auf denen Eisenbahnwaggons fahren. Dieses Bild präsentiert eine Infrastruktur als etwas, das gebaut und gewartet wird und das dann in einem unsichtbaren Hintergrund versinkt. Infrastruktur ist etwas, das einfach da ist, zuhanden, völlig transparent.« Übersetzung aus diesem Band, S. 361.

195 | J. Potthast: *Die Bodenhaftung der Netzwerkgesellschaft*.

196 | A. Kümmel/E. Schüttpelz (Hg.): *Signale der Störung*.

197 | B. Larkin: »The Politics and Poetics of Infrastructure«.

198 | S. Krebs/G. Schabacher/H. Weber (Hg.): *Kulturen des Reparierens*.

199 | S. L. Star/K. Ruhleder: »Steps Toward an Ecology of Infrastructure«, S. 113.

Person im Rollstuhl sind Stufen und Pfosten schlicht unüberbrückbare Barrieren.[200] Infrastruktur ist demzufolge ebenso als eine Relation zwischen standardisierten Technologien und lokalen Erfahrungen zu begreifen.

Ausgehend von diesen Überlegungen erstreckt sich Stars praxistheoretische Rahmung: Infrastrukturen entstehen in situ, in den tatsächlichen Interaktionen. »Analytically, infrastructure appears only as a relational property, not as a thing stripped of use.«[201] Es gibt in ihr kein absolutes Zentrum, von dem aus Systemdesigner als Kontrollinstanz wirken würden. Ebenso existiert keine absolute Peripherie, in der Nutzer ohnmächtig verharren.[202] Erst im Handeln der Techniknutzer wie auch der Technikverweigerer aktualisieren sich »structure« und »agency« ko-konstitutiv. So wurden in der Fallstudie Stars und Ruhleders im Vollzug der Handlungen bürokratische, architektonische und organisatorische Strukturen permanent ebenso gefördert, wie sie unterbunden wurden. Ein vergleichbares Verhältnis von Fördern und Begrenzen, von Affordanz und *constraint* galt auch für die Handlungsoptionen der Programmdesigner und Systemnutzer.

Mit der praxeologischen Dimension des »Infrastructuring« hat sich die CSCW im Anschluss an Star intensiv weiter beschäftigt. Die Verbindung einer prozessualen Perspektive auf Informationsinfrastrukturen und ein kollaborativ zentriertes Designinteresse treibt in der sozioinformatischen Forschung sowohl die Methodenentwicklung als auch den Tool-Support voran.[203] In der gegenwärtigen CSCW-Forschung wird das *Infrastructuring* jedoch auch als enorme Herausforderung wahrgenommen. Konkret wird danach gefragt, wie bei der Nutzung, Reparatur und Wartung sowie in der Entwicklung und Anpassung tatsächlich Industrieunternehmen, staatliche Standardisierungsinstitutionen, Gemeinschaftsmitglieder und Beteiligte informeller Initiativen im kollaborativen Design involviert werden können.[204] Die Schwierigkeit dieser Herausforderung tritt insbesondere angesichts expandierender organisatorischer und gesellschaftlicher digitaler Infrastrukturvorhaben hervor, in der die Perspektive des Infrastructuring sowohl für lokale wie für weltweit distribuierte Arbeitspraktiken enorm an Wichtigkeit gewinnt.

Wie historisch sind die CSCW-Informationsinfrastrukturen?

Versucht man der Beschaffenheit der von Star thematisierten Strukturen auf den Grund zu gehen, lohnt sich ein Blick auf die Fußnoten und Randbemerkungen der Infrastruktur behandelnden Schriften. Zwar verweisen diese darauf, dass sich Star auf die Strukturationstheorie des britischen Soziologen Anthony Giddens bezog,[205] jedoch im selben Moment maßgeblich auf deren Interpretation und Weiterentwicklung durch die Organisationstheoretikerin Wanda Orlikowski und die

200 | S. L. Star: »Power, Technologies and the Phenomenology of Conventions«.

201 | S. L. Star/K. Ruhleder: »Steps Toward an Ecology of Infrastructure«, S. 113.

202 | Ebd., S. 112.

203 | V. Pipek/V. Wulf: »Infrastructuring«.

204 | G. C. Bowker/V. Pipek/H. Karasti: »A Preface to ›Infrastructuring and Collaborative Design‹«, S. 1.

205 | A. Giddens: *The Constitution of Society*.

Unternehmenshistorikerin JoAnne Yates stützte.[206] In den empirischen Studien zu kollaborativen Systemen wie der Groupware *Notes* wurden von Orlikowski soziotechnische Interaktionen anhand der tatsächlich ausgeübten Nutzungspraktiken geschildert. Personen, so Orlikowski, greifen bei ihrer fortlaufenden Softwareverwendung auf bestehende Interpretationen und Normen der Techniknutzung zurück. Im zeitlichen Verlauf prägen situierte Praktiken dabei spezifische Verwendungsweisen aus.[207] Während Orlikowski die Strukturationstheorie für die empirische Erforschung von Arbeitsprozessen in Wirtschaftsunternehmen nutzbar machte, bestimmte Yates sie als das theoretische Rückgrat der Unternehmensgeschichte. Dank Giddens' Modell solle es möglich sein, eine Institutionenanalyse durchzuführen, ohne dabei die *agency* involvierter Personen und bürokratischer Medien außer Acht zu lassen:

»In structuration, while social or organizational structures (which may include firm structure as a whole, as well as a department's authority structure or the accounting structure etc.) influence agents' actions, these structures do not exist independently of the agents. Rather, structures only exist as they are enacted by human agents [...]. The organization chart of a firm, for example, does not depict an independently existing form structure. This structure exists only as human agents enact, and thus continually reinforce or reproduce, it by acting in accordance with the depicted structure (e. g., by reporting to the person above them in the chart).«[208]

Auf den ersten Blick mag diese Auseinandersetzung vor allem einen praxistheoretischen Mehrwert enthalten, betrachtet man jedoch die von Yates angeführten bürokratischen Medien genauer und nimmt ihre struktur-ausbildende *agency* ernst, entfaltet sich die historische Dimension des Infrastrukturierens. So reichen die Anfänge für die in Stars Analysen im Vordergrund stehende Arbeitsorganisation heterogener Gruppen bis in die zweite industrielle Revolution zurück. Das räumlich und zeitlich disparate Arbeiten heterogener Gruppen, das Stars ethnologische Begleitstudien zu Computerarbeitsplätzen und den dazugehörigen Softwareanwendungen sowie ihre historischen Mikroanalysen zu standardisierten Formularen, Etiketten und Klassifikationssystemen ausmacht, nahm hier seinen historischen Anfang.

Während der Industrialisierung wurden Märkte ihrer lokalen Begrenzung enthoben. Gleichzeitig expandierten die Industrieunternehmen in Reichweite, Größe und Komplexität. Ihre Absatz- und Produktionsvolumen wuchsen durch die Einführung der Eisenbahn und der Dampfmaschine enorm an. Die Organisationsformen des Manufakturzeitalters konnten mit der Industrialisierung nicht mehr Schritt halten. Es entstand eine Kluft zwischen den technischen Neuerungen wie Eisenbahn und Dampfmaschine und bestehenden, informellen Kommunikations-

206 | Siehe exemplarisch S. L. Star/G. C. Bowker/L. Neumann: »Transparency Beyond the Individual Level of Scale«, S. 256. Angeführt werden vor allem folgende Aufsätze: W. Orlikowski: »Integrated Information Environment or Matrix of Control?«; W. Orlikowski/J. Yates: »Genre Repertoire«; J. Yates: »Using Giddens' Structuration Theory to Inform Business History«.

207 | W. Orlikowski: »Using Technology and Constituting Structures«.

208 | J. Yates: »Using Giddens' Structuration Theory to Inform Business History«, S. 160.

strukturen.[209] Um 1870 reagierten, dem Organisationstheoretiker James R. Beniger und dem Wirtschaftshistoriker Alfred Chandler zufolge, die Eisenbahnunternehmen mit einer Reorganisation, die mit einem massiven Medialisierungsschub einherging. Mithilfe von Organigrammen, Zeitplänen, Reportsystemen und der telegrafischen Kommunikation wurde das geografisch verteilte Arbeiten ermöglicht, und überdies die ökonomische Effizienz gesteigert.[210] Gleiches ereignete sich in der produzierenden Industrie. Die Unternehmenshistorikerin JoAnne Yates hat zeigen können, dass die schnelle Rationalisierung der modernen Industrieorganisation und die Erschließung neuer Wirtschaftsräume vor allem auf dem Einsatz neuer Kommunikations- und Informationstechniken beruhte. Dank Telegraf, Schreibmaschine, Telefon, Formularen, Graphen und Angestelltenhandbüchern wurde das »systematic management« heterogener betrieblicher Einheiten erst ermöglicht.[211]

Die infrastrukturellen Medien der modernen Bürokratie entstanden vorwiegend als Antworten auf die koordinativen Notwendigkeiten neuer, nur durch sie möglicher Produktionsweisen. Dieses historische Muster prägte auch den Aufstieg des Computers, der Praktiken des Berechnens, Koordinierens und Verwaltens in sich vereinte.[212] Mit den Worten von Geoffrey Bowker pointiert:

> »Thus it has been argued that all the business advantages of being able to process huge amounts of data should not be traced back in time to the computer (which its advocates have claimed to be the source of this new ability), but to changes in bureaucratic organization which in turn made the computer possible.«[213]

Sowohl die Dynamiken des Computing wie des (vernetzten) Computers lassen sich nur durch Praktiken des Infrastrukturierens verstehen – wobei digitale Medientechnologien als die rezenten infrastrukturellen Medien schlechthin aufzufassen sind. Die von Star fokussierten Techniken – zu denen Softwareanwendungen wie auch Internettechnologien gehören – ermöglichten neue Formen der Berechnung, Koordination und Verwaltung von vielerorts zirkulierenden Informationen. Das mit der zweiten industriellen Revolution einhergehende geografisch verteilte Arbeiten machte den Abgleich zwischen lokal bearbeiteter Information und übergreifenden Wissensbeständen zum infrastrukturellen Normalfall.

Stars Grenzobjekte enthalten daher nicht nur eine wissenschafts- und sozialtheoretische Pointe. Sie stellen zugleich für die Medienentwicklung vom 19. bis in das 21. Jahrhundert ein mikrologisches Konzept bereit, mit dem Arbeitsteilung und Informationsverarbeitung im industriellen und staatlichen Kontext zu einer infra-

209 | Vgl. J. R. Beniger: *The Control Revolution.*

210 | Vgl. D. Chandler: *The Visible Hand.*

211 | Vgl. J. Yates: *Control Through Communication*; J. Yates: »Business Use of Information and Technology During the Industrial Age«.

212 | Berechnen, Koordinieren und Verwalten fallen allesamt im englischen Begriff des »Accounting« zusammen.

213 | G. C. Bowker: »Information Mythology and Infrastructure«, S. 235. Vgl. zur Verwaltungs- und staatszentrierten Geschichte des digitalen Computers zudem J. Agar: *The Government Machine.*

strukturellen Angelegenheit wird. Die Struktur des Infrastrukturierens ergibt sich hierbei v. a. aus Kaskaden von Grenzobjekten und der mit ihnen vollzogenen Arbeit.

Eine solche Begründung der Medien aus ihren Arbeits- und Informationspraktiken heraus betrifft potenziell alle Medientechnologien, die sich im Laufe der Moderne als – vermeintlich stabile – Einzelmedien herausgebildet haben. Deren grundwegs als öffentlich aufgefasster Charakter, etwa im Falle von Fotografie, Telefonie, Kinematografie, Radio und Fernsehen bedarf einer Erklärung, die die infrastrukturellen Bedingungen der Medien in den Blick nimmt.[214] Die moderne Massenmedialität, so lässt sich im Anschluss an Bowker und Star formulieren, beruhte auf bürokratischen Leistungen, die bisher nur selten als deren medienhistorische Bedingung innerhalb der Industrialisierung gewürdigt wurden.[215]

Transparenz und Maßstabswechsel in Infrastrukturen

In den Science and Technology Studies und der Infrastrukturforschung haben insbesondere Stars und Ruhleders »dimensions« bzw. »salient features«[216] von Infrastrukturen Bekanntheit erlangt. Diese als Charakteristika zu verstehenden, insgesamt neun soziotechnischen Konstellationen setzen sich wie folgendermaßen zusammen:[217] Die Einbettung in andere technische Strukturen und soziale Arrangements *(embeddedness)* ist für Infrastrukturen ebenso kennzeichnend wie ihre zeitliche und räumliche Reichweite und Geltung. Beide reichen über singuläre Ereignisse und lokale Praktiken hinaus *(reach or scope)*. Dadurch, dass Infrastrukturen Standards verkörpern, können sie zwar theoretisch globale Reichweite und universelle Gültigkeit erlangen. In Aktion kollidieren sie jedoch mit konkurrierenden Standardisierungen *(embodiment of standards)*. Zudem zeichnet sich eine Infrastruktur durch ihre zuhandene Verfügbarkeit aus. Im Sinne einer Blackbox ist es nicht notwendig, sie für den jeweiligen Gebrauch in Frage zu stellen *(transparency)*. Im Falle von Störungen jedoch werden Infrastrukturen sichtbar und machen auf ihre Instabilität aufmerksam *(becomes visible upon breakdown)*. Als selbstverständlich nehmen Nutzerinnen Infrastrukturen erst wahr, wenn sie im Rahmen der Mitgliedschaft einer Praxisgemeinschaft erlernt wurden *(learned as part of membership)*.[218] Sie formen sie und werden durch die Gebrauchskonventionen dieser Praxisgemeinschaften geformt *(links with conventions of practice)*.[219] Die Basis einer Infrastruktur ist jeweils eine andere Infrastruktur: Sie satteln zumeist auf vorhandene Systeme auf, weswegen Spannungen zwischen der Standardisierungsstrenge und Flexibilitätsanforderungen bestehen, die insbesondere bei Reparaturen

214 | Vgl. E. Schüttpelz: »Infrastrukturelle Medien und öffentliche Medien«.

215 | Ausnahmen bestätigen diese Regel, vgl. M. Dommann: *Autoren und Apparate*; F. Hoof: *Engel der Effizienz*.

216 | In »How to Infrastructure« bezeichnen Star und Bowker die Eigenschaften als »salient features«, S. L. Star/G. C. Bowker: »How to Infrastructure«, S. 152.

217 | Die folgende Beschreibung bezieht sich auf S. L. Star/K. Ruhleder: »Steps Toward an Ecology of Infrastructure«, S. 113.

218 | J. Lave/É. Wenger: *Situated Learning*.

219 | S. L. Star/K. Ruhleder: »Steps Toward an Ecology of Infrastructure«, S. 113.

und Erneuerungen auftreten *(built on an installed base)*.[220] Obwohl Infrastruktur komplex und vielschichtig ist, wird ihr lokal unterschiedliche Bedeutung verliehen. Will man Veränderungen implementieren, kann dies ausschließlich entlang modularer Abstufungen geschehen – eine Notwendigkeit, die die Langwierigkeit und Anpassungsintensitäten eines solchen Vorhabens verständlich macht *(fixed in modular increments, not all at once or globally)*.[221]

Neben der soziotechnischen Beschaffenheit dieser Merkmale fällt der abrupte Wechsel von Maßstäben ins Auge, der sich zwischen dem stationären Gebrauch von Technologien und der lokalitätsüberbrückenden Vernetzung ereignet. Vor diesem Hintergrund haben Geoffrey Bowker, Karen Baker, Florence Millerand und David Ribes eine konzeptuelle Gruppierung angeboten, welche die infrastrukturellen Merkmale entlang ihrer »Distributionen« entfaltet. Während an einer Achse eine nicht-räumliche, sondern sozial/technische Verfasstheit abzulesen ist, gibt die zweite räumliche Graduierungen an, deren Pole das Lokale und Globale bilden (Abbildung 2).[222]

Die Übersetzung der von Star und Ruhleder 1996 identifizierten und von Star 1999 erweiterten Infrastruktureigenschaften in das hier reproduzierte Diagramm von Florence Millerand erfolgte 2007 in einem spezifischen Kontext, als Teil der US-amerikanischen Auftragsforschung zu Cyberinfrastrukturen in den Wissenschaften. So heißt es in einem von Paul Edwards, Steven Jackson, Geoffrey Bowker und Cory Knobel formulierten Workshop-Papier, dass Cyberinfrastruktur das Set organisatorischer Praktiken, technischer Infrastruktur und sozialer Normen umfasse, die insgesamt die kollektive Arbeit von Wissenschaftlern auf Distanz ermöglicht. »Cyberinfrastruktur« bedeutete in diesem Kontext vor allem den Anschluss an entsprechende langfristige Förderprogramme der amerikanischen National Science Foundation.[223] Diese Auffassung war dabei zwar nicht unabhängig von den populären Cyberspace-Visionen der 1990er Jahre, blieb aber primär dem Nutzungskontext in den Wissenschaften verpflichtet.

Star hatte aber bereits in den 1990er Jahren, auf ganz eigene Art und Weise, die Wahrnehmung des World Wide Webs als ›Cyberspace‹ in ihre Forschung mit ein-

---

220 | Bei der Ausformulierung dieser Eigenschaft von Infrastrukturen wurde dem Literaturverweis von Star und Ruhleder gefolgt: O. Hanseth/E. Monteiro/M. Hatling: »Developing Information Infrastructure«. In der Forschung zu den Großen Technischen Systemen nimmt Ingo Braun eine Unterscheidung zwischen Systemen erster und zweiter Ordnung vor. Während die Systeme erster Ordnung – wie das Eisenbahn- oder Telefonnetz – zweckoffen sind, kann ihr Zusammenschluss einer Zweckspezifik dienen. Diese kommt etwa bei heiklen, punktgenauen Erfordernissen von Infrastrukturen zu tragen, wofür der Organtransport für Transplantationszwecke ein Beispiel ist. Vgl. I. Braun: »Geflügelte Saurier«.

221 | Diese Eigenschaft definierte S. L. Star erst in »The Ethnography of Infrastructure«, S. 382.

222 | Vgl. G. C. Bowker et al.: »Towards Information Infrastructure Studies«, S. 110; siehe auch G. Schabacher: »Medium Infrastruktur«, S. 138. Für die Theoretisierung von Infrastrukturen im Rahmen der *infrastructure studies* hält Gabriele Schabacher fest, dass sich diese generell auf der Bildung polarer Begriffspaare wie »sozial/technisch, un/sichtbar, lokal/global, klein/groß, im/materiell, statisch/prozessual, natürlich/künstlich« stützt. Ebd., S. 138 ff.

223 | P. Edwards et al.: »Understanding Infrastructure«, S. 5 f.

Abbildung 2: Dimensionen von Infrastruktur nach Star, Diagramm von Florence Millerand (2007)

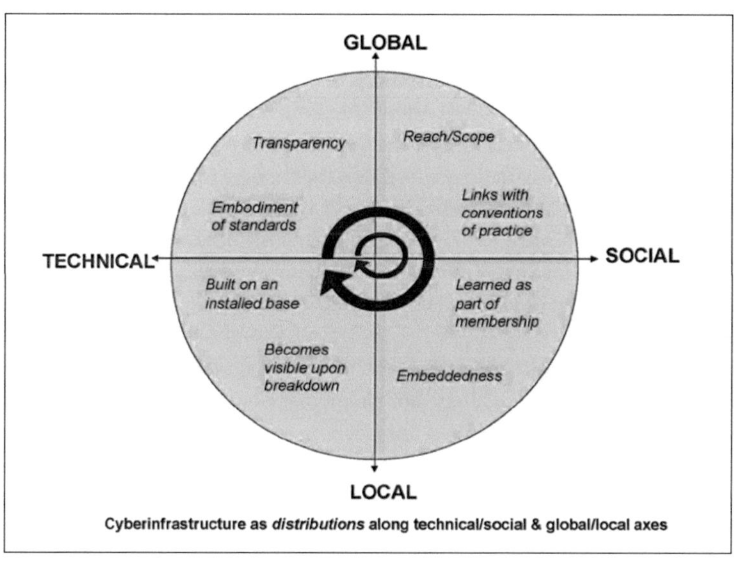

P. Edwards et al.: »Understanding Infrastructure«, S. 6.

bezogen. Tatsächlich blieben selbst die auf materielle Arbeitspraktiken orientierten STS-Studien zu Infrastrukturen nicht unberührt von den Diskursen einer neuen Virtualisierung, die mit der Verbreitung des Personal Computers und des WWW einhergingen.[224] Implizit begleitete das Motiv virtualisierter Raumeindrücke die theoretisch und empirisch verfolgten Maßstabswechsel von ›Mikro‹ zu ›Makro‹. Dies plausibilisiert, wieso Star und Ruhleder ebenfalls das Verschwinden topografischer Lokalitäten thematisierten:

»*An infrastructure occurs when the tension between local and global is resolved.* That is, an infrastructure occurs when local practices are afforded by a larger-scale technology, which can then be used in a natural, ready-to-hand fashion. It becomes transparent as local variations are folded into organizational changes, and becomes an unambiguous home – for somebody. This is not a physical location nor a permanent one, but a working relation – since no home is universal.«[225]

---

224 | Vgl. pars pro toto für einen umfassenden diskursiven Hype: M. Dodge/R. Kitchin: *Atlas of Cyberspace*.

225 | S. L. Star/K. Ruhleder: »Steps Toward an Ecology of Infrastructure«, S. 114. »*Eine Infrastruktur entsteht, wenn die Spannung zwischen dem Lokalen und dem Globalen gelöst wird.* Sie entsteht, wenn lokale Praktiken durch eine größer angelegte Technologie ermöglicht *(afforded)* werden, die dann auf eine natürliche, zuhandene Weise genutzt werden kann. Sie wird transparent, wenn man lokale Varianten in organisatorische Veränderungen einbringt, und wird zu einer unzweideutigen Heimat. Dies ist kein physischer Ort, auch kein permanenter, sondern eine funktionierende Beziehung – da keine Heimat universal ist.« Übersetzung aus diesem Band, S. 364.

Tritt an unterschiedlichen Orten eine transparente Nutzung ein, rückt die Relevanz topografischer Lokalitäten in den Hintergrund, und Größenordnungen und Reichweiten verschwimmen. Diesem Verständnis nach zeichnete sich der Cyberspace durch eine »working relation« aus, die mit der Verortung als »unambiguous home« einhergeht.[226] Mit der Diskussion von physikalisch und elektronisch lokalisierbaren Interaktionen und der damit einhergehenden Trennung von Offline- und Online-Erfahrungswelten setzte sich Star dezidierter in ihrem Aufsatz »From Hestia to Home Page« (1996) auseinander. Damals allgegenwärtige Differenzierungen zwischen dem ›Real Life‹ und dem ›Virtual Life‹ stellte sie hinsichtlich ihrer Verortung auf dem Prüfstand, indem sie praxisrelevante Kriterien lokalitätsbezogener Probleme von Obdachlosen auf die elektronischen von Cyberspace-Nomaden übertrug und das Verhältnis beider kritisch reflektierte:[227]

»Do I really ›live on the Net‹? [...] Of course, and of course not. [...] To be homed in cyberspace [...] has a double-edged meaning: to be both homed and homeless in some sense. Living on the top of the earlier sense of physically homed.«[228]

Im Cyberspace beheimatet zu sein, so Stars infrastrukturelle Sichtweise, erfordert (1) finanzielle Mittel zur Beschaffung etwa eines Modems sowie eine physikalische Station samt einer Telefonanlage, (2) Unterstützung durch Computerexperten, (3) eigene Medienkompetenz, (4) eine Arbeitsbeschäftigung, durch die eine E-Mail-Adresse zur Verfügung gestellt wird[229] sowie (5) ein soziales Netzwerk zur Kommunikation.

Mit dem Medienumbruch der 1990er Jahre verband sich für Star ebenso die Frage nach der Neugestaltung wissenschaftlicher Informationsinfrastrukturen, vor allem hinsichtlich der Bibliotheksnutzung. Ihre Forschung zu (wissenschaftlichen) Praxisgemeinschaften war nun, auch als Fortsetzung der historischen Arbeit zu Klassifikationssystemen, mit der Frage der Skalierung jenseits der individuellen, lokal-situierten Nutzung konfrontiert. Star setzte dabei die Stabilität von Infrastruktureigenschaften nicht voraus, sondern fragte mit Bowker und Laura Neumann nach der Nutzungstransparenz in dispersen Praxisgemeinschaften, wie sie für die Online-Interaktion typisch sind. Jenseits der technologischen Einzelnutzung stellt z. B. ›Transparenz‹ ein noch herausforderungsreicheres Unterfangen da. Wie sähe, so fragten Bowker, Star und Neumann, »transparency beyond the individual level of scale« aus, und wie könnte man Informationsinfrastrukturen für eine solche Nutzung gestalten?[230]

Hierzu zogen sie Jean Laves und Étienne Wengers Konzept der Praxisgemeinschaften heran, welches diese in *Situated Learning* (1991) und *Communities of Prac-*

226 | Zur Verortungsdebatte im Cyberspace siehe L. Ellrich: »Die Realität virtueller Räume«.

227 | S. L. Star: »From Hestia to Home Page«, S. 39 ff.

228 | Ebd., S. 43.

229 | An dieser Stelle merkte Star bezüglich der Grenzen der Privatheit in Beschäftigungsverhältnissen an, dass ihr universitäres Arbeitsverhältnis sie gegenüber normalen Arbeitnehmern privilegiert, denn sie habe »a job that does not monitor my communications (such monitoring does occur in the USA, especially in large corporations).« Ebd., S. 43.

230 | Siehe auch den Beitrag von Bernhard Nett in diesem Band.

tice (1998) formuliert hatten. Praxisgemeinschaften[231] stellen im Kern Personengruppen dar, die durch Konventionen, Sprache und (mediale) Praktiken starke soziale Beziehungen erzeugen. Überschneidende Interessen – wobei die Ausprägung dieser Überlappungen verpflichtend oder freiwillig sein kann – variieren. Für die Mitgliedschaft reicht die Verfolgung eines gemeinsamen Ziels aus, welches nicht zwingenderweise eine institutionelle Angehörigkeit erfordert. Die Beziehungen ihrer Mitglieder sind nachhaltig und können dabei konfliktreich und harmonisch verlaufen.[232]

Transparenz im größeren Maßstab, so hielten Star, Bowker und Neumann fest, verlangt nach einer Konvergenz von gelebter Erfahrung, akkumulierter Wissensbestände und praxisbezogener Ressourcen. Konvergieren Praxisgemeinschaften und ihre medialen Artefakte, entsprechen Nutzung und Praxis dem Design und Zugang. Am Beispiel universitärer Praktiken zeigen sie, wie der anfängliche Umgang mit Bibliothekskatalogen bei Studierenden ein Gefühl des Verlorenseins auslöst und sich erst auf Basis einer »legitimen peripheren Partizipation« in etwas Selbstverständliches, Naturalisiertes wandelt.[233] Konvergenz resultiert für den Laien aus dem gelebten Entwicklungsverlauf, im Voranbewegen erlernt dieser eine Disziplin, die er mit seiner derart gewonnenen Expertise ebenso nachhaltig prägen kann. Die

---

231 | Für den Begriff der Praxisgemeinschaft haben sich Star, Bowker und Neumann entschieden, da sich dieser in Informatikkreisen eher als »soziale Welten« eingebürgert hat. Sie verweisen darauf, dass »soziale Welt« hingegen in der Soziologie gebräuchlich ist – ein Begriff, der im Jahre 1978 von Anselm Strauss in »A Social World Perspective« geprägt wurde. Vgl. S. L. Star/G. C. Bowker/L. Neumann: »Transparency Beyond the Individual Level of Scale«, S. 263, FN 2.

232 | Diese Eigenschaften, die eine Praxisgemeinschaft identifizierbar machen, führen im besonderen Maße eine ›Kooperation ohne Konsens‹ vor Augen. In Gänze lauten die Charakteristika:
»1) sustained mutual relationships – harmonious or conflictual
2) shared ways of engaging in doing things together
3) the rapid flow of information and propagation of innovation
4) absence of introductory preambles, as if conversations and interactions were merely the continuation of an ongoing process
5) very quick setup of a problem to be discussed
6) substantial overlap in participants' descriptions of who belongs
7) knowing what others know, what they can do, and how they can contribute to an enterprise
8) mutually defining identities
9) the ability to assess the appropriateness of actions and products
10) specific tools, representations, and other artifacts
11) local lore, shared stories, inside jokes, knowing laughter
12) jargon and shortcuts to communication as well as the ease of producing new ones
13) certain styles recognized as displaying membership
14) a shared discourse reflecting a certain perspective on the world.« É. Wenger: *Communities of Practice*, S. 125 f.

233 | Vgl. S. L. Star/G. C. Bowker/L. Neumann: »Transparency Beyond the Individual Level of Scale«, S. 245. Für eine genauere Entfaltung der »legitimen peripheren Partizipation« siehe J. Lave/É. Wenger: *Situated Learning*. Star, Bowker und Neumann interviewten 38 Wissenschaftler und Studierende im Zeitraum von drei Jahren für ein Projekt zur Entwicklung einer

ursprünglichen Informationsbedürfnisse unterscheiden sich deutlich von fortgeschrittenen – je spezialisierter man in akademische Disziplinen vordringt, desto intensiver wird die Konvergenz. Ironischerweise kann dies für Wissenschaftler auch zur Achillesferse werden. Verlässt man sich nur noch auf das erarbeitete Netzwerk von Kontakten und Subskriptionen, gelingt es einem kaum, dessen Lücken zu erkennen: »Reliance can become total.«[234]

Für Stars kollaborative Forschungen zu Infrastrukturen lassen sich insgesamt zwei starke und verwobene Bewegungen ausmachen, die vor allem aus Institutions- und Klassifikationsanalysen bestehen. In ihren Schriften erfasste sie Wissens- und Wissenschaftsformationen in Museen, Wirtschaftsunternehmen und Universitäten und skizzierte dabei eine Medienökologie von Institutionen, ohne deren soziotechnischen Mehrwerte und Widersprüche außer Acht zu lassen. Diese Bewegung ging stets mit der medienwissenschaftlich erkenntnisreichen Analyse von Grenzobjekten und kategorialer Arbeit einher. Einerseits reflektierte Star praxisrelevante Informationswege von Institutionen hinsichtlich der Produktivität einer »Kooperation ohne Konsens«. Anderseits legte sie folgenreiche Konsequenzen der Marginalisierung durch institutionelle Klassifikationen offen, die persönliches Leid verursachen können.

Ihr eigener Maßstab, so erscheint es im Rückblick, setzte stets auf der Ebene lokaler, situierter Praktiken an, blieb dabei aber nicht stehen. Mit theoretischer Tiefenschärfe und äußerster Sensibilität verstand sie es, den großformatigen Charakter von Institutionen aufzulösen und diesen konzeptuell kleiner angelegt in Praxisgemeinschaften und soziale Welten zu überführen. So wurden z. B. die Grenzobjekte Schritt für Schritt zum Medium infrastruktureller und kategorialer Arbeit. Vor diesem Hintergrund erscheint Bowker und Stars opus magnum *Sorting Things Out* sowohl als Bruch wie auch als Zusammenführung, die in der Skizzierung der Grenzinfrastrukturen mündete, mit denen die infrastrukturelle Wirkmacht von Klassifikationen berücksichtigt werden sollte.[235]

Omnipräsenz und Opazität von Standardisierungen

Vor dem Hintergrund der in *Sorting Things Out* erhobenen Forderung, das Design von weltweit agierenden Klassifikationssystemen als Grenzinfrastruktur mit ortsspezifischen Spielräumen zu gewährleisten,[236] erscheint das letzte Großprojekt Stars eher als eine kritische zeitgenössische Bilanz. Mit Nachdruck machte es sich Susan Leigh Star zur Aufgabe, den unternehmerischen und staatlichen Impuls, alles in der Welt Befindliche standardisieren zu wollen, eine kritische Haltung entgegen zu setzen.[237] Mit der Gründung der klandestinen *Society of People Interested*

Informationsinfrastruktur. Im Fokus stand der Zugehörigkeitsstatus von Insidern in einer akademischen Gemeinschaft.

234 | S. L. Star/G. C. Bowker/L. Neumann: »Transparency Beyond the Individual Level of Scale«, S. 247.

235 | Vgl. den Abschnitt »Grenzinfrastrukturen gestalten« dieser Einleitung.

236 | G. C. Bowker/S. L. Star: *Sorting Things Out*, S. 313 ff.

237 | S. L. Star/M. Lampland: »Reckoning with Standards«. Vgl. den Beitrag »Mit Standards leben« in diesem Band.

in Boring Things in Palo Alto, Kalifornien im Jahre 1997 fand sie Mitstreiterinnen, zu denen u.a. die Anthropologinnen Charlotte Linde und Susan Anderson, der Computerwissenschaftler David Levy, der Philosoph Marc Berg, Geoffrey Bowker und die Wissenssoziologin Martha Lampland gehörten.[238]

In der Einleitung »Reckoning with Standards«, die den mit Martha Lampland gemeinsam editierten Sammelband *Standards and Their Stories* (2009) eröffnete, finden sich weitere Elemente dieses ambitionierten Projektes. Vermeintlich langweilige Standardisierungsartefakte wie Stecker, Konfektionsgrößen, Nahrungsmittel, Etiketten und schulische Aufnahmetests werden hinsichtlich ihrer eingeschriebenen Wertvorstellungen und kulturellen Konsequenzen erforscht. Dadurch wiesen Star und Lampland nicht allein auf die ethisch brisante Natur dieser technischen, kulturellen und medialen Größen hin, sondern vollzogen ebenso eine konzeptuelle Verlagerung. Während Infrastrukturen und die in ihnen eingebetteten Standards zuvor hinsichtlich ihrer für die Partizipation notwendigen Nutzungstransparenz charakterisiert worden waren, stand nun der ambivalente Status von stets präsenten, aber selten problematisierten Standards zur Diskussion. Angesichts von deren gleichzeitiger Omnipräsenz und Opazität markierte Star mit der ihr eigenen Fähigkeit zur theoretischen Zuspitzung fünf analytische Gemeinsamkeiten von Standards, wie ein von Martha Lampland geschilderter Einblick in den Entstehungsprozess von »Reckoning with Standards« zeigt:

»As we sat down to write the introduction, Leigh insisted on figuring out a series of conceptual tools to organize our analysis. I didn't know how to go about doing that. I had always begun with a theoretical issue – e.g. how do people's ideas and practices change over time, or in more general terms, ›how does one thing become another?‹ – and then I would walk through the empirical materials at hand to see the processes unfold. Leigh, on the other hand, immediately tackled the question head on by identifying five analytic commonalities: the nesting of standards, their uneven distribution, their integration, that standards are related to users

238 | Im Jahre 2002 äußerte sich Star auf dem zweiten Workshop der *Social Study of IT* zur Organisationsgründung wie folgt: »The idea for the society arose from a series of conversations we had about our somewhat unusual research topics – things that most people would find quite dull. We called it *The Society of People Interested in Boring Things*. About every other year since then, we have held small conferences with other like-minded academics to discuss our shared research interests, as befits a professional association. Among the boring topics presenters brought to the table were: the inscription of gender in unemployment forms used by the city government in Hamburg, Germany; the difficulties of measuring urine output in a post-surgical ward in the Netherlands, and how to design better cups for metrication; the company mascot and the slogans used by a large Midwestern insurance firm in its attempts to build corporate cultures; and (this was my use contribution) how nematologists use computers to keep track of their worm specimens. One must admit that these topics are generally low profile (to put it mildly), and for most social scientists, adequately boring to qualify for membership in our new association. In addition, what they have in common is a concern with infrastructure, the invisible glue that binds disciplines together, within and across their boundaries.« S. L. Star: »Got Infrastructure?«, S. 1.

and communities of practice (a social worlds sensibility), and the crucial point that standards embody ethics and values.«[239]

Bei den analytischen Gemeinsamkeiten von Standards handelt es sich um infrastrukturähnliche Eigenschaften, institutionenkritische Standpunkte und Tendenzabschätzungen samt wissenschaftsorientierten Forschungspotenzialen. Standards sind hier ähnlich einem Satz russischer Holzpuppen (Matrjoschkas) ineinander verschachtelt. Wird die Blackbox eines Standards geöffnet, stößt man unweigerlich auf eine viel größere, übergreifende Verschachtelung. Angesichts dessen – so ein Kritikpunkt von Star und Lampland – zeichnet sich die moderne Bürokratie durch eine formalisierte Strenge aus. So sind z. B. einzelne Elemente eines Formulars mit anderen standardisierten Einheiten verknüpft. Offene Formularfelder wie die Kategorie »Andere« würden die Möglichkeit zur formularbasierten Interaktion verbessern. Die Gestaltung von aufeinander bezogenen Formularen soll damit als Investition in menschenwürdige Arbeit anerkannt werden *(Nested)*.[240]

Außerdem sind Standards soziokulturell ungleichmäßig verteilt: Schüler westlicher Nationen werden in ihrer schulischen Laufbahn standardisierten Prüfungen unterzogen. Finanzkräftige Personen verfügen über eine niveauvolle Ausbildung, die sie von standardisierten Prüfverfahren befreit, denn Eliteinternate unterliegen nicht dem staatlichen Prüfungsrecht. Daraus resultiert soziale Ungerechtigkeit *(Distributed Unevenly)*.[241] Zudem sind Standards von Praxisgemeinschaften abhängig und daher relational zu ihren Eingriffen in menschliche Leben zu beschreiben. Der Akt, einen Personalausweis vorzuzeigen, mag für viele eine belanglose Standardgeste sein, jedoch trifft dies nicht zu, wenn Personen staatenlos sind oder die Legitimität mancher Staaten in Frage gestellt wird *(Relative to the User and Community of Practice)*.[242]

Star und Lampland zeigten mit ihrer Diagnose, wie Standards in Organisationen, Nationen und technischen Systemen zunehmend verknüpft und integriert werden. Anliegen aller kritischen Wissenschaftlerinnen sollte es sein, herauszufinden, auf welche Art diese Integration Handeln formt und antreibt. Die Autorinnen stellten z. B. die Frage, wie sich die emotionale Ökologie von Vertrauen verändert, wenn Mobiltelefone und Familienautos durch GPS-Systeme aufgespürt werden *(Integrated)*.[243]

Das Codieren und Zirkulieren von Werten stellt die letzte analytische Gemeinsamkeit von Standards da. Wer Praktiken und technische Objekte standardisiert, blendet unweigerlich Vielfalt aus und nimmt eine moralische Entscheidung vor. Obwohl Transsexualität seit mindestens 20 Jahren ein öffentlich thematisiertes

239 | A. E. Clarke/M. Lampland: »Susan Leigh Star«. Zusammen mit Bowker hat Star auf ihre Favorisierung von Listen als post-moderner Schreibtechnik, die Ambiguität erlaubt, verwiesen. S. L. Star: »Leaks of Experience«, S. 139. Siehe aber zur Liste als Koordinationsinstrument und »decision making tool« auch G. C. Bowker/S. L. Star: »Knowledge and International Information Management. Problems of Classification and Coding«, S. 188 f.

240 | S. L. Star/M. Lampland: »Reckoning with Standards«, S. 6 f.

241 | Ebd., S. 7.

242 | Ebd.

243 | Ebd., insb. S. 8.

Phänomen der Gegenwartskultur ist, enthalten die meisten Formulare zur Erhebung demografischer Daten weiterhin allein eine binäre Wahlmöglichkeit – diejenige zwischen »männlich« und »weiblich« *(Embody Ethics and Values)*.

In ihren letzten Lebensjahren ging Susan Leigh Star dieser Verkörperung von Ethik und Werten mit und durch Standards intensiver nach. Ein gemeinsam mit dem Soziologen und Nahrungsmittelhistoriker Lawrence Busch verfasstes, unvollendetes Vortragspapier für die Jahrestagung der *Society for Social Studies of Science* 2009 zeugt davon, dass beide insbesondere das durch Standards vollzogene »outsourcing of morality« interessierte. Neben dem technischen Charakter von Standardisierungen tritt so deren Beitrag zu einer moralischen Ökonomie. Diese entwickelt sich weniger durch nationales oder transnationales Recht als durch die Entwicklung von Standards durch Firmen, Industrieverbände und zivilgesellschaftliche Nichtregierungsorganisationen (NGOs). Standardisierungen erscheinen so als Medien einer umfassenden Delegation von Abläufen und Werten in einer Welt, deren Krisenherde kaum mehr überschaubar sind. Sie stellen nicht mehr nur, wie noch im Falle der Zwiebeln auf einem McDonald's-Hamburger, primär eine Quelle von Leiden dar. Sie inkorporieren stattdessen, so Star und Busch, bei ihrer Etablierung normative Aspekte, bevor sie als Teil der Infrastruktur des täglichen Lebens naturalisiert und unsichtbar werden.[244]

Diese Wendung, so nötig sie für eine verantwortungsbewusste Wissenschaft erscheint, steht jedoch den bürokratischen Rückwirkungen gegenüber, die Standardisierungen in die Alltagswelt einbauen. Als Medien einer infrastrukturellen Delegation sind sie, wie Lawrence Busch gezeigt hat, zugleich Quelle immer neuer Zertifizierungen, Akkreditierungen, Evaluationen, Audits und anderer Überprüfungen, wie sie insbesondere der Neoliberalismus hervorgebracht hat.[245] Standards zertifizieren gewissermaßen Personen, Objekte und die sie verbindenden Abläufe und Handlungsverkettungen zugleich. Die Frage, welche Werte in mediale Standardisierungen übersetzt und delegiert werden, bleibt so eine zutiefst politische Angelegenheit, die die Infrastrukturen sozioökonomischen Handelns und globale Gerechtigkeitsfragen betrifft.[246] Standards benötigen offenbar Standards zu ihrer kritischen Überprüfung.

Eine Praxistheoretikerin der digitalen Medien

Stars prägnante Interventionen, mitsamt ihres analytischen Vokabulars und ihrer ethnografischen Methoden, verdienen gerade in einer Welt digital vernetzter Medien intensive Aufmerksamkeit. Wir leben in jenen Welten digitaler Medien, deren infrastrukturellen Aufstieg Star wissenschaftlich begleitet hat. Ihr umfangreiches Œuvre ist ein sozialtheoretisches Angebot, um neuere und neueste Medienentwicklungen auf Basis der ihnen zugrunde liegenden Arbeitspraktiken zu verstehen. Die drei Kapitel dieses Buches – »Grenzobjekte«, »Marginalität und Arbeit«

244 | S. L. Star/L. Busch: »Outsourcing Morality, Outsourcing Methods«. Typoskript des Washingtoner Vortrags vom 10. Oktober 2009, hier S. 9. Die Herausgeber danken Lawrence Busch für das Bereitstellen dieses Texts.

245 | L. Busch: *Standards*.

246 | Ebd., S. 300 f.

sowie »Infrastrukturen und Praxisgemeinschaften« bieten dafür eine theoretisch-empirische Grundlage.

Wenn sich durch die Entstehung von »Social Media« das medienwissenschaftliche Interesse wieder stärker auf Relationen von Medien und Praktiken gerichtet hat,[247] kann die Erforschung sozialer Medien jedoch nicht bei den rezenten plattformbasierten Phänomenen stehen bleiben. Vielmehr erfordern die fortwährenden Verschaltungen von digitalen Medien und sozialen Welten methodische Interventionen. So findet etwa die plattformbasierte Kooperation in weiten Teilen mittels Grenzobjekten statt, die durch Praxisgemeinschaften formiert werden. Facebook, Twitter, Instagram, Pinterest, aber auch die Wikipedia lassen sich als öffentliche Medien begreifen, in denen verteilte Information fortwährend infrastrukturell bearbeitet wird. So stellen etwa populäre Meme zugleich Grenzobjekte par excellence dar, und jedes kontroverse Posting kann – selbst bei starker algorithmischer Filterung – potenziell zwischen sozialen Welten vermitteln.[248]

Stars Denkstil lädt dazu ein, gegenüber allzu schnellen digitalen Hypes grundlegendere praxistheoretische Fragen an unsere digitalen Gesellschaften zu stellen: Wer verrichtet die sichtbare, angerechnete und wer die unsichtbare, oft nicht in Rechnung gestellte Arbeit in vernetzten Infrastrukturen? Wie werden in ihnen soziomediale Klassifikationen vorgenommen, und wer klassifiziert wen zu welchem Zweck? Welche Art von institutionellen Umwelten werden durch digitale Medienpraktiken erzeugt und wie lässt sich deren Ökologie beschreiben und sinnvoll gestalten? Wie geht man mit der Differenz von quantitativen »Big Data« und qualitativen Herangehensweisen analytisch produktiv um? Und – nicht zuletzt – wer und was bleibt in der Nutzung digitaler Medien residual, und verbleibt jenseits einer eindeutigen Registrierung und Identifizierung?

All dies sind Elemente einer Praxistheorie der Medien, die in Susan Leigh Stars kollaborativer Arbeitsweise und ihrer Kunst, Teil vieler Praxisgemeinschaften zu sein, ein genuines Vorbild findet. Gerade jetzt, da sich die mediale Vermittlung des Sozialen zur Dauerfrage entwickelt hat, gilt umso mehr: *Study the unstudied!*

Wie wir dieses Buch geschrieben haben – Danksagung

Die aus medienwissenschaftlicher, soziologischer, historischer, ethnologischer und sozioinformatischer Perspektive heraus entstandenen Kommentare dieses Buches beruhen auf dem Workshop »The Translation of Boundary Objects« des DFG-Graduiertenkollegs »Locating Media« und der AG »Medien der Kooperation«, der vom 7. bis 8. Mai 2015 an der Universität Siegen stattfand. Wir hoffen sehr, dass sich die Intensität, Dynamik und Leidenschaft unserer gemeinsamen Diskussion auch auf die Lektüren des nun vorliegenden Buches übertragen werden.

Geoffrey C. Bowker hat unser Projekt von Anfang an gefördert – ohne seine Antworten auf viele E-Mails wäre die Einleitung nicht zu schreiben gewesen. Mike Lynch, Lawrence Busch, Les Gasser, Adele Clarke, Martha Lampland und Florence Millerand haben an entscheidenden Stellen geholfen, *thank you*! Wir danken weiterhin Elihu N. Gerson und James Griesemer. Für die Zugänglichmachung von

247 | Vgl. M. Dang-Anh/S. Pfeifer/C. Reisner/L. Villioth: »Medienpraktiken: Situieren, erforschen, reflektieren«.

248 | Auch seine Nicht-Vermittlung bleibt als Frage sich überlagernder Grenzen diskutierbar.

Stars Dissertation bedanken wir uns bei Andy Panado von der Bibliothek der University of California in San Francisco.

Die Herausgeber bedanken sich bei allen an der Recherche und Herstellung dieses Buches beteiligten Personen, insbesondere denjenigen, ohne deren unsichtbare Arbeit der Band nicht zustande gekommen wäre: Katharina Dihel, Sarah Herrmann, Julia Müller, Christoph Schweisfurth, Nina Selbach, Philippe Zotz, Katja Pätsch, Thomas Blum, Trixi Agatha, Jenny Hoffmann, Christiane Böker und Sina Bär. Für die produktive Arbeitsatmosphäre und viele Tassen Kaffee bedanken wir uns beim Team des Café Waidmeister in Köln.

Wir danken allen geduldigen Leserinnen und Lesern, die Kritik geübt und den Text damit verbessert haben, insbesondere den Teilnehmerinnen und Teilnehmern des medienwissenschaftlichen Kolloquiums und den Mitgliedern der Werkstatt Praxistheorie im Sonderforschungsbereich »Medien der Kooperation«, Universität Siegen. Besondere fachliche Kompetenz haben Andrea Ploder, Erhard Schüttpelz, Jörg Strübing, Georg Töpfer, Tobias Röhl, Volkmar Pipek und Gunnar Stevens mit beigetragen, bei denen wir uns ausdrücklich bedanken wollen.

Johanna Tönsing, Kathrin Popp, Inga Luchs und Gero Wierichs haben das komplexe Buchprojekt von Anfang an unterstützt, weswegen dem transcript Verlag unser herzlicher Dank gilt. Zu guter Letzt bedarf ein Übersetzungsband eines exzellenten Übersetzers, den wir in Person von Michael Schmidt gefunden haben. Wir danken ebenfalls David Sittler für die Übersetzung der »Struktur schlecht strukturierter Lösungen«.

Sebastian Gießmann forscht im SFB »Medien der Kooperation« an der Universität Siegen; Nadine Taha lehrt Medienwissenschaft an der Universität Siegen.

Literatur

Abbate, Janet: *Inventing the Internet*, Cambridge, MA: MIT Press 1999.

Adelson, Beth: »Bringing Considerations of Situated Action to Bear on the Paradigm of Cognitive Modelling: The 2002 Benjamin Franklin Medal in Computer and Cognitive Science Presented to Lucy Suchman«, in: *Journal of Franklin Institute* 340/3-4 (2003), S. 283–292. https://doi.org/10.1016/S0016-0032(03)00046-2

Agar, John: *The Government Machine: A Revolutionary History of the Computer*, Cambridge, MA: MIT Press 2003.

Anzaldúa, Gloria: *Borderlands. La Frontera. The New Mestiza*, San Francisco, CA: Aunt Lute Books [3]2012.

Arvanitis, Rigas/Trompette, Pascale/Vinck, Dominique: »Hommage to Susan Leigh Star«, in: *Revue d'anthropologie des connaissances* 4/1 (2010), a-h.

Balka, Ellen: »Susan Leigh Star (1954–2010)«, in: *Social Studies of Science* 40/4 (2010), S. 647–651. https://doi.org/10.1177/0306312710376010

Banks, John: *Co-Creating Videogames*, London: Bloomsbury 2012.

Barlow, Kimberly K.: »Obituary: Susan ›Leigh‹ Star«, in: *University Times, University of Pittsburgh* 42/15 (2010), https://www.utimes.pitt.edu/?p=11769 vom 31.7.2017.

Bauer, Susanne/Heinemann, Torsten/Lemke, Thomas (Hg.): *Science and Technology Studies*, Berlin: Suhrkamp 2017.

Becker-Schmidt, Regina/Knapp, Gudrun-Axeli: *Feministische Theorien zur Einführung,* Hamburg: Junius 2000.

Bellacasa, Maria Puig de la: »Ecological Thinking, Material Spirituality, and the Poetics of Infrastructure«, in: Geoffrey C. Bowker/Stefan Timmermanns/Adele C. Clarke/Ellen Balka (Hg.), *Boundary Objects and Beyond. Working with Leigh Star,* Cambridge, MA/London: MIT Press 2015, S. 47–68.

Bender, Cora/Zillinger, Martin (Hg.): *Handbuch der Medienethnographie,* Berlin: Reimer 2015.

Beniger, James R.: *The Control Revolution. Technological and Economic Origins of the Information Society,* Cambridge, MA/London: Harvard University Press 1986.

Bergermann, Ulrike: »Kettenagenturen. Latours Fotografien, Brasilien 1991«, in: Ilka Becker/Bettina Lockemann/Astrid Köhler/Ann Kristin Krahn/Linda Sandrock (Hg.), *Fotografisches Handeln,* Marburg: Jonas-Verlag 2016, S. 160–181.

Bergmann, Jörg: »Studies of Work«, in: Ruth Ayaß/Ders. (Hg.), *Qualitative Methoden der Medienforschung,* Reinbek: Rowohlt 2006, S. 391–405.

Bishop, Ann P. et al.: »Digital Libraries. Situating Use in Changing Information Infrastructure«, in: *Journal of the Association for Information Science and Technology* 51/4 (2000), S. 394–413.

Blomberg, Jeanette/Karasti, Helena: »Reflections on 25 Years of Ethnography in CSCW«, in: *Computer Supported Cooperative Work* 22/4 (2013), S. 373–423. https://doi.org/10.1007/s10606-012-9183-1

Blumer, Herbert: *Symbolic Interactionism. Perspective and Method,* Englewood Cliffs, NJ: Prentice-Hall 1969.

Bowker, Geoffrey C.: »How to Be Universal. Some Cybernetic Strategies 1943–70«, in: *Social Studies of Science* 23/1 (1993), S. 107–127. https://doi.org/10.1177/030631293023001004

Bowker, Geoffrey C.: *Science on the Run. Information Management and Industrial Geophysics at Schlumberger,* 1920–1940. Cambridge, MA/London: MIT Press 1994.

Bowker, Geoffrey C.: »Information Mythology and Infrastructure«, in: Lisa Bud-Frierman (Hg.), *Information Acumen: The Understanding and Use of Knowledge in Modern Business,* London: Routledge 1994, S. 231–247.

Bowker, Geoffrey C.: »All Knowledge is Local«, in: *Learning Communities: Journal of Learning in Social Contexts* 6/2 (2010), S. 138–149.

Bowker, Geoffrey C./Star, Susan L.: »Knowledge and International Information Management. Problems of Classification and Coding«, in: Lisa Bud-Frierman (Hg.), *Information Acumen. The Understanding and Use of Information in Modern Business,* London/New York: Routledge 1994, S. 187–213.

Bowker, Geoffrey C./Timmermans, Stefan/Star, Susan L.: »Infrastructure and Organizational Transformation: Classifying Nurses' Work«, in: Wanda Orlikowski/Geoff Walsham/Matthew Jones/Janice DeGross (Hg.), *Information Technology and Changes in Organizational Work,* London: Chapman and Hall 1995, S. 344–370.

Bowker, Geoffrey C./Star, Susan L.: *Sorting Things Out. Classification and Its Consequences,* Cambridge, MA/London: MIT Press 1999.

Bowker, Geoffrey C./Baker, Karen/Millerand, Florence/Ribes, David: »Towards Information Infrastructure Studies: Ways of Knowing in a Networked Environment«, in: Jeremy Hunsinger/Lisbeth Klastrup/Matthew Allen (Hg.), *International Handbook of Internet Research,* Dordrecht: Springer 2010, S. 97–117.

Bowker, Geoffrey C./Timmermanns, Stefan/Clarke, Adele E./Balka, Ellen (Hg.): *Boundary Objects and Beyond. Working with Leigh Star*, Cambridge, MA/London: MIT Press 2015.

Bowker, Geoffrey C./Pipek, Volkmar/Karasti, Helena: »A Preface to ›Infrastructuring and Collaborative Design‹«, in: *Computer Supported Cooperative Work* 26/1-2 (2017), S. 1–5. https://doi.org/10.1007/s10606-017-9271-3

Braun, Ingo: »Geflügelte Saurier. Zur intersystemischen Vernetzung großer technischer Systeme«, in: Ders./Bernward Joerges (Hg.), *Technik ohne Grenzen*, Frankfurt a. M.: Suhrkamp 1994, S. 446–500.

Burkhardt, Marcus/Gießmann, Sebastian: »Was ist Datenkritik?«, in: *Mediale Kontrolle unter Beobachtung* 3/1 (2014), S. 1–13. http://www.medialekontrolle.de/wp-content/uploads/2014/09/Giessmann-Sebastian-Burkhardt-Marcus-2014-03-01.pdf vom 31.7.2017.

Busch, Lawrence: *Standards. Recipes for Reality*, Cambridge, MA/London: MIT Press 2011.

Caldwell, John T.: *Production Culture*, Durham/London: Duke University Press 2008.

Callon, Michel: »Einige Elemente einer Soziologie der Übersetzung. Die Domestikation der Kammmuscheln und der Fischer der St. Brieuc-Bucht«, in: Andréa Belliger/David J. Krieger (Hg.), *ANThology. Ein einführendes Handbuch zur Akteur-Netzwerk-Theorie*, Bielefeld: transcript 2006, S. 135–174.

Callon, Michel: »Techno-ökonomische Netzwerke und Reversibilität«, in: Andréa Belliger/David J. Krieger (Hg.), *ANThology. Ein einführendes Handbuch zur Akteur-Netzwerk-Theorie*, Bielefeld: transcript 2006, S. 309–342.

Chandler, Alfred D.: *The Visible Hand*, Cambridge, MA: Harvard University Press 1993.

Clarke, Adele E.: *Emergence of the Reproductive Research Enterprise. A Sociology of Biological, Medicinal and Agricultural Science in the United States, 1910–1940*, Dissertation, Berkeley: University of California, San Francisco 1985.

Clarke, Adele E.: »In Memoriam: Susan Leigh Star (1954–2010)«, in: *Science, Technology, & Human Values* 35/5 (2010), S. 581–600. https://doi.org/10.1177/0162243910378096

Clarke, Adele E./Star, Susan L.: »Science, Technology and Medicine Studies«, in: Larry T. Reynolds/Nancy J. Hermann Kinney (Hg.), *Handbook of Symbolic Interactionism*, Lanham, MD: AltaMira Press 2003, S. 539–574.

Clarke, Adele E./Lampland, Martha: »Susan Leigh Star: Legacies for FST&MS«, unpubliziertes Vortragspapier, Konferenz Doing Feminist Science, Technology and Medicine Studies, University of California San Diego, 2013.

Dang-Anh, Mark/Pfeifer, Simone/Reisner, Clemens/Villioth, Lisa: »Medienpraktiken: situieren, erforschen, reflektieren«, in: *Navigationen* 17/1 (2017), »Medienpraktiken«, S. 7–36.

DFG-Graduiertenkolleg 1769 Locating Media, »Fortsetzungsantrag 2017–2021«, www.locatingmedia.uni-siegen.de/wp-content/uploads/2017/02/GRK-Locating-Media_Forschungsprogramm.pdf vom 31.7.2017.

Dodge, Martin/Kitchin, Rob: *Atlas of Cyberspace*, Harlow: Addison-Wesley 2001.

Dommann, Monika: *Autoren und Apparate. Die Geschichte des Copyrights im Medienwandel*, Frankfurt a. M.: Fischer 2014.

Edwards, Paul N. et al.: »American Historical Review Conversation: Historical Perspectives on the Circulation of Information«, in: *American Historical Review* 116/5 (2011), S. 1392–1435. https://doi.org/10.1086/ahr.116.5.1393

Edwards, Paul N. et al.: *Understanding Infrastructure: Dynamics, Tensions, and Design.* Report of a Workshop on ›History & Theory of Infrastructure: Lessons for New Scientific Cyberinfrastructures‹, Januar 2007, https://deepblue.lib.umich.edu/bitstream/handle/2027.42/49353/UnderstandingInfrastructure2007.pdf?sequence=3&isAllowed=y vom 31.7.2017.

Ekbia, Hamit R.: *Artificial Dreams. The Quest for Non-Biological Intelligence,* Cambridge: Cambridge University Press 2008.

Ellrich, Lutz: »Die Realität virtueller Räume. Soziologische Überlegungen zur ›Verortung‹ des Cyberspace«, in: Rudolf Maresch/Niels Werber (Hg.), *Raum Wissen Macht,* Frankfurt a. M.: Suhrkamp 2002, S. 92–113.

Fujimura, Joan H.: *Bandwagons in Science. Doable Problems and Transportable Packages as Factors in the Development of the Molecular Genetic Bandwagon in Cancer,* Dissertation, Berkeley: University of California, San Francisco 1986.

Fujimura, Joan H./Star, Susan L./Gerson, Elihu M.: »Méthodes de recherche en sociologie des sciences: Travail, pragmatisme et interactionnisme symbolique«, in: *Cahiers de Recherche Sociologique* 5/2 (1987), S. 65–85. https://doi.org/10.7202/1002027ar

Fujimura, Joan H. et al.: »Remembering Leigh« (2010), https://rememberingleigh.wordpress.com/guest-book vom 31.7.2017.

Gasser, Les: »Leigh Star and the Appearance of ›The Structure of Ill-Structured Solutions‹«, in: Geoffrey C. Bowker/Stefan Timmermanns/Adele E. Clarke/Ellen Balka (Hg.), *Boundary Objects and Beyond. Working with Leigh Star,* Cambridge, MA/London: MIT Press 2015, S. 239–241.

Gerlitz, Carolin: »What Counts? Reflections on the Multivalence of Social Media Data«, in: *Digital Culture & Society* 2/2 (2016), S. 19–38.

Gerson, Elihu M.: *The American System of Research. Evolutionary Biology, 1890–1950,* Dissertation, Berkeley: University of California, San Francisco 1998.

Gerson, Elihu M./Star, Susan L.: »Practical Reasoning. The Plausibility of Arguments«, MIT Artificial Intelligence Lab, Cambridge, MA 1984.

Gerson, Elihu M./Star, Susan L.: »Representation and Re-Representation in Scientific Work«, San Francisco, CF: Tremont Research Institute 1985.

Gerson, Elihu M./Star, Susan L.: »Analyzing Due Process in the Workplace«, in: *ACM Transactions on Office Information Systems* 4/3 (1986), S. 257–270. https://doi.org/10.1145/214427.214431

Giddens, Anthony: *The Constitution of Society: Outline of a Theory of Structuration,* Berkeley/Los Angeles, CA: University of California Press 1984.

Gießmann, Sebastian/Schabacher, Gabriele: »Umwege und Umnutzung oder: Was bewirkt ein Workaround?«, in: *Diagonal 35. Zeitschrift der Universität Siegen – Alte Sachen, neue Zwecke* (2014), S. 13–26.

Gießmann, Sebastian: »Der Durkheim-Test. Anmerkungen zu Susan Leigh Stars Grenzobjekten«, in: *Berichte zur Wissenschaftsgeschichte* 38/3 (2015), S. 211–226. https://doi.org/10.1002/bewi.201501724

Gillespie, Tarleton/Boczkowski, Pablo/Foot, Kirsten A. (Hg.): *Media Technologies. Essays on Communication, Materiality, and Society,* Cambridge, MA/London: MIT Press 2014.

Gitelman, Lisa (Hg.): *Raw Data is an Oxymoron*, Cambridge, MA/London: MIT Press 2013.

Glaser, Barney G./Strauss, Anselm: *The Discovery of Grounded Theory: Strategies for Qualitative Research*, Chicago, IL: Aldine 1967.

Glaser, Barney/Strauss, Anselm: *Awareness of Dying*, Chicago, IL: Aldine 1965.

Glaser, Barney/Strauss, Anselm: *Betreuung von Sterbenden. Eine Orientierung für Ärzte. Pflegepersonal, Seelsorger und Angehörige*, Göttingen/Zürich: Vandenhoeck & Ruprecht 1995.

Griesemer, James R.: »Sharing Spaces, Crossing Boundaries«, in: Geoffrey C. Bowker/Stefan Timmermans/Adele Clarke/Ellen Balka (Hg.), *Boundary Objects and Beyond. Working with Leigh Star*. Cambridge, MA/London: MIT Press 2015, S. 201–218.

Hanke, Christine: »Wissenschaftsforschung«, in: Jens Schröter (Hg.), *Handbuch Medienwissenschaft*, Stuttgart/Weimar: J. B. Metzler 2014, S. 537–547.

Hanseth, Ole/Monteiro, Eric/Hatling, Morten: »Developing Information Infrastructure: The Tension Between Standardization and Flexibility«, in: *Science, Technology and Human Values* 21/4 (1996), S. 407–427. https://doi.org/10.1177/016224399602100402

Haraway, Donna: »A Cyborg Manifesto. Science, Technology and Socialist-Feminism in the Late Twentieth Century«, in: Dies.: *Simians, Cyborgs and Women. The Reinvention of Nature*, New York: Routledge 1991, S. 149–181.

Helmes-Hayes, Rick/Santoro, Marco (Hg.): *The Anthem Companion to Everett Hughes*, New York: Anthem Press 2016.

Henderson, Kathryn: »Flexible Sketches and Inflexible Data Bases: Visual Communication, Conscription Devices, and Boundary Objects in Design Engineering«, in: *Science, Technology & Human Values* 16/4 (1992), S. 448–473. https://doi.org/10.1177/016224399101600402

Hennion, Antoine/Méadel, Cécile: »In den Laboratorien des Begehrens: Die Arbeit der Werbeleute«, in: Tristan Thielmann/Erhard Schüttpelz (Hg.), *Akteur-Medien-Theorie*, Bielefeld: transcript 2013, S. 341–376.

Hewitt, Carl: »Offices are Open Systems«, in: *ACM Transactions on Office Information Systems* 4/3 (1986), S. 271–287. https://doi.org/10.1145/214427.214432

Hoof, Florian: »Ist jetzt alles ›Netzwerk‹? Mediale ›Schwellen- und Grenzobjekte‹«, in: Ders./Eva-Maria Jung/Ulrich Salaschek (Hg.), *Jenseits des Labors. Transformationen von Wissen zwischen Entstehungs- und Anwendungskontext*, Bielefeld: transcript 2011, S. 45–62.

Hoof, Florian: *Engel der Effizienz. Eine Mediengeschichte der Unternehmensberatung*, Konstanz: Konstanz University Press, 2015.

Hörl, Erich (Hg.): *General Ecology. The New Ecological Paradigm*, London: Bloomsbury 2017.

Hughes, Everett C.: *The Sociological Eye*, Chicago, IL: Aldine 1971.

Hutchinson, Dawn: *Antiquity and Social Reform. Religious Experiences in the Unification Church, Feminist Wicca and Nation of Yahweh*, Newcastle upon Tyne: Cambridge Scholars Publishing 2010.

Kline, Ronald S.: *The Cybernetics Moment. Or Why We Call Our Age the Information Age*, Baltimore, MD: Johns Hopkins University Press 2015.

Knoblauch, Hubert/Heath, Christian: »Die Workplace Studies«, in: Werner Rammert/Cornelius Schubert (Hg.), *Technografie. Zur Mikrosoziologie der Technik*, Frankfurt a. M.: Campus Verlag 2006, S. 141–161.

Knorr-Cetina, Karin: *The Manufacture of Knowledge: An Essay in the Constructivist and Contextual Nature of Science*, Oxford: Pergamon Press 1981.

Knorr-Cetina, Karin: »Das naturwissenschaftliche Labor als Ort der ›Verdichtung‹ von Gesellschaft«, in: *Zeitschrift für Soziologie* 17/2 (1988), S. 85–101.

Krebs, Stefan/Schabacher, Gabriele/Weber, Heike (Hg.): *Kulturen des Reparierens. Dinge – Wissen – Praktiken*, Bielefeld: transcript 2018 (in Vorbereitung).

Kümmel, Albert/Schüttpelz, Erhard (Hg.): *Signale der Störung*, München: Fink 2003.

Larkin, Brian: »The Politics and Poetics of Infrastructure«, in: *Annual Review of Anthropology* 42/1 (2013), S. 327–343. https://doi.org/10.1146/annurev-anthro-092412-155522

Latour, Bruno: »Über technische Vermittlung. Philosophie, Soziologie und Geneaologie«, in: Andréa Belliger/David J. Krieger (Hg.), *ANThology. Ein einführendes Handbuch zur Akteur-Netzwerk-Theorie*, Bielefeld: transcript 2006, S. 483–528.

Latour, Bruno/Woolgar, Steve: *Laboratory Life*, Beverly Hills, CA: Sage Publications 1979.

Lave, Jean/Wenger, Étienne: *Situated Learning: Legitimate Peripheral Participation*, Cambridge: Cambridge University Press 1991. https://doi.org/10.1017/CBO9780511815355

Law, John (Hg.): *A Sociology of Monsters? Essays on Power, Technology and Domination*, London/New York: Routledge 1991.

Lehmann, Ann-Sophie: »Das Medium als Mediator. Eine Material-Theorie für (Öl-) Bilder«, in: *Zeitschrift für Ästhetik und allgemeine Kunstwissenschaft* 51/1 (2012), S. 69–88.

Löffler, Petra/Sprenger, Florian: »Medienökologien. Einleitung in den Schwerpunkt«, in: *Zeitschrift für Medienwissenschaft* 14/1 (2016), »Medienökologien«, S. 10–18.

Lynch, Michael: *Art and Artifact in Laboratory Science: A Study of Shop Work and Shop Talk in a Research Laboratory*, London: Routledge 1985.

Mayer, Vicky/Banks, Miranda J./Caldwell, John T. (Hg.): *Production Studies*, London: Routledge 2009.

Mead, George Herbert: »The Objective Reality of Perspectives«, in: Andrew J. Reck (Hg.), *Selected Writings*, Chicago, IL: University of Chicago Press 1964, S. 305–319. (deutsch: »Die objektive Realität der Perspektiven«, in: Hans Joas (Hg.), *George Herbert Mead: Gesammelte Aufsätze 2*, Frankfurt a. M.: Suhrkamp 1983, S. 211–224).

Millett, Kate: *Sexual Politics*, Garden City, NY: Doubleday 1970.

Moraga, Cherríe/Anzaldúa, Gloria (Hg.): *This Bridge Called My Back. Writings by Radical Women of Color*, Watertown, MA: Persephone Press 1981.

O'Donnell, Casey: *Developer's Dilemma: The Secret World of Videogame Creators*, Cambridge, MA: MIT Press 2014.

Orlikowski, Wanda: »Integrated Information Environment or Matrix of Control? The Contradictory Implications of Information Technology«, in: *Accounting, Management and Information Technology* 1/1 (1991), S. 9–42.

Orlikowski, Wanda: »Using Technology and Constituting Structures: A Practice Lens for Studying Technology in Organizations«, in: *Organization Science* 11/4 (2000), S. 404–428. https://doi.org/10.1287/orsc.11.4.404.14600

Orlikowski, Wanda/Yates, JoAnne: »Genre Repertoire: The Structuring of Communicative Practices in Organizations«, in: *Administrative Science Quarterly* 39/4 (1994), S. 541–574. https://doi.org/10.2307/2393771

Park, Robert E.: »Human Migration and the Marginal Man«, in: Ders.: *Race and Culture*, New York: The Free Press 1928, Nachdruck 1950, S. 345–356.

Paßmann, Johannes: »Forschungsmedien erforschen. Zur Praxis mit der Daten-Mapping-Software Gephi«, in: Raphaela Knipp/Ders./Nadine Taha (Hg.), *Navigationen* 13/2 (2013), »Vom Feld zum Labor und zurück«, S. 113–129.

Pipek, Volkmar/Wulf, Volker: »Infrastructuring: Toward an Integrated Perspective on the Design and Use of Information Technology«, in: *Journal of the Association for Information Systems* 10/5 (2009), S. 447–473.

Potthast, Jörg: *Die Bodenhaftung der Netzwerkgesellschaft. Eine Ethnografie von Pannen an Großflughäfen*, Bielefeld: transcript 2007.

Powdermaker, Hortense: *Hollywood: The Dream Factory. An Anthropologist Looks at the Movie Makers*, London: Seckers & Warburg 1951.

Reichert, Ramón (Hg.): *Big Data. Analysen zum digitalen Wandel von Wissen, Macht und Ökonomie*, Bielefeld: transcript 2014.

Reuter, Julia: »Der Fremde«, in: Stephan Moebius/Markus Schroer (Hg.), *Diven, Hacker, Spekulanten. Sozialfiguren der Gegenwart*, Frankfurt a.M.: Suhrkamp 2010, S. 161–173.

Rogers, Richard: *Digital Methods*, Cambridge, MA: MIT Press 2013.

Rollins, Judith: *Between Women*, Boston, MA: Beacon Press 1985.

Schabacher, Gabriele: »Im Zwischenraum der Lösungen. Reparaturarbeit und Workarounds«, in: Holger Brohm/Sebastian Gießmann/Gabriele Schabacher/Sandra Schramke (Hg.), *ilinx, Berliner Beiträge zur Kulturwissenschaft* 4 (2017), »Workarounds. Praktiken des Umwegs«, S. xiii-xxviii.

Schabacher, Gabriele: »Medium Infrastruktur. Trajektorien soziotechnischer Netzwerke in der ANT«, in: *Zeitschrift für Medien- und Kulturforschung* 4/2 (2013), S. 129–148.

Schmidt, Kjeld: »Of Humble Origins. The Practice Roots of Interactive and Collaborative Computing«, in: *Zeitschrift für Medienwissenschaft* 12/1 (2015), S. 140–156.

Schüttpelz, Erhard: »Die medientechnische Überlegenheit des Westens. Zur Geschichte und Geographie der *immutable mobiles* Bruno Latours«, in: Jörg Döring/Tristan Thielmann (Hg.), *Mediengeographie*, Bielefeld: transcript 2009, S. 67–110.

Schüttpelz, Erhard: »Elemente einer Akteur-Medien-Theorie«, in: Tristan Thielmann/Ders. (Hg.), *Akteur-Medien-Theorie*, Bielefeld: transcript 2013, S. 9–67.

Schüttpelz, Erhard: »Infrastrukturelle Medien und öffentliche Medien«, in: *Media in Action* 0 (2016), S. 1–21, http://dokumentix.ub.uni-siegen.de/opus/volltexte/2016/998/pdf/Infrastrukturelle_Medien_und_oeffentliche_Medien_Schuett pelz.pdf vom 31.7.2017.

Schüttpelz, Erhard/Gießmann, Sebastian: »Medien der Kooperation. Überlegungen zum Forschungsstand«, in: *Navigationen* 15/1 (2015), »Medien der Kooperation«, S. 7–55.

Serres, Michel: *Der Naturvertrag*, Frankfurt a.M.: Suhrkamp 1994.

Star, Susan L.: »The Politics of Wholeness: Feminism and the New Spirituality«, in: *Sinister Wisdom* 3 (1977), S. 36–44.

Star, Susan L.: »Sex Differences and the Dichotomization of the Brain. Methods, Limits and Problems in Research on Consciousness«, in: Ruth Hubbard/Marian Lowe (Hg.), *Genes and Gender 2*, New York: Gordian Press 1979, S. 113–130.

Star, Susan L.: »The Politics of Right and Left«, in: Ruth Hubbard/Mary S. Henifin/Barbara Fried (Hg.): *Women Look at Biology Looking at Women*, Cambridge, MA: Schenkman 1979, S. 61–74.

Star, Susan L.: »I Want My Accent Back«, in: *Sinister Wisdom* 16 (1981), S. 20–23.

Star, Susan L.: *Scientific Theories as Going Concerns. The Development of the Localizationist Perspective in Neurophysiology, 1870–1906*, Dissertation, Berkeley: University of California, San Francisco 1983.

Star, Susan L.: »Scientific Work and Uncertainty«, in: *Social Studies of Science* 15/3 (1985), S. 391–427. https://doi.org/10.1177/030631285015003001

Star, Susan L.: »Epilogue: Work and Practice in the Social Studies of Science, Medicine, and Technology«, in: *Science, Technology, & Human Values* 20/4 (1986), S. 501–507. https://doi.org/10.1177/016224399502000406

Star, Susan L.: *Regions of the Mind: Brain Research and the Quest for Scientific Certainty*, Stanford, CA: Stanford University Press 1989.

Star, Susan L.: »The Structure of Ill-Structured Solutions. Boundary Objects and Heterogeneous Distributed Problem Solving«, in: Les Gasser/Michael N. Huhns (Hg.), *Distributed Artificial Intelligence* (=Research Notes in Artificial Intelligence, Vol. II), London/Pitman/San Mateo, CA: Morgan Kaufmann 1989, S. 37–54.

Star, Susan L.: »Layered Space, Formal Representations and Long-Distance Control: The Politics of Information«, in: *Fundamenta Scientiae* 10/2 (1990), S. 125–155.

Star, Susan L.: »Power, Technologies and the Phenomenology of Conventions: On Being Allergic to Onions«, in: John Law (Hg.), *A Sociology of Monsters: Essays on Power, Technology and Domination*, London: Routledge 1991, S. 26–56.

Star, Susan L.: »Invisible Work and Silenced Dialogues in Representing Knowledge«, in: Inger V. Eriksson/Barbara A. Kitchenham/Kea G. Tijdens (Hg.), *Women, Work and Computerization: Understanding and Overcoming Bias in Work and Education*, Amsterdam: North Holland 1991, S. 81–92.

Star, Susan L.: »Craft vs. Commodity, Mess vs. Transcendence: How the Right Tool Became the Wrong One in the Case of Taxidermy and Natural History«, in: Adele Clarke/Joan Fujimura (Hg.), *The Right Tools for the Job: At Work in Twentieth Century Life Sciences*, Princeton, NJ: Princeton University Press 1992, S. 257–286. https://doi.org/10.1515/9781400863136.257

Star, Susan L.: »Cooperation Without Consensus in Scientific Problem Solving: Dynamics of Closure in Open Systems«, in: Steve Easterbrook (Hg.), *CSCW: Cooperation or Conflict?*, London: Springer 1993, S. 93–105. https://doi.org/10.1007/978-1-4471-1981-4_3

Star, Susan L.: »Misplaced Concretism and Concrete Situations: Feminism, Method and Information Technology«, *Gender-Nature-Culture Feminist Research Network Series* 11, Universität Odense 1994.

Star, Susan L. (Hg.): *Ecologies of Knowledge: Work and Politics in Science and Technology*, Albany, NY: SUNY Press 1995.

Star, Susan L. (Hg.): *The Cultures of Computing*, Oxford/Cambridge: Blackwell 1995.

Star, Susan L.: »The Politics of Formal Representations: Wizards, Gurus, and Organizational Complexity«, in: Dies. (Hg.), *Ecologies of Knowledge. Work and Politics in Science and Technology*, Albany, NY: SUNY 1995, S. 88–118.

Star, Susan L.: »From Hestia to Home Page: Feminism and the Concept of Home in Cyberspace«, in: Nina Lykke/Rosi Braidotti (Hg.), *Between Monsters, Goddesses and Cyborgs: Feminist Confrontations with Science, Medicine and Cyberspace*, London: ZED-Books 1996, S. 30–46.

Star, Susan L.: »Leaks of Experience: The Link Between Science and Knowledge?«, in: James G. Greeno/Shelley V. Goldman (Hg.), *Thinking Practices Between Mathematics and Science Learning*, Mahwah, NJ: Erlbaum 1998, S. 127–146.

Star, Susan L.: »The Ethnography of Infrastructure«, in: *American Behavioral Scientist* 43/7 (1999), S. 377–391. https://doi.org/10.1177/00027649921955326

Star, Susan L.: »Got Infrastructure? How Standards, Categories and Other Aspects of Infrastructure Influence Communication«, San Diego, CA: University of California 2002, http://citeseerx.ist.psu.edu/viewdoc/download?doi=10.1.1.19.7523&rep=rep1&type=pdf vom 4.8.2017.

Star, Susan L.: »Living Grounded Theory. Cognitive and Emotional Forms of Pragmatism«, in: Anthony Bryant/Kathy Charmaz (Hg.), *The SAGE Handbook of Grounded Theory*, Thousand Oaks, CA/London/New Delhi: Sage 2007, S. 75–94. https://doi.org/10.4135/9781848607941.n3

Star, Susan L.: »Five Answers«, in: Jan-Kyre B. Olsen/Evan Selinger (Hg.), *Philosophy of Technology: Five Questions*, Copenhagen: Automatic/VIP 2007, S. 223–231.

Star, Susan L.: »This Is Not a Boundary Object. Reflections on the Origin of a Concept«, in: *Science, Technology, & Human Values* 35/5 (2010), S. 601–617. https://doi.org/10.1177/0162243910377624

Star, Susan L./Gerson, Elihu M.: »The Management and Dynamics of Anomalies in Scientific Work«, in: *Sociological Quarterly* 28/2 (1986), S. 147–169. https://doi.org/10.1111/j.1533-8525.1987.tb00288.x

Star, Susan L./Griesemer, James R.: »Institutional Ecology, ›Translations‹ and Boundary Objects: Amateurs and Professionals in Berkeley's Museum of Vertebrate Zoology, 1907–39«, in: *Social Studies of Science* 19/3 (1989), S. 387–420. https://doi.org/10.1177/030631289019003001

Star, Susan L./Ruhleder, Karen: »Steps Toward an Ecology of Infrastructure: Design and Access for Large Information Spaces«, in: *Information System Research* 7/1 (1996), S. 111–134. https://doi.org/10.1287/isre.7.1.111

Star, Susan L./Strauss, Anselm: »Layers of Silence, Arenas of Voice: The Ecology of Visible and Invisible Work«, in: *Computer Supported Cooperative Work* 8/1-2 (1999), S. 9–30. https://doi.org/10.1023/A:1008651105359

Star, Susan L./Bowker, Geoffrey C./Neumann, Laura: »Transparency Beyond the Individual Level of Scale: Convergence between Information Artifacts and Communities of Practice«, in: Ann P. Bishop/Barbara P. Buttenfield/Nancy Van House (Hg.), *Digital Library Use: Social Practice in Design and Evaluation*, Cambridge, MA: MIT Press 2004, S. 247–270.

Star, Susan L./Bowker, Geoffrey C.: »How to Infrastructure«, in: Leah A. Lievrouw/Sonia Livingstone (Hg.), *The Handbook of New Media. Updated Student Edition*, London/Thousand Oaks/New Delhi: Sage 2006, S. 230–245.

Star, Susan L./Bowker, Geoffrey C.: »Enacting Silence: Residual Categories as a Challenge for Ethics, Information Systems, and Communication Technology«, in: *Ethics and Information Technology* 9/4 (2007), S. 273–280. https://doi.org/10.1007/s10676-007-9141-7

Star, Susan L./Busch, Lawrence: »Outsourcing Morality, Outsourcing Methods«, Paper für das Jahrestreffen der *Society for Social Studies of Science*, Typoskript des Washingtoner Vortrags vom 10. Oktober 2009, Washington D. C., 2009.

Star, Susan L./Lampland, Martha: »Reckoning with Standards«, in: Martha Lampland/Dies. (Hg.), *Standards and Their Stories: How Quantifying, Classifying, and Formalizing Practices Shape Everyday Life*, Ithaca, NY: Cornell University Press 2009, S. 3–24.

Stonequist, Everett V.: *The Marginal Man. A Study in Personality and Culture Conflict*, New York: Charles Scribner's Sons 1937.

Strübing, Jörg: »Interview mit Leigh Star«. Champaign, IL, 29. März 1998.

Strübing, Jörg: *Pragmatistische Wissenschafts- und Technikforschung. Theorie und Methode*, Frankfurt a. M.: Campus 2005.

Strübing, Jörg: *Anselm Strauss*, Konstanz: UVK 2007.

Strübing, Jörg: »Geoffrey C. Bowker und Susan Leigh Star. Pragmatistische Forschung zu Informationsinfrastrukturen und ihren Politiken«, in: Diana Lengersdorf/Matthias Wiesner (Hg.), *Schlüsselwerke der Science & Technology Studies*, Wiesbaden: Springer 2014, S. 235–246. https://doi.org/10.1007/978-3-531-19455-4_19

Strübing, Jörg/Schulz-Schaeffer, Ingo/Meister, Martin/Gläser, Jochen (Hg.): *Kooperation im Niemandsland. Neue Perspektiven auf Zusammenarbeit in Wissenschaft und Technik*, Wiesbaden: Springer 2004. https://doi.org/10.1007/978-3-663-10528-2

Taha, Nadine: »Patent in Action. Das US-amerikanische Patent aus der Perspektive der Science and Technology Studies«, in: *Zeitschrift für Medienwissenschaft* 6/1 (2012), »Sozialtheorie und Medienforschung«, S. 36–47.

Thielmann, Tristan/Schüttpelz, Erhard (Hg.): *Akteur-Medien-Theorie*, Bielefeld: transcript 2013.

Trompette, Pascale/Vinck, Dominique: »Revisiting the Notion of the Boundary Object«, in: *Revue d'anthropologie des connaissances* 3/1 (2009), S. 3–25.

Verran, Helen: »Afterword: On the Distributedness of Leigh«, in: Geoffrey C. Bowker/Stefan Timmermans/Adele E. Clarke/Ellen Balka (Hg.), *Boundary Objects and Beyond. Working with Leigh Star*, Cambridge, MA/London: MIT Press, 2015, S. 499–500.

Vogl, Joseph: »Medien-Werden. Galileis Fernrohr«, in: *Archiv für Mediengeschichte*, Weimar: Universitätsverlag 2001, »Mediale Historiographien«, S. 115–123.

Volberg, Rachel: *Constraints and Commitments in the Development of American Botany, 1880–1920*, Dissertation, Berkeley: University of California, San Francisco 1983.

Wakeford, Nina: »Don't Go All the Way. Revisiting ›Misplaced Concretism‹«, in: Geoffrey C. Bowker/Stefan Timmermanns/Adele E. Clarke/Ellen Balka (Hg.), *Boundary Objects and Beyond. Working with Leigh Star*, Cambridge, MA/London 2015, S. 69–83.

Watkins, Gloria: *Feminist Theory. From Margin to Center*, Boston, MA: South End Press 1984.

Wenger, Étienne: *Communities of Practice: Learning, Meaning, and Identity*, Cambridge: Cambridge University Press 1998. https://doi.org/10.1017/CBO9780511803932

Wimsatt, William C.: »Developmental Constraints, Generative Entrenchment and the Innate-Acquired Distinction«, in: William P. Bechtel (Hg.), *Integrating Scientific Disciplines*. Nijhoff: Dordrecht 1986, S. 185–208. https://doi.org/10.1007/978-94-010-9435-1_11

Yates, JoAnne: *Control Through Communication. The Rise of System in American Management*, Baltimore, MD: Johns Hopkins University Press 1989.

Yates, JoAnne: »Using Giddens' Structuration Theory to Inform Business History«, in: *Business and Economic History* 26/1 (1997), S. 159–183.

Yates, JoAnne: »Business Use of Information and Technology During the Industrial Age«, in: Alfred D. Chandler/James W. Cortada (Hg.), *A Nation Transformed by Information. How Information Has Shaped the United States from Colonial Times to the Present*, Oxford: Oxford University Press 2000, S. 107–135.

Zachry, Mark: »An Interview with Susan Leigh Star«, in: *Technical Communication Quarterly* 17/4 (2008), S. 435–454. https://doi.org/10.1080/10572250802329563

Zeiss, Ragna/Groenwegen, Peter: »Engaging Boundary Objects in OMS and STS? Exploring the Subtleties of Layered Engagement«, in: *Organization* 16/1 (2009), S. 81–100. https://doi.org/10.1177/1350508408098923

Zillinger, Martin: *Die Trance, das Blut, die Kamera. Trance-Medien und Neue Medien im marokkanischen Sufismus*, Bielefeld: transcript 2013.

Grenzobjekte

Institutionelle Ökologie, ›Übersetzungen‹ und Grenzobjekte

Amateure und Professionelle im Museum of Vertebrate Zoology in Berkeley, 1907–39 (1989)

Susan Leigh Star und James R. Griesemer

Wissenschaftliche Arbeit wird überwiegend von äußerst unterschiedlichen Gruppen von Akteuren betrieben – Forschern aus verschiedenen Disziplinen, Amateuren und Professionellen, Menschen und Tieren, Funktionären und Visionären. Vereinfacht gesagt ist wissenschaftliche Arbeit heterogen. Zugleich erfordert Wissenschaft Kooperation – um gemeinsame Übereinkünfte zu erzielen, für Verlässlichkeit auf allen Gebieten zu sorgen und Informationen zu sammeln, die zeit- und raumübergreifend und in allen lokalen Eventualitäten ihre Integrität bewahren. Dies führt zu einer zentralen Spannung in der Wissenschaft, die zwischen unterschiedlichen Perspektiven und dem Bedarf an verallgemeinerbaren Befunden entsteht. In diesem Aufsatz untersuchen wir anhand des Fallbeispiels eines naturkundlichen Forschungsmuseums, wie Heterogenität und Kooperation zu zentralen Anliegen aller Beteiligten werden. Wir entwickeln ein analytisches System für die Interpretation unseres historischen Materials, ein System, das sich bei allen Untersuchungen anwenden lässt, die sich auf ähnliche Weise mit wissenschaftlicher Arbeit in komplexen institutionellen Milieus befassen.

Und so wollen wir vorgehen: Zuerst betrachten wir die Verzweigungen der Heterogenität wissenschaftlicher Arbeit und den Bedarf an Kooperation unter den Beteiligten aufgrund der Beschaffenheit von Übersetzungen zwischen sozialen Welten. Wir schlagen Modifikationen des Modells des *interessement* von Latour, Callon und Law vor. So befürworten wir eine stärker ökologisch ausgerichtete Vorgehensweise und entwickeln das Konzept der Grenzobjekte, um das Fallbeispiel eines naturkundlichen Forschungsmuseums zu analysieren. Wir setzen uns mit der Geschichte des Museum of Vertebrate Zoology an der University of California in Berkeley auseinander und beschreiben seine Konzeptionen von Beteiligten aus mehreren unterschiedlichen sozialen Welten – Fachwissenschaftlern, Amateurnaturforschern, Arbeitskräften und Verwaltungsmitarbeitern. Unsere Auseinandersetzung mit dieser Thematik soll in diesem Stadium eher als anregend denn als abschließend verstanden werden, wobei wir eine Vorgehensweise bei Fallstudien skizzieren sowie eine Teilanalyse des konkreten Fallbeispiels erstellen wollen. Abschließend befassen wir uns mit Grenzobjekten und dem damit verbundenen Anliegen der Standardisierung von Methoden.

Das Problem der gemeinsamen Repräsentation in sich überschneidenden verschiedenen sozialen Welten

Alltagsmythen zufolge entspringt wissenschaftliches Kooperieren einem naturgemäßen Konsens. Doch wenn wir die tatsächliche Arbeitsorganisation wissenschaftlicher Unternehmungen untersuchen, stoßen wir auf keinen derartigen Konsens. Vielmehr stellen wir fest, dass wissenschaftliche Arbeit weder ihre innere Vielfalt verliert, noch von einem Mangel an Konsens aufgehalten wird. Konsens ist sowohl für Kooperation wie für das erfolgreiche Erledigen von Arbeit nicht erforderlich. Dieser grundlegende soziologische Befund gilt für die Wissenschaft nicht weniger als für jede andere Art von Arbeit.[1] Allerdings stehen wissenschaftliche Akteure vor vielen Problemen, wenn sie versuchen, die Integrität von Informationen angesichts solcher Vielfalt zu gewährleisten. Eine Möglichkeit, diesen Prozess zu beschreiben, besteht darin zu sagen, dass die Akteure, die wissenschaftliche Probleme zu lösen versuchen, aus verschiedenen sozialen Welten stammen und einen wechselseitigen modus operandi etablieren.[2] So wendet sich beispielsweise ein für Stipendien und Verträge zuständiger Verwaltungsmitarbeiter einer Universität an ein anderes Publikum und geht anderen Aufgaben nach als ein Amateurnaturforscher, der Tierexemplare für ein Naturkundemuseum sammelt.

Wenn sich die Welten dieser Akteure überschneiden, tritt eine Schwierigkeit auf. Die Bildung neuen wissenschaftlichen Wissens beruht ebenso auf Kommunikation wie auf dem Erstellen neuer Befunde. Aber weil diese neuen Objekte und Methoden in unterschiedlichen Welten eine jeweils andere Bedeutung haben, stehen die Akteure vor der Aufgabe, diese Bedeutungen in Übereinstimmung zu bringen, wenn sie miteinander kooperieren wollen. Diese Abstimmung verlangt von allen Seiten hohes Engagement. Wissenschaftler und andere Akteure, die Beiträge zur Wissenschaft leisten, übersetzen, verhandeln, debattieren, vermessen und vereinfachen, wenn sie zusammenarbeiten wollen.

Das Problem der Übersetzung, das Latour, Callon und Law dargestellt haben, ist von zentraler Bedeutung für die Art von Abstimmung, die in diesem Aufsatz beschrieben wird.[3] Um für wissenschaftliche Autorität zu sorgen, verpflichten Unternehmer nach und nach Beteiligte (oder »Verbündete«, wie es Latour formuliert) aus einer Reihe von Orten, interpretieren deren Anliegen um, damit sie zu ihren eigenen programmatischen Zielen passen, und ernennen sich dann selbst zu Gatekeepern (zu »obligatorischen Passagepunkten«, wie Law dies nennt).[4] Diese

---

1 | In der allgemeinen Sozialwissenschaft lässt sich dieser Befund am deutlichsten in den Untersuchungen von Arbeitsplätzen durch Soziologen der Chicagoer Schule feststellen. Siehe z. B. E. C. Hughes: *The Sociological Eye*. Was Belege dafür in der Wissenschaft betrifft, siehe D. Hull: *Science as a Process*; B. Latour/S. Woolgar: *Laboratory Life*; B. Latour: *Science in Action*; M. Rudwick: *The Great Devonian*, S. L. Star: »Triangulating Clinical and Basic Research«.

2 | A. Strauss: »A Social World Perspective«; E. M. Gerson: »Scientific Work and Social Worlds«, S. 357-377; A. Clarke: »A Social Worlds Research Adventure«.

3 | M. Callon: »Some Elements of a Sociology of Translation«; B. Latour: *Science in Action* und B. Latour: *The Pasteurization of French Society.*

4 | J. Law: »Technology, Closure and Heterogeneous Engineering« und M. Callon/J. Law: »On Interests and Their Transformation«.

Autorität kann entweder substanziell oder methodologisch sein. Latour und Callon haben diesen Prozess *interessement* genannt, um damit auf die Übersetzung der Interessen des Nichtwissenschaftlers in die des Wissenschaftlers zu verweisen.

Dennoch besteht ein zentrales Merkmal dieser Situation darin, dass Unternehmer aus mehr als einer sozialen Welt versuchen, derartige Übersetzungen gleichzeitig durchzuführen. Es ist also nicht nur ein Fall von *interessement* zwischen Nichtwissenschaftler und Wissenschaftler. Solange sie nicht Zwang ausüben, müssen alle Übersetzer die Integrität der Interessen der anderen Adressaten aufrechterhalten, um sie als Verbündete zu behalten. Doch dies muss so geschehen, dass die zentrale Rolle und Bedeutung der Arbeit des Unternehmers gestärkt wird. Die vielseitige Beschaffenheit des *interessement* (oder sagen wir: der Anforderung, die sich überschneidende soziale Welten an die Stimmigkeit von Übersetzungen stellen) lässt sich nicht aus einer einzigen Perspektive verstehen. Sie erfordert vielmehr eine ökologische Analyse, so wie sie Hughes bei seiner Beschreibung der Ökologie von Institutionen vorschwebte:

»In einem gewissen Maß wählt eine Institution ihre Umgebung. Dies ist eine der Funktionen der Institution als Unternehmen. Jemand in der Institution agiert als Unternehmer [und] eines der Dinge, die das unternehmerische Element tun muss, besteht darin, innerhalb der möglichen Grenzen die Umgebung zu wählen, auf die die Institution reagieren wird, und das sind, in vielen Fällen, die Quellen ihrer Geldmittel, die Quellen ihrer Klientel (etwa Kunden, die Schuhe, Bildung oder Medizin kaufen) und die Quellen ihres verschiedenartigen und unterschiedlich eingestuften Personals. Dies ist eine Ökologie von Institutionen im ursprünglichen Sinn dieses Begriffs.«[5]

Die ökologische Analyse hat den Vorteil, dass sie keinen einzelnen Blickwinkel epistemologisch bevorzugt – der Blickwinkel von Amateuren beispielsweise ist nicht von Haus aus besser oder schlechter als der von Professionellen. Uns überzeugt Latours Erkenntnis, dass die wichtigen Fragen den *Flow* von Objekten und Konzepten durch das *Netzwerk* der beteiligten Verbündeten und sozialen Welten betreffen. Der ökologische Blickwinkel ist insofern antireduktionistisch, weil die gesamte Unternehmung als Analyseeinheit betrachtet wird, nicht bloß der Standpunkt der Universitätsverwaltung oder der professionellen Wissenschaftler. Er beinhaltet allerdings das Verständnis der Managementprozesse in allen beteiligten Welten: Handwerk, Diplomatie, die Auswahl von Klientel und Personal. Unsere Vorgehensweise unterscheidet sich damit vom Callon-Latour-Law-Modell der Übersetzung und des *interessement* auf mehrfache Weise. Zunächst einmal kann ihr Modell als eine Art von Engführung verstanden werden – als Neuausrichten oder Vermitteln der Interessen mehrerer Akteure in einen engeren Passagepunkt (siehe Abbildung 1). Die Geschichte wird in diesem Fall *notwendigerweise* aus dem Blickwinkel eines Passagepunkts erzählt – normalerweise des Managers, Unternehmers oder Wissenschaftlers. Die Analyse, die wir hier vorschlagen, ist zwar noch immer am Management orientiert, weil die Geschichten des Museumsdirektors und Sponsoren sehr viel stärker ausgestaltet sind als die der Amateursammler oder anderer Spieler. Aber sie ist eine Kartierung im Modus vieler zu vielen *(many-to-many mapping)*, bei dem mehrere obligatorische Passagepunkte mit mehreren Ar-

5 | E. C. Hughes: »Going Concerns«, in: *The Sociological Eye*, S. 52–72, hier S. 62.

ten von Verbündeten verhandelt werden, etwa zwischen Manager und Manager (siehe Abbildung 2).

Abbildung 1: Callon-Latour-Law-Modell der Übersetzung

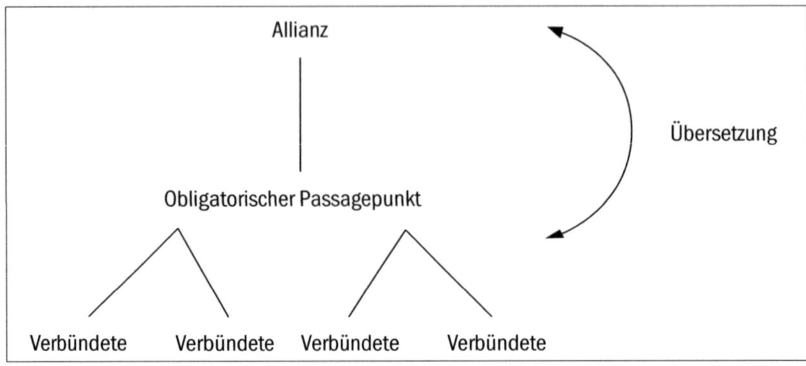

Abbildung 2: Kartierung im Modus vieler zu vielen (many-to-many mapping)

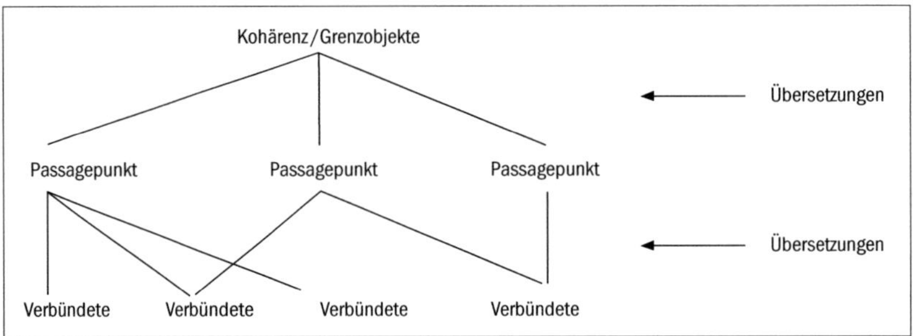

Die Kohärenz von Übersetzungssets hängt davon ab, in welchem Ausmaß unternehmerische Anstrengungen aus vielfachen Welten koexistieren können, egal wie die Prozesse beschaffen sind, die sie hervorbringen. Hier ist die Übersetzung unbestimmt, analog zu Quines philosophischem Diktum über Sprache.[6] Das heißt, es gibt unendlich viele Möglichkeiten, wie Unternehmer aus jeder kooperierenden sozialen Welt ihre eigene Arbeit zu einem obligatorischen Passagepunkt für das ganze Netzwerk von Teilnehmern machen können. Es gibt somit auch eine unbestimmte Anzahl kohärenter Übersetzungssets. Das Problem für alle Akteure in einem Netzwerk, auch für die wissenschaftlichen Unternehmer, besteht darin, ihre lokale Unbestimmtheit (vorübergehend) zu reduzieren, ohne den Verlust der Kooperation von Verbündeten zu riskieren. Sobald der Prozess einen obligatorischen Passagepunkt errichtet hat, muss dieser dann gegen andere Übersetzungen, die ihn zu ersetzen drohen, verteidigt werden.

Unser Interesse an Problemen von Kohärenz und Kooperation in der Wissenschaft wird zum Teil davon geprägt, dass wir die historische Entwicklung einer bestimmten Art von Institution zu verstehen suchen: von naturkundlichen Forschungsmuseen. Ursprünglich sind Naturkundemuseen entstanden, als private

6 | W. v. O. Quine: *Wort und Gegenstand.*

Sammler im 17. Jahrhundert ihre Kuriositätenkabinette für das allgemeine Publikum öffneten.[7] Zurschaustellen von Reichtum, vornehme Gelehrsamkeit und Nacheifern der Aristokratie ebenso wie die Entwicklung von Referenzsammlungen für Ärzte und Apotheker waren verbreitete Motive für das Errichten solcher Kabinette. Viele wurden zusammengestellt, um Vielfalt sowie Fülle der Natur vorzuführen und zu bestaunen oder das Universum im Mikrokosmos darzustellen. Derartige Museen entwickelten sich, anders gesagt, als Teil der Populärkultur.[8] Im 19. Jahrhundert wurden viele neue Museen von Amateurnaturforschern statt von Vertretern der »allgemeinen Öffentlichkeit« entwickelt, und zwar durch ihre Teilnahme an Gesellschaften für Amateurnaturforscher. Diese Gesellschaften spielten eine wichtige Rolle in der Entwicklung der künftigen Naturwissenschaft, die auf Museen basierte.[9] Das von uns untersuchte Museum of Vertebrate Zoology (MVZ) an der University of California in Berkeley, ist das wichtige Beispiel eines Museums, das sich seit seiner Gründung wissenschaftlicher Forschung widmete, unterstützt von einer Allianz zwischen einer Amateurnaturforscherin-Mäzenatin und einem frühen professionellen Wissenschaftler an der Westküste der USA. Das MVZ betrieb wissenschaftliche Forschung nicht als Hilfsinstitution der öffentlichen Bildung oder populären Erbauung, wie dies so viele Museen an der Ostküste getan hatten – wenn etwas wahr ist, dann nur das Gegenteil. (Ein Symbol dieser Forschungstradition ist der unverhohlene Stolz, mit dem heutige Museumsmitarbeiter auf eine Anzeigetafel am Eingang verweisen, auf der steht, es gebe »KEINE ÖFFENTLICHEN AUSSTELLUNGEN«.)

Die Entwicklung des naturkundlichen *Forschungs*museums stellt an sich eine wichtige Phase in der Professionalisierung naturkundlicher Arbeit dar und ist zugleich ein Beispiel für die sich verändernde Beziehung zwischen Amateuren und Fachleuten, nachdem die Professionalisierung der Biologie in Amerika bereits begonnen hatte. Anders als bei vielen gut dokumentierten Fällen von Institutionen im Osten, die in der europäischen wissenschaftlichen Gemeinschaft *(scientific community)* ein Vorbild und eine Legitimation sahen, mussten Biologen im Westen der USA darum kämpfen, in den Augen der sich im Osten bereits professionalisierenden Gemeinschaft der Biologen Glaubwürdigkeit zu gewinnen. Eine erfolgreiche Bewältigung der Forschungsprobleme, durch die die Wissenschaftler am Museum of Vertebrate Zoology Anerkennung zu erlangen hofften, hing von einer sich entwickelnden Reihe von Praktiken ab, mit der die besondere Art von Arbeit organisiert

7 | Anm. d. Hg.: Wir haben uns zu einer durchgehenden Übersetzung von »natural history« mit »Naturkunde« entschlossen. In diesem einen Fall ist aber auch die naturhistorische Wissenskultur der Frühen Neuzeit mit einbegriffen. Wir danken Georg Töpfer vom Zentrum für Literaturforschung Berlin für seine hilfreiche Beratung.

8 | Siehe die ausgezeichnete Darstellung von L. Daston: »The Factual Sensibility«.

9 | Siehe z. B. S. G. Kohlstedt: »Curiosities and Cabinets«. Auch wenn häufig behauptet wird, das Aufkommen der wissenschaftlichen Biologie sei zeitlich zusammengefallen mit dem Niedergang der Naturkunde an der Wende zum 20. Jahrhundert, erklären andere Autoren, die Naturkunde sei eher »weiterentwickelt« als ersetzt worden. Siehe z. B. K. R. Benson: »Concluding Remarks«. Über die Abgrenzung des Amateurnaturforschers vom breiten Publikum und von professionellen Wissenschaftlern siehe S. Kohlstedt: »The Nineteenth-Century Amateur Tradition«.

werden sollte, die sich aus der Überschneidung der Welten von Professionellen, Amateuren, Laien und Akademikern ergab.[10] Dort gelang es mehreren Gruppen von Akteuren – Amateuren, Professionellen, Tieren, Bürokraten und »Söldnern« –, ein Unternehmen zur kohärenten Problemlösung zu gestalten, das viele Übersetzungen überstand.

Joseph Grinnell war der erste Direktor des Museum of Vertebrate Zoology. Er arbeitete an mehreren Problemen der Artenbildung, -wanderung und der Rolle der Umwelt in Darwins Evolutionstheorie. Grinnells Forschung erforderte die Mitarbeit u. a. von Verwaltungsmitarbeitern der Universität, von Professoren, Forschern, Kuratoren, Amateursammlern, privaten Sponsoren und Schirmherren, gelegentlichen Hilfskräften bei der Feldarbeit, Regierungsbeamten und Mitgliedern wissenschaftlicher Clubs.

Folgende Objekte waren u. a. für all diese sozialen Welten von Interesse:

- Arten und Unterarten von Säugetieren und Vögeln,
- das Terrain des Staates Kalifornien,
- physikalische Faktoren in der Umwelt Kaliforniens (wie Temperatur, Niederschlagsmenge und Luftfeuchtigkeit) sowie
- die Habitate gesammelter Tierarten.

Methodenstandardisierung und Grenzobjekte

Normalerweise sind die Objekte wissenschaftlicher Untersuchung in mannigfaltigen sozialen Welten zu Hause, da jede Wissenschaft intersektionale Arbeit erfordert. Unterschiedliche Grade von Kohärenz herrschen sowohl in verschiedenen Stadien der Unternehmung wie aus verschiedenen Perspektiven in der Unternehmung. Doch eins ist klar: Wegen des heterogenen Charakters wissenschaftlicher Arbeit und ihres Bedarfs an Kooperation lässt sich diese Vielfalt nicht über einen simplen Pluralismus oder ein laxes Gewährenlassen bewältigen. Der Umstand, dass die Objekte ihren *Ursprung* in unterschiedlichen Welten haben und sie weiterhin bewohnen, spiegelt eine fundamentale Spannung der Wissenschaft wider: Wie können Befunde, die radikal unterschiedliche Bedeutungen verkörpern, kohärent werden?

Bei der Analyse unserer Fallstudie werden wir sehen, dass zwei Hauptfaktoren zum Erfolg des Museums beitragen: *Methodenstandardisierung* und die Entwicklung von *Grenzobjekten*.

Grinnells Managemententscheidungen im Hinblick auf die beste Möglichkeit, die Interessen all dieser disparaten Welten umzusetzen, prägte nicht nur den Charakter der Institution, die er aufbaute, sondern auch den Inhalt seiner wissenschaftlichen Anforderungen.[11] Seine ausgeklügelten Richtlinien für das Sammeln und Kuratieren führten ein Managementsystem ein, in dem unterschiedliche Verbündete sich gleichzeitig an der heterogenen Arbeit des Aufbaus eines Forschungsmuseums beteiligen konnten. Es war ein dauerhaftes Erbe. Grinnells Methoden werden zwar von heutigen Generationen von Museumsmitarbeitern für abson-

10 | Eine Einschätzung der Auswirkungen auf die Struktur der produzierten theoretischen Modelle enthält auch J. R. Griesemer: »Modeling in the Museum«. Eine weitere Analyse der Rolle von Amateurnaturforschern findet sich bei D. Allen: *The Naturalist in Britain*.

11 | J. R. Griesemer: »Modeling in the Museum«.

derlich und übertrieben penibel gehalten,[12] doch sie werden noch immer am Museum of Vertebrate Zoology gelehrt und praktiziert. (Sie wurden auch in der ersten Hälfte des 20. Jahrhunderts von mehreren Museen in den USA übernommen.[13]) So ähneln beispielsweise seine Kursmerkblätter für 1913[14] den heutigen Feldhandbüchern für Studenten im Kurs Zoology 107 an der Universität Berkeley.[15] Es gab eine enge Verbindung zwischen dem Management wissenschaftlicher Arbeit, wie es sich in diesen genauen Standards für Sammlung, Dauer und Beschreibung exemplarisch widerspiegelt, und dem Inhalt der wissenschaftlichen Ansprüche, die Grinnell und andere Mitarbeiter an das Museum stellten.

Das zweite wichtige Konzept, mit dem erklärt werden soll, wie Museumsmitarbeiter Vielfalt wie Kooperation organisierten, ist das Konzept der *Grenzobjekte*. Dies ist ein analytischer Begriff für jene wissenschaftlichen Objekte, die sowohl in mehreren sich überschneidenden sozialen Welten zu Hause sind (siehe die Liste von Beispielen im vorherigen Abschnitt), wie auch die Informationsbedürfnisse in jeder dieser Welten befriedigen.[16] Grenzobjekte sind Objekte, die plastisch genug sind, um sich den lokalen Bedürfnissen und Beschränkungen mehrerer sie nutzender Parteien anzupassen. Sie bleiben dabei robust genug zur Bewahrung einer gemeinsamen Identität an allen Orten. Grenzobjekte sind schwach strukturiert in der gemeinsamen Verwendung und werden stark strukturiert in der individuellen Verwendung. Diese Objekte können abstrakt oder konkret sein.[17] Sie haben verschiedene Bedeutungen in unterschiedlichen sozialen Welten, aber ihre Struktur ist für mehr als eine Welt gemeinsam genug, damit sie als Mittel der Übersetzung erkennbar sind. Die Erzeugung und das Management von Grenzobjekten stellen einen entscheidenden Prozess dar, um in sich überschneidenden sozialen Welten Kohärenz zu entwickeln und aufrechtzuerhalten.

Im nächsten Abschnitt liefern wir einige Hintergrundinformationen über die Entwicklung des Museums und werden uns dann mit Methodenstandardisierung und Grenzobjekten näher befassen.

Grinnell und das Museum of Vertebrate Zoology, 1907-39

In Amerika erlebten die biologischen Wissenschaften in jener Zeit einen mehrfachen Wandel. Die erzieherischen und kulturellen Funktionen der Naturkunde wurden damals gerade in den Forschungszielen von Wissenschaftlern zusammengefasst. Biologische Forschung wurde zunehmend in akademischen Institutionen

12 | Frank Pitelka im Gespräch mit Griesemer.

13 | E. R. Hall: *Collecting and Preparing Study Specimens of Vertebrates*.

14 | Siehe die *Joseph Grinnell Papers* in der Bancroft Library an der University of California in Berkeley.

15 | Siehe die Handbücher von Grinnells Student E. R. Hall: Collecting and Preparing Study Specimens of Vertebrates und S. Herman: *The Naturalist's Field Journal*.

16 | S. L. Star: »The Structure of Ill-Structured Solutions«. Siehe den Beitrag »Die Struktur schlecht strukturierter Lösungen« in diesem Band.

17 | Siehe J. R. Griesemer: »Modeling in the Museum« sowie N. Cartwright/H. Mendell: »What Makes Physics' Objects Abstract?«.

wie Universitäten und spezialisierten Forschungsstationen, statt in von Amateuren gebildeten Gesellschaften betrieben. Professionelle Biologen strebten nach internationaler Glaubwürdigkeit, indem sie sich von Amateuren unterschieden, höhere Abschlüsse als Qualifikation einrichteten, spezialisierte Zeitschriften für die Veröffentlichung von Ergebnissen gründeten und sich zunehmend von den eklektischen Interessen der Öffentlichkeit an der Wissenschaft fernhielten. Für Unterdisziplinen, die sich mit Organismen befassten (wie z. B. Ornithologie, Mammalogie und Herpetologie), bestand der zentrale Wandel in einer Verlagerung von Untersuchungen zur Klassifikation und Morphologie hin zu Untersuchungen von Prozess und Funktion. Mit der gewandelten Perspektive veränderten sich auch Methoden und Praktiken. Nach überwiegend auf Beobachtung und Vergleich ausgerichteten Vorgehensweisen umfassten biologische Methoden fortan experimentelle, manipulative und quantitative Techniken, und naturkundliche Methoden wurden so weiterentwickelt, dass sie sich auf zunehmend spezialisierte Forschungsprobleme konzentrierten.[18]

Gleichzeitig schlugen sich eine Reihe von Bemühungen der US-Regierung zur »Inventarisierung« erfolgreich in Berichten über Sammlungs- und Erkundungsreisen in den Westen nieder. So unternahm beispielsweise das 1905 als Abteilung des US-Landwirtschaftsministeriums gegründete Bureau of the Biological Survey gewaltige Anstrengungen, die Flora und Fauna der Staaten und Territorien zu kartieren. Am Ende des 19. Jahrhunderts wurden diese Berichte von ihren Autoren und anderen dazu genutzt, weit über bloße Materialienkataloge hinauszugehen. Mithilfe ihrer Daten begann man z. B. allgemeine biogeografische Prinzipien der Tier- und Pflanzenverteilung zu entwickeln, allen voran Clinton Hart Merriam, dessen Arbeiten später einen erheblichen Einfluss auf die Mitarbeiter des Museum of Vertebrate Zoology hatten.[19]

Die Mitwirkung der Ökologie an diesen Veränderungen bedeutete, dass sie sich von ihrer Basis in der beschreibenden Naturkunde unterschied und sich zugleich neue Methoden aneignete. Einerseits übernahmen die Ökologen eine Reihe von Problemen, die auf Evolutionstheorie (Anpassung, natürliche Auslese), Geografie (Verteilung und Häufigkeit) und Physiologie (Auswirkungen physikalischer Faktoren wie Wärme, Licht, Boden und Luftfeuchtigkeit auf die Lebensgeschichte) zurückgingen. Andererseits eigneten sie sich neue Methoden der Quantifizierung und Analyse und die Verwendung biologischer Indikatoren an.[20] Die Ökologie entwickelte sich im 19. Jahrhundert als Unterdisziplin im Unterschied zu Systematik,

18 | G. E. Allen: *Life Science in the Twentieth Century*; S. G. Kohlstedt: »The Nineteenth Century Amateur Tradition«; K. Benson: »Concluding Remarks«; J. Maienschein/R. Rainger/K. Benson: »Introduction«; P. Pauly: *Controlling Life*; R. Rainger: »The Continuation of the Morphological Tradition« und G. E. Allen: »Morphology and Twentieth-Century Biology«.

19 | W. Goetzmann: *Exploration and Empire*; K. B. Sterling: *Last of the Naturalists*; M. L. Smith: *Pacific Visions*; C. H. Merriam: »Type Specimens in Natural History«; ders.: »Criteria for the Recognition of Species and Genera«; ders.: »Laws of Temperature Control«; ders.: »Results of a Biological Survey«; J. Moore: »Zoology of the Pacific Railroad Surveys«; L. Spencer: »Filling in the Gaps«. Über das Bureau of the Biological Survey siehe D. Worster: *Nature's Economy*.

20 | Siehe W. C. Allee et al.: *Principles of Animal Ecology*, S. Kingsland: *Modeling Nature* und R. McIntosh: *The Background of Ecology*.

Morphologie und Genetik. Ökologen befassen sich erstens mit den Grundlagen der Anpassung, zweitens mit der Ausweitung der Physiologie auf die Betrachtung der Dynamik interagierender Gruppen von Organismen und drittens mit der Quantifizierung der physikalischen (physiografischen) Umwelt, insofern sie sich auf die Lebensgeschichte von Organismen auswirkt. Außerdem begannen neue theoretische Arbeiten zu erscheinen, die die Ökologie genauer darstellten.[21]

Joseph Grinnell (1877–1939) weitete seine Arbeit in der Naturkunde aus und befasste sich in dieser Zeit des Wandels der Disziplinen auch mit ökologischen Problemen. Er studierte an der Stanford University bei Charles H. Gilbert und David Starr Jordan.[22] Um die Wende zum 20. Jahrhundert kombinierten Naturforscher in Stanford Probleme von Habitat und Verteilung mit der Evolutionstheorie, um ein neues geografisches Konzept der Artenbildung zu entwickeln. Dieser Zusammenschluss wurde im weiteren Verlauf des 20. Jahrhunderts für Evolutionisten und Ökologen zentral.[23]

Alexander und Grinnell

Das Museum of Vertebrate Zoology wurde 1908 in Berkeley von Annie Montague Alexander (1867–1950) gegründet. Alexander war die Erbin eines Schifffahrts- und Zuckervermögens auf Hawaii und eine passionierte Amateurnaturforscherin.[24] Angeregt von Paläontologiekursen in Berkeley und von Safaris mit ihrem Vater in Afrika, beschloss Alexander, ein Museum für Naturkunde zu errichten. Als ihren ersten Direktor stellte sie Grinnell ein, der damals Lehrer am Throop Polytechnic Institute in Pasadena war (aus dem später das CalTech wurde).

Grinnell war seit seiner Kindheit im Indianer-Territorium ein begeisterter und passionierter Vogel- und Säugetiersammler gewesen. Sein Vater war Arzt, der bei den amerikanischen Indianern arbeitete, und er wuchs mit indianischen Spielgefährten der Oglala Sioux auf.[25] Er war Gründungsmitglied des Cooper Ornithological Club, eines großen Vereins zur Vogelbeobachtung im Westen. (Aus seinem

---

21 | E. Cittadino: »Ecology and the Professionalization of Botany in America«, J. Hagen: »Organism and Environment« und W. Kimler: »Mimicry«. Siehe S. Kingsland: *Modeling Nature* und R. McIntosh: *The Background of Ecology*.

22 | H. W. Grinnell: »Joseph Grinnell«.

23 | E. Mayr: »Ecological Factors in Speciation«, ders.: »Speciation and Systematics« und D. Lack: »The Significance of Ecological Isolation«.

24 | Siehe H. W. Grinnell: *Annie Montague Alexander*. Dass sie Amateurnaturforscherin und nicht bloß Geldgeberin war, geht eindeutig aus Kohlstedts (1976) Darstellung der Amateurtradition hervor. Amateure interessierten sich für die wissenschaftliche Erforschung mehr als die Öffentlichkeit, deren Interesse großenteils der Ausstellung von Ideen über die Natur als Teil der allgemeinen Kultur galt, während Amateure typischerweise eine umfassende Vision von den Zielen und dem Wesen wissenschaftlicher Forschung hatten (S. G. Kohlstedt: »The Nineteenth-Century Amateur Tradition«, S. 175). Die Abhängigkeit von Amateuren und Mäzenen ging zurück, als Universitäten und der Staat die finanzielle Verwaltung der Wissenschaft übernahmen und Amateure wie Alexander schließlich nahezu aus der akademischen Welt verschwanden.

25 | Siehe H. W. Grinnell: »Joseph Grinnell« und A. Miller: »Joseph Grinnell«.

Mitteilungsblatt wurde später die Zeitschrift *The Condor*, die Grinnell viele Jahre lang herausgab.) Als Alexander Grinnell 1907 kennenlernte, hatte er bereits maßgebliche theoretische Beiträge geliefert und war ein bekannter Wissenschaftler.[26] David Starr Jordan beispielsweise nahm ihn in eine Übersicht von Zoologen auf, die sein »allgemeines Verteilungsgesetz« befürworteten, das er in seinem berühmten Aufsatz von 1905 dargelegt hatte.[27] 1908 wurde Grinnell Gründungsdirektor des Museums. 1913 schloss er seine Dissertation in Stanford ab und wurde in den Fachbereich Zoologie der Universität Berkeley berufen.[28]

Dank Grinnells und Alexanders Sammeleifer entwickelte sich das Museum zu einem bedeutenden Aufbewahrungsort regionaler Exemplare von Wirbeltieren.[29] Im Rahmen dieser Arbeit legten Grinnell und seine Mitarbeiter systematisch eine Reihe von Verfahren für das Sammeln und Kuratieren dieser Exemplare fest.[30] Viele von Grinnells beschreibenden Monografien über die Systematik, Geografie und Ökologie von Vögeln und Säugetieren dienen noch heute als wichtige Nachschlagewerke. Grinnell steuerte auch wichtige Konzepte zur Literatur über geografische Verteilung, Ökologie und Evolution bei. Er erweiterte Clinton Hart Merriams Konzept der Lebenszone zu einem hierarchischen Klassifikationssystem für Umgebungen und entwickelte ein wichtiges und einflussreiches Konzept der

---

26 | J. Grinnell: »The Origin and Distribution of the Chestnut-Backed Chickadee«.

27 | D. Jordan: »The Origin of Species Through Isolation«.

28 | Dass Grinnell Direktor des Museums vor seiner Berufung in den Fachbereich Zoologie werden konnte, legt die Vermutung nahe, dass eine Qualifikation für Museumsnaturforscher nicht identisch mit der für eine akademische Berufung erforderlichen Qualifikation war. Grinnells Karriere markiert eine Übergangsphase, in der die Aufnahme der naturkundlichen Forschung in die akademische Wissenschaft stattfand. Zur Geschichte des Fachbereichs Zoologie in Berkeley einschließlich des MVZ siehe R. Eakin: »History of Zoology at the University of California, Berkeley«.

29 | Ebd.

30 | Diese Verfahren umfassten Anweisungen wie diese: Man verwende einen einzigen Seriensatz von Identifikationszahlen für alle Exemplare, die während einer Expedition gesammelt werden, ganz gleich, von welcher Art sie seien und ob es sich um überfahrene Tiere, Nester, Eier, Nasspräparate usw. handle. Man gebe genaue Daten über Fund- und Fangort eines Exemplars an, samt Höhe und Bezirk. Man »achte minutiös auf die richtige Interpunktion«. Man halte sich an die richtige Reihenfolge bei der Angabe von Daten auf Feldmarken und in Feldnotizbüchern. Man verpacke »vermischte Materialien [...] mit ebenso großer Sorgfalt wie Häute oder Schädel. Inhalte von Backentaschen, Kot etc. [...] sollten in kleine Umschläge oder Kästchen mit Etiketten gegeben und solche Behältnisse in eine stabile Kiste gepackt werden, um ein Zerdrücken zu vermeiden«. Und vor allem: »Man notiere vollständige Anmerkungen, selbst auf das Risiko hin, viele Informationen von scheinbar geringem Wert aufzuführen. Man kann ja nicht künftige Erfordernisse vorwegnehmen, wenn Notizen und Sammlungen verarbeitet werden. Man sei hellwach für neue Ideen und neue Fakten.« Diese Zitate entstammen dem Merkblatt »Vorschläge zum Sammeln«, das Grinnell in seinem Naturkundekurs Zoology 113 verwendete; siehe Grinnells Korrespondenz und Aufsätze in der Bancroft Library an der University of California in Berkeley. Das Merkblatt wurde von einer Reihe von Grinnells Nachfolgern in Berkeley und anderswo verwendet und verbessert. Siehe auch E. R. Hall: *Collecting and Preparing Study Specimens of Vertebrates*.

»Nische«. Er setzte sich für den Trinominalismus[31] in der Systematik ein, der für Untersuchungen zur Artenbildung von wesentlicher Bedeutung sei. Er erarbeitete auch eine »Zweischichten-Theorie« der Evolution, die die Evolution der Umwelt als Teil einer Erklärung für die natürliche Auswahl einbezog.[32]

Unterschiedliche soziale Welten und ihre Perspektiven

Bislang haben wir über die Ziele und Interessen weniger Menschen gesprochen, die für den Erfolg des Museums als laufendes Unternehmen von großer Bedeutung waren. Die Arbeit am Museum umfasste wie an anderen wissenschaftlichen Institutionen eine Reihe von ganz unterschiedlichen Visionen, die aus der Überschneidung der beteiligten sozialen Welten herrührten. Dazu zählten Amateurnaturforscher, professionelle Biologen, das breite Publikum, Philanthropen, Naturschützer, Universitätsmitarbeiter, Präparatoren und Taxidermisten und sogar die Tiere, aus denen Forschungsexemplare wurden.[33]

Es ist nicht möglich, all diese Visionen mit gleicher Ausführlichkeit in diesem Aufsatz zu betrachten, und darum sind wir gezwungen, uns ausführlicher mit denen der Unternehmer wie Grinnell und Alexander zu befassen. Doch indem wir das Werk von Grinnell und Alexander als Teil eines Netzwerks verstehen, das eine Reihe von sich überschneidenden sozialen Welten umfasst, können wir damit beginnen, das Netzwerk in jene anderen sozialen Welten zu verfolgen. Eine adäquate Repräsentation der *n*-seitigen Übersetzung muss die Ergebnisse dieses Verfolgens abwarten. Dazu ist es auch erforderlich, ein solches Verfolgen von einer Vielzahl von Ausgangspunk-

31 | Anm. d. Hg.: Der Trinominalismus bezieht sich auf die Variationsgrade in der taxonomischen Hierarchie und gibt die Klassifikation von Lebewesen in Gattung, Spezies und Subspezies vor. In den 1850er Jahren spaltete die bis dahin gebräuchliche Graduierung von Spezies und Gattungen die zoologische Welt in zwei Lager. Hierbei wurde kontrovers behandelt, ob neue Funde eine Variation einer bereits klassifizierten Spezies zuzuordnen waren oder eine separate Spezies darstellten. Gelöst wurde das Problem mit der trinominalen Systematisierung, welche durch die führenden nordamerikanischen Naturkundemuseen angestoßen wurde. Noch heute wird in der taxonomischen Praxis mit dieser Graduierung gearbeitet. Vgl. J. Mallet: »Subspecies, Semispecies, Superspecies«.

32 | Siehe J. R. Griesemer: »Modeling in the Museum«.

33 | Über Museen generell siehe E. P. Alexander: *Museums in Motion*; L. V. Coleman: *The Museum in America*; G. W. Stocking Jr.: »Essays on Museums and Material Culture«. Speziell über Naturkundemuseen siehe C. Adams: »Some of the Advantages of an Ecological Organization of a Natural History Museum«, K. Benson: »From Museum Research to Laboratory Research«, in: R. Rainger et al. (Hg.): *The American Development of Biology*, S. 49-83; J. Maienschein/R. Rainger/K. Benson: »Introduction«, S. 49–83; E. Colbert: »What is a Museum?«; J. Grinnell: »The Methods and Uses of a Research Museum«; S. Kohlstedt: »Henry A. Ward«; dies.: »Natural History on Campus«; dies. »Curiosities and Cabinets«; dies.: »Museums on Campus«, in: R. Rainger et al. (Hg.): *The American Development of Biology*, S. 15-47; J. Maienschein/R. Rainger/K. Benson: »Introduction«, S. 15–47; E. Mayr: »Aiden Holmes Miller«; R. Rainger: »Just Before Simpson«; ders.: »Vertebrate Paleontology as Biology«; D. Ripley: *The Sacred Grove* und A. G. Ruthven: *Naturalist in a University Museum*.

ten anzugehen (d.h. auch von einigen Ausgangspunkten, die in einem einseitigen Übersetzungsmodell als ›peripher‹ oder ›subsidiär‹ gelten würden, etwa die Arbeit kommerzieller Zoohandlungen oder Taxidermisten). Erst wenn wir das Verfolgen von vielen Ausgangspunkten angehen, können wir die Robustheit des Netzwerks testen.

Die in diesem Aufsatz erörterte Arbeit ist begrenzt, was zum Teil durch das historische Material bedingt wird. Für uns als Forscher *sind* wissenschaftliche Publikationen die Grenzobjekte, die zugleich auch obligatorische Passagepunkte bilden! Aufzeichnungen bezüglich der Unternehmer, die das Museum verwalteten, werden in den Zentralarchiven der Universität aufbewahrt, in der das Museum untergebracht war. Aufzeichnungen hinsichtlich der vielen anderen Elemente des Netzwerks solcher Amateursammler, die Exemplare zum Museum und Artikel zu Mitteilungsblättern der Naturkundegesellschaft beisteuerten, werden nicht in gleichem Maße zentral aufbewahrt. Dennoch ist es wichtig, die Heuristik der Suche, die bei den zentral aufbewahrten Aufzeichnungen beginnt, nicht fälschlicherweise für ein theoretisches Modell der Struktur des Netzwerks selbst zu halten. Im folgenden Abschnitt wollen wir die zentralen Merkmale mehrerer Visionen im Hinblick auf das Museum und seine Arbeit skizzieren.

Grinnells Vision

Eine von Grinnells Leidenschaften war die Ausarbeitung der Theorie Darwins, die aus der Arbeit des Museums hergeleitet werden sollte. Darwin hatte behauptet, die natürliche Auslese sei der Hauptmechanismus, durch den sich Organismen anpassen, doch er hatte sich kaum über die genaue Beschaffenheit der Veränderungskräfte der Umwelt geäußert. Grinnell wollte das Bild Darwins erweitern, indem er eine Theorie der Evolution *der Umwelt* als treibende Kraft hinter der natürlichen Auslese entwickelte.[34]

Leider starb Grinnell, bevor er seine Ansichten über Evolution und Artenbildung in einer größeren theoretischen Monografie darzulegen vermochte. (Einige seiner bedeutenderen Anschauungen sind auszugsweise wiedergegeben in einem Buch, das seine Studenten posthum herausgaben.[35]) Während der Feldarbeit erstellte er den Entwurf eines solchen Buchs, und sein Forschungsprogramm wird vielleicht am besten von seinem Titel *Geography and Evolution* (»Geografie und Evolution«) charakterisiert. Grinnells übergreifendes theoretisches Anliegen war es, die physikalischen wie die biotischen Umweltfaktoren im Zusammenhang mit den Problemen der Evolution zu studieren. Die Kapitelüberschriften seines Buchentwurfs fassen die Themen zusammen, denen Grinnell sich im Laufe seines Berufslebens gewidmet hatte. Er meinte, dass ihre Synthese sein theoretisches Programm umgesetzt hätte:

1. Das Konzept der Verteilungsbegrenzung; chronologische versus räumliche Bedingungen.
2. Die Beschaffenheit von Barrieren; Beispiele verschiedener Arten von Barrieren bei Säugetieren und Vögeln.
3. Definition von Verbreitungsgebieten: Gebiete, Lebenszonen, Faunagebiete, Verband; die ökologische Nische.

34 | J. Grinnell: »Significance of Faunal Analysis for General Biology«.

35 | J. Grinnell: *Joseph Grinnell's Philosophy of Nature*.

4. Vogelzug als eine Phase der geografischen Verbreitung.
5. Arten von Isolation; Einfluss von Isolationsgraden auf die Ergebnisse; die Bedeutung der geografischen Variation.
6. »Plastizität« versus »Konservatismus«[36] in verschiedenen Gruppen von Vögeln und Säugetieren.
7. Die Taschenratten und die Singammern von Kalifornien.
8. Die Vereinbarkeit eines geografischen Konzepts mit dem der Genetik; Definition von Art und Unterart in der Natur.
9. »Orthogenese« unter dem Gesichtspunkt der geografischen Variation.
10. Die Bedeutung von Geografie und Evolution für menschliche Probleme.[37]

Aus diesen Kapitelüberschriften geht klar hervor, dass sich Grinnells Herangehensweise an Fragen der Evolution radikal etwa von der der experimentellen Genetik unterschied. Seine Welt der Natur war eine großangelegte topografische Welt; seine Einheiten von Analyse und Auslese waren Unterart und Art, Habitate und Nischen. Für die Realisierung dieser Vision waren gewaltige Mengen an minuziösen Daten über Flora, Fauna und Umweltaspekte erforderlich. Er benötigte eine kleine Armee von Assistenten, die diese Daten sammelten.

Vor der Errichtung des Museums wechselten Grinnell und Alexander viele Briefe, in denen sie ihre Hoffnungen und Visionen für seine Zukunft artikulierten. In einem dieser Briefe formulierte Grinnell seine wissenschaftlichen und politischen Ziele:

»Erstens, was die Aufarbeitung der Säugetiere von Alaska angeht, meine ich, dies sollte so weit wie möglich durch unsere eigenen Leute geschehen. Wir wollen doch an dieser Küste ein Kompetenzzentrum errichten. Ich nehme an, dass dies eine der Zweckbestimmungen war, die Sie bei der Gründung der Institution im Sinn hatten. Ich räume ein, dass unser Mann, wer auch immer dies sein mag, für die schriftliche Ausarbeitung mehr Zeit benötigen wird als die Leute vom BS [Biological Survey]. Doch im obigen Fall wären wir bestimmt viel stärker und besser in der Lage, uns mit dem nächsten Problem zu befassen ... Ich glaube, der Kauf von erwünschtem Material wäre *absolut* unter Kontrolle und von Auswahl und Besichtigung abhängig. Ich habe allerdings mehr Vertrauen in den *Angestellten*, der alles mitbringt, was er findet.«[38]

Grinnell war eindeutig daran interessiert, dafür zu sorgen, dass die von anderen gesammelten Materialien seinen wissenschaftlichen Ansprüchen genügten. Die gelegentlich hier und da gesammelten Exemplare könnten der Absicherung beim

36 | Anm. d. Hg.: Um welche Dynamiken es sich bei der ›Plastizität‹ und dem ›Konservatismus‹ im evolutionstheoretischen Programm Grinnells handelt, lässt sich nur schwer ermitteln. Grinnell beabsichtigte, in seinem Ruhestand eine Monografie zu verfassen, in der die Erkenntnisse der Naturgeschichte mit den Ergebnissen seiner eigenen Feldstudien zusammengeführt werden sollten. Das Werk mit dem Titel »Geography and Evolution« verließ nie den Entwurfsstatus. Grinnell hinterließ lediglich die Kapitelgliederung samt der Überschriftsbezeichnungen – Angaben, auf die sich Star und Griesemer hier stützen. Vgl. das Vorwort von Alden H. Miller in: *Joseph Grinnell's Philosophy of Nature*.

37 | Ebd., S. VIII.

38 | Joseph Grinnell an Annie Alexander am 14. November 1907, *Joseph Grinnell Papers*, The Bancroft Library, University of California in Berkeley.

Arbeiten an der Taxonomie dienen, doch das Sammeln für ökologische und evolutionäre Zwecke erforderte eine gründlichere Dokumentation. Dazu zählte auch das Dokumentieren der Anwesenheit von Gruppen der jeweiligen Tierarten an einem bestimmten Ort zur gleichen Tages- und Jahreszeit. Es erforderte auch Vergleiche von Proben im Lauf der Zeit – daher Grinnells Vorliebe für den angestellten Feldmitarbeiter. Mit anderen Worten: Die wissenschaftliche Erforschung von Problemen der Ökologie und Evolution in einem Museum verlangte mehr als nur eine Neuausrichtung der Interessen und des Trainings auf Seiten der wissenschaftlichen Mitarbeiter, sondern auch Veränderungen in den grundlegenden Sammel- und Kuratierverfahren. Außerdem hatte Grinnell neben seinem Forschungsziel eindeutig auch ein institutionelles Ziel, das die Errichtung eines Kompetenzzentrums vorsah. Ein Mittel hierfür bestünde im Aufbau von Sammlungen mit wissenschaftlichem Wert, die anderswo nicht leicht zu duplizieren oder die auf bestimmte Forschungsprobleme zugeschnitten sind, für die anderen Sammlungen die passende Einrichtung fehlt. Grinnell konzentrierte seine Sammelbemühungen auf den amerikanischen Westen, einen Ort, der sich vom Osten durch seine große geografische Vielfalt unterschied. Er stellte wissenschaftliche Fragen, die nur durch die sorgfältige Berücksichtigung solcher geografisch basierten organischen Vielfalt in einem detaillierteren Maß beantwortet werden konnten, als dies in Museen mit weltweit gesammelten Exemplaren möglich ist.

Grinnell benötigte genaue Informationen in Form von sorgfältig konservierten Tierexemplaren *und* von heimischen Habitaten, die über Jahrzehnte oder Jahrhunderte dokumentiert sind. Dies brachte Einschränkungen für die physische Organisation des Museums mit sich. In einem Aufsatz mit dem Titel »The Museum Conscience«[39] erklärte Grinnell, Ordnung und Genauigkeit seien die Hauptziele des Kurators (sobald die Exemplare sicher konserviert seien). Über das Thema »Ordnung« schrieb er:

»Um ein wirklich praktikables Ordnungsschema [von Exemplaren, Kartotheken und Daten auf Exemplaretiketten] sicherzustellen, ist das beste Denken und viel Experimentieren auf Seiten des scharfsinnigsten Museumskurators erforderlich. Wenn er sein Schema ausgewählt oder ersonnen hat, ist seine Arbeit außerdem erst dann getan, wenn sein Schema bei allen Materialien in seiner Verantwortung in Kraft getreten ist. Alle Fakten, Exemplare oder Aufzeichnungen, die nicht geordnet sind, gehen verloren. Vielleicht wäre es besser gewesen, wenn sie nicht existiert hätten, denn sie nehmen irgendwo Raum ein, und Raum verursacht am Anfang und im laufenden Betrieb in jedem Museum die Hauptkosten.«[40]

Und im Hinblick auf das zweite Ziel – Genauigkeit – meinte Grinnell:

»Und das zweite Erfordernis in der Pflege wissenschaftlicher Materialien ist *Genauigkeit*. Jede Position auf dem Etikett für jedes Exemplar, jeder allgemein festgehaltene Posten im

39 | J. Grinnell: »The Museum Conscience«. Dieser Aufsatz, der ursprünglich der Bericht eines Direktors an den Präsidenten der University of California war, wurde später in *The Popular Science Monthly* als Artikel veröffentlicht, der Grinnells Vorstellung skizzierte und den Titel »The Methods and Uses of a Research Museum« trug.

40 | Ebd., S. 108.

Eingangskatalog muss genau den Tatsachen entsprechen. Viele Irrtümer in der publizierten Literatur, die nun praktisch unmöglich ›abzufangen‹ sind, lassen sich bis zu Fehlern auf Etiketten zurückverfolgen. Das Beschriften von Etiketten, die mit wissenschaftlichen Materialien zu tun haben, ist keine lästige Pflicht, die man beiläufig einem Mädchen, das 25 Cent pro Stunde bekommt, oder selbst einem normalen Angestellten überlässt. Damit diese wesentliche Arbeit korrekt getan wird, ist außergewöhnliche Begabung samt Training erforderlich [...]. Keineswegs ist irgendeine Person, die zufällig zur Stelle ist, dazu fähig, eine solche Arbeit mit verlässlichen Ergebnissen zu erledigen.«[41]

Grinnells Vision der Evolution der Umwelt bekräftigte sein Konzept vom Sammeln und Kuratieren.[42] Er legte das Museum so an, dass Proben, die über längere Zeit begrenzten Standorten entnommen wurden, den Fortgang der Evolution erfassen würden, während sich die Umwelt veränderte.

Damit Grinnells theoretische Vision in Erfüllung ging, mussten Exemplare und Feldnotizen, die im Laufe vieler Jahre gesammelt wurden, gewissenhaft kuratiert werden. Auf diese Weise konnten Materialien von Wissenschaftlern verglichen werden, die für das Museum arbeiten würden, lange nachdem Grinnell selbst nicht mehr da war. Eine solche Voraussicht war zwar nicht einzigartig für Grinnell oder sein Museum,[43] doch Grinnell war ein Meister darin, sowohl das »Museumsbewusstsein«, wie er dies nannte, als auch seine wissenschaftlichen Ziele zu artikulieren.[44] Für ihn mussten die Konservierung für die Nachwelt ebenso wie brandneue theoretische Befunde geschützt werden.

Auch Grinnell hatte ein Gefühl dafür, wie vordringlich es war, »Kalifornien zu konservieren«. Während die Smithsonian Institution in Washington und das American Museum in New York die natürlichen Arten der ganzen Welt im Blick hatten, beschränkten Alexander, Grinnell und ihre Kollegen sich auf die kalifornischen Vögel und Säugetiere und später auf Reptilien und Amphibien in Kalifornien.[45] So schrieb Grinnell in den Anfangsjahren des Museums an Alexander:

»Es ist gewiss nicht reizvoll, in einem besiedelten, ebenen Land zu sammeln. Aber es sollte getan werden, und je länger wir warten, desto weniger ›öde Gebiete‹ wird es geben, in denen sich heimische Säugetiere fangen ließen.«[46]

---

41 | Ebd.

42 | J. Grinnell: »Barriers to Distribution« und »An Account of the Mammals and Birds of the Lower Colorado Valley«.

43 | Siehe R. Rainger: »Just Before Simpson«, über ähnliche Überlegungen von W. D. Matthew im American Museum.

44 | Ein weiteres frühes Beispiel findet sich bei C. C. Adams: »Some of the Advantages of an Ecological Organization of a Natural History Museum«.

45 | Siehe E. M. Gerson: »Audiences and Allies«. R. Eakin gibt in »History of Zoology at the University of California, Berkeley« die möglicherweise apokryphe Geschichte wieder, dass Jordan und Grinnell sich darauf geeinigt hätten, Stanford würde Fische und Berkeley Vögel und Säugetiere bekommen.

46 | Joseph Grinnell an Annie Alexander am 13. Februar 1911, *Joseph Grinnell Papers*, The Bancroft Library, University of California in Berkeley.

Und im Mai desselben Jahres schrieb Grinnell:

»Es wäre sicherlich eine gute Sache, wenn wir eine Sammlung von Süßwasserenten, Gänsen, Watvögeln etc. erwerben könnten. Alle Arten, vielleicht außer Keilschwanz-Regenpfeifern und Reihern, gehen zahlenmäßig rapide zurück, und es ist zumindest gewiss, dass Exemplare nie wieder zu besseren Bedingungen erhältlich sein werden als jetzt. Im gesamten San Joaquin Valley sind viele der ehemaligen Sumpfgebiete nunmehr entwässert oder eingedeicht, und die großen Felder, auf denen Gänse grasten, werden gerade in Farmen zergliedert.«[47]

Das wichtigste Merkmal der Konservierung war für Grinnell jedoch das Festhalten von Informationen. Die bedeutenden konservierten Objekte waren ökologische Fakten, nicht bloß Exemplare, die dazu dienten, die Öffentlichkeit über eine verschwindende Wildnis zu unterrichten.[48] Tatsächlich beschloss das Museum kurz nach seiner Gründung, überhaupt keine Ausstellungen seiner Objekte zu veranstalten. Gleichwohl war es für Grinnells Erfolg als Forschungswissenschaftler ganz wesentlich, dass er sich weiterhin Alexanders Schirmherrschaft sicherte. Grinnell formulierte Forschungsprobleme, die auf die Region zugeschnitten waren, welche Alexander in Form von Sammlungen dokumentieren wollte. Während er ein Kompetenzzentrum für Probleme, denen dieser regionale Fokus zugute kam, zu errichten suchte, formulierte Grinnell gleichzeitig seine Forschungsziele und erhöhte den Wert von Alexanders fortgesetzter Unterstützung – sie würde nicht nur eine Auswahl von Kaliforniens heimischer Fauna für die Nachwelt erhalten, sondern auch zur Errichtung eines Forschungszentrums beitragen.

Alexanders Vision

Auch Annie Alexander erkannte, dass die Flora und Fauna Kaliforniens unter dem Vordringen der Zivilisation zu verschwinden drohte. Sie war der Meinung, dass sie gewissenhaft konserviert und dokumentiert werden müsse.[49] Als passionierte und unbeirrbare Mäzenatin der Wissenschaft steuerte Alexander finanzielle Mittel und Möglichkeiten der Aufsicht bei, die genügten, um das Museum als autonome Organisation auf dem Campus von Berkeley praktisch zu kontrollieren. Ihre Absicht war, mit ihrem Museum der Öffentlichkeit zu demonstrieren, was für den Naturschutz und die zoologische Forschung getan werden könnte.[50]

Als reiche, unverheiratete Frau bewies Alexander ein Maß an Autonomie, das für Frauen in jener Zeit ungewöhnlich war. Alexanders Reisen waren primitiv im Vergleich zu den »damenhaften« Expeditionen, die Aristokratinnen ein wenig früher nach Afrika unternommen hatten. Ihre Sammelalben und die Museumsarchive enthalten Bilder, die sie beim Zelten, Gewehrschultern und Bergsteigen zeigen. Sie war eine rastlose Amateursammlerin. Zusammen mit ihrer lebenslan-

47 | Joseph Grinnell an Annie Alexander am 11. Mai 1911, *Joseph Grinnell Papers*, The Bancroft Library, University of California in Berkeley.

48 | Siehe J. Grinnell: »The Methods and Uses of a Research Museum«.

49 | Siehe H. W. Grinnell: *Annie Montague Alexander.*

50 | Annie Alexander an Joseph Grinnell am 6. Januar 1911, *Annie M. Alexander Papers* (Sammlung 67/121 c), The Bancroft Library an der University of California in Berkeley.

gen Gefährtin und Partnerin Louise Kellogg führte sie viele Expeditionen durch, um Exemplare für das MVZ, das Museum of Paleontology und das Herbarium zu sammeln.

Neben dem Sammeln leistete Alexander dem Museum weitere Dienste. Als seine primäre Mäzenatin finanzierte sie den Bau des Museums, die Gehälter der Mitarbeiter, den Ankauf von Exemplaren und Geräten sowie Expeditionen. Außerdem war sie eine ins Tagesgeschäft eingebundene Verwaltungschefin, die Ausgaben bis ins kleinste Detail absegnete samt den Betriebskosten und Haushaltsberichten, Personal einstellte und entließ, die Produktivität der Mitarbeiter überprüfte sowie Beschaffenheit und Schauplatz ihrer Expeditionen billigte (Grinnell beispielsweise erstattete ihr Bericht und ersuchte sie im Voraus um Zustimmung zu Expeditionen).

In keiner dieser Rollen war Alexander eine theoretische Wissenschaftlerin. Sie las zwar ein wenig über Evolutionstheorien, doch ihre primäre Herangehensweise an die Aufgabe des Museums basierte auf ihrem Engagement für Naturschutz und erzieherische Philanthropie. Das Museum bot eine Möglichkeit, eine im Rückgang begriffene Natur zu bewahren und all das dokumentarisch festzuhalten, was unter dem Vordringen der Zivilisation verschwand. Für sie wie für viele soziale Eliten jener Zeit war Naturkunde ebenso ein passioniertes Hobby wie Bürgerpflicht.

Die Vision der Sammler

Abgesehen von seinen Museen gab es in Kalifornien eine große Schar von Amateuren, die die Natur und den Naturschutz besonders leidenschaftlich liebten. John Muir und der Sierra Club, der Cooper Ornithological Club, die Society of Western Naturalists, die Save the Redwoods League und andere Organisationen hatten nur ein Ziel: Amateure und Akademiker zum Sammeln und beim Naturschutz zusammenzubringen.

Amateursammler wollten beim gelehrten Streben nach Wissen durch professionelle Wissenschaftler auch eine Rolle spielen. Sie suchten ihre Naturschutzbemühungen zu legitimieren. Mit Alexander und Grinnell teilten sie die innere Überzeugung, dass das, was für Kalifornien und den Westen so einzigartig war, beschrieben, bewahrt und der Öffentlichkeit zugänglich gemacht werden sollte.[51] Die immanente Schönheit der Natur sollte mit allen geteilt und geschützt werden. Die Expeditionen an sich boten die Chance, die Welt der Natur friedlich zu beobachten und zu genießen, und waren zugleich ein geistiger Wettstreit zwischen den Sammlern und den widerspenstigen Tieren und der Umwelt.

Wie bringt man ein widerstrebendes und schlaues Tier dazu, sich in den Dienst der Wissenschaft zu stellen? Der Naturforscher steht vor einem heiklen Dilemma: Soll er ein Tier um jeden Preis fangen oder nur dann, wenn die Integrität seiner wertvollen Informationen unversehrt bleibt? Die Tiere müssen körperlich intakt beschafft werden; ihre Habitate müssen eingehend beschrieben werden, damit das Exemplar für die Wissenschaft von Bedeutung ist. (»Ohne ein Etikett«, meint ein befreundeter Zoologe, »ist ein Exemplar nur totes Fleisch.«) Die Tiere müssen, wie gesagt, rasch gefangen werden, bevor sich das größere ökologische Gleichgewicht verändert und sie sich neuen Bedingungen anpassen. Um solche Veränderungen

51 | Siehe auch M. Smith: *Pacific Visions*.

zu messen, benötigten Grinnell und andere Theoretiker auch bestimmte Ausgangsdaten.

Tiere im Museum stehen für eine weitere Form von Widerspenstigkeit: Sie müssen gegen den Verfall konserviert werden. Die kleinsten Verbündeten, die Speckkäfer, die die gefangenen Exemplare verputzen, sodass die Skelette für die Forschung verwendet werden können, sind oft am schwersten zu bändigen! Sie sprengen ihre Grenzen, indem sie Exemplare fressen, die sie nicht fressen sollten, und Teile von Exemplaren fressen, die für andere Arbeiten benötigt werden. Derartige Verbündete werden durch Behältnisse und ein gewisses Maß an roher Gewalt gebändigt und in Schach gehalten.

Ein typisches Beispiel für das Ringen mit widerstrebenden Tierverbündeten findet sich in Louise Kelloggs Feldnotizbuch von einer Expedition im Jahr 1911:

»20. März. Wir verließen das Haus um sechs und begaben uns zuerst zu den diebessicheren Fallen. Aus beiden waren die Köder entfernt worden, und wir entdeckten die Spuren von zwei Tieren, vermutlich einer Zibetkatze und eines Waschbären – an der einen Stelle hatte das Tier in die Falle gegriffen und den Köder herausgeholt, ohne den Schnappmechanismus auszulösen, an der anderen hatte es einen Stein weggeschoben und sich den Köder von oben geschnappt, doch in dem Durcheinander blieb der Köder in der Falle hängen und wurde auf einer Seite teilweise gefressen. Ich holte zwei Feldmäuse aus 21 Fallen, die im Gras ausgelegt worden waren. Die Köder von zwei Fallen waren von Känguruiratten gefressen worden, die anderen waren nicht angerührt worden.«[52]

Die Vision der Fallensteller

Wenn er seinen Interessen an Naturkunde und Sammeln nachging, befand sich der Amateursammler oft an vorderster Front und geriet mit einer Menge anderer sozialer Welten in Kontakt. Dazu zählten Farmer und Städter, auf deren Land oder in dessen Nähe die Sammler nach Exemplaren suchten, sowie Fallensteller und Händler, die ihnen Exemplare liefern konnten, die selten oder schwer zu fangen waren. Diese Menschen waren oft unschätzbare Informationsquellen und boten andere Formen von Hilfe (Nahrung, Zeltplätze) an – zuweilen gegen Bezahlung.

Viele hinterwäldlerische Fallensteller, an die sich die Amateursammler oder Museumsmitarbeiter wandten, hatten wenig oder kein Interesse an Naturschutz oder der Wissenschaft als solcher. Ihr Tauschinteresse galt Geld, Informationen über die Jagd oder möglicherweise dem Austausch eines wissenschaftlich weniger interessanten, aber essbaren Exemplars gegen ein von den Sammlern geschätztes Exemplar. Spannungen zwischen den hier vertretenen Standpunkten wurden durch solche Tauschgeschäfte ausgeglichen. So schilderte Alexander beispielsweise eine Reihe von Problemen mit einem störrischen Fallensteller, der dem Museum Häute verkaufen wollte:

»Sie werden feststellen, dass zwei der Schädel zerbrochen sind. Es scheint nahezu unmöglich, einen Fallensteller dazu zu bringen, ein Tier zu töten, ohne ihm den Schädel einzuschla-

52 | Louise Kelloggs Feldnotizbuch von 1911 im Fieldnote Room des Museum of Vertebrate Zoology in Berkeley. Siehe auch ähnliche Beobachtungen in Annie Alexanders Feldnotizbuch von 1911.

gen. Der Rotfuchs ist in einem ziemlich erbärmlichen Zustand, und das hat eine Vorgeschichte. Ich halte an Knowles [einem Fallensteller] ein wenig länger fest, in der Hoffnung, dass er vielleicht einen Panther und einige Kojoten fängt. Er führt Hunde mit. Er legte die Fallen Nr. 3 aus, doch die Kojoten ›haben sie nicht schnappen lassen‹, wie er sich ausdrückte, obwohl sie über sie hinweggelaufen sind. Er wird sie feiner justieren müssen. Knowles ist nicht viel besser als die üblichen Fallensteller, die in einem Balg nichts weiter als seinen Handelswert erblicken – und das bisschen zusätzliche Sorgfalt beim Häuten, das wir verlangen, ärgert sie.«[53]

Die Vision der Universitätsverwaltung

Ein weiterer wichtiger Beteiligter der Museumsunternehmung war die Universitätsverwaltung. Ihre Vision von Naturkunde und Kalifornien unterschied sich wiederum von derjenigen Vision der Mitarbeiter des Museums und der Amateursammler. Die University of California versuchte in jener Zeit, eine national anerkannte Universität zu werden und wollte auch ernsthaft mit den Universitäten im Osten um wissenschaftliche Ressourcen und wissenschaftliches Ansehen konkurrieren. Sie war zugleich eindeutig eine lokale Hochschule, eine beliebte Wohlfahrtsorganisation für viele Angehörige der Elite der San Francisco Bay Area und eine Ausbildungsstätte für lokale Ärzte, Anwälte, Industrielle und Landwirte.

Die Universität war gewillt, ein Naturkundemuseum zu beherbergen, solange Alexander gewillt war, es zu finanzieren. Die Verwaltung akzeptierte Alexanders Finanzierung des Museums als Teil dieser Vision, indem sie den Beitrag des Museums zu diesem Ziel an ihren eigenen Kriterien maß: an der Höhe von Finanzierung und Ansehen, die der Universität insgesamt zugutekamen. Ähnliche Abkommen gab es mit den lokalen Philanthropen Phoebe Hearst und Jane Sather für gemeinnützige Forschung oder Bibliotheksvorhaben auf dem Campus. Im Gegenzug genoss Alexander eine administrative Macht, wie sie heute für einzelne Personen an bedeutenden Universitäten nahezu gänzlich unbekannt ist. Sie stellte Museumsmitarbeiter ein und entließ sie, bestimmte Expeditionsstätten und regelte die administrative Zusammenarbeit mit den »Regents«, den Mitgliedern des Aufsichtskomitees der Universität.

Wie unterschiedlich die Visionen und ökonomischen Werte der beteiligten Welten waren, geht klar aus der bisweilen stürmischen Korrespondenz zwischen Alexander und dem Aufsichtskomitee sowie der Universitätsverwaltung hervor, die die Autonomie des Museums verhandelte. Im folgenden Brief reagiert Grinnell auf Alexanders Ärger über die Vision des Universitätspräsidenten hinsichtlich der monetären Ausstattung des Museums:

»Ich meine, der Brief von Präsident Wheeler ist in Ordnung. Sie müssen bedenken, welche Grenzen ihm (und den Regenten) gesetzt sind, sich einen Begriff von den Methoden und Zielen einer solchen Institution wie dem Museum zu machen. Es erscheint nur allzu natürlich, dass diese Männer Ihr Wirken für die Universität an den damit verbundenen Dollars messen müssen. Geld ist der gemeinsame Standard, und Geld macht ja auch den Hauptteil unserer Arbeit erst möglich. Allein diesbezüglich verdienen Sie all die zum Ausdruck ge-

53 | Annie Alexander an Joseph Grinnell am 21. Februar 1911, *Annie M. Alexander Papers* (Sammlung 67/121 c), The Bancroft Library an der University of California in Berkeley.

brachte Anerkennung und mehr. Man muss sich dessen nicht schämen oder es verübeln, wenn Ihre Wertschätzung nur durch eine Anerkennung der Kosten des Museums bewirkt zu sein scheint. Sie verstehen es eben nicht besser, und am inneren Wert des Museums und an Ihrem Wirken für es ändert dies nichts.«[54]

Verwaltungstechnisch war das Museum vom Fachbereich für Zoologie abgetrennt. Es war öffentlich aktiv in Naturkundekreisen und Tagungsort für Sitzungen lokaler Naturkundeclubs wie dem Cooper Club und der Society of Western Naturalists. In diesem Sinn trug es dazu bei, das Ziel der Universität umzusetzen, ein lokales Kulturzentrum zu sein.

Analyse von Methodenstandardisierung und Grenzobjekten

Die oben aufgeführten Welten weisen sowohl Gemeinsamkeiten wie Unterschiede auf. Um den wissenschaftlichen Zielen des Museums zu entsprechen, erforderte der Trick der Übersetzung zwei Dinge: Erstens musste eine klare Reihe von Methoden entwickelt, gelehrt und durchgesetzt werden, um die von Sammlern, Fallenstellern und anderen Nichtwissenschaftlern erhaltenen Informationen zu »disziplinieren«. Und zweitens mussten eine Reihe von Grenzobjekten geschaffen werden, die sowohl die Autonomie der einzelnen Welten wie die Kommunikation zwischen ihnen maximieren würden. Die verschiedenen sozialen Welten bewahrten sich eine ganze Menge Autonomie in parallelen Arbeitssituationen. Nur diejenigen Teile der Arbeit, die für die Erhaltung kohärenter Information wichtig waren, wurden für den Informationsaustausch zusammengefasst; die anderen wurden nicht berücksichtigt. Die Beteiligten entwickelten extrem flexible, heterogene Ökonomien von Informationen und Materialien, in denen benötigte Objekte getauscht, gehandelt und gekauft oder verkauft werden konnten. Derartige Ökonomien maximierten die Autonomie von Arbeitsüberlegungen in sich überschneidenden Welten, während sie den »Handel« über Weltgrenzen hinweg gewährleisteten.

Rein logisch betrachtet, ließen sich Probleme, die durch widerstreitende Anschauungen entstanden, auf vielfältige Weise bewältigen:

- über einen »kleinsten gemeinsamen Nenner«, der die Minimalanforderungen jeder Welt befriedigt, indem er Eigenschaften umfasst, die in den mindestakzeptablen Bereich aller betreffenden Welten fallen,
- über die Verwendung vielseitig einsetzbarer, plastischer, rekonfigurierbarer (programmierbarer) Objekte, die sich jede Welt für ihre Zwecke lokal formen kann,
- über das Speichern eines Komplexes von Objekten, dem für jede Welt erforderliche Dinge physisch entnommen und für lokale Zwecke konfiguriert werden können, etwa aus einer Bibliothek,
- indem jede teilnehmende Welt das Objekt ihren Anforderungen gemäß abstrahieren oder vereinfachen kann; d. h., »unwesentliche« Eigenschaften können getilgt oder ignoriert werden,

54 | Joseph Grinnell an Annie Alexander am 27. März 1911, *Joseph Grinnell Papers*, The Bancroft Library, University of California in Berkeley.

- indem Arbeit in den Welten parallel ablaufen kann, außer bei begrenzten Austauschformen standardisierter Sorten, oder
- indem Arbeit stufenförmig eingeteilt werden kann, sodass einzelne Stufen relativ autonom sind.

Die Strategien der unterschiedlichen Beteiligten in der Museumswelt haben mehrere dieser Attribute gemeinsam. Im Folgenden befassen wir uns mit zwei Hauptvarietäten.

Methoden und Sammler

»Was halten Sie von dem System? Beim ersten Lesen wirkt es komplex. Aber es liefert detaillierte, exakte und *leicht* zugängliche Aufzeichnungen. Und je besser die Aufzeichnungen sind, desto wertvoller die Exemplare.«[55]

Tierexemplare werden auf eine hoch standardisierte Weise konserviert, sodass sich spezifische Informationen später wiederfinden lassen, wenn das Exemplar in einem Museum aufbewahrt wird. So ist es beispielsweise ein erheblicher Unterschied im Hinblick auf ein leichtes Messen, Handhaben und Lagern, ob die Gliedmaßen an den Seiten des Körpers »erstarrt« oder ausgestreckt, gerade oder gebeugt sind. Die Farbe von Fell, Schuppen usw. ist normalerweise nicht konservierbar, und Farbfotografien oder akkurate Notizen sind dann vielleicht die einzig mögliche Lösung für dieses Konservierungsproblem. Ob weiche Teile (innere Organe und Fettgewebe) konserviert werden, hängt von den verfügbaren Techniken, den Konventionen für das Konservieren äußerer Strukturen und den üblicherweise untersuchten Teilen ab. Wenn beispielsweise präzise Messungen langer Knochen erwünscht sind, muss das Tier normalerweise zerlegt werden, um sie freizulegen.[56]

Was nun die Arbeit an der geografischen Verteilung betrifft und hier insbesondere das ökologische Problem von Umweltfaktoren, die sich aus den Verteilungsdaten ableiten lassen und die die Verbreitung von Exemplaren begrenzen, so müssen die Ordnungen oder Taxa, denen die Exemplare angehören, mit einem geografischen Standort sowie untereinander verknüpft werden. Die Gegenstände des Interesses sind *Sammlungen* von Taxa, die an einem bestimmten geografischen Standort vertreten sind. Die Untersuchung der Faktoren, die für die Anwesenheit oder Abwesenheit bestimmter Taxa in einem lokalen Gebiet verantwortlich sind, geschieht nach einer Methode, wie sie Grinnell und seine Kollegen erläutert haben:

»In der Praxis ging es bei der Methode, wie sie in dieser Untersuchung angewandt wurde, um die Ursachen für das beobachtete unterschiedliche Vorkommen zu ermitteln, erstens darum, die beobachteten tatsächlichen Fälle einer Einschränkung von Individuen jeder Tierart zu betrachten, und zweitens, alle Berichte über das Vorkommen mit dem zu vergleichen, was wir in verschiedenerlei Hinsicht über den Teil des bewohnten Abschnitts wissen. Dies ist ein

55 | Joseph Grinnell an Annie Alexander am 14. November 1907, *Joseph Grinnell Papers*, The Bancroft Library, University of California in Berkeley.

56 | Siehe E. R. Hall: *Collecting and Preparing Study Specimens of Vertebrates*, wo diese Präparier- und Konservierungstechniken ausführlich dargestellt werden.

Versuch, Parallelen zwischen dem Ausmaß der Anwesenheit des Tiers und einem nennenswerten Umweltmerkmal oder einer Reihe von Merkmalen zu ermitteln.«[57]

Somit ist es notwendig, Exemplare über eine Reihe von Feldnotizen in ökologische Einheiten zu übersetzen. Dies sorgt für eine Spannung oder eine potenzielle Inkohärenz zwischen Sammlern und Theoretikern. Wir wollen daher nun den Prozess der Informationserhaltung untersuchen. Sobald Faunen durch Listung von Arten (und Unterarten) dargestellt werden, die mit einem Standort verknüpft sind, werden ihre Verteilungsgrenzen anhand der einander überlappenden Reichweiten der Taxa der zugehörigen Arten (oder einer Untergruppe von Indikatorarten) ermittelt. Diese Sammlungen wiederum müssen mit einer Verteilung potenziell verantwortlicher Umweltfaktoren verknüpft werden. Somit muss zusätzlich zur Übersetzungsarbeit der Erzeugung abstrakter Objekte (Listen von Arten, Listen von Faktoren) aus konkreten, konventionalisierten Objekten (Standorten, Exemplaren, Feldnotizen) eine Reihe zunehmend abstrakter Karten erstellt werden, die diese Objekte miteinander verknüpfen.

Berichte über Feldarbeit beginnen mit einem Expeditionstagebuch und oft auch einer topografischen Karte der erkundeten Region. Durch Exemplare repräsentierte Taxa können in diese Karten eingetragen werden, und wenn sie auch als Indikatoren für Lebenszonen, Faunen oder Verbände dienen, lässt sich eine ökologische Karte dieser Einheiten konstruieren. Parallel dazu können Karten mit (quantitativ oder qualitativ zu verstehenden) Isoklinen von Umweltfaktoren aus Feldnotizen und geografischen Karten konstruiert werden. Dann können die Karten der Umweltfaktoren über die Karten der ökologischen Einheiten gelegt und die stärksten Übereinstimmungen dazu verwendet werden, eine Rangordnung der Umweltfaktoren als Begrenzer von Artenverteilungen zu erstellen.[58]

Die Exemplare an sich sind nicht die primären Objekte der ökologischen Untersuchung – dies sind die Checklisten der in einem lokalen Gebiet vertretenen Taxa. Diese Checklisten werden dann in ökologische Einheiten (geografisch ermittelte Gruppen von Arten und Unterarten) kartiert, indem man Untergruppen der Checklisten findet, die auf ein geografisches Untergebiet beschränkt sind. Eine Karte wird anhand der Reichweiten der ökologischen Einheiten konstruiert, die von den Reichweiten der Arten (innerhalb des untersuchten geografischen Gebiets) vorgegeben werden, die man als Indikatoren für die Zonen bestimmt hat.

Grinnell und Alexander gelang es, ein Netzwerk von Sammlern, kooperierenden Wissenschaftlern und Verwaltungsmitarbeitern zu mobilisieren, um die Integrität der Informationen zu sichern, die sie für Archiv- und Forschungszwecke sammelten. Eine entscheidende Rolle bei diesem Erfolg spielte das präzise Set von standardisierten Methoden für das Etikettieren und Sammeln. Diese Methoden waren ebenso stringent wie simpel – sie konnten von Amateuren erlernt werden, die vielleicht nur wenig Ahnung von Taxonomie, Ökologie oder Evolutionstheorie hatten. Damit mussten diese Amateure keine Ausbildung in professioneller Biologie haben, um ihre Aufgaben zu verstehen oder auszuführen. Gleichzeitig gaben diese Methoden die von Amateuren gesammelten Informationen so wieder, dass

57 | J. Grinnell/J. Dixon/J. Linsdale: »Vertebrate Natural History of a Section of Northern California«.

58 | Siehe J. R. Griesemer: »Modeling in the Museum«.

sie von Professionellen analysiert werden konnten. Die professionellen Biologen konnten die Amateursammler überwiegend davon überzeugen, sich an diese Konventionen zu halten – z. B. in einem Standardnotizbuch das Habitat und die Fangzeit eines Exemplars eindeutig zu bestimmen.

Dass Grinnell erfolgreich auf standardisierten Methoden des Sammelns, Konservierens, Etikettierens und Festhaltens von Feldnotizen bestand, beweist, wie geschickt er die mit Naturkundearbeit verbundenen komplexen vielfachen Übersetzungen zu handhaben verstand. Die Methodenprotokolle selbst und die impliziten Anordnungen belegen nicht nur die Arten von Informationen, die Grinnell für seine Theorieentwicklungen benötigte, sondern auch die Konflikte zwischen den verschiedenen beteiligten Welten. In diesem Sinn ist jedes Protokoll ein Beleg für den Prozess der Abstimmung.

Methoden zu propagieren ist keine leichte Aufgabe. Beim Arbeiten mit Amateursammlern ist es ein Hauptproblem, sicherzustellen, dass die aus der Feldarbeit stammenden Daten von zuverlässiger Qualität sind, dass sie unterwegs nicht aufgrund von schlampigen Sammel- oder Konservierungstechniken untergehen und dass die Sammler genügend Informationen darüber vermitteln, woher sie die Tiere haben, damit die Standorte präzise bestimmt werden können. Andererseits dürfen Anweisungen für Sammler nicht so kompliziert sein, dass sie die ohnehin schwierige Aufgabe beeinträchtigen, draußen in freier Natur zu kampieren, raffinierte kleine Tiere zu fangen oder widerspenstige Farmer zu bestechen, damit sie ihre verkäuflichen Exemplare intakt halten.

Anders formuliert: Die vom Wissenschaftler rekrutierten Verbündeten müssen diszipliniert werden, dürfen aber nicht überdiszipliniert werden. Jede Welt ist – für einen bestimmten Preis – bereit, dem Museum Autonomie zuzugestehen und sich an Grinnells Standards für das Sammeln von Information zu halten. Erst nach und nach schafft es ein Wissenschaftler in Grinnells Position, eine Autorität zu werden. Zum Teil wird diese Autorität durch die Standardisierung von Methoden ausgeübt.

Das Standardisieren von Methoden unterscheidet sich vom Standardisieren von Theorien. Durch das Betonen des Wie und nicht des Was oder Warum macht die Methodenstandardisierung Informationen kompatibel und ermöglicht zugleich eine längere »Reichweite« durch divergierende Welten. Grinnell war damit in der Lage, mehrere Dinge gleichzeitig zu erledigen. Erstens – und das war vielleicht am wichtigsten – ermöglichte die Methodenstandardisierung es Sammlern wie professionellen Biologen, in eindeutigen, präzisen manuellen Aufgaben einen gemeinsamen Nenner zu finden. Die Sammler mussten nicht theoretische Biologie studieren, um ihren Beitrag zu dem Unternehmen zu leisten. Potenzielle Unterschiede in Anschauungen über Evolution oder in Fragen höherer Ordnung werden im Allgemeinen durch eine Konzentration auf das »Wie« und nicht das »Warum« ersetzt. Die Methoden stellten somit eine sinnvolle »Lingua franca« zwischen Amateuren und Professionellen dar. Sie ermöglichten es Amateuren auch, einen bedeutenden Beitrag sowohl zur Wissenschaft wie zum Naturschutz zu leisten. Die standardisierten Exemplare, Feldnotizen und Techniken lieferten einheitliche Informationen für künftige Generationen oder Forscher an anderen Orten.

Grinnells Beharren auf standardisierten Methoden übersetzte somit die Interessen seiner Verbündeten auf eine Weise, dass ihr Vergnügen nicht geschmälert wurde – die einfachen Aktivitäten wie das Unternehmen von Campingausflügen, das Erweitern von eigenen Hobbysammlungen und der Schutz der Natur Kaliforniens blieben davon praktisch unberührt. Im Hinblick auf die Sammler schuf Grinnell ein Netz, dessen Maschen ihre Produkte passieren mussten, wenn sie Geld oder wissenschaftliche Anerkennung bekommen wollten, die aber nicht zu eng sein durften, damit sich die Produkte ihrer Mühe leicht nutzen ließen.

Dank dieser Strategie kreierte Grinnell einen großen Autonomiebereich, aus dem er sich in stärker theoretisch geprägte Gebiete begeben konnte. Seine umsichtig gestaltete Beziehung zu Alexander basierte auf dem Engagement beider für Methoden und Konservierungstechniken. Als Sponsorin war Alexander daran interessiert, eine repräsentative Sammlung von Californiana zu bewahren, und zwar sowohl für die Nachwelt wie als Bekundung guter wissenschaftlicher Praxis. Aus ihrer Korrespondenz geht klar hervor, dass sich Alexander kaum für die Inhalte der wissenschaftlichen Theorie interessierte – umso mehr hingegen für Kurations- und Konservierungsmethoden.

Eine »Methodenkontrolle« war zwar für die umfassende ökologische Arbeit des MVZ unerlässlich, genügte allein aber nicht. Andere Mittel waren erforderlich, um die Kooperation zwischen den unterschiedlichen sozialen Welten zu gewährleisten. Diese Mittel wurden nicht von einem Einzelnen oder einer Gruppe entwickelt, sondern entstanden vielmehr durch den Prozess der Arbeit. Wenn Gruppen aus verschiedenen Welten zusammenarbeiten, erzeugen sie verschiedene Arten von Grenzobjekten. Der Überschneidungscharakter der gemeinschaftlichen Arbeit des Museums erzeugt Objekte, die in vielen Welten gleichzeitig zu Hause sind und den Anforderungen jeder einzelnen Welt entsprechen müssen.

Grenzobjekte

In der naturkundlichen Arbeit entstehen Grenzobjekte, wenn Sponsoren, Theoretiker und Amateure zusammenarbeiten, um Repräsentationen der Natur zu produzieren. Zu diesen Objekten zählen Exemplare, Feldnotizen, Museen und Karten bestimmter Territorien. Ihr Grenzcharakter spiegelt sich in der Tatsache wider, dass sie gleichzeitig konkret und abstrakt, speziell und allgemein, konventionalisiert und individuell angepasst sind. Innerlich sind sie oft heterogen.

In den Managementstrategien des MVZ haben wir es mit einer Situation mit den folgenden Merkmalen zu tun:

1. Viele Beteiligte haben ein gemeinsames Ziel: den Naturschutz von Kalifornien. Wer an diesem Ziel nicht teilhat, partizipiert an der Ökonomie über ein neutrales Medium – den direkten monetären Austausch (dies betrifft die Universitätsverwaltung!).
2. Alle Beteiligten treffen buchstäblich die Übereinkunft, Proben kalifornischer Flora und Fauna so intakt und so gut etikettiert wie möglich zu konservieren.
3. Für einige Beteiligte (Amateursammler, die Öffentlichkeit, Fallensteller und Farmer) reicht diese tatsächliche, konkrete Konservierung von Tieren für ihre Zwecke aus.
4. Für andere (Grinnell, die Universitätsverwaltung) ist die tatsächliche, konkrete Konservierung erst der Anfang eines langen Prozesses, Argumente für ein professionelles Publikum zu finden und sich als »Experten« in einem theoretischen Bereich zu etablieren.

Im Fall unseres Museums also haben die verschiedenen Welten gemeinsame Ziele: Kalifornien und seine Natur zu erhalten und ein geordnetes Spektrum aus der natürlichen Vielfalt zu erstellen. Diese gemeinsamen Ziele sind so ausgerichtet, dass jeder in seiner Welt befriedigende Arbeit zu leisten vermag. Wie geschieht dies?

Bei der Entwicklung von Theorien und beim Aufbau der Organisation musste Grinnell die Konventionalität der Objekte aufrechterhalten, damit es auch künftig eine Sammeltätigkeit geben konnte. Die Interessen und Techniken der Amateure, Farmer und so weiter mussten bewahrt werden, wenn sie sich auch weiterhin voll und ganz beteiligen sollten. Gleichzeitig musste er die Konventionalität überwinden, um seine Objeke wissenschaftlich interessant zu machen. Es würde nicht genügen, wenn alle Welten Objekte sammelten, die in einem gewissen Sinn alte Denkweisen über die Natur in Frage stellen und dabei keine Argumente für andere Teile der Wissenschaft liefern würden. Wie gelang es Grinnell nun, den Bedarf an Argumenten damit zu vereinbaren, dass er auf dem ganz konventionellen Verständnis von Kalifornien auf Seiten der Amateursammler und Clubs aufbauen musste? Wie vermochte er sich der Beschränkung auf ihre Interessen zu entziehen?

Grinnell und Alexander begannen ihr Unternehmen ziemlich bravourös damit, dass sie auf ein Ziel setzten, das sie mit mehreren Beteiligten (den Universitätspräsidenten, Naturliebhabern, Sponsoren und lokalen sozialen Eliten) teilten: Lasst uns eine Linie um den Westen (zuweilen sogar um den ganzen Staat) ziehen und ihn zum Naturreservat erklären. (Oder wie es ein heutiger Museumsmitarbeiter trocken ausdrückte: »Wenn Sie an die Grenze zu Nevada gelangen, drehen Sie um und fahren in die andere Richtung!«) Für Grinnell wurde Kalifornien somit zu einem begrenzbaren »Laboratorium im Feld«, das seinen Forschungsfragen einen regionalen, geografischen Schwerpunkt verlieh. Für die Universitätsverwaltung bestärkte dieser regionale Schwerpunkt ihr Mandat, den Menschen des Staates zu dienen. Für die Amateurnaturforscher, die sich für die Flora und Fauna ihres Staates interessierten, diente eine innerhalb seiner Grenzen absolvierte Forschung auch ihren Zielen zum Schutz und zur Erhaltung der Natur. Diese erste Einschränkung ist also schwach und hat viele Vorteile. Sie verleiht Kalifornien den Status eines Grenzobjekts, eines Objekts, das in vielen sozialen Welten lebt und in jeder eine andere Identität hat.

Und dann wandelte Grinnell diese Vereinbarung in eine neue Geldquelle um. Er wurde einer der wichtigsten Menschen, die für den Naturschutz in Kalifornien zuständig waren. Er ging umfangreiche Allianzen mit Naturschutzgruppen ein. Dies verschaffte ihm eine eindeutige, wenn auch noch immer schwach eingeschränkte und schwach strukturierte Basis. Überdies waren die geografischen Konzepte, die er voranbringen wollte, auf dieser Kernunterstützung für den Naturschutz in Kalifornien aufgebaut. Er benötigte eine Grundrichtlinie für seine geografischen Theorien und Vergleiche, während die Naturschutzbewegung Informationen über die von Entwicklungsinteressen bedrohte natürliche Grundlinie benötigte und haben wollte. In den Mittelpunkt und an den Anfang seiner Arbeit stellte er sodann ein gemeinsames Ziel und ein konventionelles Verständnis, wobei sich die Grenzen mehrerer unterschiedlicher Welten überlagerten. Diese sich überlagernden Grenzen *(coincident boundaries)*[59] um ein lose strukturiertes Grenzobjekt stellen einen Anker für weiterreichende, riskantere Forderungen dar.[60]

Aus den standardisierten Informationen, die Grinnell sammelte, baute er ein geordnetes Repositorium auf. Und aus seiner Bibliothek von Exemplaren vermochte er ökologische Theorien zu entwickeln, die sich von denen unterschieden, die im Rest des Landes entwickelt wurden. Seine Autonomie in dieser Hinsicht beruhte auf dem Lösen der Probleme von Spannungen entlang der Grenzen *(boundary tensions)*, die durch die vielfachen Überschneidungen der Welten, welche im Museum zusammenkamen, entstanden. Grinnells Arbeit war hoch abstrakt, hatte eine starke empirische Basis und wurde erstaunlich stark von den beteiligten Welten unterstützt.

Als wir diese durch die Museumsunternehmung repräsentierten Übersetzungsaufgaben analysierten, stießen wir auf vier Arten von Grenzobjekten. Sie bilden keineswegs eine vollständige Liste, sondern stellen nur analytische Unterscheidungen dar, und zwar in dem Sinn, dass wir es hier eigentlich mit Systemen von Grenzobjekten zu tun haben, die ihrerseits heterogen sind.

1. *Repositorien.* Dies sind geordnete »Stapel« von Objekten, die auf eine standardisierte Weise indiziert sind. Magazine werden angelegt, um Probleme von Heterogenität zu bewältigen, die durch Unterschiede in der Analyseeinheit verursacht werden. Beispiele für ein Repositorium sind eine Bibliothek oder ein Museum. Sein Vorzug liegt in seiner Modularität. Personen aus unterschiedlichen Welten können Dinge aus dem »Stapel« für ihre eigenen Zwecke benutzen oder leihen, ohne Zweckunterschiede direkt verhandeln zu müssen.
2. *Idealtypus.* Dies ist ein Objekt wie etwa ein Diagramm, ein Atlas oder eine andere Beschreibung, die eigentlich die Details eines Ortes oder Dings nicht genau beschreibt. Sie ist von allen Bereichen abstrahiert und kann ziemlich vage sein. Doch gerade weil sie ziemlich vage ist, lässt sie sich an einen lokalen Ort anpassen; sie dient als symbolisch verfertigtes Kommunikations- und Kooperationsmittel – als eine ›ausreichende‹ Karte *(road map)* für alle Parteien. Ein Beispiel für einen Idealtypus ist die ›Art‹. Dies ist ein Begriff, der eigentlich kein einzelnes Exemplar beschrieb, der sowohl konkrete wie theoretische Daten umfasste und der als Kommunikationsmittel für beide Welten diente. Idealtypen entstehen mit unterschiedlichem Abstraktionsgrad. Sie führen zur Beseitigung lokaler Zufälligkeiten aus dem gemeinsamen Objekt und haben den Vorteil der Anpassungsfähigkeit.
3. *Sich überlagernde Grenzen (coincident boundaries).* Dies sind gemeinsame Objekte, die in der Regel die gleichen Grenzen, aber unterschiedliche Inhalte haben. Sie entstehen, wenn Daten mit unterschiedlichen Mitteln gesammelt werden und wenn Arbeit über ein großräumiges geografisches Gebiet verteilt wird.

59 | Anm. d. Hg.: Die Übersetzung von *coincident boundaries* ist herausfordernd: Sie können sowohl als »deckungsgleich« (in der kartografischen Repräsentation) oder »überlappend« (in den Raumpraktiken der Akteure) aufgefasst werden. Zudem setzen sie eine gewisse Übereinstimmung in den Praktiken der Akteure voraus. Vgl. auch den Beitrag von Sebastian Gießmann in diesem Band.

60 | W. C. Wimsatt: »Robustness, Reliability and Overdetermination«.

Dies führt dazu, dass Arbeit an verschiedenen Stätten und mit unterschiedlichen Perspektiven autonom durchgeführt werden kann, während kooperierende Parteien ein gemeinsames Bezugsobjekt haben. Der Vorteil ist, dass unterschiedliche Ziele erreicht werden. Ein Beispiel für sich überlagernde Grenzen ist die Entstehung des Staates Kalifornien selbst als ein Grenzobjekt für Arbeiter am Museum. Die Karten von Kalifornien, die von den Amateursammlern und den Naturschützern geschaffen wurden, glichen uns allen vertrauten Straßenkarten und hoben Lagerstätten, Pfade und Orte fürs Sammeln hervor. Die von den professionellen Biologen geschaffenen Karten hingegen hatten zwar denselben Umriss des Staates (mit denselben geopolitischen Grenzen), waren aber ausgefüllt mit einer hoch abstrakten, ökologisch basierten Reihe schraffierter Gebiete, die »Lebenszonen« darstellten, also ein ökologisches Konzept.

4. *Standardisierte Formulare.* Dies sind Grenzobjekte, die als Methoden der gemeinsamen Kommunikation zwischen verstreuten Arbeitsgruppen entwickelt werden. Weil die Naturkundearbeit an weit verteilten Orten von einer Reihe unterschiedlicher Personen durchgeführt wurde, waren standardisierte Methoden wichtig, wie wir bereits dargelegt haben. So bekamen z.B. die Amateursammler ein Formular, das sie ausfüllen mussten, wenn sie ein Tier erbeuteten, und das hinsichtlich der gesammelten Informationen standardisiert war. Die Ergebnisse dieser Art von Grenzobjekt sind standardisierte Indizes und das, was Latour »immutable mobiles« nennen würde (Objekte, die über eine lange Strecke transportiert werden können und unveränderliche Informationen vermitteln). Solche Objekte haben den Vorteil, dass lokale Unsicherheiten – z.B. beim Sammeln von Tierarten – beseitigt werden.

Menschen, die in mehr als einer sozialen Welt zu Hause sind – »marginale Menschen« *(marginal people)* – stehen vor einer vergleichbaren Situation. Traditionell bezeichnet der Begriff Marginalität eine Person, die mehr als einer sozialen Welt angehört, z.B. einen Menschen, dessen Mutter weiß und dessen Vater schwarz ist.[61] Parks klassisches Werk über den »marginalen Menschen« befasst sich mit den Spannungen, die solche vielfache Zugehörigkeit mit sich bringt, sowie mit Problemen von Identität und Loyalität.[62] Marginalität ist ein wichtiger Begriff, wenn man verstehen will, auf welche Weise die Grenzen sozialer Welten konstruiert sind und wie sich Menschen mit vielfacher Zugehörigkeit darin zurechtfinden und artikulieren. Die Strategien, die marginale Menschen anwenden, um mit ihren Identitäten zurechtzukommen – »passing«,[63] Versuche, in eine einzige Welt überzuwechseln, Schwanken –, stellen eine provokative Quelle von Metaphern dar, die für das Verstehen von Objekten mit mehrfacher Zugehörigkeit hilfreich sind. Können wir ähnliche Strategien bei jenen Menschen finden, die gemeinsame Objekte über Grenzen sozialer Welten hinweg erschaffen oder koordinieren?

61 | R. E. Park: »Human Migration and the Marginal Man« und E. C. Hughes: »Social Change and Status Protest«, in: *The Sociological Eye*, S. 220-228.

62 | Siehe auch E. V. Stonequist: *The Marginal Man*.

63 | Anm. d. Hg.: »passing of as someone« - als jmd. durchgehen. Wir danken Tobias Röhl für diesen Hinweis.

Eine soziale Welt wie die Welt der Amateurnaturkundesammler »steckt« ein Territorium ab, entweder wortwörtlich oder im übertragenen Sinn. Sofern kein Kriegszustand herrscht, regeln institutionalisierte Verhandlungen normale Angelegenheiten, wenn unterschiedliche soziale Welten sich das gleiche Territorium teilen (z.B. die US-Regierung und die Mafia). Derartige Verhandlungen schließen auch Konflikte ein und werden daher ständig in Frage gestellt und weiterentwickelt. Everett Hughes hat von solchen Überlappungen gesprochen und Organisationen, die Kollisionen in der Raumhoheit bewältigen, als »Zwischenstammeszentren« *(intertribal centers)* bezeichnet.[64] Elihu Gersons Analyse der Ressourcen und Verpflichtungen liefert ein allgemeines Modell von Herrschaftsformen, die auf verbindlichen Zusagen von Zeit, Geld, Können und Gefühl basieren.[65] Ausgehend von Hughes früherem Werk haben Elihu und Sue Gerson sich mit dem komplexen Management solcher überlappender Ortsperspektiven befasst.[66] Ihrer Analyse zufolge besteht die zentrale kooperative Aufgabe sozialer Welten, die zwar denselben Raum teilen, aber unterschiedliche Perspektiven haben, in der »Übersetzung« der jeweiligen Perspektive der anderen Welt.

Im vorliegenden Aufsatz interessieren wir uns für diese Art von *n*-seitigen Übersetzungen, die wissenschaftlichen Objekten gelten. Insbesondere interessieren wir uns für die Arten von Übersetzungen, die Wissenschaftler vornehmen, um Objekte zu gestalten, die Elemente enthalten, welche in unterschiedlichen Welten verschieden sind – Objekte, die für diese Welten marginal sind oder, wie wir sie nennen, Grenzobjekte.[67] Bei der Verrichtung kollektiver Arbeit machen Menschen, die aus verschiedenen sozialen Welten zusammenkommen, häufig die Erfahrung, dass sie ein Objekt ansprechen, das für jeden von ihnen eine andere Bedeutung hat. Jede soziale Welt hat eine teilweise Zuständigkeit für die von diesem Objekt repräsentierten Ressourcen, und von der Überlappung verursachte Diskrepanzen werden Probleme, die verhandelt werden müssen. Im Unterschied zur Situation von marginalen Menschen, die reflexartig vor Problemen von Identität und Zugehörigkeit stehen, verändern sich die Objekte mit vielfachen Zugehörigkeiten jedoch nicht reflexartig und sie bewältigen auch nicht freiwillig Zugehörigkeitsprobleme. Diese Objekte haben zwar einige der gleichen Eigenschaften wie marginale Menschen, weisen jedoch entscheidende Unterschiede auf.

Für Menschen kann das Bewältigen von vielfachen Zuständigkeiten brisant, trügerisch oder verwirrend sein – das Navigieren in mehr als einer Welt ist keine triviale Kartierungsübung. Menschen lösen Marginalitätsprobleme auf vielfache Weise: indem sie auf die eine oder andere Seite überwechseln *(passing)*, eine Seite verleugnen, zwischen Welten schwanken oder eine neue soziale Welt gestalten, die sich aus anderen Menschen wie sie selbst zusammensetzt. Allerdings erfolgt das Management dieser wissenschaftlichen Objekte – samt ihrer Konstruktion – durch Wissenschaftler, Sammler und Verwaltungsmitarbeiter nur dann, wenn ihre Arbeit deckungsgleich ist. Somit bilden die Objekte eine gemeinsame Grenze zwischen Welten, indem sie in beiden gleichzeitig zu Hause sind. Wissenschaftler

64 | E.C. Hughes: »The Ecological Aspect of Institutions«, in: *The Sociological Eye*, S. 5-13.

65 | E.M. Gerson: »On ›Quality of Life‹«.

66 | E.M. Gerson/M.S. Gerson: »The Social Framework of Place Perspectives«.

67 | Siehe S.L. Star: »The Structure of Ill-Structured Solutions«.

managen Grenzobjekte über eine Reihe von Strategien, die nur grob mit den Strategien zu vergleichen sind, die von marginalen Menschen praktiziert werden.

Überschneidungen stellen besondere Anforderungen an Repräsentationen wie an die Integrität von Informationen, die in mehr als einer Welt entstehen und genutzt werden. Weil mehr als eine Welt oder eine Reihe von Interessen die Repräsentation macht und nutzt, muss sie mehr als eine Reihe von Interessen befriedigen. Wenn Beteiligte in den sich überschneidenden Welten Repräsentationen zusammen erzeugen, lösen sich ihre unterschiedlichen Engagements und Wahrnehmungen in Repräsentationen auf – so, wie ein verschwommenes Bild in einem Mikroskop aufgelöst wird. Diese Auflösung ist nicht gleichbedeutend mit Konsens. Vielmehr enthalten Repräsentationen oder Inskriptionen in jedem Stadium die Spuren vielfacher Perspektiven, Übersetzungen und unvollendeter Kämpfe. Gerson und Star haben sich mit einer ähnlichen Kollision an einem Büroarbeitsplatz befasst[68] und das Problem der Bewertung von Standards untersucht, die gelten, wenn es zu einer Übereinstimmung kommt – ein Problem, das der Informatiker Carl Hewitt einen »angemessenen Prozess« *(due process)* genannt hat.[69] Iskander Gökalp hat einige der Kollisionsprozesse beschrieben, die entstehen, wenn vielfache Felder zusammenkommen, und von »Grenzland-Disziplinen« gesprochen.[70]

Die Produktion von Grenzobjekten ist ein Mittel, diese potenziell widerstreitenden Reihen von Interessen zu befriedigen. Andere Mittel sind imperialistisches Aufzwingen von Repräsentationen, Nötigung, Zum-Schweigen-Bringen und Fragmentierung.[71]

Zusammenfassung

Das unterschiedliche Engagement der Beteiligten aus verschiedenen sozialen Welten spiegelt ein faszinierendes Phänomen wider – das Funktionieren gemischter Informationsökonomien mit unterschiedlichen Werten und sich nur teilweise überlappender Währung. Roy Chapman Andrews verweist auf ein stringentes Beispiel von einer naturkundlichen Expedition in die Mongolei: Die Einheimischen verwendeten Fossilien für das *Feng shui* (Geomantie) und hatten die Gewohnheit, sie in Flüssigkeit aufzulösen und zu trinken![72] Die Lagerstätten der heiligen Fossilien waren gut geschützt vor plündernden Paläontologen, die sie für gleichermaßen wertvoll hielten, aber aus anderen Gründen. Die Ökonomie des Museums entwickelt sich somit als eine Mischung aus Tauschhandel, Geld und komplexen Verhandlungen: Geld im Austausch gegen Felle und Tiere von Fallenstellern; Tiere im Austausch gegen andere Tiere von anderen Museen und Sammlern; wissenschaft-

68 | E. M. Gerson/S. L. Star: »Analyzing Due Process in the Workplace«.

69 | C. Hewitt: »Offices are Open Systems«.

70 | I. Gökalp: »Report on an Ongoing Research«.

71 | Wir danken einem anonymen Sachverständigen, dass er uns auf die Grenzen des Kooperationsmodells und die Bedeutung von Konflikt und Autorität im Betreiben von Wissenschaft aufmerksam gemacht hat.

72 | R. C. Andrews: *Across Mongolian Plains*.

liche Klassifizierung im Austausch gegen Exemplare, die von Amateurforschern gespendet werden; Prestige und Legitimität im Austausch gegen wirtschaftliche Unterstützung; Nahrung und Köder in Fallen im Austausch gegen die unfreiwillige Kooperation von Tieren.

Während sich das Museum weiterentwickelt und effizienter wird, machen die Wissenschaftler Fortschritte in der Standardisierung von Schnittstellen zwischen verschiedenen Welten. In der Museumsarbeit beruht dies auf der Standardisierung von Sammel- und Konservierungsmethoden. Indem die verschiedenen beteiligten Welten zu Übereinkünften im Hinblick auf die Methoden gelangen, erstellen sie Protokolle, die über den bloßen Tauschhandel über unverbundene Weltgrenzen hinweggehen. Sie beginnen eine gemeinsame Währung zu entwickeln, die neue Arten eines vereinten Unternehmens ermöglicht. Aber diese Protokolle nötigen nicht einfach die Vision einer Welt allen anderen auf – wäre dies so, würden sie mit Sicherheit scheitern. Vielmehr fungieren Grenzobjekte als Anker oder Brücken, wenn auch nur vorübergehend.

Die zentrale analytische Frage dieser Studie lautet: Wie koexistieren Heterogenität und Kooperation und was hat dies für Folgen für das Informationsmanagement? Das Museum ist in einem gewissen Sinn ein Modell für Informationsverarbeitung. Die von seinen Beteiligten angewandten Strategien enthalten mehrere aufwändige Lösungen für Probleme von Komplexität, Bewahrung und Koordination. Unsere zukünftige Arbeit wird diese Lösungen in verschiedenen Bereichen untersuchen, etwa der Geschichte der Evolutionstheorie und dem Design komplexer Computersysteme.

Dank

Wir danken unserem Kollegen Elihu Gerson vom Tremont Research Institute für viele hilfreiche Gespräche über den Inhalt dieses Aufsatzes. Danken möchten wir auch der Bancroft Library an der University of California für den Zugang zu den Dokumenten von Joseph Grinnell, Annie Alexander und des Museum of Vertebrate Zoology. David Wake und Barbara Stein vom Museum of Vertebrate Zoology haben uns freundlicherweise die Archive des Museums geöffnet und uns beim Auffinden von Materialien geholfen; Howard Hutchinson vom Berkeley University Museum of Paleontology gewährte uns großzügigerweise Einblick in die Korrespondenz zwischen Alexander und Merriam in den dortigen Archiven. Annetta Carter, Frank Pitelka, Joseph Gregory und Gene Crisman lieferten wertvolle Informationen aus erster Hand über Alexander und Grinnell. Danken möchten wir schließlich Michel Callon, Adele Clarke, Joan Fujimura, Carl Hewitt, Bruno Latour, John Law und Anselm Strauss für ihre hilfreichen Kommentare und Diskussionen über viele der hier angeführten Gedanken. Stars Arbeit an diesem Aufsatz wurde zum Teil durch ein großzügiges Stipendium der Fondation Fyssen in Paris unterstützt.

LITERATUR

Adams, Charles C.: »Some of the Advantages of an Ecological Organization of a Natural History Museum«, in: *Proceedings of the American Association of Museums* 1 (1907), S. 170–178.

Alexander, Edward P.: *Museums in Motion: An Introduction to the History and Functions of Museums*, Nashville, TN: American Association for State and Local History 1979.

Allee, Warder Clyde et al.: *Principles of Animal Ecology*, Philadelphia, PA/London: W. B. Saunders 1949.

Allen, David: *The Naturalist in Britain: A Social History*, London: Allen Lane 1976.

Allen, Garland E.: *Life Science in the Twentieth Century*, Cambridge: Cambridge University Press 1978.

Allen, Garland E.: »Morphology and Twentieth-Century Biology: A Response«, in: *Journal of the History of Biology* 14/1 (1981), S. 159–176. https://doi.org/10.1007/BF00127519

Andrews, Roy Chapman: *Across Mongolian Plains*, New York: D. Appleton 1921.

Benson, Keith R.: »Concluding Remarks: American Natural History and Biology in the Nineteenth Century«, in: *American Zoologist* 26/2 (1986), S. 381–384. https://doi.org/10.1093/icb/26.2.381

Callon, Michel: »Some Elements of a Sociology of Translation: Domestication of the Scallops and the Fishermen of St. Brieuc Bay«, in: John Law (Hg.), *Power, Action and Belief*, Sociological Review Monograph Nr. 32, London: Routledge & Kegan Paul 1985, S. 196–230.

Callon, Michel/Law, John: »On Interests and Their Transformation: Enrolment and Counter-Enrolment«, in: *Social Studies of Science* 12/4 (1982), S. 615–625. https://doi.org/10.1177/030631282012004006

Cartwright, Nancy/Mendell, Henry: »What Makes Physics' Objects Abstract?«, in: James T. Cushing/C. F. Delaney/Gary Gutting (Hg.), *Science and Reality*, Notre Dame, IN: University of Notre Dame Press 1984, S. 134–152.

Cittadino, Eugene: »Ecology and the Professionalization of Botany in America, 1890–1905«, in: *Studies in History of Biology* 4 (1980), S. 171–198.

Clarke, Adele: »A Social Worlds Research Adventure: The Case of Reproductive Science«, in: Thomas F. Gieryn/Susan E. Cozzens (Hg.), *Theories of Science in Society*, Bloomington, IN: Indiana University Press 1990, S. 15–42.

Colbert, Edwin H.: »What is a Museum?«, in: *Curator* 4/2 (1961), S. 138–146. https://doi.org/10.1111/j.2151-6952.1961.tb01110.x

Coleman, Laurence V.: *The Museum in America*, 3 Bände, Washington, D.C.: The American Association of Museums 1939.

Daston, Lorraine: »The Factual Sensibility«, in: *Isis* 79/3 (1988), S. 452–467. https://doi.org/10.1086/354776

Eakin, Richard: »History of Zoology at the University of California, Berkeley«, in: *Bios* 27/2 (1956), S. 66–92. (Reprint im Department of Zoology in Berkeley erhältlich.)

Gerson, Elihu M.: »On ›Quality of Life‹«, in: *American Sociological Review* 41/5 (1976), S. 793–806. https://doi.org/10.2307/2094727

Gerson, Elihu M.: »Scientific Work and Social Worlds«, in: *Knowledge* 4/3 (1983), S. 357–377.

Gerson, Elihu M.: »Audiences and Allies: The Transformation of American Zoology, 1880–1930«, Vortrag auf der Konferenz über Geschichte, Philosophie und Soziologie der Biologie in Blacksburg, VA, im Juni 1987.

Gerson, Elihu M./Gerson, M. Sue: »The Social Framework of Place Perspectives«, in: Gary T. Moore/Reginald G. Golledge (Hg.), *Environmental Knowing: Theories, Research and Methods*, Stroudsberg, PA: Dowden, Hutchinson & Ross 1976, S. 196–205.

Gerson, Elihu M./Star, Susan L.: »Analyzing Due Process in the Workplace«, in: *ACM Transactions on Office Information Systems* 4/3 (1986), S. 257–270. https://doi.org/10.1145/214427.214431

Gökalp, Iskender: »Report on an Ongoing Research: Investigation on Turbulent Combustion as an Example of an Interfield Research Area«, Vortrag vor der Society for the Social Studies of Science, Troy, NY, November 1985.

Goetzmann, William: *Exploration and Empire*, New York: W. W. Norton 1966.

Griesemer, James R.: »Modeling in the Museum: On the Role of Remnant Models in the Work of Joseph Grinnell«, in: *Philosophy and Biology* 5/1 (1990), S. 3–36.

Grinnell, Hilda W.: »Joseph Grinnell: 1877–1939«, in: *The Condor* 42/1 (1940), S. 3–34. https://doi.org/10.2307/1364313

Grinnell, Hilda W.: *Annie Montague Alexander*, Berkeley, CA: Grinnell Naturalists Society 1958.

Grinnell, Joseph: »The Origin and Distribution of the Chestnut-Backed Chickadee«, in: *The Auk* 21/3 (1904), S. 364–365 und 368–378.

Grinnell, Joseph: »The Methods and Uses of a Research Museum«, in: *Popular Science Monthly* 77 (1910), S. 163–169.

Grinnell, Joseph: »Barriers to Distribution as Regards Birds and Mammals«, in: *The American Naturalist* 48/568 (1914), S. 248–54. https://doi.org/10.1086/279402

Grinnell, Joseph: »An Account of the Mammals and Birds of the Lower Colorado Valley with Especial Reference to the Distributional Problems Presented«, in: *University of California Publications in Zoology* 12/4 (1914), S. 51–294. https://doi.org/10.5962/bhl.title.15744

Grinnell, Joseph: »Significance of Faunal Analysis for General Biology«, in: *University of California Publications in Zoology* 32 (1928), S. 13–18.

Grinnell, Joseph: *Joseph Grinnell's Philosophy of Nature, Selected Writings of a Western Naturalist*, Berkeley, CA/Los Angeles, CA: University of California Press 1943, Reprint Freeport, NY: Books for Libraries Press 1968.

Grinnell, Joseph/Dixon, Joseph/Linsdale, Jean: »Vertebrate Natural History of a Section of Northern California Through the Lassen Peak Region«, in: *University of California Publications in Zoology* 35 (1930), S. 1–594 und I-V.

Hagen, Joel: »Organism and Environment: Fredric Clement's Vision of a Unified Physiological Ecology«, in: Ronald Rainger/Keith Benson/Jane Maienschein (Hg.), *The American Development of Biology*, Philadelphia, PA: University of Pennsylvania Press 1988, S. 257–280. https://doi.org/10.9783/9781512805789-011

Hall, Eugene Raymond: *Collecting and Preparing Study Specimens of Vertebrates*, Lawrence, KS: University of Kansas 1962.

Herman, Steven G.: *The Naturalist's Field Journal. A Manual of Instruction Based on a System Established by Joseph Grinnell*, Vermillion, SD: Buteo Books 1986.

Hewitt, Carl: »Offices are Open Systems«, in: *ACM Transactions on Office Information Systems* 4/3 (1986), S. 271–287. https://doi.org/10.1145/214427.214432

Hughes, Everett C.: *The Sociological Eye*, Chicago, IL: Aldine 1970.
Hull, David: *Science as a Process*, Chicago, IL, London: The University of Chicago Press 1988. https://doi.org/10.7208/chicago/9780226360492.001.0001
Jordan, David Starr: »The Origin of Species Through Isolation«, in: *Science* 22/566 (1905), S. 545–562. https://doi.org/10.1126/science.22.566.545
Kimler, William: »Mimicry: Views of Naturalists and Ecologists Before the Modern Synthesis«, in: Marjorie Grene (Hg.), *Dimensions of Darwinism*, Cambridge: Cambridge University Press 1983, S. 97–128.
Kingsland, Sharon: *Modeling Nature: Episodes in the History of Population Ecology*, Chicago, IL: The University of Chicago Press 1985.
Kohlstedt, Sally G.: »The Nineteenth-Century Amateur Tradition: The Case of the Boston Society of Natural History«, in: Gerald Holton/William Blanpied (Hg.), *Science and its Public*, Dordrecht, Holland: D. Reidel 1976, S. 173–190. https://doi.org/10.1007/978-94-010-1887-6_12
Kohlstedt, Sally G.: »Henry A. Ward: The Merchant Naturalist and American Museum Development«, in: *Journal of the Society for the Bibliography of Natural History* 9/4 (1980), S. 647–661. https://doi.org/10.3366/jsbnh.1980.9.4.647
Kohlstedt, Sally G.: »Natural History on Campus: From Informal Collecting to College Museums«, Aufsatz für die West Coast History of Science Association, Friday Harbor, WA: September 1986.
Kohlstedt, Sally G.: »Curiosities and Cabinets: Natural History Museums and Education on the Antebellum Campus«, in: *Isis* 79/3 (1988), S. 405–426. https://doi.org/10.1086/354774
Lack, David: »The Significance of Ecological Isolation«, in: Glenn L. Jepsen/George Gaylord Simpson/Ernst Mayr (Hg.), *Genetics, Paleontology and Evolution*, Princeton, NJ: Princeton University Press 1949, S. 299–308.
Latour, Bruno/Woolgar, Steve: *Laboratory Life*, Beverly Hills, CA: Sage Publications 1979.
Latour, Bruno: *Science in Action*, Cambridge, MA: Harvard University Press 1987.
Latour, Bruno: *The Pasteurization of French Society*, Cambridge, MA: Harvard University Press 1988.
Law, John: »Technology, Closure and Heterogeneous Engineering: The Case of the Portuguese Expansion«, in: Wiebe Bijker/Trevor Pinch/Thomas P. Hughes (Hg.), *The Social Construction of Technological System*, Cambridge, MA: MIT Press 1987, S. 111–134.
Maienschein, Jane/Rainger, Ron/Benson, Keith: »Introduction: Were American Morphologists in Revolt?«, in: *Journal of the History of Biology* 14/1 (1981), S. 83–87. https://doi.org/10.1007/BF00127515
Mallet, James: »Subspecies, Semispecies, Superspecies«, in: Levin Simon Asher (Hg.), *Encyclopedia of Biodiversity*, Bd. 5, San Diego, CA: Academic Press ^{2}2007, S. 523–526.
Mayr, Ernst: »Ecological Factors in Speciation«, in: *Evolution* 1 (1947), S. 263–288. https://doi.org/10.1111/j.1558-5646.1947.tb02723.x
Mayr, Ernst: »Speciation and Systematics«, in: Glenn L. Jepsen/George Gaylord Simpson/Ernst Mayr (Hg.), *Genetics, Paleontology and Evolution*, Princeton, NJ: Princeton University Press 1949, S. 281–298.
Mayr, Ernst: »Aiden Holmes Miller«, in: *National Academy of Sciences of the USA, Biographical Memoirs* 33 (1973), S. 176–214.

McIntosh, Robert P.: *The Background of Ecology*, Cambridge: Cambridge University Press 1987.
Merriam, Clinton Hart: »Type Specimens in Natural History«, in: *Science*, N.S. 5 (1897), S. 731–732.
Merriam, Clinton Hart: »Criteria for the Recognition of Species and Genera«, in: *Journal of Mammology* 1 (1919), S. 6–9. https://doi.org/10.2307/1373714
Merriam, Clinton Hart: »Laws of Temperature Control of the Geographic Distribution of Terrestrial Animals and Plants«, in: *The National Geographic Magazine* 6 (1894), S. 229–241.
Merriam, Clinton Hart: »Results of a Biological Survey of Mount Shasta, California«, in: *Bureau of the Biological Survey, North American Fauna* 16 (1899).
Miller, Aiden: »Joseph Grinnell«, in: *Systematic Zoology* 3 (1964), S. 195–249.
Moore, John A.: »Zoology of the Pacific Railroad Surveys«, in: *American Zoologist* 26/2 (1986), S. 331–341. https://doi.org/10.1093/icb/26.2.331
Park, Robert E.: »Human Migration and the Marginal Man«, in: Ders.: *Race and Culture*, New York: The Free Press 1928, Nachdruck 1950, S. 345–356.
Pauly, Philip: *Controlling Life, Jacques Loeb and the Engineering Ideal in Biology*, New York: Oxford University Press 1987.
Quine, Willard van Orman: *Wort und Gegenstand*, Stuttgart: Reclam 1998.
Rainger, Ronald: »The Continuation of the Morphological Tradition: American Paleontology, 1880–1910«, in: *Journal of the History of Biology* 14/1 (1981), S. 129–158. https://doi.org/10.1007/BF00127518
Rainger, Ronald: »Just Before Simpson: William Diller Matthew's Understanding of Evolution«, in: *Proceedings of the American Philosophical Society* 130/4 (1986), S. 453–474.
Rainger, Ronald/Benson, Keith/Maienschein, Jane (Hg.): *The American Development of Biology*, Philadelphia, PA: University of Pennsylvania Press 1988. https://doi.org/10.9783/9781512805789
Rainger, Ronald: »Vertebrate Paleontology as Biology: Henry Fairfield Osborn and the American Museum of Natural History«, in: Ders./Keith Benson/Jane Maienschein (Hg.), *The American Development of Biology*, Philadelphia, PA: University of Pennsylvania Press 1988, S. 219–256. https://doi.org/10.9783/9781512805789-010
Ripley, Dillon: *The Sacred Grove: Essays on Museums*, New York: Simon & Schuster 1969.
Rudwick, Martin: *The Great Devonian Controversy*, Chicago, IL/London: The University of Chicago Press 1985. https://doi.org/10.7208/chicago/9780226731001.001.0001
Ruthven, Alexander G.: *Naturalist in a University Museum*, Ann Arbor, MI: University of Michigan Alumni Press 1963.
Smith, Michael L.: *Pacific Visions: California Scientists and the Environment, 1850–1915*, New Haven, CT: Yale University Press 1987.
Spencer, L.: »Filling in the Gaps: A Survey of Nineteenth Century Institutions Associated with the Exploration and Natural History of the American West«, in: *American Zoologist* 26/2 (1986), S. 371–380. https://doi.org/10.1093/icb/26.2.371
Star, Susan L.: »Triangulating Clinical and Basic Research: British Localizationists, 1870–1906«, in: *History of Science* 24/1 (1986), S. 29–48. https://doi.org/10.1177/007327538602400102
Star, Susan L.: »The Structure of Ill-Structured Solutions. Boundary Objects and Heterogeneous Distributed Problem Solving«, in: Les Gasser/Michael N. Huhns

(Hg.), *Distributed Artificial Intelligence* (= Research Notes in Artificial Intelligence, Vol. II), London/Pitman/San Mateo, CA: Morgan Kaufmann 1989, S. 37–54.

Sterling, Keir B.: *Last of the Naturalists: The Career of C. Hart Merriam*, New York: Arno Press 1977.

Stocking Jr., George W.: »Essays on Museums and Material Culture«, in: Ders. (Hg.), *Objects and Others: Essays on Museums and Material Culture*, Madison, WI: University of Wisconsin Press 1983, S. 3–14.

Stonequist, Everett V.: *The Marginal Man: A Study in Personality and Culture Conflict*, New York: Russell & Russell 1937, Nachdruck 1961.

Strauss, Anselm: »A Social World Perspective«, in: *Studies in Symbolic Interaction* 1 (1978), S. 119–128.

Wimsatt, William C.: »Robustness, Reliability and Overdetermination«, in: Marilynn B. Brewer/Barry E. Collins (Hg.), *Scientific Inquiry and the Social Sciences*, San Francisco, CA: Jossey-Bass 1981, S. 124–163.

Worster, Donald: *Nature's Economy*, New York: Cambridge University Press 1988.

Boundary Objects, Boundary Media

Von Grenzobjekten und Medien bei Susan Leigh Star und James R. Griesemer

Ulrike Bergermann und Christine Hanke

Objekte, die Grenzen sind, Objekte, die an Grenzen sind, grenzhafte Dinge – rückblickend erscheint der Begriff der Grenzobjekte *(boundary objects)* in seiner Mehrdeutigkeit als Marker einer Grenze wie auch als etwas, das diese durch fortwährende Übersetzung, Transport, Bewegung überschreitet, schon fast vertraut. Eine solche Doppeldeutigkeit kennzeichnet auch einen Medienbegriff, wenn er apparative Einzelmedien ebenso umfasst wie deren Übertragungsarbeit. Zwischen (sozialen, technischen, dinghaften) Welten, ein besetzbares Ding zwischen Diskursen, aufladbar und gleichzeitig eigensinnig: Jetzt sehen wir solche Objekte unsere Umgebungen bevölkern.

Der Text von Susan Leigh Star und James Griesemer, der auf eigentümliche Weise seinen Gegenstand und die Arbeit an einer Theorie ineinander faltet, will ein Modell dafür vorstellen, wie Kooperation von Akteuren trotz ihrer heterogenen Einzelperspektiven funktioniert.[1] Amateure und Professionelle, Verwaltungsleute und andere rund um das Museum of Vertebrate Zoology der Universität in Berkeley boten hier den Anlass, ein anderes Modell mit dem Namen »interessement« von Latour und Callon zu erweitern. Denn die Übersetzungsarbeit zwischen Perspektiven verdanke sich der Standardisierung von Methoden und der Entwicklung von Grenzobjekten, die hier in vier Typen auftreten: Repositorien, Idealtypen, sich überlagernde Grenzen, standardisierte Formulare. Die »institutionelle Ökologie« des Titels erweitert die biologische Ökologie um eine eher metaphorische, eine Ökologie von Arbeitsatmosphäre und wissenschaftlichem Austausch in einer Umwelt, einem gewissen ›Ökosystem‹.[2]

---

1 | S. L. Star/J. R. Griesemer: »Institutional Ecology, ›Translations‹ and Boundary Objects«.

2 | Vgl. zu aktuellen Forschungen einer Medienökologie das von Petra Löffler und Florian Sprenger herausgegebene Heft der Zeitschrift für Medienwissenschaft »Medienökologien«.

Obligatorische Passagepunkte

Der Text schließt an das Akteur-Netzwerk-Theorie-Modell der Übersetzung von Latour, Callon und Law an,[3] um es in einigen entscheidenden Punkten zu modifizieren. Mit Blick auf das kooperative Agieren verschiedener sozialer Welten betont der Text das Moment der Übersetzung. Die zentrale Modifikation des Modells besteht jedoch in einer Pluralisierung der obligatorischen Passagepunkte *(obligatory passage points)*: Statt eines »narrow passage point funneling« – bei Callon richtet sich der Trichter auf die Kammmuschel-untersuchenden Wissenschaftler aus – schlägt der Text ein »many-to-many mapping«[4] vor. Oder mit Akzent auf das Moment des ›interessement‹ gesagt: Gefordert wird, nicht einem Blickpunkt, sondern simultan und damit konsequent symmetrisch den »N-way nature[s] of *interessement*«[5] zu folgen.

Daraus ergibt sich die im Text praktizierte methodologische Konsequenz, aus den verschiedenen Perspektiven der Wissenschaftlerinnen, Amateurinnen, Sammlerinnen, Trapperinnen und der Museumsverwaltung zu berichten. Bei all diesen ›Alliierten‹ handelt es sich um Mitglieder menschlicher sozialer Welten. Gleichzeitig wimmelt es im exemplarischen Feld, an dem Star und Griesemer das Modell entwickeln (und gleichzeitig exemplifizieren) – der Fallstudie zu einem Naturhistorischen Museum – von Tieren, um deren Sammlung und Konservierung sich die menschlichen Allierten bemühen. Die Tiere selbst erhalten, obwohl dies im Sinne der geforderten Multiperspektivität konsequent schiene, keinen eigenen Abschnitt. Es scheint, als wollten Star und Griesemer Tiere nicht auf dieselbe Weise in ihr Modell des ›many-to-many mapping‹ einspannen und sie stattdessen nur im Sinne einer Negativität als Widerständige, Sich-Entziehende aufscheinen lassen: Nur am Rande werden sie als weitere Verbündete *(allies)* genannt und treten bezeichnenderweise als aufsässige und widerspenstige Figuren auf. Dies lässt erahnen, dass es sich bei Grenzobjekten auch um eine Machttechnologie handelt, welche Dinge erst auf die wissenschaftliche Erfassung hin zurichtet.[6]

---

3 | Zuerst in M. Callon: »Some Elements of a Sociology of Translation«, dann B. Latour: »Technology is Society Made Durable«. Nach Callon gibt es vier Phasen eines Übersetzungsprozesses in der Netzwerkformation *(problematisation, interessement, enrolment, mobilisation of allies)*, Stars und Griesemers Umformulierung fokussiert alleine den Moment des *interessements*, so als wäre dies die für Kooperation entscheidende Phase.

4 | S. L. Star/J. R. Griesemer: »Institutional Ecology, ›Translations‹ and Boundary Objects«, S. 390.

5 | Ebd., S. 389.

6 | Dieser Fokus auf Widerständigkeiten weist – nicht explizierte – Parallelen zu John Laws Situierung von Netzwerken als Machttechnologien auf, welche Widerstände von noch nicht ins Netzwerk eingebundenen Aktanten überwinden müssen: »the character of network ordering« – »a somewhat uncertain process of overcoming resistance« (J. Law: »Notes on the Theory of the Actor-Network«, S. 380.) Während Law hier den Grenzobjekte-Text von Star und Griesemer in einer Auflistung einfach der Akteur-Netzwerk-Theorie beigesellt, folgt in ebendieser Ausgabe der Zeitschrift *Systems Practice* direkt auf Laws Text Stars *The Trojan Door*. Star situiert sich hier im Kontext einer neuen Bewegung mit »a thorough review of concepts of actors and action, motivation, location, and causality«. Während Law dem Ganzen schon einen Namen gibt, hebt Star mit direktem Bezug auf Laws oben stehenden Text hervor: »This intellectual

Mit seiner methodischen Vorrede fragt der Text danach, welche Objekte die verschiedenen Alliierten in den Blick nehmen, wie diese Objekte wissenschaftlicher Forschung verschiedene soziale Welten bewohnen und wie dennoch Kooperation möglich ist.[7] Unscharf bleibt, wie sich dieses modifizierte Modell eigentlich zur Antwort des Textes, dem Grenzobjekt, verhält. Ist das Modell nicht selbst ein Grenzobjekt? Der ganze Text erscheint als Modell eines *approach to case studies*. Zumindest mit Blick auf den Einsatz der beiden Diagramme, welche das Übersetzungs-Modell von Latour, Callon und Law und seine Modifizierung präsentieren, müsste man dies wohl so sagen, denn es ähnelt einem der vier im Text exemplarisch beschriebenen Grenzobjekte, dem Idealtypus:

»This is an object such as a diagram, atlas or other description which in fact does not accurately describe the details of any one locality or thing. It is abstracted from all domains, and may be fairly vague. However, it is adaptable to a local site precisely because it is fairly vague; it serves as a means of communicating and cooperating symbolically – a ›good enough‹ road map for all parties.«[8]

Zudem agiert dieses Diagramm wie ein »immutable mobile«[9] nach Latour, es fixiert die Modifizierung der Akteur-Netzwerk-Theorie und macht sie transportabel. Doch je genauer man es sich anschaut, umso klarer und gleichzeitig unklarer/unschärfer wird, was sich darauf zeigen soll: Robust erscheinen vor allem die Vervielfachungen von Verbündeten, Passagepunkten (die hier allerdings den Status des Obligatorischen abgetreten haben[10]) und Übersetzungen – zusammengehalten durch einen Punkt, der ›Kohärenz/Grenzobjekte‹ betitelt wird. Da dieses Modell

movement, which yet has no name (Bendifallah et al. 1988 have even dubbed it ›the unnamable‹) relies on empirical studies of work and practice, coupled with a network-style approach to technologies and interactions (Law 1992).« S. L. Star: »The Trojan Door«, S. 395 f.

7 | Radikaler als die von Star und Griesemer formulierte Multiperspektivität verweist Annemarie Mol auf die Multiplizität der Dinge selbst: »Talking about reality as *multiple* depends on another set of metaphors. [...] They are different *versions* of the object, versions that the tools help to enact. They are different and yet related objects. They are multiple forms of reality itself.« A. Mol: »Ontological Politics«, S. 77.

8 | S. L. Star/J. R. Griesemer: »Institutional Ecology, ›Translations‹ and Boundary Objects«, S. 410. »Dies ist ein Objekt wie etwa ein Diagramm, ein Atlas oder eine andere Beschreibung, die eigentlich die Details irgendeines Ortes oder Dings nicht genau beschreibt. Sie ist von allen Bereichen abstrahiert und kann ziemlich vage sein. Doch gerade weil sie ziemlich vage ist, lässt sie sich an einen lokalen Ort anpassen; sie dient als symbolisch verfertigtes Kommunikations- und Kooperationsmittel – als eine ›ausreichende‹ Karte *(road map)* für alle Parteien.« Übersetzung aus diesem Band, S. 106. Vier Typen von Grenzobjekten werden schon in Leigh Stars Text zu den »ill-structured solutions« verwendet: ›Repositorien‹, ›Idealtypen‹, ›Gebiet mit sich überlagernden Grenzen‹ und ›Formulare‹. S. L. Star: »The Structure of Ill-Structured Solutions«, S. 47 ff.

9 | B. Latour: »Visualisation and Cognition«, S. 7 ff.

10 | Sebastian Gießmann liest das als Kritik an der Akteur-Netzwerk-Theorie. Eine egalitärere Auffassung im Vergleich zu einer auf Autoritäten fokussierten Akteur-Netzwerk-Theorie sei dem Strauss'schen Modell ›sozialer Welten‹ und der »many-to-many«-Übersetzungen

»plastic enough« ist, dürfte es in verschiedensten sozialen Welten konkret je unterschiedlich verstanden werden.[11] Für soziologische Wissenschaftswelten wie die des Symbolischen Interaktionismus überrascht das weniger als im Blick auf andere Disziplinen.[12]

Welten, Grenzen, Gender

Drei Jahrzehnte zuvor hatte der Kinderpsychologe Donald W. Winnicott von *transitional objects*, ›Übergangsobjekten‹ gesprochen, um eine bestimmte Sorte von Dingen zu fassen, die in der Entwicklung der Interaktion eines Menschen mit seiner Umwelt eine zentrale Rolle spielen und nur in ihrer jeweiligen Funktionalität als bestimmbare Objekte beschreibbar sind. Sein vielzitierter erster Aufsatz beginnt 1953 in der Mutter-Kind-Dyade, der oralen erotogenen Zone des Babys, mit der Bindung an die Mutter, und mit deren Erlaubnis, in dieser Zone mit geliebten Objekten wie Puppen zu spielen.[13] Winnicott sprach zudem von einer *addiction*, einer Abhängigkeit von gewissen Übergangsobjekten, von Bedürfnisbefriedigung und der Loslösung des Kinds aus dem intimen Raum von Kind und Mutter. Die gesamte breite Rezeption in Psychologie und Psychoanalyse bietet ein Modell für die Entstehung von der Objektwahrnehmung auch auf symbolischer Ebene aus diffusen ungetrennten Empfindungen einer unmittelbaren Nähe von inneren Vorstellungsbildern, Dingen, der Mutter, der eigenen Körperwahrnehmung (weitergeführt in psychoanalytischen Konzepten der introjizierten Mutterbrust, des mütterlichen Phallus, des Fetischismus etc.).

---

zwischen ihnen ebenso geschuldet wie den Open-Source-Prinzipien der Informatikerinnen aus Stars AI-Forschung. S. Gießmann: »Der Durkheim-Test«.

11 | Interessanterweise hat James Griesemer, der Ko-Autor, in der Zeit dieses Textes selbst auch zum Modell gearbeitet. Ein Bezug auf Grenzobjekte findet hier nicht statt – als hätten sich Autorin und Autor abgesprochen, wer welchen Begriff weiterverwendet. Auch in diesem Sinne ist der ganze Text ein Grenzobjekt – zwischen den Autorinnen. Vgl. J. R. Griesemer/M. J. Wade: »Laboratory Models, Causal Explanation and Group Selection« und J. R. Griesemer: »Modeling in the Museum«.

12 | Eine umfangreiche Sammlung der verschiedenen disziplinären Arbeiten, die das Konzept der Grenzobjekte aufgegriffen haben, liefern P. Trompette/D. Vinck: »Revisiting the Notion of the Boundary Object«, v. a. S. 7-12. Auch sie heben die Bedeutung des Symbolischen Interaktionismus hervor, der Kooperationen von Akteuren aus unterschiedlichen »Social Worlds« untersucht hat. Es sind gerade die sozialen Interaktionen, die zuallererst die unstabilen »sozialen Welten« emergieren lassen, was die ›Objekte‹ dieser Interaktionen umso wichtiger macht. Als Studentin von Anselm Strauss und durch seine Forschung zu sozialen Prozessen in der Herausbildung von Ordnungen hatte Susan Leigh Star bereits in ihrer Dissertation die Frage von solchen Prozessen der Standardisierung gerade in hybriden Situationen untersucht. Im Folgebeitrag untersuchen Trompette und Vinck Begriffe, die sich infolge dieser Verwendungsweisen von Grenzobjekten gebildet haben, vgl. P. Trompette/D. Vinck: »Back to the Notion of the Boundary Object (2)«.

13 | D. W. Winnicott: »Transitional Objects and Transitional Phenomena«. Deutsch: »Übergangsobjekte und Übergangsphänomene«.

Die Frage, ob das Konzept einer Übergangszone mit ihren Objekten in der Übertragung von einer individuellen psychologischen Entwicklung hin in eine erwachsende, abstrahierte, kollektive und anonyme Zone noch Bezug auf das Gendering der Ausgangssituation nehmen solle und was darin zutage käme, wird 1989 nicht mehr gestellt. Auch Susan Leigh Stars Neufassung des berühmten ›Turing-Tests‹ unter dem Namen *Durkheim-Test*[14] löste sich vom bei Alan Turing noch fundamental in den Versuchsaufbau eingeschriebenen Gendering der Positionen von Fragenden, Wissenden und strategischem Auskunft-Geben. In anderen Texten hat Susan Leigh Star explizitere Anschlusspunkte zu Fragen der Gender Studies und ihrer Verknüpfung mit Fragen von *race* und *class* thematisiert.[15]

Grenzobjekte und Fallstudien

Die Fallstudie als wissenschaftliches Genre kommt am Anfang des 19. Jahrhunderts auf. Sie etabliert sich in den folgenden Jahrzehnten, in denen eine ›Szientifizierung‹ und ›Vernaturwissenschaftlichung‹ im Bezug auf Experiment und Empirie auch dort stattfindet, wo es sich nicht um Naturwissenschaften handelt, und gleichzeitig ein narratives Element in die Wissenschaft Einzug hält. Die Fallgeschichte unterhält eine besondere Beziehung zum Exemplarischen, zum Verhältnis von Allgemeinem und Singulärem. Auch das Beispiel veranschaulicht das Allgemeine, aber die Fallgeschichte gilt gleichzeitig als Transzendierung der Norm, weil sie implizit immer auch auf deren Defizienz verweist. »Die ganze Tradition der Kasuistik beruht auf dieser doppelten Eigenschaft des Kasus.«[16] Und: Ein Beispiel ist knapp. Eine Fallgeschichte ist unendlich ausschmückbar. Sie ist immer potenziell eigenständig, und sie verweist auf das Partikulare in zweifacher Hinsicht: als Einzelfall eines Allgemeinen und als einzigartiger Fall, zwischen zwei Extremen aufgespannt. Als *Fall*geschichte erfüllt sie eine konkrete, singuläre Funktion, als Fall*geschichte* geht sie darüber hinaus.

Wenn also Susan Leigh Star und James Griesemer das Konzept der Grenzobjekte mithilfe einer gewissen Fallstudie einführen,[17] so veranschaulichen sie etwas im illustrativ-didaktischen Sinn, und sie gehen an einen Ort, von dem ausgehend die

---

14 | S. L. Star: »The Structure of Ill-Structured Solutions«. Zur Bedeutung Winnicotts vgl. S. L. Star: »Living Grounded Theory«, S. 83 f. Zum Turing-Test vgl. A. M. Turing: »Computing Machinery and Intelligence«. Zu dessen Gendering siehe B. Heintz: *Die Herrschaft der Regel*, S. 261-278.

15 | Vgl. etwa die Beschäftigung mit dem Thema unsichtbarer Arbeit, in der feministische Texte zu unsichtbarer Hausarbeit für Forschung zu Computer-Supported Cooperative Work (CSCW) produktiv gemacht werden, in: S. L. Star/A. Strauss: »Layers of Silence, Arenas of Voice«. Einen Fokus auf Genderfragen setzen Einleitung und Artikel in S. L. Star (Hg.): *The Cultures of Computing*, v. a. S. 2–4.

16 | C. Frey: »Am Beispiel der Fallgeschichte«, S. 264.

17 | Zur Zusammenarbeit mit Susan Leigh Star und zur eigenen disziplinären *boundary existence* vgl. J. R. Griesemer: »Sharing Spaces, Crossing Boundaries«: »Meeting Leigh meant sharing a boundary [...]. That space we shared in the 1980s heightened in me an already growing sense of marginality according to the meaning I learned from her [...].«, S. 201.

Fallstudie selbst entwickelt wurde, in die Naturgeschichte. Das Exempel *Erforschung der Sammlungs- und Wissenspraxis eines Naturhistorischen Museums* ist gleichzeitig eine von vielen solcher Geschichten und ein einzigartiger Fall. Im Text finden sich Elemente, die zwischen *Fallstudie* und *Exempel* changieren, etwa das Beispiel, das auch und auf eine bestimmte Weise auf naturwissenschaftliche Konzepte verweist, und auf die kulturelle Form dieser Konzepte. Wessen Mutter weiß und Vater schwarz sei, schreiben sie, der/die wohne auch in mehr als einer (sozialen) Welt, und diese Menschen könnten Objekte mit mehrfacher Mitgliedschaft besonders gut verstehen – auch wenn ihr Grenzmanagement eher zur Verwirrung führe, während die Wissenschaft klare Grenzen aufstellen *und* gleichzeitig rechts und links davon wohnen könne.[18]

Methodologisches: Follow the strange, weird, anomalous!

Das Konzept der Grenzobjekte ist selbst ein Grenzobjekt.[19] Grenzobjekte sollen zwar spezifisch genug sein – also nicht einfach Sprachspiele im Sinne Wittgensteins –, doch hat Susan Leigh Star den Begriff selbst als Grenzobjekt verstanden, der auf verschiedenste Weisen eingesetzt werden kann.[20] Das Konzept wurde selbst zu einem zirkulierenden Begriff verschiedener Disziplinen. Dass es nie als solches stillgestellt werden konnte, kann nicht beklagt werden, wenn man die Konzeption ernst nimmt. Schon der Titel ihres Textes *Ceci n'est pas un objet-frontière!*, der nach

18 | S. L. Star/J. R. Griesemer: »Institutional Ecology, ›Translations‹ and Boundary Objects«, S. 412. Dieses Beispiel ist unangenehm, weil die Trennung von Schwarz und Weiß die einer Gewaltgeschichte ist, hier sind die beiden Seiten der Grenzziehung keineswegs neutral, gleichberechtigt etc., während die Relativität des Zugriffs auf die Seiten einer wissenschaftlichen Begriffsgrenze vergleichsweise unbelastet und neutral erscheint (bzw. eben selbstverständlich *biased* ist). Vgl. J. Ruchatz/S. Willer/M. Huber (Hg.): *Das Beispiel*; M. Eggers (Hg.): *Von Ähnlichkeiten und Unterschieden.*

19 | Auf das Ineinanderfalten von Theorie und Methode verweist auch Sebastian Gießmann in seiner Begriffsgeschichte zum Konzept der Grenzobjekte: »Eine seiner zentralen Leistungen - die Modellierung von arbeitsteiligen Verhältnissen einer ›Kooperation ohne Konsens‹ - war selbst der Modus seiner Vermittlung.« In den 2010er Jahren gewinnt der Blick auf die *practice theory* als ein Grundelement von Medienwissenschaft an Aufmerksamkeit. Sebastian Gießmann stellt die theoriehistorische Umgebung des Textes aus den Anfängen der Science and Technology Studies, amerikanischem Pragmatismus, symbolischem Interaktionismus dar - und setzt den Text rückwirkend sozusagen in einen *practice turn*, der in den 2010ern die Medienwissenschaft erreicht. Schon 1989 seien Grenzobjekte »soziale, praktisch verfertigte und praxeologisch analysierbare Medien« gewesen. S. Gießmann: »Der Durkheim-Test«, S. 213, 221. 2006 diskutierte die AG Medienwissenschaft und Wissenschaftsforschung der Gesellschaft für Medienwissenschaft (GfM) den Ansatz der *boundary objects* und seine Produktivität für das Fach auf ihrem Workshop »Objektwahl und Fallgeschichten. Von unseren unscharfen Medien« in Bochum.

20 | Vgl. etwa die medienwissenschaftliche Entwendung, welche den Begriff explizit auf die arbiträren Grenzziehungen statistischer Gegenstandsbildung bezieht, bei C. Hanke: *Zwischen Auflösung und Fixierung.*

über 20 Jahren das Konzept reflektiert, verweist mit seiner ironischen Bezugnahme auf René Magrittes Bilderreigen um *Ceci n'est pas une pipe* auf die Problematik der Disparatheit von Benennungen und Dingen.[21]

Im Konzept der Grenzobjekte scheinen sich exemplarisches und fallgeschichtliches Material grundlegend zu überkreuzen oder besser: Es scheint selbst notgedrungen *sich überlagernde Grenzen* zu haben, wenn man sich etwa das Prinzip des umgrenzten *boundary objects* Kalifornien vor Augen führt. Es sieht so aus, als verfügten die ›Karten‹ namens ›Gegenstand/Fallstudie/Exempel‹, ›Methode‹, ›Modell‹ und ›Theorie‹ über *sich überlagernde Grenzen*, so dass sie übereinander projiziert werden können, dabei eine eigene *fuzzyness* erzeugend, die sich weniger einem mikroskopischen Blick erschließt als dem mit halb zugekniffenen Augen. Diese ›fuzzyness‹ hat einiges an Übergangshaften, Transitionalen, Projektionsflächigen mit dem ›epistemischen Ding‹ Hans-Jörg Rheinbergers gemeinsam: »Das epistemische Ding [...] ist dasjenige, worauf der Experimentator nicht frontal starrt, was er dagegen eher im Augenwinkel behält.«[22]

Was als Grenzobjekt ausgetauscht werden kann, hat Star auf zwei Feldern verfolgt: einmal rund um ihre Dissertation im Bereich der Hirnforschung und Kognitionstheorie, und zweitens auf dem Feld der Entwicklung von Computersoftware und Künstlicher Intelligenz. Damit bewegte sie sich auf dem Stand der avancierten disziplinären Entwicklungen ihrer Zeit und eilte ihnen darin voraus, indem sie sie zusammenbrachte. Auch hier doppeln sich das Thema der jeweiligen untersuchten Forschungen mit der Frage nach den Modi von Forschung selbst.

Dies betrifft auch die eigene Forschung und ihre Methodologie, die im Rückblick in *Ceci n'est pas un objet-frontière* – eigentlich eine Geschichte des Grenzobjekts – in den Fokus rückt. In der konkreten wissenschaftshistorischen Arbeit interessieren Susan Leigh Star die Irritationen – etwa Materielles, das nicht so recht zu den standardisierten Tabellen und Protokollen passen will, also die Flecken und Spuren auf den Laborprotokollen in den Archiven (ebenfalls Grenzobjekte) oder die handschriftlichen Kritzeleien an den Rändern der Protokoll-Vorlagen des naturhistorischen Museums oder auch der Medizin.

Wie verhält sich vor diesem Hintergrund das Exempel *Erforschung der Sammlungs- und Wissenspraxis eines naturhistorischen Museums* – als gleichzeitiger Einzelfall eines Allgemeinen und als einzigartiger Fall – also zur Materialbasis, auf deren Grundlage es entwickelt wurde? Solche einzigartigen Fälle in der Bibliothek bzw. im Archiv sind Einzelfälle von Susan Leigh Stars (allgemeiner) Methodologie: sich von der Einzigartigkeit irritieren und anregen lassen, um sie weiterzuverfolgen: »[É]coute[z] et regarde[z] [...] tout ce qui [vous] semble étrange, bizarre,

---

21 | S. L. Star: »Ceci n'est pas un objet-frontière!«. Dieser Text erschien kurz nach Stars Tod in der zweiten Sondernummer »Retour sur la notion d'objet-frontière« der französischen Zeitschrift *Revue d'anthropologie des connaissances* (Teil 1: 2009, Nr. 3/1) und war dort laut editorischer Anmerkung bereits durch den Review-Prozess gegangen. Die englische Version erschien kurz darauf als S. L. Star: »This Is Not a Boundary Object«. Vgl. zu obiger Lektüre Magrittes mit Blick auf die Differenz von Worten und Bildern und Dingen M. Foucault: *Ceci n'est pas une pipe*.

22 | »Es funktioniert so lange als epistemisches Ding, als noch etwas an ihm unklar ist, im Ungewußten liegt.« H.-J. Rheinberger: »Objekt und Repräsentation «, S. 61.

anormal«![23] Diese Aufmerksamkeit für die Ränder verweist auf die Grenzbereiche der Grenzobjekte, wie etwa Standardisierungen durch Formulare, welche tabellarisches, formatiertes Wissen hervorbringen und dabei gleichzeitig alles auszulöschen suchen, das sich ihren Kategorien, Tabellen usw. nicht fügt. Spuren des Herausfallens finden sich allenfalls noch auf den Rändern der Fragebögen als handschriftliche Kritzeleien und Reste. Erst der Blick hierauf lässt erahnen, wie viel unsichtbare Arbeit in Standardisierungsprozessen enthalten sein mag oder auch: dass es sich weniger um ›Grenzobjekte‹ als um ›Grenzarbeit‹ handelt – Teil eines weiteren Forschungsfelds von Susan Leigh Star, das feministische Fragen an das Computer Systems Development formuliert.

Die von Susan Leigh Star selbst untersuchten Grenzobjekte sind stets eng an Materielles gebunden, sie sind selbst Objekte und in gewisser Weise Medien; Objekte in der Form von bloßen Wörtern waren nicht explizit Thema. Bieten ihre Objekte wie z. B. das Museum eine Fallstudie für die Medienwissenschaft?[24]

Modell Naturkundemuseum – *Boundary Media*

Im Text sind Grenzobjekte mediale Dinge: »In natural history work boundary objects are produced when sponsors, theorists and amateurs collaborate to produce representations of nature. Among these objects are specimens, field notes, museums and maps of particular territories.«[25] Sie sind in relativ einfacher, ›re-präsentierender‹ Weise die Vehikel für Bedeutungen. Genannt werden vier verschiedene Grenzobjekte:

- Repositorien, also Regale, Archive, Datenbanken, Sammelordnungen, auch Tabellen, mit denen auch Susan Leigh Star selbst arbeitet[26] und auch jede Medienhistorikerin und jeder Medienhistoriker arbeiten wird,

23 | S. L. Star: »Ceci n'est pas un objet-frontière!«, S. 22 f. In der englischen Version: »[L]isten and look for [...] things that strike [you] as strange, weird, anomalous«, in: S. L. Star: »This Is Not a Boundary Object«, S. 605.

24 | Zum Bezug von Wissenschaftsforschung und Medienwissenschaft vgl. allgemeiner AG Medienwissenschaft und Wissenschaftsforschung: »Hot Stuff«, sowie C. Hanke: »Wissenschaftsforschung«. Eine aktuelle Publikation über Museen, ihre Objekte und Netzwerke behandelt spannende Bereiche, in denen diverse Dinge und Lebewesen, als *agencies* im Sinne der Akteur-Netzwerk-Theorie betrachtet, die Komplexität der Analysen erhöhen. Allerdings gibt es in dieser Betrachtung keine Grenzobjekte, und das ermöglicht eben keine fundamentale Reflexion der Erkenntniskategorien, nur die Vervielfältigung der alten. S. Byrne et al. (Hg.): *Unpacking the Collection*.

25 | S. L. Star/J. R. Griesemer: »Institutional Ecology, ›Translations‹ and Boundary Objects«, S. 408. »In der naturkundlichen Arbeit entstehen Grenzobjekte, wenn Sponsoren, Theoretiker und Amateure zusammenarbeiten, um Repräsentationen der Natur zu produzieren. Zu diesen Objekten zählen Exemplare, Feldnotizen, Museen und Karten bestimmter Territorien.« Übersetzung aus diesem Band, S. 104.

26 | Vgl. u. a. S. L. Star: »Ceci n'est pas un objet-frontière!«.

- Idealtypen sind vage Abstraktionen, auch Diagramme, Atlanten, Beschreibungen, z. B. Spezies,
- sich überlagernde Grenzziehungen (Kalifornien),
- standardisierte Fragebögen und Formulare.

An anderer Stelle spricht der Text von den Repräsentationen, die in der Zusammenarbeit selbst entstehen:

»When participants in the intersecting worlds create representations together, their different commitments and perceptions are resolved into representations – in the sense that a fuzzy image is resolved by a microscope. This resolution does not mean consensus. Rather, representations, or inscriptions, contain at every stage the traces of multiple viewpoints, or inscriptions, translations and incomplete battles.«[27]

Der Begriff ›Auflösung‹, *resolution*, ist in seiner doppelten Verwendung – als ›Problemlösung‹ und als technische Bildauflösung – selbst einer von der Grenze des Technischen und Sozialen. Allerdings ist er in der Frage nach Vorgängigkeit, also seinem Abbildungsmodell, widersprüchlich: Die disziplinären Verwendungen eines Wortes in je spezifischem Sinne sind Resolutionen zwar aus singulärer Perspektive, sie verschaffen Klarheit in den Fragen, die ein Objekt der Wissenschaft aufgibt; aber das generative Moment darin ist schief: Dadurch, dass die Disziplinen das Objekt (wie im Mikroskop) ansehen und untersuchen, ›gewinnt‹ es zuallererst eine bestimmte Bildschärfe. War es nicht vorher da? Das Beispielobjekt der ›resolution‹ bleibt bei Star und Griesemer selbst notwendig unscharf.

Boundary Studies

Der letzte Absatz des Textes gibt einen Ausblick auf zukünftige Anschlussarbeiten, die einerseits auf dem Gebiet der Geschichtsschreibung der Evolutionsbiologie, andererseits auf dem Design komplexer Computersysteme liegen sollten (Susan Leigh Star arbeitete u. a. am Department of Information and Computer Science in Irvine); letzteres adressiert weniger zukünftige Grenzobjekte als deren technologisch realisiertes Management. Trotzdem läge die Computergeschichte als möglicher Bezugspunkt der Medienwissenschaft zunächst auf der Hand.

Vor allem aber ist zu fragen: Wäre diese Form, eine Geschichte und Theorie der Dinge zu betreiben, selbst modellhaft für ein Fach Medienwissenschaft? Beide Modelle sind nicht im engeren Sinne analog; die Geschichte des Naturkundemuseums ist mit der der Medienwissenschaft kaum zu vergleichen. Modellhaft für

27 | S. L. Star/J. R. Griesemer: »Institutional Ecology, ›Translations‹ and Boundary Objects«, S. 413. »Wenn Beteiligte in den sich überschneidenden Welten Repräsentationen zusammen erzeugen, lösen sich ihre unterschiedlichen Engagements und Wahrnehmungen in Repräsentationen auf – so, wie ein verschwommenes Bild in einem Mikroskop aufgelöst wird. Diese Auflösung ist nicht gleichbedeutend mit Konsens. Vielmehr enthalten Repräsentationen oder Inskriptionen in jedem Stadium die Spuren vielfacher Perspektiven, Übersetzungen und unvollendeter Kämpfe.« Übersetzung aus diesem Band, S. 109.

beide könnten allerdings die Elemente des Textes sein, die die Bestandteile und Verfahren des wissenschaftlichen Arbeitens betreffen:

Netze. Wenn es beim Naturkundemuseum darum gegangen ist, ein Netzwerk aus Sammlerinnen, Wissenschaftlerinnen und Administratorinnen zu mobilisieren,[28] so würde ein medienwissenschaftliches Netz die Sozialität von ›sozialen Welten‹ heute im Gefolge der Akteur-Netzwerk-Theorie um Techniken, Dinge, Architekturen, Artefakte, Kommunikationspraktiken erweitern; und die zwischen den Welten wandernden Objekte hätten ihre eigenen Dynamiken.[29]

Methodenstandardisierung. Punkt eins der von Star und Griesemer genannten Strategien des Umgangs mit Vielfalt und Zusammenarbeit ist die Methodenstandardisierung – für die (deutsche) Medienwissenschaft ein durchaus kontroverses Thema. Stärker als im Feld der naturwissenschaftlichen Methoden sind hier die Verfahren mit ihren Gegenständen verknüpft, so dass die Diskussion sich anders darstellt (z. B. in Form von Bindestrich-Wissenschaften und ihren Methoden, was selbst befragt und historisiert werden müsste).

Vorgängigkeit. Grenzobjekte existieren nicht vorgängig einer Versammlung ihrer Akteure mit ihren Deutungen; sie können sich auch im wissenschaftlichen Prozess selbst erst herausbilden.[30] Die Medienwissenschaft steht ebenfalls in einem verwobenen Vorgängigkeitsverhältnis zu ihren Gegenständen. Wer perspektivisch eher Serialität als Serien untersucht, steht in intimer Verschränkung mit seinen gar nicht mehr so getrennten Objekten.

Multiperspektivität. Grenzobjekte zeichnen sich dadurch aus, dass sie in verschiedenen Kontexten Verschiedenes bedeuten.[31] Hätten ›Medien‹ in den Augen von Userinnen, Eltern, Filmwissenschaftlerinnen, Verlegerinnen, Produzentinnen, Kindern, Kommunikationswissenschaftlerinnen, Informatikerinnen usw. jeweils radikal verschiedene Bedeutungen? Und wäre es die Aufgabe einer Medienwissenschaft, daraus Kohärenz zu schaffen?

In weiterem Kontext steht die *Interdisziplinarität* beider Forschungen. Könnte der erste Satz des Textes auch für das Fach Medienwissenschaft gelten oder gegolten haben? »Most scientific work is conducted by extremely diverse groups of actors – researchers from different disciplines, amateurs and professionals, hu-

---

28 | S. L. Star/J. R. Griesemer: »Institutional Ecology, ›Translations‹ and Boundary Objects«, S. 406.

29 | Die Akteur-Netzwerk-Theorie-Rezeption setzte in der Medienwissenschaft deutlich später ein als in Stars Arbeiten. Vgl. T. Thielmann/E. Schüttpelz (Hg.): *Akteur-Medien-Theorie*; U. Bergermann et al. (Hg.): *Connect and Divide: The Practice Turn in Media Studies.*

30 | So z. B., wenn etwa eine bestimmte Beobachtungs- und Kategorisierungsweise erst eine neue Spezies ›entdeckt‹. Auf S. 408 heißt es, Grenzobjekte entstünden, wenn Sponsorinnen, Theoretikerinnen und Amateurinnen zusammenarbeiteten – vielleicht kann man also differenzierend sagen: Objekte mag es gegeben haben, aber sie werden durch Kooperationen erst zu Grenzobjekten gemacht. Star und Griesemer bezeichnen an einer Stelle auch wissenschaftliche Publikationen als *boundary objects*, aber machen keinen zentralen Punkt daraus; sie fragen nicht, ob nicht jegliches Wissen *boundary* sein müsste, sondern erweitern einfach ihr Set um *objects*, S. L. Star/J. R. Griesemer: »Institutional Ecology, ›Translations‹ and Boundary Objects«, S. 396.

31 | Es heißt sogar: »incorporate radically different meanings«, ebd., S. 392.

mans and animals, functionaries and visionaries.«[32] Wie modellhaft sind Grenzobjekte für jede Wissenschaft, und mit Blick auf Medienwissenschaft: Wären es ›die Medien‹, die als jeweils spezifische Grenzobjekte nur von soziologischen, technischen, kulturhistorischen etc. Perspektiven aus erforscht werden könnten? Medienwissenschaft ist zwischen den bestehenden Fächern als neues dadurch entstanden, dass sie ebenso eine eigene Expertise – eine Zuständigkeit für bestimmte neue mediale Objekte – behaupten wie auch als übersetzende, sammelnde, neu konfigurierende Wissenschaft des medialen Wissens der anderen Fächer fungieren konnte. Möglicherweise finden sich ähnliche Argumentationen in den Antragspapieren zur Zulassung von neuen Studiengängen in den 1990er Jahren.[33] Eine Wissenschaft im Sinne von einer Disziplin ist ›Medienwissenschaft‹ allerdings eher dadurch geworden, dass sie eine Expertise für die Medialität (und ihre Materialität) von Wissen und seinen Möglichkeitsbedingungen behauptete. Damit wäre das Wissen von den Medien selbst eine ebenso als ›boundary‹ charakterisierbare, mit den Übersetzungsprozessen seiner Objekte befasste, immer selbst grenzarbeitende wie zentrale Größe.[34]

Ulrike Bergermann lehrt Medienwissenschaft an der Hochschule für Bildende Künste Braunschweig; Christine Hanke lehrt Medienwissenschaft an der Universität Bayreuth.

Literatur

AG Medienwissenschaft und Wissenschaftsforschung: »Hot Stuff: Referentialität in der Wissenschaftsforschung«, in: Harro Segeberg (Hg.), *Referenz in den Medien. Dokumentation, Simulation, Docutainment*, Marburg: Schüren 2009 (Schriftenreihe der GfM), S. 52–79.

32 | S. L. Star/J. R. Griesemer: »Institutional Ecology, ›Translations‹ and Boundary Objects«, S. 387. »Wissenschaftliche Arbeit wird überwiegend von äußerst unterschiedlichen Gruppen von Akteuren betrieben - Forschern aus verschiedenen Disziplinen, Amateuren und Professionellen, Menschen und Tieren, Funktionären und Visionären.« Übersetzung aus diesem Band, S. 81.

33 | Erhard Schüttpelz ›erträumte‹ eine andere mögliche Medienwissenschaft an einer solchen Verzweigung der historischen Diskurse: »Was wäre gewesen, wenn die Medientheorie nicht in der Epoche der Massenmedien entstanden wäre und nicht aus der Modifikation bestehender Sender-Empfänger-Modelle, was wäre gewesen, wenn auch das technische und das massenhafte Senden und Empfangen so wie das Lesen und Schreiben in allen Zivilisationen als Kooperation ohne Konsens beschrieben und auf die massenhafte Individualisierung bürokratischer Abläufe bezogen worden wäre, durch die Charakterisierungen einer wechselseitigen Verfertigung gemeinsamer Mittel und Abläufe, mit oft genug diametral entgegengesetzten Zielen? Was wäre geschehen, wenn wir seit 1989 nicht mehr den alten Modellierungen und Schwarzen Kästen hinterhergedacht hätten, sondern der möglichen Übersetzung gefolgt wären, dass alle Medien aus Grenzobjekten bestehen und umgekehrt?« E. Schüttpelz: »Notiz zum Grenzobjekt«, S. 79 f.

34 | Zur Problematik dieser Doppelung vgl. U. Bergermann: *Leere Fächer.*

Bergermann, Ulrike: *Leere Fächer. Gründungsdiskurse in Kybernetik und Medienwissenschaft*, Berlin: Lit 2016.

Bergermann, Ulrike/Dommann, Monika/Schüttpelz, Erhard/Stolow, Jeremy/Taha, Nadine (Hg.): *Connect and Divide: The Practice Turn in Media Studies*, Zürich, Berlin: diaphanes 2018 (in Vorbereitung).

Byrne, Sarah/Clarke, Anne/Harrison, Rodney/Torrence, Robin (Hg.): *Unpacking the Collection. Networks of Material and Social Agency in the Museum*, New York, Dordrecht: Springer 2015.

Callon, Michel: »Some Elements of a Sociology of Translation: Domestication of the Scallops and the Fisherman in St Brieuc Bay«, in: Karin Knorr-Cetina/Aaron Victor Cicourel (Hg.), *Advances in Social Theory and Methodology: Toward an Integration of Micro and Macro-Sociologies*, Boston, MA: Routledge & Kegan Paul 1986, S. 196–223.

Eggers, Michael (Hg.): *Von Ähnlichkeiten und Unterschieden. Vergleich, Analogie und Klassifikation im Wissenschaft und Literatur (18./19. Jahrhundert)*, Heidelberg: Winter 2011.

Foucault, Michel: *Ceci n'est pas une pipe*, Saint-Clément-la-Rivière: Fata Morgana 1977.

Frey, Christiane: »Am Beispiel der Fallgeschichte. Zu Pinels Traité médico-philosophique sur l'aliéntion«, in: Jens Ruchatz/Stefan Willer/Nicolas Pethes (Hg.), *Das Beispiel. Epistemologie des Exemplarischen*, Berlin: Kadmos 2007, S. 263–278.

Gießmann, Sebastian: »Der Durkheim-Test. Anmerkungen zu Susan Leigh Stars Grenzobjekten«, in: *Berichte zur Wissenschaftsgeschichte* 38/3 (2015), S. 211–226. https://doi.org/10.1002/bewi.201501724

Griesemer, James R.: »Modeling in the Museum: On the Role of Remnant Models in the Work of Joseph Grinnell«, in: *Biology and Philosophy* 5/1 (1990), S. 3–36. https://doi.org/10.1007/BF02423831

Griesemer, James R.: »Sharing Spaces, Crossing Boundaries«, in: Geoffrey C. Bowker/Stefan Timmermans/Adele Clarke/Ellen Balka (Hg.), *Boundary Objects and Beyond: Working with Leigh Star*, Cambridge, MA: MIT Press 2016, S. 201–218.

Griesemer, James R./Wade, Michael J.: »Laboratory Models, Causal Explanation and Group Selection«, in: *Biology and Philosophy* 3/1 (1988), S. 67–96. https://doi.org/10.1007/BF00127629

Hanke, Christine: *Zwischen Auflösung und Fixierung. Zur Konstitution von ›Rasse‹ und ›Geschlecht‹ in der physischen Anthropologie um 1900*, Bielefeld: transcript 2007.

Hanke, Christine: »Wissenschaftsforschung«, in: Jens Schröter (Hg.), *Handbuch Medienwissenschaft*, Stuttgart/Weimar: J. B. Metzler 2014, S. 537–547.

Heintz, Bettina: *Die Herrschaft der Regel. Zur Grundlagengeschichte des Computers*, Frankfurt a. M., New York: Campus 1993, S. 261–278.

Latour, Bruno: »Visualisation and Cognition: Drawing Things Together«, in: Henrika Kuklick/Elizabeth Long (Hg.), *Knowledge and Society: Studies in the Sociology of Culture and Present*, Bd. 6, Greenwich, CT/London: JAI 1986, S. 1–40.

Latour, Bruno: »Technology is Society Made Durable«, in: John Law (Hg.), *Sociology of Monsters: Essays on Power, Technology and Domination* (= *The Sociological Review* 38/S1), London: Routledge 1991, S. 103–130.

Law, John: »Notes on the Theory of the Actor-Network: Ordering, Strategy and Heterogeneity«, in: *Systems Practice* 5/4 (1992), S. 379–393. https://doi.org/10.1007/BF01059830

Löffler, Petra/Sprenger, Florian (Hg.): *Zeitschrift für Medienwissenschaft,* 12/1 (2016), »Medienökologien«.

Mol, Annemarie: »Ontological Politics. A Word and Some Questions«, in: John Law/John Hassard (Hg.), *Actor Network and After,* Oxford: Blackwell 1999, S. 74–89. https://doi.org/10.1111/j.1467-954X.1999.tb03483.x

Rheinberger, Hans-Jörg: »Objekt und Repräsentation«, in: Bettina Heintz/Jörg Huber (Hg.), *Mit dem Auge denken. Strategien der Sichtbarmachung in wissenschaftlichen und virtuellen Welten,* Zürich, Wien, New York (ith/Institut für Theorie der Gestaltung und Kunst und Edition Voldemeer): Springer 2001, S. 55–61.

Ruchatz, Jens/Willer, Stefan/Huber, Martin (Hg.): *Das Beispiel. Epistemologie des Exemplarischen.* Berlin: Kadmos 2007

Schüttpelz, Erhard: »Notiz zum Grenzobjekt«, in: *Navigationen* 15/1 (2015), »Medien der Kooperation«, S. 79–80.

Star, Susan L.: »The Structure of Ill-Structured Solutions. Boundary Objects and Heterogeneous Distributed Problem Solving«, in: Les Gasser/Michael N. Huhns (Hg.), *Distributed Artificial Intelligence* (= Research Notes in Artificial Intelligence, Vol. II), London/Pitman/San Mateo, CA: Morgan Kaufmann 1989, S. 37–54.

Star, Susan L.: »The Trojan Door: Organizations, Work, and the ›Open Black Box‹«, in: *Systems Practice* 5/4 (1992), S. 395–410. https://doi.org/10.1007/BF01059831

Star, Susan L. (Hg.): *The Cultures of Computing,* Oxford/Cambridge, MA: Blackwell Publishers 1995.

Star, Susan L.: »Living Grounded Theory. Cognitive and Emotional Forms of Pragmatism«, in: Anthony Bryant/Kathy Charmaz (Hg.), *The SAGE Handbook of Grounded Theory,* Thousand Oaks: Sage 2007, S. 75–94. https://doi.org/10.4135/9781848607941.n3

Star, Susan L.: »Ceci n'est pas un objet-frontière! Réflexions sur l'origine d'un concept«, in: *Revue d'anthropologie des connaissances* 4/1 (2010), S. 18–35. https://doi.org/10.3917/rac.009.0018

Star, Susan L.: »This is Not a Boundary Object: Reflections on the Origin of a Concept«, in: *Science, Technology, & Human Values* 35/5 (2010), S. 601–617. https://doi.org/10.1177/0162243910377624

Star, Susan L./Griesemer, James R.: »Institutional Ecology, ›Translations‹ and Boundary Objects: Amateurs, Professionals in Berkeley's Museum of Vertebrate Zoology, 1907–39«, in: *Social Studies of Science* 19/3 (1989), S. 387–420. https://doi.org/10.1177/030631289019003001

Star, Susan L./Strauss, Anselm: »Layers of Silence, Arenas of Voice: The Ecology of Visible and Invisible Work«, in: *Computer Supported Cooperative Work* 8/1-2 (1999), S. 9–30. https://doi.org/10.1023/A:1008651105359

Thielmann, Tristan/Schüttpelz, Erhard (Hg.): *Akteur-Medien-Theorie,* Bielefeld: transcript 2013.

Trompette, Pascale/Vinck, Dominique: »Revisiting the notion of the Bounday Object«, in: *Revue d'anthropologie des connaissances* 3/1 (2009), S. 3–25. https://doi.org/10.3917/rac.009.0011

Trompette, Pascale/Vinck, Dominique: »Back to the Notion of Boundary Object (2). The Notion's Richness in the Ecological Analysis of Innovative Objects«, in: *Revue d'anthropologie des connaissances* 4/1 (2010), S. i-m. https://doi.org/10.1093/mind/lix.236.433

Turing, Alan M.: »Computing Machinery and Intelligence«, in: *Mind* 59/236 (1950), S. 433–460. https://doi.org/10.1093/mind/LIX.236.433

Winnicott, Donald Woods: »Transitional Objects and Transitional Phenomena – A Study of the First Not-Me Possession«, in: *International Journal of Psycho-Analysis* 34 (1953), S. 89–97 (deutsch: »Übergangsobjekte und Übergangsphänomene. Eine Studie über den ersten, nicht zum Selbst gehörenden Besitz«, in: *Psyche* 9/23 (1969), S. 666–682).

Die Struktur schlecht strukturierter Lösungen

Grenzobjekte und heterogenes verteiltes Problemlösen[1] (1988/89)

Susan Leigh Star

Die Entwicklung Verteilter Künstlicher Intelligenz sollte eher auf einer sozialen als auf einer psychologischen Metapher beruhen. Der Turing-Test sollte durch einen Durkheim-Test ersetzt werden, das heißt: Systeme sollten auf ihre Fähigkeit hin getestet werden, auf gemeinschaftliche Ziele einzugehen. Das Verstehen gemeinschaftlicher Ziele *(community goals)* kann durch die Analyse von Problemen eines angemessenen Prozesses *(due process)* in offenen Systemen gelingen. Ein angemessener Prozess liegt dann vor, wenn voneinander abweichende Standpunkte bei der Entscheidungsfindung auf eine faire und flexible Weise einbezogen werden. Diese Aufgabe entspricht dem Rahmungsproblem *(frame problem)* im Bereich der Künstlichen Intelligenz. Im Folgenden wird das Konzept der ›Grenzobjekte‹ aus Analysen organisierter Problemlösung in wissenschaftlichen Gemeinschaften entwickelt. Dieses Konzept bietet eine adäquate Datenstruktur für Verteilte[2] Künstliche Intelligenz. Grenzobjekte sind all diejenigen Objekte, die plastisch genug sind, um an verschiedenste Standpunkte anpassbar zu sein, die aber zugleich ihre Identität durchgehend wahren. Es gibt vier Typen von Grenzobjekten: Repositorien, Idealtypen, Gebiete mit sich überlagernden Grenzen *(coincident boundaries)* und Formulare.

---

1 | Anm. d. Übers.: Cornelius Schubert hat mich darauf hingewiesen, dass es sich beim Titel »The Structure of Ill-Structured Solutions« um eine ironisch erwidernde Anspielung auf Herbert Simons »The Structure of Ill Structured Problems« handelt. Bei der Übersetzung des vorliegenden Textes waren in fachlich beratender Funktion Sebastian Gießmann und Nadine Taha beteiligt. Ich bedanke mich für ihre sehr hilfreichen Hinweise.

2 | Anm. d. Übers.: Distributed wird zum Teil auch als dezentralisiert übersetzt, siehe: A. Shapiro: *Die Software der Zukunft*, S. 54: »dezentralisiertes Rechnen (distributed computing)«. Übersetzung M. R. Marburger.

Überlebensgross und doppelt natürlich[3]

Seit langer Zeit hat sich die Künstliche-Intelligenz-Forschung (KI) in mehrfacher Weise auf Natur- und Gesellschaftsmetaphern verlassen – sei es als Inspirationsquelle für das Design oder bei Versuchen, ein Modell natürlicher Informationsverarbeitung zu erstellen. Warum?

Die Gründe fallen annäherungsweise in zwei Kategorien: erstens Bemühungen um Intelligenz, und zweitens um Verständlichkeit *(intelligibility)*. Die *Bemühungen um Intelligenz* setzten als Langzeitziel die Erschaffung eines menschlichen oder biologischen Simulakrums – wie auch immer dieses zu definieren ist – etwas, das den Turing-Test bestehen würde. Metaphern haben seit langem dazu gedient, den enormen Abstand zwischen den derzeitigen Fähigkeiten der Maschinen und dem Stand der Forschung in der Informatik, sowie der Komplexität und Ausgereiftheit von natürlichen Systemen der Informationsverarbeitung zu überbrücken. Innerhalb der *Bemühungen um Verständlichkeit* setzte man als Langzeitziel die Herstellung von etwas, das benutzbar und für menschliche Intelligenz verständlich ist. Die dazu verwendeten Metaphern verweisen auf die Eingebettetheit von Systemen, die Nutzerfreundlichkeit, die Situiertheit von Handlungen usw.

Bei der metaphorischen Rede von natürlicher Informationsverarbeitung werden einige wichtige Überlegungen implizit. Das schließt ausdrücklich das Verständnis der Beziehung zwischen der Originalquelle der Metaphern und dem finalen Artefakt ein. Einige der Methodendebatten innerhalb der Künstlichen Intelligenz spiegeln eine tiefe Verunsicherung über den Status von natürlichen Metaphern wider. Würde ein komplett formalisiertes System diese überhaupt zulassen? Wenn man einem formalen System verpflichtet ist, worin ist dann die Treue zur Natur begründet? Oder teilen die natürlichen und künstlichen Systeme etwa die formalen Eigenschaften, die es noch zu entdecken gilt?[4] Vielen dieser Fragen wird in der Forschung zur Verteilten Künstlichen Intelligenz nachgegangen. Dies ist einmal dadurch zu begründen, dass das ursprüngliche Ziel Turings im Fall verteilter Arbeit nicht erreicht werden konnte. Zweitens erscheint das Soziale – nicht das Psychologische oder Biologische – vielen Forschenden in diesem Feld als wichtige Metapher und als Teil des Systems.

Vom Turing-Test zum Durkheim-Test

Der ursprüngliche Turing-Test[5] beinhaltete einen Computer, der in der Lage war, eine Frau so gut nachzuahmen, dass ein menschlicher Beobachter nicht zwischen menschlichem Mann und einem »weiblichem« Computer unterscheiden konnte. Der Test beruhte auf dem Modell eines geschlossenen Universums und

3 | Anm. d. Hg.: Im Original lautet die Überschrift: »Larger than Life and Twice as Natural« und spielt auf das Album *Large as Life and Twice as Natural* von Davy Graham (Decca, 1968) an.

4 | R. P. Hall/D. F. Kibler: »Differing Methodological Perspectives in Artificial Intelligence Research« diskutieren diese Fragen.

5 | A. Turing: »Computing Machinery and Intelligence«.

verwendete »digitale Computer mit diskreten Zuständen« *(discrete state digital computers)*:[6]

»Die von uns hier betrachtete Vorhersage ist jedoch praktikabler als die von Laplace erwogene. Das System des ›Universums als ganzem‹ ist so beschaffen, daß minimale Fehler in den Anfangsbedingungen zu einem späteren Zeitpunkt einen überwältigenden Einfluß haben können. [...] Selbst wenn wir die tatsächlichen, physikalischen Maschinen anstelle der idealisierten Maschinen betrachten, ergibt sich aus einer verhältnismäßig genauen Kenntnis des jeweiligen Zustandes eine verhältnismäßig genaue Kenntnis aller späteren Schritte. [...] Vorausgesetzt, daß sie hinreichend schnell ausgeführt werden könnte, wäre der Digitalrechner in der Lage, das Verhalten jeder diskreten Maschine nachzuahmen. Das Imitationsspiel ließe sich dann mit der betreffenden Maschine (als B) und dem sie nachahmenden Digitalrechner (als A) spielen, und der Fragesteller wäre außerstande, sie zu unterscheiden. Natürlich muß der Digitalrechner eine ausreichende Speicherkapazität haben und auch schnell genug arbeiten. Darüber hinaus muß er für jede Maschine, die er nachahmen soll, neu programmiert werden. Diese spezielle Eigenschaft von Digitalrechnern, daß sie jede beliebige diskrete Maschine nachahmen können, beschreibt man dadurch, daß man sagt, sie seien *universale* Maschinen.«[7]

Später wiederholt Turing in seinem Artikel, dass diese Computer mit jedweder neuen Situation umgehen können, so lange sie genug Speicherkapazität haben.

Turings Modell ist allerdings mehr als nur eine kuriose, veraltete Vision dessen, was Computer leisten können. Indem man zur Originalquelle zurück geht, werden einige grundlegende Werte (und Wertkonflikte) im Feld der Künstlichen Intelligenz offenbar, mitsamt einiger Gründe für die metaphernbezogene Ambivalenz und Verwirrung. Turings Test-Welt ist eine geschlossene. Jedoch weist sie auch folgende Eigenschaften auf, die zwischen den Vertretern der Verteilten Künstlichen Intelligenz aktuell heiß umstritten sind:

- Die Tests werden von Individuen durchgeführt, nicht von Gemeinschaften. Es gibt bei den Experimentatoren keinen Zweifel darüber, was ein valides Resultat erzeugt (in diesem Falle stereotypisiertes weibliches Benehmen).
- Computer sind universell, weil sie programmierbar sind. Sobald eine Situation formell analysiert werden kann, wird sie dem Verständnis durch diese Universalsprache zugänglich.
- Die einzige Beschränkung der Intelligenz liegt in fehlendem Speicherplatz (oder fehlender Verarbeitungskapazität).

Kritik an diesen Aussagen kommt seit einiger Zeit aus der Verteilten Künstlichen Intelligenz. Zum Beispiel setzt Hewitts »Open Systems Model« voraus, dass alle nichttrivialen realweltlichen Systeme offen sind. Sie beinhalten Eigenschaften der

6 | Es gibt zahlreiche Beschreibungen von Versuchen, solche Modelle zu benutzen; siehe z. B. A. Ericsson/H. A. Simon: »Sources of Evidence on Cognition« für eine Diskussion der Quellennachweise zu Kognition.

7 | A. Turing: »Rechenmaschinen und Intelligenz«, S. 157 ff. Übersetzung P. Gänssler/B. Dotzler.

Realwelt: asynchrone Aktualisierungen, Beziehungen auf Distanz zwischen den Komponenten, Aushandlungen und kontinuierliche Weiterentwicklung – verteilte Informationsverarbeitung eingeschlossen.[8] Diese Systeme sind im mehrfachen Sinne offen: Es gibt keine globale zeitliche und räumliche Schließung und auch keine zentrale Autorität. Dementsprechend stellen strenge Apriori-Protokolle, die Daten und Entscheidungsprozesse homogenisieren, diese Offenheit in Frage und begrenzen die Problemlösungskapazität des Systems in der Realwelt. Flexibilität und Evolution sind die zentralen Anliegen.

Keine noch so gesteigerte Speicherkapazität kann die von offenen Systemen aufgeworfenen Probleme lösen. Die Struktur des ursprünglichen Turing-Tests – die sich allein auf ein festgelegtes Repertoire von Regeln verließ, um eine Bandbreite an Verhaltensweisen zu imitieren –, kann sich nicht auf diesen Typ von verteiltem System einstellen. Die Gründe sind dieselben wie die für Hewitts ursprüngliche Kritik: Der Turing-Test konnte keine widersprüchlichen Standpunkte innerhalb des Systems analysieren. Die grundsätzlich offene Beschaffenheit realweltlicher Systeme erzeugt unvermeidlich solche Konflikte.

Das konzeptuelle Ringen innerhalb der Verteilten Künstlichen Intelligenz widmete sich den Spannungen, die mit der Idee einer universellen formalen Sprache einhergehen, und der Inkonsistenz, die sich aus der verteilten offenen Beschaffenheit des Systems selbst ergibt. Edmund Durfee und Victor Lesser schlugen z. B. globale Teilpläne vor, die Ergebnisse distribuierter Netzwerkknoten eines Systems dynamisch modulieren und einbeziehen, wobei die Offenheit des Systems gewahrt wird, aber über Netzwerkknoten hinweg Kohärenz erzeugt werden kann.[9] Stephanie Cammarata, David McArthur und Randall Steeb konstatieren:

»Eine Hauptherausforderung für verteiltes Problemlösen ist, dass die von verteilten Agenten entwickelten Lösungen nicht nur lokal akzeptabel sein müssen, was die Erfüllung der vorgesehenen Arbeitsschritte betrifft. Sie müssen auch korrekt mit den Aktivitäten anderer Agenten verknüpft werden, die gerade davon abhängige Aufgaben lösen. Die Lösungen müssen nicht nur in Bezug auf die lokale Aufgabe vernünftig sein, sie müssen auch *global kohärent* sein und diese globale Kohärenz muss von *lokalen Rechenaktivitäten allein* erreicht werden.«[10]

Als Antwort auf diese Herausforderung haben sich die Metaphern in diesem Arbeitsgebiet vom einzelnen Menschen oder der Humanpsychologie[11] zu Organisationen, Interaktionen, Aushandlungen, Blackboards, Netzwerken und Gemeinschaften

8 | C. Hewitt/P. De Jong: »Analyzing the Roles of Descriptions and Actions in Open Systems«; C. Hewitt: »Offices Are Open Systems«.

9 | E. H. Durfee/V. R. Lesser: »Using Partial Global Plans to Coordinate Distributed Problem Solvers«.

10 | S. Cammarata/D. McArthur/R. Steeb: »Strategies of Cooperation in Distributed Problem Solving«. Anm. d. Hg.: Star führt in diesem Text keine Seitenzahlen bei direkten Zitaten auf. Wir haben dies beibehalten.

11 | Ich beziehe Netzwerkkonzeptionen von Kognition mit ein; ich bin der Auffassung, dass sich die Metaphern von individualistischen Black-Box-Modellen einzelner Akteure wegbewegt haben.

verschoben. Mark Fox untersucht z. B. den möglichen »Technologietransfer« zwischen menschlichen Organisationen und Systemen Künstlicher Intelligenz.[12] Les Gasser ruft zu einer Kooperation zwischen Verteilter Künstlicher Intelligenz und anderen Forschungsbereichen auf, die sich mit koordinierten Handlungen und verteiltem Problemlösen befassen.[13] Ich schlage vor, dass dieser Wechsel der Metaphernbasis mittels Ersetzens des Turings-Tests durch einen Durkheim-Test vollzogen wird, der den Anforderungen verteilter offener Systeme adäquat ist.

Émile Durkheim (1858–1917) war ein französischer Soziologe, der die irreduzible Natur von »sozialen Tatsachen« zu demonstrieren versuchte. Voneinander abweichende Selbstmordraten an unterschiedlichen Orten sind z. B. nicht zu verstehen, wenn man schlicht behauptet, jeder Fall sei pathologisch; etwas geschah auf der »Systemebene«, das sich nicht mit Begriffen einer niedrigeren Ebenen erklären ließ.

Soziale Tatsachen, so Durkheim, sind daher sui generis (oder irreduzibel). Er stellte folgendes Gesetz auf: »Der ausschlaggebende Fall einer sozialen Tatsache sollte unter den sozialen Tatsachen gesucht werden, die ihm vorausgegangen sind und nicht unter den individuellen Bewusstseinszuständen.« In einem Nachtrag ergänzte er: »Die Funktion einer sozialen Tatsache sollte immer in ihrem Bezug auf einen sozialen Nutzen gesucht werden.«[14]

Notwendigerweise ist der Intelligenztest eines verteilten offenen Systems ökologisch. Das bedeutet, dass er sui generis auf der soziotechnischen Systemebene *(social/system level)* stattfindet und alle Teile des Systems einbezieht. Nur einen Netzwerkknoten zu testen, wird keine verlässlichen Ergebnisse bringen. Das ganze offene System zu testen, ist nie möglich.[15] Randall Davis und Reed Smith formulieren es so: »Wenn die Kontrolle dezentralisiert ist, hat kein einziger Netzwerkknoten einen globalen Überblick über alle Aktivitäten im System; jeder Netzwerkknoten hat eine lokale Perspektive, die nur Informationen über eine Untergruppe von Aufgaben enthält.«[16] Bereits die Konzeption eines Tests muss sich ändern, um mit solchen Systemen umgehen zu können. Mit Durkheim können wir sagen, dass er gemeinschaftlich, irreduzibel, verteilt und dynamisch sein muss. Es ist wichtig hervorzuheben, dass der Test nicht erst nach der Fertigstellung eines Designs angewendet werden darf. Um die Akzeptanz und den Gebrauch einer Maschine durch eine Gemeinschaft zu verstehen, muss diese Gemeinschaft während des Designs aktiv beteiligt sein.

Der Durkheim-Test entspricht demnach dem Design, der Akzeptanz, dem Gebrauch und der Modifikation eines Systems durch eine Gemeinschaft in Echtzeit. Seine Intelligenz bestünde im direkten Maß seiner Nützlichkeit bei der Anwendung auf die gemeinschaftliche Arbeit; sowie in seiner Fähigkeit, sich zu verändern und multiple Standpunkte einzubeziehen. Zugleich verstärkt er die Kommunikation über verschiedene Perspektiven und Teile einer Organisation hin-

---

12 | M. S. Fox: »An Organizational View of Distributed Systems«, S. 70-80.

13 | L. Gasser: »Distribution and Coordination of Tasks Among Intelligent Agents«.

14 | É. Durkheim: *The Rules of Sociological Method.*

15 | Siehe z. B. V. R. Lesser/D. D. Corkill: »Functionally Accurate, Cooperative Distributed Systems«.

16 | R. Davis/R. G. Smith: »Negotiation as a Metaphor for Distributed Problem Solving«.

weg. Ein solcher Test verändert auch die Stellung der Metaphern bei Design- und Gebrauchsfragen. In solch einem offenen, entstehenden System verschwimmen notwendigerweise Design und Nutzung, die Grenzen zwischen Technologie und Nutzer sowie zwischen Labor- und Arbeitsstätte. Genauso wenig kann die Arbeitsorganisation erst nach dem Designprozess hinzugefügt werden.[17] Ernest Chang entwickelt ein Modell hiervon, das er »teilnehmendes System« *(participant system)* nennt.[18] Die sozialen Metaphern können Inspirationsquellen oder Leitlinien für Mensch-Computer-Schnittstellen *(human-computer interfaces)* bleiben. Wenn wir jedoch die Prinzipien offener Systeme konsequent auf das Design anwenden und bei jedem Arbeitsschritt verschiedenen Auffassungen und Evaluationskriterien Rechnung tragen, werden soziale Systeme kontinuierlich einbezogen.

Die Aussichtslosigkeit des Turing-Tests liegt nicht am Mangel an Speicherkapazität oder Rechenleistung, sondern sie resultiert aus einem fundamentalen Missverständnis. Dieses betrifft die geschlossene, zentralisierte und nicht-soziale Natur des Verhältnisses von Computer und Gesellschaft. Wenn man dieses Missverständnis durch ein offenes System mit einem ökologischen und politischen Modell von Organisationen, Arbeitsstätten und Situationen ersetzt (welches sowohl Maschinen und menschliche Organisation einbezieht), dann wird der Turing-Test durch verschiedene Formen der Bewertung ersetzt.[19]

Angemessener Prozess, das Rahmungsproblem und wissenschaftliche Gemeinschaften

Wie bereits bemerkt, lässt die verteilte und offene Beschaffenheit realer Systeme unterschiedliche Ansichten innerhalb eines Systems aufkommen. Eine Ansicht in diesem Sinne kann auf jeder Ebene der Organisationsskala zustande kommen, von der Hardware bis zur menschlichen Organisation. Sie kann sich z. B. aus asynchronen Aktualisierungen einer Wissensgrundlage ergeben. Ausgehend von den Unterschieden der jeweiligen Wissensgrundlage kann diese zu diversen Arten der Informationsverarbeitung an verschiedenen Netzwerkknoten führen. Auf höheren Ebenen können sich Strukturunterschiede zwischen den durchgeführten Aufgaben, verschiedenen Verpflichtungen oder unterschiedlichen Lang- oder Kurzzeitzielen bilden.

Die gleichzeitige Existenz multipler Ansichten und der Bedarf an Lösungen, die über verschiedene divergierende Perspektiven hinweg kohärent bleiben, stellt eine zentrale Motivation der Verteilten Künstlichen Intelligenz dar. Carl Hewitt und Elihu Gerson haben diese Herausforderung als drängendes Problem des »angemessenen Prozesses« *(due process)* diskutiert: eine juristische Formulierung, die sich auf Beweiserhebung und faire Gerichtsprozeduren bezieht.[20] Das Problem an-

17 | R. Kling/W. Scacchi: »The Web of Computing: Computer Technology as Social Organization«.

18 | E. Chang: »Participant Systems«.

19 | Für eine Diskussion aus soziologischer wie auch aus informatischer Perspektive, siehe S. Bendifallah et al.: »The Unnamable«.

20 | C. Hewitt: »Offices Are Open Systems«; E. M. Gerson: *Audiences and Allies*.

gemessener Prozesse in einem Computer und menschlichen Organisationen ist das Folgende: Wenn man Beweise aus verschiedenen Perspektiven (oder an heterogenen Netzwerkknoten) erhebt und kombiniert, wie entscheidet man dann, dass eine ausreichende, verlässliche und angemessene Anzahl an Beweisen gesammelt worden ist? Wer oder was übernimmt die Abstimmung auf Basis welchen Regelwerkes?

Randall Davis bemerkt, dass Kooperation notwendig ist, um mit dieser Art von Problemen umzugehen.[21] Aber viele Forschende, die von Versuchen zur Synthetisierung vernetzter Rechner zu verteilter Datenverarbeitung übergegangen sind, verstehen wie Davis Kooperation als eine Art Kompromiss »zwischen sich potenziell widersprechenden Ansichten und Bedürfnissen auf der Ebene des Systemdesigns und der Konfiguration«. Die zwei Motivationen, die er für Kooperation vorschlägt, sind die Unlösbarkeit an einem einzelnen Netzwerkknoten und das Zusammenziehen der Kräfte zur Erhöhung der Kompatibilität.

Die sich aus dieser Motivation scheinbar ergebende Interdependenz müsste einem Pluralismus der Ansichten entgegenwirken. Wie können zwei Entitäten, etwa Objekte oder Netzwerkknoten, mit zwei unterschiedlichen und unvereinbaren Epistemologien kooperieren? Wenn für Kooperation gegenseitiges Verständnis notwendig ist – wie in der Literatur zu Künstlicher Intelligenz allgemein angenommen wird –, was zeichnet dann die Beschaffenheit eines Verständnisses aus, das über Meinungsunterschiede hinweg kooperativ funktioniert?

Es gibt eine fundamentale Ähnlichkeit zwischen diesen Fragen der Kooperation, d.h. zwischen dem Problem eines angemessenen Prozesses und dem Rahmungsproblem in der Künstlichen Intelligenz. Das Rahmungsproblem kommt, wie Patrick Hayes bemerkt, dann auf »wenn man über eine sich wandelnde, dynamische Welt nachdenkt, eine, in der es Handlungen und Ereignisse gibt [...] es wird nur dann ärgerlich, wenn man versucht, eine Welt von der Art zu beschreiben, die Menschen, Tiere und Roboter bewohnen.«[22] Es ist weniger ein Problem der Berechenbarkeit als vielmehr eines der Repräsentation; es entsteht dann, wenn es zu einem räumlichen oder zeitlichen Wandel kommt. Räumlicher oder zeitlicher Wandel sind in dieser Beziehung bedeutsam – wegen der epistemologischen Inkompatibilitäten, die ein solcher Wandel mit sich bringen kann. Wenn ein Akteur sich durch Raum und Zeit bewegt, tauchen neue Informationen und neue axiomatische Anforderungen auf oder sie verschwinden, abhängig vom Standpunkt. Daraufhin verschieben sich die Rahmenannahmen. Welche Axiome beibehalten oder geändert werden sollen, ist Kern des Rahmungsproblems[23] – abhängig davon, welche Dinge als selbstverständlich angesehen werden können oder nicht.

Die Probleme eines angemessenen Prozesses sowie der Rahmung sind, vom Standpunkt offener Systeme her gesehen, jeweils Figur und Grund füreinander. Im Problem eines angemessenen Prozesses bilden sich Ansichten heraus und wandeln sich mit neuer Information sowie mit neuen situativen Einschränkungen. Das Konzept des angemessenen Prozesses bedeutet, potenziell inkompatible Ansichten im Entscheidungsprozess zu bewerten und zu synthetisieren, d.h. Beweise zu erbringen. Das Problem entsteht, wenn auf verschiedene Beweisgrundlagen zurück-

21 | R. Davis: »Report on the Workshop on Distributed Artificial Intelligence«.

22 | P.J. Hayes: »What the Frame Problem Is and Isn't«.

23 | Z.W. Pylyshyn: *The Robot's Dilemma*.

gegriffen wird. Es sind Unterschiede hinsichtlich Situation und Ansicht, die zu epistemologischer Inkompatibilität führen. In offenen Systemen bedeutet das Fehlen eines souveränen Schiedsrichters *(arbiter)*, dass Fragen eines angemessenen Prozesses durch Aushandlung, Regeln und Prozeduren, Präzedenzfälle etc. gelöst werden müssen.[24]

Das Rahmungsproblem kam im Kontext sich bewegender Akteure auf. Sie nahmen Information auf eine Weise auf, die die Stabilität axiomatischer Strukturen gefährdete. Ein Roboter, der sich durch einen neuartigen offenen Raum bewegt, muss einen robusten Weg für den Umgang mit dieser Neuheit finden. Dabei sollte er kaum neue Axiome hinzufügen müssen, um nicht in einer »kombinatorischen Implosion« *(combinatorial implosion)* stecken zu bleiben. Aber das Problem ist nicht wirklich eines des Bewegens *durch* neutrales Territorium: Tatsächlich ist es ein interaktionales Problem. *Umwelt* bedeutet in Wirklichkeit eine Serie von Interaktionen mit anderen Objekten: Akteuren, Ereignissen und neuen Arten geordneter Handlungen. Mit anderen Worten ist der sich bewegende Roboter gezwungen, eine Serie von Interaktionen zu bewerten, indem er aus den sich herausbildenden potenziell inkompatiblen Ansichten anderer Akteure außerhalb seiner ursprünglich geschlossenen Welt einzelne auswählt.

Fälschlicherweise ist die Abstimmung zwischen multiplen Ansichten im Rahmungsproblem als Problem eines Einzelakteurs charakterisiert worden. Eigentlich kann man das Rahmungsproblem zeitlich sehen und – wenn man den tatsächlichen Inhalt der sich wandelnden Umwelten berücksichtigt – als eine Abstimmung von alter und neuer Erfahrung beim selben Akteur. Diese vollzieht sich in einer Serie von Handlungen im offenen, verteilten Raum.[25] Der Inhalt dieser Erfahrung ist interaktional, weil Umwelten aus einer Reihe neuer Akteure und Ereignisse bestehen. Eine Lösung des Rahmungsproblems beinhaltet die Entscheidung, welcher Beweis für welche Umstände wichtig ist und welcher als selbstverständlich angesehen werden kann. Die kontinuierlichen Handlungen eines Roboters beruhen auf Metaregeln, die strukturell mit dem Problem eines angemessenen Prozesses identisch sind: Welche Daten werden von welchem Standpunkt aus gebraucht? Was wird behalten und was verworfen (daher auch die vielen Diskussionen um Relevanz und Schwerfälligkeit in der Literatur zum Rahmungsproblem)? Wie kann man zu einer Entscheidung gelangen, die beides verkörpert: Neuartigkeit und ausreichende Abgeschlossenheit, um Handlung zu ermöglichen?

Menschliche Akteure lösen sowohl das Rahmungsproblem als auch das Problem eines angemessenen Prozesses routiniert. Sie tun dies auf vielfältigen Wegen und auf variabel demokratische Weise, wie in beiden Literaturen bemerkt wird – der sozialwissenschaftlichen und derjenigen zum Rahmungsproblem. Im verbleibenden Teil dieses Aufsatzes stelle ich Strategien zweier wissenschaftlicher Gemeinschaften vor, die ich detailliert untersucht habe.

---

24 | Siehe C. Hewitt: »Organizational Knowledge Processing«.

25 | Soziologen diskutieren dies als das Problem der Kontinuität von Identitäten, siehe A. Strauss: *Mirrors and Masks*. Das Problem der (Massen-)Trägheit *(inertia)* ist der Track-Record-Heuristik strukturell ähnlich, die Hewitt in seiner Untersuchung offener Systeme behandelt, siehe C. Hewitt: »Offices Are Open Systems«.

Diese Studien begannen als eine Erkundung der Metapher ›wissenschaftliche Gemeinschaft‹ in einer langfristigen Zusammenarbeit mit Carl Hewitt. Wir haben Probleme *(issues)* analysiert, die im Kontext der Künstlichen Intelligenz aufkamen und beobachteten, wie menschliche Gemeinschaften sie lösen. Diese Probleme beinhalteten u. a. das Problem eines angemessenen Prozesses,[26] die Konfliktlösung in einer verteilten Gemeinschaft,[27] die Triangulation von Beweisen aus Bereichen mit inkompatiblen Zielen,[28] die Auflösung lokaler Unsicherheit in globale Sicherheit,[29] lokale Einschränkungen bei der Repräsentation komplexer Information[30] und das Management anormaler Information.[31]

Nach einigen Jahren der Entwicklung des Modells offener Systeme *(open systems model)* und der Entwicklung unserer eigenen sozialwissenschaftlichen Arbeit, scheint sich die »Metaphern-Lücke« zu schließen.[32] Der Status der sozialen bzw. der Gemeinschaftsmetapher hat sich angesichts von in Organisationen eingebetteten Computersystemen verschoben. Die Grenzen des »Computers«, des »Systems« und der »Akteure« werden als größer und breiter wahrgenommen als Turings Modell einer geschlossenen Welt. Da Fortschritte in beiden Bereichen, Künstlicher Intelligenz und Sozialwissenschaft, die Entwicklung neuer *ökologischer Untersuchungseinheiten, Methoden und Begriffe* verlangen, *haben sich beide – Inhalt und Rolle von Metaphern – verlagert.*

Das unten dargestellte Konzept der Grenzobjekte ist zugleich Metapher, Modell und Erfordernis auf der höchsten Abstraktionsebene eines Systems Verteilter Künstlicher Intelligenz.[33] Je ernster man die ökologischen Untersuchungseinheiten in solchen Studien nimmt, desto zentraler wird die menschliche Problemlösungsorganisation für das Design – nicht einfach auf der traditionellen Ebene von Mensch-Maschine-Schnittstellen *(human-computer interface)*, sondern auf der Ebene des Verständnisses der Grenzen und Möglichkeiten einer Form Künstlicher Intelligenz.[34]

26 | E. M. Gerson: »Audiences and Allies«.

27 | S. L. Star: *Regions of the Mind*.

28 | S. L. Star: »Triangulating Clinical and Basic Research«.

29 | S. L. Star: »Scientific Work and Uncertainty«.

30 | S. L. Star: »Simplification in Scientific Work«.

31 | S. L. Star/E. M. Gerson: »The Management and Dynamics of Anomalies in Scientific Work«.

32 | Ein weiterer Faktor könnte zum Schließen dieser Lücke beitragen. Die Metapher als eine Quelle der Inspiration, für Modelle oder Design-Spezifikationen funktioniert in beide Richtungen: Künstliche Intelligenz ist auch eine Metapher für soziologische Forschung. Siehe S. L. Star: *Regions of the Mind* für eine Untersuchung dieses Prozesses.

33 | Anm. d. Hg.: Hierbei geht es um die praktische Dimension abstrakter Modellierung, vergleichbar mit den höheren Programmiersprachen *(high-level programming languages)*, die von den Hardwaredetails des Computers vergleichsweise weit entfernt sind.

34 | S. L. Star: »Human Beings as Material for Artificial Intelligence«.

Die wissenschaftliche Gemeinschaft und offene Systeme

Die wissenschaftliche Gemeinschaft kann, wie William Kornfeld und Carl Hewitt gezeigt haben, als geeignete Metaphernquelle für die Arbeit offener Systeme angesehen werden.[35] Da Realwelt-Informationssysteme verteilt und dezentralisiert sind, entwickeln sie sich kontinuierlich, verkörpern unterschiedliche Ansichten und verfügen über Distanzverhältnisse zwischen Akteuren, die Aushandlungen erfordern.[36] Aufgrund ihres offenen und in Entstehung begriffenen Charakters kann die innere Konsistenz eines solchen Systems nicht gesichert sein. Die Information in einem offenen System ist folglich heterogen, d. h.: Unterschiedliche Schauplätze verfügen über unterschiedliche Wissensquellen, Ansichten und Mittel, um Aufgaben zu lösen, basierend auf lokalen Kontingenzen und Einschränkungen.

Wissenschaftliche Arbeitsplätze sind, wenn man Hewitt folgt, offene Systeme. Neue Information wird kontinuierlich und asynchron zu einer Situation hinzugefügt. Es gibt keine zentrale ›Sendestation‹, die Informationen simultan an Wissenschaftler weitergeben würde. Vielmehr wird Information stückchenweise von Ort zu Ort getragen (wenn überhaupt), mit Verzögerungen von Tagen, Monaten oder sogar Jahren.

Wissenschaftliche Arbeit ist daher verteilte Arbeit. Dass dieselbe Information Teilnehmer zeitnahe erreicht, kann nicht garantiert werden. Dies gilt ebenso für die Art und Weise des Hinarbeitens auf gemeinsame Ziele. Die Definition ihrer jeweiligen Situation ist fließend und unterscheidet sich bezüglich des Ortes deutlich; die Grenzen einer Örtlichkeit oder eines Arbeitsortes sind gleichzeitig permeabel und fließend.[37] Wissenschaftliche Theoriebildung verläuft zutiefst heterogen: Unterschiedliche Ansichten werden ständig ins Feld geführt und miteinander in Übereinstimmung gebracht.

Wissenschaftler schaffen es unter beinahe chaotischen Umständen, robuste Befunde zu erzielen. Sie sind in der Lage, reibungslos funktionierende Prozeduren und Beschreibungen der Natur zu erzeugen, die in verschiedenen Situationen gut genug bestehen. Diese Fähigkeit war das, was Hewitt und Kornfeld ursprünglich fasziniert hatte. Wie erreicht man Robustheit der Ergebnisse (und des Entscheidens) angesichts des Fehlens einer zentralen Autorität oder eines standardisierten Protokolls? Die Antwort der wissenschaftlichen Gemeinschaft ist komplex und hat zwei Aspekte: Sie erschafft Objekte, die durch den Verlauf einer kollektiven Folge von Handlungen hindurch sowohl plastisch als auch kohärent bleiben.

Jeder wissenschaftliche Arbeitsplatz kann insofern auf zwei Arten beschrieben werden: einerseits durch die Serie von Handlungen, die mit den Herausforderungen lokaler Kontingenzen umgehen, andererseits anhand der Serie von Handlungen, die die Kontinuität der Information trotz lokaler Kontingenzen bewahrt (angemessener Prozess und Rahmungsproblem zugleich). Um das zu verstehen, ist ein anderer Zugang zu wissenschaftlichen Theorien erforderlich als derjenige, der traditionell von Philosophen eröffnet wird. Wissenschaftliche Wahrheit, *wie sie in Wirklichkeit erzeugt wird*, ist keine Punkt-für-Punkt logische Schöpfung.

35 | W. A. Kornfeld/C. Hewitt: »The Scientific Community Metaphor«.

36 | Anm. d. Übers.: Im Original heißt es »arms' length relationships«, was auch ein ›auf Abstand halten‹ implizieren kann.

37 | B. Latour: *Science in Action*.

Vielmehr ist, mit den Worten des Ökologen Richard Levins »unsere Wahrheit [...] die Kreuzung voneinander unabhängiger Lügen«[38]. Jeder Akteur, Schauplatz oder Knotenpunkt einer wissenschaftlichen Gemeinschaft hat eine Ansicht – eine Teilwahrheit, die aus Überzeugungen, lokalen Praktiken, lokalen Einschränkungen und Ressourcen besteht, von denen keine über alle Schauplätze hinweg gänzlich verifizierbar ist. *Die Aggregation dieser Ansichten ist die Quelle wissenschaftlicher Robustheit.*

Heterogenes Problemlösen und Grenzobjekte

Angesichts der Heterogenität, die von lokalen Einschränkungen und divergierenden Ansichten hervorgebracht wird, stellt sich die Frage: Wie bringen Gemeinschaften von Wissenschaftlern Beweise aus unterschiedlichen Quellen in Übereinstimmung? Dies ist ein altes Problem der Sozialwissenschaft. Man kann sagen, es spiegelt das Kernproblem der Soziologie wider. Die Beschreibung der Interaktion zwischen Teilnehmern aus Gruppen (oder Welten) mit sehr unterschiedlichen »Definitionen ihrer Situation« war ein Hauptanliegen der frühen Soziologen, wie z. B. Robert Park oder Georg Simmel. Dieses Anliegen führte zu einer Reihe von Forschungen über Ethnien, Arbeitsgruppen und Subkulturen – Fallstudien, die jetzt lose unter der Rubrik einer »Chicagoer Schule der Soziologie« gruppiert werden. Everett Hughes, ein wichtiges Mitglied dieser Gruppe, plädierte für einen ökologischen Ansatz, der die Partizipation heterogener Gruppen im Bereich eines Arbeitsplatzes, einer Nachbarschaft oder Region verständlich macht. Damit seien die unterschiedlichen Perspektiven der Teilnehmenden nur aus sich selbst heraus und als situierte Handlung zu verstehen, und nicht einfach als eine Häufung individueller Umstände.

Wissenschaftler kooperieren, ohne über gute Modelle der Arbeit der jeweils anderen zu verfügen. Sie arbeiten erfolgreich zusammen, während verschiedene Untersuchungseinheiten, Methoden, Daten aggregiert und unterschiedliche Abstraktionsgrade bei diesen Daten angewendet werden. Sie kooperieren, während sie unterschiedliche Ziele erfüllen, Zeithorizonte haben und Öffentlichkeiten zufriedenstellen müssen.

Wissenschaftlerinnen kreieren dazu Objekte, die ziemlich genau dieselbe Funktion haben wie ein Blackboard in einem System Verteilter Künstlicher Intelligenz. Ich nenne diese *Grenzobjekte* – sie sind eine wichtige Methode, um heterogene Probleme zu lösen. Grenzobjekte sind Objekte, die sowohl plastisch genug sind, um sich lokalen Anforderungen und Einschränkungen von mehreren Parteien anzupassen und zugleich robust genug sind, um eine gemeinsame Identität über Ortswechsel hinweg aufrechtzuerhalten. Sie sind im gemeinsamen Gebrauch schwach strukturiert[39] und werden beim ortsspezifischen Gebrauch stark strukturiert.

Wie das Blackboard befindet sich ein Grenzobjekt »in der Mitte« einer Gruppe von Akteuren mit divergierenden Ansichten. Entscheidend jedoch ist, *dass es verschiedene Typen von Grenzobjekten gibt, die von den Charakteristika der zu ihrer Herstellung*

38 | W. C. Wimsatt: »Reductionist Research Strategies and Their Biases in the Units of Selection Controversy«.

39 | Anm. d. Übers.: Im Original heißt es »common use« was auch ›üblicher Gebrauch‹ heißen kann.

versammelten Information abhängig sind. Die Kombination von verschiedenen Zeithorizonten erzeugt eine Art von Grenzobjekt; vereint man konkrete und abstrakte Repräsentationen derselben Daten, erzeugt dies eine weitere. Folglich wird in diesem Beitrag nicht nur ein Blackboard, sondern ein System aus Blackboards aufgezeigt, das gemäß den dynamischen Anforderungen einer Gemeinschaft an offene Systeme strukturiert ist und dabei sowohl Maschinen als auch Menschen einbezieht.

Grenzobjekttypen

Bei meinen Untersuchungen wissenschaftlicher Praxis identifizierte ich heterogene Untergruppen am wissenschaftlichen Arbeitsplatz. Die hier vorgestellte Analyse von Grenzobjekten beruht auf zwei Fallstudien, die radikal verschiedene Ansichten bei der Durchführung der Arbeit verkörperten. Zuerst führte ich eine Studie über eine Gemeinschaft englischer Neurophysiologen am Ende des 19. Jahrhunderts durch. Diese Gruppe schloss sowohl klinische und Grundlagenforscher als auch Krankenhausverwalter, Aufseher, Versuchstiere, Journalisten und Patienten ein.[40] Als zweites erarbeiteten meine Kollegen und ich eine Studie zu einem zoologischen Museum in Berkeley von 1900 bis 1940.[41] Diese beinhaltete professionelle Biologen, Amateursammler, Universitätsverwalter, Tiere, lokale Fallensteller, Farmer und Naturschützer.

An diesen Studien ist aus Sicht der Verteilten Künstlichen Intelligenz interessant, dass die Struktur und die Eigenschaften der von den unterschiedlichen Teilnehmerinnen eingebrachten Information verteilt und heterogen waren, und dennoch erfolgreich in Übereinstimmung gebracht wurden. Der beschränkte Platz verbietet eine detaillierte Diskussion aller Unterschiede zwischen den Ansichten, aber die zwei hervorstechendsten werden unten zusammengefasst.

Im ersten Fall erhält man beim Vergleich von klinischen und Grundlagenforschungsergebnissen die folgenden Unterschiede: Klinische Forschung operiert in einem wesentlich kürzeren Zeithorizont als Grundlagenforschung. Sie will den Patienten heilen und nicht eine theoretische Generalisierung finden. Für Kliniker ist die Untersuchungseinheit der Fall – eine ereignisbasierte Form der Erklärung –, während es für Grundlagenforscher die analytische Generalisierung von Ereignisklassen ist. In der klinischen Forschung wird die Aufmerksamkeit auf konkrete Ereignisse wie Symptome, Behandlungen und Krankheitsverläufe von Patienten gelenkt. Die Diagnose beruht auf medizinischer Theorie, damit konkrete Beobachtungen dieser Art validierbar sind. In der Grundlagenforschung wird die Aufmerksamkeit auf analytische Generalisierungen gerichtet – wie Verfeinerungen der Theorien von anderen und Aussagen über die Anwendbarkeit eines Experiments auf einen größeren Wissensbestand. Die Arbeit beginnt mit einer experimentellen Situation. Sie ist von dieser herkommend auf einen auswärtigen Wissensbestand ausgerichtet. Schließlich wird die Arbeit des Klinikers durch Unterbrechungen gestört. Mit diesen Nebenwirkungen muss lokal umgegangen werden. Sie werden aus dem Korpus der Beweise ausgeschlossen und schaffen es nie in die Publikation der Fälle. Beim Grundlagen-

40 | S. L. Star: *Regions of the Mind.*

41 | S. L. Star/J. R. Griesemer: »Institutional Ecology, ›Translations‹, and Coherence«; E. M. Gerson: *Audiences and Allies.*

forscher treten Arbeitsunterbrechungen in Form von Anomalien auf, die sich mit dem Korpus an Beweisen erklären lassen müssen, entweder indem bestehende Anomalien dadurch kontrollierbar oder in die Befunde einfügbar werden.

Im zweiten Fall, in der Welt des Museums für Naturgeschichte, ist der Vergleich zwischen Amateuren und professionellen Biologen eine der Primärquellen. Es gibt einige ähnliche Unterschiede wie zwischen Klinikern und Grundlagenforschern. Für den Amateursammler ist die Probe selbst die Untersuchungseinheit – ein toter Vogel oder ein Knochen, der an einem spezifischen Ort gefunden wurde. Sammeln ist, wie auch klinische Arbeit, die Kunst des Umgangs mit Beispielen und lokalen Kontingenzen auf einer Fall-für-Fall-Basis. Andererseits stellen für den professionellen Biologen die von Amateuren gesammelten Proben eine Möglichkeit zur abstrakten Generalisierung von Ökologie, Evolution oder der Verteilung der Arten dar. Das jeweilige Insekt, ob Wanze oder Käfer, ist nicht so wichtig wie das, was es repräsentiert. Darüber hinaus ist die Arbeitsorganisation hochgradig dezentralisiert, sie reicht vom Museum in Berkeley bis hin zu diversen Sammlungsexpeditionen durch den Staat Kalifornien.

Als ich diese Arten von Heterogenität analysierte, fand ich vier Typen von Grenzobjekten, die von den Teilnehmern geschaffen wurden. Das Folgende ist keineswegs eine erschöpfende Liste. Es handelt sich nur um analytische Unterscheidungen in dem Sinne, dass wir es hier wirklich bereits mit *Systemen* von Grenzobjekten zu tun haben, die schon in sich selbst heterogen sind.

Repositorien

Es handelt sich bei Repositorien um geordnete Stapel von Objekten, die auf standardisierte Weise indiziert werden (siehe Abbildung 1). Repositorien werden aufgebaut, um mit den Problemen der Heterogenität umzugehen, die durch Differenzen zwischen den Untersuchungseinheiten der Analyse hervorgerufen werden. Eine Bibliothek oder ein Museum sind Beispiele für Repositorien. Repositorien verfügen über den Vorteil der Modularität.

Abbildung 1: Grenzobjekt – Repositorien

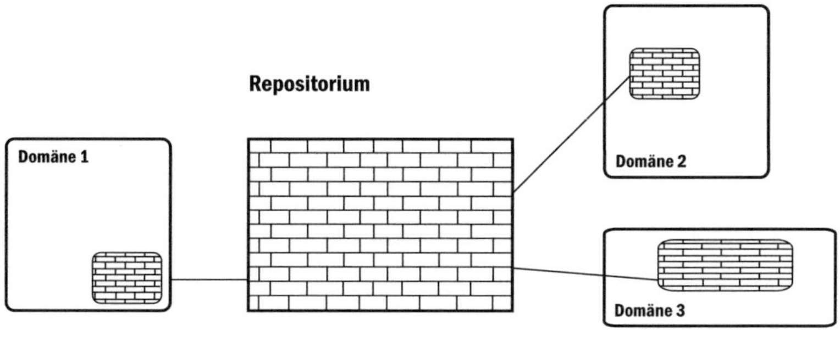

Bedingungen: heterogene Untersuchungseinheiten

Ergebnisse: Repositorien wie Bibliotheken oder Museen

Vorteile: Modularität

Idealtypus oder Platonisches Objekt[42]

Hierbei handelt es sich um ein Objekt wie eine Karte oder einen Atlas, das die Details einer Lokalität nicht gänzlich akkurat beschreibt (siehe Abbildung 2). Es ist von allen Domänen abstrahiert und kann ziemlich vage sein. Es ist an einen lokalen Ort adaptierbar, gerade da es ziemlich vage ist. Es dient als ein Mittel *(means)* symbolischen Kommunizierens und Kooperierens – eine für alle Parteien ausreichende Karte *(road map)*. Beispiele für platonische Objekte sind die frühen Atlanten des Gehirns. Sie beschrieben realiter kein Gehirn, sondern verkörperten klinische und Grundlagenforschungsdaten und dienten so als Kommunikationsmittel über beide Welten hinweg. Platonische Objekte treten mit unterschiedlichen Abstraktionsgraden auf, wie sie z. B. in der Unterscheidung zwischen klinischer und Grundlagenforschung gelten. Sie führen zur Löschung lokaler Kontingenzen aus dem gemeinsamen Objekt und haben den Vorteil der Anpassbarkeit.

Abbildung 2: Grenzobjekt – platonisches Objekt

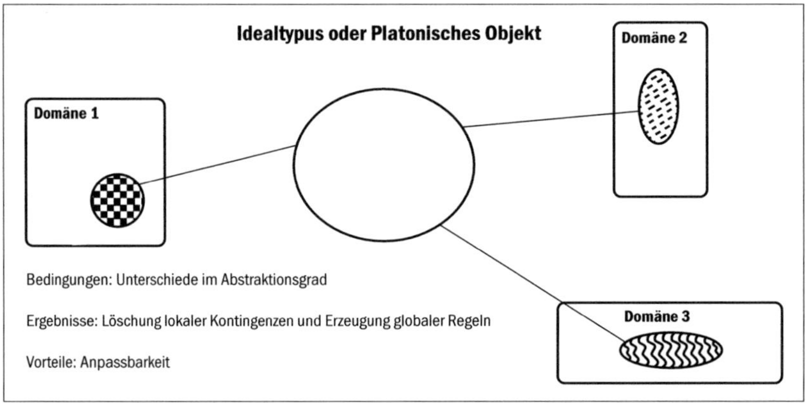

Gebiet mit sich überlagernden Grenzen

Bei diesen handelt es sich um gemeinsame Objekte, die dieselben Grenzen aufweisen, aber unterschiedliche interne Inhalte haben (siehe Abbildung 3).[43] Sie entstehen in Anwesenheit von verschiedenen Mitteln der Datenaggregation. Dies ist der Fall, wenn die Arbeit über einen großräumigen geografischen Bereich verteilt ist. Resultat eines solchen Objektes ist, dass die Arbeit an jedem Ort autonom durchgeführt werden kann, aber die kooperierenden Parteien am selben Gebiet mit demselben Referenten arbeiten können. Der Vorteil besteht im Erreichen unter-

42 | Anm. d. Übers.: »Platonische Objekte« ist zwar in deutschen Platon-Übersetzungen unüblich, da er seine »Platonischen Dinge«/Ideen gerade von den (materiellen) Objekten abgrenzt. Der Begriff »Platonische Körper« (als geometrischer Spezialbegriff) wiederum ist hier nicht gemeint. »Platonische Objekte« erscheint näher am Originalduktus von Star.

43 | Siehe W. C. Wimsatt: »Reductionist Research Strategies and Their Biases in the Units of Selection Controversy« für eine ausführlichere Diskussion dieser Fragen.

schiedlicher Ziele.[44] Ein Beispiel sich überlagernder Grenzen stellt der Einsatz des Staates Kalifornien als Grenzobjekt für Museumsmitarbeiter dar. Die Karten Kaliforniens, die von Amateursammlern und Naturschützern erstellt wurden, ähnelten den uns vertrauten Straßenkarten, auf denen Campingplätze, Pfade und Orte zum Sammeln hervorgehoben sind. Die von professionellen Biologen erstellten Karten teilten denselben Umriss des Staates samt derselben geopolitischen Grenzverläufe. Jedoch waren sie mit einer Reihe hochabstrakter, ökologisch basierter Gebiete markiert, die »Lebensräume« repräsentierten – ein ökologisches Konzept.

Abbildung 3: Grenzobjekt – Gebiet mit sich überlagernden Grenzen

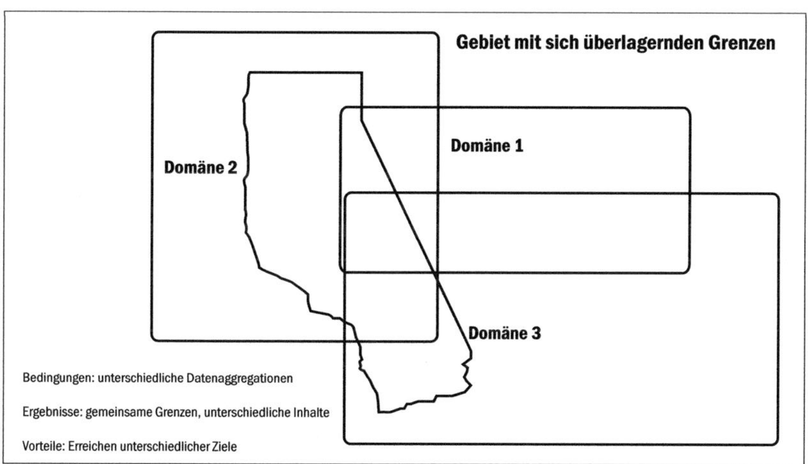

Formulare und Etiketten

Bei diesen handelt es sich um Grenzobjekte, die als Methoden gemeinsamer Kommunikation zwischen verstreuten Arbeitsgruppen entwickelt wurden (siehe Abbildung 4). Sowohl in der Neurophysiologie als auch in der Biologie fand die Arbeit an hochgradig verteilten Orten statt und wurde von einer Reihe verschiedener Personen durchgeführt. Wenn Amateursammler ein Tier erbeuteten, waren sie mit einem standardisierten Formular ausgerüstet. Im Krankenhaus war es ähnlich: Nachtwächter bekamen Formulare ausgehändigt, in denen sie Daten über die epileptischen Anfälle und die entsprechenden Symptome eines Patienten auf standardisierte Weise aufnehmen sollten. Diese Informationen wurden später auf eine größere Datenbasis übertragen, die von klinischen Forschern bei dem Versuch zusammengetragen wurden, Theorien der Funktion des Gehirns und Nervensystems aufzustellen. Die Ergebnisse dieses Grenzobjekttyps sind standardisierte Indizes und das, was Latour »immutable mobiles« nennen würde – Objekte, die über eine weite Distanz transportiert werden können und unveränderliche Information aufweisen. Die Vorzüge solcher Objekte liegen in der Löschung lokaler Unsicherheiten, wie z. B. beim Sammeln von Tieren oder bei der Beobachtung epileptischer Anfälle. Etiketten und Formulare können Teil von Repositorien werden, oder auch nicht.

44 | Anm. d. Übers.: Im Original heißt es »resolution«, dieses Wort bedeutet auch ›Auflösung‹ im grafischen Sinne.

Abbildung 4: Grenzobjekt – Formulare/Etiketten

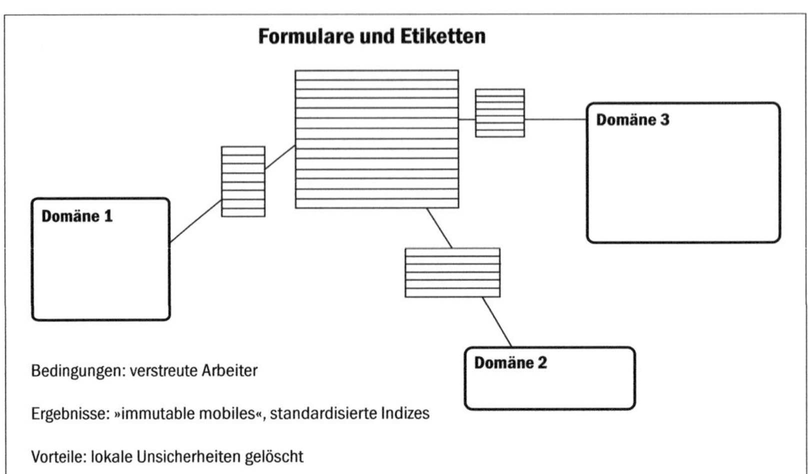

Zusammenfassung und Schlussfolgerungen

Welche Schlüsse lassen sich aus der Erzeugung von Grenzobjekten durch Wissenschaftlerinnen für die Verteilte Künstliche Intelligenz ziehen? Erstens bieten Grenzobjekte eine leistungsstarke Abstraktion der Art an, wie sie von Balakrishnan Chandrasekaran zum Organisieren der Blackboards gefordert wurde.[45] Sie sind, um seine Terminologie zu verwenden, »weder Komitee noch Hierarchie«. Sie umgehen Probleme kombinatorischer Implosion, wie sie von Kornfeld befürchtet wurden, hierarchische Delegation und Repräsentation. Anders als bei Turings universeller Maschine respektiert die Erzeugung von Grenzobjekten lokale Kontingenzen, und sie erlaubt Übersetzung über einzelne Schauplätze hinweg. Statt der Suche nach einem logischen Esperanto, dass sich bereits im Kontext verteilter offener Systeme als unmöglich erwiesen hat, sollten wir eine Analyse solcher Objekte anstreben. Problemlösen innerhalb der beschriebenen Kontexte produziert brauchbare Lösungen, die – in Herbert Simons Begriffen – nicht gut-strukturiert sind. Vielmehr sind sie schlecht strukturiert: Sie sind inkonsistent, mehrdeutig und oft unlogisch. Jedoch sind sie funktional und dienen dazu, einige schwere Probleme in der Verteilten Künstlichen Intelligenz zu lösen.

Die mit der Realisierung von Beschreibungen in dezentralen Systemen einhergehenden Probleme[46] erfordern eine Vorrichtung, die sich verschiebende Einschränkungen und organisatorische Strukturen registriert, ähnlich der Erzeugung von Grenzobjekten. Edmund Durfee, Victor Lesser und Daniel Corkill schlagen ein System vor, das auf Kooperation und planbasierten Knotenpunkten beruht.

45 | B. Chandrasekaran: »Natural and Social System Metaphors for Distributed Problem Solving«.

46 | H. E. Pattison/D. Corkill/V. R. Lesser: »Instantiating Descriptions of Organizational Structures«.

Es kann zu lokal vollständigen Lösungen für verteilte Probleme gelangen.[47] Noch einmal: Die Vorstellung, dass Systeme von Akteuren gemeinsame Objekte erzeugen, die auf verschiedene Weise unterschiedliche Knotenpunkte einnehmen und deshalb lokal vollständig, aber immer noch global gemeinsam bleiben, sollte hier nützlich sein.

Zukünftige Forschungen zu diesen Fragen würden die folgenden Punkte enthalten:

1. Eine Ausdehnung der Taxonomie der Grenzobjekte und Verfeinerung der Konzeptionen von Informationstypen, die bei ihrer Konstruktion verwendet werden;
2. Die Untersuchung der Wirkung von Kombinationen aus Grenzobjekten und die Entwicklung eines Verständnisses von Systemen solcher Objekte;
3. Das Problem des Maßstabwechsels nach oben *(scaling up)* oder die Anwendung einer ökologischen, Mensch-Maschine-Analyse auf das, was bei Les Gasser, Carl Braganza und Nava Herman »multigrained systems« genannt wird.[48]

Der Durkheim-Test, auf den am Anfang dieses Beitrages Bezug genommen wurde, ist für die Bewertung der Konstruktion und des Gebrauchs von Grenzobjekten wichtig. Das heißt, die Konstruktion solcher Objekte ist ein Gemeinschaftsphänomen, das zumindest zwei Sets von Akteuren mit unterschiedlichen Ansichten erfordert. Die Analyse der Nutzung eines solchen Objektes an nur einem Punkt im System – oder getrennt von seiner Beziehung zu anderen Knotenpunkten – wird eine systematisch-reduktionistische Verzerrung hervorrufen, wie sie William C. Wimsatt beschrieben hat.[49] So angewendete Heuristiken werden die Generierung des Systems aus sich selbst heraus nicht adäquat widerspiegeln. Wenn man zudem die empfohlene ökologische Analyse in der Künstlichen Intelligenz übernimmt, dann sollte man festhalten, dass beteiligte Designer, Nutzer und Modifizierer Grenzobjekte aus den Informationssystemen *machen* werden, und zwar in allen Punkten einer Trajektorie der Informationsverarbeitung.

Dank

Gespräche mit Geof Bowker, Lee Erman, Les Gasser, James Griesemer, Carl Hewitt, Rob Kling, Steve Saunders, Randy Trigg und Karen Wieckert waren sehr hilfreich beim Formulieren der Ideen.

47 | E. H. Durfee/V. R. Lesser/D. Corkill: »Cooperation Through Communication in a Distributed Problem Solving Network«.

48 | L. Gasser/C. Braganza/N. Herman: »MACE«.

49 | W. C. Wimsatt: »Reductionist Research Strategies and Their Biases in the Units of Selection Controversy«.

Literatur

Bendifallah, Salah et al.: *The Unnamable: A White Paper on Socio-Computational ›Systems‹*. Unveröffentlichtes Manuskript, Los Angeles, CA 1988.

Cammarata, Stephanie/McArthur, David/Steeb, Randall: »Strategies of Cooperation in Distributed Problem Solving«, in: *Proceedings IJCAI-83* (1983), S. 767–770.

Chandrasekaran, Balakrishnan: »Natural and Social System Metaphors for Distributed Problem Solving: Introduction to the Issue«, in: *IEEE Transactions on Systems, Man and Cybernetics* SMC-11/1 (1981), S. 1–5.

Chang, Ernest: »Participant Systems«, in: Michael N. Huhns (Hg.): *Distributed Artificial Intelligence*, Los Altos, CA: Morgan Kaufmann 1987, S. 311–339.

Davis, Randall: »Report on the Workshop on Distributed Artificial Intelligence«, in: *SIGART Newsletter* (1980), S. 1–23.

Davis, Randall/Smith, Reed G.: »Negotiation as a Metaphor for Distributed Problem Solving«, in: *Artificial Intelligence* 20/1 (1983), S. 63–109. https://doi.org/10.1016/0004-3702(83)90015-2

Durfee, Edmund H./Lesser, Victor R.: »Using Partial Global Plans to Coordinate Distributed Problem Solvers«, in: Alan H. Bond/Les Gasser (Hg.), *Readings in Distributed Artificial Intelligence*, Milan: Morgan Kaufmann 1987, S. 875–883.

Durfee, Edmund H./Lesser, Victor R./Corkill, Daniel D.: »Cooperation Through Communication in a Distributed Problem Solving Network«, in: Michael N. Huhns (Hg.), *Distributed Artificial Intelligence*, Los Altos, CA: Morgan Kaufmann 1987, S. 29–58. https://doi.org/10.1016/B978-0-934613-38-5.50005-2

Durkheim, Émile: *The Rules of Sociological Method*, New York: Free Press 1938.

Ericsson, Anders/Simon, Herbert A.: »Sources of Evidence on Cognition: A Historical Overview«, in: *C. I. P. Working Paper* 406, Pittsburgh, PA: Carnegie Mellon Dept. of Psychology 1979.

Fox, Mark S.: »An Organizational View of Distributed Systems«, in: *IEEE Transactions on Systems, Man and Cybernetics* SMC-11/1 (1981), S. 70–80.

Gasser, Les: »Distribution and Coordination of Tasks Among Intelligent Agents«, First Scandinavian Conference on Artificial Intelligence, Trumsoe 1987.

Gasser, Les/Braganza, Carl/Herman, Nava: »MACE: A Flexible Testbed for Distributed AI Research«, in: Michael N. Huhns (Hg.), *Distributed Artificial Intelligence*, Los Altos, CA: Morgan Kaufmann 1987, S. 119–152. https://doi.org/10.1016/B978-0-934613-38-5.50008-8

Gerson, Elihu M.: »Audiences and Allies: The Transformation of American Zoology, 1880–1930«, Blackburg, VA: Society for the History, Philosophy and Sociology of Biology 1987.

Hall, Rogers P./Kibler, Dennis F.: »Differing Methodological Perspectives in Artificial Intelligence Research«, in: *The AI Magazine* 6/3 (1985), S. 166–178.

Hayes, Patrick J.: »What the Frame Problem Is and Isn't«, in: Kenneth M. Ford/Zenon W. Pylyshyn (Hg.), *The Robot's Dilemma: The Frame Problem in Artificial Intelligence*, Norwood, NY: Ablex 1987, S. 123–137.

Hewitt, Carl: »Offices Are Open Systems«, in: *ACM Transactions on Office Information Systems* 4/3 (1986), S. 271–287. https://doi.org/10.1145/214427.214432

Hewitt, Carl: »Organizational Knowledge Processing«, presented at 8th AAAI Conference on Distributed Artificial Intelligence, Lake Arrowhead, California, May 1988.

Hewitt, Carl/De Jong, Peter: »Analyzing the Roles of Descriptions and Actions in Open Systems«, in: *Proceedings of the AAAI*, Los Altos: CA 1983, S. 162–167.

Kling, Rob/Scacchi, Walt: »The Web of Computing: Computer Technology as Social Organization«, in: *Advances in Computers* 21 (1982), S. 1–90. https://doi.org/10.1016/S0065-2458(08)60567-7

Kornfeld, William A./Hewitt, Carl: »The Scientific Community Metaphor«, in: *IEEE Transactions on Systems, Man and Cybernetics* SMC-11/1 (1981), S. 24–33.

Latour, Bruno: *Science in Action*, Cambridge, MA: Harvard University Press 1988.

Lesser, Victor R./Corkill, Daniel D.: »Functionally Accurate, Cooperative Distributed Systems«, in: *IEEE Transactions on Systems, Man and Cybernetics*, 11/1 (1981), S. 81–96. https://doi.org/10.1109/TSMC.1981.4308581

Pattison, H. Edward/Corkill, Daniel D./Lesser, Victor R.: »Instantiating Descriptions of Organizational Structures«, in: Michael N. Huhns (Hg.), *Distributed Artificial Intelligence*, Los Altos, CA: Morgan Kaufmann 1987, S. 59–96. https://doi.org/10.1016/B978-0-934613-38-5.50006-4

Pylyshyn, Zenon W.: *The Robot's Dilemma: The Frame Problem in Artificial Intelligence*, Norwood, NY: Ablex 1987.

Shapiro, Alan: *Die Software der Zukunft, oder: Das Modell geht der Realität voraus*, Köln: Walther König 2014.

Simon, Herbert A.: »The Structure of Ill Structured Problems«, in: *Artificial Intelligence* 4/3-4 (1973), S. 181–201. https://doi.org/10.1016/0004-3702(73)90011-8

Star, Susan L.: »Simplification in Scientific Work: An Example from Neuroscience Research«, in: *Social Studies of Science* 13/2 (1983), S. 205–228. https://doi.org/10.1177/030631283013002002

Star, Susan L.: »Scientific Work and Uncertainty«, in: *Social Studies of Science* 15/3 (1985), S. 391–427. https://doi.org/10.1177/030631285015003001

Star, Susan L.: »Triangulating Clinical and Basic Research: British Localizationists, 1870–1906«, in: *History of Science* 24/1 (1986), S. 29–48. https://doi.org/10.1177/007327538602400102

Star, Susan L.: »Human Beings as Material for Artificial Intelligence: Or, what Computer Science Can't Do«, presented to American Philosophical Association, Berkeley, CA, March 1989.

Star, Susan L.: *Regions of the Mind: Brain Research and the Quest for Scientific Certainty*, Stanford, CA: Stanford University Press 1989.

Star, Susan L./Gerson, Elihu M.: »The Management and Dynamics of Anomalies in Scientific Work«, in: *Sociological Quarterly* 28/2 (1987), S. 147–169. https://doi.org/10.1111/j.1533-8525.1987.tb00288.x

Star, Susan L./Griesemer, James R.: »Institutional Ecology, ›Translations‹, and Coherence: Amateurs and Professionals in Berkeley's Museum of Vertebrate Zoology, 1907–1939«, in: *Social Studies of Science* 19/3 (1989), S. 337–420.

Strauss, Anselm: *Mirrors and Masks: The Search for Identity*, San Francisco: The Sociology Press 1969.

Turing, Alan: »Computing Machinery and Intelligence«, in: *Mind* 59/236 (1950), S. 433–460, wiederabgedruckt in: Edward A. Feigenbaum/J. Feldman (Hg.), *Computers and Thought*, New York: McGraw-Hill 1963, S. 11–35. (Deutsch in Bernhard Dotzler/Friedrich Kittler (Hg.), *Intelligence Service. Ausgewählte Schriften*, Berlin: Brinkmann & Bose 1987, S. 147–182.)

Wimsatt, William C.: »Reductionist Research Strategies and Their Biases in the Units of Selection Controversy«, in: Thomas Nickles (Hg.), *Scientific Discoveries: Case Studies,* Dordrecht: D. Reidel Publishing Company 1980, S. 213–259. https://doi.org/10.1007/978-94-009-9015-9_13

Von der Verteilten Künstlichen Intelligenz zur Diagrammatik der Grenzobjekte

Sebastian Gießmann

Susan Leigh Stars Denken zeichnet sich durch eine bemerkenswerte Kunst der Selbstkorrektur und Infragestellung des eigenen Forschens aus, die gerade bei Relektüren ihres Werks auffällig wird. Wer quer durch ihre Texte liest, kann an unerwarteter Stelle plötzlich einen entscheidenden Hinweis auf die Entstehung eines anderen Artikels finden. So verhält es sich auch im Falle ihres ersten Papers zum heterogenen Problemlösen durch Grenzobjekte,[1] das durch seinen ungewöhnlichen Publikationsort innerhalb der Artificial-Intelligence-Forschung (AI) weit weniger rezipiert wurde als die mit James Griesemer verfasste Studie zum Naturkundemuseum der Universität Berkeley.[2]

Ihre hier zugrunde liegende ethnografische Arbeit in der US-amerikanischen AI-Community, die vor allem am MIT in der Mitte der 1980er Jahre stattfand,[3] hatte Star offenbar in ein wissenschaftsethisches Dilemma versetzt. So schreibt sie retrospektiv in »Living Grounded Theory: Cognitive and Emotional Forms of Pragmatism«, dass sie einen bereits durch die Peer Review der Zeitschrift *AI and Society* akzeptierten Text, der mit den Visionen der Künstlichen Intelligenz und der Nutzung von Menschen als Forschungsmaterial einseitig kritisch umging, wieder zurückzog. Der Anlass hierfür zeigt die ethische Dimension ihrer eigenen Vorgehensweise – sie nahm von der Publikation Abstand, als ihr klar wurde, dass sie die Arbeitspraktiken der von ihr im Feld beobachteten Informatiker damit lächerlich machen würde.[4]

Tatsächlich durchzieht »The Structure of Ill-Structured Solutions: Boundary Objects and Heterogeneous Problem Solving«[5] eine gewisse Skepsis gegenüber den neo-kybernetischen Fantasien der Forschungen zur Verteilten Künstlichen Intelligenz. Anstelle einseitig Kritik zu üben, konzentrierte sich Star nach der zurück-

1 | S. L. Star: »The Structure of Ill-Structured Solutions«.

2 | S. L. Star/J. R. Griesemer: »Institutional Ecology, ›Translations‹ and Boundary Objects«.

3 | Vgl. S. L. Star: *Regions of the Mind*, S. 20.

4 | S. L. Star: »Living Grounded Theory«.

5 | In der Literaturliste findet sich ein Verweis auf den zurückgezogenen Text: S. L. Star: »Human Beings as Material for Artificial Intelligence«, presented to American Philosophical Association, Berkeley, CA, März 1989.

gezogenen Publikation auf das *Wie* der Zusammenarbeit zwischen Philosophen und Computerwissenschaftlern.[6] Sie setzte sich hierfür gezielt dem informatischen Fachpublikum aus, da sie den Text für ein von Les Gasser im Mai 1988 in Arrowhead, Kalifornien stattfindendes Symposium einreichte.[7] Obwohl sie in diesem Umfeld auf Verständnis für sozioinformatische Argumentationen hoffen konnte, lieferte sie zugleich eine auf das AI-Publikum eingehende epistemologische Begründung. Diese integrierte nicht nur Arbeitsformen, sondern grundlegende Fragestellungen der Computer Science zu verteilten Agentensystemen.

Turing-Test und Durkheim-Test

Vor diesem Hintergrund begibt sich die »Structure of Ill-Structured Solutions« nicht nur weit in den zeitgenössischen Fachdiskurs, sondern zielt mit der Umwandlung des Turings-Tests in einen »Durkheim-Test« auf die soziotechnischen Grundlagen des computerbasierten Rechnens schlechthin. Dabei setzt Star bei dem bis heute klassischen Text über »Computing Machinery and Intelligence« an, in dem Alan Turing 1950 in Aussicht stellte, dass der Computer als universale Maschine das Verhalten jeder Maschine mit diskreten Zuständen imitieren könne, insofern seine Speicherkapazität ausreicht.[8] Star konzentriert sich jedoch nicht allein auf diese maschinelle Dimension, sondern auf Turings Vorschlag für ein »Imitation Game« zwischen drei Personen, bei dem ein männlicher oder weiblicher Fragesteller (C) allein anhand schriftlicher Kommunikation mit einem Mann (A) und einer Frau (B) zwischen weiblicher und männlicher Identität unterscheiden sollte. Turing erweiterte dieses Szenario, indem er die Aussagen des Mannes (A) durch ein Computerprogramm derart simulieren wollte, dass der Fragesteller nicht mehr zwischen der befragten menschlichen Frau (B) und dem eine Frau imitierenden ›männlichen‹ Computerprogramm (A) unterscheiden kann. Die Überprüfung des Verhaltens war bei Turing aber strikt auf individuelle Akteure beschränkt; sie bezog keine Praxisgemeinschaften mit ein.

Zudem postuliert Star im Anschluss an Carl Hewitt, dass im Gegensatz zu Turings geschlossenem Test-Setting alle tatsächlich genutzten Computersysteme offene Systeme sind. Als solche verfügen sie über die Probleme der ›echten Welt‹, wie sie insbesondere den Arbeitsplatz des Büros seit der Industrialisierung kennzeichnen: Information wird in verteilter Form prozessiert, Updates erfolgen asynchron, einzelne Komponenten, komplexe Aushandlungen, Konflikte und fortwährende Evolution bedingen sich gegenseitig. Da Computer offene Maschinen sind, werden durch sie miteinander in Konflikt stehende Standpunkte notwendigerweise innerhalb der Systeme ausgetragen. Man könnte auch sagen: Wo Rechner zur Arbeit verwendet werden, nehmen sie die widersprüchlichen, schlecht strukturierten Eigenschaften der mit ihnen versehenen Medienpraktiken an. Diese Art von

6 | S. L. Star: »Living Grounded Theory«.

7 | L. Gasser: »Leigh Star and the Appearance of ›The Structure of Ill-Structured Solutions‹«. Gasser verweist auch auf Stars damals neue institutionelle Verortung am Department of Information and Computer Science der University of California in Irvine.

8 | A. Turing: »Rechenmaschinen und Intelligenz«, S. 149 f.

Imitation Game zwischen Büroarbeit, Organisation und Computern ist für Star und Hewitt wichtiger als die geschlechterpolitisch abgründige Mensch-Maschine-Konstellation bei Turing.[9]

Für die Analogiebildung in der Forschung zur Verteilten Künstlichen Intelligenz muss also von einer anderen »Culture of Computing«[10] ausgegangen werden, da hier individuelles Problemlösen nicht länger als Modell dient, sondern eine distribuierte Form mit vielen Agenten und verteiltem Bearbeiten von Aufgaben ins (offene) Feld geführt wird. Star macht sich hierfür die bestehende Kritik an Turing-basierten Ansätzen in der Verteilten Künstlichen Intelligenz zu eigen. Sie greift dafür insbesondere auf die Schriften des AI-Forschers Carl Hewitt vom Artificial Intelligence Laboratory des MIT zurück, den sie nicht nur durch ihre Feldforschung in Cambridge kannte, sondern auch durch seine Teilnahme am Symposium in Arrowhead. Sie übernimmt u.a. dessen Annahme, dass alle nicht-trivialen Systeme offene Systeme sind. Diese mit Stars Feldforschungen zur Büroarbeit z.B. in kalifornischen Versicherungen korrespondierende Prämisse[11] führt zu einem gegenüber Turings Mensch-Maschine-Welt verschobenen, kooperativen Verständnis des Computereinsatzes:

»Computer systems are beginning to play important roles in mediating the ongoing activities of organizations. We expect that these roles will gradually increase in importance as computer systems take on more of the authority and responsibility for ongoing activities. At the same time we expect computer systems to acquire more of the characteristics and structure of human organizations.«[12]

Mit Organisationen rechnen

Zum Maßstab der wechselseitigen Transformation von Rechnern und Nutzern wird dabei die Gestaltung der Organisationen, in denen beide arbeiten. Bruno Latours Zuspitzung, das nicht Flugzeuge wie die Boeing 747, sondern Fluggesellschaften fliegen, hieße hier: Nicht Computer rechnen, sondern Organisationen setzen Rechner ein, um ihre Arbeits- und Produktionsbeziehungen zu regulieren.[13] Anstelle von Turings Imitationsspiel zwischen Geschlechterrollen und computerisierter Berechenbarkeit tritt ein anderes mimetisches Verhältnis, in dem Büroarbeit, der vernetzte Personal Computer und die internen Infrastrukturen einer

9 | Turing notiert jedoch zu seinen eigenen Arbeitspraktiken: »Maschinen überraschen mich sehr häufig. Das liegt größtenteils daran, daß ich keine ausreichenden Kalkulationen anstelle, um zu entscheiden, was von ihnen zu erwarten ist, oder vielmehr, obwohl ich Berechnungen anstelle, daß ich sie übereilt und nachlässig ausführe, Risiken auf mich nehmend. [...] Selbstverständlich irre ich mich oft, und das Ergebnis ist eine Überraschung für mich, denn bis das Experiment durchgeführt ist, sind diese Annahmen bereits vergessen.« Ebd., hier S. 171 f.

10 | Vgl. S. L. Star (Hg.): *The Cultures of Computing*.

11 | E. M. Gerson/S. L. Star: »Analyzing Due Process in the Workplace«.

12 | C. Hewitt: »Offices Are Open Systems«, S. 271.

13 | B. Latour: »Über technische Vermittlung«, S. 506. Vgl. hierzu auch die Arbeiten von David Gugerli.

Organisation die Praktiken des Rechnens informieren. Sie übernehmen dabei vor allem eine koordinative Funktion. Die »Struktur schlecht strukturierter Lösungen« bezieht sich zunächst auf diejenigen medialen Koordinationsleistungen, ohne die Organisationen und vor allem Büroarbeit nicht denkbar sind. Über die rechtsförmige Wissensfigur des »due process«, eines angemessenen, koordinativ geordneten Arbeitsprozesses für alle Beteiligen, der unterschiedliche und teils inkompatible Perspektiven integriert,[14] erschließt sich Star auch die komplexeren kooperationstheoretischen Annahmen der Forschung zur Verteilten Künstlichen Intelligenz. Diese Forschungslinie war jenseits der wechselseitigen Transformation von Computerinfrastrukturen und Organisationsabläufen in der Programmierung verteilter Agentensysteme auf die gleichen Probleme gestoßen, die Hewitt im Falle der offenen Systeme erkannt hatte.

So widmete sich bereits im Juni 1980 ein Workshop am Artificial Intelligence Laboratory des MIT den Problemen Verteilter Künstlicher Intelligenz, die jenseits einzelner Problemlöser, Maschinen und Orte des Berechnens entstehen. Randall Davis' »Report on the Workshop on Distributed AI« hielt fest, dass die Präsenz mehrerer maschineller Agenten wie z. B. Roboter oder Knoten in Sensornetzen dazu führt, diese als multiple, kooperierende, miteinander Aushandlungen vollziehende Entitäten aufzufassen.[15] Ein verteiltes Problemlösen – das nicht mit dem infrastrukturell distribuierten Rechnen zu verwechseln ist[16] – führt zu verteilten Daten, bzw. verteilte Daten erfordern auch verteiltes Problemlösen und Kontrolle. Dabei sollte das distribuierte Problem global kohärent gelöst werden, »by *local computation alone*«, d. h. wie menschliche Gruppenarbeit zentral koordiniert werden.[17]

Verteilte Probleme, lokale Lösungen

Genau dasselbe Problem zentralisierter Kontrolle bei verteilten Daten und Problemen betrifft auch alle beweglichen, autonomen Agenten, die wie Roboter oder autonome Fahrzeuge maschinelles Entscheiden in einer physischen Umwelt vollziehen müssen, um mit dieser überhaupt interagieren zu können. Hier kommt es beständig zu einer potenziellen Konfrontation mit den unterschiedlichen Standpunk-

14 | »Due process is the organizational activity of humans and computers for generating sound, relevant, and reliable information as a basis for decision and action within the constraints of allowable resources. It provides an arena in which beliefs and proposals can be gathered, analyzed, and debated. Part of due process is to provide a record of the decision-making process that can later be referenced.« C. Hewitt: »Offices Are Open Systems«, S. 275.

15 | R. Davis: »Report on the Workshop on Distributed AI«.

16 | Tatsächlich reichte die Bandbreite der verfügbaren Kommunikationsnetze für die Problemlösungsfragen der Verteilten Künstlichen Intelligenz in den 1980er Jahren (zunächst) nicht aus. Deshalb musste immer wieder stark auf das lokale Computing zurückgegriffen werden, gerade auch mit parallelen Prozessoren. Vgl. ebd., S. 3; J. M. McClelland/D. Rumelhart/PDP Research Group: *Parallel Distributed Processing*. Vgl. S. Vehlken/C. Engemann: »Supercomputing«.

17 | S. Cammarata/D. McArthur/R. Steeb: »Strategies of Cooperation in Distributed Problem Solving«, S. 5.

ten und Handlungen anderer Agenten – die Mobilität aller Beteiligten in Raum und Zeit führt zum sogenannten »Rahmungsproblem« *(frame problem)*.[18] In der Interaktion mit der Umwelt verschiebt sich fortwährend der Rahmen des jeweilig Relevanten und unvorhersehbare Situationen müssen – etwa von den Assistenzsystemen eines Autos – antizipiert werden.[19] Vor der gegenwärtigen Renaissance der Künstlichen Intelligenz[20] notierte die kritische Geschichtsschreibung der AI zu den offensichtlichen Grenzen eines solches Vorgehens noch: »[T]here are simply too many things going on in the outside world for any intelligent system to state and keep track of it explicitly.«[21]

In Differenz zum Optimismus der AI-Forscher, die auf das wohlwollende »*cooperative behavior between willing entities*« setzen wollten und dabei Teamarbeit als Analogie wählten,[22] kalkulieren Susan Leigh Star, Elihu Gerson, Carl Hewitt und Rob Kling den nicht-konsensuellen Charakter kooperativen Agierens stärker mit ein.[23] So geht Star davon aus, dass menschliche Akteure sowohl die Probleme der nie vollständigen Wahrnehmung der Umgebung – das *frame problem* – und des angemessenen Prozesses trotz divergierender Standpunkte routiniert und auf verschiedenen demokratischen Wegen lösen können.[24] Ihre an die AI gerichtete Aufforderung, den maschinellen Turing-Test durch einen soziotechnischen Durkheim-Test zu ersetzen, bleibt dennoch ein Unterfangen, für das sie vergleichsweise bescheiden einen Wechsel der Metaphernbasis für computerbasierte Arbeit und Design nahelegt:

»So the Durkheim test would be a real time design, acceptance, use and modification of a system by a community. Its intelligence would be the direct measure of usefulness applied to the work of the community; its ability to change and adapt, and to encompass multiple points of view while increasing communication across viewpoints or parts of an organization.«[25]

---

18 | J. McCarthy/P. Hayes: »Some Philosophical Problems from the Standpoint of Artificial Intelligence«.

19 | Die kontrovers diskutierten Unfälle von Teslas und Googles Automobilen zeigen, dass dieses grundlegende Problem der AI auch im Jahr 2017 nicht als gelöst angesehen werden kann.

20 | J. Markoff: *Machines of Loving Grace*, S. 95 ff.

21 | H. R. Ekbia: *Artificial Dreams*, S. 252. Die gegenwärtige Aufrüstung zum Internet der Dinge hin lässt sich so folgendermaßen betrachten: Die physische Umgebung ist so komplex, dass sie nur durch ihre Transformation in eine Welt voller Sensoren vollständig registrierbar und identifizierbar gemacht werden kann.

22 | R. Davis: »Report on the Workshop on Distributed AI«, S. 3. Man kann auch sagen, dass maschinelle Kooperation ohne Konsens über Standardisierung und gemeinsame Kommunikationsprotokolle immer zur konsensuellen Kooperation werden muss, wenn sie gelingen soll.

23 | E. M. Gerson/S. L. Star: »Analyzing Due Process in the Workplace«; R. Kling: »Cooperation, Coordination and Control in Computer Supported Cooperative Work«.

24 | S. L. Star: »The Structure of Ill-Structured Solutions«, S. 44.

25 | Ebd., S. 41. »Der Durkheim-Test entspricht demnach dem Design, der Akzeptanz, dem Gebrauch und der Modifikation eines Systems durch eine Gemeinschaft in Echtzeit. Seine Intelligenz bestünde im direkten Maß seiner Nützlichkeit bei der Anwendung auf die gemeinschaftliche Arbeit; sowie in seiner Fähigkeit, sich zu verändern und multiple Standpunkte

Zwar gehören *due process* und die Lösung des *frame problems* zu dieser Art des Testens, aber die genauen Kriterien und Parameter des Durkheim-Tests entwickelt Stars Text im Folgenden kaum. Schon die Durkheim-Referenz bleibt episodisch und basiert auf nicht viel mehr als der Selbstverständlichkeit, dass sich soziale Tatsachen nur in Relation zu anderen *faits sociales* erklären lassen und der Test daher gemeinschaftlich, irreduzibel, verteilt und dynamisch sein soll. Susan Leigh Star kommt erst am Ende der »Struktur schlecht strukturierter Lösungen« darauf zurück und weist dem Durkheim-Test lediglich die Rolle einer Prüfinstanz zu, die die Konstruktion und Nutzung von Grenzobjekten auf die Sozialität der Anwender ausrichten soll. Ich werde auf eine mögliche Erweiterung dieser Aufgaben noch zurückkommen. Was aber sind die Grenzobjekte, die Star im zweiten Teil des Texts erstmals einführt[26] und wie entfalten sie ihre Vermittlungsleistungen?

Medien-Werden der Grenzobjekte

Zwischen der wissenschaftlichen Gemeinschaft und den von Hewitt postulierten offenen Systemen besteht, daran lässt Star keinen Zweifel, eine Wahlverwandtschaft. Wissenschaftlerinnen gelingt es offenbar, trotz stark dezentraler und asynchroner Arbeitsprozesse, heterogener Information, dem Fehlen zentraler Autoritäten und standardisierter Protokolle trotzdem – und zwar durch die Aggregation unterschiedlicher Standpunkte – robuste Befunde zu erarbeiten. Dieser wissenschaftsoptimistische Zug mag für eine in den Science and Technology Studies beheimatete Denkerin ungewöhnlich erscheinen. Er beruht aber neben der Beobachtung zeitgenössischer wissenschaftlicher Arbeitspraktiken ebenso auf den Schriften Stars zur Medizingeschichte.[27] Als Begründung für Kooperationsfähigkeit unter widrigen Bedingungen führt Star die Fähigkeiten der Wissenschaftler an, Objekte zu kreieren, die während eines kollektiven Handelns für die Beteiligten zugleich plastisch und kohärent sind. Diese sind im gemeinsamen Einsatz – vergleichsweise – schwach strukturiert, während sie in der lokalen Nutzung stark strukturiert werden.

Star macht für die Darstellung dessen, was Grenzobjekte leisten, zwei bemerkenswerte Zugeständnisse an ihr informatisches Fachpublikum. Zum einen vergleicht sie diese mit einem Architekturmodell der Verteilten Künstlichen Intelligenz, dem sogenannten »blackboard«. Dieses beruht auf der Annahme, dass wissens- und datenintensive Programmabläufe wie das gemeinsame Bearbeiten eines Tafelbildes oder Puzzles strukturierbar sind und das Problemlösen grund-

---

einzubeziehen. Zugleich verstärkt er die Kommunikation über verschiedene Perspektiven und Teile einer Organisation hinweg.« Übersetzung aus diesem Band, S. 135.

26 | Die folgende Analyse verzichtet auf eine weitere historische Kontextualisierung innerhalb der nordamerikanischen Sozialwissenschaften. Vgl. zur wissenschaftshistorischen Einordnung des Konzepts J. Strübing: *Pragmatistische Wissenschafts- und Technikforschung*; S. Gießmann: »Der Durkheim-Test« und die Einleitung dieses Bandes.

27 | S. L. Star: »Simplification in Scientific Work«; S. L. Star/E. M. Gerson: »The Management and Dynamics of Anomalies in Scientific Work«; S. L. Star: *Regions of the Mind*.

sätzlich kooperativ organisiert ist.[28] Und zum anderen fügt sie ihrer kleinen Klassifikation von Grenzobjekt-Typen Diagramme bei, deren Ästhetik den Fähigkeiten der damaligen Grafikprogramme und typischen Zeichnungen zu AI-Modellen entspricht. Zwischen Text und Diagrammen ergeben sich aber durchaus Differenzen, gerade im Vergleich mit der rein textbasierten Taxonomie, wie sie in der Studie zum kalifornischen Naturkundemuseum enthalten ist. In beiden Artikeln ist die Liste offen angelegt, d.h. weitere Grenzobjekte sind nicht nur denkbar, sondern sollen explizit auch als solche benannt werden, mitsamt unterschiedlicher Konzeptionen ihrer Informationstypen und – gewissermaßen als Teil des Durkheim-Tests – ihrer Konstruktion.[29] Wie lassen sich die Grenzobjekte verstehen, wenn man sie von ihren Diagrammen her als Denkbilder versteht?

Repositorien

Zunächst lösen alle Diagramme die Vorgabe, dass das Grenzobjekt »in der Mitte sitzt«, durch eine zentral gesetzte Form ein. Im Falle der Repositorien handelt es sich um ein Rechteck, dessen Textur eine Backsteinziegelarchitektur andeutet (Abbildung 1). Sie wird als Standardisierung mit variierender rechteckiger, abgerundeter Form – bei gleichbleibender Textur – innerhalb der umliegenden Domänen wieder eingezeichnet, ohne diese jedoch gänzlich auszufüllen. Bemerkenswert ist dabei die gefettete Rahmung des zentralen Repositoriums, von der ebenfalls gefettete Linien zu den in anderen Domänen lagernden Objekten ausgehen. (Bei Domäne 1 ist dieser Strich nicht durchgezogen und endet am äußeren Rahmen.) Das Diagramm argumentiert weitestgehend wie die auffallend kurze textuelle Erklärung.

Abbildung 1: Boundary object: repositories

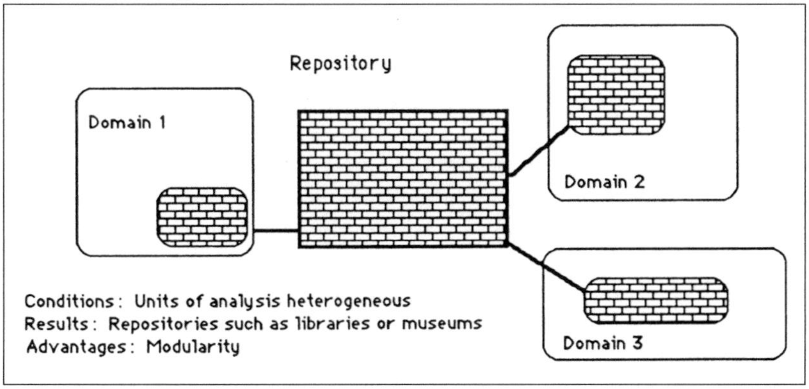

S. L. Star: »The Structure of Ill-Structured Solutions«, S. 48.

28 | P. H. Nii: »The Blackboard Model of Problem Solving and the Evolution of Blackboard Architectures«; R. Engelmore/T. Morgan (Hg.): *Blackboard Systems*.

29 | Vgl. aber zur inneren Logik der vier Grenzobjekttypen den Beitrag von Erhard Schüttpelz in diesem Band.

Mit der Backsteinarchitektur wird zum einen der institutionelle, gewissermaßen gebaute Charakter der als Beispiele hinzugezogenen Bibliotheken und Museen referenziert. Zum anderen deutet die im Repositorium wie auch in den Objekten einzelner Domänen eingesetzte regelmäßige Textur auf den ordnenden Charakter der für heterogene Objekte verwendeten, standardisierenden Indizierung hin. Tatsächlich sind die drei Objekte in den verschiedenen Domänen unterschiedlich groß und damit heterogene Analyseeinheiten. Aber um was handelt es sich dabei? Im Falle einer Bibliothek wären es Bücher, die durch ein gemeinsames Klassifikationssystem trotz unterschiedlichster Herkunft, materieller Form und Inhalte zum modularisierten, auffindbaren Teil des Repositoriums gemacht werden können. Gleiches gilt für musealisierte, teils noch heterogenere Objekte wie die Körper von Tieren und Pflanzen, die für ein naturkundliches Museum herbeigeschafft werden.

Paradox bleibt in diesem wie auch den anderen Diagrammen der Status der kartierten »Domänen«. So spielt der Begriff in den beiden klassischen Grenzobjekt-Texten außerhalb der Diagramme eigentlich keine Rolle, wird nicht definiert und selten verwendet.[30] Er lässt sich nur durch Stars Buch *Regions of the Mind* erfassen. Hier bezeichnet er unterschiedliche wissenschaftliche Arbeitsfelder, etwa die Differenz von Grundlagenforschung und klinisch-praktischer Medizin.[31] Zugleich handelt er von den Schwierigkeiten, Beobachtungen aus unterschiedlichen empirischen Domänen als Teil desselben Phänomens, z. B. einer Krankheit oder einer lokalisierbaren Hirnfunktion, zu verstehen. Nur wenn man dieses doppelte Modell dessen, was eine Domäne ist – Ort empirischer Beweismittel und wissenschaftlich-disziplinärer Praxis – zugrunde legt, verwirrt das Repositoriums-Diagramm *nicht*. Denn wie sollten z. B. Bücher zugleich in anderen Domänen gelagert sein, insofern es sich dabei nicht um Teilbibliotheken oder Elemente eines Fernleihsystems handelt? Und verbleiben die Präparate eines Naturkundemuseums zugleich in den geografischen Domänen, in denen die Tiere erbeutet worden sind, indem sie mit entsprechenden Etiketten der Geo-Indizes versehen werden?

Tatsächlich ist das Diagramm des Repositoriums weit weniger konventionell als der im Text beschriebene »Stapel von Objekten« angelegt. Die verzeichneten und gesammelten Objekte sind hier gewissermaßen mobile Medien, denn sie sind von den praktischen Versuchen, bestimmte Wissensbestände, -gebiete und Erkenntnisinteressen »zusammen zu ziehen«, nicht zu trennen. Damit sollte das Diagramm weniger als Verweis auf konkrete Orte wie das von Star erforschte Londoner Archiv des Royal College of Physicians[32] oder das Museum of Vertebrate Zoology der Universität Berkeley verstanden werden, sondern als kognitives Schema der Vermittlung zwischen verschiedenen wissenschaftlichen Domänen, die auf Modularität ihrer indizierten Objekte angewiesen sind. Davon kaum zu trennen sind die wissenschaftlichen Arbeitspraktiken, mit denen die verteilte Information herangetragen,

30 | In S. L. Star: »This Is Not a Boundary Object« wird er bezeichnenderweise nicht erwähnt.

31 | S. L. Star: *Regions of the Mind*, S. 115. Hierbei handelt es sich um die überarbeitete Publikation ihrer 1983 eingereichten PhD-Dissertion an der UCLA, San Francisco: *Scientific Theories as Going Concerns*.

32 | Dort nahm Star für *Regions of the Mind* Einsicht in die Notizbücher des Arztes David Ferrier.

indiziert, modular transportierbar, vergleichbar und synthetisierbar gemacht wird. Den entscheidenden sozialtheoretischen Schritt, die Wissensdomänen in Relation zu heterogenen sozialen Welten zu verstehen, vollzieht erst der Museums-Artikel. Hier heißt es schließlich: »People from different worlds can borrow from the ›pile‹ for their own purposes without having to negotiate differences in purpose.«[33]

Idealtypus oder platonisches Objekt

Der »Idealtypus« oder das »platonische Objekt« wartet mit einem zentrierten Kreis als Basiselement auf, der sich aber bei näherem Hinsehen als nicht regelmäßig erweist und auf einer Ellipse beruht.[34] Von dieser ausgehend führen gerade Strahlen in drei Domänen (Abbildung 2). Wie bereits im Falle der Repositorien setzen die hier deutlich dünner gezeichneten Linien am Außenrand der zentralen Figur an. Sie berühren auch die innerhalb der Domänen eingezeichneten Objekte jeweils am Rand. Diese verfügen über unterschiedliche Größen und Texturen, was auf die Anpassbarkeit des jeweiligen Objekts in unterschiedlichen Domänen hinweist.

Abbildung 2: Boundary object: platonic object

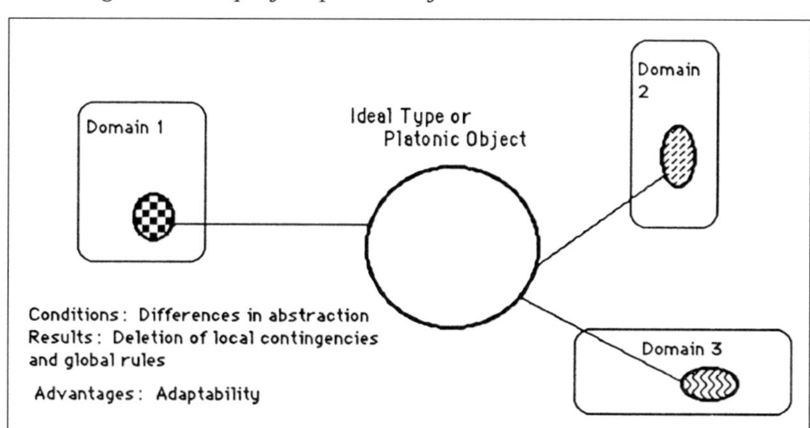

S. L. Star: »The Structure of Ill-Structured Solutions«, S. 49.

Ein platonisches Objekt stellt eine Abstraktion dar, die aus allen verteilten Domänen heraus erfolgt. Es vermittelt sogleich zwischen den lokal unterschiedlichen Graden von Abstraktion und Konkretheit. Das paradigmatische Beispiel hierfür stammt wiederum aus den *Regions of the Mind*: Frühe Hirn-Atlanten von David Ferrier beschrieben, so Star, weniger *das* Gehirn an sich, als dass sie der Kommunikation von Daten aus klinischer Erhebung und Grundlagenforschung dienten. Idealtypen dienen als eine Art von Karte bzw. Plan *(road map)*, die für alle Beteiligten »gut genug« ist. Sie stellen den kleinsten gemeinsamen Nenner dar, der gerade aufgrund

33 | S. L. Star/J. R. Griesemer: »Institutional Ecology, ›Translations‹ and Boundary Objects«, S. 410.

34 | Es ist durchaus möglich, dies als eine grafische Entsprechung des imperfekten Charakters von Stars Idealtypen zu verstehen.

seiner Vagheit für lokale Anpassung geeignet ist. Gemessen am wissenschaftlichen Stellenwert von Atlanten und Karten stellt dies eine Provokation dar, denn Idealtypen lassen hier nicht etwa die Idee sinnlich scheinen (Hegel), sondern mit ihnen wird die symbolische Kommunikation und Kooperation teils divergierender wissenschaftlicher Praxisgemeinschaften realisiert. Zwar werden die lokalen Kontingenzen der Wissensproduktion im Zuge der Verallgemeinerung gelöscht – sie bleiben jedoch die empirischen Bedingungen der idealtypisierten Objekte.

Von den vier vorgestellten Grenzobjekt-Typen – Repositorien, Idealtypen, sich überlagernden Grenzen und Formularen – würde man beim Idealtyp die größte Nähe zu den Forschungsfragen der Verteilten Künstlichen Intelligenz vermuten. Dies gilt speziell im Bereich der agentensystembasierten Robotik, in dem Interaktionssituationen in sich schnell verändernden Umwelten trotz ihrer Unterschiedlichkeit in idealtypische Kategorien unterteilt werden müssen, um den Designprozess handhabbar zu machen. Die Idealtypen repräsentieren aber bei Star primär verteilte menschliche Arbeitspraktiken, mitsamt ihrer erstaunlichen Toleranz für schlechte Strukturierung, Inkonsistenz, Vagheit und Nicht-Logik. Auf die Herausforderungen einer modellierenden Präzisionsarbeit kann das aus der Medizingeschichte des 19. Jahrhunderts hergeleitete Konzept allerdings nur bedingt antworten – es deckt, wie auch in der späteren Anführung des biologischen Begriffs der ›Spezies‹[35] oder Stars und Bowkers Geschichte der Klassifikationssysteme,[36] vor allem die arbeitspraktischen Übersetzungen zwischen lokal angepasstem und idealtypisch zirkulierendem Wissen ab.[37] Tatsächlich lassen sich die von Star zitierten Schriften aus der Verteilten AI ebenfalls auf die Bildung von (computerisierbaren) Idealtypen der Kooperation hin lesen: Die modellhaften Rechenprozesse werden nicht mehr in anthropomorpher Mensch-Maschinen-Intelligenz gedacht, sondern in Multi-Agenten-Systemen mimetisch an (zumeist) gelungenen Formen der gruppenbasierten Organisation orientiert.[38]

Gebiet mit sich überlagernden Grenzen

Was bezeichnen die »coincident boundaries«, die als Orientierungspunkt gemeinsamer Medienpraktiken entstehen, z. B. beim kooperativen Kartieren? Die sich überlagernden Grenzen benutzen einen groben Umriss des Bundestaats Kalifornien als Grund. Im Gegensatz zu den anderen Typen ragen drei darüber gelegte Domänen in die Mitte der zentral gesetzten Form hinein, so dass sich die insgesamt vier Umrisse überlappen (Abbildung 3). Es handelt sich bei dem »Gebiet mit sich überlagernden Grenzen« um dasjenige Grenzobjekt, bei dem Text und Dia-

35 | S. L. Star/J. R. Griesemer: »Institutional Ecology, ›Translations‹ and Boundary Objects«, S. 410.

36 | G. C. Bowker/S. L. Star: *Sorting Things Out.*

37 | Star hat diese Beschränkung erkannt und mit einem späteren Text den Status formalisierter Lösungen in der Computerpraxis theoretisiert, siehe »The Politics of Formal Representation«.

38 | S. Cammarata/D. McArthur/R. Steeb: »Strategies of Cooperation in Distributed Problem Solving«.

gramm durchaus voneinander abweichende Interpretationen provozieren. Sie betreffen auch die deutsche Übersetzung des Begriffs unmittelbar.

Abbildung 3: Boundary object: terrain with coincident boundaries

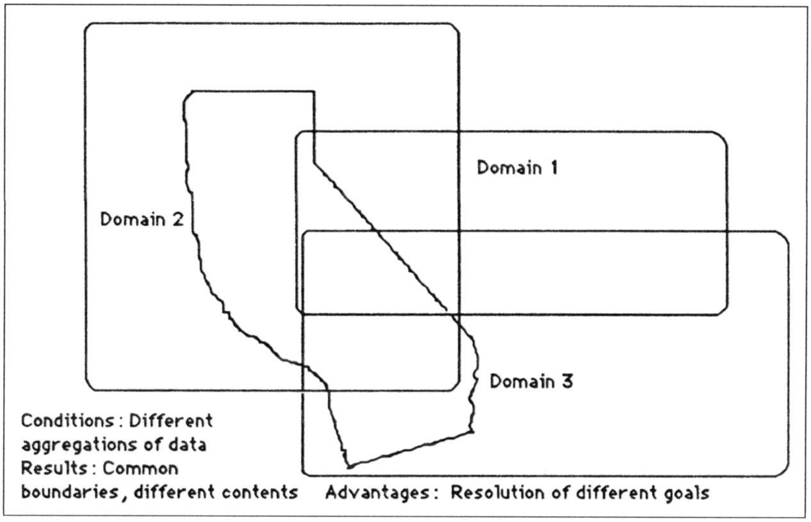

S. L. Star: »The Structure of Ill-Structured Solutions«, S. 50.

Wenn man davon ausgeht, dass ein entsprechendes Objekt über die *gleichen* Grenzen verfügt – wie im Falle der Karte mit den politischen Grenzen des Bundesstaats Kalifornien – müsste es sich zumindest um ein rahmendes »Gebiet mit *übereinstimmenden* Grenzen« handeln. Bei erster Ansicht des Diagramms liegt es hingegen näher, von einem »Gebiet mit sich *überlappenden* Grenzen« zu sprechen bzw. von den »common boundaries«, die in der Diagrammbeschriftung notiert werden. Dies führt wiederum zu der Frage, welche Mitte bzw. Schnittmenge hierfür relevant wird. Denn die beteiligten Akteure verfügen zumindest über einen gemeinsamen, kooperationsbedingenden Referenten, der in diesem Fall nicht nur in den geopolitischen Grenzen, sondern auch der sozialen Imagination von Kaliforniens Natur für die Sammlungsaktivitäten des Museum of Vertebrate Zoology bestand. Tatsächlich überlagerten sich die Raum- und Kartierungspraktiken von Amateursammlern und professionellen Biologen, selbst wenn sich die gesammelten Daten, Ziele und gezogenen Schlüsse unterschieden. Diese Vermittlungsleistungen sind eher in den Vordergrund zu stellen, da sie das Territorium Kaliforniens fortwährend als Gebiet mit sich überlagernden Grenzen erzeugen, inklusive der biologischen »Lebenszonen« *(life zones)*.

Als Diagramm fordern die »coincident boundaries« eine weit dynamischere und multiple Auffassung des gemeinsamen Referenten, als es das Beispiel der kalifornischen Grenzen nahelegt. Entscheidend sind die jeweils vergleichsweise autonom vollzogenen Kartierungen und die dabei entstehenden Überlagerungen. Ein einzelner Grenzumriss kommt vor allem dann ins Spiel, wenn an den Verläufen wirklich gearbeitet wird und eine dahingehende Verständigung notwendig wird. Gebiete mit sich überlagernden Grenzen können mit den geopolitischen Räumen übereinstimmen, d. h. alle Akteurs-Domänen wären identisch und die Überlagerung würde genau einen Umriss produzieren. Dies bleibt aber ein Ausnahmefall, gerade wenn man unterschiedliche Imaginationen von ›Kalifornien‹ in Rechnung stellt. In den meisten Fällen werden die gemeinsamen Ziele durch das geteilte, auf unterschiedlichen Wegen adressierte und durchquerte Gebiet mit sich überlagernden Grenzen und über die dort erhobenen Daten artikulierbar und verfolgt. Die so entstehenden Grenzobjekte lassen sich nur durch fortwährende Grenzüberschreitungen erklären. Es sind im Sinne der – von Star ursprünglich präferierten – ersten Version des Begriffs »marginal objects«, die zwischen mehr als einer Praxisgemeinschaft und mehr als einer sozialen Welt vermitteln.[39]

Formulare und Etiketten

Das Diagramm der »Formulare und Etiketten« kehrt hingegen zum vertrauten Aufbau eines zentral gesetzten Objektes und drei umgebender Domänen zurück. In der Mitte steht ein fast quadratisches Rechteck, das mit einer Textur aus Querlinien versehen ist. Im Unterschied zu den Repositorien und Idealtypen sind auf dünnen Linien, die zu den Domänen führen, weitere kleinere querlinierte Rechtecke eingefügt, die verschiedene Arten von Formularen und Etiketten repräsentieren (Abbildung 4). Die Relation zwischen dem zentral gesetzten Rechteck und den kleineren Figuren wird dabei nicht explizit gemacht. Sie lässt sich als Verhältnis zwischen zentralisierter Datenbank und entsprechender dezentraler Eingabemasken respektive Formulare interpretieren, in dem beide zur Standardisierung des so aufgebauten Index beitragen.

Abbildung 4: Boundary object: forms/labels

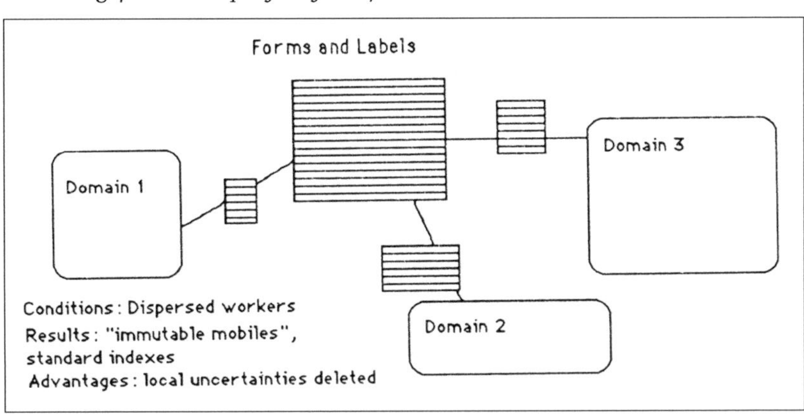

S. L. Star: »The Structure of Ill-Structured Solutions«, S. 51.

Die Nähe von Formularen und Repositorien erwähnt Star zwar, jedoch sind beide nicht identisch. Unterschiede bestehen vor allem hinsichtlich des Vollzugs ihrer Maßstabsleistungen: Ein Repositorium dient mitsamt seines institutionellen Charakters (als Museum, Archiv, Bibliothek, Plattform) der Gewährleistung von insge-

39 | S. L. Star/J. R. Griesemer: »Institutional Ecology, ›Translations‹ and Boundary Objects«, S. 411.

samt standardisierter Modularität zwischen unterschiedlichen Domänen, während Formulare und Etiketten innerhalb des zumeist durch ein Repositorium vorgegebenen Rahmens verteilte Arbeitspraktiken und Datenaggregation standardisieren sollen. Je nach Situation kann es sich bei den Formularen und Etiketten um disziplinierende Medien handeln, die nicht nur der Delegation von Arbeitsaufgaben, sondern ebenso der Normalisierung von Praktiken dienen.

Star weist in Diagramm und Text auf den Vorteil der so »ausgelöschten« lokalen Unsicherheiten hin, den die Formulare mit den Idealtypen gemeinsam haben. Dies ist wiederum ein erstaunlich optimistischer Zug des Textes, denn gerade formularbasierte Interaktion zeichnet sich durch fortwährende Spannung aus, die aus dem Missverhältnis vorgegebener Kategorien, Klassifikationsarbeit und individuellem Fall entsteht. Eine solche Art von ›mismatch‹ würde man ebenso wie das Inrechnungstellen ›unsauberer‹ Daten wiederum als konstitutiv für den Umgang mit schlecht strukturierten Lösungen erachten. »The only good classification is a living classification« heißt es hierzu am Ende von *Sorting Things Out* – wiederum in konstruktiver Wendung der zwiespältigen Bürokratisierung von Krankheiten, Ordnungen der Geschlechter und ethnischer Klassifikationen.[40] Das einzig gute Grenzobjekt, so ließe sich im Anschluss daran formulieren, ist ein lebendiges Grenzobjekt. Es entfaltet nur in und durch Interaktion seine vermittelnde Kraft.

Gerade deshalb ist die Aufnahme von Bruno Latours *immutable mobiles* in die Grenzobjekt-Kategorie der Formulare und Etiketten ebenso folgerichtig wie befragenswert, zeichnet sich doch die Akteur-Netzwerk-Theorie ebenfalls durch eine Betonung und Bevorzugung des aktiven Handelns aus. Bezeichnenderweise stellen *immutable mobiles* bei Star die Resultate der Formular- und Etikettennutzung dar. Der formstabilen, über lange Distanzen transportierbaren Information gilt aber ihr Interesse weitaus weniger als den vielen kleinen Schritten, mit denen Information immer wieder neu übersetzt, re-repräsentiert und stabilisiert wird. In einem späteren Text zur Politik formaler Repräsentationen, der die eigentliche Fortsetzung der »Struktur schlecht strukturierter Lösungen« bietet, nennt sie die entsprechenden Verläufe Re-Repräsentationspfade: »[W]e can think of immutable mobiles as traveling along a path of work, where the tensions between mutability and immutability are managed in every situation. This path is a ›re-representation path‹.«[41]

Hierzu gehören auch die »mismatches in the division of labor and representational complexity resulting from the complex [organizational, S. G.] nature of the work«.[42] Anstelle der vergleichsweise ›flachen‹ *immutable mobiles* betont Star die komplexe Nutzung und Einbettung ihrer Information in geschichteten Re-Repräsentationen. Stars Denken bietet so ein medienwissenschaftlich anschlussfähiges, arbeitsorientiertes Konzept der Operationskette,[43] das der Mikroebene des informationsbasierten Zusammenarbeitens mit digitalen Medien kongenial entspricht. Kooperative Arbeit

40 | G. C. Bowker/S. L. Star: *Sorting Things Out*, S. 326.

41 | S. L. Star: »The Politics of Formal Representations«, S. 92.

42 | Ebd., S. 93.

43 | E. Schüttpelz: »Der Punkt des Archimedes«, S. 238: »Personen, Artefakte und Zeichen (etwa operative Bilder, Schriftstücke und Zahlen) werden durch Operationsketten gebildet, die Personen, Artefakte und Zeichen gleichermaßen in Mitleidenschaft ziehen und dabei transformieren.«

ist auf Re-Repräsentationen der gemeinsam bearbeiteten Daten und Prozesse angewiesen, die alle Akteure zur fortwährenden Artikulationsarbeit[44] herausfordern, um sowohl gut als auch schlecht strukturierte Lösungen zu ermöglichen.

Ein neuer Durkheim-Test?

Ein rundum erneuerter Durkheim-Test, der ausgehend von den Re-Repräsentationspfaden neueren »Cultures of Computing« gerecht wird, hätte genau an dieser Stelle anzusetzen. Denn Susan Leigh Star war Zeugin, Ethnografin und Sozialtheoretikerin der Nutzung und Transformation digitaler Medien im Arbeitsalltag. Für die Konzeption der Grenzobjekte in der »Struktur schlecht strukturierter Lösungen« griff sie jedoch nicht auf computernahe Beispiele zurück, sondern auf Museen, Bibliotheken, Archive, Karten, Diagramme, Atlanten, Formulare und Etiketten als Medien der Kooperation. Damit nahm sie das intensive Interesse der Verteilten Künstlichen Intelligenz an menschlichen Koordinationspraktiken auf, das Programmierung und Epistemologie seit Beginn der 1980er Jahre kennzeichnete. Diese hatte sich von der – bei Herbert Simon noch avisierten[45] – allgemeingültigen Lösung für schlecht wie gut strukturierbare Probleme bereits verabschiedet: »We have come to believe that there are no general algorithms to dictate optimum cooperation« hieß es in einem 1983 für die RAND Corporation[46] verfassten Bericht zu maschinellen Kooperationsstrategien beim verteilten Problemlösen. Auffällig bleibt auch bei Star das stark rezentrierende Moment dieser Forschungsrichtung, bei der verteilte Probleme zentralisiert berechenbar gemacht werden, damit Koordination und Kontrolle über einen definierten Ort ›in der Mitte‹ verfügen sollten.

Die Grenzobjekte handeln jedoch davon, dass dieser Ort nicht notwendigerweise aus einem »centre of calculation«[47] oder einem »centre of coordination« bestehen muss, das die Kohärenz heterogener Information herstellt und gewährleistet. Sie prozessieren stattdessen verteilte Information über Re-Repräsentationspfade in institutionellen Ökologien. Hierin liegt die eigentliche Herausforderung des Durkheim-Tests: im Erkennen des kooperativen Charakters von Operationsketten, der Erforschung von Medienpraktiken, die Grenzobjekte produzieren und der Analyse der Grenzobjekte, die Praktiken innerhalb einer institutionellen Ökologie koordinieren.

Sebastian Gießmann forscht im SFB »Medien der Kooperation« an der Universität Siegen.

44 | Vgl. den Beitrag »Schichten des Schweigens, Arenen der Stimme« von Star und Anselm Strauss in diesem Band.

45 | H. A. Simon: »The Structure of Ill Structured Problems«. Vgl. auch den Beitrag von Erhard Schüttpelz in diesem Band.

46 | Vgl. zur Rolle dieses Think Tanks für die Beratung des amerikanischen Militärs und die Mediengeschichte C. Pias/S. Vehlken: »Einleitung. Von der ›Klein-Hypothese‹ zur Beratung der Gesellschaft«.

47 | Der Begriff der *centres of calculation* wurde von Bruno Latour eingeführt, um die logistische und bürokratische Bearbeitung von *immutable mobiles* mit wissenschaftlichen Daten an einem herausgehobenen Ort zu bezeichnen. Vgl. *Science in Action*, Kap. 6.

Literatur

Bowker, Geoffrey C./Star, Susan L.: *Sorting Things Out. Classification and Its Consequences*, Cambridge, MA/London: MIT Press 1999.

Cammarata, Stephanie/McArthur, David/Steeb, Randall: »Strategies of Cooperation in Distributed Problem Solving«, in: *RAND Notes* 10 (1983), S. 1–22

Davis, Randall: »Report on the Workshop on Distributed AI«. Working Paper 204, MIT Artificial Intelligence Laboratory, 1980. http://dspace.mit.edu/bitstream/handle/1721.1/41155/AI_WP_204.pdf vom 31.7.2017.

Ekbia, Hamit R.: *Artificial Dreams. The Quest for Non-Biological Intelligence*, Cambridge u. a.: Cambridge University Press 2008. https://doi.org/10.1017/CBO9780511802126

Engelmore, Robert/Morgan, Tony (Hg.): *Blackboard Systems*, Wokingham u. a.: Addison-Wesley 1988.

Gasser, Les: »Leigh Star and the Appearance of ›The Structure of Ill-Structured Solutions‹«, in: Geoffrey C. Bowker/Stefan Timmermanns/Adele E. Clarke/Ellen Balka (Hg.), *Boundary Objects and Beyond. Working with Leigh Star*, Cambridge, MA/London: MIT Press 2016, S. 239–241.

Gerson, Elihu M./Star, Susan L.: »Analyzing Due Process in the Workplace«, in: *ACM Transactions on Office Information Systems* 4/3 (1986), S. 257–270. https://doi.org/10.1145/214427.214431

Gießmann, Sebastian: »Der Durkheim-Test. Anmerkungen zu Susan Leigh Stars Grenzobjekten«, in: *Berichte zur Wissenschaftsgeschichte* 38/3 (2015), S. 211–226. https://doi.org/10.1002/bewi.201501724

Hewitt, Carl: »Offices Are Open Systems«, in: *ACM Transactions on Office Information Systems* 4/3 (1986), S. 271–287. https://doi.org/10.1145/214427.214432

Kling, Rob: »Cooperation, Coordination and Control in Computer Supported Cooperative Work«, in: *Communications of the ACM* 34/12 (1991), S. 83–88. https://doi.org/10.1145/125319.125396

Latour, Bruno: *Science in Action*, Cambridge, MA: Harvard University Press 1988.

Latour, Bruno: »Über technische Vermittlung. Philosophie, Soziologie und Geneaologie«, in: Andréa Belliger/David J. Krieger (Hg.), *ANThology. Ein einführendes Handbuch zur Akteur-Netzwerk-Theorie*, Bielefeld: transcript 2006, S. 483–528.

Markoff, John: *Machines of Loving Grace. The Quest for Common Ground Between Humans and Robots*, New York: Ecco 2015.

McCarthy, John/Hayes, Patrick: »Some Philosophical Problems From the Standpoint of Artificial Intelligence«, in: Bernard Meltzer/Donald Michie (Hg.), *Machine Intelligence*, Bd. 4, Edinburgh: Edinburgh University Press 1969, S. 463–502.

McClelland, Jay M./Rumelhart, David/PDP Research Group: *Parallel Distributed Processing: Explorations in the Microstructure of Cognition*, Cambridge, MA: MIT Press 1986.

Nii, Penny H.: »The Blackboard Model of Problem Solving and the Evolution of Blackboard Architectures«, in: *Artificial Intelligence Magazine* 7/2 (1986), S. 38–53.

Pias, Claus/Vehlken, Sebastian: »Einleitung. Von der ›Klein-Hypothese‹ zur Beratung der Gesellschaft«, in: Thomas Brandstetter/Claus Pias/Sebastian Vehlken (Hg.), *Think Tanks. Die Beratung der Gesellschaft*, Zürich/Berlin: diaphanes 2010, S. 7–15.

Schüttpelz, Erhard: »Der Punkt des Archimedes. Einige Schwierigkeiten des Denkens in Operationsketten«, in: Georg Kneer/Markus Schroer/Erhard Schüttpelz (Hg.), *Bruno Latours Kollektive. Kontroversen zur Entgrenzung des Sozialen*, Frankfurt a. M.: Suhrkamp 2008, S. 234–258.

Simon, Herbert A: »The Structure of Ill Structured Problems«, in: *Artificial Intelligence* 4/3-4 (1973), S. 181–201. https://doi.org/10.1016/0004-3702(73)90011-8

Star, Susan L.: »Living Grounded Theory. Cognitive and Emotional Forms of Pragmatism«, in: Anthony Bryant/Kathy Charmaz (Hg.), *The SAGE Handbook of Grounded Theory*, Thousand Oaks, CA/London/New Delhi: Sage 2007, S. 75–94. https://doi.org/10.4135/9781848607941.n3

Star, Susan L.: *Regions of the Mind. Brain Research and the Quest for Scientific Certainty*, Stanford, CA: Stanford University Press 1989.

Star, Susan L.: *Scientific Theories as Going Concerns. The Development of the Localizationist Perspective in Neurophysiology, 1870–1906*, University of California, SF: Department of Social and Behavioral Science 1983.

Star, Susan L.: »Simplification in Scientific Work: An Example from Neuroscience Research«, in: *Social Studies of Science* 13/2 (1983), S. 205–228. https://doi.org/10.1177/030631283013002002

Star, Susan L.: »The Structure of Ill-Structured Solutions. Boundary Objects and Heterogeneous Distributed Problem Solving«, in: Les Gasser/Michael N. Huhns (Hg.), *Distributed Artificial Intelligence* (= Research Notes in Artificial Intelligence, Vol. II), London/Pitman/San Mateo, CA: Morgan Kaufmann 1989, S. 37–54.

Star, Susan L. (Hg.): *The Cultures of Computing*, Oxford/Cambridge, MA: Blackwell 1995.

Star, Susan L.: »The Politics of Formal Representations. Wizards, Gurus, and Organizational Complexity«, in: Dies. (Hg.), *Ecologies of Knowledge. Work and Politics in Science and Technology*, Albany: State University of New York Press 1995, S. 88–118.

Star, Susan L.: »This Is Not a Boundary Object. Reflections on the Origin of a Concept«, in: *Science, Technology, & Human Values* 35/5 (2010), S. 601–617. https://doi.org/10.1177/0162243910377624

Star, Susan L./Gerson, Elihu M.: »The Management and Dynamics of Anomalies in Scientific Work«, in: *Sociological Quarterly* 28/2 (1986), S. 147–169. https://doi.org/10.1111/j.1533-8525.1987.tb00288.x

Star, Susan L./Griesemer, James R.: »Institutional Ecology, ›Translations‹ and Coherence:[48] Amateurs and Professionals in Berkeley's Museum of Vertebrate Zoology, 1907–1939, in: *Social Studies of Science* 19/3 (1989), S. 387–420. https://doi.org/10.1177/030631289019003001

Strübing, Jörg: *Pragmatistische Wissenschafts- und Technikforschung. Theorie und Methode*, Frankfurt a. M.: Campus 2005.

Turing, Alan: »Rechenmaschinen und Intelligenz«, in: Bernhard Dotzler/Friedrich Kittler (Hg.), *Intelligence Service. Schriften*, Berlin: Brinkmann & Bose 1987, S. 147–182.

Vehlken, Sebastian/Engemann, Christoph: »Supercomputing«, in: *Archiv für Mediengeschichte* 11 (2011), »Takt und Frequenz«, S. 143–161.

48 | Der Titel wird so von Star in der Literaturliste der »Structure of Ill-Structured Solutions« angeführt: Die Boundary Objects sind offenbar erst später anstelle von »Coherence« in den Titel aufgenommen worden.

Kategoriale Arbeit und Grenzinfrastrukturen

Bereichernde Klassifikationstheorien[1] (1999)

Geoffrey C. Bowker und Susan Leigh Star

Woher stammen Kategorien? Wie überbrücken sie die Grenzen der Gemeinschaften, die sie verwenden? Wie können wir etwas erkennen und analysieren, das so allgegenwärtig und infrastrukturell ist – etwas, das »zwischen« einem Ding und einer Handlung steht? Diese Fragen standen in den vergangenen 100 Jahren großenteils im Mittelpunkt der Sozialwissenschaften. Soziologie wie Geschichtswissenschaft befassen sich mit Beziehungen, die unsichtbar sind – außer durch Indikatoren wie z. B. menschliche Handlungen. Relationen wie Mitgliedschaft, Lernen, Ignorieren oder Kategorisieren kann man nicht direkt *sehen*. Sie sind Namen, die wir Mustern und Indikatoren geben. Wenn sich jemand bei den Dingen und der Sprache wohlfühlt, derer sich eine Gruppe anderer Menschen bedient, sagen wir, dass er oder sie dieser Gruppe angehört. In diesem Sinn stammen Kategorien – unsere eigenen und die anderer – aus Handlungen und im Gegenzug aus Relationen. Sie werden, wie uns Soziologen wie Aaron Cicourel[2] erklären, ständig erneuert und aufgefrischt, und zwar überaus geschickt. Die Fälle, mit denen wir uns befassen, sind durch einen Dialog mit einer umfangreichen Literatur über Sprache, Gruppenmitgliedschaft und Klassifikation gerahmt.

In diesem Aufsatz wollen wir mehreren Aspekten dieses Dialogs ausführlicher nachgehen. Unser Ziel ist allerdings viel bescheidener als eine gründliche Analyse von Kategorisierung und Sprache. Wir untersuchen Klassifikationssysteme als historische und politische Artefakte – weitgehend als Teil der modernen westlichen Bürokratie. Dingen, Menschen oder ihren Handlungen Kategorien zuzuschreiben ist ein allgegenwärtiger Teil von Arbeit im modernen, bürokratischen Staat. Kategorien in diesem Sinn entstehen aus Arbeit und aus anderen Arten organisierter Tätigkeit, Konflikte um Bedeutung inklusive. Zu ihnen kommt es, wenn sich mehrere Gruppen über die Beschaffenheit eines Klassifikationssystems und seiner Kategorien streiten.

1 | Anm. d. Hg.: Beim folgenden Text handelt es sich um das neunte Kapitel von G. C. Bowker/S. L. Star: *Sorting Things Out.*

2 | A. Cicourel: *Method and Measurement in Sociology.*

Dieser Aufsatz greift die theoretischen Fäden der Fälle in unserem Buch *Sorting Things Out*[3] auf, um ein allgemeines Konzept dieser Klassifikationssysteme zu entwickeln. Wir treten damit gleichsam einen Schritt zurück und sehen uns an, wie sich die verschiedenen Arten von Klassifikation zur Textur eines sozialen Raums zusammenfügen. Wir gehen dabei vom Klassifizieren und von Grenzobjekten[4] zur kategorialen Arbeit und Grenzinfrastrukturen über und verweben dabei die vielen Stränge, die unsere Fälle darstellen. Es ist allerdings schwierig, eine Vision zu bewahren, die es uns ermöglicht, die Beziehungen zwischen Menschen, Dingen, der moralischen Ordnung, Kategorien und Standards zu erkennen. Dies erfordert eine gute Karte und einen funktionierenden Kompass, und beides versuchen wir hier zu liefern.

Die Reise beginnt, indem wir ein wenig von dem theoretischen Unterholz beseitigen, das gerade die Auffassungen von Kategorien und Klassifikation umgibt. Für viele Wissenschaftler stammen Kategorien aus einer abstrakten Wahrnehmung von »Verstand«, die kaum in den Erfordernissen von Arbeit oder Politik verankert ist. Die Arbeit, Dinge mit Kategorien zu verbinden, und die Art und Weise, wie diese Kategorien zu Systemen geordnet werden, übersieht man oft (Sprachtheoretiker wie Harvey Sacks einmal ausgenommen[5]).

Wir stellen zunächst Klassifikationssysteme in modernen Organisationen als Werkzeuge dar, die sowohl materiell wie symbolisch sind. Als Informationstechniken, die dazu dienen, über die Grenzen disparater Gemeinschaften hinweg zu kommunizieren, weisen sie teils einzigartige Eigenschaften auf. Infolgedessen erörtern wir einige grundlegende Annahmen über großangelegte Informationssysteme und untersuchen, wie mit ihrer Hilfe über Kontexte kommuniziert wird. Diese Systeme sind stets heterogen. Ihre Ökologie umfasst das Formale und das Formlose sowie die Arrangements, die getroffen werden, um die Bedürfnisse heterogener Gemeinschaften zu befriedigen – diese Arrangements sind teils kooperativ, teils zwingend.

Im dritten Teil unserer Reise versuchen wir zwei Komplexe von Beziehungen zu verstehen: erstens auf analytische Weise die Beziehungen zwischen Menschen und Mitgliedschaft und zweitens die Beziehungen zwischen Dingen und ihrer Naturalisierung durch Praxisgemeinschaften *(communities of practice)*.

Beim vierten Schritt entfernen wir uns vom Analysieren der Beziehungen zwischen Einzelperson und einzelner Mitgliedschaft sowie zwischen Einzelobjekt und einzelner Naturalisierung und gehen zum Beschreiben eines größeren Komplexes mannigfaltiger Beziehungen über. Alle Menschen sind Teil mannigfaltiger Praxisgemeinschaften. Dinge können in mehr als einer sozialen Welt naturalisiert sein – entweder auf andere Weise oder auf die gleiche Weise. Mannigfaltig sind sowohl die Zugehörigkeiten von Menschen wie auch die Naturalisierungen von Objekten, und diese Prozesse sind darüber hinaus auf das Engste miteinander verflochten.

Der fünfte Teil dieses Aufsatzes führt die Idee der kategorialen Arbeit ein – der Arbeit, die Menschen leisten, um sowohl mit diesen mannigfaltigen Mitgliedschaften als auch mit den mannigfaltigen Naturalisierungen von Objekten zu jonglieren. In dieser Arbeit steckt der Genius dessen, was Sacks »Tun, um normal

3 | G. C. Bowker/S. L. Star: *Sorting Things Out*.

4 | Vgl. die Beiträge von Ulrike Bergermann, Christine Hanke, Sebastian Gießmann und Erhard Schüttpelz in diesem Band.

5 | H. Sacks: »Everyone Has to Lie« und *Lectures on Conversation* [sic!].

zu sein«[6] oder Strauss »kontinuierliche Permutationen von Handeln«[7] genannt hat. In der scheinbar einfachsten Handlung, etwa der Auswahl eines Kleidungsstückes, ist unser komplexes Wissen um Situationen eingebettet. (Wo werde ich heute hingehen? Wie sollte ich für die vielfältigen Aktivitäten aussehen, an denen ich mich beteiligen werde?) Diese Situationen erfordern mannigfaltige Zugehörigkeiten und das Wissen darüber, wie Objekte in Gemeinschaften unterschiedlich genutzt werden. (Wird dieses Hemd »passen« für ein Meeting beim Dekan, für ein Mittagessen mit einem potenziellen Liebhaber und für einen Termin beim Arzt am Ende des Tages?) Viele dieser Wahlmöglichkeiten werden standardisiert und Teil unserer Umgebung – so ist z. B. die gewählte Kleidungskollektion durch die Läden, in denen wir einkaufen können, durch modische Traditionen und so weiter institutionalisiert. Formal betrachtet heißt dies, dass die Institutionalisierung von kategorialer Arbeit in mannigfaltigen Praxisgemeinschaften im Lauf der Zeit die Strukturen unseres Lebens erzeugt – von der Kleidung bis zu Häusern. Die in die gestaltete Umgebung eingelassenen Teile wollen wir hier Grenzinfrastruktur nennen – Objekte, die größere Maßstäbe als Grenzobjekte haben und mehrere Skalierungsebenen durchqueren.

Der Aufsatz schließt mit einer Erörterung künftiger Richtungen der Erforschung von Klassifikationen, Standards und ihren komplexen Beziehungen zu Mitgliedschaften in Praxisgemeinschaften. Dazu gehören auch Möglichkeiten, wie wir uns diese komplizierten Beziehungen anschaulich und modellhaft vorstellen könnten.

Insgesamt geht es uns in diesem Aufsatz darum, theoretisch zu verfolgen, was wir in unserem Buch *Sorting Things Out* empirisch und methodologisch dargelegt haben: dass Kategorien historisch verortete Artefakte und wie alle Artefakte als Teil der Mitgliedschaft zu Praxisgemeinschaften erlernt sind. Wir wollen außerdem über diese Erkenntnis jenseits des individuellen »Verstands«, der individuellen Aufgabe oder der kleinen Größenordnung sprechen. Klassifikationen als Technologien sind mächtige Artefakte, die Tausende von Gemeinschaften verbinden und hoch komplexe Grenzen überbrücken können.

Was für ein Ding ist eine Kategorie?

> »Insofern das Codierungsschema eine Orientierung gegenüber der Welt eröffnet, konstituiert es eine Struktur von Intentionalität, deren richtiger Ort nicht der isolierte, kartesianische Verstand, sondern ein viel größeres Organisationssystem ist, das charakteristischerweise durch so banale bürokratische Dokumente wie Formulare vermittelt wird.«[8]
> CHARLES GOODWIN

Klassifikation ist ein zentrales Thema der Anthropologie, insbesondere der Kognitiven Ethnologie, sowie der Informatik. In jüngster Zeit versucht man, die praktischen,

6 | H. Sacks: »Everyone Has to Lie«.

7 | A. Strauss: *Continual Permutations of Action*.

8 | C. Goodwin: »Practices of Color Classification«, S. 65.

arbeitsrelevanten Aspekte von Klassifikation als Teil eines größeren Projekts zu verstehen, das im Zusammenhang mit einem neuen Konzept von Kognition steht.[9]

Ein neues Konzept von Kognition

Anthropologie, Psychologie und Wissenschaftssoziologie haben sich in den letzten zwanzig Jahren erneut bemüht, die materiellen, sozialen und ökologischen Aspekte von Kognition zu verstehen. Auch unsere Arbeit ist von dieser intellektuellen Bewegung zutiefst geprägt. Kurz gesagt versucht die Forschung in dieser Tradition, Aktivitäten, die zuvor als individuell, mental und nichtsozial verstanden wurden, als verortet, kollektiv und historisch konkret zu begründen. In diesem Sinn geht es z. B. beim Lösen eines mathematischen Problems nicht darum, verstandesmäßig einen Algorithmus anzuwenden und zu der richtigen Lösung auf eine Weise zu gelangen, die außerhalb von Zeit und Kultur existiert – vielmehr ist dies ein Prozess, bei dem zur Verfügung stehende Materialien zusammengestellt und mit anderen in spezifischen Kontexten verwendet werden. Jean Lave beispielsweise untersuchte das Lösen mathematischer Probleme im Alltag und stellte es formellen Prüfungssituationen gegenüber.[10] Sie begleitete Erwachsene beim Einkaufen von Schnäppchen in einem Supermarkt, Mitglieder der Weight Watchers beim Abwiegen von Hüttenkäse, um die nach den Diätvorschriften korrekte Gewichtseinheit zu bekommen, sowie allen möglichen anderen banalen Aktivitäten. Sie beobachtete Menschen, wie sie in diesen Fällen hoch abstrakte, kreative mathematische Probleme lösten. Um Gewichtseinheiten zu messen, dachten sie sich neue Analyseeinheiten im Austausch gegen vorgegebene aus, indem sie buchstäblich den Hüttenkäse aufschnitten, diese materiellen Einheiten herumbewegten oder eine Büchse neben eine andere hielten. Diese Aufgaben wurden erfolgreich von Menschen gelöst, die in einem traditionellen Mathematiktest schlecht abschnitten. Es gab, so Lave, keine Möglichkeit, die materiellen Umstände der Problemlösung von den mathematischen Herausforderungen zu trennen. Diejenigen, die mathematische Probleme anscheinend ohne solche äußeren Hilfen lösen, sind nicht in einem mutmaßlichen Bereich der reinen Zahl tätig – vielmehr haben sie und ihre Beobachter die Strukturen, innerhalb derer sie operieren, so naturalisiert, dass sie unsichtbar geworden sind. Lucy Suchman trägt ein ähnliches Argument für den Planungsprozess als materielle Ressource vor, Ed Hutchins für Navigationsprobleme[11] und Janet und Charles Keller für das Konstruieren und Messen bei Eisenschmiedearbeiten.[12] Wir bemühen uns genau wie sie um ein neues Konzept des Kategorisierens und Klassifizierens, die so oft als rein mental verstanden werden.

Die Schwierigkeit der Konzeptualisierung von Klassifikationen ist auch mit Michael Coles Suche nach der Natur von Artefakten im vermittelten Handeln verwandt. Cole erklärt:

9 | Siehe z. B. L. Suchman: »Representing Practice in Cognitive Science«; E. Hutchins: *Cognition in the Wild*; M. C. Keller/J. D. Keller: *Cognition and Tool Use* und J. Lave: *Cognition in Practice*.

10 | Ebd.

11 | E. Hutchins: *Cognition in the Wild*.

12 | M. C. Keller/J. D. Keller: *Cognition and Tool Use*.

»Ein Artefakt ist ein Aspekt der materiellen Welt, der im Laufe seiner Inkorporierung ins zielgerichtete menschliche Handeln modifiziert worden ist. Aufgrund der mit dem Prozess ihrer Schöpfung und Nutzung verbundenen Veränderungen sind Artefakte gleichzeitig *ideell* (konzeptuell) und *materiell*. Ideell sind sie insofern, als dass ihre materielle Form durch ihre Beteiligung an den Interaktionen gestaltet wird, von denen sie zuvor ein Teil waren und die sie in der Gegenwart vermitteln.«[13]

Es ist schwierig, die Materialität von Kategorien zu analysieren, genau wie die von anderen Dingen, die mit dem rein Kognitiven assoziiert werden. Eine gute Möglichkeit für den Anfang ist die janusköpfige konzeptuell-materielle Vorstellung von Artefakten, die Cole vorgeschlagen hat – verbunden mit aufmerksamer Betrachtung der praktischen Nutzung von Kategorien. Klassifikationen sind sowohl konzeptuell (im Sinn von beständigen Mustern von Veränderung und Handeln, von Ressourcen für das Organisieren von Abstraktionen) wie materiell (in dem Sinn, dass sie in Materie eingeschrieben sind, von ihr transportiert werden und an ihr haften).

Coles Absicht ist es, die konzeptuelle und die symbolische Seite von Dingen zu betonen, die oft als Materialien, Werkzeuge und andere Artefakte betrachtet werden. Gleichermaßen zutreffend ist es, die rohe materielle Kraft dessen zu betonen, was – wie Kategorien – als ideal gilt.

Die pragmatistische Wende

Die radikalste Wende, die pragmatistische Philosophen wie Dewey und Bentley und im Anschluss an sie die Soziologen der Chicago School wie Thomas und Hughes vollzogen haben, ist vielleicht am wenigsten verstanden worden. Historisch wie konzeptuell hängt sie mit dem oben dargestellten neuen Konzept von Kognition zusammen. Die Folgen, so behauptete Dewey gegen eine anschwellende Flut der analytischen Philosophie, seien das, was es an jedem Argument zu betrachten gelte – nicht die ideallogischen Voraussetzungen. An einem Argument zähle allein, wer es unter welchen Bedingungen für wahr halte. Mit dieser auf die Soziologie übertragenen Argumentation wandten sich William und Dorothy Thomas (und einige Jahrzehnte später Howard Becker) gegen den Essenzialismus in der Untersuchung sogenannter Abweichler oder Problemkinder.[14] Wenn Sozialwissenschaftler nicht verstehen, wie Menschen eine Situation definieren, verstehen sie diese überhaupt nicht. Nach dieser Definition – sei es die Etikettierung als Abweichler oder das Absolvieren eines religiösen Rituals – werden die Menschen ihr Verhalten ausrichten.

Dies ist eine viel tiefer reichende Einschränkung der Konstruktion des Sozialen als die bloße Vorstellung, Menschen würden ihre eigene Wirklichkeit konstruieren. Sie kommentiert nicht, wo die Definition der Situation herrühren kann – vom Menschlichen oder Nichtmenschlichen, von einer Struktur oder einem Prozess, von einer Gruppe oder einem Individuum. Entschieden lenkt sie die Aufmerksamkeit auf die Tatsache, dass die Materialität von etwas (einer Handlung, einer Idee,

13 | M. Cole: *Cultural Psychology*, S. 117.

14 | W. I. Thomas/D. S. Thomas: »Situations Defined as Real Are Real in Their Consequences« und H. S. Becker: *Outsiders*.

einer Definition, eines Hammers, eines Gewehrs oder einer Schulnote) aus den Folgen seiner Situation abgeleitet wird.

Die pragmatistische Wende betont genau wie die von Cole und anderen vollzogene theoretische Wende zur Aktivität die Möglichkeiten, wie als real wahrgenommene Dinge Handeln vermitteln können.[15] Wenn jemand für eine Hexe oder einen Hexenmeister gehalten und ein ausgeklügelter technischer Apparat entwickelt wird, der sie oder ihn als Hexe oder Hexenmeister diagnostiziert, dann tritt die Wirklichkeit der Hexerei in den Folgen in Kraft – vielleicht als Tod auf dem Scheiterhaufen. Klassifikationssysteme sind eine Form von Technik, werden im Sinne von Cole angewandt, in ausgeklügelten Informationssystemen miteinander verknüpft und halten denen, die von ihnen erfasst werden, nachhaltige Konsequenzen eindringlich vor Augen.

Der folgende Abschnitt erörtert die Probleme der Maßstabsveränderungen, von Grenzobjekten und Klassifikationssystemen einerseits bis zur Vorstellung von Grenzinfrastruktur andererseits. Diese Analyse fasst die Vorstellungen von Mannigfaltigkeit und den symbolisch-materiellen Aspekten von Kategorien als Artefakten zusammen, von denen oben die Rede war.

Informationssysteme über Kontexte hinweg

Ganz abstrakt gesprochen, erfordern Konstruktion und Nutzung von Informationssystemen das Verknüpfen einer zu einer Zeit und an einem Ort gewonnenen Erfahrung mit einer zu einer anderen Zeit und an einem anderen Ort gewonnenen Erfahrung, und zwar mittels gewisser Repräsentationen. Selbst die scheinbar simple Replikation und Transmission von Information von einem Ort zu einem anderen erfordert ein Codieren und Decodieren, wenn Zeit und Ort sich ändern. Somit verschiebt sich der Kontext von Information ungeachtet ihrer Kontinuitäten, und die Verschiebung im Kontext vermittelt der Information an sich Heterogenität. Klassifikationen sind eine weit verbreitete Art von Repräsentation, die für diesen Zweck verwendet wird. Formale Klassifikationssysteme sind zum Teil ein Versuch, die Bewegung der Information von einem Kontext zu einem anderen zu regeln – um eine Möglichkeit des Zugangs zu Information jederzeit und überall in Zeit und Raum zu gewährleisten. Die Internationale Klassifikation der Krankheiten (ICD) beispielsweise überträgt Information um den Globus, über Jahrzehnte und überall in mannigfaltigen, widersprüchlichen medizinischen Glaubens- und Praxissystemen.

Vereinfacht gesagt, besteht eines der interessanten Merkmale von Kommunikation darin, dass Information in mehr als einem Kontext anwesend sein *muss*, um wahrgenommen zu werden. Wir wissen, was etwas ist, im Vergleich mit dem, was es nicht ist. Erst die Stille macht musikalische Töne hörbar; eine Unterhaltung wird als ein Gegensatz von Kontexten verstanden, von Sprecher und Hörer, von Worten, Pausen und Atemzügen. Um sinnvoll zu sein, müssen diese Informationskontexte wiederum durch eine Art von Gleichwertigkeits- oder Vergleichbarkeitsbeurteilung verknüpft werden. Dies spielt sich in allen Größenordnungen ab, und wir alle vollziehen es routinemäßig als Teil des täglichen Lebens.

15 | S. L. Star: »From Hestia to Home Page«.

Nichts von alldem ist für Informations- und Kommunikationstheorien neu: Seit langem haben wir Modelle von Signalen und Zielobjekten, Hintergrund, Rauschen und Filtern, Signalen und Qualitätskontrollen. Wir übertragen diese Erkenntnis auf die Ebene der sozialen Interaktion. Menschen können oft nicht erkennen, was sie für selbstverständlich halten, bis sie Menschen begegnen, die dies nicht für selbstverständlich halten.

Radikal formuliert hieße dies, dass Information nur dann Information ist, wenn es *mannigfaltige* Interpretationen gibt. Das Rauschen einer Person kann das Signal einer anderen sein, oder zwei Menschen können sich darauf verständigen, sich um etwas zu kümmern, aber erst die Spannung zwischen Kontexten erzeugt Repräsentationen. Problematisch werden unter diesen Umständen die Beziehungen zwischen Menschen und Dingen oder Objekten, die Beziehungen, die Repräsentationen erzeugen und nicht bloß Rauschen. Nach unserem ökologischen Denkansatz sind Menschen aktive Interpreten von Information, die ihrerseits in mannigfaltigen Kontexten von Nutzung und Praxis beheimatet sind.[16] Diese Mannigfaltigkeit ist primär und keinesfalls zufällig oder nebensächlich. Denken wir z. B. daran, wie das Design eines Computersystems gemeinschaftliches Schreiben unterstützt. Eevi Beck untersuchte die Entwicklung eines solchen Systems daraufhin, »wie zwei Autoren an unterschiedlichen Orten eine akademische Publikation mithilfe von Computern zusammen schrieben. Die Arbeit, die sie verrichteten, und die Art und Weise, wie sie dies taten, waren nicht zu trennen von ihrer unmittelbaren Umgebung und der Kultur, von der jene ein Teil war.«[17] Damit das ganze System funktionierte, jonglierten sie mit Zeitzonen, Terminplänen ihrer Partnerinnen und Teilen der Arbeitspraxis, z. B. dem Beenden der Sätze des jeweils anderen sowie der Handhabung technischer Aspekte der Schreibsoftware und Hardware. Sie mussten einen gemeinsamen Kontext aufbauen, um die Bedeutung der Information zu verstehen. Beck argumentiert hier gegen eine lange Tradition des dekontextualisierten Designs, in der allein die technischen oder eng interpretierten Betrachtungen über Arbeit vorherrschten.

Uns fehlt hier eine treffende relationale Sprache. Es herrscht eine ständige Spannung zwischen dem Formalen und dem Empirischen, dem Lokalen und dem Situierten sowie Versuchen, Information an allen Örtlichkeiten darzustellen. Und genau diese Spannung ist noch viel zu wenig erforscht und theoretisch erfasst. Hier geht es nicht bloß um einen Komplex interessanter metaphysischer Beobachtungen. Diese Spannung kann auch eine pragmatische Analyseeinheit werden. Wie kann etwas gleichzeitig konkret und abstrakt sein? Gleich und doch anders? Die Menschen sind es nicht gewohnt (noch nicht, hoffen wir), in Wissenschaft oder Technik auf diese Weise zu denken.[18] Während jedoch Informationssysteme in Größenordnung und Reichweite wachsen, steigt auch die Notwendigkeit solcher komplexen Analysen. Im Gegensatz zu den alten hierarchischen Datenbanken, bei denen Relationen zwischen Klassen zum Zeitpunkt ihrer Errichtung ein für alle

16 | S. L. Star: »Power, Technologies, and the Phenomenology of Standards«.

17 | E. Beck: »Changing Documents/Documenting Changes«.

18 | Eine solche Denkweise ist in Kunst, Mythos und Literatur – insbesondere in der surrealistischen Kunst, in mehrdeutiger Fiktion und im Film – sowie in Aspekten der feministischen und rassismuskritischen Theorie verbreitet.

Mal entschieden werden mussten, enthalten viele Datenbanken heute objektorientierte Ansichten über Daten. Dadurch sind unterschiedliche Attribute spontan für verschiedene Zwecke auswähl- und kombinierbar. Maßgeschneiderte Softwareanwendungen werden für die kundengerechte Nutzung in unterschiedlichen Umgebungen ebenso sehr wichtig.[19]

Wenn wir diese Aktivitäten im Kontext der Praxis betrachten, erkennen wir, was Suchman und Trigg die »kunstvolle Integration« lokaler Beschränkungen, empfangener standardisierter Anwendungen und der erneuten Repräsentation von Information nennen.[20] Die Spannung zwischen verschiedenen Örtlichkeiten bleibt, und diese Spannung ist nicht etwas, das vermieden oder getilgt werden sollte. Wenn die von Suchman und Trigg untersuchte Art von kunstvoller Integration a) eine anhaltende stabile Beziehung zwischen verschiedenen sozialen Welten wird und b) geteilte Objekte über Gemeinschaftsgrenzen hinweg errichtet werden, dann entstehen Grenzobjekte.

Grenzobjekte sind eine Möglichkeit, die Spannung zwischen unterschiedlichen Standpunkten zu bewältigen. Natürlich gibt es noch viele andere Möglichkeiten. Alle erfordern gewisse Bequemlichkeiten, improvisierte Lösungen und in einem gewissen Sinn ein höheres Maß an kunstvoller Integration. Auch sie gelingt, wenn Menschen kunstvoll mit Gestaltwechseln *(gestalt switching)* und sofortigem Übersetzen jonglieren.

Zu oft bleibt diese Art von Arbeit für die traditionelle Wissenschaft und Technik oder für rationale Prozessanalysen unsichtbar. Diese Spannung ist an sich kollektiv, historisch und teilweise institutionalisiert. Das Medium eines Informationssystems besteht nicht bloß aus Drähten und Steckern, Bits und Bytes, sondern auch aus Konventionen der Repräsentation, Informationen, die sowohl formal als auch empirisch sind. Ein System wird zu einem System durch Design und Nutzung, wobei es das eine nicht ohne das andere gibt. Das Medium ist die Botschaft, gewiss, und es ist auch der Fall, dass beide politische Schöpfungen sind.[21] Oder um es mit Donna Haraways Worten zu sagen:

»Keine Zwiebelschale der Praxis, die Technoscience ist, ist außerhalb der Reichweite der Technik kritischer Interpretation und kritischer Befragung von Position und Ort – dies ist die Bedingung für Verkörperung und Sterblichkeit. Das Technische und das Politische sind wie das Abstrakte und das Konkrete, wie Vordergrund und Hintergrund, Text und Kontext, Subjekt und Objekt.«[22]

Eine voll entwickelte Methode, die Mannigfaltigkeit-Heterogenität in Informationssystemen gerecht wird, muss auf viele Quellen zurückgreifen wie auch viele unerwartete Allianzen eingehen.[23] Wenn Menschen und Informationsobjekte in

19 | R. Trigg/S. Bødker: »From Implementation to Design«.

20 | L. Suchman/R. Trigg: »Artificial Intelligence as Craftwork«.

21 | J. R. Taylor/E. J. Van Every: *The Vulnerable Fortress*.

22 | D. Haraway: *Modest-Witness@Second-Millennium*, S. 10.

23 | S. L. Star: *Regions of the Mind*, 1. Kap.; dies.: »The Structure of Ill-Structured Solutions«, C. Hewitt: »Offices Are Open Systems« und J. Goguen: »A Social, Ethical Theory of Information«.

mannigfaltigen Kontexten zu Hause sind und ein zentrales Ziel von Informationssystemen darin besteht, Information über Kontexte hinaus zu übertragen, dann ist eine Repräsentation eine Art Pfad, der alles einschließt, was diese Kontexte bevölkert. Dies sind Menschen, Dinge-Objekte, vorherige Repräsentationen und Informationen über seine eigene Struktur. Für ein solches ökologisches Verständnis eines Re-Repräsentationspfades[24] sind somit hauptsächlich folgende Fragen zu beantworten:

1. Wie können Objekte gleichzeitig mannigfaltige Kontexte bewohnen und sowohl eine lokale wie eine gemeinsame Bedeutung haben?
2. Wie können Menschen, die in einer Gemeinschaft leben und ihre Bedeutung von dort befindlichen Menschen und Objekten ableiten, mit denen kommunizieren, die in einer anderen Gemeinschaft leben?
3. Wie bilden sich Beziehungen zwischen 1. und 2. – d.h. wie können wir die Informationsökologie von Menschen und Dingen in mannigfaltigen Gemeinschaften modellhaft gestalten?
4. Welche Antworten auf diese drei Fragen sind möglich und welche moralischen und politischen Konsequenzen sind mit jeder verbunden?

Standardisierung ist eine der üblichen Lösungen für diese Klasse von Problemen.[25] Wenn Schnittstellen und Formate in Kontexten Standard sind, dann ist die Antwort auf mindestens die ersten drei Fragen klar, und die vierte wird anscheinend irrelevant. Aber wir wissen aus einer langen und blutigen Geschichte von Versuchen, Informationssysteme zu standardisieren, dass Standards nicht sehr lange Standards bleiben und dass das, was für einen Menschen Standard ist, für einen anderen konfus und chaotisch sein kann.[26] Wir brauchen ein reichhaltigeres Vokabular als das von Standardisierung oder Formalisierung, um die Heterogenität und das Prozesshafte von Informationsökologien zu charakterisieren.

Grenzobjekte und Praxisgemeinschaften

Die Klasse von Fragen, die der gleitende Übergang zwischen Klassifikationen und Standards einerseits und die Eventualitäten von Praxis andererseits aufwerfen, stellt eine Kernproblematik in der Wissenschaftssoziologie und in Untersuchun-

24 | Anm. d. Hg.: Susan Leigh Star führt dieses von Elihu Gerson stammende Konzept in »The Politics of Formal Representations. Wizards, Gurus, and Organizational Complexity« als Kontrastfigur zu Bruno Latours »immutable mobiles« ein. Es bezeichnet die fortwährende Re-Repräsentation bzw. Übersetzung von Information an jedem relevanten Ort der Arbeit. Vgl. auch den Beitrag von Sebastian Gießmann in diesem Band.

25 | Die beiden anderen Lösungsarten sind 1. formale oder axiomatische Vorgehensweisen und 2. enzyklopädische Auflistungen mit abgeflachten oder standardisierten Nomenklaturen. Beide stellen andere Arten von gleichermaßen interessanten politischen Problemen dar. Vgl. auch S. L. Star: »The Structure of Ill-Structured Solutions«.

26 | L. Gasser: »The Integration of Computing and Routine Work« und S. L. Star: »Power, Technologies, and the Phenomenology of Standards«.

gen von Nutzung und Design in der Informatik dar. Auf beiden Gebieten existiert nunmehr eine reichhaltige Literatur, die die cleveren Möglichkeiten dokumentiert, wie Menschen organisieren und reorganisieren, wenn die lokalen Umstände ihrer Aktivitäten nicht den vorgeschriebenen Kategorien oder Standards entsprechen.[27] Jedwede Erzeugung oder Nutzung einer Repräsentation ist eine komplexe Leistung, ein Balanceakt zwischen Improvisation und der Bequemlichkeit, sich zu beschränken.

Menschen lernen, wie sie diese alltägliche, unmögliche Handlung vollziehen, wenn sie Mitglieder von »Praxisgemeinschaften« (wie Lave und Wenger dies nennen[28]) oder von »sozialen Welten« werden (wie Strauss dies bezeichnet[29]). Eine Praxisgemeinschaft oder soziale Welt ist eine Analyseeinheit, die auf formale Organisationen, Institutionen wie Familie und Kirche sowie andere Formen von Verbindungen wie soziale Bewegungen übergreift. Sie ist, vereinfacht gesagt, ein Komplex von Beziehungen zwischen Menschen, die Dinge zusammen tun.[30] Die Aktivitäten mit ihren Sachen, ihre Routinen und Ausnahmen konstituieren die Gemeinschaftsstruktur.[31] Neulinge in der Gemeinschaft lernen, indem sie »eine Art von« Mitgliedern werden, durch das, was Lave und Wenger als den Prozess der »legitimen peripheren Partizipation« bezeichnen.[32] Sie haben ermittelt, wie sich dieser Zugehörigkeitsprozess entfaltet und wie er das Lernen konstituiert.

Wir alle sind in diesem Sinn Mitglieder verschiedener sozialer Welten – Praxisgemeinschaften –, die zusammen Aktivitäten vollziehen. Die Mitgliedschaft in solchen Gruppen ist ein komplexer Prozess, der in Geschwindigkeit und Leichtigkeit variiert, je nachdem, wie verpflichtend sie ist und wie permanent sie sein kann. Ein Mensch ist kein geborener Geiger, sondern wird allmählich ein Angehöriger der Praxisgemeinschaft der Geigenspieler, und zwar durch eine lange Zeit von Unterrichtsstunden, gemeinsamen Unterhaltungen, technischen Übungen und der Teilnahme an einer Reihe anderer damit zusammenhängender Aktivitäten.

Menschen leben im Hinblick auf eine Praxisgemeinschaft entlang einer Trajektorie (oder eines Kontinuums) von Zugehörigkeit. Sie enthält Elemente, die die Mitgliedschaft und ihre Dauer nicht vorhersehbar machen. Personen können sich von »legitimer peripherer Partizipation« bis zur vollen Mitgliedschaft in einer Praxisgemeinschaft bewegen, und es ist in vielerlei Hinsicht äußerst sinnvoll, sich Lernen auf diese Weise vorzustellen.

---

27 | Siehe L. Gasser: »The Integration of Computing and Routine Work«; J. Lave: *Cognition in Practice*; H. Sacks: »Everyone Has to Lie« und S. L. Star: »Simplification in Scientific Work«.

28 | J. Lave/É. Wenger: *Situated Learning*.

29 | A. Strauss: »A Social World Perspective«.

30 | H. S. Becker: *Doing Things Together*.

31 | Die Begriffe »Community of Practice« und »soziale Welt« (so A. Strauss: »A Social World Perspective«; A. Clarke: »Social Worlds/Arenas Theory as Organizational Theory« und »Controversy and the Development of Reproductive Sciences«) sind austauschbar, auch wenn sie historisch von unterschiedlicher Herkunft sind.

32 | J. Lave/É. Wenger: *Situated Learning*.

Wie sind darin Kategorien enthalten?

Das Erlernen der Vorgehensweisen und Regeln von Praxis in jeder beliebigen Gemeinschaft bringt eine Reihe von Begegnungen mit den in die Praxis eingebundenen Objekten mit sich: unter anderem mit Werkzeugen, Möbeln, Texten und Symbolen. Dies bedeutet auch, dass Begegnungen mit anderen Menschen und unterschiedlichen Klassen von Handeln bewältigt werden müssen. Unabdingbar für die Zugehörigkeit in einer Praxisgemeinschaft ist eine zunehmende Vertrautheit mit den Kategorien, die sich auf all diese Dinge anwenden lassen. Intensiviert sich die Vertrautheit, dann intensiviert sich auch die Wahrnehmung des Objekts als fremd oder der Kategorie selbst als etwas Neues und Anderes.[33] Anthropologen nennen dies die *Naturalisierung* von Kategorien oder Objekten. Je mehr Sie in einer Praxisgemeinschaft zu Hause sind, desto mehr vergessen Sie die von außen betrachtet fremdartige und zufällige Beschaffenheit ihrer Kategorien.

Illegitimität besteht somit darin, jene Objekte wie ein Fremder zu betrachten – entweder naiv oder durch den Vergleich mit anderen Bezugssystemen, in denen sie existieren. Und dies soll nicht mit einer idealisierten Vorstellung von Können, sondern mit Zugehörigkeit gleichgesetzt werden. Sie müssen nicht Isaac Stern sein, um ganz und gar und auf natürliche Weise zu wissen, was man mit einer Geige tut, wo sie hingehört und wie man mit Geigen und Geigern umgeht. Doch wenn Sie eine Stradivari dazu benutzen, eine Fliege zu erschlagen (aber nicht im Rahmen eines Kunstereignisses!), haben Sie sich eindeutig als Außenseiter definiert, und zwar auf eine Weise, wie dies ein Tonleitern übendes Schulkind nicht tut.

Mitgliedschaft kann somit individuell als das Erfahren der Begegnung mit Objekten beschrieben werden, mit denen man sich in einer zunehmend naturalisierten Beziehung befindet. (Denken Sie etwa an die Erfahrung des Zuhause-Seins, wie man sich hinsetzt und sich entspannt, wenn man von ganz und gar vertrauten Objekten umgeben ist; oder denken Sie daran, wie ›ver-rückt‹ man sich beim Umzug fühlt.)

Der illegitime Fremde ist eine Quelle des Lernens – aus der Perspektive eines Lernens als Mitgliedschaft und als Partizipation. Die Illegitimität von Jemandem erscheint einem als Unterbrechung der Erfahrung[34] oder als nicht vollzogene Naturalisierung. Individuelle Mitgliedschaftsprozesse handeln also gewissermaßen von aufgehobenen Unterbrechungen (Anomalien), die von der Spannung zwischen den vieldeutigen (des Außenseiters, naiven, fremden) und den naturalisierten (heimischen, für selbstverständlich gehaltenen) Kategorien für Objekte ausgehen. Kollektiv gesehen, lässt sich Mitgliedschaft als prozessuale Bewältigung der Spannung zwischen naturalisierten Kategorien und dem Grad an Offenheit gegenüber Einwanderung beschreiben. Harvey Sacks stellt in seinen umfangreichen Untersuchungen über Sprache und soziales Leben fest, dass Kategorien der Mitgliedschaft vielen unserer Urteile über normales Handeln zugrunde liegen:

»Man kann leicht zu der Erkenntnis gelangen, dass es für jede Anzahl anwesender Menschen alternative Komplexe von Kategorien gibt, die auf sie angewandt werden können. Das stellt

33 | Sicherlich sind hier auch sprachliche Fragen von zentraler Bedeutung, und wir wollen sie nicht durch die Betonung von Dingen ausschließen. Sprache als greifbares Werkzeug, in Beziehung zu anderen Werkzeugen und Dingen, ist ein Teil dieses Modells.

34 | J. Dewey: *Essays in Experimental Logic* und *The Quest for Certainty*.

dann für uns eine ganz und gar zentrale Aufgabe in unseren Beschreibungen dar: herauszufinden, ob wir irgendeine Möglichkeit haben zu bestimmen, welcher Komplex von Kategorien in irgendeiner Szene funktioniert – im Berichten dieser Szene oder in ihrer Behandlung, während sie sich abspielt.«[35]

Sacks macht darauf aufmerksam, dass die Möglichkeiten, normal zu sein, nicht vorgegeben, sondern tatsächlich so etwas wie eine Aufgabe sind – eine Aufgabe, die das Wesen von Mitgliedschaft zur Geltung bringt:

»Was auch immer wir davon halten mögen, was es heißt, ein normaler Mensch auf der Welt zu sein – ein erster Perspektivenwechsel besteht nicht darin, in einem ›normalen Menschen‹ irgendeinen Menschen zu sehen, sondern jemanden, dessen Aufgabe, dessen ständige Beschäftigung das ›Normalsein‹ ist. Es geht nicht darum, dass jemand normal *ist*, sondern wahrscheinlich darum, dass genau dies seine Aufgabe ist. Und sie erfordert Arbeit, wie jede andere Aufgabe. Und wenn man einfach den Vergleich mit dem weiterentwickelt, was man offensichtlich für Arbeit hält – alles, was analytische, intellektuelle, emotionale Energie erfordert –, dann kann man zu der Erkenntnis gelangen, dass alle Arten von normalisierten Dingen – persönliche Eigenschaften und Ähnliches – Arbeiten sind, die getan werden, die irgendeine Art von Anstrengung, Training usw. erfordern. Ich werde also nicht von einem ›normalen Menschen‹ als diesem oder jenem Menschen sprechen oder als irgendeinem durchschnittlichen, d. h. nicht außergewöhnlichen Menschen aufgrund irgendeiner statistischen Grundlage, sondern von der Art und Weise, wie jemand sich konstituiert und faktisch über die Arbeit, die dieser Mensch an sich selbst verrichtet. Das Schicksal und die anderen Menschen um ihn herum sind vielleicht koordinativ motiviert, einander zu versichern, dass sie alle normale Menschen seien, und das kann eine Arbeit sein, die sie zusammen verrichten, um zu erreichen, dass sie alle zusammen normale Menschen sind.«[36]

Das Verrichten dieser Arbeit schließt die Fähigkeit ein, die richtigen Kategorien zu wählen, nach denen diese Normalität funktioniert. Die Stärke von Sacks' wie von John Deweys Werk[37] besteht darin, dass er auf die Möglichkeiten aufmerksam macht, bei denen das Normale ebenso wie die Störung der erwarteten Erfahrung heikle Konstruktionen darstellen, die jeden Tag neu errichtet werden.

Grenzobjekte

Wissenschaft und Technik sind gute Bereiche, um das reichhaltige Gemisch von Menschen und Dingen zu studieren, das bei der Lösung komplexer Probleme entsteht, obwohl sich die hier vorgebrachten Argumente auch allgemeiner anwenden lassen. Kategorien und ihre Grenzen sind von zentraler Bedeutung in der Wissenschaft, und Wissenschaftler sind besonders gut darin, die Grenzen von Kategorien zu dokumentieren und öffentlich darüber zu debattieren. Somit ist die Wissenschaft ein geeigneter Bereich, um Mitgliedschaft in Gemeinschaften zu fassen. Von dieser Ausgangslage herkommend versuchen wir, Menschen und Dinge ökologisch zu verstehen, und zwar jeweils im Hinblick auf Zugehörigkeit und die Dinge,

35 | H. Sacks: *Lectures on Conversation* 1, S. 116.

36 | H. Sacks: *Lectures on Conversation* 2, S. 216.

37 | Z. B. in J. Dewey: *The Quest for Certainty*.

mit denen sie leben, wobei wir uns auf Wissenschaftler konzentrieren.[38] Eine unserer Beobachtungen gibt darüber Auskunft, dass Wissenschaftler routinemäßig in vielen Praxisgemeinschaften kooperieren. Sie bringen somit unterschiedliche naturalisierte Kategorien in diese Partnerschaften ein.

Bei der Untersuchung wissenschaftlichen Problemlösens bemühen wir uns seit einer Reihe von Jahren zu verstehen, wie Wissenschaftler kooperieren könnten, ohne sich über die Klassifikation von Objekten oder Handlungen einig zu sein. Wissenschaftliche Arbeit wird stets von Mitgliedern unterschiedlicher Praxisgemeinschaften zusammen betrieben (wir kennen keine Wissenschaft, die in diesem Sinne nicht interdisziplinär ist, insbesondere wenn man – wie wir – Labortechniker und Hausmeister mit einbezieht). Somit stellen Mitgliedschaften (und divergierende Standpunkte und Perspektiven) ein vordringliches Problem für die modellhafte Erkenntnis von Wahrheit dar, die mutmaßliche Aufgabe von Wissenschaftlern. Bei der Entwicklung von Modellen für diese Arbeit prägte Star den Begriff der »Grenzobjekte«, um zu benennen, wie Wissenschaftler unterschiedliche Kategorien und Bedeutungen ausbalancieren.[39] Auch dieser Begriff ist nicht ausschließlich der Wissenschaft vorbehalten. Jedoch ist die Wissenschaft ein interessanter Bereich, um solche Objekte zu studieren, weil der Druck des expliziten Problemlösens eine ungewöhnlich detaillierte Menge von Informationen über die Arrangements vermittelt.

Grenzobjekte sind jene Objekte, die in mehreren Praxisgemeinschaften zu Hause sind und die jeweiligen Informationsbedürfnisse befriedigen. Grenzobjekte sind daher plastisch genug, um sich lokalen Bedürfnissen und Einschränkungen mehrerer Parteien anzupassen, doch zugleich robust genug, um an allen Orten eine gemeinsame Identität zu bewahren. Sie sind schwach strukturiert in der gemeinsamen Nutzung und werden stark strukturiert in der individuellen Nutzung. Diese Objekte können abstrakt oder konkret sein. Star und Griesemer bemerkten das Phänomen erstmals, als sie ein Museum erforschten, wo die Exemplare toter Vögel ganz unterschiedliche Bedeutungen für Amateurvogelbeobachter und professionelle Biologen hatten, doch »derselbe« Vogel von jeder Gruppe verwendet wurde.[40] Derartige Objekte haben unterschiedliche Bedeutungen in verschiedenen sozialen Welten, aber ihre Struktur ist mehr als einer Welt gemeinsam, damit sie durchweg erkennbar sind. Grenzobjekte stellen ein Mittel *(means)* der Übersetzung dar. Die Erzeugung und das Management von Grenzobjekten ist ein wesentlicher Prozess, um Kohärenz in sich überschneidenden Gemeinschaften zu entwickeln und aufrecht zu erhalten.

Eine andere Möglichkeit, über Grenzobjekte zu sprechen, besteht darin, sie im Hinblick auf die oben dargelegten Prozesse von Naturalisierung und Kategorisierung zu betrachten. Grenzobjekte entstehen im Lauf der Zeit aus der dauerhaften Kooperation zwischen Praxisgemeinschaften. Sie sind funktionierende Arrangements, die Anomalien bei der Naturalisierung beheben, ohne eine Naturalisierung der Kategorien einer Gemeinschaft oder einer äußeren Standardisierungsquelle aufzunötigen. (Sie sind somit höchst nützlich für die Analyse kooperativer und relativ gleichberech-

38 | S. L. Star (Hg.): *Ecologies of Knowledge*.

39 | S. L. Star/J. R. Griesemer: »Institutional Ecology, ›Translations‹ and Boundary Objects« und S. L. Star: »The Structure of Ill-Structured Solutions«.

40 | S. L. Star/J. R. Griesemer: »Institutional Ecology, ›Translations‹ and Boundary Objects«.

tigter Situationen; Probleme einer imperialistischen Aufnötigung von Standards, Zwang und Täuschung haben eine etwas andere Struktur.) Für uns entstehen Reihen von Grenzobjekten aus den Problemen, die sich ergeben, wenn zwei oder mehr unterschiedlich naturalisierte Klassifikationssysteme miteinander kollidieren. Deshalb erstellen für die Pflege zuständige Verwaltungsmitarbeiter Klassifikationssysteme, die der Krankenhausverwaltung und Pflegeforschern dienen; Bodenforscher erzeugen Bodenklassifikationen, um Geologen und Botaniker zufriedenzustellen.[41] Auch andere Ergebnisse dieser Kollisionen werden erforscht – etwa wie die eine Praxisgemeinschaft die andere dominiert, oder wie Autoritätsansprüche durch höhere Ansprüche auf Natürlichkeit geltend gemacht werden können.

Die Prozesse, durch die Praxisgemeinschaften mit gegensätzlichen und konfligierenden Klassifikationssystemen umgehen, sind komplex. Dies trifft umso mehr zu, als alle Menschen tatsächlich Angehörige vieler Praxisgemeinschaften sind, mit unterschiedlichen Größenordungen von Engagement und Konsequenz. Unter diesen Bedingungen stellen sich eine Reihe von Fragen: Wie werden Grenzobjekte eingeführt und aufrechterhalten? Lässt sich das Konzept auf größere Zusammenhänge übertragen? Was für eine Rolle spielt dabei die technische Infrastruktur? Ist ein Standard jemals ein Grenzobjekt? Wie spielen Klassifikationssysteme, als Artefakte, eine Rolle?

Mitgliedschaft und Naturalisierung: Menschen und Dinge

Wie Engeström und andere Tätigkeitstheoretiker so gut festgestellt haben, vermitteln Werkzeuge und materielle Arrangements stets Tätigkeit.[42] Menschen handeln niemals in einem Vakuum oder irgendeinem hypothetisch reinen Universum des Tuns, sondern stets im Hinblick auf Arrangements, Werkzeuge und materielle Objekte. Strauss hat ein ähnliches Argument vorgetragen, als er die Kontinuität und Durchlässigkeit solcher Arrangements betonte – Handeln entstehe eigentlich niemals aus dem Nichts oder nach einer tabula rasa.[43] Engeström wie Strauss legen ausführlich dar, dass einer Idee oder etwas, das erlernt worden ist, auch eine materiell-objektive Kraft in ihren Konsequenzen und Vermittlungen zuzuschreiben sei.

»Objekt« umfasst all dies: Material und Dinge, Werkzeuge, Artefakte und Techniken sowie Ideen, Geschichten und Erinnerungen – Objekte also, die von Gemeinschaftsangehörigen als wichtig behandelt werden.[44] Sie werden im Dienst einer Handlung genutzt und vermitteln diese auf eine gewisse Art und Weise. Tatsächlich wird etwas ein Objekt nur im Kontext von Handeln und Nutzung; dann wird es auch etwas, das die Kraft hat, anschließendes Handeln zu vermitteln. Einfacher ist es, dies an historischen Beispielen zu erkennen als an gegenwärtigen. So wurde beispielsweise die Kategorie der Hysterie in Medizin und Kultur am Ende des 19. Jahrhunderts naturalisiert. Die Menschen nutzten die Diagnose »Hysterie« für Zwecke der sozialen Kontrolle ebenso wie für medizinische Behandlung. Sie wurde zu einer Kategorie, durch die Ärzte, Sozialtheoretiker und Romanautoren sowohl Schmerz, Angst und auch den sich ändernden sozialen Status von Frauen

41 | Y. Chatelin: *Une épistémologie des sciences du sol.*

42 | Y. Engeström: *Learning, Working and Imagining.*

43 | A. Strauss: *Continual Permutations of Action.*

44 | A. Clarke/J. R. Fujimura: *The Right Tools for the Job* und »Introduction«.

erörterten. Hier geht es nicht darum, wer was wann glaubte, sondern vielmehr wurde die Kategorie an sich ein Objekt, das in allen beteiligten Gemeinschaften existierte. Sie stellte ein Medium der Kommunikation dar, was auch immer sie sonst gewesen sein mochte.

Eine Praxisgemeinschaft wird großenteils nach der gemeinsamen Nutzung solcher Objekte definiert, da jede Praxis auf diese Weise vermittelt ist. Die Beziehung von Neulingen zur Gemeinschaft dreht sich weitgehend um das Wesen der Beziehung zu den Objekten und nicht, wie man intuitiv meinen möchte, direkt zu den Menschen. Diese Art von Direktheit existiert nur hypothetisch – stets gibt es eine Vermittlung durch ein Objekt. Akzeptanz oder Legitimität rührt aus der Vertrautheit des Handelns her, die von Objekten der Mitgliedschaft vermittelt wird.

Aber Vertrautheit ist ein ziemlich salopper Ausdruck. Hier ist er nicht instrumentell gemeint, wie im Falle erworbener Fähigkeiten, sondern relational, als ein Maß für Selbstverständlichkeit. (Unfähige Programmierer können dennoch der Praxisgemeinschaft der Computerspezialisten angehören, auch wenn sie einen geringen Status einnehmen, weil sie die zu nutzenden Objekte für selbstverständlich halten.) Die Trajektorie eines Objekts in einer Gemeinschaft lässt sich besser als Naturalisierung beschreiben. Naturalisierung bedeutet, die Zufälligkeiten bei der Entstehung eines Objekts und seine Situationsgebundenheit zu beseitigen. Ein naturalisiertes Objekt hat seine anthropologische Fremdheit verloren. In diesem engen Sinn ist es desituiert – die Gemeinschaftsmitglieder haben die lokale Natur der Bedeutung des Objekts oder der Handlungen vergessen, die dazu beitragen, dass seine Bedeutung gewahrt und neu erschaffen wird.[45] Wir denken nicht mehr so viel über das Wunder nach, das wir erleben, wenn wir eine Glühbirne in eine Lampenfassung einschrauben und beim Einschalten erleuchtet werden, und wir müssen schon unsere anthropologische Fantasie bemühen, um uns an Kontexte zu erinnern, in denen dies noch immer nicht naturalisiert ist.

Objekte werden in einer bestimmten Praxisgemeinschaft über einen langen Zeitraum natürlich.[46] Objekte existieren für eine Gemeinschaft, während sie naturalisiert werden. Diese Trajektorie weist Elemente von Vieldeutigkeit und Dauer auf. Es ist nicht vorher bestimmbar, ob ein Objekt naturalisiert wird oder wie lange es dies bleibt; vielmehr ist eine Praxistätigkeit erforderlich, damit es naturalisiert wird und bleibt. Je naturalisierter ein Objekt ist, desto weniger wird die Beziehung der Gemeinschaft zu ihm hinterfragt; je weniger sichtbar die zufälligen und historischen Umstände seiner Geburt sind, desto mehr versinkt es ins routinemäßig vergessene Gedächtnis der Gemeinschaft.[47] Lichtschalter beispielsweise sind ganz normale Teile des modernen Lebens. Fast alle Menschen in den Industrieländern wissen über Glühbirnen und Elektrizität Bescheid, selbst wenn sie ohne sie leben, und Schalter und Stecker sind naturalisierte Objekte in den meisten Praxisgemeinschaften. Die Menschen machen sich erst dann Gedanken über ihre Beschaffenheit, wenn sie sie

45 | Alfred Schütz (»The Stranger«) und spätere Ethnomethodologen wie Cicourel, Sacks, Schegloff und viele andere haben diesen Naturalisierungsprozess durch Sprache untersucht.

46 | Siehe Latours anschauliche Ausführungen hierzu in *Science in Action*.

47 | Diese Unsichtbarkeit zu dekonstruieren ist eines der gemeinsamen Hauptprojekte der Ethnomethodologie, der symbolisch-interaktionistischen Untersuchungen von Wissenschaft und Gender sowie der Annales-Schule der Geschichtsschreibung.

benötigen und nach ihnen suchen. Allerweltsprodukte und infrastrukturelle Techniken sind oft auf diese Weise naturalisiert. In gewissem Sinn werden sie eine Form des kollektiven Vergessens oder der Naturalisierung der zufälligen, chaotischen Arbeit, die sie ersetzen. Wir haben diesen Aufsatz z. B. auf Macintosh- und IBM-Computern geschrieben, und »Ausschneiden« und »Einfügen« sind keine phänomenologisch neuartigen Operationen mehr, auch wenn wir uns noch daran erinnern können, dass sie es einst waren. Wir haben die Maus, die Operation des Auswählens von Text und die anachronistische Metapher von »Cut and Paste« naturalisiert.

Mannigfaltigkeit

Bislang haben wir zwei Komplexe von Beziehungen analysiert: zwischen Menschen und Mitgliedschaft einerseits und Objekten und Naturalisierung andererseits. In jedem konkreten Fall sind Mitgliedschaft und Naturalisierung Relationen entlang einer Trajektorie. Wenn wir dies sagen, wollen wir nicht erneut eine große Trennung zwischen Menschen und Objekten herbeiführen, indem wir uns konkret einen objektlosen Menschen oder ein in der Wildnis isoliert aufwachsendes Kind vorstellen. Ironischerweise hat sich die Sozialwissenschaft mit unglaublichem Aufwand genau dieser Art von Forschung gewidmet. Die Vorstellung von einem Menschen ohne »eine Gesellschaft«, sogar ohne jedes Gefühl oder Sprache, hat ja auch etwas Verlockendes. Die traurigen Fälle von »Genie«, einem Kind, das seine Eltern jahrelang gefangenhielten,[48] oder des »wilden Kinds von Aveyron«, das die Philosophen des 18. Jahrhunderts in Erstaunen versetzte, sind geradezu emblematisch für diese Vorliebe. Man hat in ihnen den Schlüssel zur Sprache erblickt oder in gewisser Weise zu dem, was es heißt, Mensch zu sein.

Doch genau das Gegenteil ist wahr. Menschen-und-Dinge, was das Gleiche ist wie Menschen-und-Gesellschaft, lassen sich nicht in irgendeinem wesentlichen praktischen Sinn trennen. Zugleich ist es möglich, hier aus analytischen Gründen an zwei Trajektorien zu denken, die im Tandem verlaufen: Mitgliedschaft und Naturalisierung. Und genauso ist es praktisch nicht möglich, eine Krankheit von einem kranken Patienten zu trennen – man kann jedoch von den Trajektorien der Krankheit und Biografie sprechen, die miteinander operieren und einander bedingen, wie wir es im Fall der Tuberkulose untersucht haben.[49]

Residuale Kategorien, marginale Menschen und Monster

Menschen halten Mannigfaltigkeit und Heterogenität oft für Zufälle oder Ausnahmen. Der marginale Mensch, der z. B. aus verschiedenen Ethnien stammt, wird als der beunruhigende Außenseiter dargestellt – genau wie das Ding, das nicht in irgendeine Schublade passt, einer »residualen Kategorie« zugeordnet wird. Diese gewohnheitsmäßige Reinheit hat ihre alten und komplizierten Ursprünge in der westlichen wissenschaftlichen und politischen Kultur.[50] Diese Gewohnheit stellt eine grausame pluralistische Ignoranz auf Dauer. Niemand ist rein. Niemand ist

---

48 | R. Rymer: *Genie* und S. L. Star: »Work and Practice«.

49 | G. C. Bowker/S. L. Star: »Of Tuberculosis and Trajectories«, in: Dies.: *Sorting Things Out*, S. 165–194.

50 | Wie dies z. B. John Dewey 1916 in seinen *Essays in Experimental Logic* dargelegt hat.

auch nur durchschnittlich. Und alle Dinge sind in jemandes residualer Kategorie in irgendeinem Kategoriensystem untergebracht. Die zahllosen Klassifikationen und Standards, die die heutige Welt umgeben und stützen, machen Menschen jedoch oft blind für die Bedeutung der Kategorie »Andere«, die nach Derrida konstitutiv für die gesamte soziale Architektur ist.[51]

Gemeinschaften haben eine unterschiedliche Vorliebe für Offenheit und sind unterschiedlich tolerant gegenüber dieser Vieldeutigkeit. Kulte beispielsweise sind eine Art von Kollektiv, das nur eine geringe Offenheit aufweist und dementsprechend hohen Wert auf Naturalisierung und Positivismus legt – »wir gegen sie«.

In den letzten Jahren haben Sozialtheoretiker auf ein umfassenderes Verständnis von Mannigfaltigkeit und Außenseitertum hingearbeitet, wobei sie von der Vorstellung eines unproblematischen Mainstream abgerückt sind. Die Denkrichtungen, die sich damit befassen, sind die feministische Forschung,[52] die multikulturelle Theorie oder Critical Race Theory[53] sowie Symbolischer Interaktionismus und Tätigkeitstheorie *(activity theory)*.[54] Zur gleichen Zeit sind solche Probleme für manche Informatiker zunehmend interessant geworden. Während die Informationssysteme der Welt sich erweitern und ineinander übergehen und unterschiedliche Menschen sie für die verschiedensten Dinge nutzen, wird es immer schwerer, an reinen oder universalen Vorstellungen von Repräsentation oder Information festzuhalten.

Einige dieser Probleme werden in dem intellektuellen Gemeinplatz aufgegriffen, der zuweilen »Cyborg« genannt wird. Der Begriff Cyborg, wie ihn beispielsweise Donna Haraway und Adele Clarke verwenden,[55] bezeichnet das Mischen von Menschen, Dingen (einschließlich der Informationstechnologien), Repräsentationen und Politik auf eine Weise, die sowohl die Romantik des Essenzialismus wie den Hype um das technisch Mögliche in Frage stellt. Er würdigt die wechselseitige Abhängigkeit von Menschen und Dingen und zeigt auf, wie verschwommen die Grenzen zwischen ihnen geworden sind. Die Vorstellung vom Cyborg hat in einem breiten Spektrum intellektueller Bestrebungen eindeutig einen Nerv getroffen. So veranstaltet beispielsweise die American Anthropological Association seit einigen Jahren Sitzungen über Cyborg-Anthropologie, und vor ein paar Jahren erschien das voluminöse *Cyborg Handbook*.[56]

Wenn man sich die allgegenwärtigen Klassifikationssysteme und Standards genau betrachtet, ist es möglich, zu einem Verständnis der Netzwerk-Materialitäten zu gelangen, die großenteils unser heutiges Alltagsleben im Cyborg-Stil prägen. Wir wollen hier auf die Orte hinweisen, an denen man absichert, dass diese Netzwerke zusammengehalten werden – Orte, an denen das Menschliche und das Nichtmenschliche so konstruiert werden, dass sie operationell und analytisch äqui-

51 | J. Derrida: *La Carte Postale*.

52 | Z. B. D. Haraway: *Modest-Witness@Second-Millennium*.

53 | Z. B. R. Ferguson et al. (Hg.): *Out There*.

54 | Z. B. M. Cole: *Cultural Psychology* sowie J. V. Wertsch: *Voices of the Mind* und *Mind as Action*.

55 | D. Haraway: *Simians, Cyborgs, and Women* und A. Clarke: *Disciplining Reproduction*.

56 | C. H. Gray/H. Figueroa-Sarriera/S. Mentor (Hg.): *The Cyborg Handbook*.

valent sind. Auf diese Weise wollen wir die politischen und ethischen Dimensionen der Klassifikationstheorie erforschen.

Warum sollten Informatiker afroamerikanische Dichter lesen? Was hat Informatik mit rassismuskritischen und feministischen Methoden oder mit Metaphysik zu tun? Die kollektive Weisheit auf diesen Gebieten ist so reichhaltig, dass sie dabei hilft, das Kernproblem im Design von Informationssystemen zu verstehen: Wie lässt sich die Integrität von Information ohne eine Standardisierung a priori und ohne die sie oft begleitende Gewalt bewahren? Und wenn diese Lehren wiederum in der entstehenden Cyberwelt ernst genommen werden können, besteht vielleicht noch eine Chance, ihre demokratischen ethischen Aspekte zu stärken. Es ist so leicht, im virtuellen Raum ethnozentrisch zu sein – umso schwieriger ist es, Stereotypen zu vermeiden. Die Lehren jener, die mit solchen Stereotypen leben, sind wichtig, heute vielleicht mehr denn je zuvor.

Grenzbereiche und Monster

Menschen, die mehr als einer zentralen Gemeinschaft angehören, sind auch wichtige Quellen, um die Verbindungen zwischen moralischer Ordnung und Kategorisierung besser zu verstehen. Sozialwissenschaftler wie Romanautoren interessieren sich seit langem für solche »marginalen« Menschen. Marginalität bezeichnet als soziologischer Fachbegriff die Mitgliedschaft von Menschen in mehr als einer Praxisgemeinschaft.[57] Hier denken wir vor allem an jene Menschen, die Gemeinschaften angehören, welche auf entscheidende, das Leben beherrschende Weise anders sind, etwa ethnische Gruppen.[58] Ein gutes Beispiel für einen marginalen Menschen ist jemand, der mehr als einer Ethnie angehört, und etwa halb weiß, halb asiatisch ist. Wie gesagt, wir verwenden Marginalität hier nicht im Sinn des Verhältnisses von Zentrum und Rand oder von Zentrum und Peripherie, sondern vielmehr im altmodischen Sinn von Robert Parks »marginalem Menschen«, der über eine doppelte Vision verfügt, weil er mehr als eine Identität aushandeln muss.[59] Fremde sind Menschen, die kommen und eine Weile bleiben, und zwar lange genug, dass ihre Zugehörigkeit ein unangenehmes Problem wird – sie sind nicht bloß durchreisende Nomaden, sondern Personen, die irgendwie dazugehören und irgendwie nicht.

Marginalität ist ein interessanter paradoxer Begriff für Menschen und Dinge. Einerseits bedeutet Mitgliedschaft die Naturalisierung von Objekten, die Handeln vermitteln. Andererseits ist jeder Mensch ein Mitglied mannigfaltiger Praxisgemeinschaften. Doch da unterschiedliche Gemeinschaften generell naturalisierte Objekte verschieden in ihre Ökologie einbinden, stellt sich die Frage, wie Menschen mannigfaltige Zugehörigkeiten aufrechterhalten können, ohne schlicht schizophren zu werden? Wie können sie die gleichen Objekte anders naturalisie-

57 | Streng genommen haben Dinge, analytisch betrachtet, keine Zugehörigkeit im Sinne von ausgehandelter Identität.

58 | Vgl. hierzu G. C. Bowker/S. L. Star: »The Case of Race Classification and Reclassification under Apartheid«, in: Dies.: *Sorting Things Out*, S. 195–225.

59 | Vgl. R. Park: *Human Communities*, E. V. Stonequist: *The Marginal Man*; G. Simmel: »The Stranger« und A. Schütz: »The Stranger«.

ren, da Naturalisierung per definitionem verlangt, dass andere Welten vergessen werden?

Der Sozialpsychologie sind einige Prozesse bekannt, um diese Spannungen und Konflikte zu bewältigen: »Passing«, sich als jemand anderes ausgeben und damit eine Gemeinschaft zum Schatten der anderen machen; »Spaltung«, eine Form von multipler Persönlichkeit annehmen; »Fragmentierung« oder »Segmentierung« des Selbst in einzelne Facetten; ein »Nomade« werden, in intellektueller und spiritueller, wenn nicht sogar geografischer Hinsicht.[60]

Unbefriedigend an diesen Bezeichnungen ist der Umstand, dass sie jede Praxisgemeinschaft als ethnozentrisch darstellen, als nimmersatt und nicht bereit, innere Widersprüche kollektiv auszugleichen. Darin steckt auch die Vorstellung einer Art imperialistischer über-sozialer Welt (dem Mainstream), die dem Individuum Anpassungsprozesse aufnötigt (wie z. B. Amerikanisierungsprozesse im frühen 20. Jahrhundert). Es gibt unterschiedliche Gemeinschaften, die sich entlang der Dimensionen von Offenheit und Geschlossenheit entfalten. Gleichermaßen zentral ist es, erfolgreiche Beispiele für die Pflege von Marginalität zu finden – auch wenn es möglich ist, dass sie per definitionem anarchisch und nicht institutionell-bürokratisch existieren. Hier kann der Feminismus einige bedeutsame Lektionen anbieten. Ein wichtiges Thema in der neueren feministischen Theorie ist der Widerstand gegen eine solche imperialisierende Rhetorik und die Entwicklung alternativer Visionen von Kohärenz, ohne die unbewusste Annahme von Privilegien. Vieles davon betont eine Art Doppelsichtigkeit *(double vision)*,[61] wie sie in der Konzeption von Grenzbereichen bei Anzaldúa[62] oder den Cyborg-Eigenschaften von Parteilichkeit und Bescheidenheit bei Haraway[63] aufgegriffen wird.

Auch Charlotte Lindes Buch über die Kohärenzprozesse in den Lebensgeschichten von Menschen liefert einige wichtige Hinweise. Insbesondere betont sie das Zufällige im Zusammenweben eines kohärenten Narrativs.[64] Die von ihr analysierten Lebensgeschichten sollen gewissermaßen die Heterogenität von mannigfaltig naturalisierten Objektbeziehungen in der betreffenden Person versöhnen, wobei die fraglichen Objekte erzählte Repräsentationen von Erlebnissen sind. Linde und Strauss[65] tragen ähnliche Argumente über die Ungewissheit, Plastizität und Kollektivität von Lebenserzählungen vor.

In der traditionellen Soziologie könnte dieses Modell in seiner Betonung von Insidern und Außenseitern und ihren Beziehungen Obertöne von Funktionalismus anklingen lassen. Doch Funktionalisten berücksichtigen niemals das Wesen von Objekten oder von mannigfaltigen legitimen Mitgliedschaften. Wenn wir uns in Bezug auf einen komplexen Cluster von mannigfaltigen Trajektorien gleichzei-

60 | Nella Larsen befasst sich mit vielen dieser Probleme in ihren beiden vorzüglichen Romanen *Quicksand* und *Passing*.

61 | Anm. d. Hg.: So die deutsche Übersetzung von Haraways »double vision« in D. Haraway: *Die Neuerfindung der Natur*, S. 40.

62 | G. Anzaldúa: *Borderlands = La Frontera*.

63 | D. Haraway: *Simians, Cyborgs, and Women*.

64 | C. Linde: *Life Stories*.

65 | A. Strauss: *Mirrors and Masks*.

tig Mitgliedschaften wie Naturalisierungen vorstellen, ist es möglich, an eine relationale Kartierung im Modus vieler zu vielen zu denken.

Die hier vorgeschlagene Kartierung erfordert, dass wir die Analyse des Cyborg weiter vertiefen. Einerseits hat das Bild des Cyborg etwas Groteskes. Wenn wir uns die Beziehungen zwischen Menschen und Dingen so vorstellen, dass sie einander wahrhaft wechselseitig durchdringen, bedeutet das, dass wir die menschliche Natur an sich neu durchdenken müssen. Dies erinnert irgendwie an schlechte Science-Fiction. Doch in analytischer Hinsicht ist es ein entscheidender Gedanke, um Technoscience und Klassifikationen als Artefakte zu verstehen.

Wie können wir uns Cyborgs in der hier dargestellten Analyse vorstellen? Einen Zugang ermöglicht die Kartierung von Dingen, Menschen und Mitgliedschaften. Anzaldúas Arbeit über Grenzbereiche lehnt jede Vorstellung von Reinheit ab, die auf der Zugehörigkeit zu einer einzigen, ursprünglich ethnischen, sexuellen oder gar religiösen Gruppe basiert.[66] Haraway vertieft diese Analyse noch weiter. Wenn sie von Grenzbereichen spricht, und zwar sowohl im Hinblick auf Ethnie *(race)* wie auf die Grenzen zwischen Menschen und Dingen, verwendet sie den Begriff des »Monsters«.

Ein Monster erscheint, wenn sich ein Objekt weigert, naturalisiert zu werden.[67] Und ein Grenzbereich wird sichtbar, wenn zwei Praxisgemeinschaften in einer Person koexistieren.[68] Grenzbereiche sind die naturalisierte Heimat jener Monster, die wir als Cyborgs bezeichnen. Wenn wir Monster als hartnäckige Verweigerer von Transparenz und Naturalisierung in einer Praxisgemeinschaft verstehen, dann kann die Erfahrung der Begegnung mit einer Anomalie – wie sie Neulinge in der Wissenschaft, z.B. die meisten farbigen Frauen und Männer, immer wieder erfahren – in Mitgliedschaft überführt werden. Menschen erkennen, dass sie nicht dazugehören, wenn das, was ihnen wie eine Anomalie vorkommt, für alle anderen anscheinend etwas ganz Natürliches darstellt. Im Lauf der Zeit können solche Außenseitererfahrungen (der Inbegriff des Fremdseins) in der kollektiven Fantasie monströs werden. Geschichte und Literatur sind voller Beispiele der Dämonisierung des Fremden. Donna Haraway hat dies »das Versprechen von Monstern« genannt, und es ist auch einer der Gründe dafür, dass diese jahrelang die feministische Fantasie beschäftigt haben.[69] Frankenstein, der durch das Fenster ins warm beleuchtete Wohnzimmer äugt, und der gefangene Godzilla, der an den Stäben seines Käfigs rüttelt, veranschaulichen Exil und Wahnsinn und dienen als Symbole dafür, wie Widerstand und Wildheit von Frauen eingesperrt und verunglimpft oder einfach außen vor gehalten werden.

In einem eher formalen Sinn sind Monster und Freaks auch Möglichkeiten, über die Beschränkungen der klassifizierenden und (oft) dichotomisierenden Fantasie zu sprechen. Ritvo schreibt über das vermehrte Auftreten von Monstern im 18. und 19. Jahrhundert und bringt es mit einer gleichzeitigen Zunahme der öffentlichen Wahrnehmung von wissenschaftlicher Klassifikation und einem Hunger

66 | G. Anzaldúa: *Borderlands = La Frontera.*

67 | D. Haraway: *Simians, Cyborgs, and Women.*

68 | G. Anzaldúa: *Borderlands = La Frontera.*

69 | D. Haraway: *Simians, Cyborgs, and Women.* Wir danken auch Peter Garrett für aufschlussreiche Diskussionen über dieses Thema.

nach dem Exotischen in Verbindung. Wie die Klassifikationsschemata vermehrten sich auch die Monster:

»Monster wurden zunächst einmal als Ausnahmen vom Naturgesetz oder als Verstöße dagegen verstanden. Die Abweichungen, die Monster charakterisierten, waren hingegen so unterschiedlich wie in manchen Fällen so subtil, dass sie diese Bestandsaufnahme erheblich verkomplizierten [...] Als Gruppe waren Monster somit nicht so sehr durch physische Deformiertheit oder Exzentrizität als durch ihr gemeinsames Unvermögen geeint, der Kategorie des Normalen zu entsprechen oder ihr zugeordnet zu werden – einer Kategorie, die dem Aufbau von Kultur und Moral besonders verpflichtet war.«[70]

In einem praktischen Sinn kann man so auch darüber sprechen, was jedem Außenseiter passiert. Das könnte sich beispielsweise auf die Erfahrung im Wissenschaftsunterricht beziehen, wenn jemand hereinkommt, der keine Ahnung von formaler Wissenschaft hat, oder auf die Erfahrung von Transsexuellen, die kulturellen Genderdichotomien nicht entsprechen.[71] Dabei geht es nicht einfach um Fremdheit, sondern um die Politik der Kartierung zwischen Anomalien, Formen von Fremdheit und Marginalität.

Wenn wir Monster und Grenzbereiche akzeptieren und verstehen, kann daraus eine Intuition von Heilen und Kraft entstehen, wie Gloria Anzaldúa in ihrem glänzenden und mitfühlenden Essay »La conscientia de la mestiza« darlegt. Für sie wird die Doppelzüngigkeit und Vieldeutigkeit des Grenzbereichs von männlich und weiblich, hetero- und homosexuell, mexikanisch und amerikanisch zum Katalysator für einen kreativen Umgang mit dem Überleben, für eine Ablehnung von simplifizierender Reinheit und von essenzialistischen Kategorien.[72] Zugleich erinnert sie unermüdlich an das mit diesen Grenzbereichen verbundene physische und politische Leiden und verweigert sich einer romantisierten Auffassung von Marginalität, der frühe soziologische Autoren bei diesem Thema oft erlagen.

Der Weg, den Anzaldúa einschlägt, bietet keine einfache Heilung und gewiss kein Wundermittel, sondern eine komplexe und kollektiv verschlungene Reise, ein Infragestellen von einfachen Kategorien und simplen Lösungen. Dies ist tatsächlich eine Politik der Vieldeutigkeit und Mannigfaltigkeit – die reale Möglichkeit des Cyborg. Für Wissenschaftler bedeutet dies zwangsläufig eine Erkundung, die in interdisziplinäre Grenzbereiche führt und die traditionellen Trennungen zwischen Menschen, Dingen und Repräsentationstechniken überbrückt.

Technisch gestaltete versus organische Grenzobjekte

Wäre es möglich, Grenzobjekte zu konstruieren? Sie technisch zu gestalten, um zu einer besseren Gesellschaft zu gelangen? Oberflächlich betrachtet sind dies verlockende Gedanken. In gewisser Hinsicht ist dies das Ziel progressiver Erziehung, von Multikulturalismus an den Universitäten und des Designs von Informations-

70 | H. Ritvo: *The Platypus and the Mermaid*, S. 133 f.

71 | S. Stone: »The Empire Strikes Back«.

72 | G. Anzaldúa: *Borderlands = La Frontera*.

systemen, die Menschen mit ganz unterschiedlichen Anschauungen zugänglich sein können.

Die meisten Schulen sind heute lausige Orte, um Grenzobjekte entstehen zu lassen, weil sie sowohl die Vieldeutigkeit der Lerngegenstände abbauen wie auch Mitgliedschaftskategorien aufnötigen oder ignorieren – außer den künstlich hierarchisch zugewiesenen.[73] Im massenhaften Unterricht und in standardisierten Prüfungen versucht man, auf einer technisch gestalteten Praxisgemeinschaft zu beharren, in der die Praktiken diktiert werden und der Naturalisierungsprozess überwacht und reguliert wird – und dies während Grenzbereiche ignoriert werden. Massenhafter Unterricht und standardisierte Prüfungen sind praktisch Fabriken für Monster. In den 1970er und 1980er Jahren wurden viele Versuche unternommen, andere Gemeinschaften über affirmatives Handeln und multikulturelle Initiativen mit einzubeziehen. Aber während diesen Initiativen die Beziehungsbasis zwischen Grenzbereichen und der Naturalisierung von Objekten fehlte, scheiterten sie mit der Idee, Lernfortschritte zu messen. Teils ist dies ein politisches Problem und teils ein Problem der Repräsentation. Wie Feministinnen so schmerzhaft im Lauf der Jahre erfahren mussten, kann eine Identitätspolitik, die auf Essenzialismus basiert, bösartige Dualismen nur fortschreiben. Wenn etwa ein weißer männlicher Naturwissenschaftslehrer eine afroamerikanische Frau als eine (idealtypische) Repräsentantin afroamerikanischer Zugehörigkeit und/oder Weiblichkeit einführt und dann versuchen sollte, ihre vermeintlich ›essenzielle‹ Identität den Objekten im Naturkundeunterricht zuzuordnen (ohne sich allzusehr darum zu kümmern, dass sie in einer anderen Praxisgemeinschaft voll naturalisierte Objekte sind), dann sind kostspielige und schmerzliche Nicht-Übereinstimmungen unvermeidlich. Der Lehrer läuft Gefahr, ihrer Selbstartikulation (insbesondere dort, wo sie in dieser alleine ist) und ihrer Überlebensfähigkeit schweren Schaden zuzufügen. Ein Blick in die trostlosen Durchhaltestatistiken von Frauen und Männern aus Minderheiten in vielen naturwissenschaftlichen und technischen Fächern wird dies bestätigen. Da die Messlatte unverändert bleibt, wird jede Nicht-Überstimmung ihr persönliches Versagen, obwohl die Mitgliedschaftskriterien anscheinend überzogen sind. In diesen Fällen werden Grenzbereiche wie anormale Objekte getilgt. Als Kai Alston über ihre Erfahrungen als afroamerikanische jüdische Feministin schrieb, bezeichnete sie sich als Einhorn – ein zugleich mythisches und unerkennbares Wesen, das mannigfaltige Welten überbrückt.

Aber alle Menschen gehören mannigfaltigen Praxisgemeinschaften an – es ist nur so, dass im Fall der afroamerikanischen Frau in der Wissenschaft Sichtbarkeit und Druck höher sind und sie besondere Fähigkeiten entwickelt hat, Mannigfaltigkeit zu überleben. Somit verweist der Titel von Patricia Hill Collins' Aufsatz »Learning from the Outsider Within« auf viele Schichten und Richtungen, die erkundet werden sollen, während wir uns alle um reichhaltige Möglichkeiten der Kartierung bemühen, um diese Erfahrungen und dieses Überleben zu ehren.[74] Und Karla Danette Scott hat über die miteinander verwobenen Sprachen schwarzer Frauen, die das College besuchen, geschrieben und gezeigt, wie Sprache zur Ressource für diese gelebte Komplexität wird. Sie »sprechen schwarz« und sie »sprechen weiß« in

73 | Wir übernehmen diese Formulierung von Howard Beckers klassischem Aufsatz über verwandte Themen »A School Is a Lousy Place to Learn Anything In«.

74 | P. H. Collins: »Learning from the Outsider Within«.

einem nahtlosen, vom Kontext motivierten Netz, wobei sie die Spannungen zwischen diesen Welten als kollektive Identität artikulieren. Dies ist nicht bloß Code-Switching, sondern verflochtene Identität – ein Grenzbereich.

Wildheit

Dinge und Menschen sind stets mannigfaltig, auch wenn diese Mannigfaltigkeit durch standardisierte Einschreibungen entstellt sein mag. In diesem Sinn lassen sich Dinge aus dem richtigen Blickwinkel als Herolde anderer Welten und einer Wildheit betrachten, die unsere Naturalisierungen auf befreiende Weise ausgleichen können. Wir halten an einer relationalen Anschauung von Menschen, Dingen und Techniken in einem ethischen politischen System fest. Es gibt eine Chance, aus dem unendlichen Regress auszusteigen, mit dem aus dem Konsum naturalisierter Objekte – wie es die Objekte der westlichen Wissenschaft sind –, weiterhin essenzialistisch als Konsumenten definierte Personen produziert werden.

Durch relationale Anschauung argumentieren wir hier gegen unangebrachten Konkretismus oder den Drang, die Erfahrungen von Dingen gedankenlos an vorgegebene Kategorien anzupassen. Wir betonen die Bedeutung des Prozesses und ethischer Orientierungen. Wir wollen auch die Macht von Mitgliedschaft, ihre Unaufhörlichkeit – d.h. wir sind immer Angehörige irgendeiner Praxisgemeinschaft – und die immanente Vieldeutigkeit von Dingen ernst nehmen. Bei Grenzobjekten geht es jedoch nicht bloß um diese Vieldeutigkeit, sie sind nicht nur vorläufige Beilegungen von Unstimmigkeiten über Anomalien. Sie sind vielmehr dauerhafte Arrangements zwischen Praxisgemeinschaften. Grenzobjekte sind die kanonischen Formen aller Objekte in unseren künstlich erbauten und natürlichen Umgebungen. Wenn wir dies, wie es menschliche Gewohnheit ist, vergessen, wird die selbsternannte objektive Stimme der Reinheit bestärkt, die das Leiden von Monstern in Grenzbereichen verursacht. Wenn wir Grenzobjekten gebührende Aufmerksamkeit widmen, können wir die sanfte und großmütige Anschauung des Mestizenbewusstseins akzeptieren, von der Anzaldúa spricht.

Beiläufige versus engagierte Mitgliedschaft

Eine weitere Dimension, die es hier zu akzeptieren gilt, ist das Ausmaß, in dem Mitgliedschaft ein Artikulieren auf höherer Ebene erfordert. Eine Frau, Afroamerikanerin und behindert zu sein, sind drei Arten von Mitgliedschaft, die nichtoptional, lebenslang und in fast jede Art von Praxis und Interaktion eingebettet sind.[75] Daher ist es nicht angemessen, in einem Atemzug darüber zu reden, was es heißt, eine Frau oder eine Sporttaucherin zu sein – auch wenn es möglich ist, beide unter der Rubrik Praxisgemeinschaft zu betrachten.[76] Aber in dem oben dargestellten System gibt es durchaus eine Möglichkeit, darüber zu reden. Wo die gemeinsamen Objekte sowohl auf widersprüchliche Weise mannigfaltig naturalisiert als auch durch Praktiken verbreitet sind, die vielen Gemeinschaften angehören, werden

75 | Eines der faszinierenden Merkmale elektronischer Interaktion besteht darin, dass sie das Offenlegen dieser Zugehörigkeiten an der Stelle freiwillig oder zumindest problematisch macht, wo die Beteiligten einander im realen Leben nicht kennen.

76 | E. Lagache: *Diving into Communities of Learning.*

sie sich einer beiläufigen Behandlung widersetzen. Was also das Sporttauchen betrifft, so ist es primär in einer Freizeitwelt naturalisiert und für alle anderen Welten nicht von besonders zentraler Bedeutung. Seine Praxis ist beschränkt und seine Mitgliedschaft geschlossen, weder übertragbar noch verbreitet. Mathematik zu lernen ist hingegen in mehreren starken Praxisgemeinschaften (z. B. Mathematik- und Naturwissenschaftslehrer und -praktiker) mannigfaltig naturalisiert. Zugleich ist dieses Wissen für andere sowohl fremd wie von zentraler Bedeutung – zentral im Sinn einer Barriere, die den Lernfortschritt limitiert. Mathematik ist auch durch viele Arten von Praxis verbreitet, in verschiedenen Schulklassen, Disziplinen und Arbeitsplätzen.[77] Manche Praxisgemeinschaften erwarten, dass das Erlernen völlig naturalisiert wird – als Hintergrundwerkzeug oder als tragende Infrastruktur –, um damit beispielsweise als Wissenschaftler weiterzukommen.[78] In anderen Mitgliedschaften gibt es jedoch weder eine Kartierung noch ein Gefühl für die Fremdheit des Objekts. Informationstechniken sind auch hier verbreitet und zugleich fremd angesichts steigender Erwartungen an die Bildung in verschiedenen Welten.

Diese Beziehungen definieren einen Raum, gegen den und in den alle möglichen Informationstechnologien eintreten. Diese Repräsentationstechniken treten in alle Arten von Praxisgemeinschaften im globalen Maßstab ein, im Design wie in der Nutzung. Sie sind ein Medium der Kommunikation und Übertragung *(broadcast)*, wie auch der Standardisierung. Die hartnäckigsten Probleme, die im Design von Informationssystemen auftreten, betreffen zunehmend das Modellieren von Kooperation in heterogenen Welten, und das Modellieren von Artikulationsarbeit und Mannigfaltigkeit. Wenn wir dies nicht erlernen, droht uns die Gefahr einer konzessionierten, langweilig standardisierten Infrastruktur (»500 Sender, auf denen nichts läuft«, wie es Mitch Kapor von der Electronic Frontier Foundation formulierte) oder eines Orwell'schen Überwachungsalbtraums.

Feminismus und Critical Race Theory stellen Traditionen von reflektierter Denaturalisierung dar, einer Politik der Simultaneität und des Widerspruchs, wie sie im Begriff des Cyborgs intuitiv erkennbar wird. Vor langer Zeit starteten Feministinnen mit der Maxime, dass das Private politisch sei und der Erfahrung jeder einzelnen Frau ein Vorrang gebührt, der durch uns alle zugestanden werden muss. Es dauerte keine zwanzig Jahre, bis der Feminismus von einer reduktionistischen Identitätspolitik zur Cyborgpolitik überging. Vieles davon verdankte sich der harten Arbeit und dem Leiden von Praxisgemeinschaften, die zu Monstern oder unsichtbar gemacht worden waren. Insbesondere waren daran farbige Frauen beteiligt, mitsamt ihrer Artikulikation der geschichteten Politik von Insidern und Außenseitern sowie von Grenzbereichen. Ein Teil der methodologischen Lehre aus einem so verstandenen Feminismus lautet, dass der Komplex von Erfahrung und Experiment eine Ethik der Vieldeutigkeit, sowohl mit Bescheidenheit wie mit Zorn enthält. Das heißt, die Art und Weise, wie wir einander hören, hängt damit zusammen, wie wir aus dem Schweigen heraus zuhören. Zuhören ist aktiv, nicht passiv – es bedeutet, flexibel zu sein, um sich mit Mannigfaltigkeit zu verbinden. Für Nelle Morton heißt »der Rede zuhören«:

77 | R. Hall/R. Stevens: »Making Space«.

78 | J. Lave: *Cognition in Practice.*

- Nicht nur eine neue Rede, sondern auch ein neues Zuhören.
- Der Rede zuhören ist politisch.
- Der Rede zuhören ist niemals einseitig. Sobald der Rede einer Person zugehört wird, wird sie eine zuhörende Person.
- In erster Linie ist Reden, um gehört zu werden, Macht über andere. Zuhören, um Rede hervorzubringen, ist Ermächtigen.[79]
- Unsere moralische Sicht hat zum Teil damit zu tun, wie wir, durch Infragestellen und Analyse von Infrastruktur, einander beim Reden besser zuhören.

Mannigfaltige Marginalität, mannigfaltige Naturalisierung: kategoriale Arbeit

Das hier dargelegte Modell nimmt die Form einer relationalen Kartierung im Modus vieler zu vielen an, und zwar zwischen mannigfaltiger Marginalität von Menschen (Grenzbereichen und Monstern) und mannigfaltigen Naturalisierungen von Objekten (Grenzobjekten und Standards). Im Lauf der Zeit folgt die Kartierung den Mitteln, mit denen die Individuen und Kollektive die Arbeit bewältigen, einerseits kohärente Identitäten in den Grenzbereichen und andererseits dauerhafte Grenzobjekte zu erschaffen.

Diese Kartierung ist nicht nur relational zwischen vielen Beteiligten, sondern metarelational. Damit meinen wir, dass die Kartierung gleichzeitig auf die mehrfache Artikulation des Selbst und auf die Naturalisierung von Objekten verweisen muss. Wichtig ist hier u. a. die Würdigung der Arbeit, die in Grenzbereichen und mit Grenzobjekten erforderlich ist. Oder um mit Patricia Hill Collins zu fragen: Was erkennen Weiße eigentlich von der Arbeit der Selbstartikulation Schwarzer an, die mit mannigfaltigen Anforderungen, Zielgruppen, Zufälligkeiten jonglieren?[80] Das ist nicht einfach nur böswillige Blindheit (auch wenn es dies sein kann), sondern vielmehr mit der Blindheit zwischen verschiedenen Kuhn'schen Paradigmen verwandt, und das ist ein revolutionärer Unterschied. Doch das Jonglieren ist ebenso ungeheuer kostspielig wie kunstvoll genial. Jede Praxisgemeinschaft hat ihre Gemeinkosten: »*Beiträge leisten, Stammkunde sein, herumhängen, cool sein, professionell sein, Menschen mögen uns, sich verhalten, um etwas zu werden, es zu bekommen, festhalten*«. Und an je mehr Praxisgemeinschaften man beteiligt ist, desto höher sind die Gemeinkosten, und zwar nicht bloß in einem direkt additiven Sinn, sondern auf interaktive Weise. Das dreifache Risiko (d. h. alt, schwarz und weiblich zu sein) besteht nicht nur aus drei demografischen Variablen oder Zuständen, die addiert werden, sondern ist eine ungeheuer anstrengende Situation von Marginalität, in der man geradezu genial sein muss, um zu überleben. *Die Gemeinkosten interagieren.*

Von der Artikulationsarbeit zur kategorialen Arbeit

Wie nennt man diese Arbeit der Handhabung von Gemeinkosten und Anomalien, die einerseits durch mannigfaltige Mitgliedschaften und andererseits durch mannigfaltig naturalisierte Objekte verursacht werden? Gewiss, diese Arbeit ist

79 | N. Morton: *The Journey is Home*.

80 | P. H. Collins: »Learning from the Outsider Within«.

unsichtbar. Vor allem aber ist sie methodologisch zu bestimmen, im Sinne eines Reflektierens über Unterschiede zwischen Methoden und Techniken. Auf den ersten Blick ähnelt sie der Artikulationsarbeit, d.h. einer Arbeit, die in Echtzeit Zufälligkeiten bewältigt, die die Dinge angesichts des Unerwarteten wieder auf Kurs bringt, die Handeln modifiziert, um es unerwarteten Zufälligkeiten anzupassen. Innerhalb des symbolischen Interaktionismus und auf dem Gebiet der Computer-Supported Cooperative Work (CSCW) bezeichnet der Begriff Artikulationsarbeit einige Formen dieser unsichtbaren Jonglierarbeit.[81]

Reichlich findet sich Artikulationsarbeit etwa in der Arbeit von Oberschwestern, Sekretärinnen, Obdachlosen, Eltern und Fluglotsen – obwohl natürlich alle Menschen Artikulationsarbeit verrichten, um ihre Arbeit in Gang zu halten. Das modellhafte Gestalten von Artikulationsarbeit ist eine der Hauptschwierigkeiten beim Design von kooperativen und komplexen Computern und Informationssystemen. Dies beruht darauf, dass Echtzeiteventualitäten oder »situierte Handlungen«, wie Suchman dies nennt,[82] stets die Nutzung jeder Technik verändern (z.B. wenn der Veranstalter eines Vortrags vergisst, einen Beamer zu bestellen, und wissen will, ob jemand rasch einen Handzettel zusammenstellen und ausdrucken könne).

Andere Aspekte von kooperativer Arbeit betreffen Neuigkeiten und die Art und Weise, wie das, was für eine Person Routine ist, für eine andere einen Notfall oder eine Anomalie darstellt.[83] Oder, wie es Schmidt und Simone formulieren: Dies sind Konsequenzen der Arbeitsteilung in kooperativer Arbeit.[84] Der Akt der Kooperation liegt in der Verschränkung verteilter Aufgaben; Artikulationsarbeit befasst sich mit den Folgen dieses Verteilungsaspekts von Arbeit.[85] Schmidt und Simone verweisen auf die hoch komplexe Dynamik und rekursive Beziehung zwischen beidem – das Management von Artikulationsarbeit kann seinerseits Artikulationsarbeit werden und umgekehrt, ad infinitum.

Die Folgen der Arbeitsteilung und ihre unterschiedlichen Bedeutungen in verschiedenen Gemeinschaften müssen bewältigt werden, damit Kooperation stattfinden kann. Das Jonglieren mit Bedeutungen (Mitgliedschaften und Naturalisierungen) nennen wir kategoriale Arbeit. Was geschieht zum Beispiel, wenn eine Sekretärin – Nutzerin A –, die Daten in eine große Datenbank eingibt, eine Abtreibung nicht für eine medizinische Angelegenheit, sondern für ein Verbrechen hält, während sie für Nutzerin B ein medizinisches Routineverfahren ist? Die Definition von Nutzerin A schließt Abtreibung aus der medizinischen Datenbank aus, die Definition von Nutzerin B hingegen schließt sie ein. Die sich ergebenden Daten werden zumindest unvergleichbar sein, aber auf eine Art, die für Nutzerin C völlig unsichtbar ist, während sie für ein Gerichtsverfahren Statistiken zusammenstellt, die für die Legalisierung der Abtreibung aufgrund ihrer

81 | K. Schmidt/L. Bannon: »Taking CSCW Seriously« und E. M. Gerson/S. L. Star: »Analyzing Due Process in the Workplace«.

82 | L. Suchman: *Plans and Situated Actions*.

83 | E. Hughes: »Mistakes at Work«.

84 | K. Schmidt/C. Simone: »Coordination Mechanisms«.

85 | Diese Unterscheidung entspricht Strauss' ursprünglicher Unterscheidung zwischen Produktionsarbeit und Artikulationsarbeit. Vgl. A. Strauss et al.: *Social Organization of Medical Work*.

weiten Verbreitung sprechen. Wenn dieser Aspekt der Koordination von Arbeit getilgt und somit unsichtbar gemacht wird, werden Stimmen unterdrückt, und wir erleben die Bildung von Meistererzählungen und eines Mythos von Mainstream-Universalien.[86]

Somit können wir feststellen, dass kategoriale Arbeit zum Teil etwas mit dem Bewältigen der Diskrepanzen zwischen Mitgliedschaft und Naturalisierung zu tun hat. Eine Möglichkeit, darüber nachzudenken, setzt bei der Bewältigung von Anomalien an und nutzt diese als Spur. Anomalien oder Unterbrechungen, die Ursachen von Kontingenz, treten auf, wenn eine Person oder ein Objekt von außerhalb der vorliegenden (sozialen) Welt den Fluss von Erwartungen unterbricht. Eine Glaskasten-Technologie oder reine Transparenz ist unmöglich. Dies liegt daran, dass Anomalien stets dann auftreten, wenn mannigfaltige Praxisgemeinschaften zusammenkommen und nützliche Technologien nicht in allen Gemeinschaften gleichzeitig geschaffen werden können. Monster erscheinen, wenn die Legitimität dieser Mannigfaltigkeit geleugnet wird. In diesem Fall werden unsere residualen Kategorien verstopft und aufgedunsen.

Theoretisch bildet Transparenz den Endpunkt der Naturalisierungstrajektorie, da vollständige Legitimität oder Zentralität erst am Ende der Integration in eine Praxisgemeinschaft entsteht. Aufgrund der Mannigfaltigkeit der Mitgliedschaft aller Menschen und der Beharrlichkeit von Neulingen und Fremden ebenso wie der Mannigfaltigkeit der Naturalisierung von Objekten, ist ein solcher Endpunkt immanent nichtexistent in der realen Welt. Während jener kurzen historischen Augenblicke, in denen es ihn zu geben scheint, ist er instabil.

Anstelle von Transparenz erlebt man Konvergenz, die eine ausreichend gute Imitation darstellt, um die meiste Zeit für Transparenz gehalten zu werden. Personen oder Objekte und deren Repräsentationen entstehen durch wechselseitige Konstitution: Menschen werden Kategorien zugeordnet und lernen von diesen Kategorien, wie sie sich zu verhalten haben. Ironischerweise lässt sich daher beobachten, dass Bewohner des Londoner East Ends lernen, Cockney zu sprechen (und Cockney zu sein), indem sie sich die Fernseh-Seifenoper »East Enders« ansehen. »Ich bin ein East Ender, also muss ich so reden; und ich muss soundso ein Bier trinken.« Unterstützt von bürokratischen Institutionen bekommen solche kulturellen Merkmale einen realen sozialen Stellenwert. Wenn offizielle amerikanische Dokumente Anglo-Australier zwingen, die eine oder andere Identität anzunehmen, und wenn Freunde und Kollegen diese Menschen ermutigen, um der Annehmlichkeit von Smalltalk willen eine Entscheidung zu treffen, dann werden sie wahrscheinlich noch mehr zu Australiern. Sie leiden neben ihren neuen Landsleuten, etwa wenn neue Einwanderungsmaßnahmen in Amerika eingeführt werden oder wenn »wir« ein Crickettestspiel verlieren. Das Gleiche gilt für Objekte – sobald ein Film in die Schublade »nicht jugendfrei« gesteckt wird, gibt es für den Regisseur einen starken Anreiz, ihn wirklich nicht jugendfrei zu machen; sobald ein Haus für abbruchreif erklärt ist, zögern die Leute nicht, es zu demolieren.

Wo liegt der Unterschied zwischen Transparenz und Konvergenz? Er liegt dort, wo Transparenz idealerweise nur ein Spiegelbild der Art und Weise darstellt, wie Dinge wirklich sind. (Er erfasst so, wie es Jullien so schön formuliert hat, die »Nei-

86 | S. L. Star/A. Strauss: »Layers of Silence, Arenas of Voice«.

gung der Dinge«[87] in jeder Situation). Konvergenz kann radikal in sich zusammenbrechen – im Lauf der Zeit oder über geografische Grenzen hinweg. Brechen Kategorien auf diese Weise in sich zusammen, lassen sie eine unterbrochene Spur zum vorherigen Regime zurück. Als beispielsweise die Kategorie »hysterisch« in der Medizin aus der Mode kam, wurden Menschen, die man bislang als hysterisch bezeichnete, mannigfaltigen weit verstreuten Kategorien zugeteilt. In diesem kritischen Augenblick war es sinnlos, dass sie die gleichen Ärzte aufsuchten oder voneinander lernten, was Hysterie einmal gewesen war.

»Scaling up«: Verallgemeinerung und Standards

»Ähnlichkeit ist eine Institution.«[88]
MARY DOUGLAS

Welche Dinge bewirken diesen komplizierten Ko-Konstruktionsprozess, bei dem Objekte und Status als gegeben, dauerhaft und real erscheinen? Denn großangelegte Bürokratien können, wie Alain Desrosières darlegt, teilweise durch Klassifikationsarbeit sehr gut dafür sorgen, dass Objekte, Menschen und Institutionen zusammenhalten.[89] Manche Objekte sind in mehr als einer Welt naturalisiert. Sie sind dann keine Grenzobjekte, sondern werden vielmehr Standards innerhalb der und über die mannigfaltigen Welten hinweg, in denen sie naturalisiert sind. Ein Großteil der Mathematik und im Westen auch der Medizin und Physiologie entspricht diesen Anforderungen, was auch für die meisten christlichen Lehrmeinungen im Mittelalter galt. Die Hegemonie des Patriarchats entstand aus der Naturalisierung von Objekten in einer Vielfalt von Praxisgemeinschaften, wobei Frauen von der Mitgliedschaft ausgeschlossen und ihre alternativen Interpretationen von Objekten verleugnet wurden.[90]

Wird ein Objekt in mehr als einer Praxisgemeinschaft naturalisiert, erlangt seine Naturalisierung so viel Macht, dass auf ihrer Grundlage Dissens als Wahnsinn oder Häresie betrachtet wird. Hiervon beziehen auch Ideen wie »Naturgesetze« ihre Macht, weil wir stets auf andere Praxisgemeinschaften als Quellen ihrer Gültigkeit setzen. Wenn wir überall nur Naturalisierung vorfinden, dann verschiebt sich die Unsichtbarkeit auf eine höhere Ebene und wird doppelt, dreifach unsichtbar. Sherry Ortner weist in ihrem klassischen Aufsatz über die Frage, ob »Mann = Kultur und Frau = Natur« entspricht, nach, dass dies für die Unterdrückung von Frauen sogar dort gilt, wo die spezifischen kulturellen Verhältnisse stark variieren. Ihr Modell des Phänomens beruht auf dem hartnäckigen Missverständnis von Grenzbereichen und Mehrdeutigkeit in vielen Kulturen.[91] Vor ihr schrieb Simone de Beauvoir 1947 über die »Moral der Mehrdeutigkeit«[92] und verwies auf die

87 | F. Jullien: *The Propensity of Things*.

88 | M. Douglas: *How Institutions Think*, S. 55.

89 | A. Desrosières: *La politique des Grands Nombres*.

90 | C. Kramarae (Hg.): *Technology and Women's Voices*; C. Merchant: *The Death of Nature* und J. Croissant/S. Restivo: »Science As a Social Problem«.

91 | S. Ortner: »Is Female to Male as Nature is to Culture?«.

92 | S. de Beauvoir: *Pour une morale de l'ambiguïté*.

machtvollen negativen Folgen für die, die sich auf einen naturalisierten Modus der Interaktion einlassen. Heute brauchen wir eine Moral der Mehrdeutigkeit noch vordringlicher, gerade angesichts des Globalisierungsdrucks und der Integration von Repräsentationssystemen durch weltweite Informationstechnologien.

Wir haben hier ein Modell von Mitgliedschaften, Naturalisierungen und unserer Arbeit dargestellt, mit der wir ihre Mannigfaltigkeit bewältigen. Eine weitere Analyse ist erforderlich, um verschiedene Arten von kategorialer Arbeit zu untersuchen und auszumachen, wie sie unter verschiedenen Umständen entstehen.

Grenzinfrastruktur

Jede funktionierende Infrastruktur dient mannigfaltigen Praxisgemeinschaften gleichzeitig, sei es innerhalb einer einzigen Organisation oder verteilt über mannigfaltige Organisationen. Das Informationssystem eines Krankenhauses beispielsweise muss auf die getrennten ebenso wie auf die vereinten Agenden von Krankenschwestern, Dokumentenverwaltern, Behörden, Ärzten, Epidemiologen, Patienten und so weiter eingehen. Dazu muss das Informationssystem stabile Regime von Grenzobjekten so ins Spiel bringen, dass jede gegebene Praxisgemeinschaft auf es zugreifen und sich seiner Informationsobjekte bedienen kann.

Zweifellos sind Grenzinfrastrukturen keine perfekten Konstruktionen. Die Chimäre eines total vereinheitlichten und universal anwendbaren Informationssystems (wie es leider noch immer von vielen bevorzugt wird) sollte nicht von der Chimäre eines verteilten, von Grenzobjekten angetriebenen Informationssystems abgelöst werden, das die Bedürfnisse der vielfältigen Gemeinschaften, denen es dient, voll und ganz respektiert. Im Gegenteil, wie wir im Fall der Pflegemaßnahmenklassifikation (Nursing Interventions Classification, NIC) gesehen haben: Krankenpflegerinnen müssen eine Reihe ernsthafter Zugeständnisse im Hinblick auf die Beschaffenheit und Qualität ihrer Daten machen, bevor sie hoffen können, irgendeinen Zugang zu Krankenhausinformationssystemen zu erhalten. Diese Schwierigkeiten gelten allgemein, auch wenn ihnen bis zu einem gewissen Ausmaß Konvergenzprozesse entgegenwirken.

Grenzinfrastrukturen verrichten im Großen und Ganzen die Arbeit, die erforderlich ist, um die Dinge in Gang zu halten. Weil sie in Regimen und Netzwerken von Grenzobjekten (und nicht von einheitlichen, genau definierten Objekten) operieren, haben Grenzinfrastrukturen genügend Spielraum. Lokale Varianten können zusammen mit einer ausreichend konsistenten Struktur zugelassen werden. Damit ist das ganze Spektrum bürokratischer Instrumente (Formulare, Statistiken und so weiter) anwendbar. Selbst die am straffsten reglementierte Infrastruktur ist unvermeidlicherweise auch lokal: Wenn improvisierte Lösungen *(workarounds)* nötig sind, werden sie auch eingesetzt. Die ICD beispielsweise dient häufig dazu, kulturelle Erwartungen zu codieren (wie z. B. niedrige Herzinfarktraten in Japan), selbst wenn diese nirgendwo explizit Teil des Klassifikationssystems sind.

Dem Konzept der Grenzinfrastruktur verdanken wir – gegenüber der traditionelleren einheitlichen Vision von Infrastruktur – die ausdrückliche Beachtung der unterschiedlichen Konstitution von Informationsobjekten innerhalb der verschiedenen Praxisgemeinschaften, die sich eine bestimmte Infrastruktur teilen.

Künftige Richtungen: Textur und Modellierung von kategorialer Arbeit und Grenzinfrastrukturen

> »Wenn du es sagen könntest, würdest du keine Metapher benötigen. Wenn du es in Begriffe kleiden könntest, wäre es keine Metapher. Wenn du es erklären könntest, würdest du keine Metapher benutzen.«[93]
>
> NELLE MORTON

Bislang hat dieser Aufsatz eine Reihe von analytischen Kategorien angeboten, die sich bei Analyse und Design von Informationsinfrastrukturen hoffentlich als nützlich erweisen werden. An der Grenze, wie Nelle Morton verdeutlicht, treffen wir auf Metaphern, die Menschen benutzen, um alle möglichen Informationsnetzwerke zu beschreiben. Diese Metaphern, mit denen wir leben, sind mächtige Mittel, um Arbeit und intellektuelle Praxis zu organisieren. Wir wollen nun einige Metaphern betrachten, die sich um den Begriff der Filiationen drehen und die sich unserer Meinung nach vielversprechend auf künftige Analysen auswirken werden.

Wie sind Kategorien an Menschen gebunden?

> »Die Häufigkeit, mit der Metaphern wie Weben, Fäden, Stricke und dergleichen im Zusammenhang mit kontextuellen Annäherungen an das menschliche Denken auftauchen, ist schon recht verblüffend.«[94]
>
> MICHAEL COLE

Kategorien berühren Menschen auf vielfältige Weise – sie werden zugeordnet, sie werden zu selbstgewählten Etiketten, sie können statistische Artefakte sein. Sie können für andere Gruppen oder Individuen sichtbar oder unsichtbar sein. Wir verwenden hier den Begriff Filiation – der über das Lateinische mit dem französischen Wort »Fil« für Faden zusammenhängt – im Sinne eines Fadens, der von einer Kategorie zu einer Person reicht. Diese Metapher ermöglicht eine reichhaltige Untersuchung der Architektur mannigfaltiger Kategorien, die das Leben von Menschen berühren. Fäden verweisen auf eine Vielfalt von Gewebeeigenschaften, die oft auf menschliche Interaktionen übertragen werden: Spannung, Knotigkeit oder Glattheit, Bündelung, Nähe und Dicke. Wir wollen uns im Folgenden mit einer kleinen Auswahl näher befassen.

Lose verbunden – eng verbunden

Eine Kategorie (oder ein System von Kategorien) kann lose oder eng mit einer Person verbunden sein. Gender und Alter sind als Kategorien mit einer Person sehr eng verbunden. Einer der interessanten Aspekte der Untersuchung virtueller Identitäten in Multi User Dungeons (MUDs) und anderswo im Internet ist die Lockerung dieser traditionell eng verbundenen Fäden unter hoch eingeschränkten

93 | N. Morton: *The Journey Is Home*, S. 210.

94 | M. Cole: *Cultural Psychology*, S. 135.

Umständen.[95] Lose verbundene Kategorien können kurzlebig sein, etwa die Kleiderfarbe, die man an einem bestimmten Tag trägt, oder die eigene Position in einer Warteschlange. Irgendwo in der Mitte ist die Haarfarbe zu verorten, die sich im Lauf eines Lebens langsam wandeln oder an einem Nachmittag schnell verändern kann, oder der Familienstand.

Umfang

Filiationen von Kategorien besitzen einen variablen Umfang. Einige sind dauerhafte Fäden, die viele Aspekte der Identität einer Person abdecken und als solche in einem sehr breiten oder gar globalen Maßstab akzeptiert werden. (Halten wir aber fest, dass sie nicht absolut sind oder alle Aspekte der Identität abdecken und dass keine Kategorie ganz und gar global akzeptiert wird.) Die Kategorie »lebendig oder tot« ist ziemlich voluminös und nahezu global. Wir können also beim Umfang von zwei Dimensionen ausgehen: Fülle und Maßstab. Wie umfänglich ist der individuelle Strang – Spinnfaden oder dickstes Tau? Mit wie vielen anderen wird er geteilt?

Was ist ihre Ökologie?

Klassifikationen haben Habitate. Das heißt, die Filiationen zwischen Person und Kategorie zeichnen sich dadurch aus, dass sie einen Raum oder ein Terrain mit einigen Eigenschaften jedes Habitats einnehmen. Dieses Terrain kann überfüllt oder dünn besiedelt, friedfertig oder im Krieg, fruchtbar oder öde sein. Doch wir wollen hier nicht zu viele Metaphern vermischen, und daher lauten einige wichtige Fragen über Filiationen und ihre Ökologie, die man sich in Form von Fäden vorstellen kann: Wie viele Verknüpfungen gibt es da? Das heißt, wie viele andere Kategorien sind mit dieser Person verknüpft und in welcher Dichte? Sind diese Fäden unvereinbar miteinander oder ergänzen sie einander (unentwirrbare Verknotung vs. Grenzobjekt der Kooperation)? Das heißt, sind die Fäden verknäuelt oder fallen sie glatt zusammen?

Wer kontrolliert die Filiation?

Die Frage, wer eine bestimmte Filiation kontrolliert, ist von entscheidender Bedeutung für ein ethisches und politisches Verständnis von Informationssystemen, deren Kategorien mit Individuen verknüpft sind. Eine erste grobe Charakterisierung betrifft die Frage, ob die Filiation freiwillig gewählt oder auferlegt worden war (ein Echo der soziologischen Standardunterscheidung zwischen »erworben« und »zugeschrieben«), ob sie beseitigt werden kann und von wem? Und unter wessen Kontrolle und Zugang steht der Apparat, der dies vornimmt? Fragen nach der Privatsphäre sind hier von Bedeutung, etwa bei medizinischen Informationen, die jemanden mit einer sozial stigmatisierten Verfassung klassifizieren. Wie das Maß für die Filiation hier beschaffen ist, besitzt die gleiche Relevanz wie die Orte der Kontrolle. So kann beispielsweise ein Intelligenztest eine wichtige Möglichkeit sein, Menschen zu klassifizieren. Entwickelt haben ihn Personen, die sich in einiger Entfernung zu denen befinden, die am Test teilnehmen. Das Maß – der

95 | Vgl. S. Turkle: *Life on the Screen.*

Intelligenzquotient (IQ) – wird also aus der Ferne kontrolliert. Deshalb erklärten Kritiker von Intelligenztests früher, diese Kontrolle sei mit Bezug auf Ethnie und Geschlecht voreingenommen.

Ist sie reversibel oder irreversibel?

Schließlich stellt sich die zentrale Frage, ob die Filiation umkehrbar sei. Die Metapher, dass jemand gebrandmarkt wird *(branding)*, ist in diesem Zusammenhang kein Zufall, wobei Brandmarken heißt, dass eine Marke in die Haut gebrannt wird und damit ganz und gar irreversibel ist. Manche Formen von Filiation haben diese Endgültigkeit für das Individuum, egal, wie das Urteil später betrachtet wurde. So kann beispielsweise eine Anklage wegen Mordes permanente öffentliche Schuld bedeuten, ganz gleich, wie das Urteil der Geschworenen lautet. Viele Formen liegen irgendwo dazwischen, doch es ist wichtig zu wissen, wie reversibel die Filiation ist, wenn man ihre Auswirkungen verstehen will.

Mithilfe der dargestellten Metapher der Filiation ließe sich eine Textur von Informationssystemen charakterisieren, in der Kategorien entweder Individuen oder Dinge berühren. Die Ästhetik des Gewebes und der Grad, in dem das Individuum durch es gebunden oder getragen wird, gehören zu den Arten potenzieller Charakterisierungen. Es existieren grobe Repräsentationen, etwa binden zwei dicke, irreversible Fäden eine Person an widersprüchliche Kategorien. Auf subtilere Weise kann man sich etwas wie Granovetters »Stärke schwacher Bindungen«[96] vorstellen. Die tausendundeinen Klassifikationen, die Menschen schwach an Informationssysteme koppeln, lassen sich als bindend oder auf eine andere Weise unentwirrbar verknotet charakterisieren.

Die Metapher der Filiation ist insoweit sinnvoll, als sich damit Fragen an funktionierende Infrastrukturen auf neue und interessante Weise stellen lassen. So lauten etwa zwei Fragen, die sich direkt aus unserer Verwendung der Metapher für jede individuelle oder Gruppenfiliation ergeben: Was für eine Ökologie und Verteilung von Leiden wird es geben? Wer kontrolliert die Vieldeutigkeit und Sichtbarkeit von Kategorien?

Schlussbemerkungen

Dieser Aufsatz behauptet, dass bei der Analyse von Klassifikationssystemen mehr getan werden müsse, als universale Meistererzählungen zu dekonstruieren. Gewiss, solche Narrative sollten in Frage gestellt werden. Wir haben jedoch darzulegen versucht, dass es Möglichkeiten eines »Scaling up« vom Lokalen zum Sozialen gibt, durch das Konzept der Grenzinfrastrukturen. Dabei können wir unser eigenes hybrides Wesen erkennen, ohne unsere Individualität zu verlieren. Diese Herangehensweise ist insofern wertvoll, als sie erlaubt, uns in die Konstruktion von Infrastrukturen – die mit Sicherheit existieren und mächtig sind – nicht nur als Kritiker, sondern auch als Designer einzumischen.

96 | M. Granovetter: »The Strength of Weak Ties«.

LITERATUR

Anzaldúa, Gloria: *Borderlands = La Frontera: The New Mestiza*, San Francisco, CA: Spinsters/Aunt Lute 1987.

Beauvoir, Simone de: *Pour une morale de l'ambiguïté*, Paris: Gallimard 1947 (deutsch: »Für eine Moral der Doppelsinnigkeit«, in: Dies., *Soll man de Sade verbrennen?*, München: Szczesny 1964).

Beck, Eevi: »Changing Documents/Documenting Changes: Using Computers for Collaborative Writing Over Distance«, in: Susan L. Star (Hg.), *The Cultures of Computing*, Oxford: Blackwell 1995, S. 53–68.

Becker, Howard S.: *Outsiders: Studies in the Sociology of Deviance*, London: Free Press of Glencoe 1963 (deutsch: *Außenseiter. Zur Soziologie abweichenden Verhaltens*, Wiesbaden: Springer [2]2014).

Becker, Howard S.: »A School Is a Lousy Place to Learn Anything In«, in: *American Behavioral Scientist* 16/1 (1972), S. 85–105. https://doi.org/10.1177/000276427201600109

Becker, Howard S.: *Doing Things Together: Selected Papers*, Evanston, IL: Northwestern University Press 1986.

Bowker, Geoffrey C./Star, Susan L.: *Sorting Things Out: Classification and Its Consequences*, Cambridge, MA: MIT Press 1999.

Chatelin, Yvon: *Une épistémologie des sciences du sol*, Paris: ORSTOM 1979.

Cicourel, Aaron: *Method and Measurement in Sociology*, New York: Free Press of Glencoe 1964 (deutsch: *Methode und Messung in der Soziologie*, Frankfurt a. M.: Suhrkamp 1970).

Clarke, Adele: »Controversy and the Development of Reproductive Sciences«, in: *Social Problems* 37/1 (1990), S. 18–37. https://doi.org/10.2307/800792

Clarke, Adele: »Social Worlds/Arenas Theory as Organizational Theory«, in: David Maines (Hg.), *Social Organization and Social Process: Essays in Honor of Anselm Strauss*, Hawthorne, NY: Aldine de Gruyter 1991, S. 119–158.

Clarke, Adele: *Disciplining Reproduction: Modernity, American Life Sciences, and the Problem of Sex*, Berkley, CA: University of CA Press 1998.

Clarke, Adele/Fujimura, Joan H. (Hg.): *The Right Tools for the Job: At Work in Twentieth-Century Life Sciences*, Princeton, NJ: Princeton University Press 1992. https://doi.org/10.1515/9781400863136

Clarke, Adele/Fujimura, Joan H.: »Introduction«, in: Dies. (Hg.), *The Right Tools for the Job: At Work in Twentieth-Century Life Sciences*, Princeton, NJ: Princeton University Press 1992, S. 3–44. https://doi.org/10.1007/978-1-349-22122-6_1

Cole, Michael: *Cultural Psychology: A Once and Future Discipline*, Cambridge, MA: Belknap Press of Harvard University Press 1996.

Collins, Patricia Hill: »Learning from the Outsider Within: The Sociological Significance of Black Feminist Thought«, in: *Social Problems* 33/6 (1986), S. 14–32. https://doi.org/10.2307/800672

Croissant, Jennifer/Restivo, Sal: »Science as a Social Problem«, in: Susan L. Star (Hg.), *Ecologies of Knowledge*, Albany, NY: SUNY Press 1995, S. 39–87.

Derrida, Jacques: *La carte postale. De Socrate à Freud et au-delà*, Paris: Flammarion 1980 (deutsch: *Die Postkarte. Von Sokrates bis an Freud und jenseits*, Berlin: Brinkmann & Bose 1987 [1982]).

Desrosières, Alain: *La politique des Grands Nombres. Histoire de la raison statistique*, Paris: La Découverte 1990.
Dewey, John: *Essays in Experimental Logic*, Chicago, IL: The University of Chicago Press 1916. https://doi.org/10.1037/13833-000
Dewey, John: *The Quest for Certainty: A Study of the Relation of Knowledge and Action*, New York: Minton, Balch 1929 (deutsch: *Die Suche nach Gewissheit. Eine Untersuchung des Verhältnisses von Erkenntnis und Handeln*, Frankfurt a. M.: Suhrkamp 2001).
Douglas, Mary: *How Institutions Think*, Syracuse, NY: Syracuse University Press 1986 (deutsch: *Wie Institutionen denken*, Frankfurt a. M.: Suhrkamp 1991).
Engeström, Yrjö: *Learning, Working and Imagining*, Helsinki: Orienta Konsultit Oy 1990.
Ferguson, Russell/Gever, Martha/Minh-ha, Trinh T./West, Cornel (Hg.): *Out There: Marginalization and Contemporary Cultures*, Cambridge, MA: MIT Press 1990.
Gasser, Les: »The Integration of Computing and Routine Work«, in: *ACM Transactions on Office Information Systems* 4/3 (1986), S. 205–225. https://doi.org/10.1145/214427.214429
Gerson, Elihu M./Star, Susan L.: »Analyzing Due Process in the Workplace«, in: *ACM Transactions on Office Information Systems* 4/3 (1986), S. 257–270. https://doi.org/10.1145/214427.214431
Goguen, Joseph: »A Social, Ethical Theory of Information«, in: Geoffrey C. Bowker/Les Gasser/Susan L. Star/William Turner (Hg.), *Social Science, Technical Systems and Cooperative Work*, Princeton, NJ: L. Erlbaum Associates 1997, S. 27–56.
Goodwin, Charles: »Practices of Color Classification. Ninchi Kagaku«, in: *Cognitive Studies: Bulletin of the Japanese Cognitive Science Society* 3/2 (1996), S. 62–82.
Granovetter, Mark: »The Strength of Weak Ties«, in: *American Journal of Sociology* 78/6 (1973), S. 1360–1380. https://doi.org/10.1086/225469
Gray, Chris Hables/Figueroa-Sarriera, Heidi/Mentor, Steven (Hg.): *The Cyborg Handbook*, New York: Routledge 1995.
Hall, Rogers/Stevens, Reed: »Making Space: A Comparison of Mathematical Work in School and Professional Design Practices«, in: Susan L. Star (Hg.), *The Cultures of Computing*, Oxford: Blackwell 1995, S. 118–145.
Haraway, Donna J.: *Simians, Cyborgs, and Women: The Reinvention of Nature*, New York: Routledge 1991 (deutsch: *Die Neuerfindung der Natur: Primaten, Cyborgs und Frauen*, Frankfurt a. M.: Campus 1995).
Haraway, Donna: *Modest-Witness@Second-Millennium. FemaleMan-Meets-OncoMouse™: Feminism and Technoscience*, New York: Routledge 1997.
Hewitt, Carl: »Offices are Open Systems«, in: *ACM Transactions on Office Information Systems* 4/3 (1986), S. 271–287. https://doi.org/10.1145/214427.214432
Hughes, Everett C.: »Mistakes at Work«, in: Ders., *The Sociological Eye*, Chicago, IL: Aldine 1970.
Hutchins, Ed: *Cognition in the Wild*, Cambridge, MA: MIT Press 1995.
Jullien, François: *The Propensity of Things: Toward a History of Efficacy in China*, New York: Zone Books 1995.
Kramarae, Cheris (Hg.): *Technology and Women's Voices: Keeping in Touch*, New York: Routledge 1988. https://doi.org/10.4324/9780203221938
Keller, Charles M./Keller, Janet Dixon: *Cognition and Tool Use: The Blacksmith at Work*, Cambridge: Cambridge University Press 1996.

Lagache, Edouard: *Diving into Communities of Learning: Existential Perspectives on Communities of Practice at Zone of Proximal Development*, Dissertation, School of Education, University of California, Berkeley, 1995.

Larsen, Nella: *Quicksand* and *Passing*, hg. von Deborah E. McDowell, New Brunswick, NJ: Rutgers University Press 1986 [1928, 1929] (deutsch: *Seitenwechsel*, Zürich: Dörlemann 2011).

Latour, Bruno: *Science in Action: How to Follow Scientists and Engineers Through Society*, Milton Keynes: Open University Press 1987.

Lave, Jean: *Cognition in Practice: Mind, Mathematics, and Culture in Everyday Life*, Cambridge: Cambridge University Press 1988. https://doi.org/10.1017/CBO9780511609268

Lave, Jean/Wenger, Étienne: *Situated Learning: Legitimate Peripheral Participation*, Cambridge: Cambridge University Press 1991. https://doi.org/10.1017/CBO9780511815355

Linde, Charlotte: *Life Stories: The Creation of Coherence*, New York: Oxford University Press 1993.

Merchant, Carolyn: *The Death of Nature: Women, Ecology, and the Scientific Revolution*, San Francisco, CA: Harper & Row 1980 (deutsch: Der Tod der Natur: Ökologie, Frauen und neuzeitliche Naturwissenschaft, München: Beck [2]1994).

Morton, Nelle: *The Journey Is Home*, Boston: Beacon Press 1985.

Ortner, Sherry: »Is Female to Male as Nature is to Culture?«, in: Michelle Zimbalist Rosaldo/Louise Lamphere (Hg.), *Woman, Culture, and Society*, Stanford, CA: Stanford University Press 1974, S. 67–87.

Park, Robert Ezra: *Human Communities: The City and Human Ecology*, Glencoe, IL: Free Press 1952.

Ritvo, Harriet: *The Platypus and the Mermaid, and Other Figments of the Classifying Imagination*, Cambridge, MA: MIT Press 1997.

Rymer, Russ: *Genie: A Scientific Tragedy*, New York: Harper Collins 1993 (deutsch: *Das Wolfsmädchen: eine moderne Kaspar-Hauser-Geschichte*, Hamburg: Hoffmann und Campe 1996).

Sacks, Harvey: »Everyone Has to Lie«, in: Mary Sanches/Ben G. Blount (Hg.), *Sociocultural Dimensions of Language Use*, New York: Academic Press 1975, S. 57–80.

Sacks, Harvey: *Lectures on Conversation*, 2 Bände, Oxford: Blackwell 1992.

Schmidt, Kjeld/Bannon, Liam: »Taking CSCW Seriously: Supporting Articulation Work«, in: *Computer Supported Cooperative Work (CSCW): An International Journal* 1 (1992), S. 7–41. https://doi.org/10.1007/BF00752449

Schmidt, Kjeld/Simone, Carla: »Coordination Mechanisms: Towards a Conceptual Foundation of CSCW Systems Design«, in: *Computer Supported Cooperative Work: The Journal of Collaborative Computing* 5/2 (1996), S. 155–200. https://doi.org/10.1007/BF00133655

Schütz, Alfred: »The Stranger: An Essay in Social Psychology«, in: *American Journal of Sociology* 69/6 (1944), S. 499–507. https://doi.org/10.1086/219472

Simmel, Georg: »The Stranger«, in: Kurt Wolff (Hg.), *The Sociology of George Simmel*, Glencoe, IL: Free Press 1950 [1908], S. 402–408.

Star, Susan L.: »Simplification in Scientific Work: An Example from Neuroscience Research«, in: *Social Studies of Science* 13/2 (1983), S. 205–228. https://doi.org/10.1177/030631283013002002

Star, Susan L.: *Regions of the Mind: Brain Research and the Quest for Scientific Certainty*, Stanford, CA: Stanford University Press 1989.

Star, Susan L.: »The Structure of Ill-Structured Solutions. Boundary Objects and Heterogeneous Distributed Problem Solving«, in: Les Gasser/Michael N. Huhns (Hg.), *Distributed Artificial Intelligence* (=Research Notes in Artificial Intelligence, Vol. II), London/Pitman/San Mateo, CA: Morgan Kaufmann 1989, S. 37–54.

Star, Susan L.: »Power, Technologies, and the Phenomenology of Standards: On Being Allergic to Onions«, in: John Law (Hg.), *A Sociology of Monsters? Essays on Power, Technology and the Modern World* (=Sociological Review Monograph 38), Oxford: Basil Blackwell 1991, S. 27–57.

Star, Susan L. (Hg.): *Ecologies of Knowledge: Work and Politics in Science and Technology*, Albany, NY: SUNY Press 1995.

Star, Susan L.: »The Politics of Formal Representations. Wizard, Gurus, and Organizational Complexity«, in: Dies. (Hg.), *Ecologies of Knowledge: Work and Politics in Science and Technology*, Albany, NY: SUNY Press 1995, S. 88–118.

Star, Susan L.: »Work and Practice in Social Studies of Science, Medicine and Technology«, in: *Science, Technology, & Human Values* 20/4 (1995), S. 501–507. https://doi.org/10.1177/016224399502000406

Star, Susan L.: »From Hestia to Home Page: Feminism and the Concept of Home in Cyberspace«, in: Nina Lykke/Rosi Braidotti (Hg.), *Between Monsters, Goddesses and Cyborgs: Feminist Confrontations with Science, Medicine and Cyberspace*, London: ZED-Books 1996, S. 30–46.

Star, Susan L./Griesemer, James R.: »Institutional Ecology, ›Translations‹ and Boundary Objects: Amateurs and Professionals in Berkeley's Museum of Vertebrate Zoology, 1907–39«, in: *Social Studies of Science* 19/3 (1989), S. 387–420. https://doi.org/10.1177/030631289019003001

Star, Susan L./Strauss, Anselm: »Layers of Silence, Arenas of Voice: The Ecology of Visible and Invisible Work«, in: *Computer Supported Cooperative Work: The Journal of Collaborative Computing* 8/1-2 (1999), S. 9–30. https://doi.org/10.1023/A:1008651105359

Stone, Sandy: »The Empire Strikes Back: A Posttransexual Manifesto«, in: Julia Epstein/Kristina Straub (Hg.), *Body Guards: The Cultural Politics of Gender Ambiguity*, NY: Routledge 1991, S. 280–304.

Stonequist, Everett V.: *The Marginal Man: A Study in Personality and Culture Conflict*, New York: C. Scribner's Sons 1937.

Strauss, Anselm: *Mirrors and Masks: The Search for Identity*, Glencoe, IL: Free Press 1959.

Strauss, Anselm: »A Social World Perspective«, in: *Studies in Symbolic Interaction* 1 (1978), S. 119–128.

Strauss, Anselm: *Continual Permutations of Action*, New York: Aldine de Gruyter 1993.

Strauss, Anselm/Fagerhaugh, Shizuko/Suczek, Barbara/Wiener, Carolyn: *Social Organization of Medical Work*, Chicago, IL: University of Chicago Press 1985.

Suchman, Lucy: *Plans and Situated Actions: The Problem of Human-Machine Communication*, Cambridge: Cambridge University Press 1987.

Suchman, Lucy: »Representing Practice in Cognitive Science«, in: *Human Studies* 1/1 (1988), S. 305–325. https://doi.org/10.1007/BF00177307

Suchman, Lucy/Trigg, Randall: »Artificial Intelligence as Craftwork«, in: Seth Chaiklin/Jean Lave (Hg.), *Understanding Practice: Perspectives on Activity and Context*, New York: Cambridge University Press 1993, S. 144–172. https://doi.org/10.1017/CBO9780511625510.007

Taylor, James R./Van Every, Elizabeth J.: *The Vulnerable Fortress: Bureaucratic Organization and Management in the Information Age* (mit Beiträgen von Helene Akzam, Margot Hovey und Gavin Taylor), Toronto: University of Toronto Press 1993. https://doi.org/10.3138/9781442683174

Thomas, William I./Thomas, Dorothy Swaine: »Situations Defined as Real Are Real in Their Consequences«, in: Gregory P. Stone/Harvey A. Farberman (Hg.), *Social Psychology Through Symbolic Interaction*, Waltham, MA: Xerox Publishers 1970 [1917], S. 54–155.

Trigg, Randall/Bødker, Susanne: »From Implementation to Design: Tailoring and the Emergence of Systematization in CSCW«, in: *Proceedings of ACM 1994 Conference on Computer-Supported Cooperative Work*, New York: ACM Press 1994, S. 45–54. https://doi.org/10.1145/192844.192869

Turkle, Sherry: *Life on the Screen: Identity in the Age of the Internet*, New York: Simon and Schuster 1995 (deutsch: *Leben im Netz: Identität in Zeiten des Internet*, Reinbek: Rowohlt 1999).

Wertsch, James V.: *Voices of the Mind: A Sociocultural Approach to Mediated Action*, Cambridge, MA: Harvard University Press 1991.

Wertsch, James V.: *Mind as Action*, New York: Oxford University Press 1998.

Das Ordnen der Dinge

Von den Unbestimmtheiten und Unsichtbarkeiten des Klassifizierens

Cornelius Schubert

Ordnen ist menschlich. Mit diesem Gedanken eröffnen Geoffrey C. Bowker und Susan Leigh Star ihre Monografie *Sorting Things Out*.[1] Ordnen und sortieren bzw. klassifizieren, d.h. zu-ordnen oder ein-sortieren, gilt als eine Grundbedingung menschlicher Handlungsfähigkeit, weil wir durch das Klassifizieren die überwältigende Komplexität der Welt auf handhabbare Stückchen reduzieren können. Klassifikationen, die Produkte des Klassifizierens, ordnen und sortieren die Vielschichtigkeiten und Widersprüchlichkeiten der Welt in für uns sinnvolle Zusammenhänge. Aber ordnen, sortieren und klassifizieren sind keine neutralen oder objektiven Prozesse. Und Klassifikationen sind keine Abbildungen der Realität, sondern künstlich und kunstvoll hergestellte Deutungen, die selbst wiederum als wirkmächtige Instanzen an der Herstellung gesellschaftlicher Realitäten beteiligt sind – was Bowker und Star nicht zuletzt mit Referenz auf Michel Foucault als Ausgangspunkt für ihre Argumentation festhalten. *Sorting Things Out* ist ein Buch, das sich insbesondere den verzwickten Konsequenzen von wissenschaftlichen und alltäglichen Klassifikationen zuwendet, sie analysiert und kritisiert.

Das neunte Kapitel »Categorical Work and Boundary Infrastructures: Enriching Theories of Classification«[2] nimmt am Ende des Buches die theoretischen Fäden aus den vorherigen Kapiteln auf und verbindet sie mit einer Reihe weitergehender Überlegungen. Es stellt zugleich eine Engführung dar, weil Klassifikation nicht allgemein verhandelt wird, sondern über den Bezug zu Informationsinfrastrukturen als konkreten Klassifikationsinstanzen moderner Arbeit und Organisation. Diese Konstruktion verleiht dem Text eine interne Spannung zwischen der konkret-empirischen Engführung und der abstrakt-theoretischen Öffnung.

Die Spannung zwischen Konkretion und Abstraktion wird zusätzlich erhöht, weil Engführung und Öffnung nicht einfach voneinander getrennt und dann nacheinander abgehandelt werden, sondern weil im Verlauf des Kapitels kontinuierlich zwischen ihnen gewechselt wird. Damit folgen Bowker und Star einer der Prämissen der Grounded Theory, Empirie und Theorie – hier Klassifikationspraxis und Klassi-

1 | G. C. Bowker/S. L. Star: *Sorting Things Out*.

2 | Vgl. den Beitrag »Kategoriale Arbeit und Grenzinfrastrukturen« in diesem Band.

fikationstheorie – kontinuierlich in Beziehung zueinander zu setzen. Gemeinsamer Fluchtpunkt dieser Verschränkung ist es, sowohl für die empirische Klassifikationspraxis, als auch für die theoretischen Klassifikationskonzepte einen konzeptuellen Ansatz zur Verfügung zu stellen. Dieser Ansatz soll die je spezifischen Klassifikationssituationen mit übergreifenden gesellschaftlichen Klassifikationsordnungen verknüpfen und gleichzeitig eine systematische Verbindung von Theorie und Empirie ermöglichen. Das ist fürwahr kein kleines Unterfangen, erscheint im Kontext des gesamten Buches jedoch machbarer als allein im neunten Kapitel.

»Things perceived as real may mediate action.«

Im Kern der Argumentation steht die Verknüpfung zweier Grundeinsichten der interaktionistischen Soziologie. Erstens, der als Thomas-Theorem bekannten Formulierung: »If men define situations as real, they are real in their consequences.«[3] Diese Grundeinsicht ist fundamental für die gesamte Anlage des Buches, da der Fokus der Aufmerksamkeit damit von etwaigen Essenzen der Klassifikationen zu ihren Konsequenzen verschoben wird – der Untertitel des Buches verweist mit allem Nachdruck darauf. Bowker und Star nennen dies unter Bezug auf Dewey die *pragmatistische Wende*[4] und nehmen zugleich eine Reformulierung des Thomas-Theorems vor, die einer rein kognitivistischen Interpretation von Situationsdefinitionen einen Riegel vorschieben soll. Sie fassen zusammen: »[T]hings perceived as real may mediate action.«[5] Dabei werden aber nicht allein Handlungen durch wahrgenommene Realitäten vermittelt und verändert, die Wahrnehmung der Realität selbst ist durch Klassifikationsordnungen allgemein und durch informationstechnische Klassifikationssysteme im Besonderen auf spezifische Weise geprägt und vermittelt. Diese konstitutive Vermittlungsleistung technischer Apparaturen bleibt jedoch meist unbeachtet, wenn davon ausgegangen wird, dass durch sie eine tatsächlich gegebene Welt objektiv abgebildet würde. Für Bowker und Star gilt es, diese mediale Leistung der Klassifikationssysteme sehr grundsätzlich in den Blick zu nehmen und für die Hervorbringung gesellschaftlicher Realitäten zu berücksichtigen.

Die zweite Grundeinsicht betrifft die alltägliche Normalisierung gesellschaftlich erzeugter Kategorien: Unsere Alltagskategorien sind uns so selbstverständlich, dass wir sie kaum reflektieren und ebenso gekonnt wie beiläufig reproduzieren und gerade damit zu ihrer gesellschaftlichen Dauerhaftigkeit und Wirkmächtigkeit beitragen. Das bedeutet eben auch, dass wir nicht in jeder Situation eine neue Definition vornehmen, sondern auf einen geteilten Vorrat an bestehenden Kategorien zurückgreifen, die dann wiederum unser Handeln beeinflussen. Dabei werden die unhinterfragten Kategorien des Alltags nicht allein durch die Gewohnheiten und Routinen menschlichen Tuns verdunkelt, sondern werden zunehmend, so die These von Bowker und Star, ebenso unhinterfragt in großen Informationsinfrastrukturen eingeschrieben. Von dort aus entfalten sie, meist ungesehen, ihre ordnende Wirkung. Die Realität der Klassifikationen, so lassen sich die beiden Grundein-

3 | W. I. Thomas/D. S. Thomas: *The Child in America*, S. 572.

4 | Vgl. G. C. Bowker/S. L. Star: *Sorting Things Out*, S. 289 ff.

5 | G. C. Bowker/S. L. Star: *Sorting Things Out*, S. 290.

sichten schließlich mit der Frage nach den Informationsinfrastrukturen verbinden, entsteht aus den gesellschaftlichen Konsequenzen der in den Infrastrukturen unscheinbar eingelassenen Ordnungsmustern.

Weder für Bowker noch für Star kann ihre Auseinandersetzung mit modernen Informationsinfrastrukturen, Klassifikationen und (unhinterfragten) Standards auf dem distanzierten Niveau einer deskriptiv-analytischen Diagnose bleiben. Darüber hinaus richtet sich ihr Ansatz einerseits auf die Kritik gesellschaftlicher Ungleichheiten als Konsequenz verdeckt operierender Klassifikationssysteme – etwa die unzureichende Repräsentation von Pflegearbeit in Krankenhausabrechnungssystemen – und andererseits auf die Beteiligung an der Konstruktion ebensolcher Systeme. Kritik und Konstruktion in dieser Weise zu verbinden ist kennzeichnend für eine Gruppe von Forscherinnen, die seit den späten 1970er Jahren systematisch an den Schnittstellen von Ingenieur- und Sozialwissenschaften arbeiten und eine sozialwissenschaftlich informierte Konstruktion informationstechnischer Systeme fordern.[6]

Dass es sich bei Klassifikationen und vor allem ihren Konsequenzen aus dieser Perspektive nicht um losgelöste epistemische Konzepte, sondern um handfeste soziale Problemlagen handelt, liegt auf der Hand. Das ist vor allem dann der Fall, wenn die realitätserzeugende Wirkung von Klassifikationssystemen mit bestehenden gesellschaftlichen Wirklichkeiten in Konflikt gerät. Derartige Konflikte sind dabei keine Ausnahme, sie liegen vielmehr in der Sache selbst begründet. Sie sind gewissermaßen im doppelten Sinne vorprogrammiert, gesellschaftstheoretisch und technologisch.

Verschränkung sozialer Welten

Aus gesellschaftstheoretischer Sicht gehen Bowker und Star von einer zunehmenden Verschränkung heterogener sozialer Welten in der Moderne aus. Die Theorie sozialer Welten nimmt ihren Anfang in der interaktionistischen Soziologie der Chicago School und wird im Anschluss von Anselm Strauss weiter ausformuliert.[7] Im Kern geht sie davon aus, dass das Gefüge moderner Gesellschaften durch Prozesse der Ausdifferenzierung, Migration und Urbanisierung als »Mosaik kleiner Welten«[8] beschrieben werden kann, sie sich zwar berühren, aber nicht ineinander übergehen. Die Ausdifferenzierung interdependenter sozialer Welten führt in der Folge zu steigender gesellschaftlicher Heterogenität bzw. Unbestimmtheit. Dieser anwachsenden Heterogenität stehen nun die Vereinheitlichungstendenzen moderner Klassifikationssysteme und ihrer Standardisierungen gegenüber. Die Klassifikationssysteme produzieren somit mehr oder minder rationalisierte, d. h. von den multiplen sozialen Welten abstrahierte soziale Realitäten, die in ihren Konsequenzen mit eben jenen Heterogenitäten in Konflikt geraten.

---

6 | Vgl. J. Galegher/R. E. Kraut/C. Egido (Hg.): *Intellectual Teamwork*; Y. Engeström/D. Middleton (Hg.): *Cognition and Communication at Work*; G. C. Bowker et al. (Hg.): *Social Science, Technical Systems, and Cooperative Work*.

7 | Vgl. A. L. Strauss: »A Social World Perspective«.

8 | R. E. Park: »The City«.

In den einzelnen Kapiteln von *Sorting Things Out* wird dieser immanenten Spannung anhand unterschiedlicher Beispiele nachgegangen: von den Schwierigkeiten bei der Klassifikation der Tuberkulose über die internationale Klassifikation von Krankheiten und Systemen der Rassentrennung bis zur problematischen Eingruppierung von Pflegearbeit im Krankenhaus. Blickt man auf all diese Fälle als Informationsinfrastrukturen, so zeigt sich, dass es sich hierbei nicht allein um eine sich immer wieder hervordrängende inhärente Spannung der Moderne handelt. Diese Spannungen und Konflikte sind auch insoweit wortwörtlich programmiert, als die informationstechnischen Medien der Klassifikation eher der Vereinheitlichung Vorschub leisten, als der Heterogenität Rechnung zu tragen. Bowker und Star reden damit keineswegs einem technischen Determinismus oder medialen Apriori das Wort. Der Blick auf die Konsequenzen weist immer wieder auf die praktischen Kontingenzen von Klassifikationen und Technologien hin. Nicht zuletzt spricht ihr Interesse an der gemeinsamen Konstruktion von Informationsinfrastrukturen kaum für deren Abschaffung, sondern für deren gründliche Überarbeitung und die Berücksichtigung der Komplexität und Heterogenität sozialer Wirklichkeiten.

An dieser Stelle wird der Begriff der »Grenzobjekte« *(boundary objects)* bzw. der »Grenzinfrastrukturen« *(boundary infrastructures)* relevant. Grenzobjekte und -infrastrukturen entfalten als Informations-, Koordinations- und Kooperationsmedien nämlich genau dort ihre Wirkung, wo unterschiedliche soziale Welten sich berühren und austauschen, aber nicht überlappen oder ineinander aufgehen. Sie ermöglichen gewissermaßen den informationellen Grenzverkehr zwischen sozialen Welten, ohne dass sich diese dazu weitgehend aufeinander ausrichten müssten. Das Problem der meisten modernen und oft computertechnisch realisierten Informationsinfrastrukturen sei, so Bowker und Star, dass sie eben keine guten Grenzinfrastrukturen sind, sondern die Heterogenität sozialer Welten (gewollt oder ungewollt) missachten. In der Konsequenz kann dies zu problematischen Repräsentationen oder gar zum Ausschluss bestimmter sozialer Welten und ihrer Mitglieder führen. Neben der analytischen Funktion von Grenzobjekten und Grenzinfrastrukturen zeigt sich hier der normative Gehalt bzw. die »moralische Vision«[9] der Konzepte. Stars feministischer Hintergrund und ihr sowohl kritischer als auch gestaltender Ansatz, den sie mit Bowker gemeinsam entwickelt, treten in diesem Kapitel deutlich zu Tage. Weil Informationsinfrastrukturen eben keine neutralen Mittel sind, sondern in ihren Konsequenzen an gesellschaftlichen Realitäten mitwirken, müssen sie zwangsläufig in ihren moralischen und politischen Dimensionen hinterfragt werden. Über die reine Kritik hinaus vertreten Bowker und Star somit einen weitergehenden Anspruch, der die tatsächliche Konstruktion von Grenzinfrastrukturen mit einschließt.

Die Herausforderungen bei der Gestaltung von Grenzinfrastrukturen liegen vor allem darin, dass die Eigenheiten einer sozialen Welt (etwa von bestimmten Nutzergruppen) für Angehörige anderer sozialer Welten (etwa von Designerinnen) nicht offensichtlich sind. Die Gestaltung von Informationsinfrastrukturen muss sich daher mit spezifischen Problemen der Unsichtbarkeit befassen,[10] auf die ich im Folgenden näher eingehen möchte.

9 | G. C. Bowker/S. L. Star: *Sorting Things Out*, S. 309.

10 | Vgl. den Beitrag »Schichten des Schweigens, Arenen der Stimme« in diesem Band.

Politische Unsichtbarkeit

Die erste Unsichtbarkeit lässt sich als ›politische Unsichtbarkeit‹ bezeichnen. Dabei handelt es sich primär um ein Problem der selektiven Sichtbarkeit bzw. der partiellen Repräsentation in Informationsinfrastrukturen. Ein prägnantes Beispiel hierfür ist die Klassifikation von Pflegearbeit in einem Krankenhausinformationssystem.[11] Wichtige Teile der pflegerischen Arbeit finden im System keinen Niederschlag: Humor oder Zuspruch, generell Aspekte der Interaktions- und Gefühlsarbeit mit Patientinnen werden nicht im System abgebildet und fallen so aus dem Raster der Erfassung. In der Konsequenz werden diese Teile der Arbeit nicht abrechnungsfähig und damit nicht als bezahlte Arbeit anerkannt. Darüber hinaus erscheint Pflegearbeit aus Sicht des Systems als Ansammlung abrechnungsfähiger Funktionsleistungen wie Waschen, Betten, Füttern usw. und spiegelt den Pflegenden so die ›wertvollen‹ und ›wertlosen‹ Anteile ihrer Arbeit zurück. In Zeiten knapper Kassen und eng kalkulierter Personalschlüssel treten die für die Pflege wichtigen Aspekte der Interaktions- und Gefühlsarbeit hinter den messbaren Pflegeleistungen zurück. Politische Unsichtbarkeit bedeutet also nicht, dass derart nicht-repräsentierte Tätigkeiten tatsächlich unsichtbar sind, sondern dass sie durch die Klassifikationssysteme (gewollt oder ungewollt) auf der Ebene der informationellen Repräsentation ausgeblendet und unsichtbar gemacht werden. Man könnte die ›politische Unsichtbarkeit‹ daher, etwas genauer formuliert, als politische Ignoranz verstehen.

Phänomenologische Unsichtbarkeiten

Eine zweite Unsichtbarkeit, oder besser eine Klasse von Unsichtbarkeiten, betrifft spezifische Verschiebungen von Sichtbarkeit und Unsichtbarkeit, die ich hier (und Stars »Ethnografie von Infrastruktur« folgend[12]) mit Bezug auf Heidegger *phänomenologische Unsichtbarkeiten* nennen will. Darunter fallen diejenigen Unsichtbarkeiten, die mehr oder weniger beiläufig, wenn auch notwendiger Weise im normalen Lauf der Dinge erzeugt werden. Als Prototyp für eine solche *phänomenologische Unsichtbarkeit* gilt Heideggers Begriff der Zuhandenheit.[13] Die Eigenart des Zuhandenseins besteht darin, dass man das Zuhandene – etwa einen Hammer im gekonnten Gebrauch – als solches kaum noch wahrnimmt. Im Gebrauch zieht sich das Zuhandene zurück und ist eben dadurch zuhanden. Phänomenologische Unsichtbarkeiten sind dann gewissermaßen funktionale Ausblendungen, Verschiebungen von Figur und Hintergrund, die insbesondere die Mittel bzw. in den Worten Heideggers das Zeug betreffen, das durch den geübten Gebrauch in einen unhinterfragten Modus der Verwendung gelangt. Unsichtbarkeit lässt sich in diesem Zusammenhang vielleicht besser mit dem Begriff der Durchsichtigkeit bzw. Transparenz fassen.

Übertragen auf Informationsinfrastrukturen bedeutet dies, dass viele der bestehenden Systeme schon so weit in die Selbstverständlichkeit und die Routinen

11 | Vgl. G. C. Bowker/S. L. Star: *Sorting Things Out*, S. 229-255.

12 | Vgl. den Beitrag »Die Ethnografie von Infrastruktur« in diesem Band.

13 | Vgl. M. Heidegger: *Sein und Zeit*.

des Alltags versunken sind, dass sie kaum noch hinterfragt werden und in Analogie zur phänomenologischen Zuhandenheit eine für ihre Funktion notwendige *mediale Transparenz* erlangt haben. Derartige Durchsichtigkeiten betreffen aber nicht nur technische Infrastrukturen. Auch kooperative Arbeitsvollzüge erfordern immer ›zusätzliche‹ koordinative Tätigkeiten, die selbst nicht Gegenstand der Kooperation sind. Hierfür haben Strauss et al. den Begriff der »Artikulationsarbeit« *(articulation work)* geprägt.[14] Artikulationsarbeit ist in (eingespielten) kooperativen Arbeitsprozessen ebenso notwendig wie beiläufig. Gerade in dieser Beiläufigkeit wird sie bei der Gestaltung von kooperativen Informationsinfrastrukturen leicht übersehen. Artikulationsarbeit ist demnach nicht so sehr unsichtbar oder transparent, vielmehr wirkt sie im doppelten Sinne von Erscheinen und Bewirken *unscheinbar.* Ein dritter und letzter Aspekt der phänomenologischen Unsichtbarkeit betrifft die *Normalisierung* von Kategorien und Klassifizierungen. In Normalisierungsprozessen werden gewissermaßen die sozialen Herstellungsbedingungen von Klassifikationen verdeckt, da die Kategorien als normal bzw. natürlich und damit als unhinterfragte Selbstverständlichkeiten des Alltags gelten. Gruppen oder soziale Welten können so zentrale Kategorien »vergessen«, obwohl – oder gerade weil – sie täglich damit umgehen. Und was für Kategorien gilt, gilt nach Bowker und Star auch für Objekte.[15] Dieses Vergessen führt demnach dazu, dass der Alltag sehr viel einfacher und weniger komplex erscheint, als er tatsächlich ist. Auch hier ist festzuhalten, dass es sich um eine funktionale Ausblendung handelt, ohne die die Komplexität und Heterogenität der Welt nicht auf ein handlungsermöglichendes Maß reduziert werden kann.

Die Herstellung von Normalität erzeugt im gleichen Zug jedoch auch das Nicht-Normale, wenn das, was außerhalb der Normalitätsschablonen liegt, als marginal, fremd oder gar als monströs oder grotesk erscheint. Die Monstren, auf die Bowker und Star verweisen, sind Mischwesen wie Frankenstein und Godzilla, die sich den naturalisierten Klassifikationen entziehen, die in residualen Kategorien verbleiben und dadurch für die standardisierte Ordnung umso bedrohlicher erscheinen. Ich will diesen Punkt hier nicht weiter verfolgen und verweise auf den Text selbst.[16] Für das Thema der Unsichtbarkeit erscheint es mir wichtiger, darauf hinzuweisen, dass diejenigen Kategorien, Dinge oder Menschen, die nicht durch Prozesse der Naturalisierung unsichtbar gemacht werden, eben monströs erscheinen und gerade dadurch sichtbar werden können. Am Rande der Normalitätsfolien werden so die Grenzen von Sichtbarkeit und Unsichtbarkeit immer wieder neu ausgehandelt, teilweise umgekehrt und durch immer wieder durch neue Sichtbarkeiten in Frage gestellt.

An diesem Punkt zeigt sich besonders deutlich, dass sich politische Ignoranz, mediale Transparenz, unscheinbare Wirkungen und unhinterfragte Naturalisierungen von Informationsinfrastrukturen in den sozialen Praktiken des Klassifizierens kaum sauber voneinander trennen lassen. In ihren Wechselwirkungen verstärken sie sich nicht selten gegenseitig und führen so zu dauerhaften und dominanten Mustern gesellschaftlicher Ungleichheit. Unsichtbarkeit bedeutet dann in einigen Fällen Transparenz, in anderen Opazität. Die kritische und konstruktive

14 | A. Strauss et al.: *Social Organization of Medical Work.*

15 | Vgl. G. C. Bowker/S. L. Star: *Sorting Things Out,* S. 298.

16 | Ebd., S. 300.

Aufgabe, diese Heterogenitäten moderner Gesellschaften sichtbar zu machen und in ihrer Diversität Rechnung zu tragen, äußert sich dann auch in unterschiedlichen Methoden, die entweder verdeckten oder durchsichtigen Klassifikationen in ihren technischen Realisierungen und gesellschaftlichen Konsequenzen hervorzuheben. Hierfür schlagen Bowker und Star eine Bottom-up-Strategie vor, die zuerst an der Diversität und Lokalität sozialer Welten ansetzt und dann schrittweise mithilfe technischer Infrastrukturen und theoretischer Konzeptionen von den Einzelfällen zu übergreifenden Systemen und Sichtweisen übergeht. Diese Skalierung erscheint mir als die vermutlich größte Herausforderung für Stars und Bowkers kritisch-konstruktiven Ansatz. Wie Standardisierung und Lokalisierung sowie Sichtbarkeit und Unsichtbarkeit in Informationsinfrastrukturen in Beziehung gesetzt werden können, geht über die Argumentation in *Sorting Things Out* deutlich hinaus. Insofern ist das Kapitel, wie das ganze Buch, noch stärker auf der Seite der Kritik zu verorten, der Weg zur Konstruktion ist zwar argumentativ angelegt, aber noch nicht systematisch durchgeführt.

Die konzeptuelle Unsichtbarkeit der Technik

Abschließend sei eine dritte Unsichtbarkeit erwähnt, die von Bowker und Star nicht explizit angesprochen wird, aber für die Diskussion um Kritik und Konstruktion hier Erwähnung finden soll. Dabei handelt es sich um die *konzeptuelle Unsichtbarkeit* materialer Technik in sozialwissenschaftlichen Theorien.[17] Weil eben auch Theorien Klassifikationssysteme sind, unterliegen sie den gleichen, von Bowker und Star aufgezeigten Problemen. Auch sozialwissenschaftliche Theorien säubern die verworrenen Gemengelagen sozialer Praxis und versuchen, Ordnung ins Geschehen zu bringen. Nicht selten sind sie dabei äußerst sensibel gegenüber marginalisierten Personen und Gruppen oder gegenüber Fragen sozialer Ungleichheit. Gerade die Vermittlungen und Konsequenzen technischer Informationsinfrastrukturen lassen sich jedoch nicht ohne Umschweife auf soziale Interessenlagen oder politische Ignoranz zurückführen.[18] Wenn materiale Technologien für sozialwissenschaftliche Theorien konzeptuell unsichtbar bleiben, stellen sich die Probleme der Sichtbarmachung auch auf dieser Ebene. Der medialen Transparenz gesellt sich dann eine theoretische Verflüchtigung hinzu, die sowohl in der Kritik als auch im Design von Informationsinfrastrukturen relevante Aspekte der sozialen Praxis unberücksichtigt lässt. Zu den Heterogenitäten sozialer Welten gehört somit auch ihre zunehmende materiell-semiotische Interdependenz, in der die medialen Vermittlungen menschlichen Tuns deutlich zu Tage treten.

Cornelius Schubert lehrt Soziologie an der Universität Siegen.

17 | Vgl. G. Button: »The Curious Case of the Vanishing Technology«.

18 | Vgl. G. C. Bowker/S. L. Star: *Sorting Things Out*, S. 298 ff.

Literatur

Bowker, Geoffrey C./Star, Susan L.: *Sorting Things Out. Classification and Its Consequences*, Cambridge, MA/London: MIT Press 1999.

Bowker, Geoffrey C./Star, Susan L./Gasser, Les/Turner, William (Hg.): *Social Science, Technical Systems, and Cooperative Work: Beyond the Great Divide*, New York/London: Psychology Press 1997.

Button, Graham: »The Curious Case of the Vanishing Technology«, in: Graham Button (Hg.), *Technology in Working Order. Studies of Work, Interaction, and Technology*, New York: Routledge 1993, S. 10–28.

Engeström, Yrjö/Middleton, David (Hg.): *Cognition and Communication at Work*, Cambridge: Cambridge University Press 1996. https://doi.org/10.1017/CBO978 1139174077

Galegher, Jolene/Kraut, Robert E./Egido, Carmen (Hg.): *Intellectual Teamwork. Social and Technological Foundations of Cooperative Work*, Hillsdale, NJ: Lawrence Earlbaum Associates 1990.

Heidegger, Martin: *Sein und Zeit*, Tübingen: Niemeyer 1967 [1927].

Park, Robert E.: »The City. Suggestions for the Investigation of Human Behavior in the City Environment«, in: *American Journal of Sociology* 20/5 (1915), S. 577–612. https://doi.org/10.1086/212433

Star, Susan L.: »The Ethnography of Infrastructure«, in: *American Behavioral Scientist* 43/7 (1999), S. 377–391. https://doi.org/10.1177/00027649921955326

Strauss, Anselm: »A Social World Perspective«, in: Norman K. Denzin (Hg.), *Studies in Symbolic Interaction*. Greenwich, CT: Jai Press 1978, S. 119–128.

Strauss, Anselm/Fagerhaugh, Shizuko/Suczek, Barbara/Wiener, Carolyn: *Social Organization of Medical Work*, Chicago, IL: University of Chicago Press 1985.

Thomas, William I./Thomas, Dorothy S.: *The Child in America. Behavior Problems and Programs*, New York: Knopf 1928.

Dies ist kein Grenzobjekt

Reflexionen über den Ursprung eines Konzepts (2010)[1]

Susan Leigh Star

Das Modell des Grenzobjekts, das ich 1988 und dann 1989 zusammen mit Jim Griesemer vorgestellt habe,[2] besitzt drei Dimensionen: interpretative Flexibilität, seine Struktur von Informations- und Arbeitsbedürfnissen und Arrangements, und die komplexe Dynamik zwischen schlecht strukturierten und eher angepassten Nutzungen eines Objekts. Später wurde der Begriff von Geoffrey Bowker und mir erweitert, als wir darüber schrieben, wie mannigfaltige Grenzobjekte und Systeme von Grenzobjekten entstehen können, um das zu werden, was wir »Grenzinfrastrukturen« nannten.[3]

Befassen wir uns nun mit der Architektur des Grenzobjekts. Zunächst gibt es den Aspekt der interpretativen Flexibilität, wie dies auf jedes Objekt zutrifft. So kann, wie Griesemer und ich darlegten, eine Straßenkarte für eine Gruppe den

---

1 | Anm. d. Hg.: Stars englische Publikation dieses Texts beginnt mit einem Abstract, der einen wichtigen Lesehinweis an die Hand gibt. Er lautet: »Es gibt drei Komponenten von Grenzobjekten, die der 1989er-Artikel umreißt: interpretative Flexibilität, die Struktur von informatischen sowie von Arbeitsprozess-Notwendigkeiten und -Arrangements und schlussendlich die Dynamik zwischen schlecht strukturierten und stärker angepassten Verwendungen des Objekts. Ein Großteil der Nutzung des Konzepts hat sich auf den Aspekt der interpretativen Flexibilität konzentriert. Dabei wurde diese Flexibilität mit dem Prozess des Hin-und Herwechselns zwischen schlecht und gut strukturierten Aspekten des Arrangements verwechselt, oder das Konzept wurde darauf reduziert. Grenzobjekte sind nicht auf jeder Ebene einer Skalierung nützlich. Sie sollten nicht ohne Betrachtung des gesamten Modells zur Analyse verwendet werden. Der Artikel diskutiert diese Aspekte der Architektur der Grenzobjekte. Er beinhaltet eine Diskussion, auf welche Art Grenzobjekte in früheren Arbeiten von Star vorkommen. Er schließt mit methodologischen Erwägungen zur Frage, wie man Systeme von Grenzobjekten und Infrastruktur erforschen kann.«

2 | S. L. Star: »The Structure of Ill-Structured Solutions« und S. L. Star/J. R. Griesemer: »Institutional Ecology, ›Translations‹, and Boundary Objects«. Anm. d. Hg.: Bei Jim Griesemer handelt es sich um James Griesemer. In diesem persönlich geprägten Text verwendet Susan Leigh Star Vornamen oft in freundschaftlicher Kurzform. Wir haben uns entschieden, dieses Charakteristikum beizubehalten.

3 | G. C. Bowker/S. L. Star: *Sorting Things Out.*

Weg zu einem Campingplatz weisen, zu einem Ort der Erholung. Für eine andere Gruppe, nämlich für Wissenschaftler, kann die ›gleiche‹ Karte eine Reihe wichtiger geologischer Stätten oder Tierhabitate aufzeigen. Solche Karten können sich ähneln, einander überlappen oder gar für außenstehende Betrachter nicht unterscheidbar sein. Ihr Unterschied hängt von der Nutzung und Interpretation des Objekts ab. Der angenehme Campingplatz der einen Gruppe kann für eine andere Gruppe eine Datenquelle über Artenbildung sein. Dieser Aspekt von Grenzobjekten ist für die Philosophie oder die Geschichte kaum neu. Doch die interpretative Flexibilität ist ein Eckpfeiler eines Großteils der konstruktivistischen Vorgehensweise in der neueren Wissenschaftssoziologie. Überdies ist es mit Sicherheit der Aspekt des Grenzobjektmodells, der am meisten in Sozialwissenschaft, Medizin, Organisationstheorie, Geschichte und feministischer Theorie sowie in den neuen Informationswissenschaften beachtet und verwendet wird. Weil sie zur richtigen Zeit am richtigen Ort waren, wurden Grenzobjekte fast zum Synonym für interpretative Flexibilität.

Die beiden anderen Aspekte von Grenzobjekten, die viel seltener angesprochen oder genutzt werden, sind erstens die materielle oder organisatorische Struktur verschiedener Arten von Grenzobjekten und zweitens ihre Größenordnung und Granularität. Grenzobjekte sind eine Art von Arrangement, die es verschiedenen Gruppen ermöglicht, ohne Konsens zusammenzuarbeiten. Allerdings sind die Formen, die eine Kooperation ohne Konsens annehmen kann, nicht beliebig. Grenzobjekte sind grundsätzlich organische Infrastrukturen, die aufgrund von »Informationsbedürfnissen« entstehen, wie Jim Griesemer und ich dies 1989 genannt haben. Heute würde ich zusätzlich von »Informations- und Arbeitserfordernissen« sprechen, wie sie auf lokaler Ebene und von Gruppen, die zusammenarbeiten wollen, wahrgenommen werden. »Arbeit« stellt auch einen Begriff dar, der dehnbar ist und sein sollte, damit er die Kooperation um ernsthaft spielerische Vorhaben wie Skifahren, Surfen und Wandern einschließt. Mit anderen Worten: Arbeit-Spiel *(work-play)* stellt ein Kontinuum dar; wichtig für Grenzobjekte ist, wie sich durch sie Praktiken strukturieren und wie durch sie Sprache entsteht, damit man Dinge zusammen tun kann.[4]

Die Begriffe »Grenze« und »Objekt« müssen aber vielleicht auch ein wenig näher erläutert werden. Oft impliziert Grenze so etwas wie Rand oder Peripherie, wie im Falle der Grenze eines Staates oder eines Tumors. Hier jedoch soll Grenze einen gemeinsamen Raum bedeuten, in dem genau diese Wahrnehmung von Hier und Dort durcheinandergerät. Diese gemeinsamen Objekte bilden die Grenzen zwischen Gruppen durch Flexibilität und gemeinsame Struktur – sie sind das Material des Handelns. Ursprünglich zog ich in Erwägung, sie »marginale Objekte« zu nennen, was aber noch verwirrender gewesen wäre. »Marginalität« bezeichnete früher in der Soziologie jene Menschen, die zwei oder mehr signifikanten sozialen Gruppen angehören, wie etwa Menschen gemischter ethnischer Herkunft. Heute jedoch bezieht sich »Marginalität« sogar noch mehr als »Grenze« auf die Vorstellung von Rand oder Peripherie und die Fiktion eines Zentrums, und daher entschied ich mich für den begrifflichen Kompromiss der Grenze.

Im allgemeinen Sprachgebrauch ist ein Objekt ein Ding, eine materielle Einheit, die aus mehr oder weniger strukturierter Materie zusammengesetzt ist. Im

4 | H. S. Becker: *Doing Things Together.*

Begriff »Grenzobjekt« verwende ich »Objekt« sowohl im pragmatistischen als auch im informatischen Verständnis, und im materiellen Sinn. Ein Objekt ist somit etwas, gegenüber und mit dem Menschen (oder in der Informatik: andere Objekte und Programme) handeln. Seine Materialität bezieht es durch Handlungen, nicht aus einer Wahrnehmung vorgefertigter Materie oder einer Dinghaftigkeit *(»thing«-ness)*. Also kann eine Theorie ein starkes Objekt sein. Auch wenn sie verkörpert, artikuliert, gedruckt, getanzt und benannt wird, ist sie nicht genau das Gleiche wie ein Auto, das auf vier Rädern steht. Ein Auto kann zwar auch ein Grenzobjekt sein, aber nur dann, wenn es auf die oben beschriebene Art und Weise zwischen Gruppen genutzt wird.

Mit den vierdimensionalen und komplexen Bedeutungen von Grenze und Objekt haben Bowker und ich uns im 9. Kapitel unseres Buches *Sorting Things Out* befasst.[5] Wir sind gewissermaßen noch einem Newton'schen Sprachgebrauch verhaftet, wenn wir Quantenphänomene beschreiben. Ich hoffe, dies ist weniger verwirrend, wenn jeder Begriff in Bezug auf Handlungen und Kooperation erklärt wird. Grenzobjekte sind jedoch zugleich zeitlich, auf Handlung basierend, der Reflexion und dem lokalen Zuschnitt unterworfen und auf all diese Dimensionen verteilt. In diesem Sinn sind sie *n*-dimensional.

In unserem Artikel über Grenzobjekte legten Griesemer und ich dar, dass diese Objekte vier Formen annehmen könnten, und zwar aufgrund bestimmter Formen von Handeln und Kooperation. Damit sollte *nicht* gesagt werden, dass es ausschließlich diese vier Formen gäbe – sie stellten vielmehr nur den Anfang eines allgemeineren Katalogs dar! So wiesen wir beispielsweise darauf hin, dass eine Art von Objekt, ein Repositorium, die Form eines Komplexes von modularen Dingen annimmt. Dies sind Dinge, die einzeln entfernt werden könnten, ohne dass die Struktur eines Ganzen zusammenbricht oder sich verändert. Eine Bibliothek oder eine Sammlung von Fallstudien – wie in manchen Bereichen der Medizin oder im Talmud – ist z. B. ein Repositorium.

Ein Repositorium dieser Art entsteht aus dem Bedürfnis nach einer Zusammenstellung von Dingen, die iterativ erfasst werden. Es weist als Merkmal auf, dass sich die Heterogenität aller Dinge (intern) aufrechterhalten lässt, aber nicht konfrontativ werden muss. Ein Repositorium besitzt den heuristischen Vorteil des Umschließens innerer Einheiten. So sind die Seiten eines Buches durch Buchdeckel oder elektronische Konventionen gebunden, und die Grenzen einer Website durch ihre Adresse (URL) festgelegt.[6]

Die fallbasierte Arbeit und die Informationsbedürfnisse sind ebenso wie die Ontologie des Repositoriums gut geeignet, um Untersuchungen entweder individuell oder in kleinen Gruppen durchzuführen und Kommentare oder Debatten

5 | Siehe den Beitrag »Kategoriale Arbeit und Grenzinfrastrukturen« in diesem Band. Das darauf folgende zehnte Kapitel liegt ebenfalls in deutscher Übersetzung vor: G. C. Bowker/S. L. Star: »Warum Klassifikationen zählen«.

6 | Natürlich lassen sich die Grenzen einer Website leichter und rascher durchbrechen als die eines Buches, auf eine Weise, die wir zu entwickeln und zu verstehen beginnen. Siehe aber S. L. Star: »Grounded Classification« – in diesem Artikel über Grounded Theory und facettierte Klassifizierung werden frühere Versuche der Erzeugung mannigfaltiger Arten von »Grenzen« untersucht.

zu kontrollieren. Ursprünglich ist dies kein formaler Arbeitsprozess (wie etwa das Weglassen von Besonderheiten), sondern ein iterativer (der Besonderheiten erhält).

Andere Kooperationsformen variieren, wobei manche gemeinsamen Launen freien Lauf lassen, gerade wenn Heterogenität gewissermaßen von einzelnen Gruppen (ganz zu schweigen von allen Gruppen) eingeschmuggelt wird. So ermöglicht man aber eher stillschweigend, dass kooperative Arbeit von Vagheit begleitet werden kann.

Seit der Veröffentlichung der Aufsätze über Grenzobjekte vor rund zwanzig Jahren ist auf viele andere Formen hingewiesen worden: Lehrbücher, Aufführungen, Computerbetriebssysteme und verschiedene Aspekte von Design. Ich habe nie versucht, zu entscheiden oder zu verhindern, wie jemand das Konzept verwendet. Ich habe dies für ein wenig unschicklich gehalten, dem ursprünglichen Geist der Entwicklung des Konzepts selbst widersprechend. Doch in den Dutzenden von Gesprächen und Vorträgen, die ich gehalten habe, ist mir immer wieder die Frage gestellt worden: »Aber was ist denn *kein* Grenzobjekt?« Oder im gleichen Sinn: »Ist denn nicht alles ein Grenzobjekt?« Ich werde auf diese Fragen unten zurückkommen, im Kontext der Darlegung meiner eigenen Forschungspraktiken und -werte.

Schließlich komme ich zur versprochenen dritten Komponente: den durch die Beschreibung von Grenzobjekten implizierten Prozessen. Meine ursprüngliche Formulierung des Konzepts wurde durch den Wunsch motiviert, das Wesen von kooperativer Arbeit bei fehlendem Konsens zu analysieren. In den späten 1980er Jahren und auch heute noch setzten viele Modelle von Kooperation auf begrifflicher Ebene bei der Vorstellung an, dass zuerst Konsens erreicht werden müsse, bevor Kooperation beginnen könne. Aufgrund meiner eigenen Feldforschung unter Wissenschaftlern und anderen Personen, die über Fachgrenzen hinweg kooperierten, sowie dank zweier historischer Analysen heterogener Gruppen, die kooperierten und sich auf lokaler Ebene nicht einig waren, hatte ich den Eindruck, dass das Konsensmodell falsch war. Konsens wurde selten erreicht und war dann auch fragil, aber Kooperation wurde fortgesetzt und stellte sich als unproblematisch heraus. Wie könnte dies erklärt werden?

Die Dynamik, die diese Erklärung enthält, ist von zentraler Bedeutung für das Konzept der Grenzobjekte. Griesemer und ich haben dieses folgendermaßen definiert:

- Das Objekt – denken Sie daran, dies als einen Komplex von Arbeitsarrangements zu verstehen, die zugleich materiell und prozesshaft sind – ist zwischen sozialen Welten oder Praxisgemeinschaften angesiedelt, wo es schlecht strukturiert ist.
- Bei Bedarf wird das Objekt von lokalen Gruppen bearbeitet, die seine vage Identität als gemeinsames Objekt erhalten, während sie es spezifischer machen, indem sie es auf die lokale Nutzung innerhalb einer sozialen Welt anpassen. So wird es für eine Arbeit nützlich, die *nicht* interdisziplinär ist.
- Gruppen, die ohne Konsens kooperieren, kreuzen zwischen beiden Formen des Objekts hin und her *(tack back-and-forth)*.

Letztere Dynamik ist in Aufsätzen, die mit dem Konzept des Grenzobjekts arbeiten, oft ignoriert worden. Darin wurde bloß erwähnt, dass sich dadurch eine bestimmte Art von Problem lösen ließe. Als ich das Konzept in meinen Aufsätzen von 1988, 1989 oder 1999 verwendete, wollte ich damit nicht zu verstehen geben, dies sei das letzte Wort darüber. Wenn sich beispielsweise die Bewegung zwischen schwacher und starker Strukturierung erweitert oder diese standardisiert wird, dann beginnen sich Grenzobjekte zu bewegen und sich in Infrastruktur, in Standards – insbesondere in methodologische Standards – sowie in Dinge und wieder andere Prozesse zu verwandeln, die bislang als solche noch nicht ausgiebig untersucht worden sind.

Ursprünge von Grenzobjekten in früheren Arbeiten

John Dewey hat einmal gesagt, jede Untersuchung beginne im Zweifel und ende, wenn diese Spannung sich aufgelöst habe. Meine ersten Untersuchungen zu der Beschaffenheit von wissenschaftlichem Wissen begannen als ethnografische Reisen – ich untersuchte die Art und Weise, wie Wissenschaftler im Kontext ihrer Allianzen und Institutionen zusammenarbeiten. Weil ich einer soziologischen Tradition entstamme, die gern Menschen aus allen Gesellschaftsschichten studiert, war ich dafür prädisponiert, die Ökologie des Arbeitsplatzes zu betrachten – aller Menschen, die an der Vermittlung von Wissen beteiligt sind, vom Hausmeister bis zum Nobelpreisträger. (Der Symbolische Interaktionismus und/oder die Chicagoer Schule der Soziologie sehen dies als ihr Kennzeichen an.)

Ich bringe den Studentinnen meiner Feldforschungskurse bei, auf zwei Dinge zu hören und nach ihnen Ausschau zu halten: Erstens nach der vor Ort benutzten besonderen Sprache, nach Metaphern, treffenden Ausdrücken, Redewendungen, privaten Codes, die von einer Gruppe, aber nicht von einer anderen verwendet werden. Und zweitens nach Dingen, die ihnen als fremd, unheimlich und anormal auffallen. Was lässt sie zweifeln? Wie kann daraus eine Untersuchung werden? Die Stärke von Feldforschung liegt in ihrem Umgang mit anthropologischer Fremdheit. Nirgendwo ist das wichtiger als in den Anfangsstadien einer Untersuchung.

In den vergangenen Jahren habe ich bei Studien, über verschiedene Gruppen von Wissenschaftlern, Technikern, Ärzten, Krankenpflegern und Patienten oft das komische Gefühl gehabt, auf eine Anomalie zu stoßen, die zuweilen in die ausgeprägte Sprache eines Arbeitsplatzes oder einer Stätte des Gesundheitswesens eingebettet war. Es ist ein etwas irritierendes Gefühl, wie vor einem Niesen – und es ist auch aufregend. Zu lernen, dieser Botschaft zu vertrauen, ist die härteste Lektion, die ich meinen Studenten beibringen muss – nicht weniger als mir selbst.

Ich werde mich nun mit fünf Anomalien befassen, die mich in der Nase gekitzelt haben, und sie als Grundlage für eine Erörterung von Infrastrukturen und Grenzobjekten sowie des Forschungsprogramms für Standards verwenden, das ich in den letzten Jahren entwickelt habe.

Die ersten drei entstammen einer Studie über Neurophysiologie und Hirnchirurgie, die ich vor etlichen Jahren durchgeführt habe. Nach einer Feldforschung in einem EEG-Labor schrieb ich ein historisches Buch über eine Gruppe britischer Forscher, Verwaltungsbeamter und Patienten, die im 19. Jahrhundert Funktionsareale im Gehirn lokalisieren wollten.[7] Tatsächlich erfanden sie als Gruppe die moderne Hirnchirurgie. Zu Beginn des Zeitraums von vierzig Jahren, den ich

7 | S. L. Star: *Regions of the Mind*.

untersuchte, betrug die Sterblichkeitsrate 100 Prozent, am Ende war sie auf etwa 60 Prozent zurückgegangen. Ich las Krankenhausakten, Briefe von Patienten und ihren Familien, Labornotizbücher, Verwaltungsakten, Notizen über das geduldige Ausharren von Ärzten wie von Chirurgen sowie veröffentlichte Dokumente.

Meiner ersten Anomalie begegnete ich, als ich eines der Notizbücher des Arztes und Physiologen David Ferrier im Archiv des Royal College of Physicians in London analysierte. Das Archiv ist wahrhaft königlich in einem imposanten Gebäude mit Blick auf den Hyde Park untergebracht, das mit üppigen dunkelroten Teppichen und Schränken voller in Leder gebundener Bücher mit Goldschnitt ausgestattet ist. Nachdem ich mich aller schädlichen Dinge entledigt hatte, wie einem Kugelschreiber oder Essen, die die Materialien beeinträchtigen könnten, durfte ich an einem Mahagonitisch Platz nehmen, und dann wurde mir Ferriers Labornotizbuch buchstäblich auf einem Silbertablett serviert. Mit spitzen Fingern fasste ich das alte Buch an und öffnete es behutsam (in der Hoffnung, dass ich nicht schwitzte oder sonst etwas Primatenhaftes tun würde). Ich wendete mich der Aufzeichnung eines Experiments zu, bei dem Ferrier die Auswirkung einer Läsion zu messen versuchte, die er zuvor am Gehirn eines Affen vorgenommen hatte. Der Affe ist nicht gerade kooperativ – Ferriers Handschrift zieht sich gelegentlich über den Seitenrand hinweg, verwackelt und verliert sich, als er offenbar hinter dem unglücklichen Tier herjagen muss. In entschiedenem Gegensatz zu meiner kapellenartigen Umgebung sind die Seiten voller Flecken, von Blut, Gewebekonservierungsmittel und anderen undokumentierten Flüssigkeiten. Der Bericht über das Experiment hingegen – und dies ist ein Befund, der in der Wissenschaftssoziologie der 1980er Jahre wiederholt auftaucht – ist makellos, ohne jede Erwähnung der aufregenden experimentellen Situation. Diese Anomalie lenkte meine Aufmerksamkeit auf zwei Dinge: das Ausmaß der unsichtbaren Arbeit, der alle wissenschaftlichen Experimente oder Darstellungen unterliegen, und die Materialität, die dazu dient, die Durchführung von Wissenschaft zu vermitteln. Unsichtbare Arbeit – ein Begriff, dem ich erstmals als feministische Aktivistin begegnet war – bezeichnete ursprünglich die unbezahlte Hausarbeit.[8] Später entwickelte ich Modelle von unsichtbarer Arbeit für die Entwicklung von Computersystemen und um die Arten von Materialität zu untersuchen, die an Museumsausstellungen beteiligt sind. In alldem wurde die Kluft zwischen formalen Repräsentationen wie Publikationen und der im Dunkeln bleibenden Arbeit »auf der Hinterbühne« selbst ein wichtiger Gegenstand der Analyse. Subtil beeinflusste sie die Entwicklung von Grenzobjekten, und zwar in dem Sinne, dass ein lokales Anpassen als eine Form von Arbeit verstanden wurde, die für die ganze Gruppe unsichtbar ist, und dass eine gemeinsame Repräsentation ziemlich vage und gleichzeitig ziemlich nützlich sein kann.

Die zweite Anomalie trat ebenfalls bei dieser Hirnforschungsstudie auf, diesmal in Bezug auf einen Komplex klinischer Daten über epileptische Patienten. Dieselben Forscher, die Affen hässliche Dinge antaten, untersuchten auch menschliche Patienten – mit Hirntumoren, Epilepsie, Syphilis und anderen ›Nervenleiden‹. Sie waren finanziell nicht gut ausgestattet. Im England des 19. Jahrhunderts war physiologische Forschung an Tieren oder Menschen relativ selten und hoch umstritten. Weil es die moderne medizinische Telemetrie noch nicht gab, verpflichteten die Forscher die Familien von epileptischen Patienten dazu, Informationen

8 | Siehe S. L. Star/A. Strauss: »Layers of Silence, Arenas of Voice«.

über Krampfanfälle auf sogenannten »Anfallblättern« festzuhalten – gedruckten Formularen mit Checklisten über Symptome, Zeiten und andere Daten. Die ausnahmslos armen, unglücklichen Familienangehörigen versuchten verzweifelt, dem Auftrag zur Datensammlung nachzukommen. Die Formulare, die sie ausfüllten, sind bewegende Dokumente, die die Zusammenhänge zwischen gesellschaftlicher Klasse und Medizin im England des späten 19. Jahrhunderts offenbaren – mit Bleistift ausgefüllt, voller Rechtschreibfehler und beflissen den Akten des Arztes zugeführt. Und sie erzählen noch eine andere Geschichte. An die Dokumentränder sind Nachrichten an den Arzt gekritzelt, die nicht in das eigentliche Formular passen: »Hatte gestern zu viel heiße Suppe«, »der Nachtluft ausgesetzt«, »fuhr allein in der Kutsche«. Eine ganze folkloristische Medizin existiert in den Randbemerkungen – neben den ausgefüllten Formularen. Doch dieser Informationsreichtum wurde als unwichtig abgetan und ging in den Akten unter, obwohl die Patienten in einem gewissen Sinn als Forschungsassistenten für die Klinikärzte handelten. Diese Anomalie lenkte meine Aufmerksamkeit auf das Problem des Sammelns, fachlichen Zuordnens und Koordinierens von verteiltem Wissen. Wie wirkt sich delegierte Arbeit – das, was Julius Roth »Hilfskraftforschung« *(hired hand research)* nannte – auf die Datenqualität aus? Wie können Formulare das, was gewusst und gesammelt werden kann, gestalten und »auspressen«?[9] Die heutigen internetbasierten Austauschforen für Patienteninformationen stehen vor konzeptionell ähnlichen Problemen. Sie betreffen das Gruppengedächtnis, sprachliche Unterschiede und die Kluft zwischen dem, was in die Formulare der traditionellen Medizin eingeht und dem, was die Patienten in ihrem Leben wirklich wissen. Später analysierte ich dieses Problem mit Geoffrey Bowker in unserem Modell des Datensammlungsmanagements in der Internationalen Klassifikation der Krankheiten – mit Bezug auf die Spannungen zwischen traditionellen Systemen medizinischen Wissens und den von der Weltgesundheitsorganisation verteilten Formularen,[10] sowie mit Martha Lampland in einer Analyse von Standardisierung.[11] Fortan hingen für mich Standards und Grenzobjekte untrennbar miteinander zusammen, besonders im Laufe der Zeit.

9 | Eine herrliche Analyse enthält L. Thévenot: »Les investissements de forme«. Einer der lustigsten Anomalien begegnete ich bei einem meiner ersten Forschungsprojekte. Ich hatte mich dazu verpflichtet, als Befragerin an einem Projekt in San Francisco mitzuarbeiten, das aus einer psychologischen Perspektive die sexuellen Praktiken von Schwulen und Lesben, die älter als 65 waren, dokumentieren wollte. Ein Teil der Datensammlung bestand schlicht darin, dass Formulare mit Daten über Alter, Anzahl der Sexualpartner im vergangenen Jahr, Beruf und so weiter ausgefüllt werden mussten. Während ich die Daten codierte, vernahm ich eine Stimme aus dem benachbarten Zimmer, in dem Männer Informationen über Schwule codierten. Wir codierten in unserem Zimmer Daten von Lesben. Die Stimme von nebenan war nicht zu überhören: »Was muss ich tun, wenn ich dreistellige Zahlen brauche?« Ich musste kichern, denn die maximale Anzahl der Sexualpartnerinnen auf der Seite der Lesben betrug zwei – die Männer führten eindeutig ein vielfältigeres Sexualleben! (Das war noch in den späten 1970er Jahren, kurz bevor AIDS San Francisco erreichte und das Sexualleben aller Menschen veränderte.)

10 | WHO: *The World Health Report 1999.*

11 | M. Lampland/S. L. Star (Hg.): *Standards and Their Stories.*

Die dritte Anomalie und mein letztes Beispiel aus der Hirnforschung begegnete mir in einem anderen Komplex von Dokumenten, der in einer anderen noblen britischen Bibliothek lagerte. Im Archiv der Royal Society – auch hier wieder mit roten Teppichen, aber ohne Silbertablett – stieß ich auf einen merkwürdigen Komplex von Gutachten über einen Aufsatz, den David Ferrier der Society zur Veröffentlichung eingereicht hatte. Der Aufsatz basierte zum Teil auf den von mir untersuchten Primaten-Experimenten. Um ganz zu verstehen, warum diese Experimente so merkwürdig waren, muss man zunächst einmal wissen, dass Affen- und Menschenhirne in Bezug auf Größe, Form und vermutlich auch hinsichtlich ihrer Funktionsweise ganz unterschiedlich sind (wenn auch vielleicht nicht so unterschiedlich, wie wir meinen). Ferrier hatte versucht, Unterschiede in der Funktionsweise millimetergenau zu kartieren, als er die Oberfläche des Affenhirns unter Strom setzte. Im oben erwähnten Aufsatz geht es um die Funktionsweise des menschlichen Gehirns. Weil er keine menschlichen Probanden hatte – Penfields berühmte chirurgische Experimente mit Epileptikern fanden erst fast ein Jahrhundert später statt –, behalf Ferrier sich damit, dass er einfach die Karte des Affenhirns nahm und die Funktionsareale markierenden Kreise direkt auf die Skizze des menschlichen Gehirns übertrug. In anatomischer Hinsicht ist dies das Gleiche, als würde man den Plan der Pariser U-Bahn auf Cleveland übertragen, um damit den Verkehr in Cleveland zu erklären – man schlussfolgert also, dass alle großen Städte die gleichartige Verkehrsinfrastruktur haben, genauso wie alle Säugetiere oder Primaten die gleich verorteten Funktionsareale im Gehirn hätten.

Ferriers Aufsatz wurde veröffentlicht und ein enormer Erfolg. Ich fragte mich, warum dem so war. Anscheinend musste die Karte nicht exakt sein, um nützlich zu sein. Sie konnte als Gesprächsgrundlage dienen, als Basis für den Austausch von Daten, für das Verweisen auf bestimmte Dinge – ohne dass tatsächlich irgendein reales Areal demarkiert wurde. Die Karte war ein guter kommunikativer Kunstgriff, wenn z.B. die Welten der klinischen und der Grundlagenforschung übergreifend angesprochen werden sollten. Ihre Vermittlungsqualitäten bestanden anscheinend darin, dass sie »in der Mitte« zwischen verschiedenen Gruppen saß, und dabei sehr schlecht strukturiert oder skizzenhaft in der gemeinsamen Nutzung war. Aber wenn Kliniker oder Physiologen eine echte Karte benötigten, würden sie Ferriers Zeichnung ihren eigenen Bedürfnissen für eine Operation oder das Studium von Läsionen anpassen. Später, in einer verwandten Studie über Amateure und Professionelle in einem zoologischen Museum, erkannte ich diese Klasse von Arrangements als Funktionalität des »Hin- und Herkreuzens« in der Verwendung von Grenzobjekten und auch in der Ermittlung einer Art von Grenzobjekt, die Griesemer und ich eine »platonische Form« nannten.

Der nächste Erfolg stellte sich ein, als ich in einem anderen Archiv arbeitete, diesmal in der Bancroft Library an der University of California in Berkeley. Dieses Archiv verlangte früher den gleichen stillschweigenden Inititationsritus wie die britischen Archive – ich musste vor dem Betreten mein Lunchpaket, meine Kugelschreiber und meinen Rucksack in einen eigens dafür vorgesehenen Spind einsperren. Diesmal, ein paar Jahre später, durfte ich einen Stift und einen Laptop mit hineinnehmen. Hier, in Kalifornien, füllt man kleine Zettel aus und bestellt Boxen, die man dann selbst zu seinem Arbeitstisch karrt. Es gibt keine Silbertabletts, aber die Beleuchtung ist viel besser. Ich untersuchte die Briefe, Feldnotizen und Berichte über die Entwicklung des 1906 gegründeten Museum of Vertebrate Zoology.

Das war ein faszinierender Ort, anhand dessen man die Idee der Grenzobjekte entwickeln konnte – Amateurnaturforscher, Fallensteller, professionelle Biologen, Philanthropen und Universitätsverwaltungsbeamte hinterließen allesamt Spuren bei der Entwicklung des Museums. Hier war ich in der Lage, die Probleme der Triangulation, Vermittlung, Standardisierung und Übersetzung viel gründlicher anzugehen. Und hier nun die Anomalie: Eines Tages, als ich gerade einen besonders öden Teil der Berichte und Quittungen von einer Expedition in die Mojave-Wüste las, auf der man das Verhalten von Erdhörnchen dokumentieren wollte, hob ich einen der Aktenkartons hoch, öffnete ihn – und entdeckte zu meinem großen Erstaunen einen toten (und völlig vertrockneten) Blaukehl-Hüttensänger. In einem beiliegenden Brief stand: »Sehr geehrter Dr. Grinnell, ich fand dies hier in meinem Vorgarten und möchte gern wissen, was das für ein Vogel ist. Ich weiß, dass Sie sich in diesen Dingen auskennen. Können Sie mir bitte helfen?«

Ich bin mir sicher, dass Grinnell, ein höflicher Mensch, diese Anfrage beantwortet hat, obwohl sich keine Aufzeichnung seiner Antwort im Archiv befand. Gleichzeitig ging mir das Bild des Vogels nicht aus dem Sinn. Dieses »Objekt« passte nicht in Grinnells Kategorien. Wenn man in der Naturkunde etwas ohne ein korrektes Etikett oder eine Dokumentation seines Habitats sammelt, ist es im Prinzip für den professionellen Biologen nutzlos – oder wie mir ein befragter Kurator im Museum unverblümt erklärte: »Ohne ein Etikett ist ein Exemplar bloß totes Fleisch.« Doch Grinnell war auch ein Vogelbeobachter, der in Amateurkreisen aktiv war. Vielleicht kannte er den Mann, der ihm diesen Brief geschrieben hatte. Jedenfalls warf er den Vogelkadaver nicht weg, sondern steckte ihn in einen Aktenkarton, zusammen mit einem Bündel verschiedener Quittungen. Diese vierte Anomalie lenkte meine Aufmerksamkeit auf jene Dinge, die nicht zu Kategorien oder Standards passen und die buchstäblich oder bildlich gesprochen in den nächsten Aktenkarton oder Ähnliches gestopft werden. Einschränkungen und Standards sowie die Anwendung brachialer Lösungen für interkategoriale Probleme haben mich weiterhin fasziniert. Inzwischen schließt dies auch Menschen als Objekte wissenschaftlicher wie politischer Marginalität oder als Spielart von »Anderssein« ein. Ich habe Kurse zu Marginalität gegeben und auch über dieses Thema geschrieben. Interkategoriale Objekte, residuale Kategorien (wie »nicht anderweitig spezifiziert«) und die Art und Weise, wie Standards Menschen und Dinge zu »Anderen« machen – all diese Probleme versuche ich noch immer zu analysieren.

Mein fünftes und letztes Beispiel entstammt einer jüngeren Studie, einer ethnografischen Untersuchung, die ich bei einer Gemeinschaft von Biologen durchführte, die das Genom eines Fadenwurms (Nematode) sequenzierten. Ich arbeitete mit einem Informatiker und Systementwickler zusammen, um zu gewährleisten, dass das System, ein »Virtuelles Labor« für den Austausch und die Publikation elektronischer Daten, auch den Arbeitserfordernissen der Biologen entsprach. Dies war einer der frühen Versuche akademischer Förderer, »Kollaboratorien« (»collaboratoires« auf Französisch) zu konstruieren und den Datenaustausch zwischen Wissenschaftlern zu fördern. Dies geschah in den frühen 1990er Jahren, gerade als das Internet aufkam, und basierte daher selbst nicht auf dem Internet. (Ich möchte hinzufügen, dass dieser Informatiker Kontakt mit mir aufnahm, nachdem er mein Buch über Hirnforschung gelesen und darin all die Herausforderungen für einen Arbeitsplatz wiedererkannt hatte, die mit dem Bau eines Systems für die Kommunikation zwischen sozialen Welten verbunden sind!)

Die Anomalie, über die ich gleich schreiben werde, begegnete mir im Laufe meiner Reisen zu über vierzig Laboratorien und meiner Befragungen von Nematologen (Wurmbiologen) bezüglich ihrer Nutzung des Systemprototypen. Eine typische Interaktion lief wie folgt ab: Ich rief ein Labor an und sagte »Ich bin Leigh Star und betreibe Anforderungs- und Benutzerfreundlichkeitsanalysen für das Worm Community System. Nutzen Sie das System? Darf ich zu Ihnen kommen und Sie bei der Arbeit damit beobachten und dazu befragen?« Und sie erwiderten: »Na klar, wir mögen das System, schauen Sie vorbei.« Also schaute ich vorbei – wobei »vorbei« manchmal bedeutete, dass ich von England nach Vancouver fliegen musste – und betrat das Labor, einen gelben Notizblock samt Kugelschreiber für Feldnotizen griffbereit. Zuerst bat ich sie, mir zu zeigen, wie sie das System installiert hatten und wie es zu ihrem Arbeitsablauf passte. Bei mehreren Gelegenheiten kam es zu folgendem Dialog: »Also zeigen Sie mir mal, wie sie das WCS nutzen.« »Äh, tja, ich weiß, dass es irgendwo hier ist. Ich schau mal nach. Ach nein, eine Postdoktorandin benutzt es gerade. Sie ist aber heute nicht da. *(ruft laut)* Nutzt hier irgendwer das WCS?« Daraufhin wies ich – meiner Einschätzung nach sehr geduldig – darauf hin, dass sie mir doch gesagt hätten, sie würden das System nutzen. Wo sei es denn nun? Und dann kam die anomale Formulierung, die mich in meiner Ethnografinnennase kitzelte: »Aber wir nutzen es doch. Wir sind gerade im Begriff, es zu nutzen.« Woher kam diese Verschmelzung von Zukunft und Gegenwart? Wollten sie bloß meine Gefühle schonen? Sie waren doch ansonsten keine verlogenen Menschen. Tatsächlich waren sie reizend und ehrlich. Sie hatten keine Angst, das System zu kritisieren oder mir ein Feedback dazu zu geben. Als ich tiefer in die Beziehungen zwischen Entwicklern und Nutzern vorstieß, wurde mir klar, dass ich hier eine Art von Kommunikationswirrwarr erlebte. Ich beschäftigte mich damals mit dem Werk von Gregory Bateson, der diese Art von kommunikativen Missgeschicken unter dem Schlagwort des »double binds« untersucht hat. Wie in Batesons Arbeit über Schizophrene und bei dem, was er »transkontextuelle Syndrome« nannte, wurden die Botschaften, die auf der ersten Ebene von den Systementwicklern erfolgten, auf dieser Ebene nicht von den Nutzern vernommen und umgekehrt.[12] Was für den einen offensichtlich war, stellte für einen anderen ein Rätsel dar. Was für den einen trivial war, stellte für einen anderen ein Hindernis dar. Doch dies zu erklären war niemals leicht. Die Nutzer mochten die Benutzeroberfläche, wenn sie vor dem Computer saßen. Doch sie verstanden es nicht, eine verlässliche Arbeitsinfrastruktur daraus zu machen. Sie wandten sich mit ihren Fragen an das WCS-Team, das ihnen auf unverständliche Weise antwortete. Ich begann dies als ein Problem der Infrastruktur zu verstehen – und ihrer Relativität.

Meine Kollegin Karen Ruhleder und ich nutzten dies dazu, eine Liste der Merkmale von Infrastruktur zu erstellen:[13]

- *Eingebettetsein.* Infrastruktur ist in andere Strukturen, soziale Arrangements und Technologien eingelassen;
- *Transparenz.* Infrastruktur ist transparent für ihre Nutzung, und zwar in dem Sinn, dass sie nicht jedes Mal neu erfunden oder für jede Aufgabe neu zusammengebaut werden muss, sondern unsichtbar diese Aufgaben unterstützt;

12 | G. Bateson: *Ökologie des Geistes*, S. 354 f.

13 | S. L. Star/K. Ruhleder: »Steps Toward an Ecology of Infrastructure«.

- *Reichweite oder Geltungsbereich.* Diese können entweder räumlich oder zeitlich sein – Infrastruktur reicht über ein einzelnes Ereignis oder eine lokale Praxis hinaus;
- *Erlernt als Teil von Mitgliedschaft.* Die Selbstverständlichkeit von Artefakten und organisatorischen Arrangements ist eine conditio sine qua non der Mitgliedschaft in Praxisgemeinschaften.[14] Fremde und Außenseiter erleben Infrastruktur als ein Objekt, über das sie mehr erfahren müssen. Neue Teilnehmer erwerben eine naturalisierte Vertrautheit mit ihren Objekten, wenn sie Mitglieder werden;
- *Verknüpft mit Praxiskonventionen.* Infrastruktur gestaltet die Konventionen einer Praxisgemeinschaft und wird zugleich von ihnen gestaltet, z.B. die Art und Weise, wie die Zyklen von Tag- und Nachtarbeit durch Strompreis und -bedarf beeinflusst werden und sie beeinflussen. Generationen von Sekretärinnen haben die QWERTY-Tastatur erlernt – ihre Begrenzungen haben die Computertastatur und dann das Design heutiger Computermöbel übernommen;[15]
- *Verkörperung von Standards.* Modifiziert durch Geltungsbereich und oft durch kollidierende Konventionen, nimmt Infrastruktur Transparenz an, indem sie sich auf eine standardisierte Weise mit anderen Infrastrukturen und Werkzeugen verbindet;
- *Errichtet auf einer installierten Basis.* Infrastruktur entsteht nicht aus dem Nichts heraus – sie hat mit der Trägheit der installierten Basis zu kämpfen und übernimmt die Stärken und Begrenztheiten dieser Basis. Glasfaserkabel verlaufen entlang alter Eisenbahnstrecken, neue Systeme werden für eine Rückwärtskompatibilität konstruiert. Diese Einschränkungen nicht zu berücksichtigen, kann für neue Entwicklungsprozesse fatal sein oder sie verzerren;
- *Wird beim Zusammenbruch sichtbar.* Die normalerweise unsichtbar funktionierende Infrastruktur wird sichtbar, wenn sie zusammenbricht: Der Server ist abgeschaltet, die Brücke wird überschwemmt, der Strom fällt aus. Selbst wenn es Backupmechanismen oder -prozeduren gibt, hebt ihre Existenz noch mehr die nun sichtbare Infrastruktur hervor.
- *Ist in modularen Abstufungen fixiert, nicht auf einmal oder global änderbar.* Weil Infrastruktur groß, geschichtet und komplex ist und auf lokaler Ebene etwas anderes bedeutet, wird sie niemals ›von oben‹ verändert. Veränderungen erfordern Zeit, Aushandlung und Anpassung an andere Aspekte des betreffenden Systems.

Der Umstand, dass Infrastruktur relativ zum Wissen bestimmter Praxisgemeinschaften ist und wie bereits angeführt auf andere Weise re-definiert wird, hat zu vielen Artikeln und Forschungsprojekten über Wachstum, Reifung und Tod von (gescheiterten wie gelungenen) Infrastrukturen geführt.

Die fünf dargestellten Anomalien sind in allen Studien miteinander verwoben, die ich seit meinem ersten Artikel über Grenzobjekte durchgeführt habe, und bilden zusammen tatsächlich so etwas wie ein Forschungsprogramm. Die Themenbereiche sind ganz unterschiedlich und reichen von der Klassifizierung von Krankenpflegerinnen über die südafrikanische Apartheid bis zu Standards. Diese

14 | J. Lave/É. Wenger: *Situated Learning* und S. L. Star: »From Hestia to Home Page«.

15 | H. Becker: *Les mondes de l'art.*

analytischen Fäden, die ursprünglich aus der Untersuchung von Anomalien hervorgingen, bilden eine nützliche Basis.

Was ist KEIN Grenzobjekt?

Jedes Konzept – in der feministischen Theorie, zum Kapitalumlauf oder zum Funktionieren von Märkten, die Demokratie strukturieren – ist für manche nützlich und für andere nicht. Es ist partieller Nutzung und Analyse unterworfen und durch Größenordnung wie Reichweite begrenzt. Das Gleiche gilt für jede Idee oder Methode. Wie schon gesagt, habe ich stets auf normative Aussagen über die wahre und richtige Bedeutung und Nutzung von Grenzobjekten verzichtet. Doch weil mir nach Dutzenden von Vorträgen über Grenzobjekte immer wieder Fragen dazu gestellt wurden, möchte ich auf einige dieser Fragen eine Art kollektive Antwort geben.

Größenordnung

Was kein Grenzobjekt ist, hat viel mit Größenordnung zu tun. Viele Menschen, die mich gefragt haben, was kein Grenzobjekt sei, haben dabei an Größenordnungen gedacht. Das heißt, ich bekam Fragen zu hören wie: »Könnte nicht alles ein Grenzobjekt sein?« oder: »Was ist mit einem Wort? Könnte nicht auch ein Wort ein Grenzobjekt sein?« Und stets habe ich darauf erwidert, dass alle Konzepte am nützlichsten in bestimmten Größenordnungen seien. Ich meine, dass das Konzept der Grenzobjekte auf der Ebene von Organisationen am nützlichsten ist. Wenn man nur an die Vieldeutigkeit von Objekten denkt, dann liegen die Fragen nach »allem« eher auf der Hand. Doch bessere Konzepte über die Vieldeutigkeit von Worten stammen von Sprachphilosophen, wie Wittgensteins Vorstellung vom Sprachspiel, oder aus linguistischen Experimenten über natürliche Sprachverarbeitung. Dazu gehören auch die berühmten Versuche, Aussagen wie die von Groucho Marx »time flies like an arrow, fruit flies like a banana«[16] zu vereindeutigen. Wenn man die Frage im Licht der oben dargestellten Struktur und Dynamik betrachtet, dann lautet die Antwort: Ja, unter gewissen Umständen. Als zum Beispiel Archäologen und Altphilologen zusammenarbeiteten, um bestimmte Worte des Steins von Rosetta zu interpretieren, hätte wahrscheinlich eine kleine Gruppe von Wörtern (oder sogar ein einzelnes Wort) ein Grenzobjekt bilden können, das auf der Beschaffenheit ihrer Arbeitsbeziehungen basierte. Doch jedes gehörte Wort, das aus dem Mund eines Menschen kommt, ist für einen Zuhörer oder ein Publikum flexibel interpretierbar. Allerdings werden Wissenschaftler wohl seltener Arbeitsarrangements und andere der oben dargestellten Merkmale von Grenzobjekten studieren und sie als einen Komplex mitarbeitender Arrangements betrachten.[17] Ausnahmen sind natürlich das Studium der Heiligen Schrift oder gewisse philologische Unternehmungen.

16 | Anm. d. Übers.: »Die Zeit fliegt wie ein Pfeil, Obst fliegt wie eine Banane« – oder: »Die Zeit fliegt wie ein Pfeil, Fruchtfliegen mögen eine Banane«.

17 | Anm. d. Übers.: Ein Wortspiel zwischen »work arrangements« (= Arbeitsarrangements) und »working arrangements« (= mitarbeitende oder auch funktionierende Arrangements).

Geltungsbereich

Eine andere Art von Fragen, die mir oft in Bezug auf Grenzobjekte gestellt werden, betreffen überaus diffuse, verteilte Objekte, die wie Wörter mit kooperativen Arbeitsarrangements verbunden sein können (oder auch nicht). Zum Beispiel werde ich häufig gefragt: »Sind denn nun die Beatles (oder andere Berühmtheiten) keine Grenzobjekte?« Eine Variante dieser Art von Fragen lautet, ob die Nationalflagge, die Bibel, ein bestimmter Film oder andere berühmte Dinge nicht Grenzobjekte sein könnten.

Meine Antwort darauf ähnelt der zur Größenordnung im vorigen Abschnitt: Unter gewissen Umständen könnte jedes dieser Beispiele ein Grenzobjekt werden. Mit Sicherheit sind sie alle Gegenstände, denen interpretative Flexibilität zuteil wird. Allerdings glaube ich, dass der sinnvollste Geltungsbereich für das Konzept spezifischer ist. Ich meine, es wäre interessanter, Menschen, die amerikanische Flaggen herstellen, Werbung dafür machen und sie vertreiben, sowie ihre Arbeitsarrangements und ihre Heterogenität zu studieren, als einfach zu sagen, dass viele Menschen die amerikanische Flagge unterschiedlich interpretieren. Dies ist zwar wahr, bringt uns aber analytisch betrachtet nicht sehr weit – inbesondere, wenn wir sowohl die Materialität als auch die infrastrukturellen Eigenschaften dieser Flagge verstehen wollen.

Schlussbetrachtungen: Wachstum und Tod von Grenzobjekten

Eine letzte Frage hinsichtlich der Grenzen von Grenzobjekten betrifft ihren Ursprung, ihre Entwicklung und zuweilen ihr Versagen und ihren Tod. Ich glaube, dass es dabei um drei Dimensionen geht: Standards, Methoden und residuale Kategorien. Eine Möglichkeit, diese Geschichte zu erzählen, liegt im Arrangement des Grenzobjektes nach den oben beschriebenen Parametern. Im Lauf der Zeit versuchen Personen (oft Verwaltungsbeamte oder Regulierungsbehörden), das Hin und Her zu steuern und insbesondere die schlecht strukturierten und die gut strukturierten Aspekte des bestimmten Grenzobjekts zu standardisieren und gleichwertig zu machen. Es gibt eine Fülle von Beispielen in der digitalen Welt – denken wir nur an das Schicksal unterschiedlicher Gebietsdarstellungen in vielen Geoinformationssystemen (GIS). Ältere kartografische und qualitative Darstellungen, oft ihrerseits Grenzobjekte, werden im Hinblick auf Koordinaten und Datenbanken standardisiert, die die Karten unterlaufen und den Unterschied zwischen einem schlecht strukturierten, gemeinsamen Objekt und einem lokal angepassten Objekt einebnen.

Im Lauf der Zeit werfen alle standardisierten Systeme residuale Kategorien ab oder generieren sie. Das sind Kategorien wie »andernorts nicht kategorisiert«, »keine der obigen Antworten trifft zu« oder »nicht anderweitig spezifiziert«. Werden diese Kategorien von Außenseitern oder Anderen in Beschlag genommen, können diese andere Grenzobjekte in Gang setzen – und damit ist ein Zyklus geboren. Mir ist bei dem Versuch, dieses komplexe und der Länge nach verlaufende Phänomen zu erfassen, die Notwendigkeit neuer Methoden zur Erfassung jedes Aspekts bewusst geworden: das Hin und Her zwischen schlecht strukturiert und gut strukturiert, die Architektur der betreffenden Infrastrukturen und insbesondere die Bewegung innerhalb und ausgehend von denen, die residuale Kategorien in Beschlag nehmen, und wie all dies neue Grenzobjekte bildet. Abbildung 1 stellt diesen Zyklus skizzenhaft dar.

Abbildung 1: Beziehungen zwischen Standards und residualen Kategorien

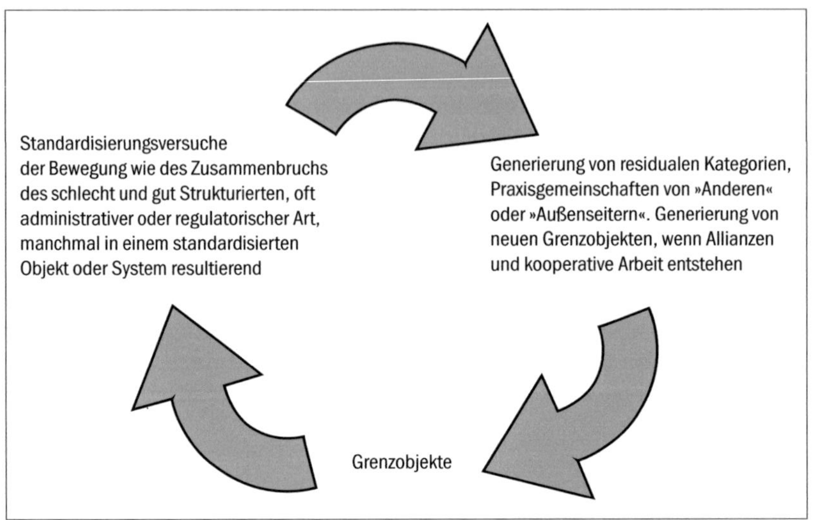

Methodologische Überlegungen

Eine der methodologischen Notwendigkeiten, die sich aus dem oben Erwähnten ergeben, besteht darin, aus den dargestellten Handlungen Objekte zu machen. Dies betrifft insbesondere die Beziehung zwischen Standardisierung und residualen Kategorien. Laut Star und Busch betrifft die Distribution von Standards viele Probleme sozialer Gerechtigkeit.[18] Dazu gehört auch, welche Arten von residualen Kategorien durch welche Arten von Standardisierungsregimen generiert werden, die gewissermaßen in situ entwickelt worden sind. Sich bei den Bewohnern und Objekten residualer Räume (selbst unserer eigenen) aufzuhalten, ist ein weiteres methodologisches Erfordernis. Weil viele dieser Prozesse über Jahrzehnte, wenn nicht Jahrhunderte hinweg verlaufen, ist eindeutig eine archivarische und historische Expertise gefragt.

Eine Kombination dieser Erfordernisse würde uns beim Verstehen der oben beschriebenen grundlegenden Dynamik weiterbringen. Ein letztes und vielleicht wichtigstes Erfordernis ist die Weiterentwicklung eines ausgeklügelten analytischen Systems für das Verstehen von Information, gelebter Erfahrung und Infrastruktur. Wir leben in einer Welt, in der die Kämpfe und Dramen zwischen dem Formellen und dem Informellen, dem schlecht Strukturierten und dem gut Strukturierten, dem Standardisierten und dem Wilden ständig ausgetragen werden. Diese Kämpfe sind zuweilen harmlos und dann wieder ungeheuer hilfreich für die

18 | S. L. Star/L. Busch: »Outsourcing Morality, Outsourcing Methods«.

Menschheit, wie etwa die Standardisierung von Daten zum Klimawandel oder die Versuche dazu. Doch Versuche der Überstandardisierung, z. B. durch Verwenden von Werkzeugen wie der elektronischen Überwachung, setzen der sozialen Gerechtigkeit zu. Und diese Kämpfe sind heute so sehr überfrachtet mit dem elektronischen Leben im Netz und dem Alltagsleben offline, dass uns keine Wahl mehr bleibt. Wenn nicht jetzt, wann dann?

Anmerkung der Autorin

Dieser Aufsatz wurde ursprünglich auf Französisch für die *Revue d'Anthropologie des Connaissances*, Jg. 4, Nr. 1 (2010) geschrieben. Mit dem Einverständnis der Redaktion dieser Zeitschrift wurde er auf Englisch in der amerikanischen Zeitschrift *Science, Technology & Human Values* veröffentlicht.

Dank

Zunächst einmal möchte sich die Autorin bei ihren Kollegen James Griesemer und Karen Ruhleder für ihre bedeutenden Beiträge zu vielen der hier vorgetragenen Gedanken bedanken. Freunde an der Université de Grenoble wie Dominique Vinck, Pascale Trompette und Virginie Tourney haben diese Diskussion mit angestoßen. Weitere vielfältige Beiträge verdanke ich Richard Boland, Geoffrey Bowker, Lawrence Busch, Anne Saetnan, Madeleine Akrich und Steve Jackson. Da so viele Jahre vergangen sind, seit der erste Aufsatz über Grenzobjekte erschienen ist, und viele Menschen die Autorin wegen des Konzepts kritisiert haben, kann sie nur all denen danken, die hartnäckig ihre Fragen gestellt und sie gedrängt haben, ihre Gedanken zu klären.

Anmerkung von Geoffrey Bowker: Leighs Tod veranlasst mich, diese Danksagung zu verlängern. Sie hat sich stets über Gespräche mit Kollegen und Freunden gefreut und aus ihnen gelernt; sie besaß die großartige Fähigkeit »weiterbringend zuzuhören«. Wir danken allen, die Teil ihres Lebens waren.

Literatur

Bateson, Gregory: *Ökologie des Geistes: Anthropologische, psychologische, biologische und epistemologische Perspektiven*, Frankfurt a. M.: Suhrkamp 1981.

Becker, Howard S.: *Doing Things Together: Selected Papers*, Evanston: Northwestern University Press 1986.

Becker, Howard S.: *Les mondes de l'art*, Paris: Flammarion 1988.

Bowker, Geoffrey C./Star, Susan L.: *Sorting Things Out. Classification and Its Consequences*, Cambridge, MA: MIT Press 1999.

Bowker, Geoffrey C./Star, Susan L.: »Warum Klassifikationen zählen«, in: *ilinx. Berliner Beiträge zur Kulturwissenschaft* 4 (2017), »Workarounds. Praktiken des Umwegs«, S. 193–203.

Lampland, Martha/Star, Susan L. (Hg.): *Standards and Their Stories. How Quantifying, Classifying, and Formalizing Practices Shape Everyday Life*, Ithaca, NY: Cornell University Press 2009.

Lave, Jean/Wenger, Étienne: *Situated Learning. Legitimate Peripheral Participation*, Cambridge: University of Cambridge Press 1991. https://doi.org/10.1017/CBO9780511815355

Star, Susan L.: »The Structure of Ill-Structured Solutions. Boundary Objects and Heterogeneous Distributed Problem Solving«, in: Les Gasser/Michael N. Huhns (Hg.), *Distributed Artificial Intelligence* (= Research Notes in Artificial Intelligence, Vol. II), London/Pitman/San Mateo, CA: Morgan Kaufmann 1989, S. 37–54.

Star, Susan L.: *Regions of the Mind. Brain Research and the Quest for Scientific Certainty*, Stanford, CA: Stanford University Press 1989.

Star, Susan L.: »From Hestia to Home Page: Feminism and the Concept of Home in Cyberspace«, in: Nina Lykke/Rosi Braidotti (Hg.), *Between Gods, Monsters, and Cyborgs. Feminist Confrontations with Science, Medicine and Cyberspace*, London: ZED-Books 1996, S. 30–46.

Star, Susan L.: »Grounded Classification. Grounded Theory and Faceted Classification«, in: *Library Trends* 47/2 (1998), S. 218–232.

Star, Susan L./Busch, Lawrence: »Outsourcing Morality, Outsourcing Methods«, Paper für das Jahrestreffen der Society for Social Studies of Science, Washington, DC, Oktober 2009.

Star, Susan L./Griesemer, James: »Institutional Ecology, ›Translations‹, and Boundary Objects. Amateurs and Professionals in Berkeley's Museum of Vertebrate Zoology«, in: *Social Studies of Science* 19/3 (1989), S. 387–420. https://doi.org/10.1177/030631289019003001

Star, Susan L./Ruhleder, Karen: »Steps Toward an Ecology of Infrastructure: Design and Access for Large Information Spaces«, in: *Information Systems Research* 7/1 (1996), S. 111–134. https://doi.org/10.1287/isre.7.1.111

Star, Susan L./Strauss, Anselm: »Layers of Silence, Arenas of Voice: The Ecology of Visible and Invisible Work«, in: *Computer Supported Cooperative Work* 8/1-2 (1999), S. 9–30. https://doi.org/10.1023/A:1008651105359

Thévenot, Laurent: »Les investissements de forme«, in: Ders. (Hg.): *Conventions économiques*, Paris: Presses Universitaires de France (Cahiers de Centre d'Étude de l'Emploi) 1986, S. 21–71.

Weltgesundheitsorganisation (WHO): *The World Health Report 1999 – Making a Difference*, www.who.int/whr/1999/fr/index.html.

Die Struktur der Grenzobjekte

Erhard Schüttpelz

»This is not a boundary object« ist eine Reprise und ein Abschied gewesen, ein letzter Kommentar zur erfolgreichsten Intervention Susan Leigh Stars, zum »Grenzobjekt«. Zum einen wiederholt Star in diesem Text die Kriterien der Flexibilität und Robustheit, die nur durch ihre Übereinstimmung ein gelungenes Grenzobjekt hervorbringen, und zum anderen dementiert sie eigenhändig den Verdacht, ihre ursprüngliche Liste von vier Grenzobjekten sei als systematische oder gar als vollständige Liste gemeint gewesen. Anekdoten zur Ideenfindung des Konzepts und seiner vier Varianten verstärken den Eindruck einer kontingenten Auswahl und geben Einblick in die Werkstatt, aus der die Grenzobjekte entsprangen. So erfahren wir etwa, dass die Kategorie der »Idealtypen« trotz ihrer Benennung wenig mit Max Webers Idealtypen oder gar mit Platons Ideenlehre zu tun hatte, sondern z. B. mit der überraschenden Möglichkeit, die Karte einer Stadt zur praktischen Orientierung in einer ganz anderen Stadt zu verwenden.

Diese Darstellung reizt mich zum Widerspruch und sie reizt mich dazu, genau das zu tun: die anekdotische Kartografie zu verwenden, um ein ganz anderes, aber ebenso umfangreiches Territorium zu bereisen. Ich gehe davon aus, dass die Einteilung der vier Grenzobjekte systematischen Charakter hatte und dass es sich lohnt, ihre Konsistenz und Vollständigkeit zu demonstrieren. Und mir scheint es sogar, als sei die »Struktur der Grenzobjekte« nicht irgendeine Struktur, sondern reiche tief hinab in die Geschichte dessen, was einstmals »Strukturalismus« genannt wurde, und sogar noch weiter hinab in die Vorgeschichte des Strukturalismus, die von Lorraine Daston und Peter Galison in ihrer Studie zur modernen Kategorie der »Objektivität« freigelegt worden ist.[1] Die »Struktur der Grenzobjekte« erweist sich als Variante eines der theoretischen Hauptmotive der Nachkriegszeit, der »Unterdeterminiertheit« von konzeptuellen Schemata und ontologischen Bezugnahmen und schließt an die praktische Verankerung der »Unterdeterminiertheit« an, die seit Thomas Kuhn und Willard van Orman Quine zum Gemeingut der nordatlantischen Wissenschaftstheorie gehörte.[2] Aber ich greife zu weit vor und zuerst einmal gilt es, die fremde Stadt mit der Karte in der Hand zu betreten.

---

1 | Vgl. L. Daston/P. Galison: *Objektivität.*

2 | Vgl. T. Kuhn: *The Structure of Scientific Revolutions*; W. v. O. Quine: *From a Logical Point of View.*

Die Notlüge

»Strukturelle Objektivität«, so lernen wir aus der historischen Darstellung der Kategorie »Objektivität« von Lorraine Daston und Peter Galison, war eine Figur innerhalb einer längeren Serie von modernen Rechtfertigungsformen der Naturwissenschaften. Ihre Entstehung lässt sich auf die Jahrzehnte um 1900 datieren. Die Suche nach einer »strukturellen Objektivität« entstand als Reaktion auf eine metaphysische Enttäuschung, sie war nicht »challenge«, sondern »response«. Eine Episode, aber eine nachhaltige Episode im Wechselspiel zwischen Philosophie, Naturwissenschaft und Wissenschaftstheorie und in der Folge dieses Wechselspiels – eine Generation später – zwischen Natur-, Sozial- und Kulturwissenschaften. Objektivität, so Daston und Galison, löste »Naturwahrheit« im Zeitalter der Laborwissenschaft ab. Autografische Labor-Verfahren waren – so betonen die beiden – weder Ursache noch Auslöser der »Objektivität«, aber sie standen lange Zeit in einer vielversprechenden Konjunktion mit den Anschauungen und der Anschaulichkeit – also der Evidenz – einer »mechanischen Objektivität«. Es schien, als ob der Aufbau und die Auswertung von autografischen Verfahren eine mechanisierte Objektivität gewährleisten würde, eine Entsubjektivierung oder sogar Entpersonalisierung der elementaren Abläufe der wissenschaftlichen Forschung, die Lokalisierung der Objektivität im Objekt der Forschung. Idealerweise würde sich Natur in Form ihrer Messgrößen selber aufschreiben und ablesbar machen.

Allerdings brach die Illusion der Verallgemeinerbarkeit einer mechanischen Objektivität als Begründungsform naturwissenschaftlicher Wahrheit bereits im 19. Jahrhundert innerhalb einer einzigen Generation wieder zusammen. In egal welchem Labor konnte die Vorstellung einer selbstschreibenden mechanischen Objektivität nur solange aufrechterhalten werden, als es sich um eine Elitenkultur mit gemeinsamer Sozialisation und einem entsprechenden Vertrauen in die Geschicklichkeit der Mitarbeiter handelte. Mit der Ausbildung von Studenten und Nachwuchsforschern und erst recht durch ihre Massenausbildung fiel die Illusion einer »mechanischen Objektivität« schnell in sich zusammen, denn das »geschulte Urteil«, also eine Form der geschulten Subjektivität, musste für jede Mess- und Experimentalgröße als Grundbedingung wissenschaftlichen Arbeitens anerkannt und überprüfbar gemacht werden.[3]

Das Leitbild einer »strukturellen Objektivität« entstand als Seitenweg in dieser Krise der »Objektivität«, streng gefasst, als eine Notlüge der wissenschaftlichen Metaphysik. Der Traum einer objektiven Selbstabbildung oder Selbstaufzeichnung der Natur war zweifelhaft geworden; die Grundvorstellung einer wechselseitigen Eskalation von Entsubjektivierung und Objektivierung, des Forschers und seines Gegenstands, blieb erhalten. Der Fokus der »strukturellen Objektivität« lag in der Invarianz mathematischer und logischer »Beziehungen von Beziehungen«, d.h. einer »Struktur«. Dieser Glaube an die Vorgängigkeit der Invarianz von Beziehungen verbindet das Projekt der »strukturellen Objektivität« in der Physik und Metaphysik um 1900 mit allen späteren Strukturalismen – wenn man so will, ist dieser Impetus die einzige »Invarianz« oder sogar die unvergängliche »Synchronie« des Strukturalismus.

3 | Siehe hierfür etwa die Etablierung der Maßeinheit Ohm eigens für die transatlantische Telegrafie: S. Schaffer: »A Manufactory of Ohms«.

Wie Daston und Galison nachgewiesen haben, geschah die Fixierung der »strukturellen Objektivität« zuerst und zuletzt unter schwerwiegenden Einschränkungen.[4] Eine Konventionalität und Arbitrarität der Darstellungsverfahren – und eine Abhängigkeit von den vorliegenden medialen und labormedialen Verfahren – war ohne Einschränkungen anzuerkennen, wenn man die Invarianz der Beziehungen postulieren und fixieren wollte. Daher gab es für jede Invarianz von Anfang an verschiedene Formen der Darstellung. Die Invarianz blieb in ihrer Darstellung daher »unterdeterminiert«, und zwar auch was ihr jeweiliges »Sinnesdatum« angeht, also die Beziehung zwischen menschlichen Beobachtern und apparativen Bildern, Messungen und Messgrößen. Eine Anerkennung der Arbitrarität sprachlicher und medialer Artikulation und sogar ihre Kulturabhängigkeit waren daher keine Ergebnisse oder gar Einwände, sondern die Prämissen jeder Darstellung einer »strukturellen Objektivität«.

Jeder Versuch einer Präzisierung der »strukturellen Objektivität« innerhalb der Diskussionen der verschiedenen Strukturalismen des 20. Jahrhunderts – aber auch ihrer Poststrukturalismen – führte zu den genannten Prämissen zurück, sei es, um die Konsequenzen des Anfangs neu zu ziehen und die Suche nach einer Invarianz der Beziehungen fortzusetzen, oder um andere Konsequenzen zu ziehen und sich etwa einer Metaphysik der Differenz zu widmen. »Unterdeterminiertheit« und »strukturelle Objektivität« waren von Anfang an ein eingespieltes Tandem. Dass aus der Suche nach invarianten Strukturen insbesondere nach dem Zweiten Weltkrieg die vielfältigen Blüten des Denkmotivs der Unterdeterminiertheit schießen sollten, erweist sich im langen Bogen des 20. Jahrhunderts als Variation einer früh durchdachten metaphysischen Notwendigkeit.

Schlecht strukturierte Lösungen

Die nordamerikanische Suche nach einer »Struktur der Kommunikation« war eine Wendemarke in dieser Geschichte.[5] Das elementare Erkenntnisversprechen lag in einer Struktur der Kommunikation, und das konnte nur bedeuten, dass eine Invarianz der »Beziehungen von Beziehungen« den einzelnen Relationen und ihren austauschbaren Elementen und erst recht ihren konkreten Phänomenalisierungen vorausging. Umso plausibler erschien es allen strukturalistischen Generationen, ihre hart erkämpfte Invarianz gegenüber der Kontingenz historischer Wechselfälle zu verteidigen, und »structure« gegen »agency« aufzustellen. Damit wurde eine invariante Struktur gegen das ausgespielt, was an Operationsspielraum oder an Handlungsinitiative den einzelnen – und daher notwendig nachgeordneten – Relationen und ihren austauschbaren Elementen zuzusprechen sei. Aus diesem übermächtigen Denkschema gab es nur ein mögliches Entkommen: die Struktur der Kommunikation genauer in Augenschein zu nehmen, um dabei zu entdecken, dass jede Strukturierung kommuniziert werden muss und nur die Kommunizierbarkeit

4 | Vgl. P. Galison: *Einsteins Uhren und Poincarés Karten*.

5 | Insbesondere in Boston zwischen MIT, Militärforschung und Kybernetik, siehe: L. E. Kay: *Das Buch des Lebens*; P. N. Edwards: *The Closed World*; R. Jakobson: »Closing Statement«; H. Garfinkel/A. Warfield Rawls: *Toward a Sociological Theory of Information*.

strukturiert werden kann, und dass in dieser Einsicht die praktische »Struktur der Kommunikation« verborgen liegt.

Diese Option einer Gleichsetzung von »structure« und »agency« beginnt an denselben universitären Orten und sogar im gleichen Atemzug, in denen kurz nach dem Zweiten Weltkrieg die Struktur der Kommunikation für die strukturalistischen Generationen fixiert wurde. Die radikalsten Konsequenzen wurden vermutlich von Harold Garfinkel und Harvey Sacks gezogen, den Begründern der Ethnomethodologie und Konversationsanalyse: Nur die Strukturierungen, die nachweislich kommunizierbar und kommuniziert werden, können als soziale und kulturelle »Strukturen« anerkannt werden, und nur ihre Kommunizierbarkeit strukturiert die soziale und kulturelle Lebenswelt.[6]

Dieses Vorhaben hat einige Parallelen in damaligen Theoriedebatten, aus denen allerdings nur sehr wenige Begriffe entwickelt wurden, die eine analoge Schlagkraft entwickelten. Susan Leigh Stars Begriff der Grenzobjekte bleibt einer der wenigen Kandidaten für eine solche Gleichsetzung, die Plakativität und Präzision vereint. Die »agency«, um die es geht, heißt »Kooperation ohne Konsens«, und die Struktur heißt Grenzobjekt. Wie ist sie strukturiert, und wie wird sie kommuniziert? Wenn Stars Aufsatztitel der »Structure of Ill-Structured Solutions« auf Herbert Simons »Structure of Ill Structured Problems« reagierte,[7] dann antwortet schon an dieser Oberfläche Struktur auf Struktur, und Strukturierung auf Strukturierung.

Herbert Simon definierte die gut strukturierten Probleme im Rahmen der Künstlichen-Intelligenz-Forschung dahingehend, dass der Anfangszustand und der Endzustand einer (kognitiven) Aufgabe definiert werden, dass die Mittel zur Erreichung des Ziels konkretisiert werden können, und dass fortlaufend zutreffende Rückmeldungen zur Korrektur und Erreichung des Ziels ermöglicht werden.[8] Kognition ist zuerst in eine Blackbox zu verwandeln, um anschließend erfolgreich simuliert werden zu können. Alle anderen kognitiven Aufgaben oder »Probleme« bleiben schlecht strukturiert. Unterdeterminiertheit und Strukturierung schließen sich in dieser Wissenschaftsauffassung aus. Sind kognitive Vorgänge noch nicht ausreichend bestimmt oder unterdeterminiert, so weisen sie noch nicht die erforderliche Struktur auf und sind »schlecht strukturiert«. Für Simon besteht die erforderliche Aufgabe der Künstlichen Intelligenz daher darin, schlecht strukturierte Probleme in gut strukturierte zu verwandeln. Es handelt sich um eine Auffassung der »strukturellen Objektivität«, die am Leitbild des Turing-Tests entwickelt wurde und kognitive Unterdeterminiertheit Schritt für Schritt zum Verschwinden bringen soll. Das grundsätzliche Verfahren besteht aus dem Zusammenbau höherer Einheiten aus wohldefinierten kleineren Einheiten. Kognitive Leistungen können in Modulen isoliert und aus ihnen zusammengesetzt werden.

Die Pointe von Stars Überschrift besteht darin, dass die schlecht strukturierten Lösungen für schlecht strukturierte Probleme zu bevorzugen sind, dass sie die optimierten, wenn nicht die optimalen Strukturierungen bieten. Die Unterdeterminiertheit einer Struktur ist hier nicht mehr das Problem, sondern die Lösung. Und zwar unter der erwähnten Prämisse: die Kommunizierbarkeit ihrer Struktu-

6 | Vgl. H. Garfinkel/H. Sacks: »On Formal Structures of Practical Action«.

7 | In diesem Band: S. L. Star: »Die Struktur schlecht strukturierter Lösungen«.

8 | Vgl. H. A. Simon: *Models of Discovery and Other Topics in the Methods of Science.*

rierung wird mit der Strukturierung ihrer Kommunizierbarkeit zusammenfallen. Von allen Einsprüchen gegen die Idee einer »strukturellen Objektivität« der Künstlichen Intelligenz, gegen den Kognitivismus, ist diese Intervention eine der elegantesten, weil sie auf die wichtigsten Ausgangsprämissen der »strukturellen Objektivität« zurückkommt, die in der Begründung der Künstlichen Intelligenz ignoriert worden waren.

Die Strukturierung der Grenzobjekte

Wie sieht die Strukturierung der Grenzobjekte aus? Die Frage ist für eine medientheoretische Diskussion nicht unerheblich, schließlich sind alle von Star vorgestellten Grenzobjekte Medien oder Medientechniken und im Gegenzug stößt man in technischen Medien und künstlerischen Techniken jeder Art auf Grenzobjekte, wo immer man nach ihnen fahndet. Meine heuristische Frage richtet sich an die Vollständigkeit oder Unvollständigkeit dieser Medien. In den »Ill-Structured Solutions« ebenso wie im grundlegenden Aufsatz von Star und Griesemer finden sich vier Typen von Grenzobjekten.[9] Warum diese vier und keine anderen? Und warum ist die Liste der vier trotz energischer Anstrengungen und fortlaufender Verwässerung des Konzepts nie ernsthaft erweitert worden? Allem Anschein nach hat Susan Leigh Star diese Frage zwar gestellt, aber nicht beantwortet; und in ihrem letzten Aufsatz zum Thema wird die Existenzberechtigung der Frage mehr oder minder abgestritten. Star geht dort nur auf drei der Grenzobjekte genauer ein, und die »sich überlagernden Grenzen« *(coincident boundaries)* erfahren keine eigene Würdigung. Aber ihre Ausführungen bieten einen guten Ausgangspunkt, um die Eigenschaften der vier Grenzobjekte miteinander zu vergleichen und ihre Konsistenz zu demonstrieren.

Star schreibt zu den »Repositorien« *(repositories)*:

»[O]ne kind of object, a repository, took the form of a set of modular things. These are things that might be individually removed without collapsing or changing the structure of a whole. A library, for example, or a collection of case studies (as in some parts of medicine, or in the Talmud), is a repository. A repository of this sort comes from the need for an assembly of things that are conceived iteratively. It has the feature that heterogeneity (internally) across things can be maintained but need not become confrontational. In a repository, the heuristic advantage is the encapsulation of internal units.«[10]

9 | In diesem Band: S. L. Star/J. R. Griesemer: »Institutionelle Ökologie, ›Übersetzungen‹ und Grenzobjekte«.

10 | S. L. Star: »This Is Not a Boundary Object«, S. 603. »[...] ein Repositorium, die Form eines Komplexes von modularen Dingen annimmt. Dies sind Dinge, die einzeln entfernt werden könnten, ohne dass die Struktur eines Ganzen zusammenbricht oder sich verändert. Eine Bibliothek oder eine Sammlung von Fallstudien – wie in manchen Bereichen der Medizin oder im Talmud – ist z. B. ein Repositorium. Ein Repositorium dieser Art entsteht aus dem Bedürfnis nach einer Zusammenstellung von Dingen, die iterativ erfasst werden. Es weist als Merkmal auf, dass sich die Heterogenität aller Dinge (intern) aufrechterhalten lässt, aber

Eine Sammlung von Einzeldingen, die iterativ zusammengefügt werden können, aber auch einzeln entfernt und addiert werden, ohne die Struktur des Ganzen aufzuheben. Es handelt sich offensichtlich um »Teile« in einer Sammlung. Gibt es auch »Ganze«, die ähnlich modular behandelt werden können, also Sammlungen oder Versammlungen von Ganzen?

Die Kategorie der »sich überlagernden Grenzen« scheint mir ein exaktes Pendant der modularisierten Teile darzustellen, also modularisierte Einzel-Ganze, die iterativ zusammengefügt werden, aber auch einzeln entfernt und addiert werden können, ohne die Struktur der sie umfassenden Assemblagen aufzuheben. Das Beispiel der Grenzverläufe auf einer Karte und ihrer Parameter – etwa die Anordnung nach politischen Grenzen, nach Festland und Gewässern, nach Höhenverläufen, durch Isothermen, die Verbreitung von Flora und Fauna, Bevölkerungsdichten – bleibt nicht nur aufgrund der Bezeichnung der »sich überlagernden Grenzen« die anschaulichste Charakterisierung dieser Eigenschaft. Die Kennzeichnung der sich überlagernden Grenzen verweist darauf, dass mehrere Grenzen ein einziges Territorium kartieren, aber innerhalb der gemeinsamen Grenzmarkierung – z. B. des Staats Kalifornien[11] – verlaufen die einzelnen Karten-Parameter durch Überlappungen und Überlagerungen. Man kann den Grenzverlauf eines Parameters entfernen oder addieren, man kann sogar die ganze Karte auf zwei überlappende Verläufe reduzieren, ohne dass der Charakter einer Karte verschwindet. Durch eine gemeinsame Kartierung wird der kartografisch erfasste Gegenstand in gewissem Sinne ebenfalls ein Grenzobjekt – zumindest schreiben Star und Griesemer anhand ihrer Kategorie der sich überlagernden Grenzen, dass Kalifornien selbst ein Grenzobjekt darstellt – also innerhalb entsprechender kartografischer und topografischer Praktiken (und nicht außerhalb). Und bis zu einem bestimmten Grade wird zwischen den verschiedenen Grenzverläufen einer Karte dabei eine Heterogenität möglich, die nicht zu Inkompatibilitäten führen muss, aber ganz verschiedene Kombinierbarkeiten der verschiedenen Daten ermöglicht. Es handelt sich also um das, was Susan Leigh Star für die Teile von »Repositorien« als unverzichtbare Eigenschaft festhält. Die Kennzeichnung der Einzelteile von Repositorien lässt sich auf diesem Wege auf die »Einzel-Ganzheiten« der sich überlagernden Grenzen übertragen:

> »[A] set of modular wholes. These are wholes that might be individually removed without collapsing or changing the structure of a whole. A map, for example, is a montage of several maps. A boundary object of this sort comes from the need for an assembly of wholes that are conceived iteratively. It has the feature that heterogeneity internally across wholes can be maintained but need not become confrontational. In this kind of boundary object, the heuristic advantage is the encapsulation of internal units.«[12]

---

nicht konfrontativ werden muss. Ein Repositorium besitzt den heuristischen Vorteil des Umschließens innerer Einheiten.« Übersetzung aus diesem Band, S. 215.

11 | Vgl. den Beitrag S. L. Star/J. R. Griesemer: »Institutionelle Ökologie, ›Übersetzungen‹ und Grenzobjekte« in diesem Band.

12 | Frei adaptiert nach Star: »This Is Not a Boundary Object«, S. 603 (E.Sch.). Vgl. Anm. 10 in diesem Beitrag.

Dieser mögliche gemeinsame Nenner in der Charakterisierung von modularisierten Teilen und modularisierten Ganzheiten lässt die Frage entstehen, wie man die Zusammenstellung der vier Typen von Grenzobjekten insgesamt benennen sollte: Bilden die vier Kategorien einen »Haufen«? Oder »überlappen« sie sich wie kartografische Grenzverläufe? Handelt es sich um »Idealtypen«? Aber was heißt das? Überraschenderweise greift Star in »This is not a Boundary Object« erneut auf das Medium der Kartografie zurück, aber diesmal nicht, um die Kategorie der sich überlagernden Grenzen zu kennzeichnen, sondern für die schwierigste Kategorie der Grenzobjekte, die »Idealtypen« *(ideal types)* oder »Platonischen Objekte« *(platonic objects)*. Unter Rekurs auf ein Kapitel aus der Wissenschaftsgeschichte des 19. Jahrhunderts:

»Ferrier had been trying to plot, at the millimeter level of scale, differences in function when he administered electricity to the surface of the monkey's brain. The article is about human brain function. Lacking human subjects (Penfield's famous surgical experiments with epileptics were almost a century later), Ferrier took the expedient step of simply taking the monkey map and transposing the circles marking functional areas directly onto the human brain sketch. Anatomically, this is the functional equivalent of taking a map of the Paris subway and superimposing it on Cleveland, and using it to talk about traveling around Cleveland, reasoning that all large cities essentially have the same sort of transportation infrastructure, just as all mammals, or primates, have the same localization of function in the brain.«[13]

Wenn man die Karte einer Stadt verwendet, um sich in einer ganz anderen Stadt zu orientieren, dann entspricht das der Verwendung von Idealtypen:

»[T]he map did not need to be accurate to be useful. It could serve as the basis for conversation, for sharing data, for pointing to things – without actually demarcating any real territory. It was a good communicative device across, for example, the goal in worlds of clinical and of basic research. Its mediational qualities seemed to be that it ›sat in the middle‹ between different groups, very ill structured or sketchy in the common usage. But when a clinician or physiologist needed a real map, they would take the lineaments of Ferrier's diagram and adjust it to their own needs for surgery or the study of lesions.«[14]

13 | S. L. Star: »This Is Not a Boundary Object«, S. 606: »Ferrier hatte versucht, Unterschiede in der Funktionsweise millimetergenau zu kartieren, als er die Oberfläche des Affenhirns unter Strom setzte. Im oben erwähnten Aufsatz geht es um die Funktionsweise des menschlichen Gehirns. Weil er keine menschlichen Probanden hatte – Penfields berühmte chirurgische Experimente mit Epileptikern fanden erst fast ein Jahrhundert später statt –, behalf Ferrier sich damit, dass er einfach die Karte des Affenhirns nahm und die Funktionsareale markierenden Kreise direkt auf die Skizze des menschlichen Gehirns übertrug. In anatomischer Hinsicht ist dies das Gleiche, als würde man den Plan der Pariser U-Bahn auf Cleveland übertragen, um damit den Verkehr in Cleveland zu erklären – man schlussfolgert also, dass alle großen Städte die gleichartige Verkehrsinfrastruktur haben, genauso wie alle Säugetiere oder Primaten die gleich verorteten Funktionsareale im Gehirn hätten.« Übersetzung aus diesem Band, S. 220.

14 | S. L. Star: »This Is Not a Boundary Object«, S. 608: »[...] die Karte [muss] nicht exakt sein, um nützlich zu sein. Sie konnte als Gesprächsgrundlage dienen, als Basis für den Aus-

Nirgendwo wird die Medialität der Grenzobjekte so sehr betont wie in diesem Beispiel: Das, was ›in der Mitte‹ zwischen verschiedenen Gruppen vermittelt, wird von ihnen je nach den eigenen Bedürfnissen verformt und angepasst. Aber anders als im Falle der sich überlagernden Grenzen nicht, um ein wirkliches Territorium mit seinen Grenzverläufen abzustecken, sondern um gemeinsame Daten und sich über gemeinsame Daten auszutauschen und mit ihrer Hilfe an verschiedenen Orten unterschiedliche Ziele zu verfolgen. Die wesentliche Eigenschaft dieser Kartografie – und der Idealtypen insgesamt – scheint darin zu liegen, überhaupt die Voraussetzung eines gemeinsamen Gegenstands, eines gemeinsamen Phänomenbereichs, einer gemeinsamen Referenz zu pflegen, und zwar so, dass mehrere für die jeweiligen lokalen Zwecke notwendigen Eigenschaften dieses Ganzen vor Ort ergänzt werden können, ohne sich um die Ergänzungen an anderen Orten kümmern zu müssen oder ihnen in die Quere zu kommen.

Diese Kennzeichnung des Idealtyps stellt daher etwas ganz anderes in den Mittelpunkt, als die meisten Charakterisierungen »platonischer Ideen« (auch im Nominalismusstreit) oder theoretischer Idealtypen (im Anschluss an Max Weber):[15] nämlich ihre nicht-übertragbare und nicht-auf-Gegenseitigkeit-beruhende Ergänzungsfähigkeit und Ergänzungsbedürftigkeit. Hier ergibt sich eine überraschende Brücke zum vierten und letzten Grenzobjekt, den *standardized forms* oder »standardisierten Formularen«. Denn hier betont Star einerseits die standardisierte Ergänzbarkeit, die Lücken, durch deren Ausfüllung die Teile eines Formulars ergänzt werden können und müssen und andererseits eine Ergänzbarkeit, die in der Standardisierung nicht vorgesehen ist – aber der Anlass für neue und andere Standardisierungen sein könnte, oder der Anlass, auf die Standardisierung für andere Zwecke zu verzichten:

»[R]esearchers enlisted the families of epileptic patients to record information about seizures on what they called ›fits sheets‹, or printed forms, which had checklists of symptoms, timing, and other data. Family members, poor and afflicted as they all were, tried desperately to comply in the data collection effort. The forms they filled out are moving documents revealing the relations of class and medicine in late nineteenth-century England, penciled in, misspelled, and assiduously brought to the doctor's files. And they tell another story as well: all around the edges of the documents are scribbled messages to the doctor that do not fit the actual form. ›Had too much hot soup yesterday‹. ›Exposed to night air‹. ›Rode alone in carriage‹. A whole folk medicine exists in the side comments – alongside the filled-in forms. However, this wealth of information was discarded as unimportant – lost in

---

tausch von Daten, für das Verweisen auf bestimmte Dinge – ohne dass tatsächlich irgendein reales Areal demarkiert wurde. Die Karte war ein guter kommunikativer Kunstgriff, wenn z. B. die Welten der klinischen und der Grundlagenforschung übergreifend angesprochen werden sollten. Ihre Vermittlungsqualitäten bestanden anscheinend darin, dass sie ›in der Mitte‹ zwischen verschiedenen Gruppen saß, und dabei sehr schlecht strukturiert oder skizzenhaft in der gemeinsamen Nutzung war. Aber wenn Kliniker oder Physiologen eine echte Karte benötigten, würden sie Ferriers Zeichnung ihren eigenen Bedürfnissen für eine Operation oder das Studium von Läsionen anpassen.« Übersetzung aus diesem Band, S. 220.

15 | Vgl. M. Weber: »Die ›Objektivität‹ sozialwissenschaftlicher und sozialpolitischer Erkenntnis«.

the files – even though in a sense the patients were acting as research assistants to the clinicians.«[16]

Rund um jedes Formular und jeden Formularbetrieb gibt es – in jeder Bürokratie, in jeder Wissenschaft, in jeder Klassifizierungstechnik – diese Art von Ergänzungen, die ganz andere Kategorien und mögliche neue Rubriken aufwerfen. Es zeigt sich ein Wechselverhältnis von Rahmung und Überschuss, das der lokalen und kontingenten Ergänzung von Stars Idealtypen entsprechen würde, aber zugleich der offiziellen bürokratischen Ordnung widerspricht. Nicht zu vergessen bleibt, dass auch die *immutable mobiles*[17] nur innerhalb von Formularen gebrauchsfertig werden und in ihrer Praxis ebensolche überschießenden Kommentare und Ergänzungs-Kategorisierungen aufwerfen: alles das, was abgezogen und neutralisiert werden muss, damit die Standardisierung den Austausch der Formate bestimmt.

Formulare bestehen insgesamt aus ergänzbaren Teilen, aus obligatorischen, zugelassenen und ausgeschlossenen Einsetzungen, aber auch aus Ergänzungen, die das Formular zu einem anderen Ganzen machen oder machen würden. In den Idealtypen geht es allem Anschein nach um die Ergänzungsfähigkeit der Vorstellungen eines »Ganzen« oder eines gemeinsamen konzeptuellen »Gegenstands«, und in den »Formularen« um die Ergänzungsbedürftigkeit der Einzelteile und durch Einzelteile. Beide Ergänzungsfähigkeiten bewegen sich jedoch zwischen dem, was über verschiedene Kontexte hinweg konstant gehalten werden kann und muss, und lokalen Adaptionen, die an anderen Orten nicht erscheinen können und nicht erscheinen dürfen.

Was bedeutet das für die Fragen nach einer »Struktur« der Grenzobjekte? Bei einer Sichtung der vier Grenzobjekte kann man feststellen, dass für ihre Kategorisierung zwei große Unterscheidungen ausreichen: die Unterscheidung zwischen Ganzen und Teilen, und die Unterscheidung zwischen Eigenschaften der Modularisierung und der Ergänzungsfähigkeit. Die Unterscheidung zwischen Ganzen und Teilen ist offensichtlich relational, denn jedes modularisierte Ganze – etwa ein Grenzverlauf auf einer Karte – kann wiederum als Teil eines umfassenderen Ganzen zum Teil eines Repositoriums werden. Die Unterscheidung zwischen »Modu-

16 | S. L. Star: »This is Not a Boundary Object«, S. 607 »[D]ie Forscher [verpflichteten] die Familien von epileptischen Patienten dazu, Informationen über Krampfanfälle auf sogenannten ›Anfallblättern‹ festzuhalten – gedruckten Formularen mit Checklisten über Symptome, Zeiten und andere Daten. Die ausnahmslos armen, unglücklichen Familienangehörigen versuchten verzweifelt, dem Auftrag zur Datensammlung nachzukommen. Die Formulare, die sie ausfüllten, sind bewegende Dokumente, die die Zusammenhänge zwischen gesellschaftlicher Klasse und Medizin im England des späten 19. Jahrhunderts offenbaren – mit Bleistift ausgefüllt, voller Rechtschreibfehler und beflissen den Akten des Arztes zugeführt. Und sie erzählen noch eine andere Geschichte. An die Dokumentränder sind Nachrichten an den Arzt gekritzelt, die nicht in das eigentliche Formular passen: ›Hatte gestern zu viel heiße Suppe‹, ›der Nachtluft ausgesetzt‹, ›fuhr allein in Kutsche‹. Eine ganze folkloristische Medizin existiert in den Randbemerkungen – neben den ausgefüllten Formularen. Doch dieser Informationsreichtum wurde als unwichtig abgetan und ging in den Akten unter, obwohl die Patienten in einem gewissen Sinn als Forschungsassistenten für die Klinikärzte handelten.« Übersetzung aus diesem Band, S. 218 f.

17 | Vgl. B. Latour: »Visualisation and Cognition«.

larisierung« und »Ergänzungsfähigkeit« ist ebenfalls relational. Eine Ergänzungsfähigkeit beinhaltet meistens zahlreiche Modularisierungen, z. B. in Formularen, aber die Aufgabenstellungen von Formularen gehen über diese Voraussetzungen oft genug hinaus, und geben daher Anlass zu den von Star angeführten »überschießenden« Kommentierungen und Zweckentfremdungen. Wenn man will, kann man die Beziehung (der Beziehungen) der Grenzobjekte daher gut strukturalistisch in Form einer Matrixtabelle darstellen:

Matrixtabelle: »Die Struktur der Grenzobjekte«

	Teile	Ganze
Ergänzungsfähigkeit	Formulare	Idealtypen
Modularisierung	Repositorien	Gemeinsame Grenzverläufe

Die fremde Stadt

In ihrem letzten Aufsatz hat Susan Leigh Star durch ihre überraschenden Charakterisierungen von drei Grenzobjekten einen Schlüssel für die systematischen Beziehungen aller vier Grenzobjekte gegeben, für ihre Konsistenz und sogar für eine mögliche systematische Vollständigkeit. Die im Titel der »Ill-Structured Solutions« angelegte Beziehung zu Herbert Simons »Ill Structured Problems« wird durch diese Überlegung auf verblüffende Weise bestätigt.[18] Die Zerlegung in modulare Einheiten und der Aufbau aus modularen Einheiten war jahrzehntelang das Leitbild der Künstlichen Intelligenz, und die von der Künstlichen Intelligenz angestrebte Fähigkeit zur Modularisierung wird hier einerseits als Arbeitsgebiet übernommen. Jedoch wird sie zugleich als Variante einer Unterdeterminiertheit behandelt, die jene Unvollständigkeit oder »Undefiniertheit« einschließt, die Herbert Simon nur als schlecht strukturierten Anfangszustand akzeptieren wollte.[19] Auf diese Weise bringt der Begriff des Grenzobjekts zwei Urmotive aus der langen Geschichte der »strukturellen Objektivität« und aus den Theoriedebatten der Nachkriegszeit zu einer unvorhergesehenen Fusion: Die unterdeterminierte Struktur ist für theoretische und gestalterische Zwecke zu bevorzugen, auch für eine Umorientierung der (Verteilten) Künstlichen Intelligenz und ihrer Suche nach modularen Einheiten.

Susan Leigh Star hat allem Anschein nach nicht an die von mir aufgestellte Vollständigkeit und Konsistenz der Grenzobjekte geglaubt, aber ihre Charakterisierungen und ihre Diagramme erlauben es, ihren eigenen Intuitionen und Formulierungen zumindest in medientheoretischer Hinsicht ohne Abstriche zu folgen. Wenn man mehr als die vier Grenzobjekte benennen will, kann man nur verlieren – und zwar nicht, weil real existierende Objekte und insbesondere Medien jeweils einem der vier Typen entsprechen, sondern weil die vier Grenzobjekte vier mediale Eigenschaften kennzeichnen, die in jeder Kooperation ohne Konsens und

18 | Vgl. H. A. Simon: *Models of Discovery and Other Topics in the Methods of Science.*
19 | Ebd.

in jeder Medienpraxis einzeln und durch Mischungen aller Art wirksam werden: die Modularisierung und Ergänzungsfähigkeit von Ganzen und Teilen. Außerdem wirft Stars autobiografisches Statement ein schräges Licht auf die Strukturen des Strukturalismus, sei es europäischer oder amerikanischer Provenienz. »Strukturen« waren Abstraktionen und wurden daher meist durch Diagramme veranschaulicht. Diese Diagramme führten im praktischen Umgang zur »idealtypischen« Versuchung, die Karte einer Stadt zur praktischen Orientierung in einer ganz anderen Stadt zu verwenden. Mit anderen Worten: Die Struktur der Grenzobjekte verweist darauf, dass die Strukturen des Strukturalismus nichts anderes gewesen sind als eben das. Dies ist keine historische Aussage.

Erhard Schüttpelz lehrt Medienwissenschaft an der Universität Siegen.

Literatur

Daston, Lorraine/Galison, Peter: *Objektivität*, Berlin: Suhrkamp 2007.
Edwards, Paul N.: *The Closed World. Computers and the Politics of Discourse in Cold War America*. Cambridge, MA: MIT Press 1997.
Galison, Peter: *Einsteins Uhren und Poincarés Karten: Die Arbeit an der Ordnung der Zeit*, Frankfurt a. M.: Fischer 2003.
Garfinkel, Harold/Warfield Rawls, Anne: *Toward a Sociological Theory of Information*, London: Routledge 2009.
Garfinkel, Harold/Sacks, Harvey: »On Formal Structures of Practical Action«, in: John C. McKinney/Edward A. Tiryakian (Hg.), *Theoretical Sociology*, New York: Appleton-Century-Crofts 1969, S. 338–366.
Jakobson, Roman: »Closing Statement: Linguistics and Poetics«, in: Thomas Albert Sebeok (Hg.), *Style in Language*, New York: Wiley 1960, S. 350–377.
Kay, Lily E.: *Das Buch des Lebens. Wer schrieb den genetischen Code?*, Berlin: Suhrkamp 2005.
Kuhn, Thomas S.: *The Structure of Scientific Revolutions*, Chicago, IL: University of Chicago Press 1970.
Latour, Bruno: »Visualisation and Cognition: Drawing Things Together«, in: Henrika Kuklick/Elizabeth Long (Hg.), *Knowledge and Society: Studies in the Sociology of Culture and Present*, Bd. 6, Greenwich, CT/London: JAI 1986, S. 1–40.
Quine, Willard von Orman: *From a Logical Point of View*, Cambridge, MA: Harvard University Press 1980 [1953].
Schaffer, Simon: »A Manufactory of Ohms: Late Victorian Metrology and Its Instrumentation«, in: Robert Bud/Susan Cozzens (Hg.), *Invisible Connections. Instruments, Institutions and Science*, Bellingham: SPIE 1992, S. 23–56.
Simon, Herbert A.: *Models of Discovery and Other Topics in the Methods of Science*, Boston, MA: D. Reidel Publishing Company 1977.
Star, Susan L.: »This Is Not a Boundary Object. Reflections on the Origin of a Concept«, in: *Science, Technology, & Human Values* 35/5 (2010), S. 601–617. https://doi.org/10.1177/0162243910377624
Weber, Max: »Die ›Objektivität‹ sozialwissenschaftlicher und sozialpolitischer Erkenntnis«, in: Ders., *Gesammelte Aufsätze zur Wissenschaftslehre*, Tübingen: J. C. B. Mohr 1988, S. 146–160.

Marginalität und Arbeit

Macht, Technik und die Phänomenologie von Konventionen

Gegen Zwiebeln allergisch sein (1990/91)

Susan Leigh Star

»Heute las ich über Marie Curie:
Sie muss gewusst haben, dass sie unter Strahlenkrankheit litt
ihr Körper seit Jahren bombardiert von dem Element
das sie geläutert hatte
Es scheint, dass sie bis zum Ende verleugnete
die Quelle der Katarakte in ihren Augen ...
Sie starb als berühmte Frau, die verleugnete
ihre Wunden
verleugnete
dass ihre Wunden derselben Quelle entsprangen wie ihre Kraft.«[1] Adrienne Rich

»Ich will damit wohl sagen, dass an der Universität und in der Wissenschaft die Grenze zwischen Insider und Outsider für mich durchlässig ist. Meist bin ich nicht das eine oder das andere. Fast immer bin ich beides und kann beides dafür nutzen, materielle, intellektuelle und politische Ressourcen zu entwickeln und Insider-Enklaven zu konstruieren, in denen ich leben, lieben, arbeiten und so verantwortungsbewusst sein kann, wie ich es zu sein weiß. Also bin ich wieder bei der Dynamik zwischen Insider und Outsider angelangt und den Stärken, die wir aus ihrer gleichzeitigen Koexistenz gewinnen können, und das überrascht und interessiert mich doch sehr.«[2] Ruth Hubbard/Margaret Randall

»Ist es nicht merkwürdig, dass ausgerechnet das, was gerade dekonstruiert wird – die Schöpfung –, in seiner intakten Form keinen moralischen Anspruch an uns stellt, der genauso hoch ist, wie der der anderen (Krieg, Folter) niedrig ist, dass nicht behauptet wird, der Schöpfungsakt sei z. B. mit Gerechtigkeit verbunden, und zwar so, wie jene anderen Ereignisse mit Ungerechtigkeit verbunden sind, dass nicht behauptet wird, er (der geistige, verbale oder materielle Prozess der Erschaffung der Welt) habe auf zentrale Weise die Beseitigung von Schmerz zur Folge, so wie die Beseitigung der Welt das Zufügen von Schmerz zur Folge hat?«[3] Elaine Scarry

1 | A. Rich: »Power«.

2 | R. Hubbard/M. Randall: *The Shape of Red*, S. 127.

3 | E. Scarry: *The Body in Pain*, S. 22.

Dies ist ein Aufsatz über Macht. Vergleichen wir einmal die folgenden drei Bilder von multiplen Ichs oder »gespaltenen Persönlichkeiten«:

1. *Ein Manager eines großen Unternehmens weist verschiedene Gesichter auf.* Er ist ein Mann mittleren Alters, sympathisch, gebildet, erfolgreich. Für eine Besichtigung der Herstellungsabteilung der Firma setzt er sich einen Schutzhelm auf und geht durch die Halle, wobei er den Jargon der Angestellten benutzt. In einer Vorstandssitzung jongliert er mit Metaphern ebenso wie mit Statistiken und entwickelt eine Vision von der Zukunft des Unternehmens. An den Wochenenden krempelt er die Ärmel hoch und beizt alte Möbel ab und spielt liebevoll mit seinen Kindern, die er die ganze Woche über nicht gesehen hat.
2. *Ein Ich spaltet sich unter Folter.* Das halbwüchsige Mädchen sitzt auf der Couch der Therapeutin – gekleidet, wie eine Prostituierte sich kleiden würde –, und verhält sich schüchtern. Letzte Woche trug sie die Kleidung einer matronenhaften, ziemlich traurigen Sekretärin und trat unter einem anderen Namen auf. Ihre Diagnose: multiple Persönlichkeitsstörung. Die meisten Fälle dieser einst für selten gehaltenen Störung gehen auf schweren Missbrauch, sexuelle oder physische Folter zurück.
3. *Eine lesbische Amerikanerin mexikanischer Herkunft schreibt über ihren weißen Vater.* Die Worte sind schmerzlich, holprig, da sie für Leserinnen geschrieben sind, die ihre Identität darin finden, braun, lesbisch oder feministisch zu sein. Wie in allen politischen Bewegungen ist es einfacher, nach Reinheit statt nach Unreinheit zu streben. Cherríe Moraga schreibt über den Verrat, der paradoxerweise zur Integration eines ›Ichs‹ führt: La Chingada, die mexikanisch-indianische Frau, die mit dem weißen Mann schläft, ihr Volk verrät, ihr Volk bemuttert. Welches Ich ist hier das »reale« Ich?[4]

Bruno Latours eindringlicher Aphorismus »Wissenschaft ist Politik mit anderen Mitteln«, den er im Kontext seiner Darstellung von Pasteurs Imperien bildenden und Fakten schaffenden Unternehmungen geprägt hat, ist in der einen oder anderen Form von den meisten Forschenden in der neuen Wissenschaftssoziologie aufgegriffen worden.[5] Das zentrale Bild von Pasteur ist das des Managers mit vielen Gesichtern: Bauern bringt er Heilung, Statistikern gibt er eine Möglichkeit, Daten zu erklären, Vertretern des öffentlichen Gesundheitswesens verschafft er eine Theorie von Krankheit und Verschmutzung, die sie mit der medizinischen Forschung verbindet. Er ist Bühneninspizient, Öffentlichkeitsarbeiter, Planer hinter den Kulissen. Durch eine Reihe von Übersetzungen ist Pasteur in der Lage, ganz heterogene Interessen zu einem Mini-Imperium zu verknüpfen und damit, wie Latour es formuliert, »die Welt aus den Angeln zu heben«[6].

Da Pasteur eine Vielzahl von Ichs vereinen kann, übt er Macht aus. Und dank Latours Werk und dem Erkunden verwandter Themen wissen wir auch, dass das »Enrolment« von Akteuren nicht nur Armeen von Menschen betrifft, sondern auch Natur und Technologien. Erklärungen und Erkundungen, das *»intéressement«*, reichen bis zur nichtmenschlichen Welt der Mikroben, Kühe und Maschinen. Eine

4 | C. Moraga: *Loving in the War Zone*. Im Original: *La Chingada*.

5 | B. Latour: *The Pasteurization of French Society*.

6 | B. Latour: »Give Me a Laboratory and I Will Raise the World«.

neue Grenze der soziologischen Erklärung wird durch Verknüpfungen zwischen traditionellen Interessen, Politik und den Phänomenen gefunden, die gewöhnlich durch derartige Analysen ignoriert werden: Natur und Technik.

Die Mannigfaltigkeit von Pasteurs Identitäten oder Ichs ist von entscheidender Bedeutung für den Machtcharakter des Netzwerks, von dem er ein so zentraler Teil ist. Doch dies ist nur eine Art von Mannigfaltigkeit, nur eine Art von Macht und nur eine Art von Netzwerk. Seine Macht beruht, wie Latour, Callon und andere gezeigt haben, auf Prozessen der Delegation und Disziplinierung.[7] Dies kann das Delegieren an Maschinen oder an andere Verbündete sein – oft Menschen aus verbündeten Welten, die sich mit dem Akteur zusammentun und die Früchte ihrer Arbeit auch ihm, ihr oder ihnen zuschreiben werden. Und Disziplin heißt, dass diese Delegierten überzeugt oder gezwungen werden, sich Mustern von Aktion und Repräsentation anzupassen. Dies hat wichtige politische Konsequenzen, wie Fujimura schreibt:

»Während Callon und Latour aus philosophischer Perspektive Recht haben könnten, was die konstruierte Dichotomie von Wissenschaft und Gesellschaft betrifft (wobei die eine für das Nichtmenschliche und die andere für das Menschliche steht), sind die Konsequenzen dieser Konstruktion wichtig [...]. Ich möchte die Praktiken, Aktivitäten, Interessen und Trajektorien all der unterschiedlichen Beteiligten - einschließlich der Nicht-Menschen - in wissenschaftlicher Arbeit untersuchen. Im Gegensatz zu Latour bin ich als Soziologin dennoch daran interessiert zu verstehen, warum und wie sich manche menschliche Sichtweisen gegenüber anderen in der Konstruktion von Technologien und Wahrheiten durchsetzen, warum und wie manche menschliche Akteure dem Wollen anderer Akteure zustimmen und warum und wie manche menschliche Akteure sich gegen Rollenzuweisung wehren [...] Ich möchte Partei ergreifen, Stellung beziehen.«[8]

Die beiden anderen Arten von Mannigfaltigkeit, die ich oben erwähnt habe – multiple Persönlichkeit und Marginalität – sind der Ausgangspunkt für feministische und interaktionistische Analysen von Macht und Technologie. Wir werden aus vielfachen Gründen mannigfaltig. Dies reicht von den multiplen Persönlichkeiten, die als Reaktion auf extreme Gewalt und Folter entstehen, bis zur mannigfaltigen Partizipation an vielen sozialen Welten – der Erfahrung, marginal zu sein. Aus eigener Erfahrung und persönlicher Präferenz fangen manche Menschen nicht bei Pasteur an, sondern beim Monster, dem Ausgestoßenen.[9] Unsere Mannigfaltigkeit ist nicht die multiple Persönlichkeit des leitenden Angestellten, sondern die des missbrauchten Kindes, des Halbbluts. Wir sind diejenigen, die die unsichtbare Arbeit leisten, eine Einheit des Handelns angesichts einer Vielfalt von Ichs zu schaffen – sowie gleichzeitig dem Gesicht des Folterers oder des Managers Einheit

---

7 | M. Callon: »Some Elements of a Sociology of Translation«.

8 | J. Fujimura: »On Methods, Ontologies and Representation in the Sociology of Science«.

9 | Monster sind die Verkörperung dessen, was aus dem Ich verbannt ist. Manche feministische Autorinnen haben behauptet, Monster würden oft für die Wildheit stehen, die unter patriarchalischer Vorherrschaft aus Frauen verbannt sei, vielleicht das lesbische Ich, und dass so offenkundig dichotome Paare wie die Schöne und das Biest, King Kong und Fay Wray eigentlich Anschauungen eines gesunden weiblichen Ich seien.

zu verleihen. Wir sind normalerweise die Delegierten, die Disziplinierten.[10] Unsere Ichs sind daher im doppelten Sinn monströse Ichs, Cyborgs, unrein, zum einen im Sinn einer Vereinigung gespaltener Ichs und zum anderen im Sinne von dem, was in Begegnungen mit Technik nicht repräsentiert ist. Diese Erfahrung hat etwas mit Vielstimmigkeit oder Heterogenität zu tun, aber nicht nur. Wir sind zugleich heterogen, gespalten, mannigfaltig – und durch das Leben in mannigfaltigen Welten *ohne* Delegieren verfügen wir über Erfahrung mit einem Ich, das nur durch Handeln, Arbeit und ein Flickwerk kollektiver Biografie einheitlich ist.[11]

Zu diesen Ichs haben wir auf mehrere Weise Zugang:

1. Indem wir jene Bilder des Vorgesetzten im Netzwerk ablehnen, die delegierte Arbeit ausblenden. Das heißt, im Fall von Pasteur oder irgendeinem Manager wird ein Großteil der Arbeit wieder nur der zentralen Gestalt zugeschrieben, womit die Arbeit von Sekretärinnen, Ehefrauen, Labortechnikerinnen und allen Arten von Mitarbeiterinnen getilgt wird. Wenn wir diese unsichtbare Arbeit[12] wiedergewinnen, wird auch ein ganz anderes Netzwerk entdeckt;
2. Indem wir uns weigern, irgendeines unserer Ichs in einem ontologischen Sinn zu verwerfen – indem wir uns weigern zu »passen« oder rein zu werden, und dies bedeutet wiederum:
3. Den Primat *mannigfaltiger Mitgliedschaft* in vielen Welten sofort für alle Akteure in einem Netzwerk zu akzeptieren. Diese *mannigfaltige Marginalität* ist eine Quelle nicht nur von Monstrosität und Unreinheit, sondern von einer Kraft, die umgehend Gewalt widersteht und Heterogenität umfasst. Dies ist in der stärksten Form ein kollektiver Widerstand, der auf der Prämisse basiert, dass das Persönliche politisch ist. All diese Weisen des Zugangs setzen voraus, dass wir zuhören, statt im Namen von etwas zu sprechen. Dies bedeutet oft, dass wir eine Übersetzung *verweigern* – wir bleiben unbequem, sind aber zufrieden mit dem, was für uns wild ist.

Wissenschaftsforschung als Hintergrund

In der letzten Zeit befassen sich eine Reihe von Auseinandersetzungen in der Techniksoziologie mit dem Wesen der Beziehung zwischen Menschen und Maschinen, dem Menschlichen und dem Nichtmenschlichen.[13] Manche konzentrieren sich auf die Trennung zwischen ihnen: Wo sollte sie verlaufen? Über genau diese Frage

10 | Es gibt viele spezielle Kurse, in denen leitenden Angestellten beigebracht werden soll, wie sie Dinge an ihre Sekretärinnen und andere Mitarbeiter unter ihnen in der formellen Hierarchie delegieren. Traditionellerweise und noch immer überwiegend ist dies ein Delegieren von Männern an Frauen.

11 | Zu letzterem Punkt siehe J. Fujimura: »On Methods, Ontologies and Representation in the Sociology of Science« und A. Strauss: *Mirrors and Masks*.

12 | S. L. Star: »The Sociology of the Invisible«; S. Shapin: »The Invisible Technician« und A. K. Daniels: *Invisible Careers*.

13 | Siehe B. Latour: »Mixing Humans and Non-Humans Together« und M. Callon: »Some Elements of a Sociology of Translation«.

gibt es z. B. einen erbitterten Streit zwischen mehreren britischen und französischen Soziologen. Die britischen Soziologen behaupten, es müsse eine moralische Trennung zwischen Menschen und Maschinen geben, und diese gebe es auch. Versuche, sie zu unterlaufen, seien entmenschlichend. Sie würden uns in einen primitiven Realismus von der Art, wie wir ihn vor der Wissenschaftsforschung hatten, zurückfallen lassen. Die Franzosen wiederum sind gegen »große Trennungen« und streben nach einem heuristischen Einebnen der Unterschiede zwischen Menschen und Maschinen, um die Art und Weise zu verstehen, wie die Dinge zusammenwirken. Diese Dinge durchbrechen oft konventionelle Grenzen. Eine dritte Richtung, die ich vage amerikanischer Feminismus nennen werde, behauptet, dass Menschen und Maschinen in einem dicht geschichteten Raum koextensiv seien, und dass die Stimmen derer, die unter dem Missbrauch technologischer Macht leiden, in analytischer Hinsicht zu den stärksten gehören. Eine vierte Richtung, die europäische und amerikanische Phänomenologie oder Ethnomethodologie, behauptet, dass die Technik eine Chance sei, die dynamische Konstitution und Rekonstitution des Selbstverständnises – von sozialer Ordnung, von Bedeutung und Routinen – zu verstehen, und dass die reflexive Analyse von Technik absoluten Vorrang habe.[14]

Inmitten dieser Auseinandersetzungen habe ich mich gefragt: »Was ist Technik?« oder auch: »Was ist ein Mensch?« Aufgrund der oben erwähnten Diskussionen bewegen wir uns heutzutage in der Wissenschaftsforschung und Techniksoziologie in einer sehr interessanten Landschaft. Da gibt es Cyborgs, fast lebendige Türen, Fahrräder und Computer, »Unterhaltungen« mit Tieren und Objekten, ein Reden, das sich ganz ökologisch und grün, wenn nicht ausgesprochen heidnisch anhört, über das Kontinuum von Leben und Wissen, ein Reden, das Türen zu Themen wie Subjektivität, Reflexivität, Vielstimmigkeit, nichtrationale Wissensmöglichkeiten öffnet. Auf dem Gebiet der Politik sind die Dinge kaum weniger lebendig. Einerseits werden Technikkritiker als Ludditen abgestempelt und von denen vernichtend attackiert, die modernste Technik entwickeln. Andererseits malen sich utopische Fürsprecher neuer Systeme globalen Frieden durch Informationstechnologie, Genkartierungen oder Cyberspacesimulationen aus. Eine dritte Seite beschwört Visionen von technoökologischen Katastrophen, Unfällen außer Kontrolle, einer Welt von zunehmend entfremdeter Arbeit, in der Computer Diener einer Managementklasse seien. Gleichzeitig verwischen Vertreter aller Seiten der hitzigen Diskussion Genres (z. B. Fiktion und Wissenschaft), Disziplinen oder vertraute Grenzen.

Wissenschaftssoziologen[15] haben zur Entstehung dieser Landschaft beigetragen, indem sie die größte heilige Kuh unserer Zeit ketzerisch in Frage gestellt haben: die Wahrhaftigkeit der Wissenschaft, als sei sie von Natur aus gegeben, die Zwangsläufigkeit wissenschaftlicher Befunde, ihre monolithischen Stimmen. Selbst wenn sie die Wissenschaft wegen Voreingenommenheiten im Hinblick auf Geschlecht, Ethnie (*race*) oder Militarismus heftig kritisierten, hatten sich Wissenschaftskritiker zuvor nicht gerade weit in dieses Territorium vorgewagt. Eine frühe,

14 | Mehrere dieser Aufsätze erschienen in A. Pickering (Hg.): *Science as Practice and Culture*.

15 | Zusammen u. a. mit antirassistischen Theoretikern, Autoren der dritten Welt, die über das Dezentrieren schrieben, Dekonstruktivisten, Literaturtheoretikern, feministischen Aktivistinnen und Theoretikerinnen sowie kritischen Anthropologen.

wenn auch oft indirekte Botschaft der Wissenschaftskritik hatte gelautet, dass eine richtig handelnde Wissenschaft nicht voreingenommen wäre. Doch die Botschaft der Wissenschaftssoziologie lautet beharrlich: umstritten ist gerade das »richtige Handeln«. Einige Personen stellen die Frage, ob das Betreiben von Wissenschaft überhaupt richtiges Handeln konstituieren könne oder ob das gesamte Unternehmen nicht zwangsläufig fehlerhaft sei – doch das sind nur relativ wenige Leute, zu denen Sal Restivo und Carolyn Merchant gehören.[16]

Hinsichtlich der Beschaffenheit von Politik mit anderen Mitteln in der Wissenschaft besteht viel Uneinigkeit in der Wissenschaftsforschung, sowohl beim Beschreiben wie beim Vorschreiben. Wir erkennen zwar, dass wir beim Reden über die zentralen modernen wissenschaftlichen und technischen Institutionen von moralischer und politischer Ordnung sprechen.[17] Aber haben wir eine grundlegend neue Analyse dieser Ordnung (oder dieser Ordnungen)? Sind Wissenschaft und Technik anders? Oder sind sie bloß neue, interessante Objekte für die Sozialwissenschaft?

Da nur wenige von uns daran interessiert sind, einer existierenden Analyse nur eine weitere Variable hinzuzufügen, würden die meisten Wissenschaftssoziologen behaupten, dass Wissenschaft und Technik tatsächlich etwas Einzigartiges darstellen.[18] Dazu gehören auch die Vorstellungen, dass:

- Wissenschaft das am meisten naturalisierte Phänomen sei, weil sie dazu beitrage, unsere tiefgründigsten Annahmen über das für selbstverständlich Gehaltene zu formen,
- Technik, Wissen, Informationen, Allianzen und Aktionen in Blackboxes erstarren lasse, wo sie auf bislang unbekannte Weise als Teil soziotechnischer Netzwerke unsichtbar, transportabel und mächtig werden,
- die bisherige Sozialwissenschaft sich überwiegend auf Menschen konzentriert und damit die wirkmächtige Präsenz, die Auswirkungen und den heuristischen Wert von Technologien beim Problemlösen und in der moralischen Ordnung ignoriert habe,
- Wissenschaft als Ideologie viele andere Tätigkeiten in einem Metasinn legitimiere und damit eine komplexe, eingebettete Autorität für Rationalisierung, Sexismus, Rassismus, wirtschaftliches Konkurrenzdenken, Klassifizierung und Quantifizierung werde,
- Technik eine Art sozialer Klebstoff, ein Speicher für Erinnerung, Kommunikation, Inskription, Aktanten sei und somit eine besondere Position in dem Netz von Aktionen innehabe, das die soziale Ordnung konstituiere.

In der Wissenschaftsforschung herrscht aber auch das hartnäckige Gefühl vor, dass insbesondere die Technik für Sozialwissenschaftler eine terra incognita sei, vielleicht aufgrund des Mythos der »zwei Kulturen« – von denen, die an Maschinen arbeiten, gegenüber denen, die Menschen studieren oder mit ihnen arbeiten.

16 | S. Restivo: »Modern Science as a Social Problem« und C. Merchant: *The Death of Nature*.

17 | A. Clarke: »A Social Worlds Research Adventure«.

18 | Siehe zur Kritik S. Woolgar: »The Turn to Technology in Science Studies«.

Macht in den gegenwärtigen Problemen der Techniksoziologie

Dieses Gespür für ein neues Gebiet und einen einzigartigen Komplex von Problemen hat eine Reihe historischer Rekonstruktionen ausgelöst, wobei die Beteiligung von Wissenschaftlerinnen, Technologien, verschiedenen Geräten und Instrumenten ins Narrativ aufgenommen wird. Viele Wissenschaftssoziologen behaupten, die Berücksichtigung dieser neuen Akteure ergebe eine neue, vollständigere Analyse von Handlung. Die Idee von der »Politik mit anderen Mitteln« wird dadurch betont, dass man sich ansieht, wie traditionelle Machttaktiken wie Unternehmertum oder Rekrutierung durch neue Aktivitäten gefördert werden. Dazu gehört das Errichten von Blackboxes oder das Übersetzen der Begriffe eines Problems aus der Wissenschaftssprache in eine andere Sprache oder in einen Komplex von Anliegen.

Um es mit Latour und Callon zu formulieren, ist Letzteres die Macht des *intéressement* – der Prozess des Übersetzens der Bilder und Anliegen einer Welt in die einer anderen und dann des Disziplinierens oder Bewahrens dieser Übersetzung, um ein machtvolles Netzwerk zu stabilisieren. Die Netzwerke umfassen Menschen, die gebaute Umgebung, Tiere und Pflanzen, Zeichen und Symbole, Inskriptionen und alle möglichen anderen Dinge. Sie vermeiden bewusst Trennungen wie die zwischen menschlich und nichtmenschlich sowie zwischen Technik und Gesellschaft.

Ein anderer Diskurs über »Politik mit anderen Mitteln« betrifft Gruppen, die traditionell auf irgendeine Weise enteignet oder unterdrückt sind: ethnische Minderheiten, Frauen aller Hautfarben, die Alten, die körperlich Behinderten, die Armen. Hier handelt der Diskurs traditionellerweise vom Zugang zur Technik oder von den (oft unterschiedlichen) Auswirkungen auf eine bestimmte Gruppe. Einige Beispiele beinhalten sexistisches Design und die Auswirkung von Reproduktionstechnologien; der fehlende Zugang zu modernen Informationstechnologien für die Armen, wodurch die Klassenunterschiede weiter vertieft werden; die rassistischen und sexistischen Beschäftigungspraktiken von Computerchipherstellern; sowie Probleme des Ersetzens von qualifizierten Arbeitskräften durch unqualifizierte, die im Zusammenhang mit der Automatisierung auftreten.

Manche Autoren auf dem Gebiet der Wissenschaftsforschung haben damit begonnen, diese beiden Anliegen zusammenzubringen, während andere damit begonnen haben, sie in einer erbitterten Auseinandersetzung zu trennen.[19] Von einem Blickwinkel aus betrachtet werden in Diskussionen über Rassismus und Sexismus verdinglichte Begriffe verwendet, um die müde alte Sozialtheorie zu manipulieren, was zu nichts Gutem führt außer zu Schuldbewusstsein und Langeweile. Von einem anderen Blickwinkel aus, dem der politischen Ordnung, wie sie in der Akteur-Netzwerk-Theorie oder in Schilderungen der Erschaffung wissenschaftlicher Fakten beschrieben wird, beschreiben diese Diskussionen eine Ordnung, die militant, konkurrierend und für den Blickwinkel der Sieger (oder des Managements) voreingenommen ist. Doch beide sind sich darin einig, dass es wichtige gemeinsame Themen gibt, um die Blackboxes von Wissenschaft und Technik zu öffnen, zuvor unsichtbare Arbeit zu untersuchen und insbesondere zu versuchen, mehr als einen Blickwinkel in einem Netzwerk darzustellen. Wir wissen zwar, wie der Prozess der Übersetzung vom Blickwinkel des Wissenschaftlers aus zu disku-

19 | Siehe z. B. P. Scott: »Levers and Counterweights«.

tieren ist, aber viel weniger von dem der Labortechnikerinnen und noch weniger von dem des Laborhausmeisters aus. Im Prinzip besteht aber Einigkeit darüber, dass alle Blickwinkel wichtig sind. So hat die eine Seite den Verdacht, dass solche Auslassungen nicht zufällig sind, und die andere, dass sie die Angemessenheit des verfügbaren Materials widerspiegeln, aber im Prinzip keine analytischen Barrieren darstellen.

Dieser Aufsatz versucht, einige Werkzeuge zu liefern, die hoffentlich für mehrere dieser Diskurse nützlich sind und vielleicht auch einige Möglichkeiten aufzuzeigen, wie die Technik einige der ältesten Probleme in den Sozialwissenschaften neu beleuchtet. Ich kann zwei Ansatzpunkte erkennen, wie dies zu bewältigen ist. Das sind erstens das Problem der Standards und ihrer Beziehung zur unsichtbaren Arbeit und zweitens das Problem der Identität und ihrer Beziehung zur Marginalität.

Wenn man den Standpunkt vertritt, dass in einer Netzwerkanalyse jede Perspektive wichtig ist, sind damit viele Herausforderungen verbunden. Eine besteht schlicht im Finden von Ressourcen, um mehr Arbeit für traditionell unterrepräsentierte Perspektiven aufwenden zu können.[20] Eine andere betrifft das Nutzen von Mannigfaltigkeit als Ausgangspunkt für jede Analyse, statt einem im Wesentlichen monolithischen Modell weitere Perspektiven hinzuzufügen. Und wieder eine andere ist methodologischer Natur: Wie soll man die tiefen Heterogenitäten, die in jeder Gegenüberstellung, in jedem Netzwerk auftreten, modellhaft darstellen (geschweige denn, sie zu übersetzen oder für sie eine universale Sprache zu finden)?[21] Dieses methodologische Problem ist in vielen Disziplinen brandaktuell, vor allem in der Wissenschaftsforschung, aber auch in Organisationsforschung, Informatik – insbesondere bezüglich Verteilter Künstlicher Intelligenz und Verbundsdatenbanken – und Literaturtheorie.

Dieser Aufsatz spricht den zweiten Punkt an, nämlich wie man Mannigfaltigkeit zum vorrangigen Ausgangspunkt für einige der Machtfragen machen kann, wie sie heute in der Wissenschaftsforschung auftauchen. Das folgende Beispiel veranschaulicht einige häufige Aspekte der Probleme von Standards und unsichtbarer Arbeit.

Gegen Zwiebeln allergisch sein

Ich bin allergisch gegen Zwiebeln, die roh oder nur teilweise gar sind. Selbst wenn ich nur eine kleine Menge davon esse, bekomme ich Magenschmerzen und mir wird übel, manchmal stundenlang. Im Grunde genommen ist dies nur eine ganz unbedeutende Beeinträchtigung. Doch gerade weil sie so unbedeutend ist, aber mein Leben so beherrscht, ist sie ein guter Aufhänger dafür, einige der kleinen, verteilten Gemeinkosten zu verstehen, die mit der Art verbunden sind, wie Individuen, Organisationen und standardisierte Technologien aufeinandertreffen.

20 | Siehe z. B. S. Shapin: »The Invisible Technician«; S. L. Star: »The Sociology of the Invisible« und A. Clarke/J. Fujimura: *The Right Tools for the Job in Twentieth Century Life Sciences*.

21 | S. L. Star/J. R. Griesemer: »Institutional Ecology, ›Translations‹, and Coherence«; S. L. Star: »The Structure of Ill-Structured Solutions«; M. Callon: »Some Elements of a Sociology of Translation« und »Techno-Economic Networks and Irreversibility«.

Der Fall McDonald's

»Die Teilnahme an den Ritualen von McDonald's geht mit einer zeitweiligen Unterordnung individueller Unterschiede in einer sozialen und kulturellen Gesamtheit einher. Wenn wir bei McDonald's essen, kommunizieren wir nicht nur, dass wir hungrig sind, Hamburger mögen und einen preiswerten Geschmack haben, sondern dass wir auch bereit sind, uns an ein Wertesystem und eine Reihe von Verhaltensweisen zu halten, die von einer äußeren Einheit diktiert werden. In einem Land von enormer ethnischer, sozialer, ökonomischer und religiöser Vielfalt erklären wir, dass wir etwas mit Millionen anderer Amerikaner teilen.«[22]
Conrad P. Kottak

An einem Nachmittag vor mehreren Jahren hatte ich nur noch wenig Zeit vor einem Arbeitstreffen. Als ich in der Nähe des Sitzungsorts eine McDonald's-Filiale erspähte, eilte ich hinein und bestellte einen Hamburger, wobei mir in letzter Minute einfiel hinzuzufügen: »Ohne Zwiebeln!« (Seit ich die Zwiebelallergie habe, hatte ich nicht mehr bei McDonald's gegessen.) Eine Dreiviertelstunde später ging ich mit meinem Imbiss hinaus, während um mich herum die Leute blitzschnell bedient wurden. Inzwischen war ich absolut spät dran und wütend, dachte aber nicht weiter über die Situation nach, sondern war einfach sauer. Etliche Monate später war ich wieder mit einer Gruppe zusammen, und wir beschlossen, uns bei einem anderen McDonald's ein paar Hamburger zu besorgen. Mein damaliges Erlebnis bei McDonald's hatte ich längst vergessen. Alle bestellten ihre verschiedenen Essenskombinationen, und als ich an der Reihe war, wiederholte ich mein übliches »Hamburger ohne Zwiebeln«. Wieder verging eine halbe Stunde, meine Begleiter hatten ihren Lunch längst beendet, als mir die Frau an der Kasse unter vielen Entschuldigungen meinen Hamburger aushändigte. Diesmal wurde mir die Situation klar.

Aha, sagte ich mir, jetzt hab ich's kapiert. Sie kommen einfach nicht mit etwas klar, das vom Normalen abweicht. Und genauso war es. Als ich wieder mal in ein Fastfood-Restaurant ging, bestellte ich zusammen mit allen anderen, ließ den Zusatz wegen der Zwiebeln weg, nahm mir ein weiteres Plastikmesser vom Tresen mit und entfernte die störenden Zwiebeln. Das beschleunigte den ganzen Prozess erheblich.

Die merkwürdig robuste Ungläubigkeit von Bedienungen

Ich bin viel auf Reisen. Ich gehe auch viel aus zum Essen. Und ich kann mit einiger Sicherheit feststellen, dass eines der robusteren kulturenübergreifenden, ja, klassen- und länderübergreifenden Phänomene eine merkwürdige Abneigung bei Bedienungen ist, mir zu glauben, dass ich allergisch gegen Zwiebeln bin. Wenn ich nicht gerade so extrem weit gehe und entschieden erkläre: »Ich will keine Zwiebel auf dem Teller, neben dem Teller, im Teller oder gar um das Essen herumlauernd«, werde ich eine Zwiebel bekommen, wo ich keine bestellt habe (etwa vier von fünf Malen), und zwar in Restaurants jeder Art und auf jedem Qualitätsniveau, auf der ganzen Welt.

22 | C. Kottak: »Rituals at McDonald's«, S. 82.

Die Kosten der Überwachung

In meinem Fall werden die Kosten der Überwachung wegen der Zwiebeln ausschließlich von mir getragen (oder gelegentlich von Bescheid wissenden Essenspartnerinnen oder Gastgeberinnen). Im Unterschied zu Menschen, die salzfrei, koscher oder vegetarisch essen, gibt es keine erkennbare Konsumnachfrage für Menschen, die allergisch gegen Zwiebeln sind. Also verbrachte ich die Hälfte meiner Mahlzeit damit, kleine Streifen aus dem Essen herauszupicken oder den Teller genau zu untersuchen – ein Umstand, der wahrscheinlich peinlich wäre, wenn ich mich inzwischen nicht daran gewöhnt hätte.

Menschen mit einer unsichtbaren, ungewöhnlichen oder stigmatisierten Störung, die besondere Aufmerksamkeit erfordert, werden sich hoffentlich in diesen Anekdoten wiedererkennen. Wenn die Hälfte der Bevölkerung allergisch gegen Zwiebeln wäre, wären zweifellos einige institutionalisierte Prozesse entwickelt worden, sie an öffentlichen Orten des Verzehrs anzuzeigen, als Option anzubieten oder von ihnen zu verbannen. Beim derzeitigen Stand der Dinge wären solche Maßnahmen natürlich albern. Aber die sichtbare Gegenwart von Herzpatienten, älteren Menschen, Vegetariern, orthodoxen Juden und so weiter hat viele Restaurants, Fluglinien und institutionelle Nahrungsversorger dazu bewogen, Nahrung nach den Bedürfnissen dieser wichtigen Kundenkreise zu kennzeichnen, zu regulieren und zu servieren.

Wenn ein Artefakt oder Ereignis sich so wandelt, dass es nicht mehr als neutral, sondern als kenntlich gemachtes Objekt gilt, können sich menschliche Begegnungen mit den darin eingebetteten Techniken ihrem Wesen nach verändern. Dies beinhaltet einen allmählichen oder einen stärkeren Marktwandel, z. B. im Fall barrierefreier Architekturen für Menschen im Rollstuhl oder im Einsatz von Gebärdensprache für die Abendnachrichten. Hier zeigt sich Politik in Verbindung mit Technik und technologischen Netzwerken. Eine solche Politik trägt dann ein Etikett wie »behindertengerecht«, »Reproduktionstechnologien«, »Sonderpädagogik« oder gar »teilhabeorientiertes Design«.

Aber die Schilder, die solche Aufschriften tragen, sind trügerisch. Sie vermitteln den Anschein, als ginge es der Technik darum, die erschöpfende Suche nach »besonderen Bedürfnissen« so weit auszudehnen, bis alles maßgeschneidert oder kundengerecht sei – die Chimäre der unendlichen Flexibilität, besonders in wissensbasierten Technologien, ist mächtig.

In doppelter Hinsicht kann diese Illusion gefährlich sein. Zum einen sind da die Probleme mit Dingen wie Zwiebeln: Es gibt immer Fehlanpassungen zwischen standardisierten oder konventionellen Techniken und den Bedürfnissen von Individuen.[23] Im Fall von McDonald's, einem hoch standardisierten Franchiseunternehmen, können Veränderungen nur dann erfolgen, wenn Marktnischen oder Verbrauchergruppen entstehen, die groß genug sind, um sich auf die vom Konzern praktizierte wirtschaftliche Massenproduktion auszuwirken. Wenn also Diäthalterinnen und Kalifornierinnen ausreichende Marktanteile besetzen, damit sich das bemerkbar macht, werden bei McDonald's Salatbars eingerichtet – hingegen sind zwiebellose Hauptgerichte weniger wahrscheinlich. Selbst dort, wo es keine

23 | S. L. Star: »Layered Space, Formal Representations and Long-Distance Control« geht darauf im Zusammenhang mit der Entwicklung von Hochtechnologie ein.

hoch standardisierten Produktionstechniken gibt (in den meisten Restaurants z. B.), kann ein ähnliches Phänomen im Fall hoch konventionalisierter Tätigkeiten auftreten – daher geben Köche und Bedienungen automatisch Zwiebeln auf den Teller, weil die meisten Leute sie essen. Es ist leichter, mit nicht standardisierten Produzenten individuell zu verhandeln, aber nicht garantiert. Die Verlockung der Flexibilität kann gefährlich werden, wenn in Bezug auf jedes Phänomen Universalität beansprucht wird. McDonald's scheint eine normale, universale, allgegenwärtige Restaurantkette zu sein – es sei denn, Sie sind Vegetarierin, auf einer salzlosen Diät, essen koscher, Biokost, haben Divertikulose (wobei die Sesamsamen auf den Brötchen gefährlich für ihre Verdauung sein können), sind ans Haus gefesselt, zu arm, um überhaupt auswärts essen gehen zu können – oder allergisch gegen Zwiebeln.

Die zweite Illusion im Hinblick auf vollkommene Flexibilität ist ein wenig abstrakter und betrifft nicht so sehr die Ausschließung von einer standardisierten Form, sondern die Art und Weise, wie die Zugehörigkeit zu mannigfaltigen sozialen Welten mit standardisierten Formen interagieren kann. Nehmen wir einmal an, McDonald's würde eine Technik entwickeln, dank derer es vegetarische Gerichte anbietet, Salz optional macht, eine an jede Filiale angeschlossene koschere Küche hat, sich aus eigenen Biobauernhöfen versorgt, ein Essen-auf-Rädern-Programm sowie eine kostenlose Armenküche betreibt und alle modularen Wahlmöglichkeiten anbietet, welche Zutaten hinzugefügt oder weggelassen werden. Von dem Tag an würde ich der Liga zum Schutz kleiner Familienbetriebe beitreten und würde, immun gegen die Verlockungen von McDonald's, keine ihrer Filialen mehr betreten. Ich habe nämlich ein Ich hinzugefügt, für das McDonald's blind ist, das sich aber auf meinen Umgang mit ihnen auswirkt.

Wir haben in der Techniksoziologie einige Wahlmöglichkeiten, wie wir diese Phänomene konzeptualisieren, die offenkundig exemplarisch für viele Formen von technischer Veränderung sind. Zunächst entscheiden wir darüber, was erklärt werden soll. Es stimmt, dass McDonald's-Filialen an erstaunlich vielen Orten anzutreffen sind – sie sind sogar erfolgreicher als Pasteur in der »Politik mit anderen Mitteln«, sofern Ausdehnung und sichtbare Präsenz gute Maßstäbe sind. Ist dies das zu erklärende Phänomen – das Enrolment und das *intéressement* von Essmustern, Franchisemarketing, Arbeitsreservepolitik, Standardisierung und ihre Ökonomie? Es stimmt auch, dass McDonald's im Akt des Standardisierens seines Imperiums eine Reihe von Kunden ausklammert, wie wir gerade erörtert haben. Sollte dies das untersuchte Phänomen sein: die Erfahrung, ein Nicht-Nutzer von McDonald's zu sein, ein Gegner oder gar ein Ausgestoßener von McDonald's? Um es mit den Worten des Techniksoziologen John Law und denen von McDonald's zu formulieren:

»Insbesondere die Marketingabteilung von McDonald's befragt ihre Kunden nach einer Reihe von Kriterien, um zu erfahren, wie sie ihren Restaurantaufenthalt erlebt haben: Zweckmäßigkeit, Wert, Qualität, Sauberkeit und Service [...] Diese Kriterien sind keineswegs ›natürlich‹ oder unumgänglich. Vielmehr müssen sie als kulturelle Konstrukte verstanden werden. Der Gedanke, Essen müsse schnell, billig oder zweckmäßig sein, wäre beispielsweise für gewisse Teile der französischen Mittelschicht ein Gräuel [...] All diese Gründe, die dafür sprechen, bei McDonald's zu essen, könnten in einer anderen Kultur genauso gut Gründe dagegen sein, dort zu essen.«[24]

24 | J. Law: »How Much of Society Can the Sociologist Digest at One Sitting?«, S. 184.

Wir haben es hier mit zwei Phänomenen zu tun, und bei beiden fehlt ein Aspekt der Transformation, wie er sehr gut von Semiotikern in Diskussionen über rhizomatische Metaphern, das Äußere markierter und unmarkierter Kategorien – das der Analyse von innen *oder* von außen widersteht – erfasst worden ist.[25] In diesem Fall heißt das, dass Sie mit der *Tatsache* McDonald's leben müssen, egal, wo Sie auf der Skala der Teilhabe stehen – da Sie in einer Landschaft mit seiner Präsenz leben, in einer Stadt, die von ihr verändert wird, oder draußen auf dem Land, wo Sie zumindest an ihr vorbeifahren und das Rot und Gold gegen das Grün der Bäume sehen, die Werbung im Radio hören oder ihre Kinder die Jingles mitsummen.

Die Stärke der feministischen Analyse ist es, von der Erfahrung, Nicht-Nutzer, Außenseiter oder Ausgestoßene zu sein, zur Analyse der Tatsache McDonald's (und im weiteren Sinne vieler anderer Techniken) überzugehen – und implizit zu der Tatsache, dass »es auch anders gewesen sein könnte«[26] – die Präsenz solcher Filialunternehmen ist weder notwendig noch unvermeidlich. Wir können solche Erfahrungen mit den Augen von Fremden betrachten. Und ebenso ist es die Stärke der Akteur-Netzwerk-Theorie, von der Errichtung des Imperiums McDonald's (und im weiteren Sinne vieler anderer Techniken) und von der damit verbundenen ungeheuren Menge von Enrolment, Übersetzung und *intéressement* zu der Tatsache überzugehen, dass »es auch anders gewesen sein könnte«. Keine derartige Wissenschaft oder Technik ist notwendig oder unvermeidlich, alle Konstruktionen sind historisch gesehen zufällig, egal, wie stabilisiert sie sein mögen.

Eine eindrucksvolle Möglichkeit, wie diese beiden Herangehensweisen verbunden werden können, besteht in der Verknüpfung des Ausgangspunkts des »Nicht-Nutzers« mit dem Übersetzungsmodell, was zu der Perspektive dessen zurückführt, das nicht übersetzt werden kann: das Monströse, das Andere, das Wilde. Und damit sind wir wieder bei John Laws Feststellung angelangt, auf welche Art und Weise McDonald's das Enrolment von Kunden vornimmt:

»Es erzeugt Klassen von Konsumenten, stellt die Theorie auf, dass sie gewisse Interessen haben, und baut auf diesen Interessen auf oder leitet sie geringfügig um, um Angehörige dieser Gruppe jeden Tag oder jede Woche für ein paar Minuten einzuschreiben. Und das tut es Gruppe für Gruppe, Interesse für Interesse auf ganz besondere Art und Weise [...] Handeln wird demzufolge nicht durch die abstrakte Macht der Wörter und Bilder in der Werbung ausgelöst, sondern vielmehr durch die Art und Weise, wie diese Wörter und Bilder vom Unternehmen in die Praxis umgesetzt und dann im Licht der (mutmaßlichen) Interessen der Hörer und Betrachter interpretiert werden. Werbung und Enrolment funktionieren, wenn die von den Werbetreibenden vorausgesetzte Theorie praktischer Interessen umsetzbar ist.«[27]

Law setzt sich daraufhin mit der Art und Weise auseinander, wie McDonald's Herrschaft mit anderen Unternehmen teilt, die Menschenleben zu ordnen suchen, so-

25 | Anm. d. Hg.: Star spielt hier auf Gilles Deleuze und Félix Guattari an. Vgl. zur Klassifikation und ihren Grenzen auch das Kapitel 10 von *Sorting Things Out*, G. C. Bowker/S. L. Star: »Warum Klassifikationen zählen«.

26 | Ein methodologisches Machtwort von Everett Hughes (*The Sociological Eye*).

27 | J. Law: »How Much of Society Can the Sociologist Digest at One Sitting?«, S. 189.

wie mit koexistierenden Ordnungsprinzipien, die tatsächlich Menschenleben klassifizieren.

Aber wir wollen nicht von dem ausgehen, was McDonald's klassifiziert, nicht einmal von dem zeitlich gesehen kurzen, aber geografisch umfassenden Geltungsbereich, über den es mit anderen Institutionen verfügt, noch von den Marktnischen, die es (noch?) nicht besetzt. Uns interessiert vielmehr das Entfernen der Zwiebeln, das Ich, das sich gerade der Gruppe zur Erhaltung kleiner Familienunternehmen angeschlossen hat, das *bislang Unetikettierte*. Dies sind nicht die Entrechteten,[28] die an irgendeinem Punkt als »Zielgruppe« angesprochen werden, und auch nicht als residuale Kategorie, die von den gegenwärtigen Marketingtaxonomien nicht abgedeckt wird. Diese sind das, was sich permanent entzieht und widersetzt, aber gleichwohl in Beziehung zum Standardisierten steht. Das ist nicht Nonkonformität, sondern Heterogenität. Oder um es mit Donna Haraway zu formulieren: Dies ist das Cyborg-Ich.

»Der Cyborg hat sich entschieden der Parteilichkeit, der Ironie, der Intimität und der Perversität verschrieben. Er ist oppositionell, utopisch und vollkommen ohne Unschuld. Nicht mehr durch die Polarität von öffentlich und privat strukturiert, definiert der Cyborg eine technische Polis, die teilweise auf einer Revolution der sozialen Beziehungen im *Oikos*, dem Haushalt, basiert. Natur und Kultur werden neu erfunden – die eine darf nicht mehr die Quelle für Inbesitznahme oder Einverleibung durch die andere sein.«[29]

In gewissem Sinn ist ein Cyborg die Beziehung zwischen standardisierten Techniken und lokaler Erfahrung – das, was zwischen den Kategorien und doch in Beziehung zu ihnen steht.

Standards/Konventionen und ihre Beziehung zu unsichtbarer Arbeit: heterogene »Externalitäten«

»Für andere zu sprechen heißt, zuerst jene zum Schweigen zu bringen, in deren Namen wir sprechen.«[30]
Michel Callon

Die Netzwerktheorie hat ein Problem damit zu verstehen, wie Netzwerke über einen längeren Zeitraum stabilisiert werden. Michel Callon hat sich mit diesem Problem 1991 in seinem Aufsatz »Techno-Economic Networks and Irreversibility« befasst.[31] In großen Netzwerken gibt es einige irreversible Veränderungen, egal, welchen ontologischen Status sie haben. So ist beispielsweise die Entscheidung für Rot als Farbe für Verkehrsampeln, die »Stopp« bedeutet, inzwischen eine weitverbreitete Konvention, die funktionell unmöglich zu verändern wäre, und doch

28 | Anm. d. Hg.: »Disenfranchised« kann sowohl »Entrechtete« bedeuten, wie es als Sprachspiel mit dem Konzept des Franchise-Unternehmens verstanden werden kann.

29 | D. Haraway: *Simians, Cyborgs and Women*, S. 151.

30 | M. Callon: »Some Elements of a Sociology of Translation«, S. 216.

31 | M. Callon: »Techno-Economic Networks and Irreversibility«.

war sie ursprünglich willkürlich. Das Ausmaß an breiten Investitionen, die Verknüpfungen mit anderen Netzwerken und Symbolsystemen und das schiere Maß an gegenseitiger Durchdringung von »Rot als Stopp« machen diese Entscheidung irreversibel. Wir sind umgeben von diesen Netzwerken von Telefonen, Computerlinks, Straßensystemen, U-Bahnen, der Post, allen möglichen integrierten bürokratischen Registrierungs- und Archivierungseinrichtungen.

Irreversibilität ist wichtig für die Wissenschaftsforschung, um Macht- und Robustheitsanalysen in Netzwerken durchführen zu können. Ein Fakt wird in einem Labor geboren und seiner Zufälligkeit und seines Produktionsprozesses entledigt, um in seiner Faktizität als Wahrheit zu erscheinen. Manche Wahrheiten und Techniken, die in Übersetzungsnetzwerken verbunden sind, werden enorm stabile Merkmale unserer Landschaft, wo sie das Handeln prägen und gewisse Arten von Veränderung verhindern. Ökonomisch gesehen können die, die mit den Gewinnern in diesen Stabilisierungsprozess investieren, ihrerseits als Standards-setzende große Gewinner werden. Später schreiben sich andere in die standardisierten Techniken ein, um von den bereits etablierten Strukturen zu gewinnen und von diesen *Netzwerkexternalitäten* zu profitieren. Genauso wie Stadtbewohner von den anhaltend positiven Externalitäten wie z. B. Theatern, Verkehrssystemen und einer Dichte von Einzelhandelsgeschäften profitieren, profitieren Netzwerkbewohner von Externalitäten der Struktur, Dichte von Kommunikationspopulationen und einer bereits etablierten Verwaltung. Jedes wachsende Netzwerk belegt dies, etwa die Gemeinschaft von E-Mail-Nutzern in der akademischen Welt. Man kann sich nun anmelden und (mehr oder weniger) zuverlässig mit Freunden kommunizieren und dabei von einer Netzwerkexternalität profitieren, die noch vor einigen Jahren nicht existierte.

Zu verstehen, wie und wann und ob man von Netzwerkexternalitäten profitieren kann, ist im Wesentlichen eine soziologische Kunst: Wie schließt sich das Individuum der Gesamtheit an und zu wessen Vorteil? Sobald Arrangements in einer Gemeinschaft Standard werden, kann das Erschaffen alternativer Standards aufwendig oder unmöglich werden, es sei denn, es entwickelt sich aus irgendeinem Grund eine alternative Gemeinschaft. Zuweilen ist der Aufwand möglich und gewährleistet – dies kann tatsächlich zur Entwicklung einer anderen Gemeinschaft führen, wie Howard Becker in seiner Analyse unkonventioneller Künstler darlegt.[32]

Becker fragt nach dem Zusammenhang zwischen Werk, Gemeinschaften und Konventionen bei der Erschaffung von Ästhetik und Denkschulen. Er stellt zunächst eine Reihe simpler, pragmatischer Fragen: Warum sind Konzerte zwei Stunden lang? Warum haben Bilder die Größe, die sie im Allgemeinen haben? Indem er die sozialen Welten untersucht, die sich überschneiden, um ein Kunstwerk zu erschaffen, und jede in seiner Analyse bewertet, stellt er einige der normalerweise verborgenen Aspekte von Netzwerkexternalitäten wieder her. Es gibt Eventualitäten, etwa im Falle von Musikergewerkschaften, die Arbeitsstunden vorschreiben, aber auch für diejenigen, die die Autos von Zuhörern eines Symphoniekonzerts parken, oder diejenigen, die die Gebäude Stunden später reinigen, und diese Eventualitäten sind genauso wichtig für die Bildung ästhetischer Traditionen wie die Berücksichtigung öffentlich akzeptierter Traditionen.

32 | H. Becker: *Art Worlds*.

Also schreiben die meisten Komponisten Stücke für Konzerte, die etwa zwei Stunden lang sind, und die meisten Stückeschreiber Stücke von ähnlicher Länge; die meisten Skulpturen passen in Museen und in den Laderaum von Lieferwagen, und so fort. Unkonventionelle Künstler spielen mit diesen Konventionen und stellen sich gegen eine oder mehrere. Gelegentlich wird ein naiver Künstler – der all diese Konventionen kaum kennt – entdeckt und in die Kunstwelt aufgenommen – und aus diesem Grund ist er in soziologischer Hinsicht besonders interessant, das normalerweise für selbstverständlich Gehaltene zu veranschaulichen.

Das Phänomen, auf das Becker in der Kunst hinweist, gibt es auch in Wissenschaft und Technik, wenn nicht sogar im vermehrten Umfang, weil es so wenige Beispiele für einzelgängerische oder naive Wissenschaftler gibt (Erfinder sind da möglicherweise ein Gegenbeispiel). Wissenschaftler und Techniker begeben sich in Praxisgemeinschaften[33] oder soziale Welten,[34] die Nutzungskonventionen im Hinblick auf Materialien, Güter, Standards, Maße und so fort etabliert haben. Es ist aufwendig, in einer Welt zu arbeiten und außerhalb ihres Komplexes von Standards zu praktizieren – für viele Disziplinen wie Hochenergiephysik, Elektronikforschung, Nuklearmedizin ist dies nahezu unmöglich.

Doch diese Komplexe von Konventionen sind nicht immer stabil. Zu Beginn eines technologischen Regimes, wenn zwei oder mehr Welten zum ersten Mal zusammenkommen, wenn ein Regime zerfällt – immer dann kommt es zu Wandel und Umbruch in Wissenschaftswelten. Ebenso *sind die Komplexe von Konventionen für Nicht-Mitglieder niemals stabil.* McDonald's mag vielen Menschen Gleichartigkeit und Stabilität bieten – oder um es mit John Law zu formulieren: es mag jeden Tag fünf Minuten ihrer Welt ordnen –, aber für mich und für andere aus ihrer Welt Ausgeschlossene ist sie eindeutig nicht geordnet. Vielmehr ist sie eine Quelle von Chaos und Ärger.

Netzwerk oder Netzwerke – das ist hier die Frage

Es gibt somit einen entscheidenden Unterschied zwischen der Stabilisierung innerhalb eines Netzwerks oder einer Praxisgemeinschaft und der Stabilisierung zwischen Netzwerken, und ebenso gibt es entscheidende Unterschiede zwischen denen, für die Netzwerke stabil sind, und denen, für die sie es nicht sind, wobei jene Netzwerke angeblich »ein und dasselbe« Netzwerk sind. Wieder können wir uns für einen Ausgangspunkt entscheiden: Stellt McDonald's ein stabiles Netzwerk dar, eine Quelle von Chaos oder gar etwas Drittes?

Politik mit anderen oder mit den gleichen alten Mitteln?

Bruno Latour erläutert einige dieser Merkmale der Akteur-Netzwerk-Theorie und die Mischung von menschlichen und nichtmenschlichen Beteiligten in soziotechnischen Systemen in seinem Artikel »Die Soziologie eines Türschließers«. Er befürwortet eine ökologische Analyse von Menschen und Objekten, indem er die Verbindungen zwischen ihnen betrachtet, die Verschiebungen in Bezug auf das

33 | É. Wenger: »Toward a Theory of Cultural Transparency« und J. Lave/É. Wenger: *Situated Learning*.

34 | A. Clarke: »Controversy and the Development of Reproductive Sciences«.

Handeln und die Art, wie sich Pflichten, Moral und Handeln zwischen Menschen und Nichtmenschen verschieben:

»Das Etikett ›inhuman‹, das Techniken angeheftet wird, übersieht schlicht Übersetzungsmechanismen und die vielen Entscheidungen, die für figurierende und defigurierende, personifizierende oder abstrahierende, verkörpernde oder entkörpernde Akteure existieren.«[35]

Die analytische Freiheit, die diese Heuristik gewährt, ist beträchtlich – ja, Latour und Callon haben eine ganz neue Möglichkeit eröffnet, Technik zu analysieren. Doch im Hinblick auf Menschen und die Frage der Macht bleibt das Problem bestehen, dass solche Mischungen anscheinend traditionelle Fragen nach Verteilung und Zugang umgehen mögen:

»Als Technologe könnte ich behaupten, dass – vorausgesetzt, man sieht von der Wartung und den paar Teilen der Bevölkerung ab, die dadurch diskriminiert werden – der Diener seinen Job gut macht, wenn er die Tür hinter einem ständig, fest und langsam schließt.«[36]

Es gibt keinen analytischen Grund, von der Wartungsarbeit und den paar Teilen der Bevölkerung, die dadurch diskriminiert werden, abzusehen – tatsächlich gibt es jeden Grund, dies nicht zu tun. In einer Erwiderung auf die Kritik an der Akteur-Netzwerk-Theorie wegen der politischen Implikationen ihres »Einebnens« der Unterschiede zwischen Mensch und Nicht-Mensch merkt Latour selbst an, heuristisches Abflachen sei nicht das Gleiche wie empirisches Ignorieren von Unterschieden in Zugang oder Erfahrung. Vielmehr sei es eine Möglichkeit, verdinglichte Grenzen einzureißen, die uns daran hindern, die Möglichkeiten zu erkennen, wie Menschen und Maschinen sich vermischen.

Doch eines der Merkmale dieser Vermischung kann Ausschluss (Technik als Barriere) oder Gewalt ebenso wie Erweiterung und Ermächtigung sein. Ich meine, es ist sowohl analytisch gesehen interessanter wie politischer, einfach zunächst die Frage »Zu wessen Nutzen?« zu stellen, als die Tatsache der Vermischung von Menschlichem und Nichtmenschlichem zu feiern.

Physische und kulturelle Netzwerkexternalitäten und Zugangsbarrieren

Eines der interessanten analytischen Merkmale solcher Netzwerke beinhaltet die Frage nach der *Verteilung des Konventionellen.* Wie viele Menschen können durch Türen ein- und austreten und wie viele können dies nicht? Worin besteht die Phänomenologie von Begegnungen mit Konventionen und standardisierten Formularen ebenso wie mit neuen Techniken? Und hier tut sich Neuland für die Wissenschaftsforschung auf: Vorausgesetzt, dass wir auf mannigfaltige Weise marginal sind, dass wir mehrere Ichs mit unseren Technologien verflechten können, und zwar im Design wie in der Nutzung – wo und was ist dann die Begegnungsstätte zwischen »Externalitäten« und »Internalitäten«? Ich sage dies nicht, um eine

35 | B. Latour: »Mixing Humans and Non-Humans Together«, S. 303.

36 | Ebd., S. 302.

weitere »große Kluft« heraufzubeschwören, sondern eine zu schließen. Ein stabilisiertes Netzwerk ist nur für einige stabil, nämlich für diejenigen, die Mitglieder der Praxisgemeinschaft sind, die es bilden, nutzen und warten. Ein Teil der öffentlichen Stabilität eines standardisierten Netzwerks geht oft mit dem privaten Leiden derer einher, die nicht dem Standard entsprechen – die das Standardnetzwerk nutzen müssen, aber auch Nicht-Mitglieder der Praxisgemeinschaft sind.

Ein Beispiel dafür ist der standardisierte Gebrauch des pseudogenerischen »he« und »him« im Englischen zur Bezeichnung aller Menschen, eine Praxis, die sich inzwischen unter dem Einfluss des Feminismus vielerorts ändert. Sozialpsychologen fanden heraus, dass viele Frauen, die diese Sprachform hörten, zwar ihre Bedeutung verstanden. Jedoch waren sie nicht in der Lage, ein konkretes Beispiel vorzubringen und sich in dieses zu versetzen, während Männer sich mit diesem Beispiel identifizieren konnten.[37] Frauen verwendeten somit die Technik dieses Ausdrucks und nutzten sie zugleich nicht. Erst mit dem Aufkommen feministischer Sprachanalysen wurde es möglich, diese Erfahrung öffentlich zu machen.

Wenn sich Standards ändern, ist es leichter, die unsichtbare Arbeit und die unsichtbaren Mitgliedschaften zu erkennen, die sie fest verankert haben. Doch bis dahin kann dies schwierig sein, zumindest aus der Perspektive eines Managers. Der amerikanische Wirtschaftswissenschaftler Paul Allan David untersuchte 1989 in einem Artikel ein Problem, das Wirtschaftswissenschaftlern vertraut ist, die auf dem Gebiet der Informationstechnologie forschen: das sogenannte »Produktivitätsparadox«.[38] Für viele Firmen und sogar auf volkswirtschaftlicher Ebene hat die Einführung der (oft sehr kostspieligen) Informationstechnologie zu einem Produktivitätsrückgang geführt, entgegen den von der Technologie verheißenen vermeintlichen Produktivitätsvorteilen. David vergleicht dies mit der Einführung des elektrischen Allzweckdynamomotors zu Beginn des 20. Jahrhunderts, auf die ein ähnlicher Produktivitätsrückgang folgte. Er verweist auf die Arbeit mehrerer Wirtschaftswissenschaftler über die »Übergangsregime-Hypothese«, die im Grunde besagt, dass eine großangelegte technologische Veränderung auch eine Veränderung im ökonomischen Regime bedeute, die ihre eigenen – für Standardanalysen oft unsichtbaren – Kosten mit sich bringe.

Die Übergangsregime-Hypothese: Wessen Regime? Wessen Übergang?

Aus der Perspektive der hier vorgetragenen Analyse ist das Produktivitätsparadox überhaupt kein Paradox. Wenn man Arbeit, Praxis und Mitgliedschaft in Technikanalysen und soziotechnischen Netzwerken nicht repräsentiert, dann wird die unsichtbare Arbeit, die für die Stabilität vieler dieser Netzwerke sorgt, nicht berücksichtigt. Dies erscheint als vermeintlicher Produktivitätsrückgang. Genauso, wie die feministische Theorie versucht, Hausarbeit als immanent für großangelegte Ökonomien aufzuwerten, ist die unsichtbare Arbeit der Praxis, des Abwägens von Zugehörigkeit und der Identitätspolitik entscheidend für die Ökonomie von Netzwerken.

37 | W. Martyna: »What Does ›He‹ Mean?«.

38 | P. A. David: »Computer and Dynamo«.

Wer trägt die Kosten der Verbreitung und wie ist das Persönliche in der Netzwerktheorie beschaffen? Ich glaube, dass die Antworten auf diese Fragen mit einem Gespür für die Mannigfaltigkeit von Menschen und Objekten zusammenhängt. Sie beginnen mit der Selbstverpflichtung, all die Arbeit zu verstehen, die ein Netzwerk für einige standardisiert hält. Kein Netzwerk ist für alle stabilisiert und standardisiert. Nicht einmal das von McDonald's.

Cyborgs und mannigfaltige Marginalitäten: Macht und der Nullpunkt

> »In der Folter ist es zum Teil die obsessive Zurschaustellung von Handlungsmacht *(agency)*, die es zulässt, dass der Körper einer Person in die Stimme einer anderen Person übersetzt wird, die es erlaubt, dass realer menschlicher Schmerz in die Machtfiktion eines Regimes umgewandelt wird.«[39]
> Elaine Scarry

> »Durch die Verwendung standardisierter Pakete *(packages)* schränken Wissenschaftler Arbeitspraktiken ein und definieren, beschreiben und kontrollieren Repräsentationen von Natur und Realität. Das gleiche Werkzeug, das Repräsentationen von Natur einschränkt, kann gleichzeitig eine flexible dynamische Konstruktion mit unterschiedlichen Gesichtern in anderen Forschungs- und klinischen/anwendungsorientierten Welten sein. Standardisierte Pakete dienen als eine dynamische Schnittstelle, um Interessen zwischen sozialen Welten zu übersetzen.«[40]
> Joan Fujimura

> »Übersetzen ist Ersetzen. [...] Aber Übersetzen heißt auch, in der eigenen Sprache auszudrücken, was andere sagen und wollen, warum sie so handeln, wie sie handeln, und wie sie miteinander umgehen – es heißt, sich selbst als Sprecher aufzustellen. Am Ende des Prozesses, sofern er erfolgreich verläuft, werden nur Stimmen vernommen, die im Einklang sprechen.«[41]
> Michel Callon

Vor mehreren Jahren gab ich ein Graduiertenseminar über feministische Theorie an einer großen kalifornischen Universität. Am ersten Tag erschienen acht Frauen und eine andere Person. Ich wusste nicht, ob die neunte Person ein Mann oder eine Frau war. Sie/Er gab als ihren/seinen Namen »Jan« an, ein zweideutiger Name. Im Laufe unserer Diskussionen stellte sich heraus, dass Jan eine geschlechtsan-

39 | E. Scarry: *The Body in Pain*, S. 18.
40 | J. Fujimura: »Crafting Science«, S. 33.
41 | M. Callon: »Some Elements of a Sociology of Translation«, S. 223.

gleichende Operation erwog. Sie/Er hatte ein paar Hormonspritzen bekommen, begann daher Brüste zu entwickeln und trug geschlechtsneutrale Kleidung, eine schlichte lange Hose und ein kurzärmliges Hemd. Sie/Er sagte, sie/er sei sich nicht sicher, ob sie/er die Behandlung durchziehen wolle – sie/er genieße die Erfahrung, geschlechtsbezogen vieldeutig zu sein. »Es ist, als ob ich mich in einer Hochspannungszone befände, als ob etwas gleich explodieren würde«, sagte sie/er eines Tages.

»Die Leute können auf diese Weise nicht mit mir klarkommen - sie wollen, dass ich entweder das eine oder das andere bin. Aber es ist auch echt toll, ich erfahre so viel darüber, was es heißt, weder das eine noch das andere zu sein. Wenn ich als Frau gelte, fange ich an zu verstehen, worum es dem Feminismus geht. Aber das ist irgendwie anders.«

Ich war tief berührt von Jans Beschreibung der »Hochspannungszone«, obwohl ich damals eigentlich gar nicht wusste, was ich damit anfangen sollte. Nach ein paar Wochen wurden wir Freundinnen und sie erzählte mir mehr von dem, was sie gerade durchmachte. Sie arbeitete bei einer der Hochtechnologiefirmen im Silicon Valley, die eine sehr gute Krankenversicherung anbot. Doch die Krankenversicherung, Blue Cross, war sich nicht sicher, ob sie die äußerst teure Geschlechtsumwandlung bezahlen sollte. Darüber hinaus verlangte die »Gender Identity Clinic«, in der Jan psychotherapeutisch behandelt wurde und die Hormonspritzen bekam, dass sie/er sich mehr wie eine konventionell feminine Frau kleiden solle, um zu »beweisen«, dass sie/er die Operation ernsthaft wolle. Sie erzählte mir, dass sie von ihr verlangten, zwei Jahre lang durchgehend als Frau zu leben.

Um die Weihnachtsferien herum verloren wir den Kontakt. Zu meinem Erstaunen rief Jan mich im Februar an.

»Hi, du kannst mir gratulieren. Ich hab's gemacht«, verkündete sie am Telefon.

»Was?«, fragte ich verwirrt.

»Ich hab mich operieren lassen. Ich bin gerade nach Hause gekommen«, sagte sie.

Ich fragte sie, wie es ihr gehe, und auch, wie es abgelaufen sei. »Hat sich die Firma entschieden, es zu bezahlen?«, wollte ich wissen.

»Nein«, erwiderte sie. »Die Krankenversicherung war bereit, das Ganze zu bezahlen. Und da meinten die Ärzte bloß, ich solle es gleich machen, bevor sie es sich anders überlegen. Also hab ich's gemacht!«

In den darauffolgenden Jahren sah ich Jans Name (er lautete nun Janice) hin und wieder in den Ankündigungen lokaler Feministinnenclubs; sie wurde eine aktive Wortführerin in den *Women in Business*-Gruppen der Gegend. Nach jenem Gespräch im Februar habe ich sie zwar nie wiedergesehen, musste aber immer wieder an dieses Nebeneinander von heikler »Hochspannungszone«, der Habgier und der Heuchelei der Versicherungsfirmen wie der beteiligten Ärzte und ihre eigene Verzweiflung denken.

Eine andere Freundin hat mir von einem ähnlichen Phänomen in den Geschlechtsumwandlungskliniken erzählt, die von Kandidaten für eine Operation verlangen, sich wie klischeehafte ›Weibchen‹ zu kleiden und zu geben, und ihnen die Operation verweigern, wenn sie es nicht tun: »Da werden aus unzweideutigen, wenn auch unglücklichen Männern unzweideutige Frauen.«[42] Sie spricht sich so-

42 | A. R. Stone: »The Empire Strikes Back«, S. 5 der Manuskriptfassung.

dann dafür aus, dass die Erfahrung von Transsexualität die Form einer Ikone für die gleichzeitige Erfahrung von Hochspannungszone, Genderklischee und Gewalt annimmt:

»Am Ende des 20. Jahrhunderts entdecken wir an den Gendergrenzen, [...] wie die Epistemologien der weißen männlichen Medizinpraxis, der Zorn radikaler feministischer Theorien und das Chaos gelebter genderspezifischer Erfahrung auf dem Schlachtfeld kultureller Einschreibung aufeinandertreffen. Sie bestimmen den transsexuellen Körper: eine Bedeutungsmaschine für die Produktion eines Idealtypus [...] Infolgedessen ist ein Gegendiskurs von entscheidender Bedeutung. Aber es ist schwierig, einen Diskurs anzustoßen, wenn man auf ein Verschwinden programmiert ist. Der hauptsächliche Zweck des Transsexuellen ist es, sich auszulöschen, so bald wie möglich in der ›normalen‹ Bevölkerung aufzugehen. Was dabei verloren geht, ist die Fähigkeit, persönliches Erleben authentisch zu repräsentieren.«[43]

Wir haben es hier mit einem soziotechnischen Netzwerk, einer Ausübung von Macht – und einer gewissen Art von Verlust zu tun. Was wäre erforderlich gewesen, um die »Hochspannung« von Jans Nicht-Mitgliedschaft, die Unreinheit, weder Mann noch Frau zu sein, zu bewahren? Diese Hochspannungszone stellt eine Art von Nullpunkt dar zwischen Dichotomien[44] oder an den großen Trennungen zwischen ›männlich/weiblich‹, ›Gesellschaft/Technik‹, ›entweder/oder‹.

Elaine Scarrys außergewöhnliches Buch *Der Körper im Schmerz. Die Chiffren der Verletzlichkeit und die Erfindung der Kultur* aus dem Jahr 1985 handelt von Folter und Krieg. Ihr Argument lautet: Während der Folter (und in ähnlicher Weise im Krieg) wird die Welt erschaffen und abgeschafft. Der Folterer lässt die Welt des Gefolterten schrumpfen, indem er die Unbestimmtheit erfahrener Schmerzen auf materielle Objekte und den verbalen Austausch zwischen ihnen fokussiert. Alte Identitäten werden ausgelöscht, immateriell gemacht.[45] Laut Scarry wissen wir eigentlich nie genau über den Schmerz Bescheid, den ein anderer Mensch erlebt. Diese Unbestimmtheit hat gewisse politische Attribute, die während der Folter und im Krieg erkundet werden, wenn das Private öffentlich und einstimmig gemacht wird. Die sichtbaren Zeichen von Gewalt werden in die Öffentlichkeit verlagert und durch eine Reihe von Dokumenten, Modifikationen und Übersetzungen werden sie zum Glauben.

Es gibt erstaunliche Ähnlichkeiten zwischen dem Erschaffen der Welt, wie es Scarry schildert, und dem Erschaffen der Welt durch Pasteur, wie es Latour beschreibt, oder dem erfolgreichen Übersetzungsprozess, den Callon analysiert, auch wenn letzterer keine Gewalt aufzuweisen scheint. Ein Komplex von Unbestimmtheiten wird in Bestimmtheiten übersetzt: Werden alte Identitäten abgelegt, verengt sich der Fokus der Welt auf einen Komplex von Tatsachen.

43 | A. R. Stone: »The Empire Strikes Back«, S. 9.

44 | Siehe B. Latour: *The Pasteurization of French Society* und A. Pickering: *Science as Practice and Culture*.

45 | Dies findet ein verblüffendes Echo bei der Erschaffung der Welt in der »totalen Institution«, wie sie Goffman in seinem Klassiker *Asylums* von 1961 beschrieben hat. Ein ähnliches Schrumpfen von Identität und Welt beschreiben Sagerhaugh und Strauss 1979 in ihrem Buch *Politics of Pain Management*.

Die Einheit und Geschlossenheit der Welt von Folterer und Gefoltertem werden von den meisten Menschen als abweichend und als weit außerhalb der normalen Welt verstanden. Doch Scarry legt dar, dass gerade dieses Distanzieren einer der Faktoren ist, die Folter ermöglichen. Sie macht für uns die prosaischen Dinge unsichtbar, die die Welt außerhalb des Extrems der Folter erschaffen. Simone de Beauvoir und Hannah Arendt haben ähnliche Argumente hinsichtlich der Abstumpfung gegenüber Gewalt und der Banalität des Bösen vorgebracht.[46] Es gibt immer Elemente von Unbestimmtheit im Hinblick auf die persönliche Welt eines anderen Menschen, insbesondere hinsichtlich von Schmerz und Leiden; oft verlassen wir eine Welt für eine andere oder begrenzen unsere Erfahrung, ohne Verrat oder permanente Veränderung – z. B., wenn man im Stuhl eines Zahnarztes an nichts anderes außer den unmittelbaren Schmerz denken kann.

Wenn wir den Blick von solchen Extremen wie Folter oder dem ungeheuren Erfolg von Pasteur abwenden und zu etwas so Simplem und fast Albernem wie einer Allergie gegen Zwiebeln übergehen, wird klar, dass ähnliche alltägliche Ereignisse Teile eines Musters bilden. Stabilisierte Netzwerke bestehen anscheinend auf der Vernichtung unserer persönlichen Erfahrung, und dies führt zu Leid. Wenn behauptet wird, das standardisierte Netzwerk sei die einzige Realität, die es gebe, wird die Ko-Kausalität mannigfaltiger Ichs und Standards geleugnet. Die Unbestimmtheiten unserer Ichs und unserer Biografien fallen der einstimmigen Ausübung von Macht, der Erschaffung der Welt zum Opfer. Meine kleinen Probleme mit Zwiebeln gehören zu einem Kontinuum mit dem viel ernsthafteren und umfassenderen Leiden einer Person im Rollstuhl, die von Aktivitäten ausgeschlossen ist, oder jener Menschen, deren Körper auf andere Weise »nicht standardgemäß« sind. Und all die Arbeit, die ich mir mache – das Aufpassen, das Entfernen der Zwiebeln, wenn nicht gar das Zusammenbringen von Nicht-Zwiebelessern –, geht der Erfahrung der Begegnungen und ihrer Artikulation voraus. Wie viel schwieriger ist es dann im Hinblick auf jene Begegnungen, die moralisch stärker belastet sind?

Netzwerke, die sowohl Standards wie mannigfaltige Ichs umfassen, sind schwer zu erkennen oder zu verstehen. Man kann sie allerdings in Form von Abweichungen oder »Anderen« erfassen, solange sie ausgehend von Machtverhältnissen und privilegierten Akteuren betrachtet werden. Dann werden wir Türen haben, die manche Menschen einlassen, andere nicht, und unsere Analyse dieser »Anderen« kann sehr wichtig sein, wenn auch gewiss nicht von zentraler Bedeutung. Die Folter, die durch Technik ausgelöst wird, ist schwerlich als Erschaffen von Welt zu erkennen, insbesondere weil sie über Zeit und Raum verteilt ist, oft nur einen sehr kleinen Zeitraum beansprucht (fünf Minuten pro Tag) oder sich außer Sichtweite abspielt. Stattdessen sind es die privilegierten Akteure, die das Enrolment vornehmen und die Welt errichten.

Die Vision des Cyborgs, der mannigfaltigen Welten angehört, ist eine andere Art und Weise, die Beziehung zwischen Standards und mannigfaltigen Ichs zu betrachten. Und das führt zum Einflechten einer Konzeption von mannigfaltiger Mitgliedschaft, einer Cyborg-Vision von Natur, zusammen mit der radikalen epistemologischen Demokratie zwischen Menschen und Nichtmenschen. Oder um es mit Donna Haraway zu formulieren:

46 | S. de Beauvoir: »Für eine Moral der Doppelsinnigkeit« und H. Arendt: *Eichmann in Jerusalem: Ein Bericht von der Banalität des Bösen.*

»Da gibt es natürlich auch das Problem, dass wir einen besonderen Komplex von Beschreibungstechniken als eurozentrische und euro-amerikanische Personen geerbt haben. Wie agiere ich dann als die Bastlerin, die zu sein wir alle auf unterschiedliche Weise gelernt haben, ohne zu kolonisieren? Wie stellst du die ironischen und strittigen Dinge, die du tust, in den Vordergrund, und tust sie dennoch ernsthaft? Die Leute werden sauer, weil du nicht festgenagelt werden kannst, die Leute werden sauer auf mich, weil ich nicht endlich sage, was die Quintessenz dieser Dinge ist – sie sagen: Also glaubst du nun, dass nichtmenschliche Akteure in einem gewissen Sinn soziale Agenten sind, oder nicht? Eine Antwort, die für mich sinnvoll ist, lautet: Die Subjekte sind Cyborg, die Natur ist Kojotin, und die Geografie ist anderswo.«[47]

Aber mit dieser Vorstellung gibt es ein Problem, das etwas mit der gleichzeitigen Armut unserer Analysen von ›menschlich/nichtmenschlich‹ und der mannigfaltigen Mitgliedschaft von Menschen zwischen Gruppen zu tun hat:

»Du kannst nicht ohne eine Vorstellung vom Splitten, Verschieben und Austauschen arbeiten. Aber ich misstraue der Tatsache, dass in unserer Repräsentation von Ethnie und Gender eins nach dem anderen vonstatten gehen muss ... es gibt keine zwingende, gleichzeitige Repräsention von Ethnie und Gender. Es gibt keine Repräsentation irgendeines Komplexes von Unterschieden, die anders funktionieren als paarweise gleichzeitig. Unsere Vorstellungen vom Splitten sind zu rudimentär ... wir haben eigentlich nicht die Analysetechniken, um die Verbindungen herzustellen.«[48]

Was würde eine umfassende Theorie bedeuten, die die folgenden Elemente zusammenbringt:

- mannigfaltige Mitgliedschaft,
- das Aufrechterhalten der »Hochspannungszone«, während die Kosten dafür akzeptiert werden,
- die Kosten der Mitgliedschaft in mannigfaltigen Arenen und
- Vielstimmigkeit und Übersetzung?

Mannigfaltige Mitgliedschaften, mannigfaltige Marginalitäten

Jedes Enrolment geht sowohl mit einem Misslingen von Rollenzuweisung einher, wie auch mit einer Zerstörung der Welten von nicht in Rollen eingebundenen Personen. Pasteurs Erfolg bedeutete gleichzeitig ein Scheitern derer, die in ähnlichen Arenen arbeiteten, und einen Verlust bzw. eine zerstörte Welt für all jene, die sich außerhalb seiner Theorie der Krankheitserreger bewegten. Erst jetzt beginnen wir, die Elemente dieses Wissens zurückzugewinnen: über Immunologie, Weisheit der Pflanzen, Akupunktur, die Beziehung zwischen Ökologie und Gesundheit. Dies hat nichts mit der Kontroverse zwischen Pasteur und Pouchet zu tun, sondern mit den ökologischen Auswirkungen des Pasteurismus und seines Enrolment.

47 | C. Penley/A. Ross: »Cyborgs at Large«, S. 10.
48 | Ebd., S. 15 f.

Haraway verweist auch darauf, dass die Vernichtung der Welt der Nicht-Eingeschriebenen *(non-enrolled)* nur selten total ist. Während die Folter – oder die totale Institution – ein Ende eines Kontinuums bilden, sind die Reaktionen auf Rollenzuweisung weitaus vielfältiger. Die grundlegenden Reaktionen außerhalb des Enrolment haben etwas mit einer Mannigfaltigkeit von Ichs, teilweise freiwillig und teilweise verpflichtend angenommenen Rollen zu tun. Ruth Lindens mutige und bewegende Studie über Überlebende des Holocaust, die mit ihrer eigenen Biografie als amerikanische Jüdin verwoben ist, bezeugt diese reichhaltige Komplexität.[49] Adele Clarkes Untersuchung der verschiedenen Praxisgemeinschaften, die sich zur modernen Reproduktionswissenschaft zusammenschlossen, belegt, wie mannigfaltige Mitgliedschaften, teilweise Verpflichtungen, und Treffen zu allen möglichen Anliegen tatsächlich Wissenschaft konstituieren.[50]

Auch Beckers Analyse von Verpflichtungen und »Side-Bets« gehört hierher.[51] Wenn er Verpflichtung von Konsistenz entkoppelt, ist dies auch eine Metapher für das Entkoppeln von Übersetzung und Enrolment. Er fragt danach, wie wir konsistentes menschliches Verhalten erklären können. Während Becker mentalistische, funktionalistische oder rein behavioristische Erklärungen sozialer Kontrolle ausschließt, legt er dar, dass Verpflichtungen ein Komplex von indirekten Wetteinsätzen sind, die vom Individuum getätigt werden. Sie geben ihm Möglichkeiten, sein Handeln in einen Strom von »wertvollen Handlungen« einfließen zu lassen, die wiederum von anderen aufgegriffen werden. Im Gefolge von Deweys Handlungstheorie stellt Becker fest, dass wir uns in viele potenzielle Handlungen involvieren; diese werden sinnvoll im Licht gemeinsam ausgehandelter kollektiver Konsequenzen.

Ebenso sind unsere Erfahrungen mit Rollenzuweisung und unsere Begegnungen mit Standards komplex verwoben und unbestimmt. Wir bilden und handeln neue Ichs aus, wobei einige benannt sind und andere nicht. Manche sind in ihrer Mannigfaltigkeit unproblematisch, andere verursachen großen Kummer und das tief empfundene Bedürfnis nach Vereinigung verschiedener Rollen, insbesondere jener, die Souveränität über das gesamte Ich beanspruchen.

Eine der großen Lehren des Feminismus betrifft die Macht der kollektiven Mannigfaltigkeit. Wir begannen mit der Erfahrung, gleichzeitig Outsider und Insider zu sein.[52] Am Ende hat sich die Gleichzeitigkeit zum mächtigsten Aspekt des Feminismus entwickelt und nicht das Außenseitertum. Der die bürgerlichen Freiheiten und gleichen Rechte betreffende Teil des Feminismus hätte die politische Theorie nicht grundlegend erweitern können, aber der ›doppelten Vision‹ und ihrer Kombination von Intimität, Allgegenwart und Kollektivität ist dies gelungen.[53] Es geht nicht so sehr darum, dass Frauen außen vor gelassen worden sind, sondern dass wir gleichzeitig innerhalb und außerhalb waren.

49 | R. Linden: *Making Stories, Making Selves.*

50 | A. Clarke: »A Social Worlds Research Adventure« und »Social Worlds/Arenas Theory as Organizational Theory«.

51 | H. Becker: »Notes on the Concept of Commitment«. Anm. d. Übers.: »Side-Bets« sind indirekte Wetteinsätze.

52 | R. Hubbard/M. Randall (Hg.): *The Shape of Red.*

53 | D. E. Smith: *The Everyday World as Problematic.*

In der Soziologie wie in der Anthropologie gibt es eine lange Tradition des Studiums vom marginalen Menschen – dessen, der dazugehört und doch nicht dazugehört, entweder weil er ein Fremder ist (dies wird insbesondere im Werk von Simmel und Schütz stark betont) oder weil er gleichzeitig mehr als einer Gemeinschaft angehört. Der Mensch, der halb schwarz und halb weiß ist, androgyn, von unbekannter Herkunft, der Hellseher (der Zugang zu einer anderen unbekannten Welt hat) – sie alle werden in vielen Kulturen entweder verehrt oder geschmäht. Das Konzept des Fremden oder der Fremdheit ist grundlegend für viele Zweige der Anthropologie und für die Ethnomethodologie und ihre fruchtbaren Untersuchungen des für selbstverständlich Gehaltenen.[54]

Der Soziologe Everett Hughes ging Simmels Interesse für den Fremden weiter nach, wobei er auf das Werk seines Lehrers Robert Park zurückgriff. Er betrachtete die anthropologische Fremdheit von Begegnungen zwischen Angehörigen verschiedener ethnischer Gruppen, die zusammenlebten und -arbeiteten. Hughes analysierte, wie sich mannigfaltige Mitgliedschaft in der Ökologie menschlicher Beziehungen auswirkt. In seinem Aufsatz »Dilemmas and Contradictions of Status« untersuchte er, was geschieht, wenn eine Person, die in einer Organisation arbeitet, zwei Welten gleichzeitig angehört, in denen jeweils andere Vorschriften für Handeln und Mitgliedschaft gelten.[55] Er bezog sich dabei auf die Beispiele einer weiblichen Ärztin und eines schwarzen Chemikers. Später benutzten Soziologen einen verwandten Begriff – die »Rollenüberlastung« –, doch der vermittelt nicht das Gefühl der »Hochspannungszone« oder der Komplexität der Beziehungen durch gleichzeitige mannigfaltige Mitgliedschaften.

Ein anderer Schüler von Park, Everett Stonequist, betrachtete 1937 in seiner Monografie *The Marginal Man* verschiedene Formen von Marginalität.[56] Er befasste sich mit den Geschichten verschiedener ethnischer und kultureller Mischformen auf Hawaii, in Brasilien, in den USA und in Südafrika sowie mit dem Phänomen kultureller Hybridisierung unter Einwanderern, staatenlosen Personen und Juden. Sein Werk ist insofern interessant, als er darin Marginalität in den Mittelpunkt jeder Soziologie stellt:

> »Die Tatsache der kulturellen Dualität übt entscheidenden Einfluss im Leben des marginalen Menschen aus. Ihm geht es dabei weder um eine Kollision zwischen angeborenem Temperament und sozialer Erwartung, zwischen angeborener Persönlichkeitsneigung und den Mustern einer bestimmten Kultur, noch um das Problem der Anpassung eines einzelnen Spiegel-Ichs, sondern um zwei oder mehr solcher Ichs. Sein Anpassungsmuster garantiert nur selten vollständige kulturelle Führung und Förderung, denn sein Problem entsteht gerade aus der sich verschiebenden sozialen Ordnung selbst.«[57]

Aber wir alle sind in diese sich verändernde soziale Ordnung einbezogen, fährt Stonequist fort – durch die Technik, durch Verschiebungen der Bedeutung von

54 | Siehe z. B. H. Garfinkel: *Studies in Ethnomethodology* und seine vielen Verweise auf Schütz.

55 | E. C. Hughes: *The Sociological Eye*, S. 141-150.

56 | E. V. Stonequist: *The Marginal Man*.

57 | Ebd., S. 217.

Ethnien und Nationalitäten, und durch die Ausbreitung von Menschen über Länder hinweg.

Weil wir bei der Analyse von Macht und Technik auch damit befasst sind, genau solche Verschiebungen und solche sich verschiebenden sozialen Ordnungen zu verstehen, könnten wir einen ähnlichen Standpunkt vertreten. Wir wissen, dass die Objekte, die wir nun in die Soziologie von Wissenschaft und Technik einbeziehen, vielen Welten auf einmal angehören. Was für einen Menschen bloß Schmierpapier ist, kann für einen anderen eine unschätzbare Formel enthalten; was für eine Person ein karrieredienlicher technischer Durchbruch ist, kann für eine andere ein Mittel zur Zerstörung sein. Andernorts habe ich die Möglichkeiten analysiert, wie verschiedene soziale Welten die Objekte auslegen, die in mehr als einem gemeinsamen Gebiet beheimatet sind – zwischen Wissenschaftlern und anderen Menschen, die sich am wissenschaftlichen Unternehmen beteiligen, etwa Amateursammlern.[58] Auch Menschen sind in vielen verschiedenen Gebieten auf einmal zu Hause, und das Aushandeln von Identitäten, innerhalb von wie zwischen Gruppen, ist eine außerordentlich komplexe und heikle Aufgabe. Es ist wichtig, dass man nicht von einer Einheit oder einer einzigen Mitgliedschaft ausgeht, weder im Vermischen von Menschen und Nicht-Menschen noch von Menschen untereinander. Marginalität ist eine nachdrückliche Erfahrung. Und wir alle sind in irgendeiner Hinsicht marginal, als Mitglieder von mehr als einer Praxisgemeinschaft oder sozialen Welt.

Schlussbemerkungen: Metaphern und Heterogenität

Weil wir alle mehr als einer Praxisgemeinschaft und damit vielen Netzwerken angehören, fassen wir im Augenblick des Handelns gemischte Repertoires aus verschiedenen Welten zusammen. Unter anderem kreieren wir Metaphern – Brücken zwischen diesen verschiedenen Welten.

Macht hat damit zu tun, *wessen* Metapher Welten zusammenbringt und zusammenhält. Dies kann eine Macht des Nullpunkts oder eine Macht der Disziplin, des Enrolment, der Affinität oder die kollektive Macht des Nicht-Spaltens sein. Metaphern können heilen oder kreieren, auslöschen oder verletzen, eine Stimme aufnötigen oder mehr als eine Stimme verkörpern. Abbildung 1 zeigt einige mögliche Konfigurationen dieser Art von Macht.

Dieser Aufsatz hat nach einem Ausgangspunkt für die Analyse von Macht gesucht. Ich befürworte nicht etwa eine Befreiung oder das Einrichten einer Marktnische für Menschen, die unter Zwiebelallergieleiden; ich bin auch nicht für eine Ermittlung spezieller Bedürfnisse, die versuchen würde, unendlich flexible Techniken für alle derartigen Fälle zu finden. Und ich will auch nicht sagen, dass Konventionen oder Standards nutzlos seien oder dass wir es ohne sie schaffen. Aber die Frage stellt sich doch, wo wir in unseren Analysen von Standards und Techniken beginnen sollen und worauf wir uns dabei stützen können.

58 | S. L. Star/J. R. Griesemer: »Institutional Ecology, ›Translations‹, and Coherence« und S. L. Star: »The Structure of Ill-Structured Solutions«.

Abbildung 1: Dimensionen von Macht

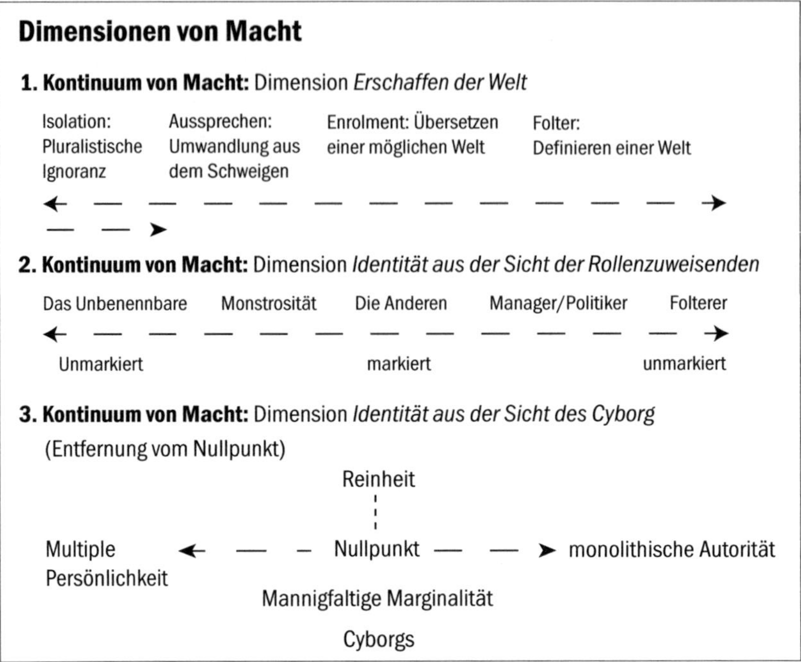

Wenn wir, wie meine Freundin Jan, beim Nullpunkt beginnen, betreten wir eine Hochspannungszone, die vielleicht die Eigenschaften der stärker konventionalisierten, standardisierten Aspekte jener Netzwerke veranschaulichen, die für viele stabilisiert sind. Diejenigen, die keine Türen haben oder die sich gegen Delegation wehren – Menschen in Rollstühlen ebenso wie Türhersteller oder Türhüter –, sind gute Ausgangspunkte für unsere Analysen, weil sie uns daran erinnern, dass es tatsächlich auch anders sein könnte.[59]

Dank

Geof Bowker und John Law haben viele hilfreiche Kommentare zum Manuskript dieses Aufsatzes beigesteuert. Ein Gespräch mit Bruno Latour veranschaulichte die Bedeutung der Metapher vom Manager für das Verständnis der multiplen Persönlichkeit. Äußerst hilfreich waren die Gespräche mit Allan Regenstreif über die Beziehung zwischen schwerem Kindsmissbrauch und multipler Persönlichkeit. Dankbar bin ich den Genannten ebenso wie Adele Clarke, Joan Fujimura und Anselm Strauss für ihre Arbeit und Freundschaft.

59 | An dieser Stelle ergänzen Ethnomethodologie und symbolischer Interaktionismus einander bei der Erforschung des für selbstverständlich Gehaltenen. Siehe H. Becker: »Whose Side Are We On?«.

Literatur

Arendt, Hannah: *Eichmann in Jerusalem: Ein Bericht von der Banalität des Bösen*, München: Piper 2011.

Beauvoir, Simone de: »Für eine Moral der Doppelsinnigkeit«, in: Dies., *Soll man de Sade verbrennen?*, Reinbek: Rowohlt [6]1983.

Becker, Howard: »Notes on the Concept of Commitment«, in: *American Journal of Sociology* 66/1 (1960), S. 32–40. https://doi.org/10.1086/222820

Becker, Howard: »Whose Side Are We On?«, in: *Social Problems* 14/3 (1967), S. 239–47. https://doi.org/10.2307/799147

Becker, Howard: *Art Worlds*, Berkeley, CA: University of California Press 1982.

Bowker, Geoffrey C./Star, Susan L.: »Warum Klassifikationen zählen«, in: *ilinx. Berliner Beiträge zur Kulturwissenschaft* 4 (2017), S. 194–203.

Callon, Michel: »Some Elements of a Sociology of Translation: Domestication of the Scallops and the Fishermen of St. Brieuc Bay«, in: John Law (Hg.), *Power, Action and Belief*, London: Routledge & Kegan Paul 1986, S. 196–233.

Callon, Michel: »Techno-Economic Networks and Irreversibility«, Aufsatz für die Konferenz über »Programmes«, Centre de Sociologie de l'Innovation, École Nationale Supérieure des Mines, Paris 1991.

Clarke, Adele: »A Social Worlds Research Adventure: The Case of Reproductive Science«, in: Susan Cozzens/Thomas Gieryn (Hg.), *Theories of Science in Society*, Bloomington, IN: Indiana University Press 1990, S. 15–42.

Clarke, Adele: »Controversy and the Development of Reproductive Sciences«, in: *Social Problems* 37/1 (1990), S. 18–37. https://doi.org/10.2307/800792

Clarke, Adele: »Social Worlds/Arenas Theory as Organizational Theory«, in: David Maines (Hg.), *Social Organization and Social Processes: Essays in Honor of Anselm L. Strauss*, Hawthorne, NY: Aldine de Gruyter 1991.

Clarke, Adele/Fujimura, Joan (Hg.): *The Right Tools for the Job in Twentieth Century Life Sciences: Materials, Techniques, Instruments, Models and Work Organization*, Princeton, NJ: Princeton University Press 1992.

Daniels, Arlene Kaplan: *Invisible Careers: Women Civic Leaders from the Volunteer World*, Chicago, IL: University of Chicago Press 1988.

David, Paul A.: »Computer and Dynamo: The Modern Productivity Paradox in a Not-Too-Distant Mirror«, in: *Center for Economic Policy Research Publication* 172, Stanford University 1989.

Fujimura, Joan: »On Methods, Ontologies and Representation in the Sociology of Science: Where Do We Stand?«, in: David Maines (Hg.), *Social Organization and Social Processes: Essays in Honor of Anselm L. Strauss*, Hawthorne, NY: Aldine de Gruyter 1991.

Fujimura, Joan: »Crafting Science: Standardized Packages, Boundary Objects, and ›Translation‹«, in: Andrew Pickering (Hg.), *Science as Practice and Culture*, Chicago, IL: University of Chicago Press 1991.

Garfinkel, Harold: *Studies in Ethnomethodology*, Englewood Cliffs, NJ: Prentice-Hall 1967.

Goffman, Erving: *Asylums: Essays on the Social Situation of Mental Patients and Other Inmates*, New York: Anchor Books 1961.

Haraway, Donna: *Simians, Cyborgs and Women: The Reinvention of Nature*, New York: Routledge 1991.

Hubbard, Ruth/Randall, Margaret: *The Shape of Red: Insider/Outsider Reflections*, San Francisco, CA: Cleis Press 1988.

Hughes, Everett: *The Sociological Eye*, Chicago: Aldine 1970.

Kottak, Charles P.: »Rituals at McDonald's«, in: *Natural History* 87 (1978), S. 75–82. https://doi.org/10.1111/j.1542-734X.1978.0102_370.x

Latour, Bruno: »Give Me a Laboratory and I Will Raise the World«, in: Karin Knorr-Cetina/Michael Mulkay (Hg.), *Science Observed: Perspectives on the Social Study of Science*, Beverly Hills, CA: Sage 1983, S. 141–70.

Latour, Bruno: *The Pasteurization of French Society, with Irreductions*, Cambridge, MA: Harvard University Press 1987.

Latour, Bruno: »Mixing Humans and Non-Humans Together: The Sociology of a Door-Closer«, in: *Social Problems* 35/3 (1988), S. 298–310. https://doi.org/10.2307/800624

Lave, Jean/Wenger, Étienne: *Situated Learning: Legitimate Peripheral Participation*, Cambridge: Cambridge University Press 1991. https://doi.org/10.1017/CBO9780511815355

Law, John: »How Much of Society Can the Sociologist Digest at One Sitting? The ›Macro‹ and the ›Micro‹ Revisited for the Case of Fast Food«, in: *Studies in Symbolic Interaction* 5 (1984), S. 171–196.

Linden, Ruth: *Making Stories, Making Selves: The Holocaust, Identity and Memory*, Dissertation, Department of Sociology, Brandeis University 1989.

Martyna, Wendy: »What Does ›He‹ Mean? Use of the Generic Masculine«, in: *Journal of Communication* 28/1 (1978), S. 131–138. https://doi.org/10.1111/j.1460-2466.1978.tb01576.x

Merchant, Carolyn: *The Death of Nature: Women, Ecology and the Scientific Revolution*, San Francisco, CA: Harper & Row 1980.

Moraga, Cherríe: *Loving in the War Zone: Lo Que Nunca Pasó por sus Labios*, Boston, MA: South End Press 1983.

Penley, Constance/Ross, Andrew: »Cyborgs at Large: Interview with Donna Haraway«, in: *Theory/Culture/Ideology* 25/26 (1990/91), S. 8–23.

Pickering, Andrew (Hg.): *Science as Practice and Culture*, Chicago, IL: University of Chicago Press 1991.

Restivo, Sal: »Modern Science as a Social Problem«, in: *Social Problems* 33/3 (1988), S. 206–225. https://doi.org/10.2307/800619

Rich, Adrienne: »Power«, in: Dies., *The Dream of a Common Language, Poems 1974–1977*, New York: Norton 1978.

Sagerhaugh, Shizuko Y./Strauss, Anselm: *Politics of Pain Management: Staff-Patient Interaction*, Menlow Park, CA: Addison-Wesley 1977.

Scarry, Elaine: *The Body in Pain: The Making and Unmaking of the World*, Oxford: Oxford University Press 1985 (deutsch: *Der Körper im Schmerz: die Chiffren der Verletzlichkeit und die Erfindung der Kultur*, Frankfurt a. M.: S. Fischer 1992).

Scott, Pam: »Levers and Counterweights: A Laboratory that Failed to Raise the World«, in: *Social Studies of Science* 21/1 (1991), S. 7–35. https://doi.org/10.1177/030631291021001003

Shapin, Steven: »The Invisible Technician«, in: *American Scientist* 77/6 (1989), S. 554–563.

Smith, Dorothy E.: *The Everyday World as Problematic: A Feminist Sociology*, Boston, MA: Northeastern University Press 1987.

Star, Susan L.: »The Structure of Ill-Structured Solutions. Boundary Objects and Heterogeneous Distributed Problem Solving«, in: Les Gasser/Michael N. Huhns (Hg.), *Distributed Artificial Intelligence* (= Research Notes in Artificial Intelligence, Vol. II), London/Pitman/San Mateo, CA: Morgan Kaufmann 1989, S. 37–54.

Star, Susan L.: *Regions of the Mind: Brain Research and the Quest for Scientific Certainty*, Stanford, CA: Stanford University Press 1989.

Star, Susan L.: »Layered Space, Formal Representations and Long-Distance Control: The Politics of Information«, in: *Fundamenta Scientiae* 10/2 (1989), S. 125–155.

Star, Susan L.: »The Sociology of the Invisible: The Primacy of Work in the Writings of Anselm Strauss«, in: David Maines (Hg.), *Social Organization and Social Processes: Essays in Honor of Anselm L. Strauss*, Hawthorne, NY: Aldine de Gruyter 1991.

Star, Susan L./Griesemer, James R.: »Institutional Ecology, ›Translations‹, and Coherence: Amateurs and Professionals in Berkeley's Museum of Vertebrate Zoology, 1907–1939«, in: *Social Studies of Science* 19/3 (1989), S. 387–420. https://doi.org/10.1177/030631289019003001

Stone, Allucquere R.: »The Empire Strikes Back: A Posttranssexual Manifesto«, in: Kristina Stroub/Julia Epstein (Hg.), *Bodyguards: The Cultural Politics of Sexual Ambiguity*, London: Routledge 1989.

Stonequist, Everett V.: *The Marginal Man: A Study in Personality and Culture Conflict*, New York: Russell & Russell 1961.

Strauss, Anselm: *Mirrors and Masks: The Search for Identity*, San Francisco, CA: The Sociology Press 1969 (deutsch: *Spiegel und Masken: die Suche nach Identität*, Frankfurt a. M.: Suhrkamp 1968).

Wenger, Étienne: *Toward a Theory of Cultural Transparency: Elements of a Social Discourse of the Visible and the Invisible*, Dissertation, Department of Information and Computer Science, University of California, Irvine 1990.

Woolgar, Steve: »The Turn to Technology in Science Studies«, in: *Science, Technology, & Human Values* 16/1 (1991), S. 20–50. https://doi.org/10.1177/016224399101600102

»Another Person's Poison«[1]

Zur Konzeptualisierung von Nahrungsmittelallergien und Grenzerfahrungen bei Susan Leigh Star

Nadine Taha

K50-K52 Nichtinfektiöse Enteritis und Kolitis
Inkl.: Nichtinfektiöse entzündliche Darmkrankheit
Exkl.: Reizdarmsyndrom (K58.-)
Megakolon (K59.3)
K52.- Sonstige nichtinfektiöse Gastroenteritis und Kolitis
K52.2 Allergische und alimentäre Gastroenteritis und Kolitis
Inkl.: Gastroenteritis oder Kolitis durch Nahrungsmittelallergie[2]

T66-T78 Sonstige und nicht näher bezeichnete Schäden durch äußere Ursachen
T78.- Unerwünschte Nebenwirkungen, anderenorts nicht klassifiziert
T78.4 Allergie, nicht näher bezeichnet
Inkl.: Allergische Reaktion o. n. A.
Idiosynkrasie o. n. A.
Überempfindlichkeit o. n. A[3]

Allergisch gegen Zwiebeln zu sein, bedeutet nach der zehnten Ausgabe der *International Classification of Diseases*, den Kategorien K52.2 und/oder T78.4 anzugehören. Standardisierte Ordnungsschemata haben – so Susan Leigh Star – tiefgreifende Konsequenzen auf die materielle Handlungsoption und affektive Erfahrungswelt betroffener Personen. In dem 1990 in der *Sociological Review* erstmals publizierten Aufsatz »Power, Technologies and the Phenomenology of Conventions« wählt Star mit ihrer eigenen Nahrungsmittelallergie einen intimen Zugriff auf die machtvolle

1 | Die Namensgebung rekurriert auf Matthew Smiths bahnbrechende Studie zur Allergiegeschichte des 20. Jahrhunderts. Vgl. M. Smith: *Another Person's Poison*.

2 | ICD-Code Suchmaschine der kardiologischen Praxis Krollner Hamburg, www.icd-code.de/suche/icd/code/K52.-.html?sp=Sallergie vom 02.12.2016.

3 | ICD-Code Suchmaschine der kardiologischen Praxis Krollner Hamburg, www.icd-code.de/suche/icd/code/T78.-.html?sp=Sallergie vom 02.12.2016.

Grenzerfahrung von Nicht-Konsumentinnen standardisierter Industrien.[4] Im System des international agierenden Franchisegebers der McDonald's Corporation ist man unfähig, ihr einen Hamburger ohne Zwiebeln – der Verzehr roher Zwiebeln löst Magenschmerzen und Übelkeit bei Star aus – unter 45 Minuten Zubereitungsdauer zu servieren.

Auf Basis straffer Managementmethoden und technischer Kontrollen realisiert der Konzern eine hochgradig rationalisierte Nahrungsmittelproduktion und homogenisierte Konsumerfahrung: Egal, wo man sich befindet, die McDonald's-Restaurants bieten Gleichartigkeit im Design, in den Serviceleistungen, den Produkten und im Geschmack.[5] Während dieses Arrangement von Konventionen für manche Konsumenten ein Garant für Stabilität ist, ordnet es – Star zufolge – jedoch für andere die Welt keinesfalls. Vielmehr konstituiert es Chaos.[6]

Mit der Absicht, den Folgen von Konventionen multiperspektivisch Rechnung zu tragen, gibt Star dem Leser ein heuristisches Prinzip[7] an die Hand: Folge multiplen Mitgliedschaften in soziotechnischen Netzwerken und Marginalisierungen durch soziotechnische Netzwerke. Im Kontrast zu methodologischen Symmetrieprinzipien der Science and Technology Studies steht diese Heuristik jedoch ganz im Zeichen der feministischen Theorie und der soziologischen Forschungstradition des Symbolischen Interaktionismus. An die Stelle einer Gleichbehandlung sozialer, natürlicher und technischer Größen, tritt eine symmetrische Behandlungsweise, die zwar die Handlungsinitiative *(agency)* technischer und medialer Standardisierungen überaus ernst nimmt, jedoch einen Rückzug zu einer personenbezogenen Folgeabschätzung fordert. Im diesem Sinne wird vor allem der Praktik des Klassifizierens eine konstituierende Wirkmächtigkeit bei der Phänomenologie des konventionsgemäßen und nicht-konformen Menschen beigemessen. Diese Praktik verfügt über das Potenzial, darüber hinwegzutäuschen, dass sich hinter dem Ausgeschlossenen, Nicht-Konformen und Monströsen schlicht Heterogenität verbirgt.[8]

---

4 | Neun Jahre später wurde dieses weltweit agierende Klassifikationssystem selbst zum Analysegegenstand, siehe G. C. Bowker/S. L. Star: *Sorting Things Out*.

5 | G. Ritzer: *The McDonaldization of Society*.

6 | S. L. Star: »Power, Technology and the Phenomenology of Conventions«, S. 34-35, 41-42.

7 | Programmatisch hat sich die internationale Technik- und Wissenschaftsforschung - insbesondere die Forschungslinie der Akteur-Netzwerk-Theorie - für die Befolgung vier methodologischer Prinzipien ausgesprochen: des Agnostizismus, der generalisierten Symmetrie, der freien Assoziation und des sogenannten Bloor'schen Symmetrieprinzips. Der Agnostizismus verlangt dem Beobachter eine Neutralität bzw. Unparteilichkeit gegenüber wissenschaftlichen und technischen Argumenten ab. Mit dem Prinzip der generalisierten Symmetrie ist die Verwendung einer einheitlichen Beschreibungssprache für natürliche, technische und soziale Akteure gemeint. Der freien Assoziation zufolge sollen keine a priori-Unterscheidungen zwischen Natürlichem und Sozialem gefällt werden. Schlussendlich verlangt das Bloor'sche Symmetrieprinzip danach, nicht Erfolgsgeschichten technologischer Errungenschaften zu präferieren, gleichwertig ist hingegen der Faktor des Scheiterns zu behandeln. Vgl. M. Callon: »Einige Elemente einer Soziologie der Übersetzung«, S. 142-143; D. Bloor: *Knowledge and Social Imagery*, S. 8.

8 | S. L. Star: »Power, Technology and the Phenomenology of Conventions«, S. 39.

Marginalität beruht dabei nicht allein auf kategoriebedingten Fremdzuschreibungen, vielmehr treten aus dem Blickwinkel der abseitsgeratenen Person gelebte Selbstzuschreibungen in Aktion. Zur Konkretisierung der Beziehung zwischen diesen Polen lehnt sich Star an Donna Haraways »Cyborg Manifesto« an und definiert Marginalität als eine Relation zwischen standardisierten Technologien und lokalen Erfahrungen.[9] Mit der Absicht ihre Netzwerke dauerhaft zu stabilisieren, tilgen Unternehmen wie die McDonald's Corporation individuelle Erlebnismöglichkeiten aus ihren Systemen. Hieraus resultiert ein Schwellenbereich. Für die sogenannte »high tension zone« oder den »zero point«[10] ist das Erfahren von Leid und Schmerz charakteristisch – Erfahrungen, auf die interessanterweise auch mit improvisierten Techniken reagiert wird. Dazu ausführlicher in den Worten Susan Leigh Stars:

»My small pains with onions are on a continuum with the much more serious and total suffering of someone in a wheelchair barred from activity, or those whose bodies in other ways are ›non-standard‹. And the work I do: of surveillance, of scraping off the onions, if not of organizing non-onion-eaters, is all prior to giving voice to the experience of the encounters.«[11]

Ziel dieses Beitrages ist es, Stars von leidvollen Erfahrungsweisen der Marginalisierung durch Klassifikations- und Standardisierungspraktiken ausgehenden Ansatz stärker zu konzeptualisieren, wofür ihre ›kleinen Querelen‹ mit Zwiebeln in den Kontext einer Wissensgeschichte der Allergie gerückt werden. Medizinhistorisch und anthropologisch wird hierzu der Verflechtung von Klassifikation, Körper und Nahrung gefolgt. Im zweiten Schritt wird Stars relationales Konzept von Marginalisierung auf die Phänomenologie von Nahrungsmittelallergien hin befragt: Für manche Personen stellt eine harmlose Umweltsubstanz ein reines Genussmittel dar, für andere wiederum bedeutet sie pures Gift.

Der prekäre Status von Nahrungsmittelallergien

Bevor sich das Verständnis von Nahrungsmittelallergien als öffentlichem Gesundheitsrisiko durchsetze, besaß diese Allergieausprägung interessanterweise den Status einer überaus fraglichen medizinischen Entität. Ein genauerer Blick in die Medizingeschichte zeigt, dass das Phänomen der Nahrungsmittelallergie von Ärzten

9 | Eine Prüfung nach dem 30-jährigen Erscheinen des *Cyborg Manifestos* hinsichtlich aktueller Entwicklungen der Technowissenschaftskultur und eine Situierung von Haraways Credo in den Science and Technology Studies findet sich bei J. Weber: »Donna Haraway«.

10 | S. L. Star: »Power, Technology and the Phenomenology of Conventions«, S. 39, 45–47.

11 | Ebd., S. 48. »Meine kleinen Probleme mit Zwiebeln gehören zu einem Kontinuum mit dem viel ernsthafteren und umfassenderen Leiden einer Person im Rollstuhl, die von Aktivitäten ausgeschlossen ist, oder jener Menschen, deren Körper auf andere Weise ›nicht standardgemäß‹ sind. Und all die Arbeit, die ich mir mache – das Aufpassen, das Entfernen der Zwiebeln, wenn nicht gar das Zusammenbringen von Nicht-Zwiebelessern –, geht der Erfahrung der Begegnungen und ihrer Artikulation voraus.« Übersetzung aus diesem Band: »Macht, Technik und die Phänomenologie von Konventionen«, S. 263.

und Allergologen im 20. Jahrhundert hauptsächlich als eine ›Papierkorb‹-ähnliche Residualkategorie genutzt wurde.

Bevor der österreichische Kinderarzt Clemens von Pirquet im Jahre 1906 erstmals den Begriff der ›Allergie‹ in die medizinische Sprache einführte und darin jegliche Formen veränderter Reaktionen des menschlichen Organismus gruppierte,[12] wurde Nahrung als Auslöser unerwarteter und mysteriöser Symptome wahrgenommen. Symptome wie beispielsweise Asthma und Ekzeme wurden teils mit Idiosynkrasie etikettiert. Andere Ärzte wiederum standen solchen Erklärungen überaus misstrauisch gegenüber, denn diese fußten ausschließlich, so der Vorwurf, auf den vorgefassten Patientenannahmen.[13] Von Pirquet gab Ärzten einen neuen Begriff zur Beschreibung solcher Reaktionen an die Hand und bot ihnen überdies ein als wissenschaftlich relevant erachtetes Erklärungsmodell an, das die Wirkung auf das Immunsystem erklärte. Dennoch ließ die Breite der Definition nicht zu, diese Form der pathologischen Immunreaktion von Reaktionen zu unterscheiden, die durch Unverträglichkeiten oder schlicht Abneigungen ausgelöst wurden. Angesichts dieser Schwierigkeit ist es nachvollziehbar, dass Nahrungsmittelallergien nur wenig zur Reputation und Legitimierung von Allergien im Allgemeinen beitragen konnten.[14]

Die frühe Allergieforschung ging von Medizinern unterschiedlicher Disziplinen aus, die voneinander isoliert agierten. Internisten, Hals-Nasen-Ohrenärzte, Hautärzte und experimentelle Hygieniker arbeiten parallel daran, mit Fallstudien auf der einen Seite oder experimentellen Beweisen auf der anderen das Phänomen der Allergie greifbar zu machen. Bis zum Ende des Ersten Weltkrieges verliefen diese Forschungen nicht in Kooperation, zumal Anzeichen von Idiosynkrasie, Überempfindlichkeit, Anaphylaxie und Allergie häufig unterschiedlich behandelt wurden. Einzelne Grundlagenforscher wiesen zwar frühzeitig auf Querverbindungen dieser Krankheiten hin, jedoch gelang es ihnen nicht, insbesondere Kliniker von ihrer Theorie zu überzeugen. Offensichtlich herrschte in der allergologischen Nomenklatur wie auch im Bereich theoretischer und klinischer Ansätze kein Konsens. Damit das Phänomen der Allergie als ein einheitliches Krankheitsphänomen erfasst wurde, bedurfte es erst Institutionalisierungen im US-amerikanischen Raum. Dadurch wurde auch in Europa eine Bewegung in Gang gesetzt, die letztendlich in der Gründung der *Internationalen Gesellschaft für Allergologie* am 28. September 1952 mündete.[15]

In *Allergy: The History of a Modern Malady* schildert der Medizinhistoriker Mark Jackson, dass sich in dieser Zeit Mediziner vermehrt dafür aussprachen, Allergien als »disease of modern civilization«[16] zu begreifen. Während von Ärzten der Wohlstand moderner Industrienationen als Auslöser von Allergien gesehen wurde, verdächtigten andere Umweltverschmutzung, Säuglingsnahrung oder gar Schutzimpfungen als Ursache.

12 | A. M. Silverstein: *A History of Immunology*, S. 179-180.

13 | J. Ring: »Terminology of Allergic Phenomena«, S. 47-48; M. Smith: *Another Person's Poison*, S. 6.

14 | M. Smith: *Another Person's Poison*, S. 6.

15 | H. Schadewaldt: *Geschichte der Deutschen Gesellschaft für Allergie- und Immunitätsforschung 1951-1984*, S. 22.

16 | M. Jackson: *Allergy*, S. 12.

Erst gegen Ende des 20. Jahrhunderts verfügten Allergien über eine ausgeprägte politische, sozioökonomische und kulturelle Gewichtung. Kliniker wie die breite Öffentlichkeit stuften Allergien als potenziell lebensbedrohliche Krankheiten ein. Diesem Risiko mag es geschuldet sein, dass die Erforschung von Allergien zu einem medizinischen Fachgebiet avancierte, neue Diagnose- und Therapietechniken entwickelt wurden und sich ein lukrativer Markt für die internationale Pharma-, Kosmetik- und Nahrungsmittelindustrie eröffnete.[17]

Matthew Smith pointiert in seiner bahnbrechenden Studie *Another Person's Poison* die Einordnung von Allergien im Laufe des 20. Jahrhunderts wie folgt:

> »[T]he meaning of food allergy has been constantly contested, negotiated, and altered, often to reflect clinical observations and laboratory experiments but also to support alternate agendas, such as allergy's claims to be an authoritative medical science or ecological notions about food allergy as a disease of civilization. Often lost in these broader debates were the experiences of patients themselves, despite the fact that their account of the symptoms from which they suffered was often crucial to diagnosing their ailment.«[18]

Während sich anhand variierender Bedeutungen von Nahrungsmittelallergie wissenschaftliche Forschungspraktiken und medizinpolitische Programme ablesen lassen, geben sie bezeichnenderweise auch Auskunft über die enorme Relevanz von Statusaushandlungen. Die Geltung von Labor- und Klinikforschung und die generelle Wertigkeit von Allergien als medizinischem Untersuchungsgegenstand nahmen unmittelbar Einfluss auf die Diskreditierung von Erkrankten. Wollten Mediziner anerkanntes, objektives Wissen über Nahrungsmittelallergien erzeugen,[19] präferierten sie patientenferne experimentelle Settings – so wie sie die Wissenschaftshistoriker Lorraine Daston und Peter Galison in ihrer Geschichte der Objektivität für die industrielle Moderne diagnostizieren. Das Ignorieren von Krankengeschichten wirkte sich jedoch fatal auf die Diagnosen aus. Gerade weil das Ringen um ein konventionalisiertes Verständnis von Allergien eine soziale Hierarchie zwischen Ärzten und Erkrankten motivierte, lässt sich für die Allergiegeschichte des 20. Jahrhunderts festhalten, dass personale, labortechnische und disziplinäre Professionalisierungen nicht nur dem Krankheitsbild Allergie, sondern auch dem Patienten eine Klasse zuwiesen. Der prekäre Status von Allergien machte das Klassifizieren zu einem gefährlichen Unterfangen.

Klassifikation im Zeichen von Verwandtschaft und Trennung

Möchte man Erfahrungsweisen von Leid und Schmerz konkretisieren, ist laut Star ein Perspektivwechsel ratsam, der das Leben in Hochspannungszonen als Ausgangspunkt der Analyse setzt:

17 | M. Jackson: *Allergy*, S. 12.

18 | M. Smith: *Another Person's Poison*, S. 8.

19 | L. Daston/P. Galison: *Objektivität*. Siehe auch den Beitrag von Erhard Schüttpelz in diesem Band.

»If we begin with the zero point, [...] we enter a high tension zone which may illuminate the properties of the more conventionalized, standardized aspects of those networks which are stabilized for many. Those who have no doors, or who resist delegation – those in wheelchairs, as well as door-makers and keepers, are good points of departure for our analysis, because they remind us that, indeed, it might have been otherwise.«[20]

Mit diesem programmatischen Aufruf endet Stars Schrift. Eine theoretische Rahmung, die etwa spezifiziert, worauf sich die unterstellte Totalität von Standards und Konventionen bei der Erzeugung von Hochspannungszonen stützt, fehlt. Gleichermaßen bleibt offen, warum die Produktion und Nutzung von Standards im direkten Zusammenhang mit Konventionalisierungen stehen.

Wegweisend für die Glättung dieser Schieflagen sind die kultursoziologischen Ausführungen, die Émile Durkheim und Marcel Mauss in dem Aufsatz »Über einige primitive Formen von Klassifikation« zu Anfang des 20. Jahrhunderts verfasst haben. In dieser Schrift setzen sich Durkheim und Mauss mit dem Phänomen auseinander, dass in indigenen Kulturen verschiedene belebte und unbelebte Dinge wie Jahreszeiten, Himmelsrichtungen, Mineralien, Pflanzen und Tiere auf Basis symbolischer Korrespondenzen miteinander identifiziert werden. Diese Technik steht dem herkömmlichen Verständnis von distinkten Kategorien konträr gegenüber: »Dinge werden [in Klassifikationen, N.T.] nicht lediglich in Form isolierter Gruppen nebeneinandergestellt. Vielmehr stehen diese Gruppen untereinander in wohldefinierten Beziehungen und bilden in ihrer Gesamtheit ein einheitliches Ganzes.«[21] Die Frage, auf welche Vorlage sich Menschen bei dieser bemerkenswerten Ordnungsleistung beziehen, beantworten die Autoren mit der Unterteilung sozialer Organisation. Gesellschaften sind nur möglich, wenn ihre natürlichen Phänomene und menschlichen Mitglieder in unterschiedliche Gruppen aufgeteilt sind. Gewissermaßen muss es eine Gegenüberstellung der Dinge der Welt geben. Neben diesen Trennungen sind auch Verwandtschaftsbeziehungen am Werk, denn die diversen Gruppen sind im wechselseitigen Bezug zueinander in Klassen eingeteilt. Medienwissenschaftlich zentral ist hierbei, dass symbolische Assoziationen das Rückgrat des Kosmos bilden. Assoziative Beziehungen und Trennungen zwischen sozialen und natürlichen Größen resultieren dabei aus affektiven Erfahrungen und strukturellen Ähnlichkeitsrelationen.[22]

---

20 | S. L. Star: »Power, Technology and the Phenomenology of Conventions«, S. 52-53. »Wenn wir [...] beim Nullpunkt beginnen, betreten wir eine Hochspannungszone, die vielleicht die Eigenschaften der stärker konventionalisierten, standardisierten Aspekte jener Netzwerke veranschaulichen, die für viele stabilisiert sind. Diejenigen, die keine Türen haben oder die sich gegen Delegation wehren – Menschen in Rollstühlen ebenso wie Türhersteller oder Türhüter –, sind gute Ausgangspunkte für unsere Analysen, weil sie uns daran erinnern, dass es tatsächlich auch anders sein könnte.« Übersetzung aus diesem Band: »Macht, Technik und die Phänomenologie von Konventionen«, S. 268.

21 | É. Durkheim/M. Mauss: »Über einige primitive Formen von Klassifikation«, S. 172.

22 | An dieser Stelle möchte ich mich für die gewinnbringende Diskussion mit Erhard Schüttpelz, Ulrich van Loyen und Martin Zillinger im Rahmen des Workshops »Das Kategorienprojekt der Durkheim-Schule« an der a.r.t.e.s. Graduate School for the Humanities, Universität Köln, 24. bis 25. November 2016 bedanken.

In den *Elementaren Formen des religiösen Lebens* spitzt Durkheim die klassifikatorische Durchdringung des Sozialen zu: »Die Gesellschaft setzt [...] eine bewusste Organisation ihrer selbst voraus, die nichts anderes ist als eine Klassifizierung.«[23] Nicht nur die Aufteilung der Welt in heterogene Gruppen ist also den sozialen Ordnungsprinzipien verpflichtet, sondern auch ihr Verhältnis untereinander folgt dem Muster sozialer Beziehungen. Die These, dass allein das Soziale der Ursprung aller Klassifikation sei, hat sich zwar als unhaltbar erwiesen, dennoch lenkten Mauss und Durkheim die Aufmerksamkeit auf die Signifikanz symbolischer Klassifikationen und lösten auch in den Science and Technology Studies Untersuchungen aus. Die Wissenschaftssoziologen Karin Knorr-Cetina und David Bloor stellten die Anwendbarkeit indigener Klassifikationen auf hochtechnisierte Institutionen unter Beweis.[24] Auf diese Art erteilten sie den modernen Trennungen von Kultur und Natur sowie von Menschen und Dingen eine Absage.

Schließt man sich diesem Verständnis von symbolischer Klassifikation an, tritt hervor, dass die Macht etablierter Industrien nicht allein auf der globalen Reichweite ihrer *materiell* fixierbaren Stationen beruht – eine solche Fokussetzung nimmt Star insbesondere bei der Diskussion von Netzwerkexternalitäten vor.[25] Gleichzeitig geht die Wirkmächtigkeit von *symbolisch* assoziativen Reichweiten aus, innerhalb derer die Ordnung und Verwandtschaft des Globalen erzeugt und instandgehalten wird. Es ist nicht verwunderlich, dass der Soziologe George Ritzer McDonald's als eine moderne Metapher für »the process by which the principles of the fast-food restaurant are coming to dominate more and more sectors of American society as well as the rest of the world« sieht.[26] Prinzipien wie Effizienz in Form von Operationsoptimierungen, Kalkulierbarkeit mittels der Quantifizierbarkeit von Umsatzzahlen, Voraussagbarkeit qua gleichförmiger Dienstleistungen und personale Mitarbeiterkontrolle zirkulieren inklusive eines eingeschriebenen US-amerikanischen Wertesystems durch die McDonald's Corporation international.[27]

Ausgehend von dieser Zirkulation modellieren Nahrungsmittelproduzenten Ordnungssysteme, die ihren Kunden ein Verständnis davon vermitteln, was als konventionelle und nicht-konforme Esskultur erachtet wird. Wie John Law deutlich macht, sind bei der Reichweite jedoch gerade in kultureller Hinsicht Abstriche zu verzeichnen: »The idea that food should be fast, cheap, or convenient would be anathema, for instance, to certain sections of the French middle class [...]. These reasons for eating at McDonald's might equally well be reasons for not eating there in another culture.«[28] Eine weniger relativistische Pointe für die Absteckung geografischer Räume ziehen Durkheim und Mauss:

23 | É. Durkheim: *Die elementaren Formen des religiösen Lebens*, S. 592.

24 | K. Knorr-Cetina: »Primitive Classification and Postmodernity«; D. Bloor: »Durkheim and Mauss Revisited«.

25 | S. L. Star: »Power, Technology and the Phenomenology of Conventions«, S. 40-43.

26 | G. Ritzer: *The McDonaldization of Society*, S. 1.

27 | Eine genaue Schilderung der Wertevermittlung, beginnend im Kleinkindalter durch Werbung und Merchandisingartikel, findet sich bei E. Schlosser: *Fast Food Nation*, insb. S. 31-57.

28 | J. Law: »How Much of Society Can the Sociologist Digest at One Sitting?«, S. 184.

»Alle Dinge und Lebewesen der Natur stehen [durch die Klassifikation] in einem bestimmten Verhältnis zu einem ebenso bestimmten Ausschnitt des Raumes. Und weiter: [Dieser Ausschnitt] ist der Mittelpunkt des Universums und das Universum verkürzt sich auf [diesen Ausschnitt].«[29]

Wenn der Raum der klassifizierten Welt demnach mit der Vorstellung von der Welt gleichzusetzen ist, erstreckt sich die Totalität der Grenzerfahrung aus der Perspektive der marginalisierten Person. Während Star mit der Definition von Marginalität als einer Beziehung zwischen standardisierten Technologien und orts- und situationsgebundenen Erfahrungen eine Dichotomie zwischen dem Globalen und Lokalen suggeriert, ist mit Mauss und Durkheim der spannungsgeladene Charakter des Schwellenbereiches ein anderer: Hochspannungszonen resultieren keineswegs durch das Aufeinanderprallen des Globalen und Lokalen, sondern durch ihren Zusammenfall.

Eine symmetrische Erforschung von klassifikatorischer Inklusion und Exklusion verlangt zwar danach, Standardproduzenten, Konsumentinnen und Nicht-Konsumenten gleichrangig zu behandeln, jedoch darf die implizierte Multiperspektivität dabei nicht Gefahr laufen, einem Relativismus zu verfallen. Mit ihrer geografischen Expansion konfrontieren Standards setzende Nahrungsmittelkonzerne Vegetarier, Zwiebelallergiker oder Koscher-Essende mit einer vermeintlich ›natürlichen‹ Esskultur. Diese Naturalisierung und Konventionalisierung geht auf das Kalkül einer dauerhaften Stabilisierung zurück. Mittels symbolischer Assoziation, so hält die britische Sozialanthropologin Mary Douglas in Anschluss an Mauss und Durkheim fest, täuschen ökonomische Institutionen darüber hinweg, dass sie aus sozialen Arrangements hervorgegangen sind. Das heißt, es findet eine Verbindung mit natürlichen Kategorien der physikalischen Welt statt, die sogenannte Naturalisierung.[30] Damit stellt schlussendlich aus der Perspektive des Nullpunktes ein »it might have been otherwise« keine Alternative dar, vielmehr ist die Klassifikation der Welt für die marginalisierte Person eine sich selbst bestätigende Wahrheit.

Allergien als Nahrungstabus

Ausweichstrategien wie die Wahl weniger standardisierter Restaurants oder das Einkalkulieren von Wartezeiten und Aussortierungsarbeiten stellen für Nahrungsmittelallergiker laut Susan Leigh Star gängige »costs and overheads« dar. Die aufwendige Natur dieser Techniken, die sich auch als »Workarounds« bezeichnen lassen,[31] wird folgendermaßen nuanciert:

29 | É. Durkheim/M. Mauss: »Über einige primitive Formen von Klassifikation«, S. 234, 235.

30 | M. Douglas: *How Institutions Think*, S. 48. Für eine Auseinandersetzung von S. L. Star und G. C. Bowker mit Douglas siehe *Sorting Things Out*, S. 61.

31 | Zum Verständnis von Workarounds in den Science and Technology Studies siehe S. Gießmann/G. Schabacher: »Umwege und Umnutzung«; H. Brohm et al. (Hg.): *Workarounds. Praktiken des Umwegs*.

»However, precisely because [my allergy] is so minor and yet so pervasive in my life, it is a good vehicle for understanding some of the small, distributed costs and overheads associated with the ways in which individuals, organizations and standardized technologies meet.«[32]

Es bleibt danach zu fragen, ob sich hinter solchen Aufwänden auch positiv bewertbare Bewältigungsstrategien verbergen, durch die Unverträglichkeit und Verzicht Hand in Hand gehen können. Die zuvor beschriebene Totalität von Klassifikationen würde damit nicht zwingend zur Ohnmacht marginalisierter Personen führen. Stattdessen lassen sich hinter solch improvisierten Lösungen zur Meidung ›gefährlicher‹ Nahrungsmittel zentrale Praktiken der Immunisierung und Reinigung vermuten.

Für eine Konzeptualisierung derartiger Strategien eignen sich in besonderem Maße die körper- und hygienezentrierten Auseinandersetzungen von Douglas, die den physischen Körper als Projektionsfläche des Sozialen beschreibt. Dementsprechend besitzt der Körper den Status eines mikroskopischen Abbildes der Gesellschaft, seine vom sozialen Druck gezeichneten Gliedmaßen geben Auskunft über die an ihn gestellten Ansprüche und Verpflichtungen. Ob der physische Körper gesellschaftlichen Anforderungen untergeordnet ist oder einen expliziten Gegenpol zu ihnen bildet, legt die Distanz zwischen dem Sozialen und dem Selbst fest. Entweder sie nähern sich an und überlagern sich beinahe, oder aber das Individuum und die Gesellschaft bleiben durch eine beachtliche Entfernung voneinander getrennt. Das Ausmaß der Distanz geben konventionalisierte Klassifikationen vor.[33] Obwohl Star Klassifikationen stärker soziotechnisch interpretiert, sind die Querverbindungen zu Douglas' Ausführungen unverkennbar: Der Körper wird zum Austragungsort von Konformität/Nicht-Konformität sowie Marginalisierung/Mitgliedschaft bestimmt. Konventionalisierte Ordnungsschemata fungieren als Antriebsgrößen.

Für die Praktik des Essens bedeutet dies tiefgreifende Konsequenzen: Mittels symbolischer Assoziation verfügen Nahrungsmittel – genauso wie die mit ihnen verbundenen Tabus – über das Potenzial, nichts Geringeres als die Welt mitsamt ihrer Kosmologien zu ordnen. Dichotomien konstituieren und stabilisieren dabei ein weltumfassendes Klassifikationssystem, ihre Kategorien wie das Reine/Unreine, Heilige/Profane werden in Relation zu dem Essbaren/Ungenießbaren gesetzt. Ist der Verzehr von tierischen oder pflanzlichen Zutaten einmal mit einem Tabu belegt, besitzt der Verzicht auf diese (prinzipiell genießbare) Nahrung eine bindende Gültigkeit. Diese ist keinesfalls universell, sondern bleibt auf kulturelle Räume begrenzt.[34]

Verwendet man Douglas' Überlegungen für eine Reinterpretation von Allergien, lassen sich alltägliche Reinigungs- und Immunisierungspraktiken als sich

32 | S. L. Star: »Power, Technology and the Phenomenology of Conventions«, S. 34.

33 | M. Douglas: *Ritual, Tabu und Körpersymbolik*, S. 109–110.

34 | M. Douglas: *Reinheit und Gefährdung*. In Nebenbemerkungen führt Star selbst Beispiele wie eine koschere Ernährungsweise an, jedoch stellt sie diese in den ökonomischen Kontext von »kritischen Massen«. Erreichen Konsumenten eine solche Größe, sind Konzerne eher dazu geneigt, neue Marktnischen und Verbrauchergruppen in ihr Programm zu integrieren. S. L. Star: »Power, Technology and the Phenomenology of Conventions«, S. 36–37.

selbst auferlegte Nahrungstabus begreifen. Auf diese Art legitimieren und arrangieren Allergiker eine Korrespondenz zwischen Verzicht und Unverträglichkeit einerseits, und konstituieren ihre eigenen Klassifikationen andererseits. Symbolisch stehen Allergene ganz im Zeichen von Verunreinigung, da sie gegen das angelegte Ordnungsschema verstoßen; sie sind ›fehl am Platz‹.[35] Mit dieser Reinterpretation soll keineswegs bestritten werden, dass ein Leben zwischen standardisierten Technologien und lokalen Erfahrungen leidvoll und schmerzhaft ist. Dennoch dürfen die handlungspraktischen Maßnahmen der Bewältigung nicht unterschätzt werden. Improvisierte Techniken wie das Trennen, Aufräumen oder Reinigen sind keinesfalls negativ zu werten, sondern stellen positive Anstrengungen dar, die individuelle Welt zu organisieren.

Marginalisierung und Grenzobjekte

In ihrem richtungsweisenden Artikel »Power, Technologies and the Phenomenology of Conventions« ruft Star dazu auf, die Tragweite stabilisierter Netzwerke und Konventionen für teilhabende Nutzer wie auch für marginalisierte Personen zu erforschen – ein wissenschaftspolitischer Appell, der auf einen ›Bias‹ der internationalen Wissenschafts- und Technikforschung aufmerksam macht.[36] Die Laboratory Studies und die aus dieser Forschungslinie hervorgegangenen Studien der Akteur-Netzwerk-Theorie konzentrieren sich vornehmlich auf epistemische und technische Produktionskontexte von unternehmerischen Persönlichkeiten. In seiner Einleitung der *Sociological Review*-Ausgabe, in der Stars Artikel erscheint, arbeitet sich auch der Journalherausgeber John Law an dieser Kritik ab.[37] Während die mangelnde Auseinandersetzung mit sozialwissenschaftlichen und den für feministische Forschung zentralen Größen wie Race, Class, Gender, Age und Body eingestanden wird, versucht Law die dominierende Auswahl prominenter Unternehmer und Wissenschaftler mit diversen Entmystifizierungs- und Entheroisierungsstrategien zu rechtfertigen.[38]

Hervorstechenderweise ist eine ähnlich gelagerte Kritik Stars in dem ein Jahr zuvor erschienen Artikel »Institutional Ecology, ›Translations‹ and Boundary Objects« (1989) zu finden, den sie gemeinsam mit dem Wissenschaftsphilosophen James R. Griesemer verfasst hat. Ausgangspunkt sind auch hier die Taktiken von ›system builders‹, jedoch liegt das Augenmerk auf der dominanten Gangart von Übersetzungsprozessen, mit denen Wissenschaftlerpersönlichkeiten ihre Interes-

35 | Siehe hier auch das Erkenntnispotenzial von analysierten Hygiene-Momenten und ihre Verbindung zum Gefahrenglauben in indigenen Kulturen vgl. M. Douglas: *Reinheit und Gefährdung*, S. 12-15.

36 | Für eine kritische Analyse der Latour'schen Arbeitsdokumentation in Boa Vista aus der Perspektive der Gender- und Postcolonial-Studies sowie Medienwissenschaften siehe U. Bergermann: »Kettenagenturen«.

37 | Law editierte auch den mit dieser Zeitschriftenausgabe inhaltlich identischen Sammelband *A Sociology of Monsters* (1991) der Sociological Review Monograph Series.

38 | J. Law: »Introduction«, insb. S. 6, 12, 13, 17.

sen realisieren.[39] Zur Aufgabenbewältigung bringen diese – Bruno Latour, John Law und Michel Callon zufolge – die zumeist divergierenden oder gar unbestimmbaren Interessen weiterer involvierter Personen auf eine Linie mit den eigenen Präferenzen. Das bedeutet: Die Involvierung heterogener Teilnehmer verlangt deren Assimilierung.[40] Demgegenüber entwickeln Star und Griesemer das Konzept der »Grenzobjekte«, welches unter Beweis stellt, dass eine »Kooperation ohne Konsens« möglich ist.[41] Grenzobjekte gewährleisten die Zusammenarbeit, indem sie allen divergierenden Interessen eine Projektionsfläche für ihre lokal-spezifischen Arbeitspraxen bieten und simultan einen umfassenden Kooperationszusammenhang bilden. Der Grenzcharakter dieser Objekte wird per definitionem dadurch markiert, dass sie gleichzeitig plastisch und robust, lokal und global, abstrakt und konkret sowie stark und schwach strukturiert sind.[42] Sie sind »Medien der Kooperation«[43], da sie von der Mitte aus Interessen übersetzen, um den heterogenen Ansprüchen der Akteure zu genügen, die sich um das Grenzobjekt herum versammeln. Während in dieser Schrift noch Klassifikationen sowie standardisierte Formulare und Etiketten als Grenzobjekte aufgefasst werden und Inklusion, Mitgliedschaft und Kooperation hervorbringen, sind in »Power, Technologies and the Phenomenology of Conventions« gerade diese medialen Typen für Exklusion, Marginalisierung und Delegation verantwortlich. Anstelle eines an den Grenzen sozialer Interaktion positionierten Objektes, das für eine Vermittlungsleistung einsteht, verharren Personen in Grenzbereichen, da sie die technische Konfrontation ins Abseits drängt.[44] Allgemeiner formuliert: Stars Fokusverlagerung von Produktions- zu Konsumentenkontexten[45] offenbart das janusköpfige Gesicht von standardisierten Technologien und Klassifikationen. Ihre mediale Leistung besteht darin, die Welt ihrer Produzentinnen und (Nicht-)Nutzerinnen sowohl verbinden als auch trennen zu können. Dennoch sollte man dabei nicht dem Trugschluss verfallen, Marginalisierung allein durch einen personenbezogenen Analyseschwerpunkt erklären zu wollen. Materiell fixierbare und symbolische Reichweiten von Standards und Klassifikationen legen dar, dass Technik keine soziale Distanz unterdrückt,

39 | Eine detaillierte Analyse der eindimensionalen Behandlung von Übersetzungsprozessen und der Möglichkeit einer multiperspektivischen Markierung von Übersetzungen im Rahmen eines »many-to-many mappings« findet sich bei Bergermann und Hanke in diesem Band.

40 | J. Law: »Technik und heterogenes Engineering«, S. 213. S. L. Star/J. R. Griesemer: »Institutional Ecology, ›Translations‹ and Boundary Objects«, S. 389-390.

41 | Ebd.; S. L. Star: »Kooperation ohne Konsens in der Forschung«, S. 66-67.

42 | S. L. Star/J. R. Griesemer: »Institutional Ecology, ›Translations‹ and Boundary Objects«, S. 393.

43 | E. Schüttpelz/S. Gießmann: »Medien der Kooperation«, S. 17.

44 | Es scheint so, als wären nur mediale Objekte in der Lage, unbeschadet an den Grenzen der sozialen Welten verweilen zu können, da sie ›sowohl als auch‹-Eigenschaften aufweisen. Personen hingegen bestehen nicht die Zerreißprobe, zwischen Dichotomien positioniert zu sein. Hierzu noch einmal Star: »This high tension zone is a kind of zero point between dichotomies or between great divides: male/female, society/technology, either/or«. S. L. Star: »Power, Technology and the Phenomenology of Conventions«, S. 47.

45 | Das Modell der Grenzobjekte wurde entlang einer Fallstudie über kooperative Arbeitspraktiken in einem Naturkundemuseum entwickelt.

sondern diese durch Verwandtschaft und Ordnung von natürlichen, technischen und sozialen Größen schafft.

Nadine Taha lehrt Medienwissenschaft an der Universität Siegen.

Literatur

Bergermann, Ulrike: »Kettenagenturen. Latours Fotografien, Brasilien 1991«, in: Ilka Becker/Bettina Lockemann/Astrid Köhler/Ann Kristin Krahn/Linda Sandrock (Hg.), *Fotografisches Handeln,* Kromsdorf/Weimar: Jonas Verlag 2016, S. 161–181.

Bloor, David: »Durkheim and Mauss Revisited: Classification and the Sociology of Knowledge«, in: *Studies in History and Philosophy of Science* 13/4 (1982), S. 267–297. https://doi.org/10.1016/0039-3681(82)90012-7

Bloor, David: *Knowledge and Social Imagery.* London/Boston, MA: Routledge & Kegan Paul 1976.

Bowker, Geoffrey C./Star, Susan L.: *Sorting Things Out. Classification and its Consequences,* Cambridge, MA/London: MIT Press 1999.

Brohm, Holger/Gießmann, Sebastian/Schabacher, Gabriele/Schramke, Sandra (Hg.): *ilinx, Berliner Beiträge zur Kulturwissenschaft* 4 (2017), »Workarounds. Praktiken des Umwegs«.

Callon, Michel: »Einige Elemente einer Soziologie der Übersetzung: Die Domestikation der Kammmuscheln und der Fischer der St. Brieuc-Bucht«, in: Andréa Belliger/David J. Krieger (Hg.), *ANThology. Ein einführendes Handbuch zur Akteur-Netzwerk-Theorie,* Bielefeld: transcript 2006, S. 135–174.

Daston, Lorraine/Galison, Peter: *Objektivität,* Frankfurt a. M.: Suhrkamp 2007.

Douglas, Mary: *Ritual, Tabu und Körpersymbolik. Sozialanthropologische Studien in Industriegesellschaft und Stammeskultur.* Frankfurt a. M.: Suhrkamp [2]1973 [1970].

Douglas, Mary: *Reinheit und Gefährdung. Eine Studie zu Vorstellungen von Verunreinigung und Tabu,* Berlin: Dietrich Reimer Verlag 1985.

Douglas, Mary: *How Institutions Think,* Syracuse, NY: Syracuse University Press 1986.

Durkheim, Émile/Mauss, Marcel: »Über einige primitive Formen von Klassifikation. Ein Beitrag zu Erforschung der kollektiven Vorstellungen«, in: Hans Joas (Hg.), *Émile Durkheim. Schriften zur Soziologie der Erkenntnis,* Frankfurt a. M.: Suhrkamp 1987, S. 169–257.

Durkheim, Émile: *Die elementaren Formen des religiösen Lebens,* Frankfurt a. M.: Verlag der Weltreligionen 2007.

Gießmann, Sebastian/Schabacher, Gabriele: »Umwege und Umnutzung oder: Was bewirkt ein Workaround?«, in: *Diagonal. Zeitschrift der Universität Siegen – Alte Sachen, neue Zwecke* 35 (2014), S. 13–26.

ICD-Code Suchmaschine der kardiologischen Praxis Krollner Hamburg, www.icd-code.de/suche/icd/code/K52.-.html?sp=Sallergie vom 2.12.2016.

ICD-Code Suchmaschine der kardiologischen Praxis Krollner Hamburg, www.icd-code.de/suche/icd/code/T78.-.html?sp=Sallergie vom 2.12.2016.

Jackson, Mark: *Allergy: The History of a Modern Malady,* London: Reaction 2006.

Knorr-Cetina, Karin: »Primitive Classification and Postmodernity: Towards a Sociological Notion of Fiction«, in: *Theory, Culture & Society* 11/3 (1994), S. 1–22. https://doi.org/10.1177/026327694011003001

Law, John: »How Much of Society Can the Sociologist Digest at One Sitting? The ›Macro‹ and the ›Micro‹ Revisited for the Case of Fast Food«, in: *Studies in Symbolic Interaction* 5 (1984), S. 171–196.

Law, John: »Introduction: Monsters, Machines and Sociotechnical Relations«, in: Ders. (Hg.), *A Sociology of Monsters. Essays on Power, Technology and Domination*, London, New York: Routledge 1991, S. 1–23.

Law, John: »Technik und heterogenes Engineering: Der Fall der portugiesischen Expansion«, in: Andréa Belliger/David J. Krieger (Hg.), *ANThology. Ein einführendes Handbuch zur Akteur-Netzwerk-Theorie*, Bielefeld: transcript 2006, S. 213–236.

Ring, Johannes: »Terminology of Allergic Phenomena«, in: Karl-Christian Bergmann/Johannes Ring (Hg.), *History of Allergy*, Basel u. a.: Karger 2014, S. 46–52. https://doi.org/10.1159/000358500

Ritzer, George: *The McDonaldization of Society*, Thousand Oaks, CA: Pine Forge Press 2000.

Schadewaldt, Hans: *Geschichte der Deutschen Gesellschaft für Allergie- und Immunitätsforschung 1951–1984*, München-Deisenhofen: Dustri-Verlag 1984.

Schlosser, Eric: *Fast Food Nation. The Dark Side of the All-American Meal*, New York: Mariner Books 2001.

Schüttpelz, Erhard/Gießmann, Sebastian: »Medien der Kooperation. Überlegungen zum Forschungssstand«, in: *Navigationen* 15/1 (2015), S. 7–55.

Silverstein, Arthur M.: *A History of Immunology*, Amsterdam u. a.: American Press [2]2009.

Smith, Matthew: *Another Person's Poison: A History of Food Allergy*, New York: Columbia University Press 2015.

Star, Susan L./Griesemer, James R.: »Institutional Ecology, ›Translations‹ and Boundary Objects: Amateurs and Professionals in Berkeley's Museum of Vertebrate Zoology, 1907–39«, in: *Social Studies of Science* 19/3 (1989), S. 387–420. https://doi.org/10.1177/030631289019003001

Star, Susan L.: »Power, Technology and the Phenomenology of Conventions: On Being Allergic to Onions«, in: *The Sociological Review* 38/1 (1990), S. 26–56. https://doi.org/10.1111/j.1467-954X.1990.tb03347.x

Star, Susan L.: »Kooperation ohne Konsens in der Forschung: Die Dynamik der Schließung in offenen Systemen«, in: Jörg Strübing et al. (Hg.), *Kooperation im Niemandsland. Neue Perspektiven auf Zusammenarbeit in Wissenschaft und Technik*, Opladen: Leske + Budrich, S. 58–76.

Weber, Jutta: »Donna Haraway: Technoscience, New World Order und Trickster-Geschichten für lebbare Welten«, in: Diana Lengersdorf/Matthias Wieser (Hg.), *Schlüsselwerke der Science & Technology Studies*, Wiesbaden: Springer 2014, S. 155–169. https://doi.org/10.1007/978-3-531-19455-4_13

Schichten des Schweigens, Arenen der Stimme

Die Ökologie sichtbarer und unsichtbarer Arbeit (1999)

Susan Leigh Star und Anselm Strauss

Was als Arbeit gilt, ist eine Frage der Definition: Das grosse Ganze

Computer-Supported Cooperative Work (CSCW) widmet sich großenteils der Unterstützung von Gruppenarbeitsprozessen. Ein wichtiger Gesichtspunkt darin ist die Spannung zwischen formellen Aufgabenbeschreibungen und offener Arbeit einerseits und informellen Aufgaben und der Arbeit »hinter den Kulissen« andererseits.[1] Zweifellos ist die Identifizierung dieser Arbeit – die durch formale oder traditionelle Anforderungsanalysen nicht geleistet wird – von entscheidender Bedeutung. Sie dient dem Erfassen des Arbeitsumfangs und der Repräsentation von Feinheiten der Kooperation. Dass es Grenzen für diesen Spezifizierungsprozess gibt, ist ebenfalls bekannt. »Weniger ist mehr« wird von vielen CSCW-Forschern als allgemeines Designprinzip für das Gebiet dargelegt. Manche Formen der Arbeit hinter den Kulissen und von Handlungsfreiheit sollten oft nicht näher spezifiziert und in Systemanforderungen nicht repräsentiert werden. Lucy Suchman liefert eine elegante Analyse der komplexen Kompromisse, die damit verbunden sind, Arbeit sichtbar zu machen.[2] Zum einen kann Sichtbarkeit Legitimierung, Rettung vor Verdunkelung oder anderen Aspekten von Ausbeutung bedeuten. Zum anderen kann Sichtbarkeit zur Verdinglichung von Arbeit und zu Möglichkeiten der Überwachung führen, oder sie kann die Gruppenkommunikation und Prozessbelastungen verstärken.

Während sich die Computernutzung von der Einzel- zur Gruppenaufgabe und -kommunikation verlagert, werden die Aufgaben des Abstimmens, Anpassens und Kontrollierens von Nutzung und Nutzern immer komplexer. Besonders relevant ist ein Typus von Arbeit, den Strauss und andere Autoren »Artikulationsarbeit«

1 | Vgl. K. Schmidt/L. Bannon: *Taking CSCW Seriously*; A. Fjuk/O. Smørdal/M. Nurminen: »Taking Articulation Work Seriously«; M. Robinson: »Double-Level Languages and Co-operative Working« und »Design for Unanticipated Use«; G. C. Bowker et al. (Hg.): *Social Science, Technical Systems and Cooperative Work* und M. Robinson: »›As Real as It Gets‹«.

2 | L. Suchman: »Making Work Visible«.

genannt haben.[3] Artikulationsarbeit vollzieht »Arbeit, die die Dinge angesichts des Unerwarteten wieder ›auf Kurs‹ bringt und Handeln modifiziert, um es unvorhergesehenen Eventualitäten anzupassen. Wichtig an Artikulationsarbeit ist, dass sie für rationalisierte Arbeitsmodelle unsichtbar bleibt.«[4] Seit der Einführung von CSCW gibt es die Intuition, dass Artikulationsarbeit für das Design von Bedeutung ist.[5] Die Unterstützung von Artikulationsarbeit, so führen Schmidt und Bannon aus, ist gleichbedeutend mit der Entwicklung einer ebenso subtilen wie gründlichen Analyse der Politik und Kultur der zu unterstützenden Arbeit. Bei dieser unterscheidet sich das Außergewöhnliche von der Routine. Sie soll zudem nicht gegen kontextuelle Normen verstoßen. Fjuk, Smørdal und Nurminen weiten die Analyse auf den Bereich der Werkzeuge aus, indem sie Leontjews tätigkeitstheoretische Modelle von Arbeit und Entwicklung anwenden.[6]

Schmidt und Simone verweisen auf einen wichtigen Unterschied zwischen Artikulationsarbeit und kooperativer Arbeit.[7] Kooperative Arbeit verschränkt verteilte Aufgaben; Artikulationsarbeit managt die Konsequenzen der Verteiltheit von Arbeit. Sie betonen die hoch komplexe Dynamik und die rekursive Beziehung zwischen beiden – das Managen von Artikulationsarbeit kann seinerseits Artikulationsarbeit werden und umgekehrt, ad infinitum. Die Auswirkungen auf das Design, die dieser wichtige Aufsatz hinsichtlich unsichtbarer Arbeit hat, werden später dargelegt.

In dieser Literatur steht u. a. das dynamische Zusammenspiel des Formellen und Informellen im Fokus, etwa in Robinsons einflussreicher Erörterung doppelbödiger Sprachen *(double level languages)*.[8] Das Verhältnis zwischen dem Sichtbaren und dem Unsichtbaren bedarf einer ähnlich rigorosen Analyse. Ein Ausgangspunkt wäre es, danach zu fragen, was Arbeit eigentlich ist und für wen sie sichtbar oder unsichtbar sein könnte (oder sollte).

Es liegt kaum klar auf der Hand, *was genau* als Arbeit gilt. Wenn sich Menschen einig sind, mag es klar oder natürlich scheinen, sich irgendeinen Komplex von Handlungen als Arbeit oder als Freizeit vorzustellen. Doch sobald die Legitimation der Handlung qua Arbeit in Frage gestellt wird, beginnt die Debatte oder der Dialog.

---

3 | A. Strauss et al.: *Social Organization of Medical Work.*

4 | S. L. Star: »The Sociology of the Invisible«, S. 275. Siehe auch A. Strauss: »Work and the Division of Labor« und »The Articulation of Project Work« sowie M. Berg: *Rationalizing Medical Work.*

5 | E. Gerson/S. L. Star: »Analyzing Due Process in the Workplace«; K. Schmidt/L. Bannon: »Taking CSCW Seriously«; R. Grinter: »Supporting Articulation Work Using Software Configuration Management Systems«; L. Suchman: »Supporting Articulation Work«; K. Schmidt/C. Simone: »Coordination Mechanisms« und V. Kaptelinin/B. Nardi: »Activity Theory«.

6 | A. Fjuk/O. Smørdal/M. Nurminen: »Taking Articulation Work Seriously«.

7 | K. Schmidt/C. Simone: »Coordination Mechanisms«. Dieser Unterschied entspricht Strauss' ursprünglicher Unterscheidung zwischen Produktionsarbeit und Artikulationsarbeit. Vgl. A. Strauss: »Work and the Division of Labour« und Strauss et al.: *Social Organization of Medical Work.*

8 | M. Robinson: »Double-Level Languages and Co-operative Working«. Anm. d. Hg.: Gemeint sind die zueinander komplementären formellen wie kulturellen Dimensionen von Sprache.

So wurde beispielsweise vor der Frauenbewegung der 1970er Jahre ein Großteil der mit Putzen, Aufziehen von Kindern und Unterhalten von Familien verbundenen Aktivität als Akt der Liebe, als Ausdruck einer natürlichen Rolle oder gar nur als eine Daseinsform definiert.[9] Feministische Bewegungen wie die britische »Wages for Housework«-Gruppe definierten mit einer öffentlichen Kampagne diese Tätigkeiten als Arbeit – mit realem ökonomischem Wert. Eine ähnliche Kampagne aus jüngerer Zeit in Kanada bewirkte, dass der kanadische Zensus im Mai 1996 erstmals Fragen zu unbezahlter Arbeit enthielt, »unter Berücksichtigung jeder Tätigkeit, vom Baden von Kindern und Rasenmähen bis zur Versorgung von Senioren und zu Ratschlägen für Teenager«.[10] Bezeichnenderweise ist eine der teilnehmenden Organisationen die »Canadian Association of Home Managers«, die ausdrücklich nicht als Hausfrauen (oder Ehemänner) bezeichnet werden.

Jeder derartigen Bewegung geht es um den Versuch, das Verhältnis zwischen sichtbarer und unsichtbarer Arbeit neu zu definieren. Wenn die strukturellen Verschiebungen so umfassend sind wie beim obigen Beispiel, können ganze Arenen der Debatte entstehen und mit sozialen Bewegungen verknüpft werden. Ivan Illich siedelt in seinem provokativen Aufsatz »Schattenarbeit oder vernakuläre Tätigkeiten« die Erzeugung unsichtbarer Arbeit in einem umfassenden historischen Umschwung an, der im Zusammenhang mit Formen von Industriearbeit entstand und schwer zu definieren ist:

»In traditionellen Kulturen ist die Schattenarbeit [...] oft schwer zu identifizieren. In Industriegesellschaften wird sie für Routine gehalten. Doch ein solcher Euphemismus trägt zur weiteren Verbreitung bei. Starke Tabus stehen ihrer Analyse als geschlossener Einheit entgegen. Die Industrieproduktion bestimmt über ihre Notwendigkeit, ihr Ausmaß und ihre Formen [...]. Um das Wesen von Schattenarbeit zu begreifen, müssen wir uns vor zwei Verwechslungen hüten. Sie ist keine Subsistenztätigkeit; sie nährt die formelle Ökonomie, nicht die soziale Subsistenz. Sie ist auch keine unterbezahlte Lohnarbeit; ihre unbezahlte Leistung ist die Bedingung dafür, dass Löhne bezahlt werden müssen.«[11]

Seit einigen Jahren gibt es eine großangelegte Verschiebung hinsichtlich der Art, wie Karrieren, Unternehmen und der öffentliche Sektor wechselseitig aufeinander bezogen werden. Auf Unternehmensseite bedeuten Stellenabbau, innerbetrieblicher Strukturwandel, Outsourcing und andere Managementstrategien wie die Prozesskostenrechnung, dass viele Menschen, die zuvor von einer lebenslangen Beschäftigung in einem Unternehmen ausgingen, freie Mitarbeiter oder Berater geworden sind – ohne Versorgungs- oder Rentenansprüche.[12] Wesentlich mehr Menschen werden einfach entlassen. Im öffentlichen Sektor bedeuten Mittelkürzungen und Verlagerung von Aufträgen einen Wandel hin zu ähnlichen Managementpraktiken, wie sie z. B. in vielen amerikanischen privaten Krankenversicherungen (Health Maintenance Organizations), Universitäten oder lokalen staatlichen Managementunternehmen üblich sind. Diese maximieren oft den Pro-

9 | C. Kramarae: »Gotta Go Myrtle, Technology's at the Door«.

10 | Statistics Canada: »Canadian Census Gives Credit for Unpaid Work«.

11 | I. Illich: *Shadow Work*, S. 100.

12 | J. Greenbaum: *Windows on the Workplace*.

fit und versuchen unnötige Dienstleistungen einzustellen – in einem Bereich, der zuvor ein Nonprofit-Sektor mit anderen Zielen und Werten war.

Allgemein betrachtet bilden diese Verschiebungen die Bedingungen für eine neue Arena, in der das Verhältnis zwischen sichtbarer und unsichtbarer Arbeit in Frage gestellt wird. Wenn sich das Unternehmensmanagement im Extremfall dafür entscheidet, Arbeit in Aufgabenkomponenten aufzufächern und aus der Biografie, dem Job oder der Karriere jedes bestimmten Individuums zu entfernen, muss dies komplett beschreibbar und in einem gewissen Sinn rationalisiert sein. Arbeitsmerkmale, die in stabilen, karriereorientierten betrieblichen Milieus entstanden, erleben inzwischen einen dramatischen Wandel. Die besonders betroffenen Arbeitsformen beinhalten implizites und kontextuelles Wissen, das von alten Mitarbeitern erworbene Fachwissen und langfristige Teamarbeit.

Ein Großteil der neueren CSCW-Forschung zur Arbeit richtet sich konzeptuell gegen diesen kulturellen Wandel. Sie analysiert das Fachwissen, das oft dem Blick verborgen und sogar bei scheinbar sinnlosen Aufgaben vorhanden ist. Wenn Reinigungspersonal, Registraturangestellte und andere sogenannte ungelernte Arbeitskräfte einen signifikanten Ermessensspielraum nutzen und ihre Jobs um wertvolle Fähigkeiten bereichern, dann können Outsourcing und an den niedrigsten Anbieter vergebene Akkordarbeit bei einer Firma als verborgener Kostenfaktor erscheinen.[13] Die Arena des Gesundheitswesens wird momentan durch solche Diskussionen bestimmt, etwa wenn Ärzte erklären, dass privatwirtschaftliche Kostenbremsen der Versicherungen sie praktisch daran hindern, richtige ärztliche Versorgung zu gewährleisten. Sie wenden dagegen ein, eine solche Versorgung beruhe stets auf dem ärztlichen Ermessensspielraum.

Es ist lange her, dass Herbert Blumer den Begriff »cultural drift« für Verschiebungen in Werten und in Organisationen gebrauchte, die mannigfaltige und verschiedene Arenen des sozialen Lebens tangieren. Die gegenwärtigen komplexen Umstände des Arbeitslebens stellen einen ›cultural drift‹ dar, der die Natur der Arbeit und des beruflichen Wissens betrifft. In diesem Aufsatz untersuchen wir, wie die Frage »Was ist Arbeit?« sich auf deren Unsichtbarkeit auswirkt. Dabei nehmen wir momentan ein wenig Abstand von den unmittelbaren Auseinandersetzungen darüber, wie Arbeit zu messen sei oder wie Computersysteme zu konstruieren seien, um verteilte Zusammenarbeit zu unterstützen. Wir untersuchen verschiedene Arten von sichtbarer und unsichtbarer Arbeit, darunter teilweise Extreme wie Sklaverei oder auf höchster Ebene getroffene Unternehmensentscheidungen, um besser zu verstehen, wie sich Sichtbarkeit auf CSCW-Designüberlegungen und das Studium von kooperativer Arbeit auswirkt. Deswegen müssen wir zunächst verstehen, wie Arbeit sichtbar oder unsichtbar wird, und anschließend, wie Aushandlungen über diesen Status strukturiert sind.

13 | Y. Engeström/R. Engeström: »Developmental Work Research«.

Die Sichtbarkeit oder Unsichtbarkeit von Arbeit: Spannungen und Aushandlungen

Die Frage, was als Arbeit gilt, wird ganz unterschiedlich beantwortet. Im allgemeinen Sprachgebrauch ist Arbeit für uns ganz offensichtlich: »Arbeit ist, wenn man am Morgen aufsteht und ins Büro fährt, und was man dort tut, ist Arbeiten.« Doch wie wir am Beispiel der Bezahlung für Hausarbeit gesehen haben, gibt es viele Arten von Tätigkeiten, die sich in einer großen und wachsenden Grauzone bewegen. Sind Aufgaben, die zu Hause verrichtet werden, um einen chronisch kranken Ehemann zu versorgen, wirklich Arbeit? Niemand, der einmal Bettpfannen ausgeleert, mit Versicherungsfirmen verhandelt oder ein Haus rollstuhltauglich umgebaut hat, würde bestreiten, dass dies in der Tat schwere Arbeit ist. Doch solche Arbeit ist oft unsichtbar. Sie kann sowohl für Angehörige und Freunde wie für andere Menschen am bezahlten Arbeitsplatz unsichtbar sein. Sie wird nach Büroschluss eingeschoben, versteckt als ein irgendwie peinliches Zeichen für einen nicht funktionierenden Körper – sie wird für die öffentliche Definition als Zeit *abseits von* Arbeit neu definiert. Der jüngst in den USA erlassene Family Leave Act ordnet die Erlaubnis für eine Auszeit an, in der man sich um einen schwerkranken Verwandten kümmern kann. Er ist ein wichtiger Meilenstein, mit dem Rücksicht darauf genommen wird, wie Familienpflege im Hinblick auf den Arbeitsplatz sichtbar sein sollte. Der Family Leave Act spiegelt einen Wandel in der Struktur der amerikanischen Familie wider, indem er die strukturellen Veränderungen anerkennt, die durch verlängerte Lebenszeit, Alzheimer und andere chronische Krankheiten verursacht werden.

Die Relevanz des Kontexts für die Analyse der Sichtbarkeit von Arbeit wird an zwei extremen Fallbeispielen sichtbar. Wir wollen mit ihnen die Vielfalt an Indikatoren für tatsächlich geleistete Arbeit unterstreichen. Die meisten Menschen würden das Gebet nicht für lebenswichtige öffentliche Arbeit, sondern vielmehr für eine private Handlung halten. Und für die meisten Menschen arbeiten ältere Menschen immer weniger. Doch Driscolls Untersuchung eines Nonnenklosters kehrt diese beiden verbreiteten Auffassungen um.[14] Die Nonnen gehen im Kloster allen möglichen Pflichten nach: Sie putzen Fußböden, drucken Gesangbücher, bügeln Priesterroben. Insbesondere ist eine Aufgabe für die Rolle der Nonnen in der größeren Gemeinde wichtig: Sie sprechen Gebete für kranke oder notleidende Gläubige. Menschen außerhalb des Klosters ersuchen die Nonnen, eine gewisse Anzahl spezieller Gebete zu sprechen, und es gibt immer eine Warteliste. Das Sprechen dieser Gebete ist hoch geschätzte Arbeit. Wenn die Nonnen älter werden, sind sie weniger in der Lage, körperlich anstrengende Tätigkeiten zu verrichten. Sie können sogar ans Bett gefesselt sein. Doch solange sie bei klarem Verstand sind, sind sie ideal dafür geeignet, die Gebetswarteliste zu verkürzen – eine wertvolle Dienstleistung für das Kloster wie für die größere Gemeinde. Somit ist ihre Arbeit sowohl sichtbar als auch in diesem Kontext geschätzt. In einer anderen Umgebung könnten sie (in Bezug auf Arbeit) als nutzlose alte Frauen gelten, die sich mit nichts anderem als Gebet und Andacht beschäftigen.

Im Fall der Nonnen ist das bei der Arbeit erzeugte ›Produkt‹ das Gebet selbst, wenn es richtig gesprochen wird. Der von anderen im Kloster eingesetzte Indikator

14 | M. K. Driscoll: *Body Boycotts.*

ist die kürzere Warteliste. Aber auch die Definition des Produktes kann knifflig sein und ist ganz bestimmt situationsbezogen. So wurden beispielsweise in den durch die Nationalsozialisten im Zweiten Weltkrieg errichteten Konzentrationslagern Gefangene von den Wachen oft gezwungen, sinnlose Aufgaben zu verrichten. Eine Aufgabe, an die sich viele Gefangene lebhaft erinnern, bestand darin, einen schweren Steinblock eine lange Treppe in einem Steinbruch hinaufzuschleppen, dann wieder hinunter und erneut hinauf, bis der Gefangene erschöpft zusammenbrach. Der Zusammenbruch war für die Wache ein Vorwand, den Gefangenen zu erschießen, weil er »faul« war.

Was ist die Arbeit in dieser Situation, und was wird durch sie produziert? Im üblichen Sinn ist die Aufgabe eindeutig sinnlos, und sie ist es ganz gewiss aus der Sicht des Gefangenen. Aus seiner Perspektive schrumpft Arbeit tatsächlich auf eine minimale Überlebenschance – auf eine Reihe von improvisierten, verzweifelten Manövern, es länger als die Lageraufseher auszuhalten und sie auszutricksen. Aus der Perspektive der Nationalsozialisten war die Arbeit, den Steinblock die Treppe hinauf- und hinunterzuschleppen, nicht das Produkt – was tatsächlich produziert wurde, war ein Tod. Es ist klar, dass es hier ganz auf die *Definition* ankommt: sowohl im relativen Sinn des Bezugssystems wie im brutalen Sinn dessen, der den Sinn der Arbeit definiert. An dieser Stelle betrachten wir die folgende Passage aus Toni Morrisons Roman *Menschenkind*, in der der Sklave Sixo beschuldigt wird, seinem Sklavenhalter, dem Schullehrer, ein Ferkel gestohlen zu haben:

»›Du hast das Ferkel gestohlen, stimmt's?‹
›Nein, Sir‹, sagte Sixo, hatte aber Anstand genug, den Blick auf das Fleisch gesenkt zu lassen.
›Du sagst mir frech ins Gesicht, du hättest es nicht gestohlen?‹
›Nein, Sir, ich hab's nicht gestohlen.‹
Der Schullehrer lächelte. ›Hast du es abgestochen?‹
›Ja, Sir, ich hab's abgestochen.‹
›Hast du es zerlegt?‹
›Ja, Sir.‹
›Hast du es zubereitet?‹
›Ja, Sir.‹
›Nun gut. Und hast du es gegessen?‹
›Ja, Sir. Das hab ich.‹
›Und du willst mir erzählen, dass das kein Diebstahl ist?‹
›Nein, Sir. Ist es nicht.‹
›Was ist es dann?‹
›Ihr Eigentum mehr wert zu machen, Sir.‹
›Was?‹
›Sixo pflanzt Roggen, damit das obere Feld besser trägt. Sixo geht her und gibt dem Boden Nahrung, damit er mehr Korn bringt. Sixo geht her und gibt Sixo Nahrung, damit er mehr Arbeit bringt.‹
Schlau, aber der Schullehrer schlug ihn trotzdem, um ihm zu zeigen, dass Definitionen denen zustehen, die definieren, nicht denen, die definiert werden.«[15]

15 | T. Morrison: *Menschenkind*, S. 279 f.

Das Konzentrationslager und die amerikanische Sklaverei sind natürlich Extreme, wenn wir die Beziehungen zwischen Macht und Unsichtbarkeit untersuchen. Aber die obigen Beispiele verdeutlichen die Kontextgebundenheit von Arbeit. Sie zeigen, was sichtbar und öffentlich sein oder nicht sein kann, und wie radikal unterschiedlich Verständnisse von Produkt und Indikator sein können. In dem Film *Die Götter müssen verrückt sein* gibt es eine bezeichnende köstliche Szene zwischen einem westlichen Ökologen, der die Wanderbewegungen von Elefanten studiert, und einem Stammesmitglied der !Kung, der wissen will, was der Ökologe für seinen Lebensunterhalt tut. Der !Kung also fragt den Westler nach seiner Arbeit. Der Westler erwidert, er sei Ökologe, ein Naturforscher. Als er den verwirrten Gesichtsausdruck des !Kung sieht, übersetzt er dies auf die Ebene von Tätigkeit: »Nun, ich laufe den ganzen Tag hinter Elefanten her und sammle ihren Dung auf.« Nun verrät die Miene des !Kung Mitleid, in das sich kaum verhohlene Belustigung mischt. Da ein gegenseitiger Kontext fehlt, ist nur noch die ungeschönte Tätigkeit sichtbar, die in der weiten Welt der Wissenschaft sinnvoll ist, aber lächerlich in der Welt der Stammeskultur.

In allen modernen Organisationen gibt es irgendeine Version dieser radikal unterschiedlichen Definitionen der Situation. Infolge von Umbau und Kürzungen treffen Kontexte unvermeidlich aufeinander und widersprechen einander oft auf genau diese Weise. »Verschlanken« bedeutet in der Praxis, dass irgendjemand (Berater oder Manager) in mannigfaltigen Kontexten auftritt und die Notwendigkeit der jeweils verrichteten Arbeit beurteilt. Er kann Verständnis für den Kontext entwickeln oder auch nicht. Ohne dieses Verständnis kann es den Anschein haben, als ob Sekretärinnen oft bloß miteinander oder mit Kunden plaudern – mit Sicherheit eine Tätigkeit, die ein Fehlen von wirklicher Arbeit anzeigt. Doch dabei wird ignoriert, wie die zwischen Sekretärinnen ausgetauschten Informationen über ihre Chefs die Kommunikation zwischen Chefs reibungslos machen, ungewöhnliche Anfragen durch den Aufbau eines Netzwerks von wechselseitiger Kooperation beschleunigen und den Austausch begünstigen oder unnötige Störungen ausschalten können, etwa indem ein lästiger Kunde hingehalten wird.[16] Derartige Praktiken zu tilgen, indem der Kontext von Arbeit ignoriert wird, kann sich langfristig als kostspielig erweisen.[17] Weil das Design von CSCW-Systemen Koordination und Artikulationsarbeit erfordert, kann das Ignorieren solcher unsichtbarer Arbeit bedeuten, dass das System nicht genutzt wird oder dass es Ungerechtigkeiten fördert.[18]

Formen von sichtbarer und unsichtbarer Arbeit

Definitionen stehen denen zu, die definieren, sagt Morrison. Was als Arbeit gilt, hängt nicht a priori von einem Komplex an Indikatoren ab, sondern vielmehr von der Definition der Situation. Es ist interessant, sich die ganze Bandbreite von Indikatoren vorzustellen, die Arbeit anzeigen können. Am einen Ende gibt es die physische Arbeit, mit Schweiß, schwerem Atem und den Anzeichen von Kraftausübung. Am anderen Ende ist die Arbeit, die im Augenblick keine Bewegung erfordert – etwa

16 | R. M. Kanter: *Men and Women of the Corporation.*

17 | L. Suchman: »Making Work Visible« und R. Grinter: »Supporting Articulation Work«.

18 | J. Grudin: »Why CSCW Applications Fail«.

als Bediensteter dafür bezahlt zu werden, für eine Arbeit verfügbar zu sein, egal, ob in der fraglichen Zeit irgendeine Tätigkeit verrichtet wird. In diesem gesamten Kontinuum kann die Sichtbarkeit und Legitimität von Arbeit niemals für selbstverständlich gehalten werden, wie es z. B. die Gebete der alten Nonnen demonstrieren. Die härteste physische Anstrengung kann als Sport, Zen-Meditation, Bestrafung oder Entspannung definiert werden. Die Extreme physischer Trägheit, wie passives Warten oder zuweilen bloß zu existieren, lassen sich unter gewissen Umständen als legitime Arbeit definieren – ein Monarch zu sein, einem Unternehmen den eigenen Namen zu geben, ja, so blutig das Beispiel auch ist, die eigenen Organe zu spenden und sie nach dem Tod in einem anderen Menschen arbeiten zu lassen.

Wenn wir davon ausgehen, dass das, was als Arbeit gilt, eine Definitionsfrage ist, kann man sich darauf konzentrieren, wie die Beziehungen zwischen Indikatoren unter verschiedenen Bedingungen erscheinen – und eine Matrix von sichtbarer und unsichtbarer Arbeit erstellen. Wir wissen, dass es möglich ist, einen anderen Menschen schwitzen und leiden zu sehen und Anstrengung nicht als Arbeit zu verstehen. Wir wissen, dass es möglich ist, keine direkte physische Aktion zu beobachten, aber diesen Mangel an Bewegung als Arbeit definieren und damit bezahlen zu lassen. Diese veränderte Betrachtungsweise bringt uns von der alltäglichen und oft irreführenden Vorstellung ab, dass Arbeit offensichtlich sei. Im zweiten Abschnitt dieses Aufsatzes betrachten wir eine Reihe von Beispielen innerhalb dieses Feldes, mitsamt ihrer Äußerungen oder des Schweigens, das sie verursachen:

Erzeugen einer Nicht-Person. Unter manchen Umständen ist der Akt des Arbeitens oder das Produkt von Arbeit für Arbeitgeber wie Arbeitnehmer sichtbar, aber der Arbeitnehmer ist unsichtbar – eine »Nicht-Person«, wie Goffman dies nennt.[19] Natürlich ist dies mit Macht- und Statusunterschieden zwischen Arbeitgeber und Arbeitnehmer verbunden. Wir betrachten hier Unsichtbarkeit und Mühsal unter Hausangestellten und anderen Dienstleistungskräften, wobei das Definieren legitimer Arbeit eindeutig dem Arbeitgeber obliegt und der Arbeitnehmer oft unsichtbar ist. Dieser Bereich zeichnet sich durch Bemühungen aus, den Status von Hausangestellten anzuheben und ihre Arbeitsbedingungen zu ändern.

Hintergrundarbeit entbetten. In einer Umkehr des obigen Szenarios gibt es Umstände, unter denen die Arbeitenden selbst ganz sichtbar sind, doch die Arbeit, die sie verrichten, unsichtbar oder an einen Erwartungshintergrund verwiesen ist. Wir untersuchen hier, wie Pflegekräfte, die als Arbeitskräfte im Gesundheitswesen sehr sichtbar sind, sich um die Errichtung einer Arena der Stimme bemühen, um ihre Arbeit sichtbar [und hörbar, die Hg.] zu machen. Sie versuchen eine Arbeit, die bislang unter einer allgemeinen Rubrik von ›Pflege‹ eingebettet ist und gewöhnlich für selbstverständlich gehalten wird, in eine Arbeit umzuwandeln, die legitim, individualisiert und in allen Situationen nachweisbar ist.

Abstrahieren und Manipulieren von Indikatoren. Es gibt zwei Fälle, in denen sowohl Arbeit wie Menschen als unsichtbar definiert werden können: 1. Formale und quantitative Indikatoren von Arbeit werden vom Arbeitsplatz abstrahiert und zur Basis für Ressourcenverteilung und Entscheidungsfindung. Wenn die Produktivität beispielsweise durch eine Reihe indirekter Indikatoren quantifiziert wird, kann die Legitimität von Arbeit auf der Manipulation jener Indikatoren beruhen, die durch Personen vorgenommen wird, die die Arbeitssituation nie aus erster Hand

19 | E. Goffman: *The Presentation of Self in Everyday Life.*

erleben. 2. Die Produkte von Arbeit sind Waren, die in einiger Entfernung vom Arbeitsplatz erworben werden. Arbeit und Arbeiter sind unsichtbar für die Konsumenten, die gleichwohl passiv zu ihrem Verstummen und zu ihrer anhaltenden Unsichtbarkeit beitragen.

Im folgenden Abschnitt untersuchen wir diese Bedingungen und Dimensionen von unsichtbarer Arbeit. Im ersten Fall, dem »Erzeugen einer Nicht-Person«, geschieht dies am Beispiel der Hausarbeit als der exemplarischen Form von zutiefst unsichtbarer Arbeit.

Erzeugen einer Nicht-Person: Schweigen und Existenzkampf der Hausangestellten

> »Die Geschichte der Hausarbeit in den USA ist ein ungeheures, ungelöstes Rätsel, weil in der sozialen Rolle von ›Bediensteten‹ häufig das unausgesprochene Adjektiv *unsichtbar* mitschwingt.«[20]
>
> Philip A. Cowan, Dorothy Field und Donald A. Hansen

Hausarbeit in den USA – als Dienstmädchen, Putzfrau oder Kindermädchen – ist normalerweise privat, nicht überliefert, ohne den Schutz sozialer Sicherheit und nicht geregelt. Üblicherweise wird sie von farbigen Frauen für weiße Frauen verrichtet.[21] Sie ist eine schwere physische Arbeit und führt oft zu Erschöpfung. Hausarbeit kann auch in emotionaler Hinsicht erschöpfend sein, wenn die Arbeitgeberin verlangt, dass die Angestellte als Beraterin oder Vertraute agiert, oder wenn die Würde der Angestellten ständig angegriffen wird.[22] Viele dieser Elemente sind auch in der Reinigungsindustrie evident, auch wenn diese Arbeit vielleicht weniger einsam und organisierter ist.

Mehrere Autoren beschreiben eine merkwürdige Mischung von Sichtbarkeit und Unsichtbarkeit in der Hausarbeit. Einerseits beaufsichtigen Arbeitgeberinnen meist die zu verrichtende Arbeit, zuweilen in einem erstaunlichen Ausmaß von Mikromanagement. Andererseits sind die Angestellten für die Arbeitgeberinnen sozial unsichtbar.

Die Kombination von Mikromanagement und Unsichtbarkeit schildert Judith Rollins ausführlich in ihrer außergewöhnlichen Ethnografie *Between Women*. Rollins, eine afroamerikanische Soziologin, gab sich als Dienstmädchen aus, arbeitete für mehrere Arbeitgeberinnen und befragte viele schwarze Hausangestellte. Sie stellt fest: »Aber mich schwer atmen, schwitzen und sichtbar erschöpft zu sehen, hat keine Arbeitgeberin jemals veranlasst, mir vorzuschlagen, eine Pause zu machen – nicht einmal, wenn ich einen Achtstundentag hatte.«[23] Dies liegt an der Kombination des Wunsches, sichtbare Zeichen der Arbeit haben zu wollen, und eines Gefühls, Besitzerin der Zeit der Angestellten zu sein: »Andere Hausangestellte und ein paar Arbeitgeberinnen erklärten, Arbeitgeberinnen würden Haus-

20 | P. A. Cowan/D. Field/D. A. Hansen: *Family, Self and Society*, S. 228.

21 | M. Romero: *Maid in the U. S. A.* und J. Rollins: *Between Women*.

22 | S. Colen: »Just a Little Respect« enthält viele Beispiele davon.

23 | J. Rollins: *Between Women*, S. 67.

angestellte gern arbeiten sehen.« Die Arbeitgeberin Margaret Slater beschrieb ihren Unmut über die Untätigkeit ihrer Hausangestellten auf diese Weise:

»Sie war wirklich sehr gut. Ich ärgerte mich nur über eines: Wenn ich heimkam und sie herumsitzen sah. Sie spielte bloß mit den Kindern herum oder so. Der Hausputz war zwar fertig, aber es störte mich dennoch, sie herumsitzen zu sehen.«[24]

»Sie ist eine Antreiberin. Das ist anscheinend ihre Therapie – dich fertigzumachen. Sie macht dich gern fertig. Je mehr sie einen fertigmacht, desto besser fühlt sie sich anscheinend. Sie gibt dir einfach ständig immer mehr Arbeit und sagt dir, was zu tun ist und wie es zu tun ist. Das ist der Grund dafür, warum ich heute eine Menge Ruhe brauche.«[25]

Dieses Mikromanagement führte in Extremfällen zu elektronischer Kontrolle und Überwachung. Rollins erinnert sich an ein Beispiel, dass die Arbeitgeber ein Tonbandgerät ins Schlafzimmer einer ihrer Bediensteten stellte:

»Ich kam dahinter, dass sie ein Tonbandgerät in meinem Zimmer installiert hatten, das mein Kommen und Gehen und meine Unterhaltungen aufzeichnete. Na, was meinst du, wie eine schwarze Frau ausrastet, als ich das herausfand? Folgendes war passiert: Ich war gerade zur Haustür reingekommen und bemerkte ihn, wie er nach oben ging, als ich reinkam. Und dann sagte einer der kleinen Jungs [sechs Jahre alt]: ›Daddy hat das Tonband angemacht.‹«[26]

Ein ähnliches Beispiel beschreibt Julia Wrigley in ihrer Studie über Kindermädchen. Hier machten Eltern heimliche Videoaufnahmen von ihren Nannies, weil sie angeblich wegen der Betreuung ihrer Kinder besorgt waren.[27] Diese Überwachung ist mit dem Ignorieren des Subjekt-Seins der beobachteten Person verbunden – es ist fast so, als würde sie wie eine Maschine behandelt, die überwacht werden muss (unwillkürlich muss man an Foucault denken).[28]

Eine Nicht-Person zu werden, entspricht den Merkmalen, wie sie Goffman in seinen Büchern *Presentation of Self in Everyday Life*[29] und *Asylums* dargelegt hat. In *Asylums* definierte er eine Abfolge, durch die ein Mensch seine individuelle Identität bei der Aufnahme in eine »totale Institution« verliert. Ihm werden seine Geschichte, seine Familie, seine definierenden Merkmale genommen. Er wird eine Nummer, hat keinen Namen mehr. Von ihm wird unterwürfiges Verhalten erwartet.[30]

Im oben beschriebenen Umfeld der Hausarbeit hingegen ist die Abfolge nicht so institutionalisiert wie in Goffmans Beschreibungen der Indoktrination in einen Massenstatus des Nichtsseins. Sie ist diffuser. Rollins berichtet davon, wie sie sich zu einem Vorstellungsgespräch für eine Putzstelle leger, aber gut gekleidet ein-

24 | J. Rollins: *Between Women*, S. 65.

25 | Ebd., S. 64 f.

26 | Ebd., S. 145.

27 | J. Wrigley: *Other People's Children*, S. 96 f.

28 | M. Foucault: *Überwachen und Strafen*.

29 | E. Goffman: *The Presentation of Self in Everyday Life*.

30 | E. Goffman: *Asylums*.

fand. Ihre potenzielle Arbeitgeberin hat Bedenken, sie einzustellen, weil sie zu gebildet sei, was Rollins zu Recht daraus ableitet, dass sie zu gut gekleidet und damit nicht unterwürfig genug gewesen sei. Also erscheint sie am ersten Tag mit Kopftuch und in alten Sachen und

»mit einem übertrieben unterwürfigen Auftreten (weniger aufrecht dastehend, die Augen meist abgewandt, mit unsicheren Bewegungen). Vor allem aber sagte ich fast nichts, stellte die wenigen unvermeidlichen Fragen mit einer sanften, unsicheren Stimme und reagierte auf ihre Anweisungen mit einem ›Ja, Ma'am‹.«[31]

Rollins war schockiert, dass ihrer Arbeitgeberin dieses Verhalten gefiel und sie es akzeptierte, zumal die Frau bereits erlebt hatte, wie sie sich ganz normal benahm. Rollins interpretiert diesen Vorfall so, dass er den Weg zur Unsichtbarkeit bereitete. Viele der Hausangestellten, die sie befragte, lernten ihre Fähigkeiten und Vorzüge vor ihren Arbeitgeberinnen zu verbergen. Mehrere sprachen davon, sie würden ihr Auto weiter von dem Haus entfernt parken und zu Fuß zur Arbeit gehen, damit die Arbeitgeberin nicht sah, dass sie ein Auto besaßen.[32]

(Erzwungenes) unterwürfiges Verhalten führt bald dazu, dass die Arbeitgeberin die Hausangestellte als Ding behandelt. Dies geschieht in zahllosen nonverbalen Formen: durch Ignorieren, durch ein Verhalten, das die Definition der Hausangestellten als Ding durch die Arbeitgeberin veranschaulicht. Romero notiert, dass ein Dienstmädchen »ihr Zimmer mit dem Bügelbrett, der Nähmaschine und anderen Objekten, wie sie typischerweise in Gästezimmern untergebracht sind, teilen sollte«.[33] Nahrung, Heizung und Kleidung können oft Symbole der Behandlung als Nicht-Person sein. Romero berichtet, Arbeitgeberinnen hätten ihnen minderwertiges Essen, sogar Essensabfälle gegeben und ihnen verboten, sich am Essen der Familie zu bedienen (ironischerweise waren dies oft dieselben Frauen, die das Klischee äußerten: »Sie gehört einfach zur Familie.«) Rollins berichtet von einem Haus, in dem die Arbeitgeberin die Heizung herunterstellte, wenn sie tagsüber ausging – als ob die Hausangestellte gar nicht da sei. Eine andere sperrte sie ein, so dass sie niemanden hereinlassen konnte.

Unter diesen Umständen ist die Hausangestellte für die Arbeitgeberin »nicht zu sehen«. So erklärt eine: »Für Mrs. Thomas und ihren Sohn wurde ich unsichtbar. Wenn ich, die schwarze Bedienstete, im Zimmer war, unterhielten sie sich genauso vertraulich, als ob sonst niemand dagewesen wäre.«[34] Das führt zu einer paradoxen Erfahrung:

»Ich war da und doch nicht da. Im Unterschied zu einer dritten Person, die sich nicht an einer Unterhaltung beteiligen wollte, wusste ich, dass man von mir nicht erwartete, mich daran zu beteiligen. Ich würde nicht sprechen, und man ging mit mir um, als würde ich nicht hören. Schon sehr merkwürdig.«[35]

31 | J. Rollins: *Between Women*, S. 207.

32 | Ebd., S. 196.

33 | M. Romero: *Maid in the U. S. A.*, S. 2.

34 | J. Rollins: *Between Women*, S. 209.

35 | Ebd., S. 208.

In einem letzten Echo der Sklaverei wurde eine Arbeitgeberin sehr besitzergreifend gegenüber »ihrer« Putzfrau. Sie ging sogar so weit, dass sie der Hausangestellten ihren eigenen Nachnamen aufnötigte.

Der Objektivierung widerstehen

Rollins und Romero setzen sich mit einer Reihe von Möglichkeiten auseinander, wie sich die Hausangestellten dagegen wehrten, als Nicht-Person definiert zu werden. Verbreitet waren Sabotage und stummer Widerstand, auch wenn es in der isolierten Situation der meisten Hausangestellten heikel war, sie zum eigenen Vorteil zu nutzen. So erklärt ein Dienstmädchen:

»Lange wusch ich die Wäsche für sie. Aber irgendwann war ich es leid. Also spülte ich die Seife nicht mal halb aus. Und wenn du die Seife nicht halb ausspülst, wird die Wäsche braun. Ich ließ sie braun werden und dann sagte sie zu mir, sie würde sich eine Frau besorgen, die diese Arbeit übernehmen würde. Und als diese Frau kam und die Wäsche wusch, sahen die Hemden und andere Sachen so schön aus. Doch ich hätte das ja auch hingekriegt, verstehst du – aber ich wollte nicht übertreiben, weil ich genug Arbeit im Haus zu erledigen hatte, ohne auch noch die ganze Wäsche zu waschen. Und da ich wusste, wenn ich was vermasselte, wäre ich das los. Also vermasselte ich die Wäsche … Ich musste schließlich auch an mich selbst denken.«[36]

Ein ähnlicher Widerstand aus ähnlichen Gründen ist für Angestellte im Silicon Valley dokumentiert, die sich gegen langweilige und erniedrigende Datenarbeit manchmal durch Sabotage wehren.[37] Und eine 82-jährige Hausangestellte erklärt, auch sie setze sich Grenzen, welche Aufgaben sie erledigen würde und welche nicht, weil sie längerfristig an sich selbst denken würde:

»Ich hab nicht alles getan, was mir diese Leute aufgetragen haben. Manches hab ich gemacht, manches nicht. Wenn sie mir sagten, ich solle mich hinknien und den Boden schrubben, tat ich das nicht. Ich hab mir meine Knie nicht zerschunden. Einer Lady hab ich gesagt: ›Meine Knie sind nicht fürs Schrubben gemacht. Sie sind fürs Knien und Gehen gemacht.‹ Ich hatte nicht viele Beulen und keine blauen Knie vom Fußbodenschrubben. Ich hab an mich selbst gedacht.«[38]

Romero berichtet, dass der Kampf um eine Neudefinition des Verhältnisses auch zum Versuch führen kann, eine geschäftsmäßige oder rein vertragliche Beziehung zwischen Arbeitnehmerin und Arbeitgeberin festzuhalten. Dies kann schwierig oder gar unmöglich sein, insbesondere wenn Arbeitgeberinnen darauf bestehen, die Angestellte als Pseudofamilienmitglied oder die Arbeit teilweise als Liebesdienst zu definieren. Romero stellt fest, dass besonders feministische Arbeitgeberinnen in einem Statusdilemma stecken, da ihre Gleichheitsvorstellungen anscheinend dem Konzept zuwiderlaufen, eine andere Frau den Hausputz machen zu lassen.

36 | J. Rollins: *Between Women*, S. 143.

37 | K. J. Hossfeld: »›Their Logic Against Them‹«.

38 | J. Rollins: *Between Women*, S. 142.

Zuweilen können die Konflikte wegen dieser Statusprobleme ausbrechen. Dies war z. B. der Fall, als eine der Putzfrauen dahinterkam, dass ihr Arbeitgeber sie während ihrer Arbeitszeit per Tonband überwacht hatte:

»Ich erkläre ihm, er habe meine Bürgerrechte verletzt, und ich weiß, er möchte nicht, dass ich das der NAACP[39] melde. Also sage ich ihm, ich würde nicht mehr kommen. Und er solle mich bloß nicht kontaktieren. Punkt. Und das war's dann. Ich hab von diesen Leuten nie wieder was gehört. Ich hab sie nie mehr gesehen. Aber verstehst du, so wie sie mir das angetan haben, wie viele andere schwarze Frauen werden denn noch schlecht behandelt und ausgenutzt?«[40]

Eine andere Putzfrau versuchte weitaus persönlicher, ihre Autonomie zu definieren. Sie verfasste über ihre Arbeit ein Buch mit Rezepten und Tipps für Wohnkultur, in dem sie die kreative Energie dokumentierte, die im Lauf vieler Jahre in ihren Job eingeflossen war. Sie berichtet:

»Ich hatte mir eine Menge kleiner Tischdekorationen für ihre Tees und Dinners einfallen lassen, über die ich auch darin geschrieben habe. Immer, wenn ich Ideen hatte, hab ich sie aufgeschrieben. Und immer wenn du das tust, ist das wie eine kleine Kostbarkeit, die du da machst, weil du deine Arbeit herzeigen willst.«[41]

Leider – und dies bestätigt ihre Existenz als Nicht-Person –, bat die Arbeitgeberin sie, ihr das Buch zu leihen, gerade als sie (nach vielen Jahren) den Job aufgab, und dann »verlor« sie es.

»Verstehst du, sie sind weggezogen, und ich bekam dieses Buch nie wieder zurück. Das war eine der ärgerlichsten Erfahrungen, die ich je gemacht habe. Dieses Buch war für mich so wertvoll. Ich wollte, dass es meine Kinder lesen. Ich glaube, das hat sie absichtlich gemacht ... Für mich war das ein Stück Geschichte, das ich gern bewahrt hätte.«[42]

Die Umstände von Hausangestellten sind hinsichtlich ihrer Isolation extrem, voller Voreingenommenheiten in Bezug auf Ethnie *(race)* und Geschlecht *(gender)*. Oftmals erhalten auch Immigrantinnen ohne lokale Netzwerke diesen Job. Gleichzeitig existieren wichtige Verbindungen zu anderen Arbeitsbereichen. Eine Nicht-Person zu erzeugen muss kein monolithisches Ereignis sein – an jedem Arbeitsplatz und in jedem Unternehmen sind teilweise Menschen angestellt, die so einen Status verleihen oder erhalten. In der akademischen Welt werden manche Personen als »nebensächlich« abgetan, ihre Arbeit wird belächelt oder sie selbst werden als Menschen ignoriert. So werden Hausmeister, Reinigungskräfte, Wartungsarbeiter und Labortechniker oft wie Nicht-Personen behandelt.

39 | Anm. d. Übers.: National Association for the Advancement of Colored People, eine Bürgerrechtsorganisation für Afroamerikaner in den USA.

40 | J. Rollins: *Between Women*, S. 146.

41 | Ebd., S. 230.

42 | Ebd., S. 231.

Schlussfolgerungen für Computer-Supported Cooperative Work

Warum ist die Analyse der Prozesse unsichtbarer Arbeit so wichtig für CSCW und für das Design von Systemen generell? Insoweit solche komplexen und vertraulichen Systeme auf genauen Modellen von Arbeitsprozessen basieren, bedeutet das systematische Ausschließen gewisser Formen von Arbeit ein Verschieben und Entstellen in den Repräsentationen dieser Arbeit.[43] Wie Illich erklären würde, verschwindet Arbeit nicht mit technischer Hilfe. Vielmehr wird sie verlagert – zuweilen auf die Maschine, aber genauso oft auf andere Arbeiter. In dem Maß, wie die Arbeit mancher Menschen ignoriert wird, während sie als Nicht-Personen wahrgenommen werden, generiert man mehr »Schattenarbeit« oder unsichtbare Arbeit – und (zuweilen) offenkundige Fragen sozialer Gerechtigkeit und Ungleichheit. In der Gestaltung großangelegt vernetzter Systeme kann dieser Prozess kaskadieren.

Hintergrundarbeit entbetten

Arbeit kann infolge von Routine (und sozialem Status) erwartet, Teil des Hintergrunds oder unsichtbar werden. Wenn man hinsehen würde, könnte man buchstäblich die Arbeit sehen, die gerade getan wird – aber der für selbstverständlich gehaltene Status bedeutet, dass sie funktionell unsichtbar ist. Zur Arbeit in dieser Kategorie gehört die von Eltern, Pflegekräften, Sekretärinnen und anderen Personen, die auf Abruf Dienste für andere Menschen leisten.

Bowker, Timmermans und Star haben die Welt der Pflegearbeit untersucht und dabei den Versuch einer Gruppe von Pflegekräften an der Universität Iowa beschrieben, jede Arbeit, die Pflegekräfte verrichten, zu kategorisieren und sichtbar zu machen.[44] Die Iowa Nursing Intervention Classification erklärt eine Reihe von Pflegemaßnahmen sowie die damit verbundenen Tätigkeiten und enthält zudem wissenschaftliche Literaturangaben.[45] Die Maßnahmen wurden durch ein Basisnetzwerk von professionellen Pflegekräften und Pflegeforschern entwickelt – insgesamt über 300 Personen. Das die Maßnahmen beschreibende Buch liegt in zweiter Auflage vor und ist mehrfach in Informationssysteme integriert worden, etwa als lokale Software-Unterstützung für die Führung von Krankenakten und im Universal Medical Language System Thesaurus der National Library of Medicine.

Es gibt mehrere Impulse zur Einrichtung dieses Systems. Ein primäres Motiv zielt darauf ab, zu entbetten, was zuvor tief eingebettet war, nämlich die unsichtbare Arbeit von Pflegekräften. Diese soll für medizinische Krankenakten, Forschungszwecke und zur Legitimierung und Professionalisierung Pflegearbeit

43 | L. Suchman: »Making Work Visible«; S. L. Star: »Invisible Work and Silenced Dialogues in Representing Knowledge«; »Craft vs. Commodity, Mess vs. Transcendence« und »The Politics of Formal Representations« sowie S. L. Star/K. Ruhleder: »Steps Toward an Ecology of Infrastructure«.

44 | G. C. Bowker/S. Timmermans/S. L. Star: »Infrastructure and Organizational Transformation«. Vgl. auch G. C. Bowker: »Lest We Remember«.

45 | J. C. McCloskey/G. M. Bulechek: »Standardizing the Language for Nursing Treatments«.

sichtbar machen. Historisch gesehen wurde Pflegearbeit wie infrastrukturelle und Dienstleistungsarbeit im Krankenhaus behandelt, zumindest im Zusammenhang mit Krankenakten. Nach der Entlassung der Patienten werden Pflegeakten routinemäßig entsorgt. Damit wird dieser Arbeit eine weitere Schicht von Unsichtbarkeit hinzugefügt. Mit der zunehmenden Professionalisierung der Pflegearbeit und dem Aufkommen der Pflegeforschung sind Pflegekräfte in einen leidenschaftlichen Disput über diesen Komplex von Praktiken eingetreten. Oder wie ein Befragter feststellte: »Ich bin kein Bett.«

Ausführlich beschreiben Bowker, Timmermans und Star, wie sehr die Versuche, die Arbeit von Pflegekräften sichtbar zu machen, mit Kompromissen und politischen Schachzügen einhergehen.[46] Mehr Sichtbarkeit kann mehr Überwachung und eine Zunahme an lästigem Papierkram bedeuten, wie Ina Wagner in ihrer eindringlichen Untersuchung von Pflegearbeit dargelegt hat.[47] Die Aufgabenspezifizierung erfordert, wie viele Autorinnen in der CSCW- und Anforderungsanalysen-Literatur festgestellt haben, einen offenen Führungsstil, wenn man nicht einen gedankenlosen Taylorismus und die Eingrenzung des Ermessensspielraums erfahrener Pflegekräfte riskieren will. Pflegekräfte kämpfen für ihre Sichtbarkeit, wollen sich aber gleichzeitig Bereiche von Mehrdeutigkeit und Ermessenspielräume bewahren. Es ist eines, festzustellen, dass jemand einem sterbenden Patienten zur Seite gestanden hat – doch etwas ganz anderes, die Worte zu spezifizieren, die man zu diesem Patienten sagen würde.

Zu den damit verbundenen Kompromissen gehört es, dass das Aushandeln zwischen sichtbarer und unsichtbarer Arbeit solche Ermessensfragen und Robinsons »doppelbödige Sprachen« direkt anspricht.[48] Robinson legt dar, dass CSCW-Systeme sowohl explizite wie implizite Bedeutungen in jeder möglichen Umgebung unterstützen müssen. Systeme, die das Formelle anerkennen und das Informelle ignorieren (oder umgekehrt), seien zum Scheitern verurteilt. Das Risiko solch einer Löschung ist größer in jenen Umgebungen, wo die modellierte Arbeit bereits unsichtbar ist, im Sinn des oben dargestellten Eingebettetseins. Pflegekräfte, Bibliothekarinnen, Eltern und andere, die »auf Abruf« bereitstehen, sind besonders anfällig; aber bei der Modellierung von Arbeit gilt generell, dass jede Arbeit einige dieser eingebetteten Merkmale aufweist.

Im Design von CSCW-Systemen wird Hintergrundarbeit leicht übersehen, teils da sie durch den Arbeitsprozess unscharf wird, teils aufgrund des sozialen Status derer, die sie ausführen und teils, weil sie so viel Artikulationsarbeit erfordert. Andrew Clement stellt auch fest, dass das Umwandeln der »unsichtbaren« Infrastruktur von computergestützter Arbeit bedeutet, die verborgenen und abgewerteten Fähigkeiten routinierter Bürokräfte anzuerkennen.[49] Und auch in einem anderen Beispiel, dem Design digitaler Bibliotheken und von WWW-Indexsystemen, ist der relative Mangel an Aufmerksamkeit für das Fachwissen von Bibliothekskräften evident. Dies kann zur kostspieligen Neuerfindung des Rads führen – im Hinblick

46 | G. C. Bowker/S. Timmermans/S. L. Star: »Infrastructure and Organizational Transformation«.

47 | I. Wagner: »Women's Voice«.

48 | M. Robinson: »Double-Level Languages and Co-operative Working«.

49 | A. Clement: »Designing Without Designers« und »Looking for the Designers«.

auf das Erstellen von Registern, die bibliografische Unterweisung und den Prozess, Förderer für benötigte Nachschlagequellen zu finden.[50]

Hinter die Kulissen blicken

Es gibt ein spezielles Beispiel für eingebettete Hintergrundarbeit, die paradoxerweise zu einer überaus sichtbaren Vorstellung führen kann. Hier ist Goffmans Analyse von »Vorderbühne« und »Hinterbühne« besonders überzeugend.[51] Viele Darsteller und Interpreten – Sportler, Musiker, Schauspieler und unter Umständen auch Wissenschaftler – verstecken den anstrengenden Prozess der Vorbereitung für den öffentlichen Auftritt gut hinter den Kulissen. Somit sind Versuch und Irrtum *(trial and error)* in der Wissenschaft weniger sichtbar, verglichen mit den am Ende veröffentlichten Ergebnissen.[52] Die Übungsstunden für eine musikalische Aufführung sind unsichtbar für das Publikum, das sich das Konzert anhört. Sam Fussell ermöglicht einen seltenen Einblick in die Welt hinter den Kulissen von Bodybuildern und zeigt, dass die Erschaffung des perfekten Körpers für den Auftritt buchstäblich mit Blut, Schweiß und Tränen verbunden ist, zusammen mit den verbotenen Anabolika und der Isolation.[53] Und Daniel F. Chambliss, der das »allzu Irdische an überirdischen Leistungen« beobachtet hat, steuert ein ähnliches, eher theoretisch gelagertes Argument über das Training von Schwimmern für die Olympiade bei: Ihre makellose Leistung basiert auf sehr viel unsichtbarer Arbeit hinter den Kulissen.[54]

Der besondere Aspekt von Arbeit, der problematisch ist oder hinter den Kulissen versteckt wird, ist in jedem Fall ausgehandelt und historisch. Roger Sanjeks bemerkenswertes Buch über das Anfertigen von Feldnotizen in der anthropologischen Forschung enthält beispielsweise eine Reihe von Berichten über Feldforscher, die der Meinung sind, es nicht »ganz richtig« gemacht zu haben oder in ihrer Praxis »zu schlampig« zu sein.[55] Feldforschung ist ein Handwerk, das oft in einer Ausbildung erlernt und im Kontext eines wissenschaftlichen Milieus absolviert wird, das nach rationaler Begründung und Wiederholbarkeit strebt. Feldnotizen, ein Teil dieses Handwerks, werden zum Maßstab der eigenen Kompetenz und zugleich zur Verkörperung von unsichtbarer Arbeit. Dieses Buch, das in einem historischen Augenblick erschienen ist, in dem Anthropologen zunehmend über die Praxis von Ethnografie reflektieren, lässt hinter die Kulissen des Arbeitsprozesses blicken. Dazu gehört der Prozess des Notizenmachens, der von den schockierten Lesern als etwas höchst Privates wahrgenommen wird. Das Buch verweist damit auch auf den Augenblick, in dem der private Charakter von Feldnotizen in Frage gestellt wird.

50 | A. Bishop/S. L. Star: »Social Informatics of Digital Library Use and Infrastructure«.

51 | E. Goffman: *The Presentation of Self in Everyday Life*.

52 | S. Shapin: »The Invisible Technician« und S. L. Star: *Regions of the Mind*.

53 | S. W. Fussell: *Muscle*.

54 | D. F. Chambliss: *Champions*.

55 | R. Sanjek (Hg.): *Fieldnotes*.

Für jede Anforderungsanalyse ist es ganz entscheidend zu wissen, wo man im Verhältnis von sichtbarer zu unsichtbarer Arbeit einen bestimmten Komplex von Arbeitspraktiken ansiedeln würde.[56] Versucht man, Praktiken der Hinterbühne zu entschlüsseln, wenn es dafür keine Berufskultur oder frühere Konventionen gibt, läuft der Analytiker oder Systementwickler Gefahr, die Selbstbestimmtheit von Menschen zu verletzen oder schlicht keine sinnvollen Informationen darüber zu erhalten, wie die Arbeit wirklich getan wird.

Abstraktion und Manipulation von Indikatoren

In ihrem Aufsatz über die Arbeit von Reinigungskräften in finnischen Unternehmen stellen die Engeströms fest, dass Sauberkeit nur eine Art von Motiv oder nur ein Maßstab für das Erledigen guter Putzarbeit ist, und dass sich der Maßstab für den Erfolg im Lauf der Zeit und mit dem Kontext der Beschäftigung ändert:

»Das ›angemessene Maß‹ [von Sauberkeit] basiert schließlich immer noch auf sichtbaren Indikatoren und festgelegten Häufigkeiten einzelner Reinigungsaktionen. Sichtbare Indikatoren, wie z. B. festgelegte Häufigkeiten, funktionieren schlecht in Umgebungen, in denen es zunehmende Bedenken gegenüber unsichtbaren Faktoren (Bakterien, Atemluft, Allergien, Magnetismus und dergleichen) und flexible Reaktionen auf fließende Funktionen und Bedürfnisse gibt.«[57]

Die Engeströms erklären weiter, dass die Definition von Indikatoren ein primärer Hinweis auf die Entwicklungsaspekte der verrichteten Arbeit ist – und damit in der Tat den Charakter ihrer Spezifikation darstellt.

Die Indikatoren für Produktivität und das Abstrahieren von verrichteten Arbeitsprozessen sind typischer Gegenstand der Managementstudien und eines Großteils der Wirtschaftswissenschaft. Mit der Einführung großangelegt vernetzten Rechnens – und den damit einhergehenden Veränderungen in der Verfolgung und Bewertung von Arbeit – wird eine neue Ökologie von sichtbarer und unsichtbarer Arbeit produziert. Bannon, Suchman sowie Blomberg, Suchman und Trigg behaupten,[58] dass diese oft in die neutrale Sprache des Messens eingebetteten Repräsentationen tatsächlich ganz und gar politisch seien. Unsichtbare Arbeit bildet das Zentrum der Politik: Was wird als produktive, was als kreative Arbeit »zählen«, als Arbeit, die sich in den neuen Konzernen von heute nicht outsourcen oder ersetzen lässt? Boland und Schultze sprechen mit ihrer leidenschaftlichen Kritik an der aktivitätsbasierten Kostenrechnung dieses Problem an.[59] Wenn kreative »Wissensarbeit« von der Firma hoch geschätzt wird und gleichzeitig immer umfassendere und detaillierte Möglichkeiten der Berechnung von Arbeitskosten installiert werden, entsteht eine Art Zwickmühle. Wir wollen kreative Arbeit erfassen, sie darstel-

56 | J. Goguen: »Towards a Social, Ethical Theory of Information«, M. Jirotka/J. Goguen (Hg.): *Requirements Engineering* und J. Goguen: »Requirements Engineering«.

57 | Y. Engeström/R. Engeström: »Developmental Work Research«, S. 8.

58 | L. Bannon: »The Politics of Design«; L. Suchman: »Making Work Visible« und J. Blomberg/L. Suchman/R. Trigg: »Reflections on a Work-Oriented Design Project«.

59 | R. Boland/U. Schultze: »From Work to Activity«.

len, sie abrechnen. Zugleich ist diese Arbeit bekanntermaßen schwer zu messen oder darzustellen. Am Ende steht dann der hämische Vorschlag, eine Funktionsjacke zur Überwachung der leitenden Angestellten zu erfinden. Sie würde jene Momente elektronisch erfassen, in denen kreative Gedanken auftreten:

»Ein eleganter Anzug, der mit Mikroprozessoren, Datenspeichern und ›drahtloser‹ Kommunikationstechnik beschichtet ist, während Lokalisierungssensoren, Barcode-Lesegeräte, Tonaufnahmegeräte und hochauflösende Videokameras ins Futter des Jacketts eingewebt sind [...]. Jeder Manager [...] trägt so eine Funktionsjacke und ermöglicht es damit, dass seine mentale Aufmerksamkeit erfasst und den Produktionskosten zugeordnet wird.«[60]

Vor zehn Jahren wäre dies vielleicht bloß ein Science-Fiction-Szenario gewesen, das ein analytisches Argument veranschaulichen sollte. Aber es wird mit dem Aufkommen des »Affective Computing«[61], smarter Ausweise und anderen Formen der Verknüpfung von Anwesenheit, Gedanken und Gefühlen in weiterentwickelten CSCW-Anwendungen immer realistischer. Dies ist somit ein aufschlussreiches Argument für Computer-Supported Cooperative Work. Wenn das Verhältnis zwischen sichtbarer und unsichtbarer Arbeit allein abstrakten Indikatoren überlassen wird, führt dies zu Schweigen und Leiden, von Ineffizienz und Verschleierung einmal ganz abgesehen.[62] Während CSCW-Forscher sich der Modellierung von Arbeit widmen, muss der Einsatz abstrakter Indikatoren im Kontext von sichtbarer und unsichtbarer Arbeit begriffen werden.[63]

Subtile, positive und routinierte Formen von Unsichtbarkeit

Wir möchten hier keineswegs zu verstehen geben, dass jede Arbeit sichtbar gemacht werden müsse, weil wir andernfalls soziale Ungerechtigkeit oder schlecht geeignete Informationssysteme riskieren würden. Viele Arbeit bleibt aus guten Gründen unsichtbar, von denen oben nicht die Rede war, und es gibt keinen unmittelbaren Anstoß, dies zu ändern – ebenfalls aus gutem Grund. Als Beispiele fallen uns da etwa Pflege- oder Lehrkräfte ein, die stillschweigend ihre Arbeit erledigen und dabei eine ganzheitliche Anschauung von Schülern oder Patienten widerspiegeln, die sorgfältig von eher bürokratischen und reduktionistischen organisatorischen Werten ferngehalten werden. Zuweilen geht positive Unsichtbarkeit mit Diskretion einher. Mitunter vermeidet man, seine Arbeitsprozesse für andere offen zu legen. Manche Arbeit ist nur für die Arbeitenden sichtbar, da sie aus improvisierten Lösungen *(workarounds)* oder Routinen besteht, die sie ganz persönlich an ihren Schreibtischen oder anderswo entwickelt haben. Schließlich ist eine gewisse Unsichtbarkeit ein strategisches Bewältigen von persönlichen

60 | R. Boland/U. Schultze: »From Work to Activity«, S. 319.

61 | Anm. d. Hg.: Affective Computing widmet sich der Entwicklung von Systemen, die menschliche Emotionen erkennen, interpretieren, verarbeiten und simulieren können. Vgl. A. Tuschling: »The Age of Affective Computing«.

62 | R. Markussen: »Constructing Easiness«.

63 | S. L. Star: »The Politics of Formal Representations«.

Eigenheiten, die am Arbeitsplatz nicht angebracht oder nicht erwünscht sind – und dies kann wie bei der autonomen Selbstkontrolle positiv oder wie beim Verbergen beschämender Aspekte negativ sein.[64] All dies stellt auch wichtige Teile der sichtbar-unsichtbaren Matrix dar. Wir wissen, dass es unmöglich ist, irgendetwas als immanent sichtbar oder unsichtbar zu definieren – und genauso ist es unmöglich, a priori zu sagen, eines von beidem sei absolut gut oder böse, wünschenswert oder unerwünscht.

Manche Formen von Unsichtbarkeit resultieren aus den unterschiedlichen Perspektiven, die durch unterschiedliche Standpunkte in der (stets) heterogenen Welt der kooperativen Arbeit ermöglicht werden. So stellte beispielsweise der Soziologe Everett Hughes gern fest, dass »der Notfall einer Person für die andere Routine ist«.[65] Nur selten erkennen wir wirklich die Gegebenheiten der Arbeitswelt eines anderen – dies ist tatsächlich eine natürliche Konsequenz der Arbeitsteilung und der Beziehung auf Distanz. Auf jeden Fall ist es wichtig, die Beziehung zwischen Menschen und der von ihnen verrichteten Arbeit – samt den Gründen für das Vertrauen in ihre Repräsentation – zu untersuchen. Viele Studien haben im Lauf der Jahre davor gewarnt, dass eine erzwungene Repräsentation von Arbeit (insbesondere derjenigen, die aus Unterstützung durch Computer hervorgeht) gerade die Prozesse unterbinden kann, die das Ziel der Unterstützung sind. Natürlich stattfindender Informationsaustausch, Geschichten und Netzwerke können so zerstört werden.[66] Jörg Strübing hat den Begriff der »subjektiven Leistung« entwickelt, um zu beschreiben, wie wichtig das Aushandeln der Parameter von Sichtbarkeit ist. Er bezieht sich auf das Beispiel des Computerprogrammierens, einer Arbeit, die innerhalb organisatorischer Strukturen verrichtet wird, aber auch teilweise und notwendigerweise gegen sie. Sie ist partiell uneinsehbar:

> »Es erscheint plausibel, Aushandeln als eine der zentralen subjektiven Leistungen von Softwaredesignern zu verstehen. Beim Programmieren müssen die Beteiligten verschiedene Dimensionen zusammenbringen: Alle Programmierer sind nur in der Lage, im Rahmen ihrer subjektiven Dispositionen zu handeln. Es gibt die spezifische ›Materialität des Subjekts‹, und es gibt eine Organisation mit gewissen Strukturen, einem formellen und informellen Machtgleichgewicht, expliziten und impliziten Zielen. All dies muss beim Aushandeln berücksichtigt werden.«[67]

Die unsichtbare und emotionale Arbeit des Aushandelns ist ein unverzichtbarer Teil des Designs – sie wird jedoch oft bei der technischen Ausbildung oder der Designplanung ausgeklammert.[68]

64 | Die Autoren danken einem anonymen Gutachter, der dies klargestellt hat.

65 | E. C. Hughes: *The Sociological Eye*.

66 | Siehe z. B. J. Orr: *Talking About Machines*, wo dieses Problem in den Welten der Reparaturtechniker von Fotokopierern hervorragend analysiert wird.

67 | J. Strübing: »Negotiation«, S. 17.

68 | Siehe F. Brooks: *The Mythical Man-Month*.

Auswirkungen auf das Design

Aus den hier gewählten Beispielen sollte klar hervorgehen, dass wir keineswegs in irgendeinem simplen Sinn »mehr Sichtbarkeit« empfehlen. Wenn wir Grudins und Robinsons Kriterien für Gleichheit[69] als Bewertungsprinzip für erfolgreiche CSCW-Anwendungen akzeptieren sollen, müssen wir unter allen Umständen untersuchen, wie die Anwendung sich auf Machtbeziehungen und das Wesen von Arbeit auswirkt. Wir stellen fest, dass es in den obigen Beispielen »gute Unsichtbarkeit« und »schlechte Unsichtbarkeit« gibt, die oft auf Fragen von Diskretion, Autonomie und Macht über die eigenen Ressourcen zurückgehen. Wie also würde man das richtige Maß an Sichtbarkeit beim Design von CSCW-Systemen ermessen?

Das erste Prinzip besagt, dass das Verhältnis zwischen unsichtbarer und sichtbarer Arbeit eine komplexe Matrix mit eigener Ökologie ist. Es ist relational, d.h. es gibt keine absolute Sichtbarkeit. Das Ausleuchten einer Ecke kann eine andere in Dunkelheit tauchen. Bei jedem Gewinn an Detailgenauigkeit in der Beschreibung kann die Gefahr von Überwachung zunehmen. Im Namen der Legitimität und des Erreichens öffentlicher Offenheit kann es zu einer erhöhten Belastung durch Buchführung *(accounting)* und Nachverfolgen *(tracking)* führen. Das Phänomen hat etwas mit Kompromissen und Bilanzen, Bedingtheiten und klaren Grenzen zu tun.

Zugleich schlagen Schmidt und Simone in ihrer Analyse eine Richtung vor, die hilfreich für das Design komplexer Koordinationsartefakte sein kann. Sorgfältig definieren sie eine Reihe der Eigenschaften von Artikulationsarbeit und kooperativer Arbeit und schlagen ein Nomenklatursystem – *Ariadne* – zur Kartierung von Arbeitsplatzpraktiken bis zum Artefakt und zurück vor. Sie stellen fest:

»Die Unterscheidung zwischen kooperativer und Artikulationsarbeit ist *rekursiv*; d.h., ein etabliertes Arrangement zum Artikulieren einer kooperativen Anstrengung kann seinerseits einer kooperativen Anstrengung zur Reorganisation unterworfen werden, die wiederum auch artikuliert werden muss, und so fort.«[70]

Dieser Prozess funktioniert nahtlos in Routinearbeit. Aber die Autoren stellen fest, wenn es um hoch komplexe Artefakte und größere Arbeitsteilungen gehe, werden Alltagsfähigkeiten keine kontinuierliche Nahtlosigkeit garantieren. Es werden auch Artefakte benötigt, um die Komplexität von Artikulationsarbeit zu bewältigen. Wir würden dem noch hinzufügen: Wenn ernsthafte Ungleichheiten und divergente Bezugssysteme existieren, werden zur Verringerung der Artikulationsarbeit eingesetzte Artefakte diese nicht reduzieren, sondern verdrängen. Das heißt, wenn das System die Matrix von sichtbarer und unsichtbarer Arbeit und ihre Fragen von Gleichheit nicht berücksichtigt, werden »die da unten« leiden.

Wie gelingt dies? Schmidt und Simone stellen »artefaktisch eingeprägte Protokolle« als Artikulationsmittel in Arbeitsumgebungen vor, das eine Art von Karte für die Koordination bereitstellt.[71] Sie erläutern, dass solche Karten gewisse Eigen-

69 | J. Grudin: »Why CSCW Applications Fail« und M. Robinson: »Computer Supported Cooperative Work«.

70 | K. Schmidt/C. Simone: »Coordination Mechanisms«, S. 158.

71 | Ebd., S. 167.

schaften haben müssen, wie z. B. Formbarkeit und die Fähigkeit, lokal kontrolliert und mit anderen Artefakten verknüpft zu werden. Welche Arten von Karten würden wir entwerfen, um auf ähnliche Weise ein gerechtes Gleichgewicht von sichtbarer und unsichtbarer Arbeit zu fördern? Wenn wir versuchen, das Unsichtbare zu kartieren, laufen wir Gefahr, die positiven Aspekte von Unsichtbarkeit zu zerstören – sollte die Karte schlicht den Hinweis enthalten »Hier gibt es Drachen«?

Mit der eigenen Sichtbarkeit zu jonglieren, ist selbst ein Akt von Artikulationsarbeit und unter vielen Umständen ganz entscheidend, damit Arbeit getan wird. Hewitts Konzept der Notwendigkeit von »Beziehungen auf Distanz« *(arm's length relationships)* in offenen Systemen und die Auffassung eines angemessenen Prozesses *(due process)* spiegeln dies ebenfalls wider.[72] Ebenso ist das Verhältnis zwischen sichtbarer und unsichtbarer Arbeit rekursiv im Sinne von Schmidt und Simone. Sichtbarmachen kann Unsichtbarkeiten nach sich ziehen, Verdunkeln kann seinerseits eine sichtbare Tätigkeit werden. Mit Blick auf diese Vorbehalte bieten sich mehrere Designkriterien von selbst an:

1. *Wenn Arbeit als Teil eines Koordinationsmechanismus sichtbar gemacht wird, ist dann die Reduktion der Komplexität von Artikulationsarbeit gleichermaßen verteilt?* Zum Beispiel kann ein Veröffentlichungssystem, das Wissenschaftlern in Laboratorien über geografische Entfernungen hinweg hilft, Duplikate und Verzögerungen bei der Mitteilung von Befunden reduzieren. Wenn es die Berichtspläne von Technikern durcheinanderbringt und das Datenerfassungsvolumen für Sekretärinnen erhöht, ist es ein ungleich verteilter verborgener Kostenfaktor.[73]
2. *Ist das System zeitlich flexibel sowie lokal anpassbar?* Um das Gleichgewicht von sichtbarer und unsichtbarer Arbeit zu bewältigen, kann es wichtig sein, gewisse Prozesse eine Zeitlang sichtbar werden oder eine Zeitlang unsichtbar bleiben zu lassen. Um das obige Beispiel aufzugreifen: Für Forscher kann es relevant sein, die Bekanntgabe ihrer Befunde zeitlich abzustimmen, manche Arbeitsergebnisse eine Zeitlang für unsichtbar zu erklären oder andere Dinge verblassen oder nach einer Zeit des offenen Zugangs dem Vergessen zu überlassen.
3. *Werden existierende Beziehungen auf Distanz aufrechterhalten?* Dies ist eine vertraute Frage für Computer-Supported Cooperative Work, die die Privatsphäre und Praktiken des Teilens bei der Nutzung von CSCW-Systemen betrifft. Manche Aspekte von Sichtbarkeit und Unsichtbarkeit bedeuten, dass sorgfältig danach gefragt werden muss, wie verschiedene metaphorische »Vorhänge« vor Teile des Arbeitsprozesses gezogen werden können – oder geöffnet.
4. *Werden die Anforderungsanalyse und die Spezifizierung des Systems in Form von Abwägungen und Balanceakten verstanden?* Weil CSCW-Systeme sich auf die Sichtbarkeit des Arbeitsprozesses für andere auswirken können, ist es wichtig, dass die Entwicklung der Systeme die Vor- und Nachteile von Sichtbarkeit berücksichtigt. Die öffentliche Zugänglichkeit des Systems selbst wird eine Bedingung für die Ökologie von Sichtbarkeit und Unsichtbarkeit.

72 | C. Hewitt: »The Challenge of Open Systems«; siehe auch E. Gerson/S. L. Star: »Analyzing Due Process in the Workplace«.

73 | S. L. Star/K. Ruhleder: »Steps Toward an Ecology of Infrastructure«.

Die Stimme erheben: Wenn das Unsichtbare sichtbar wird

Die Analyse von Arbeit, die in Verbindung mit Problemen in der Informatik vorgenommen wird, erzeugt oft unerwartete Sichtweisen auf den Arbeitsprozess. So zeigte z. B. die Untersuchung genutzter Expertensysteme, dass Menschen die Systeme meist nicht für die vorgesehenen Zwecke verwendeten. Doch der Prozess der Wissenserhebung wurde in organisatorischer Hinsicht eine wichtige Chance für Personen, um ihre Arbeit wechselseitig explizit zu machen und daraufhin Kommunikationsprozesse zu verbessern. Abgesehen von einer Sensibilisierung für den Zustand von Beziehungen zwischen sichtbarer und unsichtbarer Arbeit in jedem gegebenen Kontext, kann es auch sein, dass CSCW-Design und Analyse in die Prozesse von Schweigen und Sichtbarkeit eingreifen. Die CSCW-Anforderungsanalyse kann einen Dialog zwischen verborgener und verbannter Arbeit und dem, was als selbstverständlich oder als rationalisierbar gilt, eröffnen. Auf keinen Fall darf die Stabilität von unterbewerteter, verborgener, unsichtbarer und Schattenarbeit vorausgesetzt werden – vielmehr werden ihre Beziehungen über den Weg der Nutzung von CSCW-Systemen entscheiden.

Dank

Angeregt wurde dieser Aufsatz durch die Arbeiten von Geoffrey Bowker, Adele Clarke, Lucy Suchman und Marc Berg. Jörg Strübing steuerte sehr hilfreiche Kommentare zu einer früheren Fassung bei. Die Autoren danken allen für ihre Hilfe.

Eine persönliche Anmerkung

Anselm Strauss starb im September 1996 – mitten in unserer gemeinsamen Arbeit an diesem Aufsatz. Ich bin dankbar, dass wir diese Gelegenheit zur Zusammenarbeit hatten, und zutiefst traurig über seinen Tod. Ich schrieb im März 1997 eine Würdigung seines Werks und unserer Freundschaft für *Sociological Research Online*, die Leser von *Computer Supported Cooperative Work* interessieren könnte.

Susan Leigh Star

Literatur

Bannon, Liam: »The Politics of Design – Representing Work«, in: *Communications of the ACM* 38/9 (1995), S. 66–68. https://doi.org/10.1145/223248.223267

Berg, Marc: *Rationalizing Medical Work*, Cambridge, MA: MIT Press 1997.

Bishop, Ann/Star, Susan L.: »Social Informatics of Digital Library Use and Infrastructure«, in: *Annual Review of Information Science and Technology* 31 (1996), S. 301–401.

Blomberg, Jeannette/Suchman, Lucy/Trigg, Randall: »Reflections on a Work-Oriented Design Project«, in: Geoffrey C. Bowker/Susan L. Star/William Turner/

Les Gasser (Hg.), *Social Science, Technical Systems and Cooperative Work: Beyond the Great Divide*, Hillsdale, NJ: Erlbaum 1997, S. 189–215.

Boland, Richard/Schultze, Ulrike: »From Work to Activity: Technology and the Narrative of Progress«, in: Wanda Orlikowski/Geoff Walsham/Matthew Jones/Janice DeGross (Hg.), *Information Technology and Changes in Organizational Work*, London: Chapman and Hall 1995, S. 308–324.

Bowker, Geoffrey C.: »Lest We Remember: Organizational Forgetting and the Production of Knowledge«, in: *Accounting, Management and Information Technology* 7/3 (1997), S. 113–138.

Bowker, Geoffrey C./Timmermans, Stefan/Star, Susan L.: »Infrastructure and Organizational Transformation: Classifying Nurses' Work«, in: Wanda Orlikowski/Geoff Walsham/Matthew Jones/Janice DeGross (Hg.), *Information Technology and Changes in Organizational Work*, London: Chapman and Hall 1995, S. 344–370.

Bowker, Geoffrey C./Star, Susan L./Gasser, Les/Turner, William (Hg.): *Social Science, Technical Systems, and Cooperative Work: Beyond the Great Divide*, New York/London: Psychology Press 1997.

Brooks, Frederick: *The Mythical Man-Month: Essays on Software Engineering*, Reading, MA: Addison-Wesley 1975. https://doi.org/10.1145/800027.808439

Chambliss, Daniel F.: *Champions: The Making of Olympic Swimmers*, New York: Morrow 1988.

Clement, Andrew: »Designing Without Designers: More Hidden Skill in Office Computerization«, in: Inger Eriksson/Barbara A. Kitchenham/Kea G. Tijdens (Hg.), *Women, Work and Computerization: Understanding and Overcoming Bias in Work and Education*, Amsterdam: North Holland 1991, S. 15–32.

Clement, Andrew: »Looking for the Designers: Transforming the ›Invisible‹ Infrastructure of Computerized Office Work«, in: *AI and Society* 7/4 (1993), S. 323–344.

Colen, Shellee: »›Just a Little Respect‹: West Indian Domestic Workers in New York City«, in: Elsa Chaney/Mary G. Castro (Hg.), *Muchachas No More: Household Workers in Latin America and the Caribbean*, Philadelphia: Temple University Press 1989, S. 171–194.

Cowan, Philip A./Field, Dorothy/Hansen, Donald A. (Hg.): *Family, Self and Society: Toward a New Agenda for Family Research*, Hillsdale, N.J.: Erlbaum 1993.

Driscoll, Mary Kathleen: *Body Boycotts*, Dissertation, Department of Sociology, Northwestern University, Evanston, IL, 1995.

Engeström, Yrjö/Engeström, Ritva: »Developmental Work Research: The Approach and an Application in Cleaning Work«, in: *Nordisk Pedagogik* 6/1 (1986), S. 2–15.

Fjuk, Anita/Smørdal, Ole/Nurminen, Markku: »Taking Articulation Work Seriously – An Activity Theoretical Approach«, bei *ECSCW '97* eingereichter unveröffentlichter Aufsatz, Department of Informatics, Universität Oslo, Januar 1997.

Foucault, Michel: *Überwachen und Strafen: Die Geburt des Gefängnisses*, in: Ders., *Die Hauptwerke*, Frankfurt a.M.: Suhrkamp 2008, S. 701–1019.

Fussell, Sam Wilson: *Muscle: Confessions of an Unlikely Bodybuilder*, New York: Poseidon Press 1991.

Gerson, Elihu M./Star, Susan L.: »Analyzing Due Process in the Workplace«, in: *ACM Transactions on Office Information Systems* 4/3 (1986), S. 257–270. https://doi.org/10.1145/214427.214431

Goffman, Erving: Asylums: *Essays on the Social Situation of Mental Patients and Other Inmates*, Chicago: Aldine 1962 (deutsch: *Asyle: Über die soziale Situation psychiatrischer Patienten und anderer Insassen*, Frankfurt a. M.: Suhrkamp 2010).

Goffman, Erving: *The Presentation of Self in Everyday Life*, London: Allen Lane 1969. (deutsch: *Wir alle spielen Theater. Die Selbstdarstellung im Alltag*, München: Piper [9]2011.)

Goguen, Joseph: »Requirements Engineering as the Reconciliation of Technical and Social Issues«, in: Marina Jirotka/Joseph Goguen (Hg.), *Requirements Engineering: Social and Technical Issues*, New York: Academic Press 1994.

Goguen, Joseph: »Towards a Social, Ethical Theory of Information«, in: Geoffrey C. Bowker/Susan L. Star/William Turner/Les Gasser (Hg.), *Social Science, Technical Systems and Cooperative Work: Beyond the Great Divide*, Hillsdale, NJ: Erlbaum 1997, S. 27–56.

Greenbaum, Joan: *Windows on the Workplace*, New York: Monthly Review Press 1995.

Grinter, Rebecca: »Supporting Articulation Work Using Software Configuration Management Systems«, in: *Computer Supported Cooperative Work: The Journal of Collaborative Computing* 5/4 (1996), S. 447–465. https://doi.org/10.1007/BF00136714

Grudin, Jonathan: »Why CSCW Applications Fail: Problems in the Design and Evaluation of Organizational Influences«, in: *Proceedings of CSCW 88*, New York: ACM Press 1988, S. 85–93. https://doi.org/10.1145/62266.62273

Hewitt, Carl: »The Challenge of Open Systems«, in: *BYTE* 10/4 (1985), S. 223–242.

Hossfeld, Karen J.: »›Their Logic Against Them‹: Contradictions in Sex, Race, and Class in Silicon Valley«, in: Kathryn Ward (Hg.), *Women Workers and Global Restructuring*, Ithaca, NY: ILR Press 1990, S. 149–178.

Hughes, Everett: *The Sociological Eye*, Chicago: Aldine 1970.

Illich, Ivan: *Shadow Work*, Boston, MA: Marion Boyars 1981.

Jirotka, Marina/Goguen, Joseph (Hg.): *Requirements Engineering: Social and Technical Issues*, New York: Academic Press 1994.

Kanter, Rosabeth Moss: *Men and Women of the Corporation*, New York: Basic Books 1977.

Kaptelinin, Victor/Nardi, Bonnie: »Activity Theory: Basic Concepts and Applications«, in: *Proceedings of CHI '97* (1997), S. 74–77. https://doi.org/10.1145/1120212.1120321

Kramarae, Cheris: »Gotta Go Myrtle, Technology's at the Door«, in: Dies. (Hg.), *Technology and Women's Voices: Keeping in Touch*, New York: Routledge and Kegan Paul 1988, S. 1–14. https://doi.org/10.4324/9780203221938

Markussen, Randi: »Constructing Easiness – Historical Perspectives on Work, Computerization and Women«, in: Susan L. Star (Hg.), *The Cultures of Computing*, Oxford: Basil Blackwell 1995, S. 158–180.

McCloskey, Joanne Comi/Bulechek, Gloria M.: »Standardizing the Language for Nursing Treatments: An Overview of the Issues«, in: *Nursing Outlook* 42/2 (1994), S. 56–63. https://doi.org/10.1016/S0029-6554(06)80022-9

Morrison, Toni: *Menschenkind*, Reinbek: Rowohlt [3]2014.

Orr, Julian: *Talking About Machines: An Ethnography of a Modern Job*, Ithaca, NY: ILR Press 1996.

Robinson, Mike: »Double-Level Languages and Co-operative Working«, in: *AI and Society* 5/1 (1991), S. 34–60. https://doi.org/10.1007/BF01891356

Robinson, Mike: »Design for Unanticipated Use«, in: *Proceedings of the Third European Conference on Computer-Supported Cooperative Work* (1993), S. 187–202. https://doi.org/10.1007/978-94-011-2094-4_13

Robinson, Mike: »Computer Supported Co-operative Work: Cases and Concepts«, in: Ron Baecker (Hg.), *Readings in Groupware and Computer-Supported Cooperative Work: Assisting Human-Human Collaboration*, San Francisco, CA: Morgan Kaufmann 1993, S. 29–49.

Robinson, Mike: »›As Real as It Gets‹: Taming Models and Reconstructing Procedures«, in: Geoffrey C. Bowker/Susan L. Star/William Turner/Les Gasser (Hg.), *Social Science, Technical Systems and Cooperative Work: Beyond the Great Divide*, Hillsdale, NJ: Erlbaum 1997, S. 257–274.

Rollins, Judith: *Between Women*, Boston, MA: Beacon Press 1985.

Romero, Mary: *Maid in the U. S. A.*, New York: Routledge 1992.

Sanjek, Roger (Hg.): *Fieldnotes: The Makings of Anthropology*, Ithaca, NY: Cornell University Press 1990.

Schmidt, Kjeld/Bannon, Liam: »Taking CSCW Seriously: Supporting Articulation Work«, in: *Computer Supported Cooperative Work (CSCW): An International Journal* 1/1-2 (1992), S. 7–41. https://doi.org/10.1007/BF00752449

Schmidt, Kjeld/Simone, Carla: »Coordination Mechanisms: Towards a Conceptual Foundation of CSCW Systems Design«, in: *Computer Supported Cooperative Work: The Journal of Collaborative Computing* 5/2-3 (1996), S. 155–200. https://doi.org/10.1007/BF00133655

Shapin, Steven: »The Invisible Technician«, in: *American Scientist* 77/6 (1989), S. 554–563.

Star, Susan L.: *Regions of the Mind: Brain Research and the Quest for Scientific Certainty*, Stanford, CA: Stanford University Press 1989.

Star, Susan L.: »The Sociology of the Invisible: The Primacy of Work in the Writings of Anselm Strauss«, in: David Maines (Hg.), *Social Organization and Social Process: Essays in Honor of Anselm Strauss*, Hawthorne, NY: Aldine de Gruyter 1991, S. 265–283.

Star, Susan L.: »Invisible Work and Silenced Dialogues in Representing Knowledge«, in: Inger Eriksson/Barbara A. Kitchenham/Kea G. Tijdens (Hg.), *Women, Work and Computerization: Understanding and Overcoming Bias in Work and Education*, Amsterdam: North Holland 1991, S. 81–92.

Star, Susan L.: »Craft vs. Commodity, Mess vs. Transcendence: How the Right Tool Became the Wrong One in the Case of Taxidermy and Natural History«, in: Adele Clarke/Joan Fujimura (Hg.), *The Right Tools for the Job: At Work in Twentieth Century Life Sciences*, Princeton, NJ: Princeton University Press 1992, S. 257–286. https://doi.org/10.1515/9781400863136.257

Star, Susan L.: »The Politics of Formal Representations: Wizards, Gurus, and Organizational Complexity«, in: Dies. (Hg.), *Ecologies of Knowledge: Work and Politics in Science and Technology*, Albany, NY: SUNY 1995, S. 88–118.

Star, Susan L./Ruhleder, Karen: »Steps Toward an Ecology of Infrastructure: Design and Access for Large Information Spaces«, in: *Information Systems Research* 7/1 (1996), S. 111–134. https://doi.org/10.1287/isre.7.1.111

Statistics Canada, 1996: »Canadian Census Gives Credit for Unpaid Work«. Zitiert nach einer E-Mail vom 7. Mai 1996 21:05:02–0700 (PDT) Von: Varda Ullman Novick <vunovick@netcom.com> An: beijing95-l@netcom.com >Subject: (fwd) Canadian Census Gives Credit for UnpaidWork (fwd). Absender: owner-beijing95-l@netcom.com.

Strauss, Anselm: »Work and the Division of Labor«, in: *The Sociological Quarterly* 26/1 (1985), S. 1–19. https://doi.org/10.1111/j.1533-8525.1985.tb00212.x

Strauss, Anselm: »The Articulation of Project Work: An Organizational Process«, in: *The Sociological Quarterly* 29/2 (1988), S. 163–178.

Strauss, Anselm/Fagerhaugh, Shizuko/Suczek, Barbara/Wiener, Carolyn: *Social Organization of Medical Work*, Chicago, IL: University of Chicago Press 1985.

Strübing, Jörg: »Negotiation – A Central Aspect of Collaborative Work in Software Design«, in: *5ème Workshop sur la Psychologie de la Programmation*, 10.–12. Dezember 1992, Institut National de Recherche en Informatique et en Automatique Paris, S. 31–39.

Suchman, Lucy: »Making Work Visible«, in: *Communications of the ACM* 38/9 (1995), S. 56–68. https://doi.org/10.1145/223248.223263

Suchman, Lucy: »Supporting Articulation Work«, in: Rob Kling (Hg.), *Computerization and Controversy: Value Conflicts and Social Choices*, San Diego, CA: Academic Press [2]1996, S. 407–423.

Tuschling, Anna: »The Age of Affective Computing«, in: Marie Luise Angerer/Bernd Bösel/Michaela Ott (Hg.), *Timing of Affect. Epistemologies, Aesthetics, Politics*, Zürich/Berlin: diaphanes 2014, S. 179–190.

Wagner, Ina: »Women's Voice: The Case of Nursing Information Systems«, in: *AI and Society* 7/4 (1993), S. 315–334. https://doi.org/10.1007/BF01891413

Wrigley, Julia: *Other People's Children*, New York: Basic Books 1995.

Reflexionen zur Ökologie sichtbarer und unsichtbarer Arbeit bei Susan Leigh Star und Anselm Strauss

Jörg Potthast

Wer im englischen Sprachraum Feldforschung betreibt, muss mit dem folgenden Hinweis rechnen: »I need to get some work done.« Die Botschaft ist unmissverständlich: »Bitte kommen Sie zum Ende!«. Nie wäre mir eingefallen, mich über eine solche Aufforderung hinwegzusetzen. Verhandlungen darüber, was hier eigentlich mit »Arbeit« gemeint ist, was als Arbeit zählt oder wessen Arbeit warum dringender und wertvoller ist, erscheinen mir auch im Nachhinein nicht angebracht. Vielmehr habe ich die symbolische Grenzziehung zwischen der Arbeit, die getan werden muss, und einer Arbeit, die zum Ende kommen soll, stillschweigend zur Kenntnis genommen. Allenfalls habe ich mit ausführlichen Dankesworten (für ein interessantes und weiterführendes Gespräch) versucht, die Dinge ein wenig gerade zu rücken: Auch Feldforschung macht Arbeit. Warum sollte diese Arbeit, statt gewürdigt zu werden, auf eine bloße Unterbrechung der eigentlichen Arbeit zurückgestuft werden? Warum muss sich diese Arbeit beweisen – etwa durch eine gewissenhafte Vorbereitung, eine engagierte und konzentrierte Gesprächsführung oder durch eine Rahmung als ›Experteninterview‹ –, während die Arbeit danach so selbstverständlich ist, dass sie keiner weiteren Spezifizierung bedarf (*some* work)?

Der Artikel »Layers of Silence, Arenas of Voice: The Ecology of Visible and Invisible Work«[1] interessiert sich für diesen Zusammenhang. Der Text befasst sich anhand zahlreicher Beispiele damit, wie Arbeit entlang von Mauern der Selbstverständlichkeit in sichtbare und unsichtbare Anteile aufgespalten wird. Dabei gilt sein besonderes Interesse einer neueren Welle jener Trennungen in sichtbare und unsichtbare Arbeit, die mit der Ankunft von IT-Systemen einhergehen. Ausschlaggebend dafür, ob diese Auf- und Abwertungen geduldet oder problematisiert werden, sei, wie im Vorlauf der Einführung neuer Systeme an der Elizitierung und Formalisierung von Wissensbeständen gearbeitet wird.[2] Darum gelte es, zu diesen Prozessen der Bedarfsanalyse *(Requirements analysis)* reflexive Distanz zu gewinnen. Der Text wählt dafür eine explorative Herangehensweise, die eine große Band-

1 | S. L. Star/A. Strauss: »Layers of Silence, Arenas of Voice«.

2 | Ebd., S. 26.

breite von Fällen einbezieht.[3] Aber er verbleibt nicht in einer distanzierten Darstellung, sondern reklamiert zugleich eine konstruktive Absicht. Diese Verbindung erscheint mir bemerkenswert. Sie wird im Folgenden genauer betrachtet. Einerseits geht es um eine Kritik an überzogenen Rationalitätsunterstellungen, die IT-Projekte und die ihnen vorausgehenden Formalisierungsarbeiten befeuern.[4] Anderseits geht es darum, Designempfehlungen zu formulieren.[5] Die Forderung, die Praxis der Formalisierung sensibler auszulegen, indem sie von vornherein und systematisch bedacht wird, mündet so in ein Versprechen der Professionalisierung.[6]

Wenn das Verhältnis von unsichtbarer zu sichtbarer Arbeit um die neue Größe der Formalisierungsarbeit ergänzt und somit zu einer dreistelligen Konstellation erweitert wird: Lassen sich dann Tabus, die das eingangs geschilderte Beispiel an Reichweite übertreffen, hinterfragen? Lässt sich auf diesem Weg eine Form der Feldforschung begründen und verstetigen, die nicht mehr nur auf einem prekären Gastrecht beruht? Welche Aussicht besteht darauf, dass sich auf dieser erneuerten Grundlage reflexiv-gestaltende *communities of practice* herausbilden und professionalisieren?

Tabus hinterfragen?

Klagen über die Missachtung geleisteter Arbeit sind in zeitgenössischen Arbeitswelten unüberhörbar.[7] Ob sie sich gegen Vorgesetzte oder gegen Kundinnen und Kunden wenden, häufig ist darin von *vollständiger* Missachtung die Rede: Chefs und die Kundschaft tun so, als hätte es die geleistete Arbeit nie gegeben. Sie behandeln die Arbeit und mit ihr die Person, die sie ausgeführt hat, so, als wären sie nicht da: unsichtbar, wie Luft.[8] Diese Kritik bezieht sich auf Begegnungen – und seien diese kurz und beiläufig. Mitunter rufen kleinste Gesten der Missachtung Empörung hervor. Wer dies anprangert, fordert ein Anrecht auf Interaktionen, von denen Wertschätzung ausgeht. Sind diese Hinweise ernst zu nehmen, dann ist der Befund verheerend. Die Arbeitswelt strapaziert das »subjektive Ungerechtigkeitsempfinden«[9] in dramatischer Weise und quer durch alle Berufszweige und Beschäftigungsverhältnisse.

Auf Anzeigen von Ungerechtigkeit am Arbeitsplatz zu reagieren, ist allerdings schwer, denn sie speisen sich aus unterschiedlichen und nicht vereinbaren kritischen Registern. Wer klagt, um die Anerkennung seiner Arbeit betrogen zu werden, sieht sich möglicherweise zugleich im Hinblick auf Autonomie-, Gleichheits- und Leistungsansprüche beschädigt.[10] Verlangt Autonomie nach der Wertschätzung einer konkreten Person,[11] so hat die Würdigung einer Leistung gerade von einer

3 | S. L. Star/A. Strauss: »Layers of Silence, Arenas of Voice«, S. 12.

4 | Ebd., S. 9 f., 20–22.

5 | Ebd., S. 24 ff.

6 | Ebd., S. 20.

7 | F. Dubet: *Ungerechtigkeiten*; vgl. J. Potthast »Soziologie der ausbleibenden Kritik«.

8 | Ebd., S. 344–349.

9 | Ebd.

10 | Ebd., S. 41 ff.

11 | Ebd., S. 137 ff.

Person abzusehen.[12] Richten sich Forderungen nach Gleichheit darauf, auch mit kritischen Anmerkungen Gehör zu finden,[13] so verlangt, wer (mehr) Leistungsgerechtigkeit einfordert, gerade nicht, dass ein diskursives Verfahren eröffnet wird: Leistung gilt es nicht zu besprechen oder zu zerreden, sondern zum Gegenstand objektiver und vergleichbarer Messungen zu machen.[14] Wäre unter diesen Voraussetzungen jedem Hinweis auf unsichtbare Arbeit nachzugehen, dann würden auch diese widerstrebenden Anforderungen deutlicher ans Licht kommen. Belässt man die Arbeit dagegen im Dunkeln, dann fallen auch die Widersprüche nicht weiter auf.

Star und Strauss geben zu verstehen, dass ihnen nicht daran gelegen ist, sich zu Generalanwälten unsichtbarer Arbeit zu erklären. Es sei nicht immer angebracht, unsichtbare Arbeit, der es an Wertschätzung fehlt, ans Licht zu zerren.[15] Vielmehr gelte es, auch »positive unsichtbare Arbeit«[16] zu berücksichtigen, die darauf angewiesen sei, »in Diskretion«[17] erledigt zu werden. Es bleibt dann allerdings bei mehrfach eingestreuten Hinweisen auf Diskretionsschranken. Wann sind Tabus zu wahren? Wann kommt es nicht so darauf an, ob eine Offenlegung unsichtbarer Arbeit den Beteiligten peinlich wäre? Eine Alternative zur Empfehlung von Star und Strauss, in diesen Fragen Augenmaß walten zu lassen und mit Tabus belegte Schamgrenzen zu respektieren, könnte darin bestehen, eine Analyse zu heterogenen normativen Ordnungen anzusetzen. Widerstände gegen die Explikation unsichtbarer Arbeit wären dann nicht auf natürliche Schamgrenzen zurückzuführen, sondern auf den Zusammenstoß unvereinbarer normativer Ordnungen – etwa, wenn es, wie oben geschildert, zugleich um die Verletzung von Autonomie-, Gleichheits- und Leistungsansprüchen geht.[18] Zu dieser Alternative überzugehen, setzt allerdings voraus, Formalisierungsarbeit zugleich als eine kognitive und als eine moralische Operation zu begreifen.[19]

Soweit ich sehe, wird diese Option auch in anderen Arbeiten des hier besprochenen Forschungsansatzes nicht in Betracht gezogen. Susan Leigh Star hat sich durchaus mit Konventionen beschäftigt, vor und auch nach »Layers of Silence«.[20] Allerdings wird dieser Begriff in diesen Arbeiten nicht für die Zwecke der genannten Analyse eingeführt. Seine Verwendung bleibt vage. Mal erscheinen Konventionen synonym mit (technischen) Standards,[21] mal gerade nicht.[22] Sowohl eine kritische Auseinandersetzung mit dem Postulat irreversibel standardisierter Akteursnetzwerke,[23] als auch eine differenziert ansetzende Forschung über Standards

12 | Ebd., S. 96 ff.

13 | Ebd., S. 51 ff.

14 | Ebd., S. 126 ff.

15 | S. L. Star/A. Strauss: »Layers of Silence, Arenas of Voice«, S. 23.

16 | Ebd.

17 | Ebd., S. 9-11, 20 f., 23 f.

18 | F. Dubet: *Ungerechtigkeiten*.

19 | L. Boltanski/L. Thévenot: *Über die Rechtfertigung*.

20 | S. L. Star: »Power, Technology and the Phenomenology of Conventions; S. L. Star/M. Lampland: »Reckoning with Standards«.

21 | S. L. Star: »Power, Technology and the Phenomenology of Conventions«, S. 36.

22 | S. L. Star/M. Lampland: »Reckoning with Standards«, S. 24.

23 | S. L. Star: »Power, Technology and the Phenomenology of Conventions«.

und Standardisierungen[24] würden davon profitieren, den normativen Gehalt von Konventionen zur Sprache zu bringen. Im vorliegenden Text beweisen Star und Strauss ein sicheres Gespür für Varianten unsichtbarer Arbeit. Anders als in den hier zum Kontrast eingeführten Arbeiten (von Boltanski, Thévenot, Dubet und anderen[25]) verzichten sie jedoch darauf, diese Vielfalt auf eine Pluralität von Konventionen zurückzuführen.

Feldforschung stabilisieren?

Feldforschung ist intrinsisch prekär. Wer Feldforschung betreibt, sucht diesen prekären Zustand geradezu. Feldforscherinnen und Feldforscher setzten sich gezielt einer Erfahrung von Fremdheit aus und bemühen sich, diesen Zustand möglichst lang zu strecken. Dann bleibt es nicht bei einem unverhofften Alteritätsschock. Vielmehr werden Beobachtungen und Selbstbeobachtungen möglich, die sich auf die Prozeduralisierung, also den Umgang mit dieser kulturellen Differenz beziehen. Diese Praxisform ethnografischer Forschung erschließt ihren Gegenstand nicht per Objektivierung, sondern in einem Modus reflexiver Beschreibung.[26] Die Praxis einer »künstlichen Befremdung«[27], gefolgt von einer allmählichen, möglichst geschickt verzögerten Selbstvergewisserung wurde in methodologischen Darstellungen oft als ein Phasenmodell dargestellt.

Dabei ist zumeist gesetzt, dass Feldforschung mit einer minimalen Instrumentierung auskommt. Es ist eigentlich nicht vorgesehen, dass neben einem Notizheft, einem Stift und dem Körper der Ethnografin oder des Ethnografen weitere Personen oder Gerätschaften zum Einsatz kommen. Mit dieser spartanischen Ausrüstung wagt sich die Ethnografin oder der Ethnograf in zuweilen stark instrumentierte Felder. Es gilt also, mit einer asymmetrischen Relation zurecht zu kommen, denn es gibt weiter nichts, worauf sich die Praxis der Ethnografie stützen könnte; nichts, was sie auf Dauer stellt. So ist, wer Feldforschung betreibt, gezwungen, immer wieder von vorn anzufangen. Es gibt keine Mechanismen der Aufzeichnung oder der Speicherung, die es erlauben würden, Beobachtungen und Befunde von einem Feld zum nächsten Bestand zu geben. Stattdessen fängt jedes Feld wieder von vorne an und zwingt die Ethnografin oder den Ethnografen immer wieder in die Rolle einer Novizin oder eines Novizen, zurück zu einem Zustand der Ungewissheit, der ihr oder ihm nur im Zuge einer rituell vollzogenen Aufnahme genommen werden kann. Ethnografische »Schließung«[28] gibt es nur um den Preis von Ungewissheit, die oft als eine biografisch prekäre Situation dramatisiert und reflektiert wurde.[29]

Inwiefern stellen Star und Strauss gegenüber der üblicherweise so reflektierten Praxis der Feldforschung mehr Stabilität in Aussicht? Was ändert sich, wenn das Verhältnis von unsichtbarer Arbeit und sichtbarer Arbeit im Zusammenhang

24 | S. L. Star/M. Lampland: »Reckoning with Standards«.

25 | J. Potthast: »The Sociology of Conventions and Testing«.

26 | K. Amann/S. Hirschauer: »Die Befremdung der eigenen Kultur«.

27 | Ebd.

28 | I. Baszanger/N. Dodier: »Ethnography«.

29 | Ebd., S. 16 ff.

mit Formalisierungsarbeit bedacht wird? Das Angebot, das im vorliegenden Text zur Verstetigung ethnografischer Praxis unterbreitet wird, überrascht insofern, als es aus einer Beobachtung zum unsteten Charakter technisierter Arbeitsabläufe gewonnen wird. Es gehe nicht darum, pauschal und überall die Anwaltschaft für unsichtbare Arbeit zu übernehmen. Die Aufmerksamkeit findet ihren Fokus vielmehr dort, wo unerwartete Ereignisse auftreten und »Artikulationsarbeit« notwendig machen. Unter Artikulationsarbeit sind also diejenigen Anteile von Arbeit zweiter Ordnung zu verstehen, die in ungeplanter Weise zu erbringen sind.[30] Automatisierte Systeme mögen sich auf Ausfälle und Pannen erster Ordnung eingestellt haben und diese eigenständig bearbeiten – allerdings bleiben diese geplanten Delegationen von Arbeitsschritten (an Geräte und ihre Algorithmen) nicht nur unvollständig, sondern erweisen sich ihrerseits als anfällig. In solchen Fällen hat es Artikulationsarbeit also auch mit Ausfällen und Pannen zweiter Ordnung zu tun; mit Ausfällen und Pannen, die im programmierten Umgang mit Ausfällen und Pannen erster Ordnung entstehen.[31]

Artikulationsarbeit ist zu unterstützen – gerade wenn sie in der beschriebenen Weise an Komplexität zulegt.[32] Star und Strauss stellen dies als eine Tradition der Forschungen zu Computer-Supported Cooperative Work (CSCW) heraus und sehen in ihren explorativen Analysen zu »unsichtbarer Arbeit« eine Fortschreibung dieser mit Sorgfalt rekonstruierten Forschungslinie.[33] Sie legen nahe, dass in der Unterstützung von Artikulationsarbeit auch weiterhin eine vordringliche Aufgabe zu sehen ist; eine Aufgabe, deren Ende angesichts der »Verschiebungen«[34] im Verhältnis von sichtbarer Arbeit und unsichtbarer Arbeit nicht absehbar ist.

Das Versprechen einer Verstetigung ethnografischer Feldforschung ist an den Nachweis von Artikulationsarbeit geknüpft, die mit Einführung »technischer Hilfsmittel« keineswegs »verschwindet«, sondern sich vielmehr »verschiebt«.[35] Wenn sich im Zuge dieser Verschiebungen eine »neue Ökologie sichtbarer und unsichtbarer Arbeit« herausbildet,[36] dann ist der Begriff der »Ökologie« wohl so zu verstehen, wie es sein Herkunftskontext verlangt: Das Verhältnis von unsichtbarer Arbeit, sichtbarer Arbeit und Formalisierungsarbeit wird naturalisiert.[37] Zwar erklären Star und Strauss die Grenzen zwischen sichtbarer und unsichtbarer Arbeit zu einer Sache von »Aushandlung«.[38] Es erscheint dann aber doch wie ein Naturgesetz, dass

30 | S. L. Star/A. Strauss: »Layers of Silence, Arenas of Voice«, S. 10.

31 | L. Hirschhorn: *Beyond Mechanization*, S. 72; vgl. J. Potthast: *Die Bodenhaftung der Netzwerkgesellschaft*, S. 43 ff.

32 | S. L. Star/A. Strauss: »Layers of Silence, Arenas of Voice«, S. 25.

33 | Ebd., S. 10.

34 | Ebd., S. 20, 25.

35 | Ebd., S. 20.

36 | Ebd., S. 22.

37 | Möglicherweise hat sich der Beitrag, der in einem von Yrjö Engeström und Bonnie A. Nardi herausgegebenen Themenheft zum Schwerpunkt »unsichtbare Arbeit« erschienen ist, erst im Zuge der Endredaktion per Untertitel auf »Ökologien« festgelegt, denn es finden sich auch Ankündigungen mit abweichenden Untertitel: »Layers of Silence, Arenas of Voice: The Dialogues between Visible and Invisible Work«.

38 | S. L. Star/A. Strauss: »Layers of Silence, Arenas of Voice«, S. 12, 21 ff.

sich Arbeit immer wieder in sichtbare und unsichtbare Anteile aufspaltet. Wenn sich ethnografische Forschung zur Beobachtung und Analyse von Verschiebungen innerhalb solchermaßen naturalisierter Ökologien empfiehlt, dann verfügt sie über ein politisch und moralisch neutrales Mandat. Diese Begründung für ein »verstetigtes« Mandat zur ethnografischen Erforschung der Arbeitswelt ist jedoch problematisch. Zum einen wird das ethnografische Arbeiten selbst – unter Gesichtspunkten sichtbarer und unsichtbarer Anteile – nicht weiter in Betracht gezogen. Zum anderen ist die Ökologie sichtbarer und unsichtbarer Arbeit nicht so flach – es sei denn, die Konstitutionsprinzipien, die beim Reflexivwerden von Arbeit am Werk sind und Arbeit zweiter (oder höherer) Ordnung hervorbringen, werden unterschlagen.

Dass es sich dabei um *normative* Konstitutionsprinzipien handelt, habe ich mit Rekurs auf die bei Dubet entwickelte Trias von Autonomie-, Leistungs- und Gleichheitsforderungen im Umgang mit unsichtbarer Arbeit deutlich gemacht.[39] Star und Strauss unterlassen eine theoretische Reflexion und nehmen insofern die skizzierte, naturalisierende Lesart billigend in Kauf. In der Rezeption ihres Beitrags bleiben die behutsam differenzierend vorgetragenen Hinweise zur Sichtbarmachung unsichtbarer Arbeit nicht einmal in Spuren enthalten.[40] Auch wenn ich nur einen Ausschnitt der Zitationen gesichtet habe, kann ich mit Sicherheit sagen, dass die Fraktion derer, die sich von Star und Strauss in ihrem ungebrochenen Engagement für die Visibilisierung unsichtbarer Arbeit bestätigt sehen, erdrückend ist. »Making work visible«[41] bleibt ein Schlachtruf.

Ändert sich das, wenn ethnografische Forschung sich nicht auf Beobachtung beschränkt, sondern selbst (mit-)gestaltet und sich darüber unweigerlich die Hände schmutzig macht? Ist das scharfe Urteil gegen den hier präsentierten Ansatz dann zu revidieren? Überspitzt gefragt: Wenn es hier nicht um das soziologische Vermächtnis des renommierten Co-Autors Anselm Strauss geht,[42] sondern um Design-Empfehlungen,[43] ist dem Text möglicherweise ein Vorgriff auf eine neuartige professionelle Identität gelungen, die Gestaltung und Reflexion verbindet?

Reflexiv-gestaltende *communities of practice*?

Wenn sich Gestaltung und Reflexion so selbstverständlich amalgamieren lassen, wie unterscheidet sich der hier vorgelegte Ansatz von Methoden und Techniken des partizipativen Wissensmanagements? Eine Ähnlichkeit besteht darin, Prozessen der Bedarfsanalyse besondere Aufmerksamkeit zu schenken. Hier wie dort gilt die Formulierung von Anforderungen nicht mehr als der eigentlichen Gestaltung

39 | F. Dubet: *Ungerechtigkeiten*.

40 | Der Artikel erfreut sich, gemessen an über 800 Zitationen (*Google Scholar* vom 15.9.2017), einer überaus breiten Rezeption. Er liegt in der Rangfolge der von Susan Leigh Star (mit-)verfassten Artikel zu diesem Zeitpunkt an siebter Stelle.

41 | L. Suchman: »Making Work Visible«.

42 | S. L. Star: »The Sociology of the Invisible«. Vgl. S. L. Star: »Invisible Work and Silenced Dialogues in Representing Knowledge«; J. Strübing: *Pragmatistische Wissenschafts- und Technikforschung*, S. 217.

43 | S. L. Star/A. Strauss: »Layers of Silence, Arenas of Voice«, S. 24 ff.

vorgelagert, sondern als ein zeitlich ausgedehnter (wenn nicht auf Dauer gestellter) und sozial inklusiver Vorgang. Im Rahmen dieses Prozesses werden Erfahrungen und Wissensbestände zusammengetragen, die bis dahin nicht geteilt wurden. An solchen Prozessen teilzuhaben, verhilft jenen (Nutzerinnen und Nutzern), die bis dahin (als Laien betrachtet und) unter Umständen nicht ›einbezogen‹ wurden, zu Stimme und Gehör. Über die Gelegenheit zur Teilhabe mögen sie daher dankbar sein und der Illusion erliegen, von nun an mit denen, die solche Prozesse initiieren und moderieren, ebenso auf Augenhöhe zu sein wie mit ihren Vorgesetzten. In einem solchermaßen strukturierten Raum ist dann allerdings keine normative Kritik, sondern nur noch »technische Kritik« möglich.[44] Dies scheint der Preis für partizipatives Management zu sein: Auf diese Weise Beteiligte sehen sich von ihren normativen Ressourcen abgeschnitten. In einem mit besten Absichten eingeführten Regime des partizipativen Wissensmanagements wird normative Kritik mit einem Tabu belegt.

Erweist sich die von Star und Strauss vorgetragene Reflexion gegen solche Vereinnahmungen[45] als resistent? Sind die Kategorien von sichtbarer/unsichtbarer Arbeit und Formalisierungsarbeit auch in dieser Hinsicht trennscharf und widerständig? Lässt sich davon ausgehen, dass auf diesem Weg *Design Communities* gefördert werden,[46] die sich einer Absorption durch Techniken partizipativen Managements entziehen können? Wer hochauflösende Beschreibungen bis dahin unsichtbarer Arbeit anfertigt, wird möglicherweise zur Komplizin oder zum Komplizen derer, die auf eine stärkere Überwachung von Arbeitsplätzen drängen.[47] Angesichts des Umstands, dass Prozesse der »Wissensexplikation« die Entstehung weltumspannendender Ketten zugleich überwachter und gegenüber sozialen Standards deregulierter Arbeitsverhältnisse befördert haben,[48] muss es daher als problematisch erscheinen, über unfreiwillige Komplizenschaft hinaus ein dauerhaftes Mandat für Gestaltung und Reflexion als einer ethnografisch-kollaborativen Praxisform anzustreben.[49]

Star und Strauss legen sich in dieser Frage nicht fest, aber sie haben früh dazu beigetragen, dieses Problem besser zu greifen. Entgegen jüngerer Bestrebungen, sich der Erforschung der Reichtümer lokaler Kooperation zu verschreiben,[50] steht für sie eine Rückkehr zu herkömmlichen Praxisformen ethnografischer Forschung nicht zur Debatte. Ihre Analyse zu den Teilungen zwischen sichtbarer und unsichtbarer Arbeit bleibt nicht bei dem allgemeinen Hinweis stehen, dass, was Arbeit ist, eben eine Definitionssache und eine Frage des »Kontextes« und seiner »Indikato-

44 | B. Zimmermann: *Ce que travailler veut dire*, S. 174 f.

45 | Zu Vereinnahmungen der Kritik im Rahmen der Transformation des Kapitalismus, vgl. L. Boltanski/È. Chiapello: *Der neue Geist des Kapitalismus*. Zur Errichtung von »Kreativitätsdispositiven«, in denen die Teilhabe an Gestaltungsprozessen nicht mehr als Emanzipationsversprechen, sondern als ein Imperativ erscheint, vgl. A. Reckwitz: *Die Erfindung der Kreativität*.

46 | E. Schüttpelz: »Reservatio mentalis«.

47 | S. L. Star/A. Strauss: »Layers of Silence, Arenas of Voice«, S. 10, 17, 20.

48 | Vgl. E. Bonacich/J. B. Wilson: *Getting the Goods*.

49 | L. Suchman: »Consuming Anthropology«.

50 | R. Sennett: *Together*.

ren« ist.[51] Sie machen vielmehr auf eine »neue Ökologie« dieser Teilung aufmerksam. Diese mache sich darin bemerkbar, dass sich Aushandlungen darüber, was als sichtbare und was als unsichtbare Arbeit zu gelten hat, im Zuge voranschreitender Informatisierung in Abstraktheit verloren haben.[52] Aushandlungen, wie sie bisher gepflegt wurden, finden dann, mit anderen Worten, keine Anhaltspunkte mehr.[53] Bemerkungen vom Typ »I need to get some work done« mögen unsanft erscheinen, aber im Licht dieser Diagnose nehmen sie sich eher harmlos aus.

Der Beitrag von Star und Strauss wurde hier einer Lektüre unterzogen, die offensiver, als der Text es selbst von sich verlangt, auf die Praxis ethnografischer Arbeitsforschung Bezug nimmt. Vor diesem Hintergrund wurden drei programmatische Hinweise eingehender diskutiert, als es in der Rezeption dieses Beitrags bisher der Fall war. Wie tragfähig sind die Vorschläge, mit Tabus belegte Selbstverständlichkeiten zu entschlüsseln, die alte und neue Spaltungen zwischen unsichtbarer und sichtbarer Arbeit stützen? Inwiefern sind die vorliegenden Vorschläge geeignet, Feldforschung über ihre prekäre Situation hinwegzuhelfen und als eine stabile Praxisform einzurichten? Inwiefern vermitteln sie die Vorstellung einer Symbiose von Reflexion und Gestaltung, die zur Grundlage von Professionalisierung werden kann?

Die Rückfragen, die sich daraus ergeben haben, richten sich auf Anschlüsse an soziologische Theoriebildung (zu einem pluralisierten Konventionenbegriff) und auf die Konzeption kollaborativer ethnografischer Praxis (im doppelten Kontrast zum individualbiografischen Modell der Befremdung und zu Techniken des partizipativen Managements), für die Computer-Supported Cooperative Work hier und da den Status eines Markenzeichens genießt. Unbenommen dieser kritischen Anmerkungen hat »Layers of Silence« maßgeblichen Anteil daran gehabt, eine Diskussion über unterrepräsentierte Arbeit, die in Analysen zu weiblicher Hausarbeit ihren Ausgang genommen haben, für Kontexte nutzbar zu machen, in denen es um digitale Arbeitsteilung im globalen Maßstab geht.

Jörg Potthast lehrt Soziologie und Workplace Studies an der Universität Siegen.

Literatur

Amann, Klaus/Hirschauer, Stefan: »Die Befremdung der eigenen Kultur. Ein Programm«, in: Stefan Hirschauer/Klaus Amann (Hg.), *Die Befremdung der eigenen Kultur. Zur ethnographischen Herausforderung soziologischer Empirie*, Frankfurt a. M.: Suhrkamp 1997, S. 7–52.

Baszanger, Isabelle/Dodier, Nicolas: »Ethnography: Relating the Part to the Whole«, in: David Silverman (Hg.), *Qualitative Research. Theory, Method and Practice*, London: Sage 2004 [frz. Orig. 1997], S. 9–34.

Boltanski, Luc/Chiapello, Ève: *Der neue Geist des Kapitalismus*, Konstanz: UVK 2003 [frz. Orig. 1999].

51 | S. L. Star/A. Strauss: »Layers of Silence, Arenas of Voice«, S. 12.

52 | Ebd., S. 22.

53 | Vgl. L. Thévenot: »Un gouvernement par les normes«.

Boltanski, Luc/Thévenot, Laurent: *Über die Rechtfertigung. Eine Soziologie der kritischen Urteilskraft*, Hamburg: Hamburger Edition 2007 [frz. Orig. 1991].

Bonacich, Edna/Wilson, Jake B.: *Getting the Goods*, Ithaca, NY: Cornell UP 2008.

Dubet, François: *Ungerechtigkeiten. Zum subjektiven Ungerechtigkeitsempfinden am Arbeitsplatz*, Hamburg: Hamburger Edition 2008 [frz. Orig. 2006].

Hirschhorn, Larry: *Beyond Mechanization. Work and Technology in a Postindustrial Age*, Cambridge, MA: MIT Press 1984.

Potthast, Jörg: *Die Bodenhaftung der Netzwerkgesellschaft. Eine Ethnografie von Pannen an Großflughäfen*, Bielefeld: transcript 2007.

Potthast, Jörg: »Soziologie der ausbleibenden Kritik«, in: *Mittelweg 36* 20/2 (2011), S. 32–50.

Potthast, Jörg: »The Sociology of Conventions and Testing«, in: Claudio Benzecry/Monika Krause/Isaac Ariail Reed (Hg.), *Social Theory Now*, Chicago: University of Chicago Press 2017, S. 337–360.

Reckwitz, Andreas: *Die Erfindung der Kreativität: Zum Prozess gesellschaftlicher Ästhetisierung*, Berlin: Suhrkamp 2012.

Schüttpelz, Erhard: *Reservatio mentalis*. Ein Kommentar zu »Transparency Beyond the Individual Level of Scale« (*Vortragsmanuskript »The Translation of Boundary Objects«*, Univ. Siegen, Mai 2015).

Sennett, Richard: *Together: The Rituals, Pleasures and Politics of Co-operation*, London: Allen Lane 2012.

Star, Susan L.: »Invisible Work and Silenced Dialogues in Representing Knowledge«, in: Inger V. Eriksson/Barbara A. Kitchenham/Kea G. Tijdens (Hg.), *Women, Work and Computerization: Understanding and Overcoming Bias in Work and Education*, Amsterdam: North Holland 1991, S. 81–92.

Star, Susan L.: »Power, Technology and the Phenomenology of Conventions: On Being Allergic to Onions«, in: John Law (Hg.), *A Sociology of Monsters. Essays on Power, Technology and Domination*, London: Routledge 1991, S. 26–56.

Star, Susan L.: »The Sociology of the Invisible: The Primacy of Work in the Writings of Anselm Strauss«, in: David Maines (Hg.), *Social Organization and Social Process. Essays in Honor of Anselm Strauss*, New York: De Gruyter 1991, S. 265–283.

Star, Susan L./Lampland, Martha: »Reckoning with Standards«, in: Martha Lampland/Susan L. Star (Hg.): *Standards and Their Stories: How Quantifying, Classifying, and Formalizing Practices Shape Everyday Life*, Ithaca, NY: Cornell UP 2009, S. 3–24.

Star, Susan L./Strauss, Anselm: »Layers of Silence, Arenas of Voice: The Ecology of Visible and Invisible Work«, in: *Computer-Supported Cooperative Work* 8/1-2 (1999), S. 9–30. https://doi.org/10.1023/A:1008651105359

Strübing, Jörg: *Pragmatistische Wissenschafts- und Technikforschung: Theorie und Methode*, Frankfurt a. M.: Campus 2005.

Suchman, Lucy: »Making Work Visible«, in: *Communications of the ACM* 38/9 (1995), S. 56–64. https://doi.org/10.1145/223248.223263

Suchman, Lucy: »Consuming Anthropology«, in: Andrew Barry/Georgina Born (Hg.), *Interdisciplinarity: Reconfigurations of the Social and Natural Sciences*, London: Routledge 2013, S. 141–160.

Thévenot, Laurent: »Un gouvernement par les normes«, in: Bernard Conein/Laurent Thévenot (Hg.), *Cognition et information en société. Raisons pratiques* (=Éditions de l'EHESS Vol. 8), Paris: EHESS 1997, S. 205–241.

Thévenot, Laurent: »Governing Life by Standards: A View from Engagements«, in: *Social Studies of Science* 39/5 (2009), S. 793–813. https://doi.org/10.1177/030631270933 8767

Zimmermann, Bénédicte: *Ce que travailler veut dire. Une sociologie des capacités et des parcours professionnels*, Paris: Economica 2011.

Grounded Theory leben

Kognitive und emotionale Formen des Pragmatismus (2007)

Susan Leigh Star

Wissenschaftliches Schreiben codiert oft kraftvolle, gefühlsgeladene Erzählungen. Verhüllt, verborgen in gelesenen und ungelesenen staatlichen Weißbüchern[1] und Dokumenten, lebt es jede Leidenschaft und jede Dramatik aus, die allem menschlichen Handeln zu eigen ist. Doch was Wissenschaftler tun, ist für den überwiegenden Teil der Welt grundsätzlich unzugänglich. Die Menschen sehen zwar die Karte eines Genoms oder eine Injektionsspritze mit einem experimentellen Medikament. Jedoch sind dies lediglich die Endprodukte eines Beziehungsnetzes, dessen, was Lave und Wenger *communities of practice*, »Praxisgemeinschaften«, genannt haben. Entschieden erklären sie, dass durch die Mitgliedschaft in diesen Communities Lernen und Wissenschaft konstituiert wird.[2] Diese Beziehungen sind normalerweise während der Lektüre von Wissenschaft und Technik unsichtbar.[3] Das liegt daran, dass Wissenschaftlerinnen sich auf die relationale und nicht auf die konkrete reale Welt stützen.[4] Beziehungen zwischen Menschen, zwischen unterschiedlichen Wahrnehmungen von Objekten, zwischen Natur und Politik, zwischen Laboratorien und Verwaltungen, um nur einige wenige zu nennen, sind Teil der relationalen Welt. Ein weiterer Aspekt besagt, dass Wissenschaftlerinnen auf normative Weise entmutigt werden, direkt über diesen unsichtbaren Teil zu schreiben, und nicht in seiner Analyse ausgebildet sind. Dazu gehören die Liebe, das Leiden, die Hingabe, das Verschleiern und das Bilden des Ichs in der Welt der

1 | Anm. d. Hg.: Hierbei handelt es sich um eine Sammlung mit Vorschlägen zum Vorgehen in einem bestimmten Bereich, wie sie in der Politik üblich ist.

2 | G. C. Bowker/S. L. Star: »Warum Klassifikationen zählen«; J. Lave/É. Wenger: *Situated Learning* und D. Obstfeld: »Social Networks«.

3 | S. L. Star/A. Strauss: »Layers of Silence« und L. A. Suchman: *Plans and Situated Actions*.

4 | Eine andere Möglichkeit, das Beziehungsnetz in der Wissenschaft zu »sehen«, besteht darin, dass man Fälle untersucht, in denen Menschen versuchen, die Wissenschaft ohne diese Beziehungen zu exportieren. Ein großartiges Beispiel dafür enthält Wenda Bauchspies' Ethnografie über das Akzeptieren von Wissenschaft als »Fremdem« (W. Bauchspies: »Science as Stranger and the Worship of the Word«), im klassischen Sinn des Begriffs, wie ihn Georg Simmel entwickelt hat (G. Simmel: »Exkurs über den Fremden«).

Wissenschaft.[5] Die meisten Wissenschaftlerinnen schreiben mit einer Art von verschlüsselter Stimme, in einer Sprache, die auf dieser unsichtbaren Arbeit und ihrer extremen Isolierung und Spezialisierung beruht.[6]

Populäre Vorstellungen von Wissenschaft fördern diese stillschweigende Unterdrückung von Leidenschaft. Dazu zählen simplifizierende Vorstellungen von »Wissenschaft als Wahrheit«, von Wissenschaft oder wissenschaftlicher Medizin, die auf der heroischen Suche nach neuen Entdeckungen und Heilmethoden sei, und von Wissenschaftlerinnen als leidenschaftslosen Sachverständigen reiner Ergebnisse. Auch wenn sich diese Normen auf manchen Gebieten langsam ändern, sind doch noch viele Barrieren zu überwinden. Die konventionelle Art zu schreiben verbietet sogar den Gebrauch der ersten Person (die zweifellos bei Texten mit mehreren Autorinnen bestenfalls unbeholfen wirkt, in denen ein »Wir« insgesamt eine komplett andere Wertung implizieren würde). Die Standards und formalen Klassifizierungen, die die Wissenschaft durchdringen, repräsentieren stets Verträge zwischen zwiespältigen Leidenschaften und Wünschen, doch was könnte harmloser und langweiliger als diese wirken?[7]

Damit birgt das Herausbilden eines wissenschaftlichen Ichs eine besondere Art von Schmerz und Freude in sich, die fast unsagbar bleibt. In sogenannten populärwissenschaftlichen Artikeln sickert sie durch, z. B. im Zorn eines Ökologen beim Anblick der Zerstörung von Habitaten. Sichtbar wird sie in Memoiren und Biografien, z. B. in Evelyn Fox Kellers Biografie über die amerikanische Genetikerin und Nobelpreisträgerin Barbara McClintock.[8] In unserer Sozialwissenschaft macht sie sich in Form von Reflexivität, persönlichem Narrativ, Poesie, Visualisierung und Aktionskunst bemerkbar.[9] Diese Genres sind an einigen wenigen Orten akzeptierter Teil der Sozialwissenschaften – wenn auch oft um einen hohen Preis.[10]

Der vorliegende Text ist aus einer langen Entwicklung in meinem eigenen Lernen, Lehren und Leben der Grounded Theory und der Pragmatistischen Philosophie hervorgegangen. In allen Büchern und Artikeln über Grounded Theory suche ich stets nach einer bestimmten Antwort auf diese Fragen: Wie fühlt es sich an, Grounded Theory zu betreiben? Verspüre nur ich intensive Gefühle, wenn ich analysiere? Oder habe nur ich das Gefühl, dass ich in einem gewissen Sinn immer Grounded Theory praktiziere? Als Soziologin glaube ich natürlich nicht, dass irgendjemand reine oder einzigartige Erfahrungen macht, außer dass sie zusammen eine einzigartige Biografie bilden. C. Wright Mills Gedanke von »persönlichen Schwierigkeiten und öffentlichen Problemen«[11] oder die feministische Auffassung,

5 | Siehe dazu A. E. Clarke: *Disciplining Reproduction*, über die Art und Weise, wie dies in der Arbeit von Reproduktions- und Sexualwissenschaftlerinnen erscheint.

6 | B. Latour: *Science in Action*.

7 | G. C. Bowker/S. L. Star: *Sorting Things Out* und S. L. Star: »The Ethnography of Infrastructure«.

8 | E. F. Keller: *A Feeling for the Organism*.

9 | S. L. Star: »Experience«.

10 | Siehe z. B. Laurel Richardsons Bericht darüber, wie sie über ihre Forschungen zu alleinerziehenden Müttern ein Gedicht statt einen Artikel schreibt und wie dies von der American Sociological Association aufgenommen wurde (L. Richardson: »Ethnographic Trouble«).

11 | C. W. Mills: *The Sociological Imagination*.

das Persönliche sei politisch, ist für mich stets der Anfang der Heuristik und nicht die Idee, dass ich allein oder einzigartig sei. Es dauert ein paar Jahre, bis sich das entwickelt, denke ich. Mit anderen Worten: Schon allein die Frage: »Bin ich die Einzige?« nimmt die Antwort vorweg: Natürlich nicht. Als ich daher meine Studentin Olga Kuchinskaya anrief, um mit ihr über das zu reden, was ich gerade schrieb, klang ihre Stimme richtig erleichtert wegen meiner Worte. Sie beschrieb daraufhin ihre eigenen Gefühle beim Analysieren, die ganz ähnlich waren. Nach dieser Ermutigung holte ich tief Luft und fing an.

Als Doktorandin suchte ich jahrelang nach Lehrerinnen, die nicht versuchen würden, mich von meiner Lebenserfahrung, meinen Gefühlen und meinem feministischen Engagement zu trennen. Gleichzeitig wollte ich aber nicht bloß ein übermäßig gefühlsbetontes Promotionsstudium absolvieren – ich musste auch meiner Liebe zur stringenten Analyse nachgehen, die ich als Studentin entwickelt hatte. Damals wusste ich noch nicht, wie ich das genau ausdrücken sollte, aber ich suchte nach einer Möglichkeit, gleichzeitig ein formelles und ein informelles Verständnis der Welt zu vereinen. Ich suchte einen methodologischen Ort, der der menschlichen Erfahrung treu blieb und mir dabei helfen würde, das Chaos von Bedeutungen zu durchkämmen und auf neue, überzeugende Erklärungen zu stoßen. Ich suchte auch nach einer Art und Weise, die Welt zu verstehen, die ich mit Würde in meine Welt als feministische Aktivistin und als arbeitende Dichterin integrieren konnte.

Das war mit Sicherheit ein hoher Anspruch.

Ein Weg zur Grounded Theory

Nach meinem Bachelorabschluss begann ich mit meiner Wahl von Graduiertenprogrammen – wie dies oft im Alter von 21 Jahren geschieht –, indem ich einem Liebhaber nach Santa Cruz in Kalifornien folgte. Ich schrieb mich in einem Promotionsprogramm für Bildungstheorie in Stanford ein. Dieses Programm war ungewöhnlich, weil es viele von den Dingen versprach, nach denen ich suchte, wie etwa einen Fachbereich, der sich für qualitative Methoden und für vergleichende historische Studien des Lernens interessierte. Doch ich nahm – zweifellos aufgrund meiner mangelnden Kenntnisse in Philosophie oder über die Welt der Universitätsausbildung – nur stumm an den meisten Veranstaltungen der Gemeinschaft teil. Wie es der Zufall wollte, war einer der wichtigen Professoren in dem kleinen Programm freigestellt, und ich war nicht in der Lage, die Übersetzungen zwischen Philosophie und Sozialwissenschaft vorzunehmen. Wir lasen John Dewey und ich war fasziniert, doch seine Schriften waren für mich noch nicht lebendig. Jahre später, als ich über zusätzliche empirische Daten verfügte und mich in einer Gemeinschaft von Grounded-Theory-Wissenschaftlern bewegte, verliebte ich mich in Dewey. Ich weinte sogar, als ich erfuhr, dass er nicht mehr lebte. Aber zurück zu meiner kurzen Chronologie.

Inmitten meiner Verwirrung und intellektuellen Einsamkeit erblickte ich in der bildungswissenschaftlichen Bibliothek ein Plakat, das das Program in Human Development an der University of California in San Francisco (UCSF) ankündigte. Die UCSF bot ein fachübergreifendes Programm an, das sich mit Fragen darüber befassen würde, wie Menschen sich für berufliche Wege entscheiden, welche

Verbindungen es zwischen ethnischer Zugehörigkeit und Altern in einer Gemeinschaft gibt und welche Entwicklungsereignisse im Erwachsenenalter sich nicht vorhersagen lassen (sogar der Begriff Erwachsenenbildung kam mir radikal vor). Ich bewarb mich bei dem Programm und wurde angenommen, und so begann ich in jenem Herbst mein Studium an der UCSF.

Auf meinem Weg zur UCSF hatte ich auch beiläufig festgestellt, dass Anselm Strauss ein »außerplanmäßiger« Professor in dem Programm war. Darüber freute ich mich, da eine Freundin von mir Glasers und Strauss' Buch *The Discovery of Grounded Theory*[12] erfolgreich in ihrer feministischen qualitativen Dissertation verwendet hatte. Ich hatte das Buch sogar gelesen, ein Manifest für eine Befreiung von den sterilen Methoden, welche die damaligen Sozialwissenschaften beherrschten. Aber eigentlich wusste ich nicht genau, wie ich es verwenden sollte. Für meine Diplomarbeit in Psychologie hatte ich stattdessen George Kellys Theorie des persönlichen Konstrukts[13] verwendet, die ich wegen ihrer offenen, neu kombinierten Möglichkeiten mochte, Menschen ihre Prioritäten und Kategorien zu entlocken. Die Methode des persönlichen Konstrukts ist ein analytisches Werkzeug, um das Kernrepertoire der Konzepte eines Individuums zur Sprache zu bringen, und wie diese entlang ihrer Wichtigkeit während der Anwendung geordnet werden. Die daraus resultierende Karte wird als »Auswahlraster« bezeichnet. In seinen räumlichen Repräsentationen ähnelt es Aspekten von Clarkes überzeugender Situationsanalyse. Diese stellt einen methodologischen Leitfaden zur Kartierung sozialer Welten und der größeren Arena dar, die durch die Überschneidung vieler sozialer Welten gebildet wird, wofür die Bildung einer wissenschaftlichen Disziplin ein Beispiel darstellt. Ihr Buch ist ein bahnbrechendes Beispiel für die »zweite Generation« der Grounded Theory von Strauss.[14]

Ich hatte die Theorie der persönlichen Konstrukte angewendet, um herauszufinden, wie Frauen den Paradigmenwechsel zum Feminismus erlebten (oder nicht erlebten), der um mich herum in Boston Mitte der 1970er Jahre im Gang war. Um meinen psychologischen Denkansatz zu erweitern, zog ich zwei theoretische Werke heran, die sich zur Bildung weitverbreiteter ›Bewusstseinsverschiebungen‹ (ein damals kursierender Begriff) äußerten: *The Structure of Scientific Revolutions* von Thomas Kuhn (1970) und *Gyn/Ecology* von Mary Daly (1978).[15] Doch im Unterschied zur Grounded Theory ließ sich mein methodologischer Ansatz nicht gerade auf das Leben von Menschen ein. Das heißt, ohne Feldforschung war es nicht möglich, die persönlichen Konstrukte in den Handlungskontexten zu beobachten, also das ganze Spektrum chaotischer und formaler Akte zu berücksichtigen, an denen Menschen sich beteiligen. Ich hoffte, diese frühere Arbeit in Richtung anthropologischer bzw. qualitativ soziologischer Methoden zu vertiefen, als ich an der UCSF eintraf.

Für das Human Development Program sprach eine ganze Menge. So wurde ich in meinen Kursen in die phänomenologische und dialektische Psychologie eingeführt, insbesondere in das Werk von Klaus Riegel und von Lev Vygotsky.[16]

12 | B. G. Glaser/A. L. Strauss: *The Discovery of Grounded Theory.*

13 | G. A. Kelly: *The Psychology of Personal Constructs* und *A Theory of Personality.*

14 | A. E. Clarke: *Situational Analysis.*

15 | T. Kuhn: *The Structure of Scientific Revolutions* und M. Daly: *Gyn/Ecology.*

16 | K. F. Riegel: *Psychology, Mon Amour* und L. S. Vygotskij: *Thought and Language.*

Wir lasen die gerade erscheinenden Kritiken an der Theorie der moralischen Entwicklung des Psychologen Lawrence Kohlberg.[17] Dazu zählten auch Carol Gilligans feministische Alternativen zu Kohlbergs Entwicklungsstufen, die sie als einseitig männlich kritisierte.[18] Außerdem hatte ich Gelegenheit, mich mit den interkulturellen Kritiken an Kohlbergs einseitig auf die USA bezogenen Modell der moralischen Entwicklung zu befassen. Die zahlreichen Kritiker warfen Kohlberg vor, den amerikanischen Individualismus und Kognitivismus wie die amerikanische Logik zu universalen Werten zu erklären. Diese umfangreiche Lektüre veranlasste mich, Gemeinschaften, Organisationen und komplexen Beziehungen den Vorrang gegenüber dem Individuum als Analyseeinheit einzuräumen.

Gleichzeitig fehlte mir jedoch noch immer eine zufriedenstellende Methode oder eine tiefere Methodologie, die es mir erlauben würde, mit meinem allgemeinen intellektuellen Projekt weiterzukommen. Rückblickend würde ich sagen, dass mir eine Gemeinschaft von Menschen fehlte, die mir hätte helfen können, meine früheren Anschauungen weiterzuentwickeln. Wie kann man für die Befragten wichtige Aspekte zur Sprache bringen, und lässt sich dies vielleicht mit größeren strukturellen Analysen verbinden? Die meisten Leute im Human Development Program hielten George Kelly für »ein bisschen altmodisch« oder einfach nicht für verständlich. Während sie Gender als Variable akzeptierten, waren sie als Gruppe ziemlich uninteressiert an qualitativen, empirischen Untersuchungen des Genderspezifischen in verschiedenen sozialen Formationen – an unterschiedlichen Erfahrungen des Frau- oder Mannwerdens in verschiedenen ethnischen Gruppen, unterschiedlichen Kohorten, unterschiedlichen sexuellen Orientierungen usw. Ich hielt die statistischen Ansätze, die uns als Methoden angeboten wurden, für völlig bedeutungslos bei der Beantwortung meiner brennenden Fragen. Überdies kamen mir die Rechtfertigungen für die Verwendung von Statistiken als ziemlich verwissenschaftlicht vor, z. B. Aussagen wie »Niemand wird dir glauben, wenn du nicht mit Zahlen arbeitest« oder »Qualitative Forschung ist nicht generalisierbar« (ohne dass man sagen konnte, warum nicht). Als Aktivistin ärgerte ich mich über diese blinden und autoritären Richtlinien; als Studentin war ich von der feministischen Wissenschaftskritikerin Ruth Hubbard und der feministischen Philosophin Mary Daly gut darin trainiert worden, solche akademischen Aussagen in Frage zu stellen. Ich erinnerte mich wieder an Glaser und Strauss und als ich mich erkundigte, erfuhr ich, dass ich zum Belegen von Kursen in anderen Fachbereichen der UCSF berechtigt war. Doch als ich zu meinen Betreuern im Human Development Program ging, wurde mir abgeraten, Kurse bei Strauss zu belegen, weil er in den Worten eines Studienberaters »kein richtiger Soziologe« sei. (Und damit lernte ich die Politik der qualitativen Forschung kennen.)

Im darauffolgenden Jahr beschloss ich, gegen den Widerstand meiner Berater qualitative Kurse zu belegen. Und so begann ich mit der langen Abfolge von Kursen in Feldforschung und Grounded-Theory-Analyse im Fachbereich Social and Behavioral Science, wobei ich zuerst bei Leonard Schatzman und Virginia Olesen und dann endlich bei Barney Glaser und Anselm Strauss arbeitete. Bevor ich mit dieser detaillierten persönlichen Chronologie fortfahre, möchte ich über einige der Lehren berichten, die ich auf meiner Suche nach Ausbildern und Methoden gelernt habe:

17 | L. Kohlberg: *The Philosophy of Moral Development*.

18 | C. Gilligan: *In a Different Voice*.

- Schon allein die Grounded Theory zu finden, war nicht selbstverständlich. Ich musste einen gewundenen Weg beschreiten, der voller Eventualitäten und zufälliger Annäherungen war.
- Die Gestaltung dieses Wegs war und ist nicht zufällig, auch wenn sie noch so voller Eventualitäten ist. Vielmehr bildet sie die Basis für das Erstellen einer entscheidenden Karte meines sich entwickelnden intellektuellen Engagements. In meinem ersten Feldforschungskurs – einer Voraussetzung für die Grounded-Theory-Sequenz – bestand Leonard Schatzmans erste Lektion darin, uns aufschreiben zu lassen, »wie wir hier (an der UCSF) gelandet« waren. Daraus gingen die Daten für die Analyse komplexer Prozesse hervor und Methoden, wie man sie benennen und bestimmte Aspekte in der Suche selbst suchen sollte. Schon ein Zettel auf einem Schwarzen Brett, eine Liebesbeziehung, eine zufällige Begegnung oder Formulierung können als Daten gelten. Hierbei wird ein reflexiver Zug bei der Analyse von Lebensentscheidungen zum Werkzeug für die Vertiefung des eigenen Repertoires von Konzepten und Engagements. Heute würde ich dies den Aufbau einer intellektuellen Infrastruktur nennen.
- Indem man sowohl Eventualitäten wie Engagements in die explizite, offene Analyse einbringt, bekommt man die Chance, über einen etwas unbewussten Komplex von Wahlmöglichkeiten zu reflektieren und das Zentrum der Methode als Teil von gelebter Erfahrung zu integrieren.

Die Grounded Theory ist ein ausgezeichnetes Werkzeug, um unsichtbare Dinge zu verstehen. Sie kann dazu dienen, die mit vielen Arten von Aufgaben verbundene unsichtbare Arbeit sichtbar zu machen, worüber ich andernorts geschrieben habe.[19] Dazu zählt auch die unsichtbare Arbeit bei der Aneignung und Praktizierung einer Methode. *Je länger man die Grounded Theory praktiziert, desto tiefer überlagert sie das tägliche Leben.* Dies führt natürlich dazu, dass man die verschiedenen Formen von unsichtbarer Arbeit untersucht, die man als Analytikerin betreibt. Dazu gehören beispielsweise die, die ich in meinem eigenen Leben entdeckt habe:

- Schwere, verstaubte Bände mit Krankenakten aus dem 19. Jahrhundert aus einem Sprechzimmer in eine kleine Dachkammer zu schleppen und sie erst dann wieder zurückzubringen, wenn die Ärzte das Sprechzimmer nicht mehr besetzt halten, in dem diese Bände aufbewahrt wurden.[20]
- Bisexualität und verschiedene sexuelle Praktiken einer jungen, eifrigen und naiven Befragten erklären, um eine freundschaftliche Atmosphäre für ein Interview zu schaffen.
- Ältere Lesben zu bitten, eine Freigabeerklärung zu unterschreiben und ihnen zu erklären, sie könnten verhaftet werden, wenn sie davon sprachen, Fellatio oder Analsex gehabt zu haben, da zur damaligen Zeit Analverkehr und gewisse andere sexuelle Praktiken verboten waren (das Human Subjects Committee an

19 | G. C. Bowker/S. L. Star: *Sorting Things Out*; S. L. Star: »Power, Technologies and the Phenomenology of Standards«; »The Sociology of the Invisible«; »Experience«; S. L. Star/K. Ruhleder: »Steps Toward an Ecology of Infrastructure« und S. L. Star/A. Strauss: »Layers of Silence, Arenas of Voice«.

20 | S. L. Star: *Regions of the Mind.*

der UCSF verlangte das von uns, wobei es nicht nach Geschlecht oder Lebenserfahrung unterschied; sie können sich vorstellen, wie dumm ich mir vorkam, als ich dies einer 75-jährigen Lesbe erklärte).
- Lokale Parkvorschriften und -praktiken an rund 50 verschiedenen Genlaboren von Vancouver bis Missouri zu erlernen, und zwar während einer Feldforschung an diesen Orten, die der Entwicklung eines Kommunikationswerkzeugs für eine wissenschaftliche Gemeinschaft diente.

Abstrakt betrachtet, kann man in dieser kurzen Liste verschiedene Formen von Arbeit erkennen, die in die veröffentlichten Abschlussberichte nicht eingehen. Zu dieser unsichtbaren Arbeit gehört das Überwinden meiner Verlegenheit, wenn ich in einem Interview über sexuelle Praktiken, Identitäts- und Emotionsarbeit persönliche Fragen stelle.[21] Dazu gehört das mühsame Schleppen der schweren Krankenaktenbände von einem Raum in einen anderen. Alle Feldforscherinnen können ähnliche Geschichten erzählen (fragen Sie niemals Anthropologen nach den Sanitäranlagen an fernen Orten, besonders nicht beim Abendessen). In meiner Arbeit als Wissenschaftssoziologin erfand ich den Code »die Arbeit löschen«. Wissenschaftliche Fachzeitschriften sind voller Artikel, die Entwicklung, Situation, Kommunikationspraktiken und die Routinearbeit löschen, die beim Betreiben von Wissenschaft eine Rolle spielen. Natürlich gilt diese Erkenntnis auch für mich als Wissenschaftlerin.

Code: Ins »Abseits« gelangen

Was ist ein Code? Wenn ich Grounded Theory lehre, erkläre ich immer, man solle die Daten wiederholt durchgehen und nach mehreren Arten von Dingen suchen: Anomalien, Abneigung, einen Menschen mehr als einen anderen zu mögen, ein schockhaftes Wiedererkennen, wenn Befragte eine Formulierung im lokalen Jargon verwenden, die etwas über den Ort oder die Handlungen erfasst (ein In-Vivo-Code). Ich vermittle meinen Studierenden die klassischen Lehrmeinungen über Feldforschung, und zwar das besonders hilfreiche Werk *Doing Fieldwork: Warnings and Advice* von Rosalie Wax und Sanjeks Sammelband *Fieldnotes*, der mit Jean Jacksons provokativem Aufsatz »I am a Fieldnote« beginnt.[22] Warum ausgerechnet diese beiden Bücher? Bislang hatte ich darüber nicht länger nachgedacht, doch während ich diesen Aufsatz schreibe, wird mir bewusst, dass beide in einer klaren, zutiefst persönlichen Sprache geschrieben sind und den Gegenstand der Analyse oder die methodologischen Verfahren nicht für selbstverständlich erachten. Und sie enthalten Gefühle, insbesondere Freude, Trauer, Verwirrung und Angst. (Code: *Wenn Gefühle ausbrechen.*)

Was also ist ein Code? Ein Code stellt eine Beziehung zu deinen Daten und zu deinen Befragten her. Eines der Kerngebote der Soziologie betrifft die Fähigkeit, folgende Frage zu stellen: »Wofür ist dies ein Beispiel?« Als ich die Gehirnexperimente von Physiologen des 19. Jahrhunderts an großen Menschenaffen studierte, stellte ich u.a. Fragen nach dem Wesen von Experimenten, nach der Beschaffung

21 | K. Charmaz: *Good Days, Bad Days* und J. Corbin/A. Strauss: *Unending Work and Care.*
22 | R. H. Wax: *Doing Fieldwork* und R. Sanjek: *Fieldnotes.*

von Materialien, nach der Rolle sozialer Bewegungen, die der Wissenschaft Grenzen setzen wollten (z. B., indem sie sich gegen Tierversuche aussprachen). Durch die Gehirnexperimente wurde ausgehend von einem Affen ein Teil »des Gehirns« modelliert, und anhand dieser Daten eine abstrakte Karte des menschlichen Gehirns angefertigt.

Zum Abstrahieren gehört diese Art des Dialoges mit imaginären Anderen: Soziologen oder Beratern, anderen Autoren oder Klienten. Abstrahieren heißt, Eigenschaften des Originalobjekts fallenzulassen. (Code: *Intimität hinweg abstrahieren.*) Dies erfordert keine vollständige Spezifizierung von Eigenschaften in der Tradition der analytischen Philosophie; vielmehr erfolgt dies durch den Vergleich, im Sinne des oben skizzierten Pragmatismus und der Grounded Theory. Tatsächlich entdeckt man gleichzeitig neue spezifische Eigenschaften und vereint sie dann, oder lässt sie angesichts von Vergleichen fallen. Dies ist eine sich ausbreitende Art von Forschung mit offenem Ende, unbestimmt und strukturiert durch die eigene Fähigkeit, »grounded abstractions« und »lokale Emotionen« zu bewältigen, während man weiterhin eine theoretische Sensibilität entwickelt.[23]

Vor mehreren Monaten beispielsweise erblickte ich ein Rotluchsweibchen in meiner Einfahrt, ein wunderschönes wildes Tier, das unbeweglich verharrte. Ich wollte es streicheln, es kennenlernen, ihm helfen – alle möglichen Gefühle wallten in mir auf. (Code: *Wenn Gefühle ausbrechen/Wildheit.*) Angst um meine kleineren Katzen, das Erstaunen darüber, warum das Tier in meiner Einfahrt war, nach so vielen Jahren, seit ich hier wohnte, ich hatte so etwas noch nie zuvor gesehen ... Ich beginne das Luchsweibchen zu analysieren. (Codes: *Wild, Mitleid, Schönheit, Furcht, Abseits.*) Dann wanderten meine Gedanken zu mir und unserer kleinen Siedlung hier in den Bergen. Auch wir sind im Abseits. Wir haben kein Benzin und keine Kanalisation. Kojoten, Rehe und Wachteln gibt es hier viel häufiger als Menschen. Aber das Rotluchsweibchen und ich sind nicht das Gleiche. Doch ich denke weiter über das Abseits nach und was dies für uns beide bedeutet.

In einem Forschungsprojekt hätte ich hunderte von Codes und müsste viele Arten von Vergleichen anstellen. Aber in meinem täglichen Leben denke ich auch so. Oder wie Everett Hughes es formulierte: »Was haben ein Priester und eine Prostituierte miteinander gemein?« Es scheint ein schockierender Vergleich zu sein, doch dann beginnt man die Umstände, den Kontext ihrer Arbeit zu erkennen. Sie hören sich beide die Beichten von Menschen an; sie arbeiten mit Menschen von Angesicht zu Angesicht (normalerweise) in einer Umgebung, die zu derartigen Intimitäten einlädt, sie hören zu, statt ihr eigenes Leben zu offenbaren usw.[24] Durch Vergleichen und zugleich durch den ständigen Rückgriff auf die Daten bewahren wir etwas von dem, was wir auf diesen beiden Arbeitsgebieten erkennen, auch etwas von dem Schock des Neuen und der neuen Sehweise, die abstrakter ist als zuvor. Doch während ich wieder auf die Daten zurückgreife, frische ich immer wieder mein Bild von den Menschen auf. (Codieren als Frage des ständigen Vergleichens: *Abstrahieren* und *das gleichzeitige Ausbrechen von Gefühlen* beschwören *das Abseits. Kann ich diesen Vergleich durch mehr Erfahrung intensivieren und ihn erweitern?*)

23 | Ich danke Kathy Charmaz für ihren sehr einfühlsamen Kommentar zu diesen Ausführungen.

24 | E. C. Hughes: *The Sociological Eye.*

Ressourcen

Ich halte an diesem Punkt inne, um eine unvollständige Ressourcenliste für das Betreiben von Grounded Theory in der Forschung zu erstellen. Danach erörtere ich einige der affektiven und pragmatischen Methoden, die ich in meiner eigenen Arbeit anwende. Kathy Charmaz' gerade erschienenes Handbuch *Constructing Grounded Theory: A Practical Guide Through Qualitative Analysis* stellt einen ausgesprochen klaren Leitfaden voller Vorschläge und Beispiele für die Anwendung der Grounded Theory dar.[25] Insbesondere das Kapitel über Codieren erleichtert mir meine Arbeit in diesem Aufsatz sehr. Es untersucht das *Wie* des Codierens, das schon umfassend erörtert worden ist, aber oft ohne Klarheit und mit Verwechslung innerer Widersprüche. Ein früherer Versuch, Barney Glasers Buch *Theoretical Sensitivity*, enthält zwar auch viele gute Vorschläge, ist aber für manche Nutzer ein wenig verkrampft aufgrund seiner idiosynkratischen logischen Sprache, die in den soziologischen und professionellen Gemeinschaften nie allgemein aufgegriffen worden ist.[26] Das Buch ist auch etwas schwer zu lesen und kaum zu bekommen. (Ich spreche hier von meinen Erfahrungen als Dozentin.) Daher wird in der begrüßenswerten Neuauflage von Charmaz' Buch Glasers Arbeit in *Theoretical Sensitivity* erheblich klarer dargestellt. Auch Strauss' Buch *Qualitative Analysis for Social Scientists* enthält mehrere überzeugende Beispiele, die einem beim intuitiven Erfassen des Codierens behilflich sind, und am Ende einen ebenso hilfreichen Abschnitt mit Fragen und Antworten.[27] Für die simple Mechanik im Umgang mit Feldnotizen ist als Einstieg Schatzmans und Strauss' Buch *Field Research* nach wie vor nützlich, indem es Codes in verschiedene Typen einteilt: methodologische, beobachtungsbezogene und substanzielle Codes.[28] Doch seine Sprache lässt sich nicht gut mit der fortgeschrittenen Nutzung und späterer wissenschaftlicher Publikation verbinden. Adele Clarkes ausgezeichnetes neues Buch *Situational Analysis* hilft diese Lücke zu füllen.[29] Sie konzentriert sich methodologisch auf Arenen und soziale Welten, insbesondere auf das Problem, das mit der Analyse des Wachstums und der Veränderung von Wissenschaftsdisziplinen verbunden ist. Dies wird für diejenigen nützlich sein, die Veränderungen in Wissenschaft, Industrie, Politik oder sozialen Bewegungen (oder Kombinationen davon) analysieren möchten und mit der anfänglichen »Unordnung« der Daten und des Wesens von Entwicklungen konfrontiert werden. Es konzentriert sich zwar nicht übermäßig auf die epistemologischen Prozesse des Codierens per se. Doch in Verbindung mit Charmaz' Buch und dem im *Handbook of Grounded Theory* vorgelegten Erkenntnissen[30] trägt Clarke dazu bei, ein unverzichtbares Gerüst zu errichten, damit man sich zwischen den kognitiven, affektiven, »nahen« Aspekten der Grounded Theory bis zu den größeren Veränderungen in der heutigen Welt bewegen kann. Wie immer bei der Grounded Theory empfehlen all diese Werke, dass man sich von den Daten zur Analyse und wieder zurückbewegt.

25 | K. Charmaz: *Constructing Grounded Theory.*

26 | B. G. Glaser: *Theoretical Sensitivity.*

27 | A. L. Strauss: *Qualitative Analysis for Social Scientist.*

28 | L. Schatzman/A. L. Strauss: *Field Research.*

29 | A. E. Clarke: *Situational Analysis.*

30 | A. Bryant/K. Charmaz (Hg.): *The SAGE Handbook of Grounded Theory.*

Schon vor langer Zeit verlangte Herbert Blumer – Strauss' Lehrer und Student von George Herbert Mead –, man solle »Ahnungen« durch Daten verfolgen, was anfangs eigentlich eine persönliche biografische Methode war. Glaser sprach von »Lebenszyklen« als Quellen für Themen, wenn auch nicht fürs Codieren; so verloren beispielsweise er wie Strauss jeweils einen Elternteil in unmittelbarer Nähe zu der Zeit, als sie mehrere Bücher über Tod und Sterben schrieben.[31] Diese persönliche Erfahrung hat mich stets fasziniert, doch weder Strauss noch Glaser waren sehr daran interessiert, zu untersuchen oder zu erörtern, wie ihnen ihre eigenen Gefühle als Quellen für die Analyse dienten (und zwar weder in ihren methodologischen Schriften noch in ihren Kursen). Was mich, die ich gerade von unsichtbarer Arbeit besessen bin, natürlich nur noch neugieriger macht.

Die obigen Ausführungen sind eine ganz unvollständige Skizze von Arbeiten über Grounded Theory und sollen in erster Linie auf neue Ressourcen verweisen und den Mangel an Materialien verständlich machen, mit denen sich die Frage »Woher kommen Codes?« beantworten lässt.

Ein Rezept für die kognitiv-emotionale Erzeugung »eines Codes« in der Grounded Theory

Objektbeziehungen

Was ist ein Code? Was haben ein Rotluchsweibchen und eine Soziologin miteinander gemein? Wir sind beide ein wenig im Abseits: Ich in meinem gegenwärtigen Schreiben und Denken und sie, indem sie meine Einfahrt durchquert und zu meinem Haus hochäugt. Indem ich die obigen Codes des gleichzeitigen Ausbrechens von Gefühlen und des Abstrahierens verwende, bereichere ich die Vorstellung vom Abseits. Meine erste Reaktion erfolgt aus einem Gefühl der Verbundenheit – wobei ich daran denke, dass Verbundenheit positiv und/oder negativ sein kann. Auf einer gewissen emotionalen Ebene möchte ich dieses Rotluchsweibchen kennenlernen. Ich fühle mich ihr verwandt. Sie ist wunderschön. Ich fühle mich ihr irgendwie verbunden, als ob ich ihre Wildheit und Schönheit einfangen und zu einem Teil von mir machen möchte. Aber ich weiß, dies im wirklichen Leben zu tun hieße, diese Schönheit zu töten. Also fange ich an, mit ›Grounded-Theory-Gefühlen‹ über diese kleine Beziehung nachzudenken. Und während ich darüber nachdenke und die Beziehung abstrahiere, bildet sich ein Code, der etwas zu dem Erlebnis hinzufügt *und* davon abzieht. Gemeinsam im Abseits zu sein, entspricht nicht der Gesamtheit meines Erlebnisses oder meiner Beziehung zu dem Rotluchsweibchen. Doch die Kombination von Empathie oder Verbundenheit und Abstraktion ist sogar noch stärker als eines davon allein. Bei der Zusammenarbeit mit Biologen habe ich immer diese doppelte Vision verspürt: Wenn sie ein Subjekt im Rahmen ihres Fachwissens erblicken, sehen sie sich veranlasst, ihm oft einen lateinischen Namen zu geben. Fast gleichzeitig sagen sie etwas Empathisches wie »Hallo, kleiner Bursche« oder »Was für eine Schönheit« oder sind genauso häufig bekümmert über

---

31 | B. G. Glaser/A. L. Strauss: *Awareness of Dying*, *Time for Dying* und *Anguish*. Siehe auch die ausgezeichnete Darstellung dieser Bücher im ersten Kapitel des *SAGE Handbook of Grounded Theory*.

den Zustand seines Habitats. Tatsächlich gibt es auf jedem Gebiet der Wissenschaft irgendeine Fassung dieser doppelten Vision.[32]

Ein Code hat also sowohl etwas mit Verbundenheit als auch mit Trennung zu tun. Wenn ich in der Lage bin, beides *gleichzeitig* festzuhalten, erlebe ich Freude und Kummer des Erwachsenseins. Und um von »Lebenszyklen« als Anlass für Themen zu sprechen: Ich bin in einer sehr eng verbundenen ländlichen Familie aufgewachsen, die ganz bestimmte Vorstellungen davon hatte, wie Dinge getan werden. Doch meine Lektüre – ich bin anscheinend die geborene Leserin – bezog sich auf andere Welten, wo diese Grundannahmen nicht für selbstverständlich gehalten wurden. Nach und nach begann ich die Vorstellung zu hegen, dass *Anderswo* ein Ort war, an dem diese Dinge versöhnt wurden. Dies erforderte es, dass ich in Bezug auf meine erweiterte Geburtsfamilie ins Abseits trat.[33] Dies war in emotionaler Hinsicht gefährlich und es dauerte mehrere Jahre, bis ich meiner eigenen Welterfahrung vertraute und viele Formen von Verbundenheit und Trennung bzw. Abstraktion und Intimität ausbalancierte. Aus dieser Erfahrung heraus habe ich viele Projekte entworfen, die mit Marginalität, Außenseitern, Mitgliedschaft oder deren Fehlen sowie unsichtbarer Arbeit zusammenhingen.

Innerhalb der psychologischen Theorie findet sich die Vorstellung von gleichzeitiger Verbundenheit und Trennung ausgiebig im Objektbeziehungs-Modell der familiären und sozialen Dynamik. Wahrscheinlich fängt das Werk des englischen Psychoanalytikers und Kinderarztes Donald Woods Winnicott über Trennung und Übergangsobjekte die Dynamik dieses Entwicklungsprozesses überaus bemerkenswert ein.[34] Winnicott ist in erster Linie wegen seiner Studien der Entwicklung von Säuglingen und Kindern bekannt. Er war auch ein lebendiger, einfallsreicher Theoretiker, der sich von seiner klinischen Arbeit zur Theorie hin bewegte und dann wieder zurück. Er war zwar Psychoanalytiker, doch seine Verbindungen zu den Freudianern kommen mir nicht übertrieben dogmatisch oder gar zentral vor. Begriffe wie »Trennungsangst«, »pathologische Verbundenheit« und »ausreichend gute Mutter« gehen auf ihn zurück; er war sowohl entschieden theoretisch wie materiell orientiert. Sein Werk zu Übergangsobjekten hat auch – ähnlich wie Gregory Batesons *Ökologie des Geistes*[35] – Wissenschaftlerinnen vieler Disziplinen beeinflusst und die Analyse von Liebe und Verlust großenteils wiederbelebt.

Winnicott glaubt, dass das Kleinkind (bestenfalls) nach und nach erlernt, sich den Eltern in vielen kleinen Schritten verbunden zu fühlen und jene Trennungen zu erleben, die für es erträglich sind. Reife bedeutet, größere und mannigfaltige Trennungen neben der Verbundenheit auszuhalten. Dabei handelt es sich zwar weder um totale Trennung (Abstraktion) noch um totale Verbundenheit (Intimität), sondern ein Gleichgewicht beider. Dazu Winnicott:

32 | Siehe E. F. Keller: *A Feeling for the Organism* oder S. L. Star/K. Ruhleder: »Steps Toward an Ecology of Infrastructure« über das »Wurmsein des Wurms« in einem Labor für die Genetik von Nematoden.

33 | Anm. d. Hg.: Der biografische Kontext dieses Satzes ist unklar, auch wenn er eine Distanzierung von ihrer Familie suggeriert. Wir haben ihn in seiner originalen Form, mit der »extended birth family«, erhalten.

34 | D. W. Winnicott: *The Maturational Processes and the Facilitating Environment.*

35 | G. Bateson: *Ökologie des Geistes.*

»Allgemein gilt, dass eine Aussage über die menschliche Natur inadäquat ist, wenn sie in Bezug auf zwischenmenschliche Beziehungen gemacht wird. Dies ist selbst der Fall, wenn die phantasievolle Darstellung ihrer Funktion, die gesamte bewusste wie unbewusste Einbildungskraft samt dem unterdrückten Unbewussten berücksichtigt werden. Es gibt eine andere Möglichkeit, Menschen zu beschreiben [...] über jedes Individuum, das das Stadium erreicht hat, eine Einheit zu sein [...] lässt sich sagen: Jedes Individuum hat eine *innere Wirklichkeit*, eine Innenwelt, die reich oder arm und im Frieden oder in einem Kriegszustand sein kann [...] Falls es eine Notwendigkeit für diese doppelte Aussage gibt, dann gibt es auch eine Notwendigkeit für eine dreifache. Es gibt den dritten Teil eines Menschenlebens, einen Teil, den wir nicht ignorieren dürfen, einen Zwischenbereich der Erfahrung, zu dem sowohl innere Wirklichkeit als auch äußeres Leben beitragen. Es ist ein nicht in Frage gestellter Bereich, weil kein Anspruch um seinetwillen erhoben wird, außer dass er für das Individuum als ein Ruheort existieren soll. Dieser Zwischenbereich der Erfahrung dient der immerwährenden menschlichen Aufgabe, dafür zu sorgen, dass die innere und äußere Wirklichkeit getrennt und doch aufeinander bezogen bleiben.«[36]

Eine Möglichkeit, diese Reife zu erlangen, besteht darin, die von Trennung erzeugte Angst oder eine zu starke erdrückende Verbundenheit bewältigen zu lernen, und zwar mithilfe eines »Übergangsobjekts«, wie Winnicott es nennt: bei kleinen Kindern ist dies oft eine Decke, eine Puppe oder irgendein anderes kleines geschätztes Besitztum. Das Übergangsobjekt gehört ein wenig beiden Welten an: der alten Welt des Verbundenseins und der neuen Welt des Heranwachsens, Verlassens, Weggehens, Abstrahierens.

Codes in der Grounded Theory sind Übergangsobjekte

Codes ermöglichen es uns, mehr über das von uns studierte Gebiet zu wissen, tragen jedoch die Abstraktion des Neuen in sich. Wird dieser Prozess viele Male wiederholt und ständig mit allen Räumen und Daten verglichen, ist es auch möglich, das seine Reflexivität wächst. In der Grounded Theory nennt man dies »theoretisches Sampling«. Codes sind auch Teil des dritten Entwicklungsraums, des »Behauptungsraums« von Erfahrung. Theoretisches Sampling weitet die Codes aus, indem es vom Objekt andere Wissensarten erzwingt. Die dabei entwickelte Theorie wiederholt den Verbundenheits-Trennungs-Zyklus, greift aber in diesem Sinn einen Code auf und bewegt ihn durch die Daten. Dabei bricht die Theorie sowohl den Code als auch die Daten. Erneut weckt sie eine gewisse Angst und gleichzeitig, vielleicht beiläufig, verlangt sie nach Autorität. Da gibt es keinerlei Leitfaden und, um es noch schlimmer zu machen: Während man die Datensätze ständig vergleicht, ja sogar »normale« ethnografische Daten von außen heranzieht,[37] wird man ständig verlieren und gewinnen, sich binden und trennen.

Ich möchte hierfür ein Beispiel aus meiner eigenen Arbeit nennen und vorausdeutend erläutern, wie dies beim pragmatischen Problemlösen auftritt. Vor einigen Jahren interessierte ich mich für die Kluft zwischen dem Handeln von Menschen und wie sie online und auf Papier repräsentiert werden. Ein Teil dieser Erkenntnisse stammte aus der Feldforschung in einem Labor für Künstliche Intelligenz

36 | D. W. Winnicott: *The Maturational Processes and the Facilitating Environment*, S. 230.
37 | A. L. Strauss: »Discovering New Theory from Previous Theory«.

und einem neurophysiologischen Labor. Ein anderer Teil war die Reflexion meiner Ausbildung, durch die ich meine Gefühle im Bericht über meine Forschung einer Selbstzensur unterziehe. Die erste Familie von Codes, die ich entwickelte, betraf die Simplifizierung in der wissenschaftlichen Welt.[38] Ich untersuchte die verschiedenen Möglichkeiten, wie Wissenschaftlerinnen beim Aufschreiben ihrer Ergebnisse »widerspenstige« Daten ausrangierten, etwa solche, die bezüglich auf Frauen, Schwarze und kahlköpfige Männer gesammelt worden waren. Der ideale Forschungsgegenstand war ein weißer, zehnjähriger Junge aus der Mittelschicht. Die widerspenstigen Daten umfassten mehrere Codes über die Arbeit als solche: das Ausrangieren von Anomalien, das Ersetzen von Stichhaltigkeit durch Verlässlichkeit (ein Code, den ich während meiner Arbeit immer wieder aufgreifen würde) und alle Arten von Formatierungsbeschränkungen beim Schreiben für wissenschaftliche Fachzeitschriften. Diese Codes blockieren implizit die »widerspenstigen Daten« des Forschenden wie des Themas.

Als sich diese Studie zu verschiedenen Studien über Computernutzung, die Erzeugung von Klassifikationssystemen und anderen Möglichkeiten der wissenschaftlichen Repräsentation menschlichen Verhaltens weiterentwickelte, wurde es für mich zunehmend wichtiger, mich in den Pragmatismus zu vertiefen. Ein Großteil der gegenwärtigen Computerkritik, insbesondere in der Künstlichen Intelligenz und in der Klassifizierung, ist rein logisch und kognitiv wie die Philosophie des Geistes und der Sprache. (Eine ganz wichtige Ausnahme aber stellen Suchman und ihre Kollegen dar.)[39] Die Philosophen, die mich dabei inspirierten, waren Heidegger, Wittgenstein, John Searle und Quine. Ich schrieb einen Aufsatz, der zur Veröffentlichung angenommen wurde. Darin kritisierte ich, wie die Künstliche Intelligenz Menschen als Forschungsmaterial verwendete und attackierte einen Großteil der entsprechenden Arbeit. Dann dachte ich noch einmal über diesen Aufsatz und über mich selbst nach. Ich verstand, dass ich die Wahl hatte, entweder eine wissenschaftliche Nervensäge zu werden oder mit dem Projekt voranzukommen. *Wie wirkten* diese Philosophen und Informatiker zusammen? Wie lassen sich die Auswirkungen verschiedener Formen von Computerarbeit verstehen? Welche Arbeit wurde getan, um Visionen des menschlichen Geistes zu kreieren?

Ich zog den Aufsatz zurück, der wie bereits gesagt von der Fachzeitschrift *AI and Society* angenommen worden war, während ich mich dafür entschied, meine Untersuchungstätigkeit wieder aufzunehmen. Ich schämte mich dafür, als ob ich kurz davor gewesen wäre, eine Art Skandalreporterin zu werden. Als ich damit begann, enger mit Informatikern als Kollegen zusammenzuarbeiten und sie nicht bloß als ethnografische Subjekte zu betrachten, kam mir diese Entscheidung zugute. Indem ich mich an die Maxime »Analysiere die Folgen, nicht die Ursachen« hielt, machte ich mir diesen Aspekt von Deweys Werk und Anschauung zu eigen. Schließlich schrieb ich mein erstes Buch über die Koordination von Arbeit in verschiedenen Arbeitsgebieten in der frühen Neurophysiologie und Hirnforschung im 19. Jahrhundert.[40]

Das Anwenden der Grounded Theory in ihrer einfachsten Form ist u.a. eine emotionale Herausforderung und eine Aufforderung zu methodologischer Reife.

38 | S. L. Star: »Simplification in Scientific Work«.

39 | L. A. Suchman: *Plans and Situated Actions*.

40 | S. L. Star: *Regions of the Mind*.

Mit anderen Analysearten wie Fokusgruppen und Meinungsumfragen versucht man in erster Linie Daten aus Befragten zu gewinnen. Eine Fokusgruppe zeichnet sich durch das direkte Gegenüber aus, wenn auch nicht langfristig; in manchen Umfrageforschungen wird dies oft delegiert, sodass man die Befragten niemals kennenlernt.[41] Natürlich variiert dies erheblich, und ich will hier *nicht* behaupten, das Verbinden von Erfahrung und Affekt mit Abstraktion sei das einzige Betätigungsfeld der Grounded Theory.[42]

Auf lange Sicht

Während einer lebenslangen Forschungstätigkeit entwickeln manche Menschen ein Gefühl für ein *Lebenswerk*. Für Anselm Strauss' Festschrift schrieb ich:

»Alle passionierten Wissenschaftlerinnen verfolgen ein Mysterium in ihrer Forschung. Genau im alten Sinn von Mysterium und Passion gibt es Fragen oder Fragenkomplexe, die niemals beantwortet werden können, sondern mit denen man nur ringen, die man nur annehmen und hoffentlich transformieren kann. Das Primat der Arbeit stellt ein solches Mysterium im Werk von Anselm Strauss dar. Seine zutiefst fruchtbaren Transformationen haben zu einer neuen Formulierung einer alten soziologisch-philosophischen Frage geführt: nach der Beziehung zwischen dem Empirisch-Materiellen einerseits und dem Theoretisch-Abstrakten andererseits. Hier möchte ich dies die Beziehung zwischen dem Sichtbaren und Unsichtbaren nennen.«[43]

Es kann eine sehr sinnvolle Übung sein, wenn man sich auf jeder Stufe seiner Karriere fragt, wie es um die eigenen Passionen und Mysterien steht. (Wen es interessiert: Meine eigenen Passionen werden in einigen Aufsätzen deutlich ausgesprochen.[44]) Wenn ich diesen Vergleich bei Objektbeziehungen anstelle, wird mir natürlich klar, dass es einen unendlichen Regress an Möglichkeit gibt. Woher kommt Verbundenheit? Wenn ich sage, wie es viele tun würden, dass sie dem Körper, dem Unbewussten und der eigenen Biografie entspringt, überträgt dies mein Argument aus einem Kapitel in einem Buch auf das Lebenswerk eines anderen Menschen. Gleichzeitig hoffe ich, dass dieses Erkennen von Affekt, Verbundenheit und tiefen Gefühlen Aspekte des Anwendens von Grounded Theory legitimiert, über die nur selten geschrieben, aber in gewissen Kreisen häufig gesprochen wird, vielleicht am häufigsten in der Beratung durch einen Lehrer während der Arbeit an einer Dissertation. Ich hatte unglaublich viel Glück, Strauss als Berater zu haben, dem ich völlig vertraute.

---

41 | J. A. Roth: »Hired Hand Research«.

42 | Man kann die Grounded Theory zwar auf alle Daten anwenden, aber die qualitative Analyse ist eigentlich nicht sehr gut in der Vorhersage von Wahlergebnissen oder beim Verstehen von großräumigem demografischen Wandel. Sie kann in Verbindung mit anderen Methoden sehr nützlich sein, doch das ist eine Aussage, die eher ignoriert als praktiziert wird.

43 | S. L. Star: »The Sociology of the Invisible«, S. 265.

44 | G. C. Bowker/S. L. Star: *Sorting Things Out*; S. L. Star: »The Sociology of the Invisible«; »Experience« und S. L. Star/J. R. Griesemer: »Institutional Ecology, ›Translations‹, and Boundary Objects«.

Pragmatismus

Die pragmatistische Philosophie fordert auf, die von Objektbeziehungen ausgehende Einladung zum Erwachsensein anzunehmen, wie ich zuvor ausgeführt habe. Sie nimmt einen ›dritten Raum‹ ein. Durch die Grounded Theory werden Codes als Übergangsobjekte emotional *und* analytisch mit impliziert. Das Erlernen der Grounded Theory verlief nicht getrennt vom Kennenlernen der pragmatistischen Philosophie, ebenso wie von der frühen pragmatistisch informierten Soziologie und der Sozialpsychologie. Als Doktoranden bildeten wir uns gleichzeitig in Methode und Theorie aus und wurden aufgefordert, Philosophen wie andere Soziologen als Quellen für Vergleich, Codierung, Ontologie und Epistemologie zu nutzen. Fast immer lasen wir diese Quellen im Original und nicht in Handbüchern.

Die frühe Chicago-Schule und ihre Beziehung zu Dewey, James, Mead und später zu Bentley hatte für uns große Bedeutung.[45] Wir schlossen uns einer Praxisgemeinschaft mit tiefreichenden historischen Wurzeln an. Im Folgenden werde ich mehrere pragmatische Grundsätze mit der Verbundenheits-Trennungs-Balance in Beziehung setzen, von der ich bereits gesprochen habe.

Folgen, nicht Ursachen

Einer der einfachsten wie schwierigsten Grundsätze des Pragmatismus besagt, dass Verstehen auf Folgen, nicht auf Ursachen beruhe. Man baut keine apriorische Logik, keine philosophische Analyse auf vorgegebenen Kategorien auf, wie »verifikationistische« Sozialwissenschaftler wie Barney Glaser sie so beißend genannt haben. Vielmehr verläuft der Prozess im Vergleich zu den meisten Analysemodi rückwärts. Um in der Sprache dieses Aufsatzes zu bleiben: Man offenbart seine Seele den Elementen und wartet ab, was geschieht. »Was geschieht« sagt mehrere Dinge aus. Eine Unterbrechung der Erfahrung – oder wie ich es lehre: eine Anomalie, die unsere Aufmerksamkeit in den Daten erweckt – entsprach eigentlich Peirces Vorstellung vom abduktiven Denken. Sowohl Dewey wie auch Mead postulierten, dass eine Tatsache das Ergebnis einer Unterbrechung von Erfahrung sei. Noch früher nahm William James' Verständnis dessen, wie wir Gewohnheiten entwickeln und auf ihre Störung reagieren, diese Formulierung vorweg.

Eine auf einer Gemeinschaft und einem Dialog basierende Reflexion über das Wesen der Erfahrung führt zu einem neuen Objekt (einem eher formalen Code oder, um es mit Strauss zu formulieren, dem Ergebnis von theoretischem Sampling). Diese Idee der Kette *Erfahrung-Unterbrechung-Reflexion-Objekt* führt auf komplexe Weise zu Deweys 1896 publizierten Aufsatz »The Reflex Arc Concept in Psychology« zurück.[46] Dort behauptete Dewey, dass die Wahrnehmung nicht kontinuierlich sei, sondern ständig unterbrochen werde, und zwar auf eine Weise, die

45 | Wir lasen auch Peirce, sowie einige der weniger bedeutenden Philosophen, doch damals wurde Peirce uns nicht ans Herz gelegt; Strauss stellte ihn als Angehörigen einer viel älteren Generation dar, und nur wenige von uns fühlten sich allein zu seinem Werk hingezogen. Dazu wurden wir auch nicht ermutigt. Kathy Charmaz hat festgestellt, dass Peirce in ihrer Kohorte an der UCSF stärker herausgehoben wurde als in meiner.

46 | J. Dewey: »The Reflex Arc Concept in Psychology«.

eine Interpretation erfordere. Ein Reflex ist somit kein kontinuierlicher Strom von »Information«, der auf die Blackbox des Gehirns trifft. Vielmehr handelt es sich um ein konstantes Interpretieren, während Routinehandlungen und Sehweisen unterbrochen, interpretiert und revidiert werden. Somit gelangen wir von James' »blühender, summender Verwirrung« durch die ständig angebotenen Interpretationen unserer Familie, Gemeinschaft, Natur, Medien, Kunst, Tiere und aller anderen zum Menschsein.

Das Auswählen zwischen widersprüchlichen Interpretationen bedeutet einen ständigen Kampf ums Selbstsein, d.h. einen Körper aus Unterbrechungen und Interpretationen zu formen und schließlich Ganzheit und Autorität im Handeln zu verkörpern. Darin ist der Pragmatismus weder modern noch postmodern, sondern konträr zu den Begriffen dieser Debatten wie Positivismus kontra Interpretation oder Realismus kontra Relativismus. Die Wahlmöglichkeiten werden von nähe-orientierten Kulturen wie auch von solchen auf Distanz – einschließlich der Medien – komplex vermittelt.

Flüchtig zeigt sich hier sodann, was Verbundenheit und Trennung zugrunde liegt: die unklaren Einflüsterungen und zuweilen Anforderungen anderer in der Kindheit, die damals und im Erwachsenenalter durch Erzählungen und das sich entwickelnde Ich vermittelt werden. Ständig wird das Input-Output-Modell durch die Formation von Verbundenheit, Trennung und Übergangsobjektbildung herausgefordert. Deweys 1929 veröffentlichtes Werk *The Quest for Certainty* erweitert die Erkenntnisse aus dem Aufsatz über den Reflexbogen und untersucht, wie Philosophen und andere Wissenschaftler vorgegebene Modelle, Konzepte und Methoden anwenden.[47] Er hält dies für eine Suche nach Gewissheit, gewissermaßen nach einem Schutz vor dem Ansturm der Gefühle, auch wenn er dies nur mit wenigen affektiven Worten beschreibt. Ich würde sagen, dass diese Suche nach Gewissheit – z.B. nach einem einzigen Modell, das die meisten Ereignisse auf der Welt im Voraus erklärt – eine Möglichkeit ist, uns teilweise vor dem starken Schmerz des Verbundenheits-Trennungs-Kummers abzuschirmen. Beim Anwenden der Grounded Theory bietet dies Gelegenheit, um zu den Daten zurückzukehren und die Subjekt-Objekt-Vermittlung wieder auf das Codieren und Kategorisieren zurückzuführen.[48]

Die objektive Wirklichkeit von Perspektiven

Die eigene Entwicklung, die damit verbunden ist, wenn man ständig Objektbeziehungen in der Grounded Theory/im Pragmatismus herstellt, kann tatsächlich der unheimlichste Aspekt beim Anwenden der Grounded Theory sein. Dabei wird man nämlich zum methodologischen Außenseiter, was jemanden in den frühen Stadien der Karriere teuer zu stehen kommen kann. Überdies stellt das Praktizieren dieser Philosophie die binäre und gut bewachte Trennung zwischen Interpretation und Wirklichkeit in Frage. Interpretation ist Dichtung. Wirklichkeit ist Wissenschaft. Sie sollen auseinandergehalten werden. Sie zusammenzubringen sorgt für Ärger.

---

47 | J. Dewey: *The Quest for Certainty.*

48 | Für diese Anregung danke ich erneut Kathy Charmaz.

Ich kam zur Wissenschaftssoziologie als Pragmatikerin, und zwar zu Beginn dessen, was man später die »Science Wars« nannte, einem erbitterten, polarisierenden Streit, in dem »konstruktivistische Theoretiker« (oder interpretierende Theoretiker) gegen »realistische Wissenschaftler« ausgespielt wurden. Positivistische Wissenschaftler betrachteten die Arbeit großer Teile des (ungefähr 1976 einsetzenden) neuen Programms der Wissenschaftssoziologie als Anti-Wissenschaft. Dazu zählten etwa ihre Versuche, Wissenschaft bloß als eine andere Art von Arbeit zu verstehen, als etwas, das sich historisch wie kulturell verändert und als einen Prozess, der entwicklungsbedingten Eventualitäten und der Politik unterliegt. Konstruktivismus ist ein komplexes Argument, nicht bloß eine Attitüde des Nichtwissens. Für die Beteiligten stand bei ihrem großenteils persönlichen Umgang mit Wissenschaft oft viel auf dem Spiel. Sie einte eine soziale Welt (Praxisgemeinschaft), eine gemeinsame Ideologie und eine kollektive Praxis. Über ihre Untersuchung der realistischen Wissenschaft waren traditionelle Wissenschaftler entrüstet. Wer beispielsweise die kulturellen und historischen Aspekte der Physik untersuchte, galt als mystischer Träumer oder gar als Narr: »Wollen Sie etwa sagen, wenn ich von einem Gebäude springen würde, würde ich nicht auf die Erde fallen?« Nun, natürlich nicht. Aber Konstruktivisten interessierten sich überwiegend dafür, die Bedeutung des »Fallens« als kulturell konstituiert zu untersuchen – »Verletzung« und »Körper« hatten für sie zu unterschiedlichen Zeiten und an unterschiedlichen Orten auch unterschiedliche Bedeutungen. Die Welt, wie sie bislang von Wissenschaftlern erklärt worden war, erschien ihnen als ebenso brutal wie universalistisch (außer vielleicht im Fall von Kunst, Religion und dergleichen) und reaktiv, und zwar auf genau die Weise, wie Dewey sie im Reflexbogen-Modell erkannt hatte.

Die Welt behutsam zu sezieren, zu situieren und ontologisch und epistemologisch offen für eine Revision zu machen, lag nicht im Interesse der traditionellen Wissenschaftskrieger. Sie fühlten sich durch die Aussicht, dass ein kultureller Relativismus auf die Wissenschaft angewandt wurde, ziemlich bedroht. Sie sprachen oft von »Nazi-Wissenschaft« oder »Lyssenkoismus«, um zu beschreiben, was ein mögliches Ergebnis von Relativismus oder Konstruktivismus sein könne. Diese Gruppe von Wissenschaftlern verhöhnte die Wissenschaftssoziologie, als ob wir unwissende Schreihälse seien, die die Wissenschaft der Lächerlichkeit preisgeben wollten.

Aus der Sicht der Pragmatisten besteht die einzig vernünftige Reaktion auf diesen Streit darin, Fragen von Verantwortung, Ort, Folgen und Autorschaft zu stellen. Pragmatisten verstehen »Universalismus« als Vereinbarungen einer großen Anzahl von Praxisgemeinschaften und Kulturen, nicht mehr und nicht weniger. Universalismus existiert nicht a priori in irgendeiner analytischen Realität. Menschen interpretieren Ereignisse stets aus einem situierten und komplex prinzipientreuen Blickwinkel. So bedeutet der Tod beispielsweise für manche Religionen das Ende, für andere einen Übergang und für wieder andere eine Umwandlung. Dies sind radikal unterschiedliche Ansichten über eine von allen gemachte Erfahrung. Wenn man jedoch Interpretation respektiert, sind sie nicht universal. Gleichwohl müssen diese Dinge, über deren Reichweite und Größenordnung ein beeindruckender Konsens herrscht, meist als genau das respektiert werden – d.h. jedoch nicht, dass man sich dem Glauben an ontologische oder epistemologische Universalität verpflichtet fühlen muss.

Der pragmatistische Philosoph George Herbert Mead erteilt in seinem klassischen, 1927 erschienenen Aufsatz »The Objective Reality of Perspectives« dem *ontologischen Primat der Interpretation* gleichsam eine Art von Vollmacht.[49] Mead behauptet, eine Perspektive sei eine Möglichkeit, die Natur zu schichten und zu ordnen. Diese Schichtung, erklärt er, stamme aus der Entwicklung einer Perspektive, wobei es irrelevant sei, ob sie alt und langsam angewachsen oder eher neuartig sei. Sie seien »die einzige Form von Natur, die es gibt«. Dies bedeutet, dass für Analytiker das Vertrauen und die Autorität, die sich durch die Verbundenheit, Trennung und Übergang angesammelt haben – unzählige Male, manchmal rekurrierend, manchmal anwachsend, manchmal andere Formen und Texturen annehmend –, als Autorschaft ins Blickfeld geraten müssen, wenn man schreibt. Dies kann in psychologischer Hinsicht schwierig sein.

Ich glaube, dass diese Schwierigkeit dem ähnelt, was Barney Glaser einmal »Überflutung« genannt hat, eine in der Grounded Theory übliche Erfahrung. Man hat eine Fülle von Codes, Vergleichen und provisorischen Möglichkeiten, die Daten anzuordnen. Doch so vieles erscheint wertvoll. Wie soll man aussondern? Wie auswählen? In seinem Buch *Memory Practices in the Sciences* analysiert Geoffrey Bowker das sich ständig verändernde Wesen der Vergangenheit. Im Kapitel »The Mnemonic Deep« erklärt er, dass sogar ein Name mannigfaltige Ursprünge und Ästhetiken habe, wie dies beim Benennen neuer Arten der Fall sein kann.[50] Die Illusion vom Vollständigen und Perfekten sei eben nur eine Illusion, eine Geschichte, die wir uns ausdenken, um unsere eigene Autorität zu legitimieren. Aber wenn wir die Tiefe des Gedächtnisses ausloten, stoßen wir auf genau die gleiche Herausforderung wie bei »zeitgenössischen« Daten. Die Kluft zwischen der romantischen Geschichte der Vergangenheit und der chaotischen, anhänglichen, sich voll anfühlenden Vergangenheit kann schmerzhaft und irreführend sein, genau wie die pluralistische Ignoranz (»Ich muss die Einzige sein«) in sozialen Gruppierungen. Dazu notiert Dewey in *Experience and Nature*:

»Die Romantik ist ein Evangelium im Gewande der Metaphysik. Sie geht der schmerzlichen, mühsamen Arbeit des Verstehens und der Kontrolle aus dem Wege, die der Wandel uns auferlegt, indem sie ihn um seiner selbst willen glorifiziert. Das Fließen wird zu etwas Verehrungswürdigem gemacht, etwas, das im tiefsten mit dem Besten in uns selbst verwandt ist, dem Willen und der schöpferischen Energie. Es ist nicht, wie in der Erfahrung, ein Aufruf zur Anstrengung, eine Herausforderung an die Forschung, eine potentielle Bedrohung durch Unglück und Tod.«[51]

Bowker wie Dewey erfassen den emotionalen Schrecken von Autorität in der Forschung.[52] Zum Teil ist dies ein Versuch, wie Mead sagen würde, »die trügerische Gegenwart« festzunageln.[53] Wir leben zwischen der Vergangenheit und der Gegenwart, selbstsicher und verwundbar, ungeachtet des romantischen Rufs nach vorher-

49 | G. H. Mead: »The Objective Reality of Perspectives«.

50 | G. C. Bowker: *Memory Practices in the Sciences*.

51 | J. Dewey: *Erfahrung und Natur*, S. 64.

52 | Siehe auch H. S. Becker: *Writing for Social Scientists*.

53 | G. H. Mead: *The Philosophy of the Present*.

gehenden Lösungen. In diesem Sinn kehrt der Pragmatismus unsere alltägliche Zeitlichkeit um und fordert uns zu einem tiefgreifenden Leben mit verschiedenen Zeiten heraus.

Die menschliche Haut: die letzte Verteidigungslinie der Philosophie

Ich möchte hier mit einigen Argumenten des pragmatistischen Politologen Arthur Bentley[54] schließen, der wie John Dewey eine lange und produktive Karriere hatte und mehrere bedeutende Bücher schrieb, bevor er sich mit Dewey zusammentat. Ein Großteil seiner in den 1920er und 1930er Jahren entstandenen Werke über Wissenschaft und Organisation, etwa über die Relativitätstheorie sowie über Glaubensvorstellungen und Fakten, findet nachhaltigen Widerhall in der jüngeren Wissenschaftssoziologie. Er ist weniger bekannt als Dewey, außer vielleicht als Ko-Autor ihres gemeinsamen Buchs *Knowing and the Known*, einer von Deweys letzten Publikationen.[55]

Einer von Bentleys Texten, der nun in einem Band mit seinen nachgedruckten Aufsätzen erschienen ist, hat nachhaltigen Einfluss auf meine eigene Arbeit in der Wissenschaft gehabt. In »The Human Skin: Philosophy's Last Line of Defense« argumentiert Bentley, Philosophen würden die Haut (die Ränder des Körpers) als epistemologische Grenze und Barriere verwenden, und zwar aus einer Art von Aberglaube heraus.[56] Dies geht so weit, dass der Gegenstand der Analyse im Pragmatismus und in der Grounded Theory fast immer eine Form von Handeln ist, und dieser Gedanke kristallisiert sich tatsächlich als zentrale Herausforderung in jeder Wissenschaftssoziologie und -philosophie heraus. Die Vorstellung vom Handeln als zentraler Analyseeinheit wird in allen hier zitierten Büchern über Grounded Theory erörtert, ebenso wie in Anselm Strauss' vollständigster theoretischer Aussage darüber, in seinem Buch *Continual Permutations of Action*.[57]

Wenn das Handeln die Einheit ist, dann kann irgendeine unbekannte Innerlichkeit – vielleicht das Gehirn, die Gene, das Gedächtnis oder die Geschichte – nicht die vorausgehende Grundlage für das Handeln bilden. Ein Handeln verzweigt sich stets und geht weiter, zumindest jene Art von Handeln, die für die soziologische Analyse von Bedeutung ist. Handlungen durchqueren die Haut. Sie haben ihren Ursprung nicht in Individuen, sondern sind vielmehr das Ergebnis von Beziehungen, dem »Dazwischensein« der Welt. Daher ist Bentleys Werk, mindestens genauso sehr wie das von Dewey, eine radikale Widerlegung des Individualismus. Es ruft Durkheims Gedanken, soziale Tatsachen seien sui generis, in Erinnerung. Das heißt, Beziehungen zwischen vielen Menschen konstituieren eine Analyseebene und -einheit, die unersetzbar ist.[58] Der kontinuierliche Charakter des Handelns und die Art und Weise, wie und/oder wann man sie als Analyseeinheit verwendet, verändert die Wahrnehmung der Welt. Vielleicht könnten wir dies die kontinuierlichen Permutationen von Analyse nennen.

54 | A. Bentley: *Behavior, Knowledge, and Fact* und *Inquiry into Inquiries*.

55 | J. Dewey/A. Bentley: *Knowing and the Known*.

56 | A. Bentley: *Inquiry into Inquiries*.

57 | A. Strauss: *Continual Permutations of Action*.

58 | É. Durkheim: *The Rules of Sociological Method*.

Schlussbemerkungen: Grounded Theory leben

Abschließend möchte ich zu der Frage zurückkehren, wie die Grounded Theory in Verbindung mit dem Pragmatismus die Art durchdringt, wie ich die Welt sehe. Eingebettet in mein Alltagshandeln, ist sie ein wirkmächtiges, fast spirituelles Werkzeug, das meine eigenen Annahmen dezentriert und mich ständig daran erinnert, in die Rolle des anderen zu schlüpfen, um es mit Mead zu formulieren. Dies hat sich über einen langen Zeitraum hinweg entwickelt. Ich betreibe dies seit rund 29 Jahren – und stehe damit in Bezug auf das Lernen doch noch ganz am Anfang. Aber ich habe tatsächlich, wie schon gesagt, das Gefühl von einem Lebenswerk. In diesem Sinne also, und zwar zeitlich wie räumlich, trägt die Grounded Theory dazu bei, meine Biografie zu gestalten – ebenso wie meine Art und Weise, tagtäglich das Wahrnehmen zu verstehen. Das Risiko, verschiedene Studien zusammenzusetzen, unterschiedlichen Wegen zu folgen, die mit Wissenschaft, Technik, Medizin und Information verbunden sind, besteht darin, dass ich mich in eine verworrene Kompilierung von Theorie verlieben und sie gemäß der konventionellen akademischen Welt bemessen werde. Im Gegenzug besteht die Freude oder das Ziel darin, das Schreiben als ein wildes, fantasievolles Fenster zur Welt zu verstehen. Ich hoffe den Mut zu haben, eine Studie die Erkenntnisse einer anderen unterbrechen zu lassen.

Wie erschafft man ein Lebenswerk und bleibt offen – offen für die Daten, den Irrtum, das Überarbeiten der eigenen Arbeit, das aktive Aufspüren neuer Blickwinkel und Fehler? Für mich geht das auf das Privileg zurück, Grounded Theory zu lehren und mit Menschen zu kooperieren, die auch gern auf diese Weise arbeiten. Das heißt, eine kontinuierliche, eingebettete, sich überlappende, mannigfaltige, ständigem Vergleichen ausgesetzte Art und Weise zu akzeptieren, mich zu verstehen. Ich hoffe, dieser Aufsatz trägt dazu bei, die emotionalen Tiefen und das Lebenswerk zu verstehen, Grounded Theory und Pragmatismus zu leben. Die wachsende Gemeinschaft von Analytikern, Kritikern und Studierenden ist meine Grundlage der Reflexion. Wir ermutigen einander zum Weitermachen.

Dank

Danken möchte ich Olga Kuchinskaya für eine gute Diskussion über die emotionalen Aspekte des Codierens und Entscheidens. Pat Linquist danke ich, dass sie mir beigebracht hat, zu schreiben und mich weiterzuentwickeln; Geoff Bowker, dass er meine Erfahrung verankert und mir dabei geholfen hat, Projekte auf meine eigene idiosynkratische Weise zu verknüpfen; und John Staudenmaier, dass er mein Freund ist. Unschätzbare Erkenntnisse verdanke ich Kathy Charmaz, Tony Bryant, David Obstfeld sowie anonymen Gutachtern.

Literatur

Bateson, Gregory: *Ökologie des Geistes: Anthropologische, psychologische, biologische und epistemologische Perspektiven*, Frankfurt a. M.: Suhrkamp 1981.

Bauchspies, Wenda: »Science as Stranger and the Worship of the Word«, in: Shirley Gorenstein (Hg.), *Knowledge and Society* 11, 1998, S. 189–211.

Becker, Howard S.: *Writing for Social Scientists: How to Start and Finish Your Thesis, Book, or Article*, Chicago, IL: University of Chicago Press 1986.

Bentley, Arthur: *Behavior, Knowledge, and Fact*, Bloomington, IN: Principia Press 1935.

Bentley, Arthur: *Inquiry into Inquiries: Essays in Social Theory*, hg. und mit einer Einleitung von Sidney Ratner versehen, Boston, MA: Beacon Press 1954.

Bowker, Geoffrey C.: *Memory Practices in the Sciences*, Cambridge, MA: MIT Press 2006.

Bowker, Geoffrey C./Star, Susan L.: *Sorting Things Out: Classification and Its Consequences*, Cambridge, MA: MIT Press 1999.

Bowker, Geoffrey C./Star, Susan L.: »Warum Klassifikationen zählen«, in: *ilinx. Berliner Beiträge zur Kulturwissenschaft* 4 (2017), »Workarounds. Praktiken des Umwegs«, S. 194–203.

Bryant, Anthony/Charmaz, Kathy (Hg.): *The SAGE Handbook of Grounded Theory*, London: Sage 2007. https://doi.org/10.4135/9781848607941

Charmaz, Kathy: *Good Days, Bad Days: The Self in Chronic Illness and Time*, New Brunswick, NJ: Rutgers University Press 1991.

Charmaz, Kathy: *Constructing Grounded Theory: A Practical Guide Through Qualitative Analysis*, Thousand Oaks, CA: SAGE 2006.

Clarke, Adele E.: *Disciplining Reproduction: Modernity, American Life Sciences, and »The Problems Of Sex«*, Berkeley, CA: University of California Press 1998.

Clarke, Adele E.: *Situational Analysis: Grounded Theory After the Postmodern Turn*, Thousand Oaks, CA: SAGE 2005 (deutsch: *Situationsanalyse: Grounded Theory nach dem Postmodern Turn*, Wiesbaden: Springer 2010).

Corbin, Juliet/Strauss, Anselm: *Unending Work and Care: Managing Chronic Illness at Home*, San Francisco, CA: Jossey-Bass Publishers 1988.

Daly, Mary: *Gyn/Ecology: The Metaethics of Radical Feminism*, Boston, MA: Beacon Press 1990 [1978].

Dewey, John: *The Quest for Certainty: A Study of the Relation of Knowledge and Action*, New York: Minton, Balch 1929 (deutsch: *Die Suche nach Gewißheit: Eine Untersuchung des Verhältnisses von Erkenntnis und Handeln*, Frankfurt a. M.: Suhrkamp 1998).

Dewey, John: *Experience and Nature*, New York: Norton 1929 (deutsch: *Erfahrung und Natur*, Frankfurt a. M.: Suhrkamp 1995).

Dewey, John: »The Reflex Arc Concept in Psychology«, in: John J. McDermott (Hg.), *The Philosophy of John Dewey*, Chicago, IL: University of Chicago Press 1981, S. 136–148.

Dewey, John/Bentley, Arthur: *Knowing and the Known*, Boston, MA: Beacon Press 1970 [1954].

Durkheim, Émile: *The Rules of Sociological Method*, Chicago, IL: University of Chicago Press 1938 (deutsch: *Die Regeln der soziologischen Methode*, Neuwied: Luchterhand [4]1976).

Gilligan, Carol: *In a Different Voice: Psychological Theory and Women Development*, Cambridge, MA: Harvard University Press 1993.

Glaser, Barney G.: *Theoretical Sensitivity: Advances in the Methodology of Grounded Theory*, Mill Valley, CA: Sociology Press 1978.

Glaser, Barney G./Strauss, Anselm: *Awareness of Dying*, Chicago, IL: Aldine 1965.

Glaser, Barney G./Strauss, Anselm: *The Discovery of Grounded Theory: Strategies for Qualitative Research*, Chicago, IL: Aldine 1967 (deutsch: *Grounded Theory: Strategien qualitativer Forschung*, Bern: Huber [3]2010).

Glaser, Barney G./Strauss, Anselm: *Time for Dying*, Chicago, IL: Aldine 1968.

Hughes, Everett: *The Sociological Eye*, New York: Aldine 1970.

Keller, Evelyn Fox: *A Feeling for the Organism: The Life and Work of Barbara McClintock*, New York: W.H. Freeman 1983 (deutsch: *Barbara McClintock. Die Entdeckerin der springenden Gene*, Basel: Birkhäuser 1995).

Kelly, George A.: *The Psychology of Personal Constructs*, New York: W.W. Norton 1955.

Kelly, George A.: *A Theory of Personality: The Psychology of Personal Constructs*, New York: W.W. Norton 1963.

Kohlberg, Lawrence: *The Philosophy of Moral Development: Moral Stages and the Idea of Justice*, San Francisco, CA: Harper & Row 1981 (deutsch: *Die Psychologie der Moralentwicklung*, Frankfurt a.M.: Suhrkamp 1996).

Kuhn, Thomas: *The Structure of Scientific Revolutions*, Chicago, IL: University of Chicago Press 1970 (deutsch: *Die Struktur wissenschaftlicher Revolutionen*, Frankfurt a.M.: Suhrkamp [2]1976).

Latour, Bruno: *Science in Action*, Cambridge, MA: Harvard University Press 1987.

Lave, Jean/Wenger, Étienne: *Situated Learning: Legitimate Peripheral Participation*, Cambridge: Cambridge University Press 1991. https://doi.org/10.1017/CBO9780511815355

Mead, George Herbert: *The Philosophy of the Present*, La Salle, IL: Open Court Publishing Co. 1932 (deutsch: *Philosophie der Sozialität: Aufsätze zur Erkenntnisanthropologie*, Frankfurt a.M.: Suhrkamp 1969).

Mead, George Herbert: »The Objective Reality of Perspectives«, in: Andrew J. Reck (Hg.), *Selected Writings*, Chicago, IL: University of Chicago Press 1964, S. 305–319. (deutsch: »Die objektive Realität der Perspektiven«, in: Hans Joas (Hg.), *George Herbert Mead: Gesammelte Aufsätze 2*, Frankfurt a.M.: Suhrkamp 1983, S. 211–224).

Mills, C. Wright: *The Sociological Imagination*, Oxford: Oxford University Press 2000 (deutsch: *Kritik der soziologischen Denkweise*, Neuwied am Rhein/Berlin-Spandau: Luchterhand 1963).

Obstfeld, David: »Social Networks, the Tertius lungens Orientation, and Involvement in Innovation«, in: *Administrative Science Quarterly* 50/1 (2005), S. 100–130.

Richardson, Laurel: »Ethnographic Trouble«, in: *Qualitative Inquiry* 2/2 (1996), S. 227–229. https://doi.org/10.1177/107780049600200206

Riegel, Klaus F.: *Psychology, Mon Amour: A Countertext*, Boston, MA: Houghton Mifflin 1978.

Roth, Julius A.: »Hired Hand Research«, in: *American Sociologist* 1/1 (1966), S. 190–196.

Sanjek, Roger: *Fieldnotes: The Makings of Anthropology*, Ithaca, NY: Cornell University Press 1990.

Schatzman, Leonard/Strauss, Anselm: *Field Research: Strategies for a Natural Sociology*, Englewood Cliffs, NJ: Prentice Hall 1973.

Simmel, Georg: »Exkurs über den Fremden«, in: Ders., *Soziologie. Untersuchungen über die Formen der Vergesellschaftung*, Berlin: Duncker & Humblot [7]2013 [1908].

Star, Susan L.: »Simplification in Scientific Work: An Example from Neuroscience Research«, in: *Social Studies of Science* 13/2 (1983), S. 205–228. https://doi.org/10.1177/030631283013002002

Star, Susan L.: *Regions of the Mind: Brain Research and the Quest for Scientific Certainty*, Stanford, CA: Stanford University Press 1989.

Star, Susan L.: »Power, Technologies and the Phenomenology of Standards: On Being Allergic to Onions«, in: John Law (Hg.), *A Sociology of Monsters? Essays on Power, Technology and the Modern World* (= Sociological Review Monograph 38), Oxford: Basil Blackwell 1991, S. 27–57.

Star, Susan L.: »The Sociology of the Invisible: The Primacy of Work in the Writings of Anselm Strauss«, in: David Maines (Hg.), *Social Organization and Social Process: Essays in Honor of Anselm Strauss*, Hawthorne, NY: Aldine de Gruyter 1991, S. 265–283.

Star, Susan L.: »Experience: The Link between Science, Sociology of Science and Science Education«, in: Shelley Goldman/James Greeno (Hg.), *Thinking Practices*, Hillsdale, NJ: Lawrence Erlbaum 1998, S. 127–146.

Star, Susan L.: »The Ethnography of Infrastructure«, in: *American Behavioral Scientist* 43/3 (1999), S. 377–391. https://doi.org/10.1177/00027649921955326

Star, Susan L./Griesemer, James: »Institutional Ecology, ›Translations‹, and Boundary Objects: Amateurs and Professionals in Berkeley's Museum of Vertebrate Zoology, 1907–1939«, in: *Social Studies of Science* 19/3 (1989), S. 387–420. https://doi.org/10.1177/030631289019003001

Star, Susan L./Ruhleder, Karen: »Steps Toward an Ecology of Infrastructure: Design and Access for Large Information Spaces«, in: *Information Systems Research* 7/1 (1996), S. 111–134. https://doi.org/10.1287/isre.7.1.111

Star, Susan L./Strauss, Anselm: »Layers of Silence, Arenas of Voice: The Ecology of Visible and Invisible Work«, in: *Computer-Supported Cooperative Work: The Journal of Collaborative Computing* 8/1-2 (1999), S. 9–30. https://doi.org/10.1023/A:1008651105359

Strauss, Anselm: »Discovering New Theory from Previous Theory«, in: Tomotsu Shibutani (Hg.), *Human Nature and Collective Behavior: Papers in Honor of Herbert Blumer*, Englewood Cliffs, NJ: Prentice Hall 1970, S. 46–53.

Strauss, Anselm: *Qualitative Analysis for Social Scientists*, Cambridge: Cambridge University Press 1987 (deutsch: *Grundlagen qualitativer Sozialforschung: Datenanalyse und Theoriebildung in der empirischen soziologischen Forschung*, München: Fink [2]1998).

Strauss, Anselm: *Continual Permutations of Action*, New York: Aldine de Gruyter 1993.

Strauss, Anselm/Glaser, Barney G.: *Anguish: A Case History of a Dying Trajectory*, Mill Valley, CA: Sociology Press 1970.

Suchman, Lucy A.: *Plans and Situated Actions: The Problem of Human-Machine Communication*, New York: Cambridge University Press 1987.

Vygotskij, Lev S.: *Thought and Language*, Cambridge, MA: MIT Press 1986 (deutsch: *Denken und Sprechen*, Frankfurt a. M.: S. Fischer [5]1977).

Wax, Rosalie H.: *Doing Fieldwork: Warnings and Advice*, Chicago, IL: University of Chicago Press 1971.

Winnicott, Donald Woods: *The Maturational Processes and the Facilitating Environment: Studies in the Theory of Emotional Development*, London: Hogarth 1965 (deutsch: *Reifungsprozesse und fördernde Umwelt: Studien zur Theorie der emotionalen Entwicklung*, Gießen: Psychosozial-Verlag 2002).

Rotluchs in Garageneinfahrt

Frontier und Fremde in Susan Leigh Stars »Living Grounded Theory«

Cora Bender

Reflexivität und Fremdheit

In ihrem Artikel »Living Grounded Theory« reflektiert Susan Leigh Star (1954–2010) ihr eigenes »coming of age« und ihre Suche nach einer wissenschaftlichen Gemeinschaft Gleichgesinnter, die sie in der Gruppe um Barney Glaser und Anselm Strauss findet, d. h. in der *community of practice* der Grounded-Theory-Praktizierenden.[1] Der Beitrag kann in einem größeren Zusammenhang gesehen werden, nämlich der Bewegung der Sozialwissenschaften zu einem reflexiven Selbstverständnis, in diesem speziellen Fall einer Reflexion insbesondere der emotionalen Dimension wissenschaftlicher Arbeit. Ich kommentiere den Aufsatz aus der Perspektive der Ethnologie, die ihre eigene Wissenschaftsgeschichte der Reflexivität hat.

Reflexivität als Methode der Selbsterkenntnis entwickelte sich in der Ethnologie im Zusammenhang mit der Debatte um »Writing Culture«, Repräsentation und das koloniale Erbe des Fachs. Ziel von reflexiven Bemühungen ist es stets, die eigene Position der bzw. des Forschenden im Machtgefüge des Forschungssettings zu erkennen, den Forschungsprozess für alle Beteiligten transparent zu gestalten und die eigene Subjektivität als Werkzeug der Erkenntnis zu nutzen, anstatt sie hinter der Maske wissenschaftlicher Objektivität zu verstecken und damit zu neutralisieren.

Ein zentraler Begriff, der die Reflexivität in der Ethnologie konturiert, ist der des Fremden. Im *Fremden* verkörpert sich die Unwägbarkeit und tendenzielle Unkontrollierbarkeit der ethnografischen Forschung, die ihre Erkenntnisse nicht nur aus durchstrukturierten Forschungsabläufen gewinnt, sondern auch im produktiven Umgang mit unvorhergesehenen Störungen, Missverständnissen und Komplikationen.[2] Insofern ist Reflexivität keine Routineübung, sondern konstitutiv für die Wissensproduktion der Ethnologie. Der Mehrwert einer ethnologischen Perspektive liegt also, auf den Punkt gebracht, in der Einsicht, dass ethnografische Forschung nicht nur Erkenntnisse vermittelt, sondern immer auch eine Erkenntnisrelation zu einem autonomen Anderen reflektiert.[3]

1 | S. L. Star: »Living Grounded Theory«. Vgl. »Die Grounded Theory leben« in diesem Band.

2 | H. Behrend: »Im Jenseits der Methoden«.

3 | C. Bender/M. Zillinger: »Medienethnographie«.

Reflexivität: eine ethnologische Perspektive

Die amerikanische Ethnologie befasst sich seit den frühen 1980er Jahren mit Reflexivität; die erste Wissenschaftlerin, die dies zum Gegenstand einer Monografie gemacht hat, war Hortense Powdermaker, die auch als die erste Medienethnologin der Gegenwart bezeichnet werden kann.[4] Ihr Buch *Stranger and Friend: The Way of an Anthropologist*[5] ist im Zusammenhang mit beginnenden Auseinandersetzungen um den methodologischen Stellenwert der persönlichen Erfahrung zu sehen, z. B. etwa Georges Devereux: *From Anxiety to Method*[6] und den posthum veröffentlichten Tagebüchern von Powdermakers akademischem Lehrer Bronisław Malinowski. 1969 unternahm der Sammelband *Reinventing Anthropology*, herausgegeben von dem Soziolinguisten und Ethnologen Dell Hymes, unter dem Eindruck der Bürgerrechtsbewegung und dem Schock des Vietnamkrieges den Versuch einer grundsätzlichen Neubestimmung des eigenen Standortes.[7] Zur gleichen Zeit startete der indigene Theologe und Publizist Vine Deloria Jr. seine mittlerweile berühmte Attacke gegen die Ethnologie und ihre damalige Forschungspraxis in indigenen Kommunitäten,[8] bevor dann sehr viel später mit Edward Saids *Orientalism*,[9] Johannes Fabians *Time and the Other*,[10] Cliffords und Marcus' *Writing Culture*,[11] Marcus' und Fischers *Anthropology as a Cultural Critique*[12] die ethnografische Repräsentation einer ganz grundlegenden Kritik und Neubestimmung unterzogen wurde.

Das Ergebnis dieser Debatte – die letztlich auf Kritik der Beforschten, d. h. der Indigenen und der *Postcolony*, auf die Frauenbewegung und den Feminismus zurückgeht –, ist ein geschärftes Bewusstsein in der Ethnologie, dass die Methoden der Ethnologie nicht nur dazu dienen, die Beforschten zu beforschen, sondern auch die Forschenden. Seitdem blickt das Fach gleichzeitig in zwei Richtungen, es unterliegt einer doppelten Hermeneutik und muss sich sowohl vor der eigenen wissenschaftlichen Community verantworten, als auch vor den Beforschten und ihren Interessen.[13] Mit diesem Ansatz erkauft sich die Ethnologie auch einige Probleme, die ihre Prozesse der Wissensproduktion verkomplizieren, verlangsamen oder gleich ganz verhindern. So ist es beispielsweise für Studierende manchmal schwierig, am Ende einer Forschung zu Aussagen über ihr Forschungsfeld zu gelangen – aus Angst, alles was sie sagen, könnte derselben rigorosen Kritik der Writing-Culture-Debatte unterworfen werden. Manchmal können Kolleginnen oder Kollegen ihre Forschungen nicht veröffentlichen, weil sie auf ganz direkte persönliche Weise Bestandteil der Auseinandersetzungen ihres Feldes geworden sind. Das verschärft sich natürlich im Zeitalter der globalen Medienkommunikation erheblich, weil Veröffentli-

4 | C. Bender: »Hortense Powdermaker«.

5 | H. Powdermaker: *Stranger and Friend.*

6 | G. Devereux: *From Anxiety to Method.*

7 | D. Hymes (Hg.): *Reinventing Anthropology.*

8 | V. Deloria Jr.: *Anthropologists and Other Friends.*

9 | E. Said: *Orientalism.*

10 | J. Fabian: *Time and the Other.*

11 | J. Clifford/G. Marcus (Hg.): *Writing Culture.*

12 | G. E. Marcus/M. M. J. Fischer: *Anthropology as a Cultural Critique.*

13 | C. A. Davies: *Reflexive Ethnography.*

chungen den Beforschten zugänglich werden, oder weil sie als kulturelles Skript[14] in den globalen Kreislauf der Zeichen eingespeist und damit der sozialen Kontrolle durch Forschende und Beforschte gleichermaßen entzogen werden.

Ein drittes Problemfeld konsequenter Reflexivität entsteht im gesellschaftlichen Umfeld der Ethnologie. Da die Nachbarwissenschaften Soziologie, Politologie und Medienwissenschaft häufig auf eine rigorose Selbstkritik der eigenen kolonialen Vergangenheit verzichten, steht die Ethnologie ironischerweise manchmal als das einzige Fach mit einer solchen Vergangenheit da, und unter den augenblicklichen Bedingungen zunehmender Fremdenfeindlichkeit gerät die Beschäftigung der Ethnologie mit dem Fremden überhaupt unter politischen Verdacht.[15]

Mit diesen Methodenfragen beschäftige ich mich schon länger als Medienethnologin und als Ethnologin des indigenen Nordamerika. Ich arbeite in einem politisierten Feld, das mich gelehrt hat, mich beispielsweise mit dem Problem der Parteilichkeit auseinanderzusetzen. Das bedeutet für mich zuallererst, bei allem immer den Gedanken mitzudenken, dass es immer jemanden da draußen gibt, der das alles ganz anders sieht als ich, und den ich nicht *er*forsche, sondern von dem ich mich belehren lasse und von dem ich lerne. Die Begegnung mit dem Fremden und die gegenseitigen Bewegungen des Vertraut-Werdens sind in jedem Abschnitt des Forschungsprozesses konstitutiv für die Situation, in der ich mich als Forscherin wiederfinde. Im folgenden Abschnitt analysiere ich eine Fremdbegegnung in Susan Leigh Stars Aufsatz »Living Grounded Theory«[16] und spüre ihrer kolonialen Vergangenheit nach, die unreflektiert in der Methodenreflexion überdauert hat.

»Living Grounded Theory«: eine dichte Lektüre

Susan Leigh Stars Darstellung beruht auf der (letztlich Durkheim'schen) Beobachtung, dass wissenschaftliche Artefakte wie ein kartiertes Genom oder eine Injektionsspritze mit einem neuen Medikament nur die Endprodukte eines Beziehungsnetzes sind, in dessen Zusammenhängen sie verfertigt werden. Diese Beziehungsnetze nennt sie mit Lave und Wenger *communities of practice.*[17] Wissenschaftlerinnen und Wissenschaftler, so Star, beziehen sich auf Beziehungen, nicht auf die konkrete verdinglichte Welt; über diese Beziehungswelt zu schreiben ist jedoch nicht gestattet: »scientists are normatively discouraged to write directly about this invisible part«.[18] In der Ethnologie nennt man dies ein Tabu. Die zugrunde liegende verinnerlichte Norm nennt Star »quiet suppression of passion«,[19] die sich

14 | A. Appadurai: *Modernity at Large*.

15 | Vgl. den Blog »Kulturrelativismus und Aufklärung« auf der Homepage des Global South Studies Center der Universität Köln, in dem es um den Charakter der Ethnologie als Wissenschaft vom kulturell Fremden geht, der in den vergangenen Jahren immer öfter zur Zielscheibe verkürzter und polemischer Fundamentalkritik geworden ist (http://gssc.uni-koeln.de vom 31.7.2017).

16 | S. L. Star: »Living Grounded Theory«, S. 76.

17 | Vgl. J. Lave/É. Wenger: *Situated Learning*.

18 | S. L. Star: »Living Grounded Theory«, S. 76.

19 | Ebd.

z. B. im vielerorts immer noch gängigen Verbot äußert, in wissenschaftlichen Texten die erste Person Singular zu verwenden. Die unterdrückte Leidenschaft jedoch quillt in die Randbereiche des wissenschaftlichen Schreibens, in populärwissenschaftliche, biografische, lyrische oder künstlerische Texte, wo sie ein Schattendasein führt. Mitte der 1990er Jahre konnte in der Soziologie die Rezitation eines Gedichts auf einem wissenschaftlichen Kongress immer noch zu einem Skandal führen.[20] Als Feministin jedoch sieht sie alle persönlichen Probleme auch politisch, also kann es gar nicht sein, dass sie mit ihren Erfahrungen allein ist: In »personal troubles«, so sagt sie mit C. Wright Mills, äußern sich »public problems«. Auf dieser Grundlage ringt sie sich dazu durch, ihre persönliche Suche nach einer wissenschaftlichen Heimat in einem biografischen Methodenbericht zu schildern und bestimmte Aspekte dieser Suche zum »public problem« zu verallgemeinern.

Im Abschnitt »A Pathway to Grounded Theory« schildert sie ihre Suche nach Lehrern: »[Teachers] who would not divorce me from my life experience, feelings, and feminist commitments«.[21] Sie betont dabei jedoch auch, dass es ihr nicht darum ging, bloß eine »touchy-feely sort of graduate education« zu bekommen. Schon als Undergraduate hatte sie eine Vorliebe für stringente Analyse entwickelt, die zu befriedigen ihr ein starkes Bedürfnis war.[22] In der Situation intellektueller Einsamkeit wurde sie auf einen Aushang des Program in Human Development der University of California San Francisco aufmerksam und stieß so auf Barney Glaser und Anselm Strauss.[23] Von ihren Betreuern wurde sie jedoch gewarnt, Strauss sei kein »richtiger« Soziologe.[24] Ihre damalige Lektüre – Kuhn, Riegel und Vygotsky – erweiterte ihren Gesichtskreis vom Individuum, mit dem sie sich bis dahin vorwiegend beschäftigt hatte, zum Kollektiv: »[It] helped push me from the individual as a unit of analysis toward communities, organizations, and complex relations as foremost.«[25]

Ihre Suche nach einer Methode gestaltete sich noch schwieriger als die nach Theoretikern; schließlich besuchte sie Kurse in »fieldwork and grounded theory analysis in the Social and Behavioral Science Department« bei Leonard Schatzmann und Virginia Olesen. Dort lernte sie zur eigenen Überraschung, ihren persönlichen Bildungsweg als Fallstudie für einen komplexen sozialen Prozess zu analysieren.[26] Dabei kam auch heraus, dass sich ein solcher intellektueller Werdegang nicht als Abfolge selbstevidenter intellektueller Operationen beschreiben lässt, sondern dass zum kurvenreichen Pfad, der sie schließlich zur Grounded Theory führte, auch Zufälle gehören, die wir alle kennen – eine Liebesbeziehung, eine ungeplante Lektüre, ein Gespräch in der Cafeteria, ein Aushang am Schwarzen Brett. Trotz dieser Zufälle war die Formierung dieses Pfades nicht zufällig. Was dabei entstand, war eine intellektuelle Wanderkarte, auf der ihre sich herausbildenden intellektuellen *commitments* verzeichnet sind.[27] Grounded Theory half ihr also, jene unsichtbare Arbeit zu verstehen, die

20 | S. L. Star: »Living Grounded Theory«.

21 | Ebd.

22 | Ebd.

23 | Ebd., S. 77.

24 | Ebd., S. 79.

25 | Ebd., S. 78.

26 | Ebd., S. 79.

27 | Ebd.

hinter ihren wissenschaftlichen Publikationen verborgen ist. Ein ganz wichtiger, immer unsichtbarer Bereich ist die Aneignung von Methoden, die Susan Leigh Star, wie man so schön sagt, in Fleisch und Blut übergingen. Für die unsichtbare Arbeit, die die soziologische Forschung begleitet – z. B. für ihre Forschungen über Sexualität, Prozeduren des *informed consent*, die ihr zutiefst peinlich sind – findet sie den Code »deleting the work«: »Scientific journals are full of articles that delete the development, setting, communication practices, and ›grunt work‹ involved in doing science.«[28]

Von diesen Überlegungen springt sie relativ unvermittelt zum nächsten Abschnitt und zur Frage »What is a code?«.[29] Diese Frage stellt sie zweimal, und zwischen diesen beiden Klammern folgt ein kleiner Exkurs in eine Disziplin, die sie bis dahin in ihrem Artikel nicht erwähnt – die Ethnologie. Sie berichtet, dass sie in ihren Methodengrundkursen mit ihren Studierenden Rosalie Wax' *Doing Fieldwork: Warnings and Advice*[30] und Roger Sanjeks *Fieldnotes*[31] liest, ohne sich je groß Gedanken gemacht zu haben, warum es gerade diese beiden Bücher sind. Nun, in der Reflexion, fällt ihr auf, dass beide – so sagt sie – in klaren, zutiefst persönlichen Begriffen verfasst sind, und dass beide Bücher weder die Objekte der Analyse noch die methodologischen Prozeduren für gegeben halten. »They include emotions, especially joy, mourning, confusion, and anxiety.« Dazu schreibt sie in Klammern: »Code: When emotions break through.«[32]

»What is a code?« fragt sie ein zweites Mal, und geht dann zur Beschreibung einer Begegnung mit einem Rotluchs (engl. *bobcat*) in ihrem Vorgarten über, einem Raubtier, das keineswegs als harmlos einzustufen ist. Sie codiert den Luchs mit den Begriffen »Wild, pity, beauty, fear, out of bounds«[33] und schließt daran eine Reflexion über »out of bounds« an:

»[M]y thoughts were of myself and our small settlement here in the mountains. We are out of bounds, too. We have no gas or sewage, and coyotes, deer, and quail are much more common than people. But the bobcat and I are not the same. However, I keep thinking about out of bounds and what it means to each of us.«[34]

Dann bricht sie die Reflexion über die Begegnung mit dem Anderen, dem »not the same«, abrupt ab und listet eine Reihe von Lehrbüchern der Grounded Theory auf.[35]

Mit diesem Textabschnitt möchte ich mich gern etwas ausführlicher befassen. Mich interessiert, warum hier der Sprung von den ethnologischen Methodenhand-

28 | Ebd., S. 80.

29 | Ebd.

30 | R. Wax: *Doing Fieldwork.*

31 | R. Sanjek (Hg.): *Fieldnotes.*

32 | S. L. Star: »Living Grounded Theory«, S. 80.

33 | Ebd., S 81.

34 | Ebd. »Dann wanderten meine Gedanken zu mir und unserer kleinen Siedlung hier in den Bergen. Auch wir sind im Abseits. Wir haben kein Benzin und keine Kanalisation. Kojoten, Rehe und Wachteln gibt es hier viel häufiger als Menschen. Aber das Rotluchsweibchen und ich sind nicht das Gleiche. Doch ich denke weiter über das Abseits nach und was dies für uns beide bedeutet.« Übersetzung aus diesem Band, S. 330.

35 | Ebd., S. 81–82.

büchern zu dem Rotluchs in der Garageneinfahrt gemacht wird. Ich glaube, dass es sich hier um eine kulturelle Deckerinnerung (engl. *screen memory*) handelt, eine Erinnerung, die sich über ein anderes peinvolles Erlebnis schiebt.[36] Wenn es erlaubt ist, solche individualpsychologischen Begriffe auf medienkulturelle Phänomene zu übertragen, dann können viele Elemente amerikanischer Popkultur als kollektive Deckerinnerungen bezeichnet werden, vor allem solche aus dem Bereich der Natur-Kultur-Grenzerfahrung. Zur Aufhellung dieses Zusammenhangs mit der Geschichte der amerikanischen *Frontier* ist ein kurzer historischer Exkurs notwendig.

Ab einem bestimmten historischen Zeitpunkt zwischen der Mitte und dem Ende des 19. Jahrhunderts verschwanden die indigenen Kulturen aus den amerikanischen Erzählungen über die Begegnung mit der Natur. Darüber schieben sich andere Bilder, nämlich solche, die den amerikanischen Kampf mit den Naturgewalten inszenieren. Diese fungieren als Deckerinnerung für die verschüttete peinvolle Konfrontation mit den Fremden, den Ureinwohnern, und der Tatsache ihrer Eroberung und teilweisen Ausrottung. Die Medienethnologin Faye Ginsburg hat den Begriff *screen memory* umgekehrt angewandt – auf die kulturelle Arbeit indigener Medien, die dem Erinnerungsverlust der Mehrheitskultur entgegenwirken wollen.[37] Nach ihrer Ansicht sind die Indigenen das peinvolle Element, das die Medienkultur der Gegenwart zu begraben versucht. Indigene Medien, z. B. der Film *Atanarjuat* von Zacharias Kunuk,[38] rekonstruieren nicht nur die überschriebenen, ausgelöschten Erinnerungen der Indigenen, sondern korrigieren auch die der Mehrheitsgesellschaft.

Meine Ansicht, dass es sich hier um einen ähnlichen Vorgang handeln könnte, wird noch durch einen Blick auf jene ethnologischen Handbücher gestützt, von denen aus Susan Leigh Star zum Luchs übergeht. Rosalie Wax ist eine amerikanische Ethnologin und Erziehungswissenschaftlerin, die im Zweiten Weltkrieg in den amerikanischen Internierungslagern für Japaner in den USA und später dann auf mehreren indigenen Reservationen vor allem im Plains-Gebiet geforscht hat. Diese Erfahrungen hat sie in ihrem Handbuch verarbeitet. Roger Sanjek war Ethnologe am Queens College in New York und einer der führenden Sozialethnologen mit dem Regionalschwerpunkt Nordamerika. In seinem Sammelband geht es um das Schreiben über Andere, und zwar nicht um den fertigen Text, sondern um das Anfertigen von Feldnotizen, um die Geschichte der Feldnotizen und um Feldnotizen in ihrer Bedeutung für die Klassiker des Fachs wie z. B. Frank Cushing, Bronisław Malinowski, Margaret Mead und andere.

Die Bedeutung dieser beiden Werke von Wax und Sanjek erschöpft sich nicht in einem Plädoyer für einen herzlichen, menschlichen und vernünftigen Ansatz in der Feldforschung. Zentral ist vielmehr die Begegnung mit dem Fremden. Und dieses Element reflektiert Susan Leigh Star nicht, sondern springt weiter zur Begegnung mit

36 | Ein früher Text von Star, der inhaltliche Ähnlichkeiten mit »Living Grounded Theory« aufweist, führt die Bedeutung von Schmerz in Stars Schriften vor Augen und verknüpft die Elemente von Forschung, Fremdbegegnung und Schmerz noch einmal auf einer tieferen Ebene: In »Leaks of Experience« legt sie den Wert persönlicher Erfahrungen für die wissenschaftliche Erkenntnis dar, indem sie auf ihren eigenen medizinischen Leidensweg eingeht. Ich danke Sebastian Gießmann und Nadine Taha für diesen erhellenden Hinweis.

37 | F. Ginsburg: »Screen Memories«.

38 | Atanarjuat: The Fast Runner. (CAN 2001, R: Zacharias Kunuk)

dem wilden Tier. Vor die abgebrochene Beschäftigung mit dem Fremden schiebt sich das Bild eines Tieres der amerikanischen Wildnis. Dann greift sie im übernächsten Abschnitt, *A Recipe for the Cognitive-Emotional Generation of a Code*, die Geschichte mit dem fremden wilden Tier wieder auf, um die Frage »What is a code?« zum dritten Mal zu stellen, diesmal provokativ zugespitzt: »What do a bobcat and a sociologist have in common?« Antwort: »We are both a bit out of bounds, myself in what I am writing and thinking, and she in crossing the driveway and peering up at my house.«[39]

Hieran schließt Susan Leigh Star eine Reflexion über die kognitiv-emotionale Bildung eines Codes in der Grounded Theory an. Sie verwandelt das Motiv des *out-of-bounds* nun in ein Motiv des Reifens und des Erwachsenwerdens, d. h. sie greift auf Elemente der pädagogischen Psychologie zurück. Hier setzt sie die Fähigkeit zur Abstraktion mit dem Erwachsenwerden gleich:

»Out of bounds is not the total of my experience or relationship with the bobcat. However, the combination of empathy, or attachment, and abstraction is even more powerful than either alone. [...] A code, then, is a matter of both attachment and separation. When I am able to hold both simultaneously, I experience the joy and grief of adulthood.«[40]

An dieser Stelle ist aus ethnologischer Sicht die Frage zu stellen: Was haben »Luchse«, »Indianer« und »Japaner« in »Amerika« gemein? Anwort: Sie sind die kulturellen Verkörperungen des schlechthin Anderen, des Fremden, des »not-the-same as I«. Daran schließt die Frage an, was aber »Indianer« von »Luchsen« unterscheidet? Antwort: *The Indians Talk Back*. Der programmatische Titel eines Buches von Vine Deloria Jr. spricht Bände: *We Talk – You Listen*.[41] Hier unterscheidet sich Susan Leigh Stars biografische Erzählung von einer Erzählung, wie ich sie in der Ethnologie erwarten würde. Star thematisiert »Reife« als wichtiges Motiv ihres Werdegangs. Codes haben dabei den Status von Übergangsobjekten wie z. B. Teddybären und Schmusedecken für kleine Kinder, die ihnen über die Ängste der Trennung hinweghelfen, eine Trennung, die Star mit der Bildung von Abstraktionen gleichsetzt.[42] Ein für sie wichtiges Ergebnis dieses Reifeprozesses ist die Hinwendung zum Pragmatismus und der Abschied vom Aktivismus, von der *advocacy* und vom »entflammten« Einsatz.[43] Sie berichtet, wie sie ein bereits zur Publikation freigegebenes Paper zurückzieht, in welchem sie der Artificial-Intelligence-Forschung Vorwürfe macht, wie sie Menschen als Forschungsmaterial benutzt.[44] Dies geht Hand

---

39 | S. L. Star: »Living Grounded Theory«, S. 83.

40 | Ebd. »Gemeinsam im Abseits zu sein, entspricht nicht der Gesamtheit meines Erlebnisses oder meiner Beziehung zu dem Rotluchsweibchen. Doch die Kombination von Empathie oder Verbundenheit und Abstraktion ist sogar noch stärker als eines davon allein. [...] Ein Code hat also sowohl etwas mit Verbundenheit als auch mit Trennung zu tun. Wenn ich in der Lage bin, beides *gleichzeitig* festzuhalten, erlebe ich Freude und Kummer des Erwachsenseins.« Übersetzung aus diesem Band, S. 332–333.

41 | V. Deloria Jr.: *We Talk, You Listen*.

42 | S. L. Star: »Living Grounded Theory«, S. 84.

43 | Einen Einblick in die ethnologische Debatte um *advocacy* vermitteln K. Hastrup et al.: »Anthropological Advocacy«. Vgl. auch L. Mullings: »Science, Advocacy and Anthropology.«

44 | S. L. Star: »Living Grounded Theory«, S. 85.

in Hand mit einer Wahrnehmungsveränderung: »I began working more closely with computer scientists as colleagues, not themselves solely as ethnographic subjects.«[45] So fällt die Begegnung mit dem Fremden, ganz ohne dass Star es bemerkt, in sich zusammen. Die Anderen, die »ethnographic subjects«, die sie zunächst vielleicht zu recht, vielleicht fälschlich als Gegner attackiert, weil sie ihrer Meinung nach Menschen instrumentalisieren, werden zu Kollegen nivelliert und zu »same as me« gemacht. Während die kritische Auseinandersetzung mit der eigenen Fachtradition aufhört, verschwindet das Fremde einfach im Bild des Übergangsobjekts, der Puppe, der Schmusedecke, des Codes. Die Feindseligkeit gegen die Beforschten wird zu einer Art unreifer Geisteshaltung erklärt, die man überwinden muss, die einen aber in diesem Sinne nichts lehren kann.[46]

Der Rest des Artikels beschäftigt sich mit pragmatischer Philosophie und mit den *Science Wars*,[47] wobei sie sich ganz klar bei den interpretativen und konstruktivistischen Ansätzen verortet. Sie beschreibt aber auch die Schwierigkeiten dieser Arbeitsweise, die sie mit George Herbert Mead als das ontologische Primat der Interpretation bezeichnet: Die wissenschaftliche Bildung von Perspektive sieht sie als eine Art und Weise, die Natur zu ordnen und zu stratifizieren, und Ordnung und Stratifizierung in der Natur ist das Ergebnis der Bildung von Perspektive. Ihrer Ansicht nach gibt es außerhalb dieser menschlichen Ordnungstätigkeit keinen Bezugspunkt: »These stratifications are ›the only form of nature that is there‹.«[48] Hieraus leitet sie eine besondere Last für wissenschaftliche Analysen ab – das Selbstvertrauen und die Autorität, die die Analytikerin auf ihre zahllosen Arbeitsschritte gegründet hat, kommt im Schreiben zum Ausdruck, als Autorin. Dieser Ansatz verlegt die Erschaffung von Welt auf die Schultern des bzw. der Analysierenden. Es gibt keine äußeren, von der Analysierenden unabhängigen Vorgänge, sondern die Welt entsteht in den Entscheidungen, die die Analysierende trifft, um das Chaos zu zähmen, wörtlich: »How to weed, how to choose?«[49] Dieser Schritt der zweiten Sozialisation, des wissenschaftlichen Erwachsenwerdens, besteht für Susan Leigh Star in der methodischen und theoretischen Akkulturation und Immersion in den Pragmatismus. Sie stellt sich in die intellektuelle Genealogie von George Herbert Mead, Herbert Blumer und Anselm Strauss.[50] Und hier unterscheidet sich ihre Erzählung wieder von einer, die ich in der Ethnologie erwarten würde. In der Ethnologie ist es die Immersion in eine fremde Kultur, also eine zweite Sozialisation als Adoleszenz bei den Fremden, Anderen, mit all den Vulnerabilitäten, Problemen, Ängsten und Missverständnissen, die dieser Statuswechsel mit sich bringt. Das Ergebnis ist jedoch eine Sichtweise, die die Erschaffung von Welt als dialogisches Unternehmen betrachtet, und den reflexiven und produktiven Umgang mit dem Fremden als Ziel des Reifeprozesses.

45 | S. L. Star: »Living Grounded Theory«.

46 | Als frühes Gegenbeispiel eines produktiven Umgangs mit dieser emotionalen Gemengelage kann Hortense Powdermakers bereits erwähnter reflexiver autobiografischer Bericht »Stranger and Friend« (1966) dienen. Hier wertet die Autorin selbstkritisch ihre Übertragungen auf die von ihr beforschten Hollywood-Drehbuchautoren aus.

47 | S. L. Star: »Living Grounded Theory«, S. 88-89.

48 | Ebd., S. 89.

49 | Ebd.

50 | Ebd., S. 82.

Codifizierungen der Realität

Der Aufsatz von Susan Leigh Star wirft gewichtige Fragen über den Zusammenhang von methodologischen und erkenntnistheoretischen Problemen auf. Meine Kritik aus einer ethnologischen Perspektive soll nicht als Vorwurf an Susan Leigh Star, sondern vielmehr als die Konstatierung eines grundlegenden disziplinären Unterschieds gelesen werden: Im Zentrum ihrer Disziplin steht ein Analyseschritt, die Abstraktion von Beziehungen. Susan Leigh Star erläutert gut nachvollziehbar die leidenschaftliche Dimension, die Mischung aus »joy and grief«, die den Freuden und Pflichten des Erwachsenendaseins entspricht. Der Methodenschritt der Abstraktion von Beziehungen geht einher mit einem Wirklichkeitsverständnis, in dem die epistemologische Last der Welterschaffung auf den Schultern der Analysierenden ruht – erst durch Abstraktion und wieder Abstraktion, durch Akkumulation von Schichten von Abstraktionen entsteht in diesem Entwurf jene Stratifizierung der Wahrnehmung, die dann in den Naturwissenschaften ›Natur‹ genannt wird.

Meine Einwände beziehen sich auf eine Obliteration, die Star beim Schreiben anscheinend gar nicht bewusst war. Wie die mysteriöse *dunkle Materie* der theoretischen Physik oder die elf Dimensionen der Stringtheorie, sozusagen in die Realität eingerollt, sind die Leute, denen Wax und Sanjek in ihren Einführungen in die Feldforschung begegnen, die Fremden, die Anderen, die Nicht-Ichs, unsichtbar anwesend, ohne dass Susan Leigh Star sie bemerkt, und ohne dass die Grounded Theory, die sich, wie sie sagt, doch eigentlich so gut zur Sichtbarmachung von Unsichtbarem eignet, sie ans Tageslicht bringt. Für mich als Medien*ethnologin* ist nicht die Abstraktion von Beziehungen der wesentliche Operationsschritt, sondern die Begegnung mit dem Fremden. Das bedeutet für mich aber auch ein Wirklichkeitsverständnis, in dem die Last der Wirklichkeitserschaffung auf mehr Schultern lastet als bloß meinen. Die Tatsache, dass ich dem Fremden begegne, und zwar immer wieder, nötigt mich dazu, die Autonomie der anderen mit ihrer Wirklichkeit anzuerkennen. Ich würde sogar noch einen Schritt weitergehen und mit Dorothy Lee – der Ethnologin, die Marshall McLuhan so entscheidend beeinflusst hat[51] – behaupten: Die Tatsache, dass wir uns – am Ende dann doch – mit dem Fremden sinnvoll verständigen können, verweist darauf, dass es eine den verschiedenen kulturellen Kodifikationen zugrunde liegende Wirklichkeit gibt, die wir aber immer nur lückenhaft erfassen und zu deren Verständnis wir die Spiegelung unserer Sichtweise im Anderen brauchen.

Cora Bender lehrt Medienethnologie an der Universität Siegen.

Literatur

Appadurai, Arjun: *Modernity at Large. Cultural Dimensions of Globalization*, Minneapolis, MN: University of Minnesota Press 1996.

Atanarjuat: The Fast Runner. (CAN 2001, R: Zacharias Kunuk)

Behrend, Heike: »Im Jenseits der Methoden: Zufall und Konflikt in der ethnographischen Medienforschung«, in: Cora Bender/Martin Zillinger (Hg.), *Handbuch der Medienethnographie*, Berlin: Reimer 2015, S. 1–16.

51 | D. D. Lee: »Lineal and Nonlineal Codifications of Reality«.

Bender, Cora: »Hortense Powdermaker: Stranger and Friend – the Way of an Anthropologist«, in: *Kindlers Neues Literaturlexikon Online* 2014.

Bender, Cora/Zillinger, Martin: »Medienethnographie: Praxis und Methode«, in: Dies. (Hg.), *Handbuch der Medienethnographie*, Berlin: Reimer 2015, S. XI-LII.

Clifford, James/Marcus, George (Hg.): *Writing Culture. The Poetics and Politics of Ethnography*, Berkeley, CA: University of California Press 1986.

Davies, Charlotte Aull: *Reflexive Ethnography. A Guide to Researching Selves and Others*, London: Routledge 1999.

Deloria Jr., Vine: »Anthropologists and Other Friends«, in: Ders., *Custer Died for Your Sins: An Indian Manifesto*, New York: Macmillan 1969, S. 78–100.

Deloria Jr., Vine: *We Talk, You Listen: New Tribes, New Turf*, New York: Macmillan 1970.

Devereux, Georges: *From Anxiety to Method*, Berlin: Walter de Gruyter 1967.

Fabian, Johannes: *Time and the Other. How Anthropology Makes Its Objects*, New York: Columbia University Press 1983.

Ginsburg, Faye: »Screen Memories: Resignifying the Traditional in Aboriginal Media«, in: Lila Abu-Lughod/Faye Ginsburg/Brian Larkin (Hg.), *Media Worlds. Anthropology on New Terrain*, Berkeley, CA: UCLA Press 2002, S. 39–57.

Hastrup, Kirsten: »Anthropological Advocacy: A Contradiction in Terms?«, in: *Current Anthropology* 31/3 (1990), S. 301–311. https://doi.org/10.1086/203842

Hymes, Dell (Hg.): *Reinventing Anthropology*, New York: Pantheon Books 1969.

Lave, Jean/Wenger, Étienne: *Situated Learning. Legitimate Peripheral Participation*, New York: Cambridge University Press 1991. https://doi.org/10.1017/CBO9780511815355

Lee, Dorothy Demetracopoulou: »Lineal and Nonlineal Codifications of Reality«, in: Edmund Carpenter/Marshall McLuhan (Hg.), *Explorations in Communication. An Anthology*. Boston, MA: Beacon Press 1960, S. 136–154.

Marcus, George E./Fischer, Michael M. J.: *Anthropology as a Cultural Critique. An Experimental Moment in the Human Sciences*, Chicago, IL: University of Chicago Press 1986.

Mullings, Leith et al.: »Science, Advocacy and Anthropology«. www.huffingtonpost.com/american-anthropological-association/science-advocacy-and-anth_b_2717935.html, 2013, aufgerufen am 24.01.2017.

Powdermaker, Hortense: *Stranger and Friend: The Way of an Anthropologist*, New York: W. W. Norton 1966.

Said, Edward: *Orientalism*, New York: Viking 1978.

Sanjek, Roger (Hg.): *Fieldnotes: The Makings of Anthropology*, Ithaca, NY: Cornell University Press 1991.

Star, Susan L.: »Leaks of Experience: The Link Between Science and Knowledge?«, in: Shelley Goldman/James Greeno (Hg.), *Thinking Practice in Mathematics and Science Learning*, Mahwah, NJ u. a.: Lawrence Erlbaum 1998, S. 127–146.

Star, Susan L.: »Living Grounded Theory: Cognitive and Emotional Forms of Pragmatism«, in: Antony Bryant/Kathy Charmaz (Hg.), *The SAGE Handbook of Grounded Theory*, London u. a.: Sage 2007, S. 75–93. https://doi.org/10.4135/9781848607941.n3

Wax, Rosalie: *Doing Fieldwork: Warnings and Advice*, Chicago, IL: University of Chicago Press 1971.

Infrastrukturen und Praxisgemeinschaften

Schritte zu einer Ökologie von Infrastruktur

Design und Zugang für großangelegte Informationsräume (1995/1996)[1]

Susan Leigh Star und Karen Ruhleder

> »Eine elektronische Community ist ein Computersystem, das das Wissen einer Gemeinschaft codiert und eine Umgebung bietet, welche die Veränderung und Bearbeitung dieses Wissens unterstützt. Verschiedene Gemeinschaften haben zwar ein unterschiedliches Wissen, aber ihre Umgebung weist große Ähnlichkeiten auf. Man könnte sich vorstellen, dass das Wissen der Gemeinschaft in einer elektronischen Bibliothek gespeichert wird.«[2]
> BRUCE SCHWARZ

> »Funktioniert die virtuelle Gemeinschaft *(virtual community)* oder nicht? Sollten wir uns alle in den Cyberspace begeben oder ihm als einer dämonischen Form von symbolischer Abstraktion widerstehen? Ersetzt er das Reale oder gibt es in ihm die Wirklichkeit selbst? Wie so viele wahre Dinge lässt auch dies sich nicht auf Schwarz oder Weiß reduzieren. Es ist auch nicht grau. Es ist wie das übrige Leben schwarz-weiß. Beides und keines.«[3]
> JOHN PERRY BARLOW

WAS IST INFRASTRUKTUR?

Bei der Untersuchung, wie Technik die Transformation von Organisationen beeinflusst, wird zunehmend ihre doppelte, paradoxe Natur erkannt. Diese ist sowohl Motor als auch Hindernis für Veränderung, anpassbar und rigide, innerhalb wie außerhalb organisatorischer Praktiken. Sie ist Produkt und Prozess. Manche Au-

---

1 | Von JoAnne Yates und John Van Maanen als Herausgebern der Sonderausgabe von *Information Systems Research* Jg. 7, Nr. 1, März 1996 überprüft und angenommen.

2 | B. Schatz: »Building an Electronic Community System«, S. 88.

3 | J. P. Barlow: »Is There a There in Cyberspace?«, S. 56.

toren haben dieses scheinbare Paradox nach Giddens[4] als *Strukturation* analysiert: Aus technischer Rigidität gehen Adaptionen hervor, die wiederum Kalibrierung und Standardisierung erfordern. Im Lauf der Zeit re-formieren sich Struktur-Handlungs-Beziehungen dialektisch.[5] Dieses Paradox ist für umfangreiche, verstreute Technologien von integraler Bedeutung.[6] Es entsteht aus der Spannung zwischen lokaler, individualisierter, intimer und flexibler Nutzung einerseits und dem Bedürfnis nach Standards und Kontinuität andererseits.

Mit dem Aufkommen dezentralisierter Technologien, die sich über große geografische Distanzen hinweg nutzen lassen, werden sowohl das Bedürfnis nach gemeinsamen Standards als auch das nach situierten, individualisierbaren und flexiblen Technologien stärker. Ein kleinster gemeinsamer Nenner wird die Nachfrage nach angepassten Möglichkeiten nicht befriedigen, und auch rigide Standards werden das Problem nicht lösen.[7] »Universale Nischen« sind unmöglich – was für einen Menschen Standard ist, ist für einen anderen Chaos. Es gibt keine genuinen Universalien im Design großangelegter Informationstechnologie.[8]

Überdies basiert dieses gleichzeitige Bedürfnis nach Individualisierung und Standardisierung weder auf der geografischen Lage noch auf simplen Parametern von Gruppenmitgliedschaft. Ein Individuum ist oft Mitglied mannigfaltiger Praxisgemeinschaften, die Technologien unterschiedlich nutzen und damit verschiedene Anforderungen an ihre flexiblen wie standardisierten Erfordernisse stellen. Es gibt kein absolutes Zentrum, aus dem Kontrolle und Standards entspringen, ebenso wenig wie eine absolute Peripherie.[9] Und doch wird irgendeine Art von Infrastruktur benötigt.

Wir haben den Aufbau eines geografisch verstreuten, komplexen digitalen Kommunikations- und Publikationssystems für eine Gemeinschaft von Wissenschaftlern untersucht. Dieser Aufbau, der seinerseits ein Versuch war, infrastrukturelle Forschungswerkzeuge zu kreieren und zu verbessern, vollzog sich in einer Zeit immenser, ja radikaler Veränderungen im größeren Umfeld elektronischer Informationssysteme zwischen 1991 und 1994. Bei der Entwicklungsarbeit beabsichtigte man auch, die lokale Labororganisation umzugestalten und Ineffizienzen in der Skalierung zu minimieren, die Wissen und Ergebnisse betreffen. Man stellte sich eine Art von Superlabor vor, das die gesamte wissenschaftliche Gemeinschaft umfasste. Die Bedürfnisse nach Standards und individualisierbaren Komponenten waren gleich stark. Bei der Systementwicklung bemühte man sich auch, Praxisgemeinschaften mit ganz unterschiedlichen Ansätzen für die Computerinfrastruk-

4 | Anm. d. Übers.: Der britische Soziologe Anthony Giddens entwickelte in seinem Buch *The Constitution of Society* (1984) die Strukturationstheorie.

5 | W. Orlikowski: »Integrated Information Environment or Matrix of Control?«; L. Davies/G. Mitchell: »The Dual Nature of the Impact of IT on Organizational Transformations« und E. Korpela: »Path to Notes«.

6 | J. S. Brown/P. Duguid: »Borderline Issues«; S. L. Star: »Power, Technologies and the Phenomenology of Conventions« und »Misplaced Concretism and Concrete Situations«.

7 | R. Trigg/S. Bødker: »From Implementation to Design«.

8 | S. L. Star: »Power, Technologies and the Phenomenology of Conventions« und G. C. Bowker: »Information Mythology and Infrastructure«.

9 | C. Hewitt: »Offices Are Open Systems«.

tur zusammenzubringen. Designer und Nutzer standen bei der Entwicklung des Systems vor zwei Herausforderungen: miteinander trotz ganz unterschiedlicher Praktiken, Techniken und Fähigkeiten zu kommunizieren sowie mit Veränderungen Schritt zu halten, die durch das Wachstum des Internets und Werkzeuge wie Gopher und Mosaic verursacht wurden. Die Entwicklung einer großangelegten Informationsinfrastruktur in einem solchen Umfeld entspricht – metaphorisch gesprochen – dem Bau eines Bootes, während man gleichzeitig das Navigationssystem konstruiert und in einer Regatta gegen starke Konkurrenz zu einer sich ständig verschiebenden Ziellinie segelt.

Dieser Aufsatz befasst sich mit dieser Erfahrung und mit dem endgültigen Scheitern der erwarteten organisatorischen und infrastrukturellen Veränderungen. Er bietet einen analytischen Rahmen und ein Vokabular an, um folgende Fragen beantworten zu können: Worin besteht die Beziehung zwischen großangelegter Infrastruktur und organisatorischer Veränderung? Wer oder was verändert sich und wer verändert? Wir definieren zunächst Infrastruktur und konzentrieren uns dann auf zwei Aspekte der Systementwicklungsarbeit: Kommunikation zwischen Designern und Nutzern und ihr wechselseitiges Lernen.

Wann gibt es eine Infrastruktur?

> »[W]as untersucht werden kann, ist immer eine Beziehung oder ein unendlicher Regress von Beziehungen. Niemals ein ›Ding‹.«[10]
>
> Gregory Bateson

Yrjö Engeström beantwortet die in der Überschrift gestellte Frage in seinem Aufsatz »When Is a Tool?« in Bezug auf ein Netz, das Nutzbarkeit und Handeln ermöglicht.[11] Ein Werkzeug ist nicht einfach ein in der Zeit erstarrtes Ding mit vorgegebenen Attributen – vielmehr wird ein Ding für jemanden zum Werkzeug in der Praxis, wenn es mit einer bestimmten Tätigkeit verbunden ist. Engeströms Aufsatz veranschaulicht dies durch das Foto eines Arztes, der an einem Computerterminal arbeitet. Das Terminal ist von gelben Post-it-Zetteln bedeckt, umgeben von handschriftlichen Schmierzetteln, während er telefoniert – ein wahrhaft heterogenes »Netz der Computerarbeit«.[12] Das Werkzeug entsteht in situ. Analog dazu ist Infrastruktur etwas, das für Menschen in der Praxis entsteht, in Verbindung mit Tätigkeiten und Strukturen.

Wann also gibt es eine Infrastruktur? Übliche Metaphern stellen Infrastruktur als Substrat dar: als etwas, auf dem etwas anderes ›läuft‹ oder ›operiert‹, etwa ein Netz von Eisenbahnschienen, auf denen Eisenbahnwaggons fahren. Dieses Bild präsentiert eine Infrastruktur als etwas, das gebaut und gewartet wird und das dann in einem unsichtbaren Hintergrund versinkt. Infrastruktur ist etwas, das einfach da ist, zuhanden, völlig transparent.

Wenn wir die Beziehung zwischen Arbeit bzw. Praxis und Technik verstehen wollen, ist eine solche Metapher weder sinnvoll noch genau. Was uns stört, ist das

10 | G. Bateson: *Ökologie des Geistes*, S. 323.

11 | Y. Engeström: »When Is a Tool?«.

12 | R. Kling/W. Scacchi: »The Web of Computing«.

Bild vom »Versinken im Hintergrund«. Überdies wissen wir, dass eine derartige Definition nicht die Vieldeutigkeiten der Nutzung erfasst, von denen oben die Rede war: So wird z. B. das Internet ohne ein Braille-Gerät die Kommunikation blinder Menschen nicht unterstützen. Und für den Klempner sind die mit dem städtischen Wasserwerk verbundenen Wasserleitungen in einem Haus ein Arbeitsobjekt und keine Versorgungsleistung im Hintergrund. Im Anschluss an Tom Jewett und Rob Kling[13] behaupten wir vielmehr, dass Infrastruktur ein grundlegend relationaler Begriff ist. Sie wird zur Infrastruktur in Relation zu organisierten Praktiken. Innerhalb eines bestimmten kulturellen Kontexts betrachten Köche das Wassersystem als Teil einer funktionierenden Infrastruktur, die für die Zubereitung eines Essens unabdingbar ist – für Stadtplaner wird sie zu einer Variablen in einer komplexen Gleichung. Daher fragen wir nicht, *was* eine Infrastruktur ist, sondern *wann* sie eine ist.

Analytisch gesehen erscheint Infrastruktur nur als eine relationale Eigenschaft, nicht als ein von seiner Nutzung befreites Ding. Bowker beschreibt dies mittels einer »infrastrukturellen Inversion«[14], ein methodologischer Begriff, der eine starke Gestalt-Verschiebung von Figur und Grund *(figure-ground gestalt shift)* in Untersuchungen zur Entwicklung einer großangelegten technologischen Infrastruktur bezeichnet.[15] Die Verschiebung betont weniger Dinge oder Menschen als simple kausale Faktoren in der Entwicklung solcher Systeme; stattdessen erhalten Veränderungen in infrastrukturellen Beziehungen eine zentrale Bedeutung. Während wir lernen, uns bei unserer Arbeit auf Elektrizität zu verlassen, verändern sich unsere Praktiken und unsere Sprache. Wir werden »angeschlossen« und unsere täglichen Rhythmen verschieben sich. Wissenschaftliche und ästhetische Probleme verschieben sich ebenfalls. Während diese infrastrukturelle Veränderung zu einem primären analytischen Phänomen wird, kehren sich viele traditionelle historische Erklärungen um. Yates weist darauf hin, dass selbst eine so bescheidene infrastrukturelle Technologie wie der Aktenordner ein zentraler Faktor für Veränderungen im Management und der Kontrolle amerikanischer Industrie ist.[16] In der historischen Analyse werden Politik, Stimme und Autorschaft sicht- und hörbar, die in den Systemen eingebettet sind – nicht als Motor für Veränderung, sondern als artikulierte Komponenten des untersuchten Systems. Aus Substrat wird Substanz.

Wenn man dies berücksichtigt, entsteht Infrastruktur mit den folgenden Dimensionen:

- *Eingebettetsein.* Infrastruktur ist im Inneren anderer Strukturen, sozialer Arrangements und Technologien »versunken«.
- *Transparenz.* Infrastruktur ist für die Nutzung in dem Sinne transparent, dass sie nicht jedes Mal neu erfunden oder für jede Aufgabe neu zusammengebaut werden muss, sondern diese Aufgaben unsichtbar unterstützt.

13 | T. Jewett/R. Kling: »The Dynamics of Computerization in a Social Science Research Team«.

14 | G. C. Bowker: »Information Mythology and Infrastructure«.

15 | T. P. Hughes: *Networks of Power.*

16 | J. Yates: *Control Through Communication.*

- *Reichweite oder Geltungsbereich.* Diese können entweder räumlich oder zeitlich sein – Infrastruktur reicht über ein einzelnes Ereignis oder eine Praxis an einem Ort hinaus.
- *Erlernt als Teil von Mitgliedschaft.* Das für selbstverständlich Gehaltene von Artefakten und organisatorischen Arrangements ist eine conditio sine qua non für die Mitgliedschaft in einer Praxisgemeinschaft.[17] Fremde und Außenseiter begegnen Infrastruktur als Objekt, über das sie etwas in Erfahrung bringen müssen. Wenn neue Teilnehmer Mitglieder werden, erlangen sie eine naturalisierte Vertrautheit mit ihren Objekten.
- *Verknüpft mit Praxiskonventionen.* Infrastruktur formt die Konventionen einer Praxisgemeinschaft und wird von ihnen geformt, z. B. die Art und Weise, wie Zyklen von Tag-Nacht-Arbeit durch Stromgebühren und -verbrauch beeinflusst werden und sie beeinflussen. Generationen von Sekretärinnen haben die QWERTY-Tastatur erlernt; ihre Begrenzungen wurden von der Computertastatur und damit vom Design heutiger Computermöbel geerbt.[18]
- *Verkörperung von Standards.* Modifiziert durch ihren Geltungsbereich und oft durch widersprüchliche Konventionen, gewinnt Infrastruktur Transparenz, indem sie an andere Infrastrukturen und Werkzeuge auf eine standardisierte Weise angeschlossen wird.
- *Errichtet auf einer installierten Basis.* Infrastruktur erwächst nicht aus dem Nichts. Sie ringt mit der »Trägheit der installierten Basis« und erbt ihre Stärken und Begrenzungen. Glasfasern verlaufen neben alten Eisenbahnstrecken; neue Systeme werden rückwärtskompatibel konstruiert, und ein Ignorieren dieser Einschränkungen kann fatale Folgen für neue Entwicklungsprozesse haben oder sie verzerren.[19]
- *Wird beim Zusammenbruch sichtbar.* Die normalerweise unsichtbar funktionierende Infrastruktur wird sichtbar, wenn sie zusammenbricht: Der Server fällt aus, die Brücke wird überspült, es gibt einen Stromausfall. Selbst wenn es Backupmechanismen oder -verfahren gibt, hebt allein ihre Existenz die nun sichtbare Infrastruktur noch mehr hervor.

Die Konfiguration dieser Dimensionen bildet *eine* Infrastruktur, die keine absolute Grenze zu einer früheren Definition aufweist.[20] Wenn wir von Infrastruktur sprechen, meinen wir jene Werkzeuge, die für die meisten Menschen hinreichend transparent sind, einen großen zeitlichen wie räumlichen Geltungsbereich haben und in vertraute Strukturen eingebettet sind: das Stromnetz, das Wassersystem, das Internet, Fluglinien. Diese legere Aussage ist für den Alltagsgebrauch meist absolut angemessen, aber gefährlich, wenn sie in einem großen Maßstab auf das Design mächtiger Infrastrukturwerkzeuge angewendet wird, wie dies heute bei »nationalen Informationsinfrastrukturen« geschieht. Vor allem aber kann eine solche Aussage die Vieldeutigkeit von Werkzeugen und Technologien für unterschiedliche Gruppen verschleiern, was zur faktischen Standardisierung der Agenda einer einzigen mächtigen Gruppe führt. Damit trägt sie zu der von Kraemer und King

17 | J. Lave/É. Wenger: *Situated Learning* und S. L. Star: »From Hestia to Home Page«.

18 | H. S. Becker: *Art Worlds*.

19 | E. Monteiro/O. Hanseth/M. Hatling: »Developing Information Infrastructure«.

20 | S. L. Star: *Regions of the Mind* und »The Structure of Ill-Structured Solutions«.

erkannten »Politik der Verstärkung« *(politics of reinforcement)* in der Computerisierung bei.[21] Eine solche Aussage kann auch das Wesen der organisatorischen Veränderung verschleiern, die durch Entwicklung von Informationstechnologie verursacht wird.

Wenn wir das duale und paradoxe Wesen der Technik um diese Dimensionen von Infrastruktur erweitern, vertieft sich unser Verständnis. Tatsächlich kennzeichnen Vieldeutigkeit und mannigfaltige Bedeutungen von Nutzung jedes reale funktionierende System. *Eine Infrastruktur entsteht, wenn die Spannung zwischen dem Lokalen und dem Globalen gelöst wird.* Sie entsteht, wenn lokale Praktiken durch eine größer angelegte Technologie ermöglicht *(afforded)* werden, die dann auf eine natürliche, zuhandene Weise genutzt werden kann. Sie wird transparent, wenn man lokale Varianten in organisatorische Veränderungen einbringt, und wird zu einer unzweideutigen Heimat. Dies ist kein physischer Ort, auch kein permanenter, sondern eine funktionierende Beziehung – da keine Heimat universal ist.[22]

Die empirischen Daten für diesen Aufsatz verdanken wir unserer Arbeit als Ethnografinnen und Gutachterinnen eines geografisch verstreuten virtuellen Labors oder »Kollaboratorium«-Systems, das die Arbeit von über 1.400 Biologinnen verknüpfen sollte.[23] Verschiedene Gruppen sahen in dem System jeweils etwas anderes – für die einen war es ein Komplex von digitalen Suchwerkzeugen zur Publikation und Informationsgewinnung, für andere unterstützte es Problemlösungen und den Informationsaustausch. Für andere war es wiederum Komponente eines etablierten Komplexes von Praktiken und infrastrukturellen Laborwerkzeugen. Die Zielgruppe der Nutzer hatte ganz unterschiedliche Ressourcen, Computerkenntnisse und Beziehungen, und all diese Möglichkeiten unterschieden sich erheblich von denen der Designer.

Überdies wird uns zunehmend klar, dass diese Entwicklungsarbeit in einem Augenblick von seltener, weit verbreiteter infrastruktureller Veränderung stattfindet. Mit dem Wachstum des Internet/World Wide Web und dessen Software wie Mosaic, Netscape, Gopher, WAIS ebenso wie der unzähligen Nutzungen von E-Mail, elektronischen Pinnwänden und LISTSERV-Software sind die Grenzen der Systemimplementierung radikalen Veränderungen unterworfen. Für einige wenige der von uns Befragten wurde das System eine funktionierende Infrastruktur, andere hingegen nutzten Gopher, Mosaic und andere Internetwerkzeuge. Und die Qualifikationsbasis *(skill base)* und Lernkurve ebenso wie andere Faktoren, z. B. unterstützende Netzwerke in Organisationen, die Nutzern mit solchen Werkzeugen helfen, verändern sich natürlich ständig. Diese sich verändernde Umgebung – samt den Komplexitäten der Implementierung aus der Nutzerperspektive – trug dazu bei, dass das System letztlich daran scheiterte, sein ursprüngliches Ziel zu erreichen: die zentrale Informationsressource und der primäre Kommunikationskanal in einer bestimmten wissenschaftlichen Gemeinschaft zu werden.

21 | K. L. Kraemer/J. L. King: *Computers and Local Government*.

22 | S. L. Star: »From Hestia to Home Page«.

23 | S. L. Star: »Organizational Aspects of Implementing a Large-Scale Information System in a Scientific Community«.

Das Worm Community System (WCS)

Das Worm Community System (WCS) ist eine maßgeschneiderte Software, die die Zusammenarbeit von Biologinnen beim Sequenzieren der Genstruktur und bei der Untersuchung anderer Aspekte der Genetik, des Verhaltens und der Biologie des winzigen Fadenwurms *Caenorhabditis elegans*, kurz *C. elegans*, unterstützen soll.[24] Es ist ein Beispiel für ein neues Genre von Systemen, die für geografisch verstreute, kollaborative wissenschaftliche Zusammenarbeit entwickelt werden. Das WCS ist eine verteilte »Hyperbibliothek«, die die informelle wie formelle Kommunikation und den Datenzugang über viele Arbeitsplätze ermöglicht. Sie vereint grafische Darstellungen der physischen Struktur des Organismus, regelmäßige Updates der genetischen Karte, formelle und informelle Forschungsannotationen und fungiert damit auch als elektronisches Publikationsmedium. Daneben beinhaltet das WCS Adressenlisten von Wissenschaftlern, einen Thesaurus von Begriffen, der mit einem Adressenverzeichnis der an einem bestimmten Unterthema Interessierten verknüpft ist, sowie einen vierteljährlich erscheinenden Newsletter, die *Worm Breeder's Gazette*. Sie enthält auch eine selbstständig entwickelte Datenbank, *acedb*. Viele Teile des Systems sind auch durch Hypertext-Links verknüpft.

Ihre leitenden Designer waren Informatiker. Einige von ihnen besaßen biologische Vorkenntnisse. Das WCS wurde in enger Kooperation mit mehreren Biologinnen und Biologen entwickelt. Während der Entwicklungszeit wurden von Anfang an Nutzerfeedback und Anforderungen seitens dieser Biologen in das System integriert. Seine Entwicklung war Teil eines größeren Projekts, das Implementierung und Auswirkungen eines wissenschaftlichen Kollaboratoriums konstruieren und evaluieren sollte. Zwei Ethnografinnen, Star und Ruhleder, gehörten dem Projektteam an, beteiligten sich aber nicht per se an der technischen Entwicklungsarbeit. Die ethnografische Komponente des Projekts wird später ausführlicher dargestellt.

Die *Community*[25] besteht, wie gesagt, aus etwa 1.400 Wissenschaftlerinnen, die sich weltweit auf rund 120 Laboratorien verteilen (Stand 1994). Sie sind eine eingeschworene Gemeinschaft und halten sich selbst für äußerst kollegial, was wir nur bestätigen können. Bis vor kurzem waren die meisten Mitglieder in erster oder zweiter »Generation« Schüler der Begründer des Forschungsgebiets. Vor kurzem wurde *C. elegans* zum »Modellorganismus« für die Human Genome Initiative (HGI) auserwählt, das als größtes wissenschaftliches Projekt der Geschichte bezeichnet wird. »Modellorganismus« heißt auch, dass die aktuellen Befunde bei der Ermittlung der Wurmbiologie und -genetik von direktem Interesse für Humangenetiker sind, z.B. wenn Übereinstimmungen zwischen Onkogenen (Krebs verursachenden Genen) beim Wurm und Menschen gefunden werden. Obwohl Würmer keinen Krebs als solchen bekommen, gibt es entwicklungsmäßige Analogien. Außerdem werden die bei der Kartierung von *C. elegans* entwickelten Werkzeuge und Techniken auch für das humangenetische Projekt nützlich sein.

---

24 | B. Schatz: »Building an Electronic Community System« und R. Pool: »Beyond Databases and Email«.

25 | Anm. d. Hg.: Im Folgenden wird die konkrete Community des *Worm Community Systems* als solche benannt. Bei einer verallgemeinerten Verwendung des Begriffs verwenden wir im Deutschen i. d. R. den Gemeinschaftsbegriff.

Führende Biologen befürchten, der Einfluss der HGI und das zunehmende Interesse am Wurm würden sich auf die engen, freundschaftlichen Beziehungen in der Community nachteilig auswirken. Wenn man diese Community als lose verbundene Organisation betrachtet, deren Mitglieder oft in formelleren Organisationen arbeiten und mit ihnen interagieren, würden diese neuen Einschränkungen und Chancen traditionelle Verbindungen und eine kollaborative Kultur erschüttern. Denn diese hängt stark vom Lehr-Lernverhältnis *(apprenticeship)* und vom kontinuierlichen persönlichen Kontakt ab. Mitglieder der Community selbst waren bereit, ihrerseits als »Modellorganismus« für die Ethnografinnen zu fungieren. Sie hofften, das System würde die starken Bande und den freundschaftlichen Charakter der Community aufrechterhalten, gerade ob der rapide zunehmenden Sichtbarkeit und des schnellen Wachstums. In diesem Sinne war das Ziel nicht nur eine organisatorische Transformation bezüglich verfügbarer Ressourcen und der Möglichkeiten der Informationsteilung, sondern auch die Bewahrung erwünschter Merkmale angesichts einer möglichen Verschlechterung.

Die Arbeit von *C. elegans*-Biologen lässt sich am ehesten durch das Bild vom Lösen eines Puzzles in vier Dimensionen über eine beträchtliche Distanz hinweg charakterisieren. So befanden sich die Labore, die wir untersuchten, in den USA und Kanada. Weitere Daten bekamen wir aber auch aus Europa, Japan und Australien. Abgesehen von den vier Dimensionen sind die Daten unterschiedlich strukturiert und müssen über mehrere Gebiete hinweg kartiert werden – eine mit einem Gen verbundene Verhaltensstörung beispielsweise muss mit Informationen aus entsprechenden DNA-Fragmenten trianguliert werden. Labore, die an einem bestimmten Problem arbeiten, z.B. der Spermienproduktion, stehen in häufigem Kontakt per Telefon, Fax und E-Mail miteinander und tauschen Ergebnisse und Exemplare aus.

Der Wurm selbst ist sowohl als Organismus wie als Komponente eines komplexen Informationstransfermusters bemerkenswert, das von wesentlicher Bedeutung für die Arbeit der Biologen ist. Er ist winzig und transparent (und somit kann man leichter mit ihm arbeiten als mit undurchsichtigen Wesen wie Menschen!). Er ist ein widerstandsfähiges Lebewesen und kann eingefroren, an andere Labore verschickt, aufgetaut und für die Beobachtung wieder zum Leben erweckt werden. Wenn Forscher sich Exemplare teilen, reisen Würmer und Wurmteile von einem Labor zu einem anderen. Wurmarten mit besonderen Merkmalen wie einer Mutation können von einem Zentrallager an Labore verschickt werden, die Exemplare anfordern. Das Verfolgen des Standorts und der Merkmale von Organismen ist somit ein wichtiger Bestandteil des Dokumentierens und der Informationssuche.

Die Nutzung von Computern und die Erfahrung im Umgang mit ihnen schwanken in den Laboren erheblich. In solchen, die am aktivsten WCS ausprobieren, gibt es ein bis zwei aktive, routinierte WCS-Nutzer. In vielen Laboren beschränkt sich die Computerarbeit auf E-Mails, Textverarbeitung oder die Erstellung von Grafiken für Vorträge. In den meisten Laboren gibt es einen »Computermenschen«, oft einen Studenten oder eine Studentin, der für die Bestellung neuer Programme oder das Anlegen von Datenbanken zuständig ist, die über Arten und andere Informationen auf dem Laufenden halten.

Unsere Rolle als Ethnografinnen besteht darin, Wurmlabore aufzusuchen, Befragungen vorzunehmen und sowohl die Nutzung von Computern und des WCS als auch andere Aspekte von Routinearbeiten zu beobachten, sowie Fragen zu Themen wie Karriere in der Community, Wettbewerb, routinemäßige Aufgaben des Teilens von Informationen, wie die Computerinfrastruktur gemanagt wird usw., zu stellen. Wir führten halbstrukturierte Befragungen und Beobachtungen in 25 Laboren mit über 100 Biologinnen und Biologen im Laufe von drei Jahren (1991–1995) durch.[26] An die Designer leiteten wir sowohl spezifische Hinweise (»Soundso hat einen Programmierfehler gefunden«) wie allgemeine Beobachtungen (»Dies oder jenes würde gegen Community-Normen verstoßen«) weiter, und mehrere Vorschläge gingen in die Entwicklung ein.

Die soziologische Analyse zur Unterstützung des Computerdesigns ist relativ neu.[27] Die in Skandinavien entstandene Partizipative Softwareentwicklung *(Participatory Design)* bereitete den Weg für designorientierte Arbeitsplatzuntersuchungen,[28] mittels einer Kombination von Fallstudienmethode und Aktionsforschung, die auf einem raschen Feedback der Nutzerinnen von Computersystemen beruhen. Wo es möglich war, passten wir diese Prinzipien an. Weder eine strenge Fallstudie noch eine rasche Produktion von Prototypen waren möglich, da die Entwicklung komplexer Systeme innerhalb einer geografisch verteilten Gemeinschaft stattfand. Wir deckten ein möglichst großes Gebiet mit traditionellen Befragungs- und Beobachtungstechniken ab. Die Analyse der Daten erfolgte mithilfe der Grounded Theory: zunächst mit einer stichhaltigen Beschreibung der Gemeinschaft und, als die Zahl der zu vergleichenden Arbeitsplätze zunahm, mit einem abstrakteren Rahmenkonzept.[29]

Die meisten Befragten erklärten, ihnen gefalle das System, und lobten seine leichte Bedienung samt seiner Eignung für den Problembereich. Trotzdem haben sich die meisten noch gar nicht angemeldet – viele entschieden sich stattdessen für die Nutzung von Gopher, Mosaic, Netscape und anderer einfacherer Netzzugangssoftware mit weniger technischen Funktionen. Offensichtlich stellt dies für uns als Systementwicklerinnen und Ethnografinnen ein wichtiges Problem dar. *Trotz eines guten Nutzerfeedbacks zum Prototypen und einer guten Beteiligung an der Systementwicklung gab es unvorhergesehene komplexe Herausforderungen. Sie betrafen das Verhältnis der Nutzung zu infrastrukturellen und organisatorischen Beziehungen.* Das System wurde weder weitgehend übernommen, noch hatte es einen unmittelbaren Einfluss auf das Gebiet, da die angebotenen Ressourcen und Kommunikationskanäle durch andere oft leichter zugängliche Mittel zur Verfügung standen. Doch das WCS selbst ändert sich weiterhin und passt sich an – die neueste Version basiert gänzlich auf der Technologie des World Wide Web, und das WWW wird in Kürze über genügend Funktionalität verfügen, um die individualisierte Software des Worm Community Systems zu reproduzieren.[30]

26 | Die Namen wurden geändert, um die Anonymität der Befragten zu gewährleisten.

27 | L. L. Bucciarelli: *Designing Engineers.*

28 | Anm. d. Hg.: Bei den Arbeitsplatzuntersuchungen handelt es sich im Englischen um Workplace Studies. P. Ehn: *Work-Oriented Design of Computer Artifacts*; S. Bødker: *Through the Interface* und W. L. Anderson/W. T. Crocca: »Engineering Practice and Codevelopment of Product Prototypes«.

29 | A. Strauss: *Qualitative Methods for Social Scientists.*

30 | Nach einem Gespräch zwischen Star und Bruce Schatz am 28.9.1995.

Sich anmelden und verbinden

Diejenigen, die auf dem gerade entstehenden Gebiet der Computer-Supported Cooperative Work (CSCW) arbeiten – inklusive des hierin integrierten Kollaboratoriumskonzepts –, bemühen sich zu verstehen, wie sich infrastrukturelle Eigenschaften auf Arbeit, Kommunikation und Entscheidungsfindung auswirken.[31]

Eine der klassischen CSCW-Typologien verweist auf wichtige Aufgabenunterschiede für synchrone bzw. asynchrone Systeme, nahe bzw. weit entfernte Nutzung und engagierte Nutzergruppen gegenüber verteilten Gruppen mit fluktuierender Mitgliedschaft.[32] Dies war durchaus nützlich bei der Charakterisierung einer entstehenden Gruppe von Technologien, stellt jedoch bei der Analyse der mit Implementierung oder Integration verbundenen Probleme keine Hilfe dar.[33] Die Typologie bietet keine Analyse der relationalen Aspekte von Computerinfrastruktur und Arbeit – weder der »Artikulationsarbeit« in Echtzeit noch der Aspekte längerfristiger, asynchroner Produktionsaufgaben. Vielen solcher Probleme begegneten wir in der Wurm-Community beim Prozess des »Anmeldens« und »Verbindens« mit dem WCS. Beides sind Aufgaben, die sich im Zusammenhang mit der Informationssuche, mit dem Installieren und der Nutzung stellen. Denn die meisten der von uns befragten Biologinnen und Biologen waren mit dem Installieren und Verbinden des Systems vollauf beschäftigt. Sie waren nicht über die ersten Hürden hinausgekommen und noch nicht bei routinemäßiger Nutzung angelangt.

Sehen wir uns einmal den Komplex von Aufgaben an, die mit dem Hochfahren und Betrieb des Systems verbunden sind. Das WCS läuft auf einer Sun-Workstation als Anwendung lokal und im Netzwerk, oder auf einem Mac mit einer Ethernetverbindung über das NSFnet oder mit geringerer Funktionalität auf einem PC über das Netz. Vor der Nutzung von WCS musste man den entsprechenden Computer kaufen, ein Kommunikationsprotokoll wie Telnet und/oder FTP verwenden und die entfernte Adresse ausfindig machen, wo man das System »bekommt« oder betreibt. Jede dieser Aufgaben verlangt, dass Menschen, die in Biologie ausgebildet wurden, sich Fähigkeiten aneignen, die von Systementwicklern für selbstverständlich gehalten werden. Letztere können sich über persönliche und organisatorische Netzwerke die nötigen technischen Informationen beschaffen und verfügen auch über ein reiches implizites Wissen über Systeme, Software und Konfigurationen. Will man beispielsweise feststellen, welche Version von X Windows man auf einer Workstation verwenden soll, muss man wissen, welche Klasse von Softwareprodukt X Windows ist, es installieren und dann seine Konfiguration richtig mit dem direkten oder entferntem Link verbinden. Will man Anweisungen zum »Download des Systems via FTP« befolgen, muss man wissen, was Datentransferprotokolle im Internet sind, welche Ausgabe der *Worm Breeder's Gazette* die entsprechende elektronische Adresse enthält und wie FTP und X Windows zusammenarbeiten.

31 | K. L. Kraemer/J. L. King: *Computers and Local Government*; K. Schmidt/L. Bannon: »Taking CSCW Seriously« und T. Malone/G. Olson: *Coordination Theory and Communication Technology*.

32 | C. A. Ellis/S. J. Gibbs/G. L. Rein: »Groupware«.

33 | K. Schmidt/L. Bannon: »Taking CSCW Seriously«.

Vor diesen üblichen Problemen beim Einkauf, bei der Konfiguration und bei der Installation stehen bis zu einem gewissen Grad alle Computernutzer. Um Arbeit reibungslos ablaufen zu lassen, wird es nicht immer genügen, diese Probleme beim »Einkauf« und durch Informationsverteilung allein zu lösen. Wenn Sie sich z.B. entschließen, eine SPARC-Station zu kaufen (eine beliebte Workstation auf UNIX-Basis) und sie auf einem Universitätscampus einzusetzen, der standardmäßig DOS-Computer betreibt, können Sie mit dem lokalen Rechenzentrum in Konflikt geraten. Es wird vielleicht versuchen, die Arten von Computern zu begrenzen, die es in seinen Service einbezieht. Oder es ist vielleicht genug Geld vorhanden, um den Computer zu kaufen, aber nicht genug, um das Training aller Labormitarbeiter zu finanzieren. Langfristig kann diese Ungleichheit zu Ungerechtigkeit führen.

Wir entdeckten viele solcher Beispiele. Sie sind für Systementwicklungsarbeiten und für Nutzertypen kennzeichnend, und allesamt für das Design von kollaborativen Systemen interessant. Mit dem Aufkommen großangelegter Systeme wie der National Information Infrastructure der USA werden sie zu dringlichen Fragen von Gleichheit und Gerechtigkeit ebenso wie zu Fragen der Etablierung, Transformation und des Niedergangs von Organisationen. Gleichzeitig setzen sie die technologische Infrastruktur und die soziale Ordnung in Kraft. Wir begegneten im Zusammenhang mit der Nutzung von Systemen zahllosen Kontexten und Aufgaben. Diese variierten in ihrer Komplexität und in ihren Konsequenzen, und um diese Varianten zu charakterisieren, liehen wir uns eine Metapher aus der Lerntheorie.

Kommunikationsebenen und Diskontinuitäten in Informationshierarchien

Das »Gewirr«, dem man beim Anmelden und Verbinden begegnet, tritt an vielen Orten auf und kann die erwünschte organisatorische Transformation behindern; zumindest prägt es ihren Charakter und beeinflusst das Wachstum von Infrastruktur. Für ein formelleres Verständnis der Art und Weise, wie Kommunikationsprozesse in die Entwicklung von Infrastruktur verwickelt sind, griffen wir auf den Kommunikationstheoretiker Gregory Bateson und sein Werk *Ökologie des Geistes* zurück. Der Begriff Ökologie, wie wir ihn für unsere Analyse hier verwenden, bezeichnet das heikle Gleichgewicht von Sprache und Praxis in Gemeinschaften und in Teilen von Organisationen. Er macht auf dieses Gleichgewicht (oder sein Fehlen) aufmerksam. Er soll sich dabei weder auf eine biologische noch auf eine geschlossene, funktionale, systemische Herangehensweise beziehen.

Batesons Modell

Unter Berufung auf Russell und Whitehead unterscheidet Bateson in der *Ökologie des Geistes* in jedem Kommunikationssystem drei Ebenen. Auf der ersten Ebene gibt es einfache »faktische« Mitteilungen wie »Die Katze ist auf der Matte«. Eine Diskontinuität im Kontext tritt auf, wenn die Mitteilung zu »Ich habe gelogen, als ich sagte: ›Die Katze ist auf der Matte‹« geändert wird. Diese Mitteilung auf der zweiten Ebene sagt nichts über den Aufenthaltsort der Katze aus, sondern verrät nur etwas über die Verlässlichkeit der Mitteilung auf der ersten Ebene. Bateson fährt fort: »Zwischen Kontext und Mitteilung (oder zwischen Metamitteilung und

Mitteilung) liegt eine Kluft, die ihrer Natur nach dieselbe ist, wie die Kluft zwischen einem Ding und dem Wort oder Zeichen, das für es steht, oder zwischen den Elementen einer Klasse und dem Namen der Klasse. Der Kontext (oder die Metamitteilung) *klassifiziert* die Mitteilung, kann aber niemals auf gleicher Stufe mit ihr stehen.«[34]

Auf der dritten Ebene liegt die Kluft im Bewerten des Kontextes selbst: »Es gibt viele widersprüchliche Vorgehensweisen, um einzuschätzen, ob du in Bezug auf die Katze und die Matte gelogen hast oder nicht.« In diesem Satz wird die Aufmerksamkeit des Zuhörers zu einer breiteren und tieferen Reihe von Möglichkeiten hingelenkt; erneut kann dies die Mitteilung über das Lügen klassifizieren, doch es hat einen anderen Charakter.

In diesen Theorien über die Kluft zwischen den Ebenen gehen Bateson und andere dazu über, Ebenen des Lernens mit ähnlichen Unterscheidungen und Diskontinuitäten zu klassifizieren. Es gibt einen Unterschied zwischen der ersten und zweiten Ordnung, der im *Lernen von etwas* und dem *Lernen über das Lernen* besteht. Zwischen der zweiten und dritten Ordnung gibt es sogar noch abstraktere Unterschiede zwischen dem *Lernen zu lernen* und dem *Erlernen von Theorien des Lernens* und Bildungsparadigmen. Wie Gregory Bateson gezeigt hat, ist der Regress nach oben hin natürlich potenziell unendlich: »[W]as untersucht werden kann, ist immer eine Beziehung oder ein unendlicher Regress von Beziehungen. Niemals ein ›Ding‹.«[35]

Für unsere Zwecke ermitteln wir drei Ebenen (oder »Ordnungen«) von Problemen, die im Entwicklungsprozess von Infrastruktur auftreten, und diskutieren jede unter Bezug auf die Wurm-Community und das WCS. Wie bei Batesons Ebenen der Kommunikation oder des Lernens werden diese Probleme schwieriger, wenn sich die Kontexte ändern. Dies ist weder ein Prozess der Idealisierung, d.h. die Probleme bleiben materiell und werden nicht »mentaler«, noch ist die Änderung des Kontexts eine des Geltungsbereichs (einige weit verbreitete Probleme können der ersten Ordnung angehören). Aussagen der ersten Ebene erscheinen in unserer Untersuchung wie folgt: »UNIX kann verwendet werden, damit das WCS läuft.« Solche Aussagen haben einen anderen Charakter als eine Aussage der zweiten Ebene wie: »Systementwickler mögen sagen, UNIX darf hier verwendet werden, aber sie verstehen nicht unsere Supportsituation.« Auf der dritten Ebene weitet sich der Kontext aus und enthält Theorien der Technikkultur: »UNIX-Nutzer sind böse – wir sind Mac-Menschen.« Wenn diese Ebenen in der Kommunikation von Entwicklern und Nutzern auftreten, ist der Charakter der Klüfte zwischen den Ebenen von Bedeutung.

Probleme der ersten Ordnung können mit einer Umverteilung oder einem Zuwachs existierender Ressourcen einschließlich der Informationen gelöst werden. Beispiele wären Antworten auf Fragen wie: Wie lautet die E-Mail-Adresse des WCS? Wie verbinde ich meine SPARC-Station mit dem Campusnetzwerk?

Probleme der zweiten Ordnung sind auf unvorhergesehene oder unerkennbare kontextuelle Auswirkungen zurückzuführen – vielleicht auf die Interaktion von zwei oder mehr Problemen der ersten Ordnung. Ein Beispiel dafür wurde schon oben genannt: Wenn mein ganzer Fachbereich Macs verwendet, welche Konse-

34 | G. Bateson: *Ökologie des Geistes*, S. 325.
35 | Ebd., S. 323.

quenzen hat meine Entscheidung für eine SPARC-Station statt für einen Mac? Wenn ich meine Ressourcen für das Erlernen des WCS aufwende, entgehen mir dann andere, nützlichere Programme?

Probleme der dritten Ordnung sind immanent politisch, oder mit ständigen Diskussionen verbunden. Sie umfassen Fragen über das Verhältnis zwischen Denkschulen der biologischen Theorie und deren Auswirkungen auf das Design des WCS, z. B. bei der benötigten Genkarte des Organismus. Probleme der dritten Ordnung werfen Fragen auf, wie z. B., ob sich Konkurrenz oder Kooperation bei der Entwicklung von Datenschutzanforderungen für das System als wichtiger erweisen werden und ob Komplexität oder einfache Nutzung der hauptsächliche Wert beim Schnittstellendesign sein sollte. Solche Fragen können sich aus einer Interaktion von Problemen niedrigerer Ordnung ergeben, etwa der Entscheidung für ein Computersystem und den Kompromissen zwischen wissenschaftlicher Raffinesse und Lernbarkeit.

In diesem Sinn stellt Infrastruktur sowohl für die Kommunikation, als auch für das Lernen im Netz der Computerarbeit den Kontext dar.[36] Computer, Menschen und Aufgaben ergeben zusammen eine funktionierende Infrastruktur oder zerbrechen sie. Dazu Bateson:

»[Es] wird klar, dass die Trennung von Lernkontexten und Lernordnungen nur ein Artefakt des Kontrasts zwischen diesen beiden Arten des Diskurses ist. Die Trennung wird nur aufrechterhalten, wenn man sagt, dass die Kontexte außerhalb des physischen Individuums lokalisiert sind, während die Lernordnungen ihren Sitz innerhalb haben. Aber in der Welt der Kommunikation ist diese Dichotomie irrelevant und bedeutungslos [...]. Aber die Charakteristika des *Systems* beruhen in keiner Weise auf irgendwelchen Grenzlinien, die wir über die Kommunikationskarte legen können.«[37]

---

36 | R. Kling/W. Scacchi: »The Web of Computing«.

37 | G. Bateson: *Ökologie des Geistes*, S. 330. Anm. d. Hg.: Das Bateson-Zitat lautet vollständig folgendermaßen: Es »wird jedoch klar, dass die Trennung von Lernkontexten und Lernordnungen nur ein Artefakt des Kontrasts zwischen diesen beiden Arten des Diskurses ist. Die Trennung wird nur aufrechterhalten, wenn man sagt, dass die Kontexte außerhalb des physischen Individuums lokalisiert sind, während die Lernordnungen ihren Sitz innerhalb haben. Aber in der Welt der Kommunikation ist diese Dichotomie irrelevant und bedeutungslos. *Die Kontexte haben nur insofern kommunikative Realität, als sie in Form von Mitteilungen wirksam werden, d. h. insofern, als sie in* vielfachen *Teilen des von uns untersuchten Kommunikationssystems (richtig oder verzerrt) repräsentiert oder reflektiert werden; und dieses System ist nicht das physische Individuum, sondern ein weites Netzwerk von Mitteilungswegen. Einige dieser Wege sind* zufällig *außerhalb des physischen Individuums lokalisiert, andere innerhalb.* Aber die Charakteristika des *Systems* beruhen in keiner Weise auf irgendwelchen Grenzlinien, die wir über die Kommunikationskarte legen können. *Es ist für die Kommunikation nicht sinnvoll, zu fragen, ob der Stock des Blinden oder das Mikroskop des Wissenschaftlers ›Teile‹ des Menschens sind, der sie benutzt. Sowohl der Stock als auch das Mikroskop sind wichtige Kommunikationswege und als solche Teile des Netzwerks, für das wir uns interessieren; es kann aber keine Grenzlinie – z. B. in der Mitte des Stocks – für eine Beschreibung der Topologie des Netzes relevant sein.*« (Kursiv gesetzter Text entspricht den von Star und Ruhleder nicht zitierten Passagen.)

Informationsinfrastruktur ist kein Substrat, das Information auf oder in sich trägt, in einer Art von Geist-Körper-Dichotomie. Die Dichotomien existieren nicht zwischen System und Person oder Technik und Organisation, sondern vielmehr zwischen Kontexten. Hierin knüpfen wir an neuere Arbeiten auf dem Gebiet der Technik- und Wissenschaftssoziologie an, die eine »große Trennung« zwischen Natur und Künstlichem, Mensch und Nichtmensch, Technologie und Gesellschaft ablehnt.[38]

Die Überwindung der »großen Trennung« hat die gleiche konzeptuelle Relevanz für die Beziehung zwischen Informationsinfrastruktur und organisatorischer Transformation, wie es Batesons Ausführungen über den *double bind* für die Psychologie der Schizophrenie hatten. Wenn wir bei der Implementierung großangelegter Informationssysteme Mitteilungssysteme konstruieren, die blind für die diskontinuierliche Natur der verschiedenen Kontextebenen sind, landen wir bei Organisationen, die gespalten und verwirrt sind, bei Systemen, die nicht genutzt oder umgangen werden, und bei einem Komplex von Sachverhalten unserer eigenen Schöpfung, die der Organisationslandschaft Disparitäten tiefer einprägen.

Wir werden diese Typologie fortan im Kontext des »Anmeldens« und »Verbindens« anwenden. Danach erörtern wir die Implikationen dieser Typologie für andere Entwicklungsformen von Informationssystemen und die allgemeinen Implikationen neuer computergestützter Medien und ihrer Integration in etablierte Gemeinschaften.

Probleme erster Ordnung[39]

Solche Probleme sind oft für Informanten am offensichtlichsten, da sie zum Konkreten tendieren. Probleme erster Ordnung lassen sich mit gleichermaßen konkreten Lösungen angehen, wie z. B. mehr Geld, Zeit, Training oder Hilfe. Die Probleme erster Ordnung drehen sich um Installation und Nutzung des Systems. Dazu gehört, dass man sich über sie informiert, herausfindet, wie das System zu installieren ist und dafür sorgt, dass unterschiedliche Teile von Software zusammenarbeiten. Probleme erster Ordnung sind jedoch nicht auf das »Hochfahren« beschränkt, sondern treten im Lauf der Zeit wieder als Verschiebung von Arbeitsmustern und Ressourcenbeschränkungen auf – und damit vielleicht als Nebenprodukt von Veränderungen zweiter oder dritter Ordnung.

1. *Informationsprobleme.* Potenzielle Nutzer mussten sich über das System informieren und die Anforderungen für seine Installation und Nutzung ermitteln. Der »Einkauf« des Systems war mit Entscheidungen über Hardware, Software und manchmal auch mit Vereinbarungen zwischen Fachbereichen verbunden, um Ressourcen oder finanzielle Mittel miteinander zu teilen. So hatten etwa in einem größeren Labor die »Wurmleute« WCS auf einen Server geladen, der den »Pflanzenleuten« in der Etage über ihnen gehörte. Um zu dieser Vereinbarung zu ge-

38 | Siehe B. Latour: *Wir sind nie modern gewesen.*

39 | Anm. d. Hg.: Wir folgen dem Rat des Übersetzers Michael Schmidt und haben die »issues« des Originaltexts weitestgehend als »Probleme« belassen. Es handelt sich aber genauso um spannungsreiche und teils kontrovers ausgehandelte Angelegenheiten, Themen und Sachverhalte.

langen, mussten erst der Ressourcenbedarf für das WCS und die lokale Verfügbarkeit dieser Ressourcen in Erfahrung gebracht werden. Diese Vereinbarung machte es nicht notwendig, sich über Systemaufbau und -wartung zu informieren, da die Wurmleute sich die ursprünglichen Bemühungen der Pflanzenleute bei Einkauf und Installation des Servers zunutze machten.

2. *Zugangsprobleme.* In manchen Laboren war der physische Zugang problematisch. So konnte das WCS in einem überfüllten und lauten Raum, in der Ecke eines Foyers, auf einer ganz anderen Etage des Gebäudes untergebracht oder nur während bestimmter Stunden zugänglich sein. Dies war bei der zuvor erwähnten Vereinbarung zwischen den Wurm- und Pflanzenleuten der Fall:

»WCS und *acedb* laufen tatsächlich auf einem Computer einen Stock höher, er gehört den Leuten vom Pflanzengenomprojekt ... Wir dürfen ihn nur abends und an den Wochenenden benutzen.« (Brad Thomas, Postdoktorand)[40]

Andere Labore erlebten zeitliche Beschränkungen und physische Unannehmlichkeiten: »Du hast zwar Zugang zur *acedb* über die Sun-Computer einen Stock tiefer, aber das ist nicht praktisch. Du kommst erst nach Stunden dran. Die Leute wollen es einfach nicht benutzen.« (Eliot Red, Postdoktorand) Oder:

»Unsere Computerinfrastruktur ist gut im Vergleich zu anderen Laboren. Ich habe an der UCLA promoviert, und da gab es eine VAX, einige PCs, doch um an der VAX zu arbeiten, musstest du in ein anderes Gebäude gehen.« (Brad Thomas, Postdoktorand)

Als wir wissen wollten, ob Labornotizbücher eines Tages durch kleine Palmtop-Computer oder digitalisierte Tablets *(pads)* ersetzt würden, zweifelten Forscher daran. Die Befragten eines beengten Labors in einem städtischen Hochhaus stellten schlicht fest, dass es einfach keinen Platz für einen weiteren Computer gäbe, nicht mal für einen kleinen. Sie teilten sich ihr Labor mit einer anderen Gruppe und hatten nicht einmal Platz für einige notwendige Laborgeräte. Solche simplen räumlichen oder architektonischen Barrieren wirken sich ganz entscheidend auf die Nutzbarkeit aller Systeme aus, insbesondere wenn sie als integrale Bestandteile von Arbeitsabläufen konzipiert und gestaltet sind.

3. *Grundkenntnisse und Computerfachkenntnisse.* Computerfachkenntnisse waren in den Laboren ungleichmäßig verteilt; viele Computer wirkten veraltet oder primitiv. Ein leitender Forscher wusste nicht, dass Datenbanken ohne festgelegte Datenfeldlänge zur Verfügung standen, und ein Projektleiter machte bei der Erörterung von Betriebssystemen und Anwendungen einen Kategorienfehler, indem er »einen Mac« mit »einem UNIX« gleichsetzte. Generell waren Projektleiter der Meinung, das Wissensniveau hebe sich durch ein Training für Studenten und Doktoranden, aber empirisch gesehen war das offenbar nicht der Fall. Dies könnte zu einer Kluft im Lernniveau führen (wenn man die Fähigkeit zur Nutzung von Online-Anwendungen mit der Fähigkeit, allgemeinere Systemkonzepte zu verstehen, gleichsetzt). Es gab zwar einige wenige hochqualifizierte Personen und den einen oder anderen mit fortgeschrittenen Computerkenntnissen, doch die waren weder

40 | PI = Principal Investigator (ProjektleiterIn), PD = Postdoc (PostdoktorandIn), GS = Graduate Student (DoktorandIn oder Master-StudentIn).

in der Statusgruppe der Doktoranden noch in derjenigen der Postdoktoranden häufig anzutreffen.

Ein derartiges Nicht-Wissen kann, genauso wie mangelnder Platz oder unangemessene Orte, ein Zugangsproblem darstellen. In dieser Arena betreffen Probleme erster Ordnung mit Sicherheit nicht nur das Lernen zur Nutzung von WCS-Software, sondern auch das Verstehen der Betriebssystemplattform, auf der sie läuft. Das WCS selbst ist extrem benutzerfreundlich gestaltet und kann ohne große Schwierigkeiten effektiv genutzt werden. Zu den typischen Nutzern in unserer Studie gehörten Doktorandinnen, Postdoktorandinnen oder Projektleiterinnen, die genügend Wissen über das Wissensgebiet und die Community besaßen, um eine Genkarte lesen und die Bedeutung der *Worm Breeder's Gazette* erkennen zu können. Ein Nutzer bemerkte: »Ich schaltete ihn einfach ein, drückte auf Knöpfe.« (Ben Tullis)

Tatsächlich hielten bei Vorführungen und Versuchen auf Konferenzen die meisten Nutzer das WCS für ziemlich einfach und intuitiv nutzbar, sobald sie daran saßen. Jedoch war die Plattform, auf der das WCS basiert, für Biologen nicht transparent. Das WCS läuft unter UNIX, und sowohl das Betriebssystem als auch die Software wie X Windows oder Simtools erfordern eine Expertise, über die die meisten Biologen nicht verfügen.

»UNIX wird es als allgemeines Betriebssystem nie bringen. Biologen werden es nicht benutzen, es ist für Ingenieure. [Jemand im Labor] hatte eine Frage zum Drucken – er brauchte ein Vierteljahr, bis er etwas gedruckt bekam.« (Bob Gates, Doktorand)

Außerdem war vielen Befragten nicht klar, wie sie andere Aufgaben auf Computern im Netzwerk ausführen sollten, wie etwa Dateien zwischen Hauptcomputer und Terminal herunter- oder hochzuladen. Dies erschwerte die verknüpfte Nutzung des WCS mit E-Mail-Korrespondenz, Textverarbeitungsdateien und anderen Informationsräumen im Internet.

Das Training war oft ziemlich planlos, weil es von allem Möglichen abhing, von Glück bis zu persönlichen Beziehungen:

»Ich lernte, indem ich es als Editorprogramm benutzte. Beim zweiten Mal erlernte ich das Formatieren. Eine Menge Leute kommen mit E-Mail gut klar, und viele Leute nutzen jetzt auch GenBank und Softwarepakete fürs Sequenzieren [...] Wir lassen ein paar am Jobtraining teilnehmen. [Zwei von den Doktoranden im Labor] schreiben Instruktionen. Die Person, die bis Februar als Systemadministrator arbeitete, war ein guter Freund. Er hat mich ganz schön weitergebracht und mir eine Menge Ideen vermittelt.« (Jeff Pascal, Postdoktorand)

Kein Labor bot ein spezielles Computertraining an, obwohl einige Studenten Kurse in lokalen Computercentern besucht hatten. Mehrere erklärten, sie würden nur so viel lernen, »dass es für das reicht, was du tun musst«. (Carolyn Little, Projektleiterin)

4. Probleme erster Ordnung adressieren. Oberflächlich betrachtet, mögen sich diese Probleme auf eine ziemlich einfache Weise lösen lassen. Effektives Einkaufen erfordert die richtigen Informationen, die von einem Individuum mit technischen Kenntnissen zusammengetragen und ausgewertet werden. Wenn man im Labor selbst nicht auf die für den Computerkauf notwendige Expertise zurückgreifen kann, ist es möglich, diese von außen einzuholen, vielleicht indem man sich an eine Computereinrichtung auf dem Campus oder an einen cleveren Informatikstudenten wendet. Für den Einkauf können Vorschläge aufgeschrieben werden. Probleme beim physischen Zugang lassen sich dadurch lösen, dass man zusätzlichen Platz beantragt. Probleme des technischen Zugangs lassen sich durch zusätzliches Training lösen. So wie z. B. Fachbereiche in den Geisteswissenschaften inzwischen Seminare oder gar Zertifikate für geisteswissenschaftliche Computerarbeit vorsehen, könnten Fachbereiche in der Biologie ähnliche Seminare anbieten, die sich an den Bedürfnissen ihrer Gemeinschaften orientieren.

Allerdings werden Auswahlprobleme der ersten Ordnung oft vermischt oder konvergieren zu Problemen höherer Ordnung. Beim Einkauf beispielsweise geht es nicht bloß darum, die richtige Information der richtigen Person zu vermitteln, sondern er erfordert die Überbrückung mehrerer akademischer Gemeinschaften: Wurmbiologen, lokale Computer-Supportzentren, Instrumenten- und Werkzeugbauer. Und wenn Einkauf und Auswahl Fragen nach Standards aufwerfen, werden sie ebenso mit Fragen der Organisations- und Arbeitsplatzkultur vermischt (»UNIX ist für Ingenieure, nicht für Biologen«). Dieses Problem tritt insbesondere dort auf, wo mehrere Gruppen sich Computerkapazität teilen oder wo Computersupport nur für einen begrenzten Komplex technischer Wahlmöglichkeiten verfügbar ist.

Probleme zweiter Ordnung

Probleme können analytisch entweder als das Ergebnis unvorhergesehener kontextueller Auswirkungen – etwa der Abneigung von Biologen gegenüber UNIX –, oder als Kollision zweier oder mehrerer Probleme erster Ordnung verstanden werden. Dazu gehören z. B. die Unsicherheit beim Einkauf und die fehlenden Informationen darüber, wie das System anzuschließen ist. Solche Problemkombinationen können bedeuten, dass die betreffende Person gezwungen ist, Wahlmöglichkeiten zwischen Softwarepaketen mit Vermutungen hinsichtlich der Ausrichtung der Organisation zu verknüpfen. Zu dieser Kategorie gehören kulturelle Einflüsse auf technische Wahlmöglichkeiten, Paradoxien von Infrastruktur, »Beinahekompatibilität« und die »so gut wie alle Nutzer umfassende Gemeinschaft«, Einschränkungen, aus denen Ressourcen werden, und das Verständnis wichtiger Grundkenntnisse und ihrer Entwicklung. Sie sind deshalb Probleme zweiter Ordnung, weil sie den Kontext der Auswahl und der Bewertung einfacher Probleme erster Ordnung erweitern, etwa des Softwarekaufs und des Computerzugangs.

1. *Technische Wahlmöglichkeiten und ein Kampf der Kulturen.* Einkauf und Auswahl interagieren nicht nur mit Trainings- und Benutzerfreundlichkeitsfragen, sondern auch mit Angelegenheiten der Organisationskultur. So erwähnten beispielsweise fünf Befragte unabhängig voneinander, sie seien von UNIX abgeschreckt worden, meist im Kontext eines Vergleichs zugunsten des Macs. So erklärte ein Projektleiter, das örtliche Computerzentrum würde kein UNIX-Grundwissen anbieten, obwohl er sich selbst genügend Kenntnisse angeeignet hatte, um eine SPARC-Station zu betreiben (Joe White, Projektleiter). Andere äußerten ähnliche Meinungen: »Solange es einfach ist, benutzen wir alles, genau wie die Macs. Du kannst also alles machen wie Ausschneiden und Einfügen, genau wie auf dem Mac« (Eliot Red, Postdoktorand). Oder: »Früher haben wir UNIX benutzt, aber das

ist viel einfacher. UNIX ist unmöglich. Es nervt echt. Die sind viel einfacher. Die Macs, verstehen Sie …« (Linda Smith, Projektleiterin).

Ein Student, der sich als Biologe und Informatiker bezeichnete, sagte:

»Das ist schon ein großes Problem. Biologen sind Mac-Menschen, und UNIX ist ein böses Wort. Die meisten Leute fürchten es und weigern sich, es zu verwenden. ›Wenn es nicht auf dem Mac ist, will ich es nicht haben.‹ Es gibt schon eine Menge Probleme damit, Leute dazu zu bringen, es zu verwenden, statt seine Verwendung zu delegieren.« (Harry Jackson, Doktorand)

Doch UNIX bildet nicht bloß eine Basis für das WCS und die Sprache seines Designteams, sondern war auch oft die Sprache der Informatiker, die das lokale Computerzentrum der Universität unterstützten und warteten. Diese offenkundige Kluft zwischen Nutzergemeinschaften veranlasste manche Biologen zur Spekulation, es gebe »zwei Typen von Wissenschaftlern – die, die den Computer lieben, oder die ihn hassen«, und »die einzige Möglichkeit, dass sie [Letztere] ihn je [nutzen], der Zwang ist« (Jeff Pascal, Postdoktorand). Sie schrieben die erfolgreiche Computernutzung »einer Art von natürlicher Nähe« zu (Eliot Red, Postdoktorand). Diese Divergenz hat bedeutende Auswirkungen auf das Training, genau wie einige andere »kulturelle« Grundprobleme.

2. *Paradoxien von Infrastruktur.* Die ungleichmäßige Verbreitung von Computerexpertise und -ressourcen belegt anschaulich, dass ein schlichter Zuwachs oder Mangel an Ressourcen erster Ordnung eine gelungene Infrastruktur nicht vollständig erklären kann. Unterschiede im Fachwissen und in lokaler organisatorischer Klugheit, wie sie zwischen relativ reichen und relativ armen Laboren bestehen, können Bedenken der ersten Ordnung überwinden. Eines der ärmsten Labore beispielsweise, in dem noch veraltete IBM PC-XT liefen, nutzte das System aktiv, hatte seine eigenen Datenbanken entwickelt und verfolgte den Austausch von Arten mit einer in der Community unerreichten Perfektion. Der Projektleiter des Labors liebte es, mit Software und Hardware »herumzuspielen«, und schätzte die Herausforderung, die Grenzen seines Labors zu überwinden – Probleme zweiter Ordnung wurden somit durch sein Geschick und Interesse zu Problemen erster Ordnung reduziert.

Das reichste Labor dagegen hatte gerade eine beträchtliche Forschungsförderung von der Human Genome Initiative erhalten, um die gesamte Infrastruktur der Biologie auf dem Campus »anzuschließen«. Doch sie waren nicht in der Lage, das System zu betreiben, und zwar aufgrund einer Kombination von »waiting for the Ethernet« und »waiting for the SUN«. Die Projektleiterin veranschaulicht das Dilemma folgendermaßen:

»Im Mai beantragten wir ein Ethernet. (Lacht) Es dürfte wohl [in ein paar Jahren] da sein … [Die Leute] mit dem SPARC werden dann wohl unabhängig vom Gebäudenetzwerk sein. Die Macs werden auf dem Gebäudenetzwerk laufen.« (Linda Smith, Projektleiterin)

Ein Doktorand fährt fort:

»Niemand wird allerdings die Kabel verlegen … Wir machten einen Deal mit den Netzwerkleuten [Netzwerkservice], dass wir die Kabel verlegen und sie diese anschließen … Sie verwalten doch die gesamten Campusnetzwerke. [Jemand anderes] hat dann allerdings mit SUN verhandelt.« (Steve Grenier, GS)

Zum Zeitpunkt der Befragung hatten sie ihre eigenen Kabel verlegt und warteten nun auf die Lieferung der SPARC-Stationen. Dann sah Linda Smith (die Projektleiterin) voraus, sie würden eine Menge Zeit damit verbringen müssen, »die Software zu beantragen«.

Selbst Institutionen mit hervorragendem technischen Support verfügten über keine organisatorischen Mechanismen, diese Expertise auf fachbereichsspezifische Fragen, Anwendungen und Probleme zu übertragen. Campus-Computerzentren wussten oft nicht über Anwendungspakete, die speziell für Biologen und Genetiker geeignet waren, Bescheid. Sie waren auch nicht daran interessiert, und für eigenständig erworbene Hardware oder Software gab es auch keinen Support.

»Der Computer-Support kümmert sich einen Dreck um unser Forschungsinstitut. Ich bat das Zentrum um Hilfe bei der Installation des WCS auf der SUN, und sie erklärten mir einfach, such dir doch einen UNIX-Fan, kauf ihm 'ne Pizza ... Wenn wir Probleme mit dem Netzwerk oder mit Programmen haben, die sie unterstützen, dann tun sie's auch. Doch wenn du deine Hardware nicht von ihnen gekauft hast, dann kannst du das vergessen. Und wenn sie deine Software nicht unterstützen, kannst du es auch vergessen. Das wird für jeden Fachbereich unterschiedlich gehandhabt. Die Biologie hat keine Infrastruktur.« (Bob Gates, Doktorand)

Diejenigen, denen ein Problem oder eine Anwendung »gehörte«, waren auf lokaler Ebene zielstrebig. Ob Einzelpersonen sich Hilfe verschaffen konnten, hing entscheidend davon ab, dass ihnen etwas gehörte. Manche Projektleiterinnen entwickelten auf dem Campus spezielle Verbindungen, die dafür sorgen würden, dass Leute mit Computerexpertise sich mit ihren Problemen beschäftigten. Der Projektleiter eines kleinen Labors reichte zusammen mit einem Mitglied des Fachbereichs Informatik einen Forschungsantrag ein, der sich für die Visualisierung wissenschaftlicher Daten interessierte. Gemeinsam planten sie die Entwicklung eines Werkzeuges für die visuelle Darstellung und Analyse von Daten; dadurch wird dieser Projektleiter nicht nur ein Werkzeug zur Unterstützung seiner Forschung erhalten, sondern auch eine Workstation auf UNIX-Basis, auf der er Zugang zum WCS haben wird.

Diese Probleme waren von großer Bedeutung für Postdoktorandinnen, die ihre eigenen Labore mit zunehmend begrenzten Mitteln einrichten wollten. Das WCS wurde als Werkzeug für die »oberen Ränge« der reicheren Labore betrachtet (Harry Markson, Doktorand) und als »eine Rakete« bezeichnet, während »wir bloß ein Modell T brauchen« (Marc Moreau, Doktorand). Ein Postdoktorand, der sein eigenes Labor aufbauen wollte, beklagte sich:

»Ein halbes System für alle ist doch besser als ein echt großes System für bloß ein paar Labore ... Wir mussten [einen für ein anderes Labor arbeitenden Computerspezialisten] anheuern. Selbst die Computerfans [zwei Doktoranden] arbeiteten hier daran drei Wochen lang und konnten dann doch nicht das [WCS] System hochladen. Es ist auf große Labore ausgerichtet.« (Jay Emery, Postdoktorand)

Er fügte hinzu: »Wenn es nicht auf einem Mac oder IBM ist, kommt es bei den Leuten nicht an«, und schlug vor: »Du brauchst ein Modulsystem, du musst in der

Lage sein, Teile der Datenbank auf dem Mac laufen zu lassen, *die kleineren Labore erreichen«* (Hervorhebung durch die Autorinnen).

3. Spannungen zwischen einer Disziplin im Wandel und Einschränkungen als Ressourcen. Was man als Einschränkungen verstehen könnte, die sich mithilfe der Technik überwinden ließen, kann aus einer anderen Perspektive zur Ressource werden. Wir erklärten, es wäre doch absolut einfach, die *Worm Breeder's Gazette* kontinuierlich als Update anzubieten. Einerseits würden kontinuierliche Updates die Bedürfnisse einer sehr schnelllebigen Community befriedigen:

»Je schneller das [WCS-]Update, desto besser [...] Du machst das über die *Gazette*, für die du regelmäßig Beiträge lieferst. Du stehst in Konkurrenz [mit anderen Laboren] beim selben Gen.« (T. Jones, Doktorand)

»Du musst häufig updaten, kurz nach jeder *Gazette*, d. h. innerhalb von zwei Wochen nach einer *Gazette* müsste es eine neue Ausgabe geben ... Die WCS-*Gazette* könnte gedruckte Ausgaben ersetzen, und das wäre auch billiger.« (Brad Thomas, PD)

Andererseits waren etliche Befragte entschieden gegen diese Option, selbst wenn sie im selben kompetitiven Umfeld arbeiteten. Die Einwände der Community drehten sich um die Nützlichkeit von Deadlines für die Arbeitsstrukturierung, und zwar in Bezug sowohl auf das Abliefern als auch auf das Lesen der Artikel:

»Ich würde den Newsletter genauso betreiben, wie er derzeit betrieben wird. Es ist nicht gut, ihn einfach unbefristet zu lassen. Wenn es keine Fristen gibt, hat man nie Zeit, Dinge zu besprechen. Und keine Deadlines.« (John Wong, Doktorand)

»Wenn das WCS dazu genutzt würde, *Gazette*-Artikel zu veröffentlichen, was wäre dann optimal? Also fortwährende Veröffentlichungen wären nicht so gut. Es spricht schon einiges für Deadlines. Selbst wenn sie sechs Mal im Jahr erscheint, wird sie bloß noch ein Hintergrundrauschen sein ... Schwer vorherzusagen, ob ein häufiger Wechsel die Wirkung verändert.« (Gordon Jackson, Projektleiter)

Eine Deadline war also gleichzeitig Einschränkung und Ressource. Das Verbreitungsmuster für die *Gazette* wirkte sich nicht nur auf die Arbeitsgewohnheiten einzelner Personen aus, sondern war auch gänzlich mit Kommunikation und Koordination innerhalb von Laboren wie zwischen ihnen verknüpft:

»[*Glauben Sie, das WCS wird die Gazette ersetzen?*] Wenn es sie ersetzt, werden wir sie nicht lesen. Ich meine, wenn die *Gazette* herauskommt, teilen wir sie auf, und jeder liest einen Teil. Dann nutzen wir sie, um die Arbeit anderer Leute kennenzulernen.« (Ed Jones, Doktorand)

»[*Welche Arten von Information speichern Sie nicht auf dem Computer?*] Na ja, den Newsletter kannst du nicht elektronisch auf dem Laufenden halten. Das ständige Update wäre ein Albtraum. Dann gäbe es kein referenzfähiges Archiv.« (Paul Green, Projektleiter)

Der letzte Punkt ist wichtig: Die *Gazette* dient als Referenzdatenbank, die nicht nur Hinweise auf die in verschiedenen Laboren ausgeführte Arbeit enthält, sondern auch auf Protokolle usw. Für Fachanfänger stellt sie ein wichtiges Lerninstrument dar; die Online-Version würde frühere Ausgaben leichter erhältlich machen. Ein kontinuierliches Update-Format würde eine neue Form der Referenzierung oder Indizierung von Beiträgen erfordern. Ein weiterer Befragter stellte sich eine andere Form von laufendem Informationsdienst vor, »etwas zwischen einer offiziellen und einer inoffiziellen Datenbank«, wo »du kleine Rezensionen in einen Annotationsbereich einfügen kannst« (Alan Merton, Projektleiter). Und was die *Gazette* angehe, schlägt er vor: »Etwas Offizielleres könntest du in einer Online-*Gazette* bringen und es so lassen, wie es ist«, soweit es Inhalt, Timing und Organisation betreffe.

4. »Beinahe-Kompatibilität« und der »Demnächst«-Nutzer. Zuweilen kommt einem die Kluft zwischen erster und zweiter Ordnung wie ein Gefühl vor, dass das gerade Geschehende erster Ordnung sein müsse. Dieses Gefühl ist so stark, dass es zu einigen scheinbar merkwürdigen Verhaltensweisen führen kann. Ständig begegneten wir bei Befragten der Vorstellung, sie seien »gerade dabei«, mit dem System verbunden zu werden, und die verbleibenden Hindernisse hierfür seien praktisch trivial. Manchmal verleitete sie das sogar dazu zu sagen, sie würden bereits das System nutzen, während Beobachtungen und Befragungen tatsächlich ergaben, dass dies nicht der Fall war. Bei der Beobachung einer Website, die in einer Großstadt mit mehreren Universitäten und Laboren lokalisiert war, verbrachte eine der Autorinnen fast eine Woche damit, Leute ausfindig zu machen, die tatsächlich das System nutzten. Keiner von den Leuten, mit denen sie sprach, nutzte es, aber alle kannten jemanden in einem anderen Labor, der dies angeblich tat. Nachdem sie allen Hinweisen nachgegangen war, gelangte sie zu der Schlussfolgerung, dass eigentlich niemand das System nutzte, obwohl sie alle es »vorhatten« und vermuteten, es wäre »demnächst« verfügbar.

Dies lässt sich zwar ethnografisch einfach beobachten, stellt aber eine echte Schwierigkeit dar, wenn man Umfragen zu Nutzung und Bedürfnissen organisieren will. Es ist klar, dass es sich bei dieser Darstellung nicht um eine Unwahrheit handelt, sondern um ein übliches Dementieren von Schwierigkeiten »beim Anschließen«, die aus der Distanz betrachtet trivial zu sein scheinen. Doch die obigen Beobachtungen der Schwierigkeiten beim Verbinden und Starten des Systems würden zusammen mit infrastrukturellen Einschränkungen die Vermutung nahelegen, dass diese Probleme überhaupt nicht trivial sind. Tatsächlich erweisen sich diese Probleme als tödlich, wenn sie im System als Ganzem ebenso chronisch wie allgegenwärtig werden.

5. Probleme zweiter Ordnung adressieren. Im Prinzip lassen sich Probleme zweiter Ordnung lösen, indem man einen Zuwachs an Ressourcen mit intensivierter Koordination oder Kooperation zwischen verschiedenen Techniker- und Nutzergemeinschaften verbindet. Man richtet z. B. eine Telefonnummer für Nutzersupport ein, engagiert einen »reisenden IT-Berater«, der beim Anschließen und bei Integrationsschwierigkeiten hilft, und verstärkt andere lokale Fertigkeiten. Doch realistisch betrachtet zählen Biologen nicht zu den reichsten Wissenschaftlern, trotz der reichlich fließenden Mittel aus dem Humangenomprojekt. Geld für Investitionen ist besonders knapp, und Entscheidungen über die Anschaffung eines bestimmten Systems ziehen sich oft über ein Jahrzehnt oder länger hin. Damit können Probleme zweiter Ordnung in der Systemnutzung und -entwicklung Probleme dritter Ordnung werden: »Warum sollte dieses Labor Ressourcen bekommen? Welches Problem ist das vordringlichste?« Diese Probleme treten auf der Ebene der weiteren Gemeinschaft auf und überschreiten die Grenzen einer bestimmten Institution.

Probleme dritter Ordnung

Dies sind Probleme, die üblicherweise von der Wissenschaftssoziologie in Diskussionen über Problemlösen ermittelt werden. Sie haben den umfassendsten Kontext. Dazu gehören Debatten und Denkschulen, die sich damit befassen, wie man sich für Alternativen zweiter Ordnung entscheiden kann. Sie durchdringen jede wissenschaftliche Gemeinschaft, und zwar aus dem Grund, dass alle wissenschaftlichen Gemeinschaften interdisziplinär sind, verschiedene Methoden und unterschiedliche lokale Geschichten aufweisen. Sie sind eine Plage für Gemeinschaften, die rasch wachsen, auf unerforschten Gebieten arbeiten und außergewöhnlich heterogen sind. Probleme dritter Ordnung werden vielleicht nicht sofort von Mitgliedern der Gemeinschaft als solche erkannt, da sie zu den für selbstverständlich gehaltenen Dingen gehören können. Gleichwohl haben sie langfristige Folgen. Im Hinblick auf Schwierigkeiten beim Anmelden und Verbinden umfassen sie Triangulation und Definition von Objekten und mannigfaltige Bedeutungen von Information und Netzwerkexternalitäten.

1. Triangulation und Definition von Objekten. Unterschiedliche Arbeitsbereiche in der Wurm-Community kommen beim Teilen von Information zusammen, z. B. Genetik, Molekularbiologie, Statistik usw. So erklärte ein Befragter: »Ich kam aus [einem anderen Labor], wo ich über Frösche arbeitete.« (Brad Thomas, Postdoktorand) Ein anderer Befragter sagte, er sei »eigentlich ein Entwicklungsgenetiker« und fügte hinzu, vor ein paar Jahren »war das Gebiet kleiner ... Inzwischen kommen viele Leute von außen, aus Säugetier- und Protein-Laboren.« (Harry Markson, Doktorand) Viele Personen wechselten nach der Promotion aus anderen Fachgebieten zur Wurm-Community über. Unterschiede betrafen zuweilen die klassischen Bereiche von organischer Biologie kontra Molekularbiologie oder Genetik. »Ich bin eher ein Wurmmensch. Das gilt generell für die Community. Manchmal entscheidest du dich für ein System, das eher organisch ist« (Jane Sanchez, Postdoktorandin).

Die Kollaboration kann sich über disziplinäre oder geografische Grenzen hinweg abspielen:

»[*Arbeiten Sie mit jemandem zusammen?*] Ich arbeite gerade mit Leuten in der Wurm- und in der Nicht-Wurm-Community zusammen. Meist mit Immunologen in der Nicht-Wurm-Community, Leuten, die sich für das Immunsystem interessieren. In der Wurm-Community arbeite ich mit [einer Person in einem anderen Staat] an [einem bestimmten Gen].« (Harry Markson, Doktorand)

Die disziplinäre Herkunft und das gegenwärtige Arbeitsgebiet beeinflussten die Arten von Information, die Individuen benötigten, sowie die Werkzeuge und Datenquellen, mit denen sie vertraut sind. Diejenigen, die den Organismus um seiner selbst willen untersuchten, unterschieden sich in ihren Informationsbedürfnissen von denen, die ihn ausschließlich als Modellorganismus nutzten; viele Befragte hatten ganz spezifische Erwartungen an WCS-Daten:

»Man braucht mehr Optionen, besonders für das Sequenzieren. Das wird ganz wichtig sein, wenn die [Human Genome Initiative] angelaufen ist [...] Wir müssen mit Untergruppen von Sequenzen arbeiten, sie detaillierter untersuchen.« (Brad Thomas, Postdoktorand)

»Was man braucht, ist eine Teileliste, eine Liste von Zellen [...] Wenn es ein Neuron ist, sind es seine Verbindungen mit anderen Neuronen ... Das ist was für Neurobiologen.« (Harry Markson, GS)

Wurde das System mit einem bestimmten Unterbereich der Arbeit und nicht mit einem allgemeinen Anwendungsprogramm gleichgesetzt, wurden die Barrieren für die Nutzung noch größer. Die Systemkonstruktion wurde durch eine weitere Schicht der Objektdefinition noch komplizierter, da manche Befragte meinten, das WCS repräsentiere »CS-Leute [Informatiker] ..., die ein System nur für CS-Leute bauen« und das WCS »hat eine Vision, die nicht dem entspricht, was Biologen wollen«.

2. *Mannigfaltige Bedeutungen, Dateninterpretation und Anmeldung von Ansprüchen.* Wesen und Charakter der Community änderten sich, als immer mehr Leute aus anderen Disziplinen in die »Wurmwelt« einstiegen. Während des letzten Jahrzehnts wuchs sie von ein paar hundert auf über tausend Mitglieder an. »Es ist ja toll, dass es jetzt so aufregend ist, aber es ist auch schon komisch, dass so viele Leute mitmachen ...« (Jane Sanchez, Postdoktorandin).

Ein Ziel des WCS ist es, die Kommunikation in einer wissenschaftlichen Community zu unterstützen. Sie ist für ihre Bereitschaft zum Teilen wissenschaftlicher Information bekannt. Aber das Wachstum der Community übersteigt die Fähigkeit inoffizieller Kommunikationsnetzwerke, als Kanal für diese Information zu dienen.[41] Die Probleme bei der Entwicklung eines kollaborativen Systems gehen jedoch weit über das rein Technische hinaus. Die mannigfaltigen Bedeutungen oder Interpretationen bestimmter Kommunikationen erweisen sich auf allen Ebenen als wichtig.

So haben beispielsweise Anregungen, es könnte doch nützlich sein, im System ein Verzeichnis »Wer arbeitet gerade an was?« zu haben, Fragen nach der Konkurrenz und der Rolle von Geheimhaltung aufgeworfen. Manche erklärten, sie würden zögern, gewisse Arten von Information einzugeben oder wollten Ankündigungen hinauszögern, bis »sie Befunde haben«.

»Es besteht doch immer das Problem, dass einem andere zuvorkommen. Das ist immer eine heikle Gratwanderung. Eine Menge Leute arbeiten doch an meinem Problem [...]. Wenn du in der *Gazette* veröffentlichst, kannst du es für dich beanspruchen. Die Leute würden das respektieren. Da hat es schon einige Zusammenstöße gegeben, manche Labore versuchen zu klauen, was sie können. Man muss ständig kämpfen [...] Die Sache mit den Ansprüchen ist komplex. Daher willst du weit genug kommen, damit du den anderen voraus bist – bevor du es verkündest. Wenn man die Vorbemerkung ›wilde Spekulation‹ vorausschicken könnte (lacht) ... Jedenfalls kann es schon oft vorkommen, dass sich solche Ansprüche groß auszahlen können. Aber wenn dann gleich fünf Leute als Trittbrettfahrer agieren und dich abhängen ... das ist nicht so gut!« (Mike Jones)

Mit unterschiedlichen Kommunikationskanälen ist auch ein unterschiedliches Maß an Freiheit verbunden: »Man kann sich irren, ohne [im Newsletter] an den Pranger gestellt zu werden«, sagte ein Doktorand, und ein Projektleiter erklärte: »Die Leute scheuen sich, [im Newsletter] Anmerkungen abzugeben ... Dahinter

41 | B. Schatz: »Building an Electronic Community System«.

steckt die Angst, sich in die Schusslinie zu begeben. Sich auf das festzulegen, was man gerade tut. Das heißt, dass man sich in den Augen seiner Kollegen irrt.« (Joe White, Projektleiter) Er schlug vor, Anmerkungen später zu publizieren, sie sich erst einen Monat lang lokal »setzen zu lassen«. Ein Postdoktorand in einem anderen Labor schlug vor, für Anmerkungen eine persönliche und eine öffentliche Ebene einzuführen (Brad Thomas). Doch ein anderer Projektleiter ärgerte sich über diese Idee. Er meinte, dies würde der Verpflichtung des WCS zum Informationsaustausch in der gesamten Community direkt widersprechen und das WCS zu einem lokalen Werkzeug statt zu einer Ressource für die Community machen.

Ein letztes Anliegen, auf das wir hier eingehen wollen, stellt das Vertrauen in Informationen und ihre Verlässlichkeit dar: Mit Artikeln in der *Gazette*, mit Anmerkungen usw. ist ein impliziter Wert verbunden. Vor allem altert Information – alte Daten werden durch neue überholt, Probleme werden gelöst, Protokolle aktualisiert. Weder traditionelle Quellen noch das gegenwärtige WCS verfügen über eine festgelegte Möglichkeit, die relative Gültigkeit oder Zuverlässigkeit eines Datensatzes zu kennzeichnen. Technische Lösungen dieses Problems können darin bestehen, Anmerkungen mit Updates zu versehen oder alte Daten in der *Gazette* »verblassen zu lassen«. Doch manchmal gibt es eben keine eindeutigen Antworten auf diese Fragen, insbesondere in einer Community, in der vielfältige Blickwinkel vertreten sind. Generell, meint ein Postdoktorand, »gibt es kein Richtig oder Falsch ..., man muss zu einem Konsens gelangen, man muss sich die Labore anschauen, um zu entscheiden, welchen man mehr vertraut« (Brad Thomas, Postdoktorand). Er sieht in Anmerkungen ein Mittel, um alternative Blickwinkel zu eröffnen: »Ich kenne mich [auf dem Gebiet X] gut aus. Manchmal wissen andere, die klonen, nicht so gut Bescheid, sie schreiben falsche Sachen. Ich würde mich für berechtigt halten, Kommentare dazu abzugeben.« Nach dem vorgeschlagenen wäre es noch immer Sache der Leser, bei Anmerkungen zwischen konkurrierenden Informationen zu unterscheiden und sie zu verstehen. Ironisch merkte er an, die Leute würden einen auf jeden Fall als Gegenpart zitieren, wenn man etwas Unzutreffendes gesagt hätte. Es gebe keine Möglichkeit, dies zu verhindern. All diese Beispiele von Daten, die unter anderen Umständen etwas anderes bedeuten können – wer wen und wann benachrichtigt, welches Medium benutzt wird, wer eine Anmerkung macht oder warum ein bestimmtes Zitat aufgenommen wird oder nicht –, verlangten der Community ein Wissen ab, das von keinem offiziellen System erfasst wurde.[42]

3. Netzwerkexternalitäten und elektronische Partizipation: Feinheiten und Vorsichtsmaßnahmen. Der Externalitätsbegriff stammt aus den Wirtschaftswissenschaften und der Stadtplanung – von einer Stadt kann man sagen, sie könne durch kulturelle Ressourcen »positive Externalitäten« bieten. Für einen Künstler übertreffen die Externalitäten von New York die von Champaign in Illinois, auch wenn andere Dinge wie Mieten und Sicherheit eher für letztere Stadt sprechen. Eine Netzwerkexternalität bedeutet, dass mit der aktiven Partizipation von mehr Akteuren an einem System oder Netzwerk die potenziellen, emergenten Ressourcen für jedes Individuum größer werden. Dies markiert eine Differenz zum Begriff der »kritischen Masse«, der sich auf die Anzahl von Subskribenten bzw. Nutzern bezieht, bei der die Nutzung eines Systems rentabel wird. Externalitäten können negativ sein – wenn man nicht »angeschlossen« ist, kann es unmöglich sein, sich

42 | S. L. Star: *Regions of the Mind.*

effektiv an bestimmten Arbeitsgemeinschaften oder Diskursen zu beteiligen. So wurde beispielsweise das Telefonnetz irgendwann im frühen 20. Jahrhundert eine negative Externalität für jene Unternehmen, die kein Telefon hatten. Einen ähnlichen Status hat in jüngster Zeit E-Mail in der akademischen Welt erlangt. Für manche Zwecke bilden Standards (wie Informationsstandards) wichtige Aspekte von Netzwerkexternalitäten – d.h. Nutzer von Nichtstandard-Computersystemen sind im Nachteil, wenn Netzwerkexternalitäten mit bestimmten Betriebssystemen und Datenaustauschprotokollen verbunden sind.[43]

Derzeit ist es noch schwierig, die Rolle von Netzwerkexternalitäten in der Wurm-Community zu verstehen. Sie werden immer wichtiger, da der elektronische Zugang der primäre Zugangsweg für manche Datenformen wird und die Partizipation an allen Formen elektronischer Kommunikation zunimmt. Sehen wir uns einmal zwei Beispiele an: das WCS und allgemeine Datenrepositorien dienen generell als Element von Demokratisierung, als Mittel zur Aufrechterhaltung von Offenheit in der Gemeinschaft und als ein Mittel, der Gemeinschaft Wert zu verleihen.

Ein Ziel der Systementwicklung ist die Demokratisierung von Information, indem man den Zugang zu entscheidenden Daten durch eine einheitliche Schnittstelle ermöglicht. Doch je mehr das WCS von zentraler Bedeutung für die Community wird – entweder als Ganzes oder als durch Schlüssellabore definiertes System –, desto mehr werden diejenigen darunter leiden, die sich nicht zusammen mit den anderen anmelden können. Die »Politik der Verstärkung« besagt, dass die reichen Labore mittels dichterer Netzwerkexternalitäten reicher werden, entweder durch existierende Computerinfrastruktur oder durch ihre Fähigkeit, sie mit internen Ressourcen zu beschaffen oder zu entwickeln.[44] Wenn Alternativen für das WCS über Daten aufkommen, die bei FTP-Sites und durch Gopher und Mosaic verfügbar werden, verliert dieses Problem an Bedeutung. Ein Großteil der über das WCS verfügbaren Information lässt sich inzwischen »aus dem Internet beziehen«. Gleichwohl sind die grafischen Darstellungsmöglichkeiten des WCS überlegen, und manche Formen von Datenanalyse erfordern solche Werkzeuge.

Fragen der Partizipation bleiben an mehreren Orten bestehen. Als Repositorium besetzt die Genkarte, die die relative Position der Gene auf den Chromosomen repräsentiert, eine Schlüsselposition. Die physische Karte, die geklonte Fragmente von Wurm-DNA und ihre Chromosomen-bildenden Überlappungen sichtbar macht, stellt ein weiteres Repositorium da.[45]

»Da gibt es ein Zeitproblem. Du willst, dass Experten dies tun, aber du möchtest dein eigenes Ding machen und keine Datenbank unterhalten. Wenn du willst, dass sie einer globalen Gemeinschaft dient, musst du die Daten richtig definieren.« (Brad Thomas, Postdoktorand)

»Da gibt es Daten, die sollten eigentlich auf der [physischen] Karte sein, aber sie sind in Laboren auf der ganzen Welt begraben … Als sie fragmentiert wurde, schickten die Leute Klone. Inzwischen ist sie ausgefüllt, kohärenter. Es war nicht mehr notwendig, miteinander

43 | Für eine überzeugende Analyse und ein einleuchtendes Beispiel siehe P. David: »Clio and the Economics of QWERTY«.

44 | K. L. Kraemer/J. L. King: *Computers and Local Government*.

45 | B. Schatz: »Building an Electronic Community System«.

zu kommunizieren. Früher gab es mal einen Dialog, jetzt gibt es nur noch einen Monolog. Sie machen sich gar nicht mehr die Mühe, Cambridge mitzuteilen, dass sie Gene geklont haben ... Bei der Genkarte gibt es immer noch einen Dialog.« (Ben Tullis, Postdoktorand)

Einiges von alldem hat etwas mit einem Zeitproblem zu tun; zwei Versuche für eine elektronische Pinnwand für die Wurm-Community »schliefen wegen fehlender Beiträge innerhalb von zwei Wochen wieder ein« (Bob Gates, Doktorand). Anmerkungen und Aktualisierungen sind mit Arbeit verbunden, und »man profitiert nicht unmittelbar davon« (Sara Wu, Projektleiterin). Allerdings wurden auch andere Gründe angegeben. Als der oben zitierte Postdoktorand gefragt wurde, warum der Dialog abbrach, erwiderte er:

»Da gibt es eine Kommunikationspyramide. In der Community sind etwa 600 bis 700 Personen [1991]. Ein Drittel der Community schloss sich ihr in der Zeit an, als sie noch zusammenhing und bevor sie sich fragmentierte. Diese Leute kennen also nur die zusammenhängende Karte.« (Ben Tullis, Postdoktorand)

Als diese Repositorien geschaffen wurden, gab es diese Neulinge noch nicht. Sie beteiligten sich daher auch nicht an ihrer Pflege und Weiterentwicklung. Auch der Wettbewerb wurde als Faktor genannt und mit dem oben erwähnten Zeitproblem verbunden. Ein Postdoktorand, der die Frage nach dem Abbrechen des Dialogs mitbekam, gab den folgenden Kommentar dazu ab:

»Na klar, ein [sehr bekanntes] Labor ... schickte keine Notiz [über X]. Und [ein anderes bekanntes] Labor publiziert nichts, wenn es nahe an einem Gen dran ist, an dem es arbeitet.« (Kyle Jordan, Postdoktorand)

Ein Doktorand äußert eine ähnliche Ansicht zum Datenaustausch:

»Das sofortige Aktualisieren geht nicht sehr weit. Leute, die ein unmittelbares Ergebnis zur Kenntnis geben wollen, lassen es nur eine kleine Zahl von Leuten wissen. Da herrscht mehr Konkurrenz, die Leute sind da vorsichtiger. Sie wollen nicht, dass alles gleich global wird. Zu dem Zeitpunkt, zu dem es in die *Worm Breeder's Gazette* kommt, ist es nicht mehr wichtig. Die Leute, die es wirklich wissen müssen, wissen es längst.« (Bob Gates, Doktorand)

Das WCS unterhält zwar nicht die in diesen Darlegungen erwähnten Datenbanken oder Publikationen, würde aber einen einheitlichen Zugang und eine benutzerfreundliche Schnittstelle bieten, sobald das System installiert ist und läuft. Es verdankt einen erheblichen Teil seines Eigenwerts der Partizipation der Community. Ohne das Engagement der Community für Pflege und Aktualisierung dieser Materialien hat das WCS weder einen Wert noch die Legitimation als Kommunikations- und Kollaborationssystem.

Außerdem wird das WCS, wenn es eine eigene Nische innerhalb der Community ausbilden soll, auch eine Rolle für das Legitimieren, Dokumentieren und Verbreiten von Information einnehmen müssen. Derzeit hat eine im WCS publizierte Anmerkung in der Community nur einen unsicheren Wert:

»Ein Beitrag im WCS, das ist keine echte Publikation. Wenn man eine größere Öffentlichkeit finden will, muss man seine Sachen an die *Worm Breeder's Gazette* schicken.« (Jane Jones, Postdoktorandin)

»Man hat ein besseres Gefühl, einen Beitrag an die *Gazette* zu schicken. Wenn man eine Anmerkung ins WCS stellt, weiß man nicht, ob sie gelesen wird.« (Morris Owe, Doktorand).

Dies ist ein Problem, mit dem ähnliche Systeme bei dem Versuch rechnen müssen, auf etablierte Systeme, Repositorien usw. aufzusatteln, insbesondere wenn sie mit vielzähligen anderen Methoden für Informationsabruf und elektronische Kommunikation konkurrieren. Das ist ebenso beim Aufbau von digitalen Bibliotheken und Publikationssystemen relevant – wird das Publizieren in einer elektronischen Zeitschrift genauso viel »zählen« wie in einer gedruckten?

Paradoxien zwischen »Effizienz oder Informationsüberflutung?« betreffen uns alle. Wir stehen vor der Gefahr, ein erfolgreiches manuelles Informationsabrufsystem auf den Computer zu übertragen und dabei einen Verlust an Produktivität in Kauf zu nehmen. Viele Wirtschaftswissenschaftler haben das sogenannte »Produktivitätsparadoxon« in Firmen bei der Einführung von Informationssystemen festgestellt: Mit der Investition in IT geht oft die Produktivität zurück. Ähnliche Paradoxien sind eine echte Gefahr in der Wissenschaft mit ihren heiklen Finanzierungsprozessen, vernachlässigten Aufgabenstrukturen und unscharfen Mitteln der Produktivitätsmessung.

4. Werkzeugbau und die Belohnungsstruktur in wissenschaftlichen Karrieren. Wenn sich computergestützte Werkzeuge immer mehr durchsetzen, können sich Werkzeugbau und -wartung signifikant verändern. Die Spannung zwischen traditionellen Vorstellungen von Arbeit und Werkzeugbau sind – mitsamt ihren neuen Chancen – bereits in anderen akademischen Gemeinschaften beobachtet worden.[46] Bereits in der Frühzeit der Datenbank *acedb* schickte eine Person regelmäßig E-Mails wegen Programmierfehlern und mit Vorschlägen für Grafiken. Andere nutzten Daten vom WCS und konstruierten so lokale Werkzeuge, etwa annotierte Genlisten – ein Teilzeitprojekt, das im Laufe eines Jahres durchgeführt wurde. Eine andere Person plante, sich zur Werkzeugentwicklung für eine Datenvisualisierung mit einem Informatiker zusammenzutun. Viele der von uns Befragten konnten Werkzeuge nennen, die ihrer Meinung nach hinzugefügt oder perfektioniert werden sollten. Hier handelte es sich um Techniken über das Kompilieren gezielter Information bis hin zu Analysesoftware. Für diese Art von Arbeit gibt es keine eindeutigen Belohnungen, außer für die Beiträge, die das Werkzeug für die eigene Arbeit liefert. Der Biologe, der mit dem Informatiker zusammenarbeitet, bekommt in seinem eigenen Fach keinerlei »Anerkennung« dafür (er erhoffte sich eine Festanstellung zu dem Zeitpunkt, da dieses Projekt starten würde). Oder wie es ein Postdoktorand in einem Kommentar formulierte, der auf beide Seiten zutrifft: »Es gibt hundert Dinge, die sinnvoll sind, aber dafür bekommst du keinen Doktortitel.« (Jay Emmery, Postdoktorand)

46 | K. Ruhleder: *Information Technologies as Instruments of Transformation* und »Reconstructing Artifacts, Reconstructing Work« sowie J. Weedman: »Incentive Structures and Multidisciplinary Research«.

5. *Probleme dritter Ordnung adressieren.* Diese Probleme sind ein Merkmal komplexer Gemeinschaften. Sie lassen sich vielleicht in Zeiten des Wandels leichter beobachten, weil sie sich einer lokalen Lösung widersetzen. Neuartige Techniken, Situationen und Anliegen sorgen für unmittelbare Ressourcenanforderungen und Lernlücken. Diese können lokal adressiert werden. Im Lauf der Zeit verbinden sich jedoch Probleme erster und zweiter Ordnung und werfen allgemeinere Fragen auf. Sie verschieben den Nutzen einer »Lösung« aus dem lokalen Bereich in die größere Gemeinschaft.

Der elektronische Datenzugang über das WCS stellt beispielsweise nicht nur die lokale Ressourcenverteilung in Frage, sondern auch allgemeinere institutionelle Allianzen und das Muster, wie ein Beitrag zu einer wissenschaftlichen Disziplin zu erfolgen hat. Die Lösung dieser Probleme oder Konflikte (falls sie tatsächlich gelöst werden) kann zur Entstehung neuer Unterspezialisierungen, disziplinärer und beruflicher Anforderungen, Kriterien für die Arbeitsdurchführung und -bewertung sowie Belohnungsstrukturen führen. Lösungen oder »Neuanpassungen« werden nicht nur offen erfolgen, z. B. durch eine an das Campus-Computerkommittee gerichtete Petition oder eine Entscheidung, Reisemittel für die Computerausstattung eines Labors umzuwidmen. Sie können auf einer politischen Ebene durch Individuen mit hohem Interesse an der Erhaltung des Bestehenden und der Kontrolle von Ressourcen, oder aber zufällig, ja unbewusst erfolgen. So können z. B., wie bereits erwähnt, Fragen des Zugangs zum WCS und der Aufrechterhaltung einer offenen, demokratischen Struktur innerhalb der Community irrelevant werden, wenn andere Formen der Verfügbarkeit durch das Internet erleichtert werden.

Double binds: Das transkontextuelle Syndrom im Netz

Bislang haben wir uns einfach an Batesons Typologie für das Lernen gehalten, wofür wir infrastrukturelle Barrieren und Herausforderungen kategorisiert haben. Batesons Gedanken über Lernebenen gehen auf die Kommunikationstheorie und Kybernetik zurück – sie sind Ausdruck einer Reihe dynamischer Vorgänge, und weniger einer Taxonomie. Bateson erklärt,

> »daß sich die *double-bind*-Theorie mit der Erfahrungskomponente bei der Entstehung von Verwirrungen unter den Regeln oder Prämissen der Gewohnheit befasst. Ich gehe jetzt zur Behauptung über, daß erfahrene Brüche im Gewebe der Kontextstruktur in der Tat ›*double binds*‹ sind und (wenn sie überhaupt etwas zu den hierarchischen Prozessen des Lernens und der Anpassung beitragen) das fördern, was ich transkontextuelle Syndrome nenne.«[47]

Die formale Aussage über das Problem wird als eine logische Aussage formuliert, gemäß der Theorie der Klassifizierung von Russell und Whitehead. Im Kapitel »Die logischen Kategorien von Lernen und Kommunikation«[48] stellt Bateson fest, dass ein Kategorienfehler wie das Verwechseln des Namens einer Klasse mit einem Mitglied dieser Klasse ein logisches Paradox erzeugen wird. In der Welt der reinen Logik ist dies anscheinend ein fataler Fehler, weil solche logischen Systeme außer-

47 | G. Bateson: *Ökologie des Geistes*, S. 359.
48 | Ebd., S. 362-399.

halb von Zeit und Raum zu existieren scheinen. In der realen Welt und insbesondere in der Welt des Verhaltens, gehen die Menschen jedoch erfolgreich damit um, indem sie in vielfältigen Bezugssystemen oder mit mehreren »Weltanschauungen« arbeiten, die seriell oder parallel aufrechterhalten werden.

Erfolgen Mitteilungen auf mehr als einer Ebene gleichzeitig oder wird eine Antwort gleichzeitig auf einer höheren Ebene verlangt und auf einer tieferen Ebene verneint, entsteht ein logisches Paradox oder »double bind«. Als ein Beispiel dafür führt Bateson das »transkontextuelle Syndrom« an. Während er seine Beispiele im Laufe seiner Arbeit über Schizophrenie aus vertrauten Kontexten bezog, treten *double binds* auch in akademischen und unternehmerischen Kontexten auf. In rapide sich verändernden Umgebungen sind mittlere Manager häufig Gefangene zwischen den Zielen und Erwartungen, die vom höheren Management formuliert werden. Sie sind von den Handlungen des höheren Managements in Bezug auf Budgetzuweisung und Leistungsbewertung abhängig.[49] Offiziell mögen Unternehmen Bemühungen in Richtung »Strukturwandel« und »Mitwirkungsmöglichkeiten« fördern. Jedoch bieten sie keine Mechanismen für Mitarbeiter an, um sich an der Entscheidungsfindung zu beteiligen. Oder sie können Mitarbeiter sanktionieren, weil sie nicht aktiv lernen. Gleichzeitig weigern sich Unternehmen, Modi des Lernens und Experimentierens zu akzeptieren, die nicht ganz ihren sehr spezifischen Modellen entsprechen.[50] Oder um es mit Bateson zu formulieren: »Zwischen Kontext und Metakontext kann Inkongruenz oder Widerspruch bestehen.«[51] Gibt es über einen längeren Zeitraum viele solcher Mitteilungen, kann dies buchstäblich oder bildlich zu Schizophrenie führen.[52]

Menschen, die versuchen, sich mit komplexen elektronischen Informationssystemen zu verbinden, begegnen einer ähnlichen Diskontinuität zwischen Mitteilungsarten. In der Rhetorik der Internetnutzung hören sich »Anmelden« und »Verbinden« ausgesprochen einfach an. Und auch die Vorteile scheinen augenblicklich und weitreichend zu sein. Warum treten dann so viele Probleme auf, wenn Mitglieder der Wurm-Community sich »anzumelden« und zu »verbinden« versuchen? Warum kommt es zu so vielen Enttäuschungen bei den Versuchen, Zugang zu Information zu finden, und wie können wir diese Enttäuschungen verstehen?

Wir erkennen mehrere Arten von *double binds*. Diese ergeben sich auf zwei Ebenen oder Ordnungen, ein Phänomen, das wir das *infrastrukturelle transkontextuelle Syndrom* nennen:

1. die Kluft zwischen verschiedenen Nutzungskontexten,
2. die Kluft, die in verschiedenen Diskussionen über Computerarbeit innerhalb der Wurm-Community selbst immanent ist, und
3. die Kluft zwischen »doppelten Sprachebenen« in Design und Nutzung.

49 | A. K. Mishra/K. S. Cameron: »Double Binds in Organizations«.

50 | K. Ruhleder/B. Jordan/M. Elmes: »Learning in the ›New Organization‹«.

51 | G. Bateson: *Ökologie des Geistes*, S. 322.

52 | Das Kind beharrt darauf, die buchstäbliche Ebene zu erkennen und den Kontext zu ignorieren oder ihn unangemessenerweise als tatsächlich zu verstehen. Die oft bemerkte Poesie in der Sprache Schizophrener ist ein Ergebnis dieser beharrlichen Weigerung – gute Dichter spielen bewusst mit transkontextuellen Zweideutigkeiten. Formal gesehen ignoriert oder überschreitet dies die Kluft zwischen Mitteilung und Metamitteilung.

Die Kluft zwischen verschiedenen Nutzungskontexten. Was für die eine Gruppe einfach ist, ist es für eine andere nicht; was Informatiker also für eine Mitteilung auf Ebene eins hielten, stellte für Nutzer ein Problem der zweiten Ebene dar, was ein *double bind* zur Folge hatte. Wenn Designer des WCS beispielsweise gefragt würden, wie man in das System gelange, könnten sie sagen: »Fahren Sie einfach X Windows hoch und laden Sie die Datei per FTP herunter.« Der Ton der Mitteilung bewegt sich eindeutig auf Ebene eins und ist ein simples »Rezept« für den UNIX-Könner. Der relativ unwissende Nutzer muss sich jedoch auf eine andere kontextuelle Ebene begeben und herausfinden, was für ein Ding »X Windows« ist und was es bedeutet, eine Datei per FTP herunterzuladen. Eine Anleitung auf Ebene eins wird somit zu einem Komplex von Fragen auf Ebene zwei, die eng mit der Expertise des Nutzers zusammenhängen. Derartige transkontextuelle Schwierigkeiten treten häufiger auf, wenn kollaborative Systeme und Gruppensoftware für zunehmend nichthomogene Nutzergemeinschaften entwickelt werden.[53]

Ein anderer Teil eines derartigen *double bind* ist ein unendlicher Regress von Hindernissen, wenn man sich über komplexe elektronische Informationssysteme informieren will.[54] Wenn man nicht bereits Bescheid weiß, ist es schwierig zu wissen, wie man sich diese Informationen beschaffen soll, und es ist nicht immer klar, *wie* man abstraktes Wissen von einem System zum anderen übertragen kann. Was für eine Person auf der Hand liegt, ist für eine andere nicht offenkundig – die Grade von Offenkundigkeit sind unendlich und bilden komplexe *binds.* So gibt es beispielsweise kein einziges Buch, das Computer oder Computerarbeit im Netzwerk von Grund auf erklärt. Die einzige Zugangsmöglichkeit besteht darin, die Kontexte komplett zu wechseln und enger mit denen zusammenzuarbeiten, die bereits Bescheid wissen, sodass man Mitglied einer Gemeinschaft wird.[55] Dies erklärt vielleicht die Stärke des in Skandinavien beliebten Modells der partizipativen Softwareentwicklung, bei dem Designer und Nutzer so lange zusammenarbeiten, bis sie auf allen Interaktionsebenen einen gemeinsamen Kontext entwickeln.[56] Gleichzeitig erklärt es vielleicht auch die Schwierigkeit, das Modell außerhalb von Skandinavien zu erläutern oder populär zu machen, da sich dessen Arbeitskontext doch erheblich von dem der USA oder von anderen Teilen Europas unterscheidet.[57]

Die Kluft, die in verschiedenen Diskussionen über Computerarbeit innerhalb der Wurm-Community selbst immanent ist. Innerhalb der Wurm-Community gibt es einen *double bind* zwischen Ebene zwei und Ebene drei. Genauso, wie Aussagen auf der ersten Ebene Fragen auf der zweiten Ebene erzeugen können, können Diskussionen auf Ebene zwei Probleme höherer Ordnung eröffnen. Diskussionen über die Wahl von Softwarepaket oder Betriebssystem werden zu Diskussionen

---

53 | J. Grudin: »Obstacles to User Involvement in Software Product Development« und »Groupware and Social Dynamics« sowie R. Markussen: »Dilemmas in Cooperative Design«.

54 | R. Markussen: »Constructing Easiness«.

55 | L. Suchman/R. Trigg: »Understanding Practice« und L. Suchman/R. Trigg/F. Halasz: »Supporting Collaboration in Note-Cards«.

56 | P. Ehn: *Work-Oriented Design of Computer Artifacts.*

57 | Partizipatorische Softwareentwicklung hat überdies eigene immanente Schwierigkeiten. Vgl. hierzu R. Markussen: »Dilemmas in Cooperative Design« und J. Nyce/J. Lowgren: »Toward Foundational Analysis in Human-Computer Interaction«.

über Ressourcenzuweisung, Dateninterpretation und Netzwerkexternalitäten. Sehen wir uns noch einmal den Fall des Herunterladens einer Datei mit FTP an. Aus der community-internen Diskussion darüber, wie man etwas über FTP oder Alternativen wie Gopher erfährt, werden Fragen des Zugangs in allen Laboren, der Datenbankpflege und Datenverlässlichkeit sowie zu Normen und Belohnungen für Datenbankbeiträge.

Diese Probleme sind für »ältere« Mitglieder einer ziemlich neuen Community besonders schmerzlich. Denn die Älteren erkennen, dass technische Wahlmöglichkeiten und Entscheidungen auf der zweiten Ebene – Bewertungen der Reaktionsmöglichkeiten auf Signale von Ebene eins – die Fähigkeit besitzen, Probleme dritter Ordnung dramatisch zu beeinflussen. Die Bedenken in der Wurm-Community gelten Veränderungen ihrer Zusammensetzung, wenn »Außenseiter« dazustoßen, und dem, was dies für Dateninterpretation und Werkzeugkonstruktion bedeutet. Diese Bedenken gelten den vielfältigen Rollen, die die Forschung über den Organismus spielt, z. B. ob sie einem »Selbstzweck« folgt oder aber auf einen Modellorganismus für die Human Genome Initiative zielt. Werkzeuge, die auf Probleme der zweiten Ebene ausgerichtet sind, prägen grundlegend Optionen, die der Disziplin offenstehen, wenn sie Fragen der dritten Ordnung anspricht und umfassende konzeptuelle Richtungen vorgibt.

Doppelte Sprachebenen in Design und Nutzung. Bei in sich widersprüchlichen Aspekten des Systems kann es *double binds* zwischen formalen Systemeigenschaften und informellen kulturellen Praktiken geben. Die Sprache des Designs konzentriert sich auf die technische Kapazität, die Sprache der Nutzung hingegen auf Effektivität. Mike Robinson stellt fest, dass für Systeme, die elektronischen Support für Computer-Supported Cooperative Work anbieten, nur diejenigen Anwendungen erfolgreich sind, die gleichzeitig die formale Ebene des Rechnens und die informelle Ebene von Arbeitsplatz und Kultur berücksichtigen.[58] Dieses Problem gibt es nicht nur in diesem Bereich. Les Gasser beispielsweise hat herausgefunden, dass eine Vielfalt von improvisierten Lösungen *(workarounds)* entwickelt werden, um die Starrheit (und die Begrenzungen) eines Transaktionssystems zu überwinden.[59] So kreierten die Nutzer eines Verarbeitungssystems von Versicherungsansprüchen einen ausgeklügelten und informellen Komplex von Verfahren, die Alternativen und Widersprüche artikulierten.[60] Hierfür gibt es eine Vielzahl weiterer Beispiele.

Obwohl keine dieser Untersuchungen die Probleme und Lösungen als Hinweise auf einen *double bind* erkannt hat, kann jedes Problem und jede Lösung mit diesem Begriff ausgedrückt werden. Die »Sprache« der Designer ist auf die technische Repräsentation eines bestimmten Datensatzes (d. h. auf Kundendatensätze) und auf die Effizienz ihrer Verarbeitung fixiert, um eine bestimmte Vorgabe zu erfüllen (d. h. die Verarbeitung von Ansprüchen). Die »Sprache« der Nutzer ist auf das Bedürfnis fixiert, zwischen widersprüchlichen Blickpunkten zu vermitteln (z. B. zwischen Ärzten und Repräsentanten großer Kundengruppen) und effektive Arbeitsabläufe an ihren eigenen Arbeitsplätzen zu entwickeln. Wanda Orlikowski stellt die Konzeptualisierung von Software-Designmethoden und -werkzeugen im

58 | M. Robinson: »Double-level Languages and Co-operative Working«.

59 | L. Gasser: »The Integration of Computing and Routine Work«.

60 | E. Gerson/S. L. Star: »Analyzing Due Process in the Workplace«.

engeren Sinne als Sprachen dar[61] und untersucht zusammen mit Cynthia Beath die Folgen nichtgeteilter Sprachen oder organisatorischer Barrieren für die volle Partizipation von Nutzern.[62]

Dieser *double bind* besteht auch in der Diskussion über »Mac kontra UNIX«, gerade hinsichtlich dessen, was sie für den Kampf der wissenschaftlichen Kulturen zwischen Biologen und Informatikern bedeutet. Auf einer Ebene ist dies eine Diskussion über Betriebssysteme. Auf einer anderen Ebene ist dies repräsentativ für zwei Weltanschauungen und Wertekomplexe hinsichtlich der Beziehung zwischen Technik und Arbeit; der Konflikt betrifft die Beziehung zwischen dem Werkzeug und seinen Nutzern. Im Fall des WCS konzentrierten sich die Designer auf Charakteristika technischer Eleganz und Raffinesse, etwa wie sich ein Mechanismus für ein kontinuierliches Update der *Gazette* konstruieren ließe oder wie sich Hypertextmöglichkeiten voll ausnutzen ließen. Doch ein konstantes Informationsupdate wirkt den informellen Mechanismen der Biologen für Distribution, Verarbeitung und Integration von Informationen entgegen. Denn die Biologen waren weniger an zusätzlichen Schichten komplexer Hypertextverknüpfungen interessiert als an simplen Möglichkeiten wie dem Ausdrucken von Teilen der Genkarte, die sie zu ihren Laborarbeitstischen zurückbringen, aufhängen, in ein Notizbuch übertragen und in ihren Arbeitsabläufen leicht mit Anmerkungen versehen konnten.

Zusammenfassung und Empfehlungen für die Adressierung von *double binds*

Hinter dem WCS – und der angestrebten kollaborativen Entwicklung, die die Voraussetzungen für dieses und andere Projekte schuf[63] – steht der Wunsch, nicht nur Bemühungen zur wissenschaftlichen Kollaboration zu unterstützen, sondern auch »ideale Gemeinschaften« mit reichhaltiger Kommunikation und nahtlosem universalem Informationszugang zu fördern. Das WCS besaß den Vorteil, dass es mit einer Community startete, in der viele dieser Normen bereits galten und deren geringe Größe einen relativ kohärenten Zusammenhalt stiftete. Die Community hatte ein engagiertes Designteam, das das Zielgebiet kannte. Sie verfügte auch über eine Population interessierter Nutzer. Und doch erreichte das WCS nie seine ursprünglichen Ziele, und während es einigen tatsächlich als Kommunikations- und Informationsplattform dient, hielten andere die Barrieren für lokal unüberwindbar oder das System an sich für überflüssig.

Wann wird das WCS zur Infrastruktur? Die Antwort lautet: in seiner ursprünglichen Form aus den oben dargestellten Gründen wahrscheinlich nie. Die Entwicklung des Systems und seine Integration in die Community konnten die *double binds* nicht überwinden, die im Kontext der Systemimplementierung und -nutzung auftraten. Und seine Entwicklung konnte auch nicht die Auswirkungen anderer Technologien wie Gopher und Mosaic negieren. Da es großenteils aus einer Reihe von »Bausteinen« konstruiert wurde, die aus anderen Quellen zur Verfügung standen, war es leicht genug, diese Bausteine anderswo zusammenzubauen oder zu

61 | W. Orlikowski: »CASE Tools as Organizational Change«.

62 | C. Beath/W. Orlikowski: »The Contradictory Structure of Systems Development Methodologies«.

63 | J. Lederberg/K. Uncapher: »Towards a National Collaboratory«.

duplizieren. Aber das WCS und andere Systeme, die auf diesem Kollaborationsmodell basieren, können von unserer Analyse profitieren. Organisationen, die an der Entwicklung großangelegter Informations- und Kommunikationsinfrastrukturen interessiert sind – seien es formelle Unternehmen oder lose verbundene akademische Gemeinschaften –, können mit etwas Anstrengung den Entwicklern auf halbem Wege entgegenkommen. Nachdem wir verschiedene Beispiele von *double binds* ermittelt haben, auf denen das Scheitern von WCS basierte, möchten wir positive Maßnahmen vorschlagen. Im Folgenden geben wir zwei Empfehlungen ab, wie sich *double binds* adressieren lassen.

1. Die Rolle interdisziplinärer Entwicklungsteams. Eines der Hauptprobleme bei *double binds* besteht darin, dass sie zunächst einmal nur schwer zu erkennen sind: Individuen, die in eine bestimmte Situation verstrickt sind, können vielleicht Beispiele dieses transkontextuellen Syndroms nicht wahrnehmen. Und sobald ein *double bind* erkannt ist, besteht die nächste Hauptschwierigkeit darin, ihn so zu artikulieren, dass die andere Partei ihn als Problem erkennt. Macht- und Autoritätsdynamiken sind hier bedeutsam. In Familien könnte ein Elternteil die liebevolle Zuneigung des Kindes abweisen, und wenn sich das Kind zurückzieht, wird ihm vorgeworfen, es würde seine Eltern nicht lieben. Das Kind ist vielleicht nicht immer imstande, diesen Widerspruch zu analysieren und zu korrigieren, genau wie Angestellte vielleicht nicht wirklich die Kraft haben, Probleme in einer Unternehmensumgebung anzusprechen, die sie offenkundig dazu ermächtigt. Ja, Manager können sogar die »falsche« Art von ermächtigtem Verhalten subtil sanktionieren. Nutzer erhalten oft computergestützte Werkzeuge, die für sie entweder umständlich oder schlecht erklärt sind; wenn sie sich der Nutzung widersetzen, werden sie als »technikresistent« abgestempelt.[64]

Ein vergleichbares Phänomen in der Computerwelt würde in der folgenden Situation zutage treten: Entwickler oder Systemadministratoren bestreiten, dass technische Schwierigkeiten bei Arbeitspraktiken und Gemeinschafts-Standards eigentlich konzeptuelle Probleme darstellen würden. Damit einhergehend kaschieren sie ein Unvermögen auf Seiten der Nutzer, die Komplexität ihres Arbeitsbereichs, ihre verborgenen Annahmen und ein Erkennen der verschiedenen Motive beteiligter Interessenvertreter. Wenn wir von Designern erwarten, dass sie sich über die formellen und informellen Aspekte des Nutzerbereichs informieren und lernen, »ihre Sprache zu sprechen«, dann müssen wir von den Nutzern verlangen, den Designern auf halbem Weg entgegenzukommen, indem sie deren Sprache erlernen und ein Verständnis für den Designbereich entwickeln. Falls Designer zu Unrecht annehmen, dass alle Nutzererfordernisse sich formal erfassen und kodifizieren lassen, erwarten Nutzer oft ebenso zu Unrecht »Patentlösungen« – technische Systeme, die soziale oder organisatorische Probleme lösen werden.

64 | M. L. Markus: »Power, Politics, and MIS Implementation«; M. L. Markus/N. Bjørn-Andersen: »Power over Users« und D. Forsythe: »Blaming the User in Medical Informatics«. Ein ähnliches Phänomen gibt es in der Medizin, nämlich in Studien über »Patienten-Compliance«, die die infrastrukturellen und politischen Merkmale der Medizin an sich nicht berücksichtigen. Vgl. z. B. A. Strauss: *Where Medicine Fails* und A. Strauss et al.: *Social Organization of Medical Work.*

Im Grunde wird wohl keine der beiden Seiten schuld an dieser Problematik sein. Oft liegt es an einer Fehlkommunikation, die zu den *double binds* der Sprache führt, sowie am Kontext, in dem sich der Prozess des Designs bzw. der Nutzung abspielt. Das Aufkommen fachübergreifender Entwicklungsteams kann helfen, Aspekte des oben ermittelten transkontextuellen Syndroms abzuschwächen, wobei Ethnografen Nutzern und Designern dabei helfen, die kontextuelle Trennlinie zu überwinden. »Du kannst das von der und der FTP-Site herunterladen« könnte dann durchaus abgelöst werden von »Ich kann dir die FTP-Adresse geben, aber die Art von Daten, die du bekommst, wird nicht detailliert genug sein für das, was du damit anfangen möchtest.« Durch ein gemeinsames Verstehen der formellen computerbezogenen Ebene – traditionell dem Bereich der Computerprogrammierer und der Systemanalytiker entsprechend – und der informellen Ebene der Arbeitsplatzkultur werden *double binds* vielleicht leichter festgestellt. Dies setzt voraus, dass alle Teammitglieder lernen, die verschiedenen Ordnungen oder Ebenen, denen eine Mitteilung angehören könnte, korrekt zu erkennen. Diese Gemeinsamkeit erfordert allerdings institutionelle Kontexte, die diese Art von Zusammenarbeit unterstützen und sogar belohnen.

2. *Technische Nutzerausbildung (technical user education).* Viele Elemente der »Computerinfrastrukturen«, die in den akademischen und den Unternehmensgemeinschaften entstehen, sind nicht individuell gefertigt. Sie bestehen aus lokal entwickelten Anwendungen, angepassten oder serienmäßig produzierten Softwarepaketen, lokalen Netzwerken und dem Internet, kommerziellen Online-Diensten und »Shareware« wie Mosaic und Netscape. Ihre Stabilität, Wartungsfreundlichkeit, Interoperabilität und der Supportzugang schwankt erheblich. Doch um in zunehmend computergestützten Umgebungen effektiv arbeiten zu können, müssen Einzelpersonen in der Lage sein, komplexe Konfigurationen technischer Ressourcen auszuhandeln. Brian Pentlands Analyse von Softwarehotlines bestätigt diese Komplexität: »Software-Support ist eine Aktivität, die sich im ›Versuchsstadium‹ von Technik abspielt, an der Grenze zwischen dem Bekannten und dem Unbekannten.«[65] Supporttechniker und ihre Kunden sprechen oft zwei grundverschiedene Sprachen, und ein erfolgreicher Support erkennt diese Realität und geht geschickt damit um.[66] Das Entstehen von neuen Akteuren, z. B. lokalen »Maßanfertigern« *(tailors)*[67] und »Technologievermittlern« *(technology mediators)*[68] kann eine Verbindung zwischen relativ unspezifischen Technologien und ihrer lokalen Interpretation und Anwendung schaffen.

Den Menschen wird erklärt, sie müssten sich an neue Technologien anpassen und sich technisch weiterbilden. Doch Training und Unterstützung vermitteln ihnen nur selten die notwendige Grundlage, um sich zusammen mit der Infrastruktur weiterzuentwickeln. Trainingssitzungen, Online-Tutorials und Benutzerhandbücher konzentrieren sich auf eine Reihe von Fertigkeiten, die sich auf bestimmte Anwendungen beschränken, und erfolgen außerhalb des Kontexts der konkreten Arbeit.[69] Computer-Supportzentren assistieren in Einzelfällen vielleicht vor Ort,

65 | B. Pentland: »Bleeding Edge Epistemology«.

66 | F. Heylighen: »Design of a Hypermedia Interface«.

67 | R. Trigg/S. Bødker: »From Implementation to Design«.

68 | K. Okamura et al.: »Helping CSCW Applications Succeed«.

69 | R. A. Bjork: »Institutional Impediments to Effective Training«.

neigen aber zu reaktivem Verhalten, und vermitteln nur jeweils eine Lösung, ohne jede kontextuelle Verbindung zu den technischen Problemen der Nutzer. Oder um Batesons Vokabular anzuwenden: Sie zielen zwar darauf ab, den Personen die Fähigkeiten zur Adressierung technischer Probleme erster Ordnung zu vermitteln. Aber dies passiert, obwohl umfassendere Herausforderungen – etwa ob die Implementierung einer bestimmten Groupware-Technologie der lokalen, beruflichen oder globalen strategischen Ausrichtung entspricht – vielleicht konzeptuelle Fertigkeiten zweiter oder dritter Ordnung erfordern.

Rahmenkonzepte für verschiedene Ebenen von »Computerkompetenz« existieren bereits in den Informatik- und Pädagogikgemeinschaften. Was fehlt, sind institutionelle Mechanismen, die Einzelpersonen zu unterstützen – egal, ob die »Institution« ein Wirtschaftsunternehmen, eine Universität oder eine wissenschaftliche Disziplin ist. Während die Institutionen erstens spezifische Fertigkeiten vermitteln, sollten sie diese jedoch in einen technischen Kontext integrieren, der Nutzern eine Übertragung auf die nächste und übernächste Anwendung ermöglicht. Zweitens müssen Institutionen Nutzern bei der Entwicklung und Pflege der Computerkompetenz assistieren. Auf diese Art und Weise soll Verständnis und Adressierung von Problemen zweiter und dritter Ordnung ermöglicht werden – eine Art von Lernen, das durch laufenden Dialog und Experimentieren geschieht. Diese Kompetenz muss mit einem Verständnis der sich entwickelnden Arbeitspraktiken verbunden sein, sowohl auf lokaler Ebene als auch umfassender innerhalb der jeweiligen Organisation. Schließlich brauchen auch Organisationen Mechanismen, die die Arbeit lokaler Maßanfertiger und Vermittler legitimieren und belohnen.

Diese institutionellen Mechanismen können zum Teil bewusst konstruiert sein. Aber damit sie zusammen mit der sich entwickelnden Nutzerexpertise und einer entstehenden Basis von Computertechnologien dynamisch wachsen können, müssen sie auf einer Vorstellung von Organisationen als komplexen Gemeinschaften basieren, in denen sich das Lernen innerhalb lokaler Praxisgemeinschaften abspielt.[70] Die Etablierung und Nutzung unterschiedlicher Techniken muss in einem größeren Kontext erfolgen, der ständig von den Teilnehmern innerhalb der verschiedenen Praxisgemeinschaften einer Organisation konkretisiert wird. Der Erfolg von arbeitsunterstützenden Systemen gründet sich auf der Erschaffung von gemeinsamen Objekten und Praktiken, Grenzobjekten und Infrastrukturen.[71] Die Nutzung des WCS beispielsweise beruht auch weiterhin auf den komplexen Interaktionen zwischen einer Vielzahl kleiner und großer Gemeinschaften: dem WCS-Entwicklungsteam, einer nichthomogenen Zielpopulation (der Wurm-Community), lokalen System-Supportgruppen, entfernten Datensammlungen und Distributionszentren. Sie alle stellen bestehende, sich teilweise überlappende Praxisgemeinschaften dar. Diskontinuierliche Interaktionen, ungleiche Partizipation sowie Aufkommen und fortwährender Aufschwung konkurrierender Technologien tragen dazu bei, dass das WCS nicht imstande ist, als Grenzobjekt aufzutauchen *(emerge)* oder ganz als Infrastruktur abzutauchen *(submerge)*.

70 | J. Lave/É. Wenger: *Situated Learning* und S. L. Star (Hg.): *The Cultures of Computing*.

71 | S. L. Star/J. R. Griesemer: »Institutional Ecology, ›Translations‹ and Boundary Objects« und S. L. Star: »The Structure of Ill-Structured Solutions«.

Organisatorische Umgebung: Gemeinschaften und grossangelegte Infrastruktur

Mithilfe der vorangegangenen Analyse möchten wir nun ein Verständnis des Verhältnisses von Gemeinschaft und Netz entwickeln, und dieses als Beispiel der komplexen Entstehung von Infrastruktur beschreiben. In der Diskussion über wissenschaftliche elektronische Gemeinschaften ist das Verschmelzen von Medium und Botschaft problematisch – ein Problem, das neben *double bind* und transkontextuellem Syndrom existiert. Wissenschaftler leben nicht »im Netz«. Sie nutzen es allerdings zunehmend intensiver. Die Partizipation ist für das berufliche Weiterkommen zunehmend obligatorisch. Ein sich rapide ändernder Komplex von Informationsressourcen verändert dabei die Konstellation der »Nutzer« und »Provider« von Information radikal.[72] Gleichermaßen nimmt die Verbindungsdichte zu und die infrastrukturelle Entwicklung schreitet mit atemberaubender Geschwindigkeit voran. Diese Entwicklung verläuft ungleichmäßig. Sie stellt eine interessante Mischung aus lokaler Politik und lokalen Praktiken sowie Online- und Offline-Interaktionen dar. Die infrastrukturelle Entwicklung weist sich ständig verschiebende Grenzen zwischen Arbeitsgebieten, Kohorten und Karrierestufen, physischer, virtueller und materieller Kultur auf. Sie ist zunehmend von vordringlichen und interessanten Größenordnungsproblemen gekennzeichnet.

Die vielfältigen Bedeutungen, die das WCS für unterschiedliche Gruppen und Individuen annimmt, sind sinnvolle Beispiele für die Herausforderungen, vor die uns »das Netz« stellt. Aus einer Perspektive passt das WCS gut zur kognitiven Karte des Wissenschaftlers und ihres Informationsgehalts: mit Links zwischen disparaten Teilen, grafischen Darstellungen, Detailschichten usw. Doch relativ wenige Wurmbiologen haben sich beim WCS »angemeldet«, selbst wenn die Community als solche rapide wächst. Das scheinbare Paradox, dass die von uns Befragten sich dafür entschieden, lieber Gopher, Mosaic und andere einfachere, öffentlich zugängliche Systeme als das WCS zu nutzen, hängt mit einer Art von *double bind* im größeren Maßstab zusammen.

Wer das maßgeschneiderte, leistungsfähige WCS mit seiner bequemen Schnittstelle akzeptiert, nimmt an der Schnittstelle von Arbeitsgewohnheiten, Computernutzung und Laborressourcen Unbequemlichkeiten in Kauf. Seine Anschaffung widerspricht Mustern der Ressourcenzuweisung: Laufende Nutzung und Support erfordern die Investition in veränderte Gewohnheiten und Infrastruktur. Demgegenüber ist das World Wide Web von zahlreichen Terminals und Verbindungen aus zugänglich, und Internetsupport steht an den meisten akademischen Institutionen und durch relativ preiswerte kommerzielle Dienste bequem zur Verfügung.

Das WCS dient, gerade im größeren Kontext, seiner Community weniger gut als alternativ aufkommende Infrastrukturen. Wissenschaft ist eine integrative und permutierbare Praxis und verlangt eine komplementäre Infrastruktur.[73] Die Konstruktion des WCS integriert zwar eine große Anzahl von Materialien, aber auf eine eingeschränkte Weise. Labornotizbücher stellen demgegenüber äußerst offene und

---

72 | J. E. Klobas: »Networked Information Resources«.

73 | K. Ruhleder/J. L. King: »Computer Support for Work Across Space, Time and Social Worlds«.

integrative Dokumente dar.[74] Obwohl sich Computerinfrastrukturen wie Gopher, FTP-Sites usw. zwar noch auf einer sehr primitiven Ebene befinden, entsprechen sie eher diesem integrativen Modell und wachsen mit phänomenaler Geschwindigkeit. Im Kontrast dazu ist das WCS ein relativ geschlossenes System. Aus diesen Gründen und trotz aller Frustrationen wegen fehlender Index- und Suchmöglichkeiten dominiert die Nutzung von Gopher und Mosaic in der Welt von *C. elegans*.

Schlussbemerkungen

Kann ein organisatorisches Supportsystem entwickelt werden, das die Koordination großangelegter Projekte ermöglicht, Neulingen Navigationshilfen anbietet und dabei eine informelle, eng verbundene Gemeinschaft oder geschlossene Organisationskultur bewahrt? Wenn eine Struktur nicht a priori integriert ist, wie entsteht sie dann nachträglich? Genauso wie das WCS geografische und disziplinäre Grenzen in der Wurm-Community überbrücken sollte, werden derzeit Groupware und verwandte Technologien als Infrastrukturen konstruiert, um Mitglieder einer Organisation bei der Überbrückung physischer, zeitlicher und funktioneller Grenzen zu unterstützen.

Erfahrungen mit Groupware legen die Vermutung nahe, dass sich stark strukturierte Anwendungen für die Zusammenarbeit nicht in lokale Arbeitspraktiken integrieren lassen.[75] Vielmehr führen Experimente im Lauf der Zeit zu einer komplexen Konstellation von lokal angepassten Anwendungen und Repositorien, die mit Inseln lokalen Wissens verbunden sind. Anwendungen und Expertise werden mit Elementen der formalen Infrastruktur verflochten und erzeugen einen einzigartigen sich entwickelnden Hybriden. Diese Entwicklung wird durch jene Elemente der formalen Struktur ermöglicht, die die Redefinition lokaler Rollen und das Aufkommen von Praxisgemeinschaften unterstützen, die sich anhand spezifischer Technologien und Probleme formieren. Diese Beobachtungen deuten auf Forschungsströmungen hin, die weiterhin untersuchen, wie sich Infrastrukturen im Lauf der Zeit entwickeln und wie eine »formelle«, geplante Struktur mit einer »informellen«, lokal aufkommenden Struktur verschmilzt oder von ihr abgelöst wird.

Die miteinander konkurrierenden Anforderungen von Offenheit und Formbarkeit erzeugen in Verbindung mit Struktur und Steuerbarkeit eine faszinierende Designherausforderung – und sogar eine neue Wissenschaft. Das Aufkommen einer Infrastruktur – das »Wann« ihrer vollständigen Transparenz – ist somit »organisch«. Es entwickelt sich mit der Gemeinschaft und ihrer Übernahme von Infrastruktur als etwas Natürlichem. Dies hat neue Formen und Konventionen zur Folge, die wir uns noch nicht vorstellen können. Gleichzeitig ist es in technischer Hinsicht höchst anspruchsvoll und erfordert neue Formen von Berechenbarkeit, die ebenso sozial situiert wie abstrakt genug sind, um sich durch Zeit und Raum zu bewegen.[76] Joseph Goguen und Marine Jirotka haben diese neuen Formen vor kur-

74 | G. A. Gorry et al.: »The Virtual Notebook System™«.

75 | K. Ruhleder/B. Jordan/M. Elmes: »Learning in the ›New Organization‹«.

76 | J. L. Eveland/T. Bikson: »Evolving Electronic Communication Networks« und M. Feldman: »Constraints on Communication and Electronic Messaging«.

zem als »abstrakt situierte Datenarten« für die Anforderungsanalyse bezeichnet. Sie stellen fest, dass aus dieser Perspektive die Anforderungstechnik tatsächlich zur »Versöhnung von technischen und sozialen Problemen« *wird*.[77]

Am Ende hat es den Anschein, als ob organisatorische Veränderung und die Auflösung in Infrastruktur meist sehr langsame Prozesse sind. Lokale und großangelegte Rhythmen von Veränderung sind oft nicht aufeinander abgestimmt. Um wirklich so etwas wie einen nationalen oder globalen Informationsraum zu erzeugen, wird die allerneueste Sozialwissenschaft und Informatik benötigt. Das durch die Ethnografie gewonnene langfristige Verständnis und die durch die Informatik ermöglichten komplexen Indizierungs-, Programmierungs- und Übertragungsaufgaben kommen hier zusammen. Sie reißen traditionelle Fachgrenzen ein und reflektieren die wahre Beschaffenheit des Problems: Wann existiert eine Ökologie von Infrastruktur?

Dank

Das WCS wurde teilweise durch Fördermittel der National Science Foundation finanziert (IRI-90–15047, IRI-92–57252 und BIR-93–19844) und hat derzeit seinen Sitz am Community Systems Laboratory (CSL), das der Graduate School of Library and Information Science und dem National Center for Supercomputing Applications an der University of Illinois, Urbana-Champaign, angeschlossen ist. Zusätzliche Fördermittel wurden von der University of Arizona und der University of Illinois bereitgestellt. Die Projektleiter Bruce Schatz und Sam Ward sowie die Entwickler Terry Friedman und Ed Grossman haben sich großzügigerweise viel Zeit genommen und uns mit Kommentaren sowie dem Zugang zu Daten und Sitzungen unterstützt. Wir danken auch unseren anonymen Befragten für ihre Teilnahme und ihr Verständnis. Frühere Fassungen dieses Aufsatzes wurden auf der *Conference on Computing in the Social Sciences* 1993, auf der *CSCW* 1994 und der *ASIS* 1995 vorgetragen. Karen Ruhleder dankt Michael Elmer für eine interessante Diskussion über *double binds* in Organisationen sowie Sam Politz und den Doktorandinnen an seinem Wurmlabor am Worcester Polytechnic Institute dafür, dass sie ihr beigebracht haben, wie man Würmer sammelt und züchtet und wie man DNA mit einem Gel analysiert. Hilfreiche Erkenntnisse und Kommentare verdanken wir Marc Berg, Geoffrey Bowker, Nick Burbules, Tom Jewett, Alaina Kanfer, Rob Kling, Jim Nyce, Kevin Powell und Stefan Timmermans. Susan Leigh Stars Arbeit wurde auch vom Program in Culture Values and Ethics und von der Advanced Information Technologies Group an der University of Illinois sowie vom Institute for Research on Learning in Palo Alto und durch ein Professional Development Grant der NSF gefördert. Die Autorinnen danken ferner John Garrett vom CNRI; Tone Bratteteig, Pål Søregaard, Eevi Beck, Karl Thoresen, Ole Hanseth, Eric Monteiro und der Internet Project Working Group am Institut für Informatik der Universität Oslo; Yrjö Engeström, Chuck Goodwin und Dick Boland für Diskussionen und Problemstellungen in Bezug auf das Konzept von Infrastruktur. Die Darstellung der Dimensionen von Infrastruktur wurde teilweise in einem E-Mail-

77 | J. Goguen: »Requirements Engineering as the Reconciliation of Technical and Social Issues« und M. Jirotka/J. Goguen: *Requirements Engineering: Social and Technical Issues*.

Dialog zwischen Star und Garrett entwickelt, dem wir für seine Hilfe und sein Verständnis danken. Pauline Cochrane und die Studierenden in ihrem Seminar zu »Information Retrieval« lieferten sehr hilfreiche Kommentare, für die wir ihnen ebenso wie Laura Shoman danken.

Literatur

Anderson, William L./Crocca, William T.: »Engineering Practice and Codevelopment of Product Prototypes«, in: *Communications of ACM* 36/6 (1993), S. 49–56. https://doi.org/10.1145/153571.256015

Barlow, John Perry: »Is There a There in Cyberspace?«, in: *Utne Reader* 68, März/April 1995, S. 53–56.

Bateson, Gregory: *Ökologie des Geistes. Anthropologische, psychologische, biologische und epistemologische Perspektiven*, Frankfurt a. M.: Suhrkamp 1985.

Beath, Cynthia/Orlikowski, Wanda: »The Contradictory Structure of Systems Development Methodologies: Deconstructing the IS-User Relationship in Information Engineering«, in: *Information Systems Res.* 5/4 (1994), S. 350–377. https://doi.org/10.1287/isre.5.4.350

Becker, Howard S.: *Art Worlds*, Berkeley, CA: University of California Press 1982.

Bjork, Robert A.: »Institutional Impediments to Effective Training«, in: Daniel Druckman/Robert A. Bork (Hg.), *Learning, Remembering, Believing: Enhancing Human Performance*. Washington, D. C.: National Academy Press 1994, S. 295–306.

Bødker, Susanne: *Through the Interface*, Hillsdale, NJ: Lawrence Erlbaum 1991.

Bowker, Geoffrey C.: »The Universal Language and the Distributed Passage Point: The Case of Cybernetics«, in: *Social Studies of Science* 23/1 (1993), S. 107–127. https://doi.org/10.1177/030631293023001004

Bowker, Geoffrey C.: »Information Mythology and Infrastructure«, in: Lisa Bud-Frierman (Hg.), *Information Acumen: The Understanding and Use of Knowledge in Modern Business*, London: Routledge 1994, S. 231–247.

Brown, John Seely/Duguid, Paul: »Borderline Issues: Social and Material Aspects of Design«, in: *Human-Computer Interaction* 9/1 (1994), S. 3–36.

Bucciarelli, Louis L.: *Designing Engineers*, Cambridge, MA: MIT Press 1994.

David, Paul: »Clio and the Economics of QWERTY«, in: *American Economic Review* 75/2 (1985), S. 332–337.

Davies, Lynda/Mitchell, Geoff: »The Dual Nature of the Impact of IT on Organizational Transformations«, in: Richard L. Baskerville/Ojelanki Ngwenyama/Steve Smithson/Janice DeGross (Hg.), *Transforming Organizations with Information Technology*, Amsterdam u. a.: North Holland 1994, S. 243–261.

Ehn, Pelle: *Work-Oriented Design of Computer Artifacts*, Hillside, NJ: Lawrence Erlbaum 1988.

Ellis, Clarence A./Gibbs, Simon J./Rein, Gail: »Groupware: Some Issues and Experiences«, in: *Communications of ACM* 34/1 (1991), S. 38–58. https://doi.org/10.1145/99977.99987

Engeström, Yrjö: »When Is a Tool? Multiple Meanings of Artifacts in Human Activity«, in: Ders., *Learning, Working and Imagining*, Helsinki: Orienta-Konsultit Oy 1990.

Eveland, John D./Bikson, Tora: »Evolving Electronic Communication Networks: An Empirical Assessment«, in: *Office: Technology and People* 3/2 (1987), S. 103–128.

Feldman, Martha: »Constraints on Communication and Electronic Messaging«, in: *CSCW '86: Proceedings of the 1986 ACM Conference on Computer-Supported Cooperative Work*, New York: ACM 1986, S. 73–90.

Forsythe, Diana: »Blaming the User in Medical Informatics: The Cultural Nature of Scientific Practice«, in: David Hess/Linda Layne (Hg.), *Knowledge and Society: The Anthropology of Science and Technology* 9, Greenwich, CT: JAI Press 1992, S. 95–111.

Gasser, Les: »The Integration of Computing and Routine Work«, in: *ACM Trans. Office Information Systems* 4/3 (1986), S. 205–225. https://doi.org/10.1145/214427.214431

Gerson, Elihu M./Star, Susan L.: »Analyzing Due Process in the Workplace«, in: *ACM Trans. Office Information Systems* 4/3 (1986), S. 257–270. https://doi.org/10.1145/214427.214431

Giddens, Anthony: *The Constitution of Society: Outline of the Theory of Structuration*, Berkeley/Los Angeles, CA: University of California Press 1984.

Goguen, Joseph: »Requirements Engineering as the Reconciliation of Technical and Social Issues«, in: Marine Jirotka/Joseph Goguen (Hg.), *Requirements Engineering: Social and Technical Issues*, New York: Academic Press 1994, S. 1–31.

Gorry, G. Anthony/Long, Kevin B./Burger, Andrew M./Jung, Cynthia P./Meyer, Barry D.: »The Virtual Notebook System™: An Architecture for Collaborative Work«, in: *J. Organizational Computing* 1/3 (1991), S. 223–250.

Grudin, Jonathan: »Obstacles to User Involvement in Software Product Development, with Implications for CSCW«, in: *International J. Man-Machine Studies* 34/3 (1991), S. 435–452.

Grudin, Jonathan: »Groupware and Social Dynamics: Eight Challenges for Developers«, in: *Comm. ACM* 37/1 (1994), S. 92–105.

Hewitt, Carl: »Offices Are Open Systems«, in: *ACM Trans. Office Information Systems* 4/3 (1986), S. 271–287. https://doi.org/10.1145/214427.214432

Heylighen, Francis: »Design of a Hypermedia Interface Translating Between Associative and Formal Representations«, in: *International J. Man-Machine Studies* 35/4 (1991), S. 491–515.

Hughes, Thomas P.: *Networks of Power: Electrification in Western Society, 1880–1930*, Baltimore, MD: Johns Hopkins University Press 1983.

Hughes, Thomas P.: »The Evolution of Large Technological Systems«, in: Wiebe E. Bijker/Thomas P. Hughes/Trevor Pinch (Hg.), *The Social Construction of Technological Systems*, Cambridge, MA: MIT Press 1989, S. 51–82.

Jewett, Tom/Kling, Rob: »The Dynamics of Computerization in a Social Science Research Team: A Case Study of Infrastructure, Strategies, and Skills«, in: *Social Sci. Computer Rev.* 9/2 (1991), S. 246–275. https://doi.org/10.1177/089443939100900205

Jirotka, Marine/Goguen, Joseph: *Requirements Engineering: Social and Technical Issues*, Academic Press, New York 1994.

Kling, Rob/Scacchi, Walt: »The Web of Computing: Computing Technology as Social Organization«, in: *Advances in Computers* 21 (1982), S. 3–78. https://doi.org/10.1016/S0065-2458(08)60567-7

Klobas, Jane E.: »Networked Information Resources: Electronic Opportunities for Users and Librarians«, in: *Information Technology and People* 7/3 (1994), S. 5–18. https://doi.org/10.1108/09593849410076672

Korpela, Eija: »Path to Notes: A Networked Company Choosing its Information Systems Solution«, in: Richard L. Baskerville/Ojilanki Ngwenyama/Steve Smithson/Janice DeGross (Hg.), *Transforming Organizations with Information Technology*, Amsterdam u. a.: North Holland 1994, S. 219–242.

Kraemer, Kenneth L./King, John L.: *Computers and Local Government*, New York: Praeger 1977.

Latour, Bruno: *Wir sind nie modern gewesen. Versuch einer symmetrischen Anthropologie*, Frankfurt a. M.: Suhrkamp 1998.

Lave, Jean/Wenger, Étienne: *Situated Learning: Legitimate Peripheral Participation*, Cambridge: Cambridge University Press 1992.

Lederberg, Joshua/Uncapher, Keith: »Towards a National Collaboratory«, in: *Report of an Invitational Workshop at the Rockefeller University*, National Science Foundation, Washington, D. C., 1988.

Malone, Tom/Olson, Gary (Hg.): *Coordination Theory and Communication Technology*, Hillsdale, NJ: Lawrence Erlbaum 2001.

Markus, M. Lynne: »Power, Politics, and MIS Implementation«, in: *Comm. ACM* 26/6 (1983), S. 430–444.

Markus, M. Lynne/Bjørn-Andersen, Niels: »Power over Users: Its Exercise by System Professionals«, in: *Comm. ACM* 30/6 (1987), S. 498–504.

Markussen, Randi: »Dilemmas in Cooperative Design«, in: *PDC '94. Proc. Participatory Design Conf., Computer Professionals for Social Responsibility* 1994, S. 59–66.

Markussen, Randi: »Constructing Easiness: Historical Perspectives on Work, Computerization, and Women«, in: Susan L. Star (Hg.), *The Cultures of Computing*, Oxford: Basil Blackwell 1995, S. 158–180.

Mishra, Aneil K./Cameron, Kim S.: »Double Binds in Organizations: Archetypes, Consequences, and Solutions from the US Auto Industry«. Vortrag auf der Jahreskonferenz der Academy of Management, 13. August 1991.

Monteiro, Eric/Hanseth, Ole/Hatling, Morten: »Developing Information Infrastructure: Standardization vs. Flexibility«, Arbeitspapier 18 in *Science, Technology and Society*, Universität Trondheim 1994.

Nyce, James/Lowgren, Jonas: »Toward Foundational Analysis in Human-Computer Interaction«, in: Peter J. Thomas (Hg.), *The Social and Interactional Dimensions of Human-Computer Interfaces*, Cambridge: Cambridge University Press 1995.

Okamura, Kazuo/Fujimoto, Masayo/Orlikowski, Wanda/Yates, JoAnne: »Helping CSCW Applications Succeed: The Role of Mediators in the Context of Use«, in: *Proc. Conf. Computer Supported Cooperative Work*, Chapel Hill, NC: ACM Press 22.–26. Oktober 1994.

Orlikowski, Wanda: »Integrated Information Environment or Matrix of Control? The Contradictory Implications of Information Technology«, in: *Accounting, Management and Information Technology* 1/1 (1991), S. 9–42.

Orlikowski, Wanda: »CASE Tools as Organizational Change: Investigating Incremental and Radical Changes in Systems Development (Computer-Aided Software Engineering)«, in: *MIS Quarterly* 17/3 (1993), S. 309–340. https://doi.org/10.2307/249774

Pentland, Brian: »Bleeding Edge Epistemology: Practical Problem Solving in Software Support Hot Lines«, in: Stephen Barley/Julian Orr (Hg.), *Between Craft and Science: Technical Work in U. S. Settings*, Ithaca, NY/London: IRL Press 1997.

Pool, Robert: »Beyond Databases and Email«, in: *Science* 261/5123 (1993), S. 841–843. https://doi.org/10.1126/science.8346436

Robinson, Mike: »Double-level Languages and Co-operative Working«, in: *AI and Society* 5/1 (1991), S. 34–60. https://doi.org/10.1007/BF01891356

Ruhleder, Karen: *Information Technologies as Instruments of Transformation: Changes to Work Processes and Work Structure Effected by the Computerization of Classical Scholarship*, Dissertation, Dept. of Information and Computer Science, University of California, Irvine, CA, 1991.

Ruhleder, Karen: »Reconstructing Artifacts, Reconstructing Work: From Textual Edition to On-line Databank«, in: *Science, Technology, & Human Values* 20/1 (1995), S. 39–64. https://doi.org/10.1177/016224399502000103

Ruhleder, Karen/Jordan, Brigitte/Elmes, Michael: »Learning in the ›New Organization‹: Integrating Collaborative Technologies and Team-Based Work«, *Accepted to the Academy of Management Annual Meeting*, Cincinnati, OH, 9.–12. August 1996.

Ruhleder, Karen/King, John Leslie: »Computer Support for Work Across Space, Time and Social Worlds«, in: *J. Organizational Computing* 1/4 (1991), S. 341–356. https://doi.org/10.1080/10919399109540168

Schatz, Bruce: »Building an Electronic Community System«, in: *Management Information Systems* 8/3 (1991), S. 87–107.

Schmidt, Kjeld/Bannon, Liam: »Taking CSCW Seriously: Supporting Articulation Work«, in: *Computer Supported Cooperative Work (CSCW): An International J.* 1/1-2 (1992), S. 7–40. https://doi.org/10.1007/BF00752449

Simmel, Georg: *Soziologie. Untersuchungen über die Formen der Vergesellschaftung* (1908), Berlin: Duncker & Humblot [7]2013.

Star, Susan L.: *Regions of the Mind: Brain Research and the Quest for Scientific Certainty*, Stanford, CA: Stanford University Press 1989.

Star, Susan L.: »The Structure of Ill-Structured Solutions. Boundary Objects and Heterogeneous Distributed Problem Solving«, in: Les Gasser/Michael N. Huhns (Hg.), *Distributed Artificial Intelligence* (= Research Notes in Artificial Intelligence, Vol. II), London/Pitman/San Mateo, CA: Morgan Kaufmann 1989, S. 37–54.

Star, Susan L.: »Power, Technologies and the Phenomenology of Conventions: On Being Allergic to Onions«, in: John Law (Hg.), *A Sociology of Monsters: Essays on Power, Technology and Domination*, London: Routledge 1991.

Star, Susan L.: »Organizational Aspects of Implementing a Large-Scale Information System in a Scientific Community«, in: *Technical Report, Community Systems Laboratory*, University of Arizona, Tucson, AZ November 1991.

Star, Susan L.: »Misplaced Concretism and Concrete Situations: Feminism, Method and Information Technology«, Diskussionsbeitrag 11, Gender-Nature-Culture Feminist Research Network Series, Universität Odense 1994.

Star, Susan L. (Hg.): *The Cultures of Computing*, Oxford: Blackwell 1995.

Star, Susan L.: »From Hestia to Home Page: Feminism and the Concept of Home in Cyberspace«, in: Nina Lykke/Rosi Braidotti (Hg.), *Between Monsters, Goddesses and Cyborgs: Feminist Confrontations with Science, Medicine and Cyberspace,* London: ZED-Books 1996.

Star, Susan L./Griesemer, James R.: »Institutional Ecology, ›Translations‹ and Boundary Objects: Amateurs and Professionals in Berkeley's Museum of Vertebrate Zoology, 1907–39«, in: *Social Studies of Science* 19/3 (1989), S. 387–420. https://doi.org/10.1177/030631289019003001

Strauss, Anselm: *Qualitative Methods for Social Scientists,* Cambridge: Cambridge University Press 1986.

Strauss, Anselm (Hg.): *Where Medicine Fails,* New Brunswick, NJ: Transaction Books 1979.

Strauss, Anselm/Fagerhaugh, Shizuko/Suczek, Barbara/Wiener, Carolyn: *Social Organization of Medical Work,* Chicago, IL.: University of Chicago Press 1985.

Suchman, Lucy/Trigg, Randall: »Understanding Practice: Video as a Medium for Reflection and Design«, in: Joan Greenbaum/Morten Kyng (Hg.), *Design at Work,* London: Lawrence Erlbaum 1991, S. 65–89.

Suchman, Lucy/Trigg, Randy/Halasz, F.: »Supporting Collaboration in NoteCards«, in: Peterson, D. (Hg.): *Proc. Conf. Computer-Supported Cooperative Work (CSCW-86),* Austin, TX/New York: ACM 1986, S. 1–10.

Trigg, Randall/Bødker, Susanne: »From Implementation to Design: Tailoring and the Emergence of Systematization in CSCW«, in: *Proc. ACM 1994 Conf. Computer-Supported Cooperative Work,* New York: ACM Press 1994, S. 45–54.

Weedman, Judith: »Incentive Structures and Multidisciplinary Research: The Sequoia 2000 Project«, Vortrag vor der American Society for Information Science, Chicago, IL, Oktober 1995.

Yates, JoAnne: *Control Through Communication: The Rise of System in American Management,* Baltimore, MD: Johns Hopkins University Press 1989.

»Worm World«

Infrastruktur, Ökologie und *double binds* bei Susan Leigh Star und Karen Ruhleder

Gabriele Schabacher

Der Artikel »Steps Toward an Ecology of Infrastructure: Design and Access to Large Information Spaces« erscheint 1996 im Journal *Information Systems Research.* Es handelt sich um den Auftakt zu Susan Leigh Stars Auseinandersetzung mit Informationsinfrastrukturen, die andere Arbeiten – vor allem »The Ethnography of Infrastructure« und *Sorting Things Out* – fortführen und vertiefen. Der vorliegende Text basiert auf einer ethnografischen Studie, die Susan Leigh Star zusammen mit Karen Ruhleder in den Jahren zwischen 1991 und 1995 durchführt, bei der es um die Implementierung einer Informationsinfrastruktur für eine international vernetzte Biologen-Community geht.[1]

Diese Biologen-Community erforscht seit den 1960er Jahren den Fadenwurm *caenorhabditis elegans,* kurz: *c. elegans,* der aufgrund seiner Eigenschaften und Genetik als Modellorganismus auch für Wirbeltiere einschließlich des Menschen gilt. Aus diesem Grund ist er ebenfalls für das 1990 gegründete Human Genome Project interessant. Mittlerweile gehört *c. elegans* zu den am besten erforschten Organismen weltweit – und war 1998 der erste vollständig sequenzierte Vielzeller überhaupt –, vergleichbar etwa der Fruchtfliege *Drosophila melanogaster* oder dem Darm-Bakterium *Escherichia coli.*

Die Ethnografie von Star und Ruhleder bezieht sich nun auf den Versuch, für diese Forschergemeinschaft ein digitales Informationssystem, das sogenannte Worm Community System (WCS) zu installieren. Diese Plattform, die als eine Art »distributed ›hyperlibrary‹«[2] verstanden wird, besteht aus Visualisierungen der physischen Struktur des Wurms, aktualisierbaren Gen-Karten, der Möglichkeit zu annotieren, einem Verzeichnis der beteiligten Wissenschaftlerinnen, einem Thesaurus, einem vierteljährlichen Newsletter (der *Worm Breeder's Gazette*) sowie der Einbindung einer Datenbank. Die als Vorzeigeprojekt der National Science Foundation[3] geförderte Unternehmung hat das Ziel, »to bridge geographic and disci-

1 | Frühere Fassungen des Papiers erscheinen 1993, 1994 und 1995, etwa S. L. Star/K. Ruhleder: »Steps Toward an Ecology of Infrastructure«.

2 | S. L. Star/K. Ruhleder: »Steps Toward an Ecology of Infrastructure«, S. 114.

3 | Vgl. ebd., S. 132.

plinary boundaries within the worm community«.[4] Doch der Versuch scheitert, da das System nicht in der antizipierten Weise angenommen wird und sich infolgedessen nicht als Kommunikations-Infrastruktur für die Community insgesamt durchzusetzen vermag. Star und Ruhleder analysieren den Misserfolg maßgeblich als Resultat von ›Verständigungsproblemen‹ zwischen Nutzern und Entwicklern. Darüber hinaus beziehen sie ihn auf die in der Frühphase des Internet Anfang der 1990er Jahre bereits zur Verfügung stehenden, einfacher und leichter zugänglichen Anwendungen wie Mosaic, Netscape, Gopher oder WAIS und betonen, dass Systemimplementierung zu dieser Zeit stets »in the eye of an informational and organizational hurricane of change«[5] stattgefunden habe.

Der Text formuliert das Konzept der (Informations-)Infrastruktur und ihrer jeweiligen Eigenschaften, denen man in späteren Aufsätzen häufig wieder begegnet. Anders als spätere Arbeiten jedoch rekurriert dieser Beitrag extensiv auf Gregory Batesons Theorie des *double bind* und der Lern-Ordnungen,[6] auf deren Basis Star und Ruhleder ihre Analyse des Scheiterns des Worm Community System ausarbeiten.

Vor dem Hintergrund einer Perspektivierung der Schriften Stars für die Medienforschung wird sich der folgende Kommentar zu »Steps Toward an Ecology of Infrastructure« vor allem an drei Konzepten orientieren: Im ersten Schritt wird es um das Konzept der Infrastruktur gehen; anschließend um das Konzept der Ökologie, das vom Titel des Aufsatzes aufgerufen wird; und schließlich wird drittens die Übersetzung und infrastrukturelle Lesart des Bateson'schen Konzepts des *double bind* im Vordergrund stehen, wobei insbesondere die Kategorie des Kontextes von zentraler Bedeutung ist. Abgeschlossen wird der Kommentar mit einem kurzen Ausblick auf den Newsletter der Biologen-Community, die *Worm Breeder's Gazette.*

Infrastruktur – »No home is universal«

Das Verständnis, das Star und Ruhleder von Infrastrukturen entwickeln, ist soziotechnisch-diskursiv orientiert und rückt damit ›Medialität‹ im Sinne der transportierenden wie transformierenden Qualität von Infrastrukturen in den Mittelpunkt:[7] Indem Infrastrukturen Zeichen, Personen und Dinge gleichermaßen zusammenbinden wie übertragen, mediieren – und d. h. immer: transformieren – sie Alltagsverhältnisse und -praktiken. Infrastrukturen sind trotz ihrer globalen Standardisierung stets lokal angepasst, und in ihnen stabilisiert sich formales ebenso wie informelles Wissen.

Infrastrukturen sind Star und Ruhleder zufolge durch zwei grundlegende Momente gekennzeichnet. Sie zeichnen sich erstens durch eine zweifache, paradoxe

4 | S. L. Star/K. Ruhleder: »Steps Toward an Ecology of Infrastructure«.

5 | Ebd., S. 114; vgl. auch S. 131.

6 | Vgl. G. Bateson: *Steps to an Ecology of Mind*, insb. die Artikel »Minimal Requirements for a Theory of Schizophrenia«; »Double Bind, 1969« sowie »The Logical Categories of Learning and Communication«.

7 | Zur Medialität von Infrastrukturen vgl. auch G. Schabacher: »Medium Infrastruktur«.

Natur aus.[8] Denn Infrastrukturen ließen sich mit Blick auf die Relation von *structure* und *agency* stets auf beiden Seiten der Unterscheidung verorten, seien also Strukturierungen im Sinne von Anthony Giddens:[9] »It [an infrastructure, G. S.] is both engine and barrier for change; both customizable and rigid; both inside and outside organizational practices. It is product and process.«[10]

Zweitens werden Infrastrukturen nicht als Substrate, sondern relational gefasst. Sie sind eingebunden in je verschiedene Praxiszusammenhänge und erfahren erst durch diese Situations- und Gebrauchskontexte ihren jeweiligen Sinn: »Within a given cultural context, the cook considers the water system a piece of working infrastructure integral to making dinner; for the city planner, it becomes a variable in a complex equation. Thus we ask, *when* – not *what* – is an infrastructure.«[11] Ein solches Umstellen von Was- auf Wann-Fragen verweist nicht allein auf Kontextabhängigkeit und Situationsbezug, sondern markiert für Star und Ruhleder den spezifischen Punkt der Emergenz von Infrastrukturen: »the ›when‹ of complete transparency«,[12] jenen Punkt also, an dem Infrastrukturen zum unsichtbaren Hintergrund alltäglicher Verrichtungen werden:

»*An infrastructure occurs when the tension between local and global is resolved.* That is, an infrastructure occurs when local practices are afforded by a larger-scale technology, which can then be used in a natural, ready-to-hand fashion. It becomes transparent as local variations are folded into organizational changes, and becomes an unambiguous home – for somebody. This is not a physical location nor a permanent one, but a working relation – since no home is universal.«[13]

Entsprechend erfordert es die Analyse von Infrastrukturen methodisch, ihre scheinbare Transparenz zu hinterfragen. Vollzogen werden müsse, so Star und Ruhleder im Anschluss an Geoffrey Bowker, eine »infrastructural inversion«, d. h. eine Figur-Grund-Umkehrung der Verursachungskette in der Beschreibung von

8 | Vgl. S. L. Star/K. Ruhleder: »Steps Toward an Ecology of Infrastructure«, S. 111.

9 | Vgl. ebd.; vgl. A. Giddens: *The Constitution of Society.*

10 | S. L. Star/K. Ruhleder: »Steps Toward an Ecology of Infrastructure«, S. 111.

11 | Ebd., S. 113. »Innerhalb eines bestimmten kulturellen Kontexts betrachten Köche das Wassersystem als Teil einer funktionierenden Infrastruktur, die für die Zubereitung eines Essens unabdingbar ist – für Stadtplaner wird sie zu einer Variablen in einer komplexen Gleichung. Daher fragen wir nicht, *was* eine Infrastruktur ist, sondern *wann* sie eine ist.« Übersetzung aus diesem Band, S. 362.

12 | S. L. Star/K. Ruhleder: »Steps Toward an Ecology of Infrastructure«, S. 132.

13 | Ebd., S. 114. »*Eine Infrastruktur entsteht, wenn die Spannung zwischen dem Lokalen und dem Globalen gelöst wird.* Sie entsteht, wenn lokale Praktiken durch eine größer angelegte Technologie ermöglicht *(afforded)* werden, die dann auf eine natürliche, zuhandene Weise genutzt werden kann. Sie wird transparent, wenn man lokale Varianten in organisatorische Veränderungen einbringt, und wird zu einer unzweideutigen Heimat. Dies ist kein physischer Ort, auch kein permanenter, sondern eine funktionierende Beziehung – da keine Heimat universal ist.« Übersetzung aus diesem Band, S. 364.

(großtechnischen) Systemen, die für deren Entwicklung anstelle einzelner Personen oder Apparaturen infrastrukturelle Beziehungen in den Fokus rückt.[14]

Unter dieser Voraussetzung zeichnen sich Infrastrukturen durch acht »Dimensionen« aus,[15] die in späteren Darstellungen Stars immer wieder Erwähnung finden und mittlerweile zum kanonischen Bestand der Infrastrukturforschung zählen: Kennzeichnend für Infrastrukturen sei ihre Einbettung in andere Strukturen *(embeddedness)*; ihre im Gebrauch transparente Verfügbarkeit *(transparency)*, eine wichtige Eigenschaft, die die Diskussion um die ›Unsichtbarkeit‹ von Infrastrukturen prägt und sowohl das ›Eingebettetsein‹ von Infrastrukturen wie ihr ›Aufsetzen‹ auf bereits bestehende Strukturen betrifft; ihre zeitlich wie räumlich über singuläre Ereignisse und lokal gebundene Praxen hinausgehende Reichweite *(reach or scope)*; ihr Erlernt-Werden im Rahmen einer Praxisgemeinschaft *(learned as part of membership)*, d.h. erst wenn Infrastrukturen von Nutzern als selbstverständlicher Teil einer solchen Praxisgemeinschaft angesehen werden, sind Artefakte und organisationale Arrangements tatsächlich Infrastrukturen geworden;[16] ihre prägende Wirkung auf bzw. ihr Geprägtsein von Praktiken *(links with conventions of practice)*: »Infrastructure both shapes and is shaped by the conventions of a community of practice, e.g. the ways that cycles of day-night work are affected by and affect electrical power rates and needs.«[17] Darüber hinaus seien Infrastrukturen verkörperte Standards *(embodiment of standards)*, was umgekehrt bedeutet, dass Infrastrukturen erst da entstehen, wo Standards stabilisiert sind; sie würden auf bereits vorhandenen Systemen aufsetzen *(built on an installed base)*, was Fragen der Pfadabhängigkeit und des Layering impliziert;[18] und sie würden erst im Moment ihrer Störung sichtbar *(becomes visible upon breakdown)*, d.h. träten aus ihrer transparenten Verfügbarkeit heraus. An anderer Stelle nennt Star noch eine weitere Eigenschaft, die den Aspekt der Pfadabhängigkeit mit Blick auf Veränderungsmöglichkeiten profiliert; Infrastrukturen sind schichtweise und lokal implementiert,

14 | Vgl. S. L. Star/K. Ruhleder: »Steps Toward an Ecology of Infrastructure«, S. 113; G. C. Bowker: »Information Mythology«, bes. S. 235; T. P. Hughes: »The Evolution of Large Technological Systems«.

15 | An anderen Stellen ist auch von »salient features« (S. L. Star/G. C. Bowker: »How to Infrastructure«, S. 152) oder »properties« (S. L. Star: »The Ethnography of Infrastructure«, S. 380) die Rede.

16 | Vgl. J. Lave/É. Wenger: *Situated Learning*. Die Mitgliedschaft in einer Praxisgemeinschaft ist dabei der Grund für die ›Naturalisierung‹ von Infrastrukturen (vgl. G. C. Bowker/S. L. Star: *Sorting Things Out*, S. 295).

17 | S. L. Star/K. Ruhleder: »Steps Toward an Ecology of Infrastructure«, S. 113. »Infrastruktur formt die Konventionen einer Praxisgemeinschaft und wird von ihnen geformt, z. B. die Art und Weise, wie Zyklen von Tag-Nacht-Arbeit durch Stromgebühren und -verbrauch beeinflusst werden und sie beeinflussen.« Übersetzung aus diesem Band, S. 362.

18 | Zur Pfadabhängigkeit vgl. T. P. Hughes' Kategorie des technologischen *momentum* (T. P. Hughes: »The Evolution of Large Technological Systems«, S. 76 f.) sowie P. N. Edwards et al.: *Understanding Infrastructure*, S. 18. Als eine Form des Layering ließe sich Ingo Brauns Unterscheidung von Großen Technischen Systemen erster und zweiter Ordnung verstehen, vgl. I. Braun: »Geflügelte Saurier«, S. 483 ff.

weshalb Veränderungen Zeit bräuchten und nie einfach *top down* erfolgen könnten *(fixed in modular increments, not all at once or globally)*.[19]

Mit Blick auf die behauptete Relationalität von Infrastrukturen lassen sich die genannten Dimensionen als je unterschiedliche Akzentuierungen von Verhältnissen denken. So sprechen etwa Bowker et al. von einer »distribution of qualities« entlang der zwei Achsen *global/lokal* und *sozial/technisch*:[20] Werden dabei die Eigenschaften der Standardisierung und der Transparenz als technische und globale Attribute verstanden (eine Zuordnung, die mit Blick auf die Aushandlungsprozesse bei Standardisierungen bereits Probleme bereitet), gelten das Eingebettetsein und die Mitgliedschaft in einer Praxisgemeinschaft als stärker sozial und lokal geprägte Eigenschaften. Es ließen sich darüber hinaus weitere Relationen zur Beschreibung infrastruktureller Verhältnisse anführen: klein/groß, kurzfristig/langfristig, sichtbar/unsichtbar, materiell/immateriell, statisch/prozessual, natürlich/künstlich,[21] sowie – mit Blick auf die Argumentation von Star und Ruhleder im vorliegenden Aufsatz – formell/informell.

Anders als bei den Arbeiten zu Grenzobjekten[22] und Klassifikationssystemen[23] geht es bei der Ethnografie des Worm Community System nun aber nicht um die Analyse einer bereits vorhandenen Struktur, sondern vielmehr um die Einführung eines Systems, was Fragen nach der Emergenz von Infrastrukturen in den Vordergrund treten lässt. Interessant ist dabei, dass Star und Ruhleder Informationsinfrastrukturen allein auf Fragen der Software, ihrer Implementierung und die damit verbundene Design-Aufgabe beziehen, dagegen die Biologen-Community selbst, d.h. die bestehende Organisationsform und Praxisgemeinschaft mit bereits existierenden Routinen, nicht als (Informations- und Verwaltungs-) Infrastruktur beobachten. Dadurch geraten Fragen etwaig entstehender Konkurrenzen zwischen ›alten‹ und ›neuen‹ Informationsinfrastrukturen nur indirekt in den Blick.

Ökologie – »The delicate balance of language and practices«

Der Überschrift »Steps Toward an Ecology of Infrastructure« gemäß verstehen Star und Ruhleder ihren Artikel als Annäherung an ein ökologisches Verständnis von Infrastrukturen. Der Begriff der Ökologie begegnet im Kontext von Stars Schriften hier nicht zum ersten Mal. Bereits mit Blick auf die Analyse des Museums of Vertebrate Zoology hatten Star und James Griesemer von »Institutioneller Ökologie« *(Institutional Ecology)* gesprochen; und auch die Untersuchung der für Infrastrukturen relevanten *unsichtbaren Arbeit*, die Star zusammen mit Anselm Strauss durchführte, rekurriert im Untertitel auf die Dimension der Ökologie.[24]

19 | S. L. Star: »The Ethnography of Infrastructure«, S. 382.

20 | Vgl. G. C. Bowker et al.: »Toward Information Infrastructure Studies«, S. 101.

21 | Vgl. hierzu auch G. Schabacher: »Medium Infrastruktur«, S. 138.

22 | Vgl. hierzu die Beiträge zu Grenzobjekten in diesem Band.

23 | Vgl. hierzu den Beitrag »Kategoriale Arbeit und Grenzinfrastrukturen« in diesem Band.

24 | S. L. Star/J. R. Griesemer: »Institutional Ecology, ›Translations‹ and Boundary Objects«; S. L. Star/A. Strauss: »Layers of Silence, Arenas of Voice«.

Doch so prominent man dem Begriff im Titel bei Star und Ruhleder begegnet, so vergleichsweise spärlich sind die Hinweise im Text.

Zwei Bezüge, die für den Ökologie-Begriff bei Star und Ruhleder von Bedeutung sind, sollen deshalb kurz genannt werden. Zu erwähnen ist zum einen der organisationstheoretische Ansatz von Everett C. Hughes, der das Konzept der Ökologie im Rahmen seiner Institutionsanalysen soziologisch fruchtbar macht. So befindet sich ein Unternehmen Hughes zufolge immer innerhalb einer bestimmten Umgebung und steht deshalb unter Anpassungsdruck. Es muss festlegen, auf was es als ›Umwelt‹ reagieren will: »[O]ne thing the enterprising element must do is choose within possible limits the environment to which the institution will react.«[25] Das Konzept der ›Ökologie‹ betrifft damit Fragen der Rahmung und Interaktion mit dem Kontext. Diese ökologische Perspektive des pragmatistischen Interaktionismus wird, so machen Star und Griesemer in ihrer Museumsanalyse deutlich, explizit gegen die als zu einseitig verstandene Logik der Übersetzung und des *interessement* bei Latour, Callon und Law in Stellung gebracht: »The ecological viewpoint is anti-reductionist in that the unit of analysis is the whole enterprise, not simply the point of view of the university administration or of the professional scientist.«[26] Statt die heterogenen Interessen mehrerer Akteure auf nur einen Passagepunkt hin zu verengen, gehen Star und Griesemer von einem polyperspektivischen »many-to-many mapping« aus, bei dem stets mehrere konsistente Übersetzungen entstehen: »[T]here is an indefinite number of ways entrepreneurs from each cooperating social world may make their own work an obligatory point of passage for the whole network of participants.«[27]

Eine zweite Referenz des Ökologiekonzepts bei Star und Ruhleder verbindet sich mit Gregory Batesons Aufsatzsammlung *Steps to an Ecology of Mind* (1972), auf die Star und Ruhleder insbesondere im Zusammenhang infrastrukturellen Lernens eingehen. Den Begriff der Ökologie bezieht Bateson auf die Entwicklung wissenschaftlicher Ideen und ihrer Aggregate (»mind«), weshalb er einleitend zu *Ecology of Mind* formuliert:

> »The questions which the book raises are ecological: How do ideas interact? Is there some sort of natural selection which determines the survival of some ideas and the extinction or death of others? What sort of economics limits the multiplicity of ideas in a given region of mind? What are the necessary conditions for stability (or survival) of such a system or subsystem?«[28]

---

25 | E. C. Hughes: »Going Concerns«, S. 62.

26 | S. L. Star/J. R. Griesemer: »Institutional Ecology, ›Translations‹ and Boundary Objects«, S. 389. »Der ökologische Blickwinkel ist insofern antireduktionistisch, weil die gesamte Unternehmung als Analyseeinheit betrachtet wird, nicht bloß der Standpunkt der Universitätsverwaltung oder der professionellen Wissenschaftler.« Übersetzung aus diesem Band, S. 83.

27 | S. L. Star/J. R. Griesemer: »Institutional Ecology, ›Translations‹ and Boundary Objects«, S. 390. »[E]s gibt unendlich viele Möglichkeiten, wie Unternehmer aus jeder kooperierenden sozialen Welt ihre eigene Arbeit zu einem obligatorischen Passagepunkt für das ganze Netzwerk von Teilnehmern machen können.« Übersetzung aus diesem Band, S. 84.

28 | G. Bateson: *Steps to an Ecology of Mind*, S. xvf.

Ohne an dieser Stelle genauer auf Batesons ›Geist‹-Begriff eingehen zu können, lässt sich festhalten, dass sich auch für Bateson mit dem Konzept der Ökologie die Idee der Interaktion und wechselseitigen Beeinflussung von Elementen (»ideas«) verbindet.

Bereits durch den Ökologiebegriff im Titel zielt die Infrastrukturanalyse bei Star und Ruhleder also auf Fragen des Kontextes und der wechselseitigen Standpunktbezogenheit heterogener Akteure. Unter Rekurs auf Batesons Kommunikationstheorie wird dabei speziell die Art und Weise in den Blick genommen, »in which communicative processes are entangled in the development of infrastructure.«[29] Dabei wird Ökologie als eine spezifische Form der Balance von Kommunikation und Praxis verstanden:

»The term ecology, as adapted to our analysis here, refers to the delicate balance of language and practice across communities and parts of organizations; it draws attention to that balance (or lack of it). It is not meant to imply either a biological approach or a closed, functional systemic one.«[30]

Hier stellt sich die Frage, was mit einem Ökologiebegriff gewonnen ist, der weder biologisch oder physikalisch noch funktional-systemisch verstanden werden soll, sondern lediglich als delikate Balance zwischen Sprache und Praxis[31] figuriert und damit auf die von Star und Ruhleder analysierte Bedeutung von Verständigungsprozessen (»Artikulationsarbeit«) für Praktiken der Implementierung von Informationsinfrastrukturen verweist. Bezeichnenderweise wird das Konzept ›Umwelt‹ *(environment)* zur Erläuterung des Ökologiebegriffs an dieser Stelle nicht aufgerufen,[32] obwohl es im Text durchaus präsent ist. Dies zeigt ein späterer Abschnitt mit dem Titel »Organizational Environment: Communities and Large-Scale Infrastructures«[33] oder das dem Text vorangestellte Motto von Bruce Schatz, dem Begründer des Worm Community Systems, der Software-Produkte als Umwelten versteht:

29 | S. L. Star/K. Ruhleder: »Steps Toward an Ecology of Infrastructure«, S. 117.

30 | Ebd. »Der Begriff Ökologie, wie wir ihn für unsere Analyse hier verwenden, bezeichnet das heikle Gleichgewicht von Sprache und Praxis in Gemeinschaften und in Teilen von Organisationen. Er macht auf dieses Gleichgewicht (oder sein Fehlen) aufmerksam. Er soll sich dabei weder auf eine biologische noch auf eine geschlossene, funktionale, systemische Herangehensweise beziehen.« Übersetzung aus diesem Band, S. 369.

31 | Homöostase und Equilibrium waren in der Biologie und Systemtheorie lange zentrale Konzepte, ihre Bedeutung wird aber in der jüngeren Zeit bestritten – die Kybernetik zweiter Ordnung und aktuelle ökologische Ansätze orientieren sich programmatisch an den Gegenbegriffen der Störung und des Ungleichgewichts; zum Hintergrund vgl. H. von Foerster: »Über selbstorganisierende Systeme und ihre Umwelten«; B. Clark: »Neocybernetics of Gaia«.

32 | Der Terminus *environment* wird hier angesichts des ökologischen Kontextes der Einfachheit halber mit »Umwelt« wiedergegeben; zur historischen Differenzierung der Konzepte vgl. F. Sprenger: »Zwischen *Umwelt* und *milieu*«.

33 | S. L. Star/K. Ruhleder: »Steps Toward an Ecology of Infrastructure«, S. 131. Weiterhin ist auch von »local university computing environment« (ebd., S. 120), »rapidly changing environments« (ebd., S. 127), »business environment« (ebd., S. 129), »increasingly computer-based environments« (S. 130) die Rede.

»An *electronic community system* is a computer system which encodes the knowledge of a community and provides an environment which supports manipulation of that knowledge.«[34] Zwei Punkte sind dafür verantwortlich, dass es hier zu keiner direkten Engführung von Ökologie, Umwelt und Infrastruktur kommt. Zum einen wird, wie bereits erwähnt, die Frage der Infrastruktur maßgeblich auf das Worm Community System bezogen, also auf eine bestimmte proprietäre Software, nicht aber auf die Worm Community selbst. Zweitens wird nicht auf ein starkes Verständnis von Umwelt gesetzt, weil hier – wie noch auszuführen sein wird – der Begriff des Kontextes die Funktionsstelle des Umweltbegriffs übernimmt. Mit dem Kontextbegriff ist aber eine stärkere Akzentuierung von Sprache und (humanen) Akteuren sowie deren Praktiken gegeben, als es beim Begriff der Umwelt mit seinem dingbezogenen und räumlichen Akzent der Fall wäre.

Gregory Bateson und das »Infrastructural Transcontextual Syndrome«

Wie erwähnt, scheitert die Etablierung des Worm Community System. Star und Ruhleder begegnen dabei dem Phänomen, dass die meisten befragten Personen angeblich gerade im Begriff sind, das System zu nutzen (»just about to be hooked up with the system«),[35] auch wenn dies Recherchen nicht bestätigen. Insbesondere Probleme der Anmeldung und Verbindung mit dem System (»signing on« und »hooking up«)[36] sind deshalb Star und Ruhleder zufolge für das Scheitern des Gesamtprojekts verantwortlich. Anders als die sonstigen Computer-Supported Cooperative Work-Analysen Mitte der 1990er Jahre, die sich Star und Ruhleder zufolge zu wenig für Praktiken der Implementierung und Installation und die auf sie bezogene Arbeit (»Artikulationsarbeit«) interessieren würden, greifen Star und Ruhleder auf Gregory Batesons Unterscheidung verschiedener Ebenen der Kommunikation bzw. des Lernens zurück. Um Problemlagen bei der infrastrukturellen Implementierung des Worm Community Systems zu beschreiben, entfaltet der Text auf über zwanzig Seiten ein eng an Bateson orientiertes Übersetzungstableau (vgl. Tabelle 1).[37]

Bateson unterscheidet drei kommunikative Ebenen bzw. Stufen:[38] die objektsprachliche Ebene, die metasprachliche Ebene und eine ›darüber‹ angeordnete Ebene der Meta-Metamitteilung. Dabei versteht er die jeweils höhere Ebene als Kontext der hierarchisch ›niedrigeren‹: die zweite Ebene wäre damit also Kontext von Ebene eins, entsprechend die dritte Ebene Kontext von Ebene zwei. In analoger Weise differenziert Bateson verschiedene Ordnungen des Lernens. Wird auf der

34 | S. L. Star/K. Ruhleder: »Steps Toward an Ecology of Infrastructure«, S. 111; vgl. auch B. R. Schatz: »Building an Electronic Community System«, S. 88 f.

35 | S. L. Star/K. Ruhleder: »Steps Toward an Ecology of Infrastructure«, S. 122.

36 | Ebd., S. 116 ff.

37 | Vgl. ebd., S. 117-129.

38 | Die folgende Darstellung orientiert sich an der Lektüre des Ansatzes von Bateson durch Star und Ruhleder. Zur Differenzierung der Lernordnungen bei Bateson selbst vgl. G. Bateson: *Steps to an Ecology of Mind*, insb. »The Logical Categories of Learning and Communication«, S. 279 ff.

Tabelle 1: Levels im Anschluss an Bateson

Ebene	Kommunikation		Lernen	Infrastruktur	Lösung	***double binds*** »infrastructural trans-contextual syndrome«	Auflösung
1	»faktische« Mitteilungen *»Die Katze ist auf der Matte.«*	Mittei-lung	Lernen von etwas	Installation & Nutzung des Systems • Zugang • Fachkenntnisse *»UNIX kann verwendet werden, damit das WCS läuft.«*	Umverteilung von Ressourcen & Information *»Wie lautet die E-Mail-Adresse des WCS?«*		
	Kluft, infrastrukturelle Barriere ↑↓					**Ebene 1/2**	
2	Verlässlichkeit der Mitteilung der ersten Ebene *»Ich habe gelogen, als ich sagte: ›Die Katze ist auf der Matte‹«.*	Kontext/ Metamit-teilung	Lernen über das Lernen Lernen zu lernen	• unvorhergesehene kontextuelle Auswirkungen • Kollision von Problemen erster Ebene • verschiedene »Kulturen« *»Systementwickler mögen sagen, UNIX darf hier verwendet werden, aber sie verstehen nicht unsere Supportsituation.«*	Zuwachs an Ressourcen & intensivierte Koordination *»Wenn mein ganzer Fachbereich Macs verwendet, welche Konsequenzen hat meine Entscheidung für eine SPARC-Station statt für einen Mac?«*	• Kluft zwischen verschiedenen Nutzungskontexten	• interdisziplinäre Entwicklerteams • Erlernen der Sprache des jeweils anderen Seite (Design/ Nutzung) • Unterstützung & Computerkompetenz auf allen drei Ebenen
	Kluft, infrastrukturelle Barriere ↑↓					**Ebene 2/3**	
3	Bewerten des Kontextes *»Es gibt viele widersprüchliche Vorgehensweisen, um einzuschätzen, ob du in Bezug auf die Katze und die Matte gelogen hast oder nicht.«*	Wahl zwischen alter-nativen Kontex-ten	Erlernen von Theorien des Lernens/Bildungsparadigmen	Diskussion von Problemlösungsstrategien/ Denkschulen • mehrfache Bedeutungen • allgemeinere Fragen, größere Community *»UNIX-Nutzer sind böse – wir sind Mac-Menschen.«*	Politische Diskussion von leitenden Werten: • Konkurrenz oder Kooperation? • Komplexität oder einfache Nutzung?	• Kluft zwischen Positionen zur Computerarbeit • Kluft zwischen »doppelten Sprachebenen« in Design und Nutzung	

ersten Ebene ›etwas gelernt‹, gilt die zweite Ebene dem ›Lernen, etwas zu lernen‹, während die dritte Ebene Paradigmen der Erziehung verhandelt. Star und Ruhleder übersetzen diese Ebenen nun mit Blick auf die im Kontext der Infrastrukturentwicklung begegnenden Probleme (»issues«):[39] Während sich auf der ersten Ebene (vermeintlich einfache) technische Entscheidungen finden (»Unix may be used to run WCS«),[40] muss auf der zweiten Ebene eingeordnet werden, welche Konsequenzen solche Entscheidungen für den Arbeitsprozess hätten (»A system developer may say Unix can be used here, but they don't understand our support situation«).[41] Auf der dritten Ebene wiederum werden generelle Überlegungen zu Haltungen und Werten in der Community angestellt (»Unix users are evil – we are Mac people«).[42] Resultieren Probleme erster Ebene aus Wissensdefiziten, entstehen sie auf der zweiten aus unvorhergesehenen kontextuellen Effekten oder der Kombination von Problemen erster Ordnung. Auf der dritten wiederum betreffen sie breitere (wissenschafts-)politische Zusammenhänge und Debatten (etwa um die Definition von Objekten, die Interpretierbarkeit von Ergebnissen etc.). Die Probleme und ihre Lösungen werden also mit zunehmender Ebene komplexer; darüber hinaus sind aber auch die Ebenen selbst zunehmend weniger eindeutig voneinander zu trennen.

An dieser Stelle findet sich nun der zentrale Einsatz, der sich für Star und Ruhleder mit dem Rekurs auf Bateson verbindet. Gemäß Batesons Theorie des *double bind* kommt es nämlich zu einem logischen Paradox, insofern *gleichzeitig* auf verschiedenen Ebenen Mitteilungen ausgesendet bzw. Antworten eingefordert werden, die einander wechselseitig ausschließen. Solche aufgrund ihrer mehrfachen Kontextadressierung von Bateson als »transkontextuelles Syndrom« *(transcontextual syndrome)* bezeichneten Phänomene stellen Star und Ruhleder in den Mittelpunkt ihrer Analyse der Schwierigkeiten zwischen Usern und Entwicklern: »[P]eople attempting to hook up to complex electronic information systems encounter a similar discontinuity between message types.«[43] In Analogie zu Bateson sprechen sie von einem »infrastrukturellen transkontextuellen Syndrom« *(infrastructural transcontextual syndrome)*[44] und identifizieren drei Typen von *double binds*: zunächst die Differenz zwischen verschiedenen Nutzungskontexten, die das, was etwa für den Systemadministrator eine Aussage erster Ebene ist (»Just throw up X Windows and FTP the file down«) für den ungeübten Anwender zu einem komplexen Set von Fragen der zweiten Ebene machen; sodann Diskrepanzen innerhalb der Worm Community selbst, die computerbezogene Diskussionen auf der zweiten Ebene zu wissenschaftspolitischen Positionen der dritten Ebene werden lassen; und schließlich die generelle Kluft zwischen der Sprache der Entwickler und der der Nutzer von Informationsinfrastrukturen (»double levels of language in design and use«[45]). Nach Star und Ruhleder ist die Auflösung bzw. das Überbrücken solcher *double binds* notwendig, wenn die Implementierung von Informations-

39 | S. L. Star/K. Ruhleder: »Steps Toward an Ecology of Infrastructure«, S. 117.

40 | Ebd., S. 117; vgl. zu »First-order issues«, ebd., S. 118–120.

41 | Ebd., S. 117; vgl. zu »Second-order issues«, ebd., S. 120–123.

42 | Ebd., S. 117; vgl. zu »Third-order issues«, ebd., S. 123–126.

43 | Ebd., S. 127.

44 | Ebd., S. 126 f.

45 | Ebd., S. 127.

infrastrukturen nicht scheitern soll. Sie empfehlen deshalb multidisziplinäre Entwickler-Teams und verleihen der Erwartung Ausdruck, dass Entwickler wie User die Sprache des jeweils anderen lernen. Sie setzen ihre Hoffnung in einen anders gearteten Support, der »computer literacy« nicht allein technisch versteht, sondern ebenso auf Unterstützungsprozesse zweiter und dritter Stufe bezieht.[46]

Drei Aspekte erscheinen in diesem Zusammenhang besonders relevant. Mit dem Bezug auf Gregory Bateson steht der Begriff des Kontextes im Mittelpunkt der Infrastrukturanalyse. Insofern der Kontext-Begriff bei Bateson aus einem kommunikativ-sprachlichen Szenario heraus entwickelt wird – Bateson greift auf bekannte logische Paradoxien der Unterscheidung von Objekt- und Metasprache[47] zurück –, bleibt er vor allem ein Problem der Verständigung und von *Artikulationsarbeit*:[48] Entwickler wie User sollen lernen, die Sprache des jeweils anderen zu sprechen.[49] Damit bleibt aber eine Agency der Artefakte, wie sie im Konzept des *Grenzobjekts* angelegt ist, und eine Berücksichtigung der dinglichen Akteure der Umwelt vergleichsweise unterbelichtet.

Problematisch an Stars und Ruhleders ›Übersetzung‹ der Theorie Batesons ist überdies, dass die Situation des *double bind* bei Bateson im Kontext der Schizophrenie-Analyse (Familienkonstellation, Eltern/Kind-Beziehung) begegnet und dort nicht allein den Widerspruch zwischen verschiedenen Ebenen und Kontexten bezeichnet, sondern seine Brisanz aus der Tatsache bezieht, dass Widersprüche gerade *nicht* auflösbar sind. Insofern würde sich die Frage stellen, ob die von Star und Ruhleder herausgearbeiteten Ebenen-Probleme überhaupt vermeidbar sind.[50]

Als Medium im Sinne einer transformativen Eigenleistung, also als Mediator, erscheint im Artikel von Star und Ruhleder vor allem die Kategorie des Supports. Auch wenn die Autorinnen betonen, der Support habe den User nicht allein auf technische Probleme vorzubereiten, sondern ebenso auf die Behandlung von Fragen zweiter und dritter Ordnung, so bleibt die Kategorie gleichwohl unbestimmt und die mediale, d.h. transformierende Qualität des Supports wird nicht ausreichend berücksichtigt. Stellt man diese aber in Rechnung, erschiene Support nicht als Zwischenschritt oder Intermediäres auf dem Weg zu einem unabhängig definierten Ziel, sondern als Instanz, die mediiert und die unterstützten Personen und Artefakte in möglicherweise unvorhergesehene Richtungen lenkt.

---

46 | Ebd., S. 130.

47 | Vgl. dazu E. Schüttpelz: »Objekt- und Metasprache«.

48 | Vgl. hierzu A. Strauss: »Work and the Division of Labor«, hier S. 8 f.; S. L. Star/A. Strauss: »Layers of Silence, Arenas of Voice«, insbes. S. 10.

49 | Vgl. S. L. Star/K. Ruhleder: »Steps Toward an Ecology of Infrastructure«, S. 130.

50 | Bestimmte Passagen legen allerdings nahe, dass Star und Ruhleder deren Vermeidung im Auge haben: »If we, in large-scale information systems implementation, design messaging systems blind to the discontinuous nature of the different levels of context, we end up with organizations which are split and confused« (ebd., S. 118). »Wenn wir bei der Implementierung großangelegter Informationssysteme Mitteilungssysteme konstruieren, die blind für die diskontinuierliche Natur der verschiedenen Kontextebenen sind, landen wir bei Organisationen, die gespalten und verwirrt sind, bei Systemen, die nicht genutzt oder umgangen werden, und bei einem Komplex von Sachverhalten unserer eigenen Schöpfung, die der Organisationslandschaft Disparitäten tiefer einprägen.« Übersetzung aus diesem Band, S. 372.

Infrastrukturen und Medien sind also immer soziotechnisch-diskursive Systeme, die weder allein durch Hardware noch allein durch Software oder Codes, aber auch nicht ausschließlich sozial geprägt sind, sondern durch Kontexte und *Umwelten* ebenso bestimmt werden, wie sie auf deren Formation Einfluss haben.

Worm Breeder's Gazette

Das transkontextuelle Syndrom kann möglicherweise noch in einem weiteren Sinne als infrastrukturell verstanden werden. Bateson selbst betont, dass die Theorie des *double bind* und damit das transkontextuelle Syndrom nicht allein auf schizophrene Symptome zu beziehen sind, sondern ebenso auf nicht-pathologische »related behavioral patterns, such as humor, art, poetry etc.«[51] In diesem Bereich allerdings, so Bateson, »there is nothing to determine whether a given individual shall become a clown, a poet, a schizophrenic, or some combination of these.«[52] Diese Überlegung soll abschließend zu einem kleinen Umweg einladen, der einiges über das Funktionieren des ›transkontextuellen Syndroms‹ verrät.

Wie oben erwähnt, sollte das Worm Community System auch einen online verfügbaren, vierteljährlich erscheinenden Newsletter erhalten. Star und Ruhleder diskutieren den Newsletter als Problem der dritten Ebene, insofern die potenziellen Nutzer kontrovers über Informationszugewinn, Wettbewerbsfragen (die Publikation als Möglichkeit der Besetzung eines Themas wie auch der Blamage vor den Kollegen), die Validität der abgedruckten Information, die Möglichkeit des Annotierens sowie über den Verlust dialogischer Kommunikation debattieren. Sie stellen das Paradox heraus, dass mit zunehmender Größe der Community auch der Wunsch nach einer spezifischen Intransparenz steigt; so führt einer der Befragten aus, warum man seine Ergebnisse gerade nicht im Newsletter veröffentlichen würde: »People who want an immediate result to be known only want a small number to know. [...] They don't want everything to be global. By the time it gets into the *Worm Breeder's Gazette*, it's not critical any more.«[53] Schaut man sich nun den Newsletter selbst noch einmal genauer an, zeigt sich allerdings – jenseits der beschriebenen Diskussionen – noch ein weiteres Phänomen der dritten Ebene.

Der Newsletter *Worm Breeder's Gazette* versammelt, wie von Star und Ruhleder beschrieben, diverse Fachergebnisse zum Fadenwurm *c. elegans*. Er erscheint ab 1975, in den ersten sechs Jahren mit bis zu zwei Ausgaben pro Jahr, ab 1989 viermal jährlich. Ab Nummer 3.2 (1978) ziert den Newsletter ein gestaltetes Titelcover, dem ab Ausgabe 9.3 (1986) ein gestaltetes Backcover folgt, welche wiederum ab Ausgabe 18.1 (2009) explizit als »cover artwork« angesprochen werden.

51 | G. Bateson: »Double Bind, 1969«, in: *Steps to an Ecology of Mind*, S. 272.

52 | Ebd.

53 | S. L. Star/K. Ruhleder: »Steps Toward an Ecology of Infrastructure«, S. 125. »Leute, die ein unmittelbares Ergebnis zur Kenntnis geben wollen, lassen es nur eine kleine Zahl von Leuten wissen. [...] Sie wollen nicht, dass alles gleich global wird. Zu dem Zeitpunkt, zu dem es in die *Worm Breeder's Gazette* kommt, ist es nicht mehr wichtig.« Übersetzung aus diesem Band, S. 384.

Abbildung 1–4: Titelbilder der Worm Breeder's Gazette*, 1978–1996*

1

2

3

4

Nun steht ein Cover gemäß seiner Funktion als Paratext in Beziehung zu dem, was sich zwischen den Deckseiten befindet.[54] Anders aber, als man von einem Veröffentlichungsorgan einer wissenschaftlichen Community erwarten würde, unterhält das Cover der *Worm Breeder's Gazette* nun kein ›neutrales‹ oder bloß illustrierendes Verhältnis zum Inhalt des Newsletters, vielmehr porträtieren die Covergestaltungen *c. elegans* reflexiv im Kontext verschiedener Medienarrangements: Der Fadenwurm geht ins Kino und schaut sich die Filme an, in denen *c. elegans* als Protagonist auftritt (vgl. Abbildung 1),[55] er mikroskopiert den Menschen (vgl. Abbil-

54 | Vgl. G. Genette: *Paratexte*; K. Kreimeier/G. Stanitzek (Hg.): *Paratexte in Literatur, Film, Fernsehen.*

55 | *Worm Breeder's Gazette* 3/2 (1978), 9/3 (1986). Online verfügbar unter: www.wormbook.org/wbg/archive (11.2.2015).

dung 2),[56] figuriert als Computerprogramm »wormstar 3.2«[57] und wird zum Comicheld bei den Peanuts, den Simpsons sowie als »Superworm«.[58] Daneben wird die Methode des Sequenzierens als medienvermittelter Vorgang (vgl. Abbildung 3)[59] zum Thema gemacht, ebenso wie die Institutionalisierung des Forschungsprozesses (vgl. Abbildung 4).[60] Natürlich spielt der Wurm dabei auch Theater, verkleidet sich und lässt sich ablichten.[61] Darüber hinaus treibt er Sport und fährt in Urlaub etc.[62]

Auf dem Cover findet sich also ein Diskurs dritter Ebene ›über‹ das, was die Worm Community tut, und zwar auf jener Ebene des Humors, die Bateson gleichfalls zu den *double bind*-Phänomenen rechnet. Auch hier haben wir es also mit einem *transcontextual syndrome*, einer Mehrfachadressierung von Kontexten zu tun. Diese generiert aber, wie Bateson bemerkt, im Gegensatz zu den ›Einschränkungen‹ durch transkontextuelle ›Verwirrungen‹ Bereicherung und Kreativität: »It seems that both those whose life is enriched by transcontextual gifts and those who are impoverished by transcontextual confusions are alike in one respect: for them there is always or often a ›double take‹«.[63]

Interessant ist dabei, dass der Humor, der sich auf den Covern der *Worm Breeder's Gazette* findet, insbesondere die Mediengeschichte der Erforschung des Fadenwurms aufs Korn nimmt (Film, Foto, Mikroskop, Karte, PC etc.). Hierbei wird *c. elegans* zu einer Art Comic-Helden, der seinerseits mit den Menschen zu Rande zu kommen hat. In dieser Form des reflexiven Kommentars lassen sich also nicht nur von der Forschung konstruierte Narrative und Ideologien adressieren, vielmehr wird die Geschichte technischer Medien als mögliche Außenseite der Tätigkeit der Worm Community für alle Mitglieder anschaulich; inklusive der Abhängigkeit von Mensch, Wurm und Apparatur in diesem infrastrukturellen Netzwerk einer »worm world«.

Gabriele Schabacher lehrt Medienkulturwissenschaft an der Universität Mainz.

56 | *Worm Breeder's Gazette* 8/2 (Mitte 1980er), 15/1 (1997).

57 | *Worm Breeder's Gazette* 8/3 (Mitte 1980er).

58 | *Worm Breeder's Gazette* 11/4 (ca. 1990/1991), 12/4 (1992).

59 | *Worm Breeder's Gazette* 18/1 (2009) und 19/1 (2012); zur Kartierung des Fadenwurms 10/1 (1988).

60 | *Worm Breeder's Gazette* 14/4 (1996), Backcover.

61 | Vgl. hierzu *Worm Breeder's Gazette* 11/2 (1989) [Theater], 4/1 (1979) [fotografische Porträts], 9/1 (1986) [Halloween].

62 | Vgl. *Worm Breeder's Gazette* 12/2 (1992) [Sport], 12/1 Backcover (1991), 13/4 (1994) [Urlaub].

63 | Vgl. G. Bateson: »Double Bind, 1969«, S. 272.

LITERATUR

Bateson, Gregory: *Steps to an Ecology of Mind*, New York: Ballantine Books 1972.

Bowker, Geoffrey C.: »Information Mythology: The World of/as Information«, in: Lisa Bud-Frierman (Hg.), *Information Acumen. The Understanding and Use of Knowledge in Modern Business*, London/New York: Routledge 1994, S. 231–247.

Bowker, Geoffrey C./Star, Susan L.: *Sorting Things Out. Classification and its Consequences*, Cambridge, MA/London: MIT Press 1999.

Bowker, Geoffrey C. et al.: »Toward Information Infrastructure Studies: Ways of Knowing in a Networked Environment«, in: Jeremy Hunsinger et al. (Hg.), *International Handbook of Internet Research*, Dordrecht/London: Springer 2010, S. 97–117.

Braun, Ingo: »Geflügelte Saurier. Zur intersystemischen Vernetzung großer technischer Systeme«, in: Ingo Braun/Bernward Joerges (Hg.), *Technik ohne Grenzen*, Frankfurt a. M.: Suhrkamp 1994, S. 446–500.

Clark, Bruce: »Neocybernetics of Gaia: The Emergence of Second-Order Gaia Theory«, in: Eileen Crist/Bruce Rinker (Hg.), *Gaia in Turmoil. Climate Change, Biodepletion, and Earth Ethics in an Age of Crisis*, Cambridge, MA: MIT Press 2009, S. 293–314.

Edwards, Paul N. et al.: *Understanding Infrastructure: Dynamics, Tensions, Designs.* Report of a Workshop on ›History & Theory of Infrastructure: Lessons for New Scientific Cyberinfrastructures‹ Januar 2007, http://epl.scu.edu/~gbowker/cyberinfrastructure.pdf vom 9.6.2013.

Genette, Gérard: *Paratexte. Das Buch vom Beiwerk des Buches* [1987], Frankfurt a. M./New York: Campus 1992.

Giddens, Anthony: *The Constitution of Society. Outline of the Theory of Structuration*, Berkeley/Los Angeles, CA: University of California Press 1984.

Hughes, Everett C.: »Going Concerns: The Study of American Institutions«, in: Ders.: *The Sociological Eye. Selected Papers* [1971], New Brunswick/London: Transaction Books 2009, S. 52–72.

Hughes, Thomas P.: »The Evolution of Large Technological Systems«, in: Wiebe E. Bijker/Thomas P. Hughes/Trevor Pinch (Hg.), *The Social Construction of Technological Systems*, Cambridge, MA: MIT Press 1989, S. 51–82.

Kreimeier, Klaus/Stanitzek, Georg (Hg.): *Paratexte in Literatur, Film, Fernsehen*, Berlin: Akademie Verlag 2004.

Lave, Jean/Wenger, Étienne: *Situated Learning. Legitimate Peripheral Participation*, Cambridge: Cambridge University Press 1992.

Schabacher, Gabriele: »Medium Infrastruktur. Trajektorien soziotechnischer Netzwerke in der ANT«, in: *Zeitschrift für Medien- und Kulturforschung* 2 (2013), S. 129–148.

Schatz, Bruce R.: »Building an Electronic Community System«, in: *Journal of Management Information Systems* 8/3 (Winter 1991–1992), S. 87–107. https://doi.org/10.1080/07421222.1991.11517931

Schüttpelz, Erhard: »Objekt- und Metasprache«, in: Jürgen Fohrmann/Harro Müller (Hg.), *Literaturwissenschaft*, München: Fink 1995, S. 179–216.

Sprenger, Florian: »Zwischen *Umwelt* und *milieu* – Zur Begriffsgeschichte von *environment* in der Evolutionstheorie«, in: *Forum Interdisziplinäre Begriffsgeschichte. E-Journal* 3/2 (2014), S. 7–18.

Star, Susan L.: »The Ethnography of Infrastructure«, in: *American Behavioral Scientist* 43/3 (1999), S. 377–391. https://doi.org/10.1177/00027649921955326

Star, Susan L./Bowker, Geoffrey C.: »How to Infrastructure«, in: Leah Lievrouw/ Sonia Livingstone (Hg.), *The Handbook of New Media*, London u. a.: SAGE 2002, S. 151–162. https://doi.org/10.4135/9781446206904.n12

Star, Susan L./Griesemer, James: »Institutional Ecology, ›Translations‹ and Boundary Objects: Amateurs and Professionals in Berkeley's Museum of Vertebrate Zoology, 1907–39«, in: *Social Studies of Science* 19/3 (1989), S. 387–420. https://doi.org/10.1177/030631289019003001

Star, Susan L./Ruhleder, Karen: »Steps Toward an Ecology of Infrastructure: Complex Problems in Design and Access for Large-Scale Collaborative Systems«, in: *CSCW* (1994), S. 253–264. https://doi.org/10.1287/isre.7.1.111

Star, Susan L./Ruhleder, Karen: »Steps Toward an Ecology of Infrastructure: Design and Access to Large Information Spaces«, in: *Information Systems Research* 7/1 (1996), S. 111–134.

Star, Susan L./Strauss, Anselm: »Layers of Silence, Arenas of Voice: The Ecology of Visible and Invisible Work«, in: *Computer Supported Cooperative Work* 8/1-2 (1999), S. 9–30. https://doi.org/10.1023/A:1008651105359

Strauss, Anselm: »Work and the Division of Labor«, in: *The Sociological Quarterly* 26/1 (1985), S. 1–19. https://doi.org/10.1111/j.1533-8525.1985.tb00212.x

von Foerster, Heinz: »Über selbstorganisierende Systeme und ihre Umwelten« [1960], in: Siegfried J. Schmidt (Hg.), *Wissen und Gewissen. Versuch einer Brücke*, Frankfurt a. M.: Suhrkamp 1993, S. 211–232.

Die Ethnografie von Infrastruktur (1999)

Susan Leigh Star

»Ressourcen erscheinen auch als geteilte Visionen vom Möglichen und als akzeptable Träume vom Innovativen, als Techniken, Wissen, Know-how und als Institutionen, um diese Dinge zu lernen. Infrastruktur in diesem Sinn ist ein dichtes Gewebe, das heißt gleichzeitig dynamisch, durch und durch ökologisch, ja sogar fragil.«[1]
Louis Bucciarelli

»Der Züge Trotz belehrt uns: wohl verstand
Der Bildner, jenes eitlen Hohnes Schein
Zu lesen, der in toten Stoff hinein
Geprägt den Stempel seiner ehrnen Hand.«[2]
Percy Bysshe Shelley

Allgemeine methodologische Probleme

Dieser Artikel ist gewissermaßen ein Aufruf, langweilige Dinge zu studieren. Viele Aspekte von Infrastruktur sind überhaupt nicht aufregend. Sie manifestieren sich in Listen von Zahlen und technischen Spezifikationen oder als verborgene Mechanismen im Gegensatz zu jenen Prozessen, die Sozialwissenschaftlern vertrauter sind. Man muss schon ein wenig tiefer graben, um die Dramen ans Tageslicht zu bringen, die sich in der Systemplanung abspielen, um das Narrativ wiederherzustellen, das sich hinter scheinbar toten Listen verbirgt. Bowker und Star stellen im Hinblick auf die International Classification of Diseases (ICD), einem von der Weltgesundheitsorganisation eingerichteten globalen Informationssammelsystem, fest:

»Die Lektüre der ICD ähnelt stark der Lektüre des Telefonbuchs. Tatsächlich ist es noch schlimmer. Das Telefonbuch, insbesondere die Gelben Seiten, weist eine offenkundigere narrative Struktur auf. Es erzählt davon, wie sich lokale Unternehmen selbst sehen, wie viele Restaurants einer bestimmten Ethnizität es im Ort gibt, ob sich dort Whirlpools oder Schön-

---

1 | L. L. Bucciarelli: *Designing Engineers*, S. 131.

2 | P. B. Shelley: *Osymandias*.

heitschirurgen befinden oder eben nicht. (Doch die meisten Menschen machen es sich an einem Samstagabend nicht mit einem guten Telefonbuch gemütlich.)«[3]

Bowker und Star fügen hinzu, dass neben dieser direkten Information auch indirekte Interpretationen solcher trockenen Dokumente aufschlussreich sein können. Im Fall des Telefonbuchs heißt dies, dass ein dünner Band auf eine ländliche Gegend verweist und dass Telefonbücher, die bei Ehepaaren nur den Namen des Mannes aufführen, eine für Heterosexualität voreingenommene sexistische Gesellschaft signalisieren.

Historische Veränderungen spielen eine bedeutende Rolle für die Lektüre dieser Dokumente. So können sich Namen und Orte von Dienstleistungsunternehmen mit politischen Strömungen und sozialen Bewegungen ändern. Ein Beispiel dafür erläutern Bowker und Star in ihrem Buch *Sorting Things Out*:

»Im Telefonbuch von Santa Cruz in Kalifornien sind die Anonymen Alkoholiker und die Anonymen Drogenabhängigen unter dem Stichwort ›Notdienste‹ aufgeführt; vor Jahren wären sie unter ›Rehabilitation‹ aufgelistet gewesen, wenn überhaupt. Der veränderte Status spiegelt die verbreitete Anerkennung der Verlässlichkeit dieser Organisationen in Krisensituationen ebenso wider wie die Akzeptanz ihrer Theorie, Suchtabhängigkeit sei eine Krankheit. Im Abschnitt ›Veranstaltungen der Gemeinde‹ am Anfang des Telefonbuchs wird neben dem Garlic Festival und der Feier des Jahrestags der Stadtgründung auch die Pride Parade der Schwulen und Lesben als alljährliche Veranstaltung genannt. Hinter diesem simplen Telefonbucheintrag liegen jahrzehntelanger Aktivismus und Konflikt – dass Schwule und Lesben auf diese Weise Teil der bürgerlichen Infrastruktur werden, verweist auf eine Art öffentlicher Akzeptanz, die vor dreißig Jahren nahezu undenkbar gewesen wäre. Exkurse in diesen Bereich von Informationsinfrastrukturen können todlangweilig sein. Viele Klassifikationen scheinen nichts weiter als Listen von Zahlen mit beigefügten Kennzeichen zu sein, die in Softwaremenüs, Betriebsanleitungen oder anderen Nachschlagewerken begraben sind.«[4]

Das ethnografische Studium von Informationssystemen impliziert großenteils das Studium von Infrastruktur. Die mühsame Auseinandersetzung mit Infrastruktur ist geradezu eingebaut in das Gewebe technischer Arbeit.[5] Allerdings ist es leicht, sich innerhalb des traditionellen Bereichs von Feldstudien zu bewegen: Reden, Gemeinschaft, Identität und Gruppenprozesse, wie sie inzwischen von der Informationstechnologie vermittelt werden. So gibt es mehrere gute Untersuchungen über Multiuser Dungeons (MUDs) oder virtuelle Rollenspielräume, fernvermittelte Identität, Cyberspacecommunities und Statushierarchien. Viel weniger Studien hingegen existieren über die Auswirkung von Standardisierung oder formaler Klassifizierung auf Gruppenbildung, das Design von Netzwerken und ihre Bedeutung für verschiedene Gemeinschaften oder über die erbitterten politischen Debatten über Domainnamen, Übertragungsprotokolle oder Maschinensprachen.

Das ist vielleicht nicht überraschend. Die letzteren Themen werden eher verborgen in halbprivaten Umgebungen behandelt oder in unzugänglichem elektronischem Code begraben. Dies ist nicht die übliche Art von anthropologischer Fremd-

---

3 | G. C. Bowker/S. L. Star: *Sorting Things Out*, S. 56.

4 | Ebd., S. 57.

5 | Siehe L. Neumann/S. L. Star: »Making Infrastructure«.

heit. Vielmehr ist es eine eingebettete Fremdheit, eine Fremdheit zweiter Ordnung, des Vergessenen, des Hintergrunds, des an Ort und Stelle Erstarrten. Untersuchungen über das *gender bending* in MUDs, die Anonymität der Entscheidungsfindung und neuer elektronischer Zugehörigkeiten sind wichtig – sie erweitern unser Verständnis von Identität, Status und Gemeinschaft. Die Herausforderungen, mit denen sie in Verbindung stehen, sind in methodologischer Hinsicht nicht trivial. Wie studieren wir Handeln auf Distanz? Wie beobachten wir die Interaktion von Keyboard, verkörperten Gruppen und Sprache? Was bedeutet es in ethischer Hinsicht, Menschen zu studieren, deren Identität wir vielleicht niemals kennen werden? Wann ist eine Infrastruktur fertig, und wie würden wir dies wissen? Wie verstehen wir die Ökologie von Arbeit unter dem Einfluss von Standardisierung und Klassifizierung? Was ist universal oder lokal an standardisierten Schnittstellen? Und vor allem vielleicht: Welche Werte und ethischen Prinzipien schreiben wir in die inneren Tiefen der erbauten Informationsumgebung ein?[6] Wir benötigen neue Methoden, um diese Überlappung von Infrastruktur und menschlicher Organisation zu verstehen.

Wir sollten uns nicht nur mit den wichtigen Studien über Leichenraub, Identitätstourismus und transglobale Wissensnetzwerke ethnografisch befassen, sondern auch mit den Steckern, Einstellungen, Größen und anderen zutiefst banalen Aspekten des Cyberspace – etwa auf die gleiche Weise, wie wir ein Telefonbuch analysieren könnten. Der Lieblingsaphorismus meines Lehrers Anselm Strauss lautete: »Untersuche das Nicht-Untersuchte.« Dies veranlasste ihn und seine Studenten, kaum untersuchte Gebiete zu erforschen: chronische Krankheiten,[7] Arbeiter mit niedrigem Status wie Hausmeister, Tod und Sterben und die in Biowissenschaften verwendeten Materialien wie Versuchstiere und Tierpräparate.[8] Strauss' Aphorismus war keine methodologische Pervertierung. Vielmehr erschloss er ein eher ökologisches Verständnis von Arbeitsplätzen, Materialität und Interaktion und untermauerte ein auf soziale Gerechtigkeit abzielendes Anliegen durch Aufwertung von zuvor missachteten Menschen und Dingen.

Das Studium langweiliger Dinge (in diesem Fall von Infrastruktur) hat eine in mancher Hinsicht ähnliche ökologische Auswirkung. Die Ökologie des dezentralisierten Hightech-Arbeitsplatzes, zu Hause oder in der Schule, wird zutiefst beeinflusst von der relativ wenig untersuchten Infrastruktur, die all seine Funktionen durchdringt. Wenn Sie eine Stadt studieren und ihre Kanalisation und ihre Energieversorgung ignorieren (wie es viele getan haben), entgehen Ihnen wesentliche Aspekte der Verteilungsgerechtigkeit und der Planungsmacht.[9] Studieren Sie ein Informationssystem und beachten seine Standards, Drähte und Einstellungen nicht, entgehen Ihnen gleichermaßen wesentliche Aspekte von Ästhetik, Gerechtigkeit und Wandel. Wenn wir vielleicht aufhören würden, uns Computer als ›Datenautobahnen‹ vorzustellen, sondern bescheidener als symbolische Kanäle, dann würde sich dieser Bereich ein wenig öffnen.

6 | Siehe J. Goguen: »Requirements Engineering«; O. Hanseth/E. Monteiro: »Inscribing Behaviour«; Dies./M. Hatling: »Developing Information Infrastructure«.

7 | A. Strauss: *Where Medicine Fails*.

8 | A. E. Clarke/J. H. Fujimura (Hg.): *The Right Tools for the Job*. Vgl. auch den Beitrag »Institutionelle Ökologie, ›Übersetzungen‹ und Grenzobjekte« in diesem Band.

9 | B. Latour/E. Hermant: *Paris: Ville invisible*.

Wie definieren wir Infrastruktur?

»[W]as untersucht werden kann, ist immer eine Beziehung oder ein unendlicher Regress von Beziehungen. Niemals ein ›Ding‹.«[10]
Gregory Bateson

Infrastruktur stellen wir uns gemeinhin als ein System von Substraten vor: Eisenbahnschienen, Röhren und Leitungen, Stromkraftwerke und Kabel. Sie ist per definitionem unsichtbar, ein Teil des Hintergrunds für andere Arten von Arbeit. Sie steht ständig zur Verfügung. Dieses Bild genügt durchaus für viele Zwecke: Wenn Sie den Wasserhahn für ein Glas Wasser aufdrehen, nutzen Sie eine riesige Infrastruktur von Rohrleitungen und Wasserregulierung, ohne sich normalerweise allzu viele Gedanken darüber zu machen.

Beginnt man mit der Untersuchung von im Entstehen begriffenen großen technischen Systemen oder mit denjenigen, die von einer bestimmten Infrastruktur nicht versorgt werden, wird das Bild komplizierter. Für einen Eisenbahningenieur sind die Schienen keine Infrastruktur, sondern etwas Alltägliches. Für einen Menschen im Rollstuhl sind die Stufen und Türpfosten vor einem Gebäude keine Übergänge, die sich nahtlos nutzen lassen, sondern Barrieren.[11] Was für einen Menschen Infrastruktur ist, ist für einen anderen etwas Alltägliches oder eine Schwierigkeit. Oder wie Star und Ruhleder es formuliert haben: Infrastruktur ist ein grundlegend relationales Konzept, das zur realen Infrastruktur in Relation zu organisierten Praktiken wird.[12] Innerhalb eines gewissen kulturellen Kontexts also betrachtet der Koch die Wasserversorgung als funktionierende Infrastruktur, die unabdingbar für die Zubereitung eines Essens ist. Für den Stadtplaner oder den Klempner ist sie eine Variable in einem komplexen Planungsprozess oder ein Ziel für eine Reparatur: »Analytisch betrachtet, erscheint Infrastruktur nur als eine relationale Eigenschaft, nicht als ein vom Nutzen befreites Ding.«[13]

Während meiner eigenen Forschungstätigkeit wurde mir dies klar, als ich mit einer Gruppe von Biologen drei Jahre lang Feldforschung betrieb, unter Mitwirkung eines Informatikers, der für sie ein gemeinsames elektronisches Labor und eine Veröffentlichungsplattform einrichtete.[14] Ich studierte ihre Arbeitspraktiken und fuhr zu vielen Laboratorien, um Computernutzungs- und Kommunikationsmuster zu beobachten. Wir hielten uns zwar an die Prinzipien der partizipativen Softwareentwicklung *(participatory design)* – indem wir mithilfe der Ethnografie die Details der Arbeitspraxis, der umfangreichen Erstellung von Prototypen und des Nutzerfeedbacks zu verstehen suchten sowie das System in Laboratorien und auf Konferenzen testeten. Doch am Ende nutzten nur wenige Biologen das Sys-

---

10 | G. Bateson: *Ökologie des Geistes*, S. 323.

11 | Siehe S. L. Star: »Power, Technologies and the Phenomenology of Conventions«.

12 | S. L. Star/K. Ruhleder: »Steps Toward an Ecology of Infrastructure«; siehe auch T. Jewett/R. Kling: »The Dynamics of Computerization«.

13 | Ebd., S. 113.

14 | B. Schatz: »Building an Electronic Community System«. Vgl. auch den Beitrag »Schritte zu einer Ökologie von Infrastruktur« von Star und Ruhleder in diesem Band.

tem. Schwierigkeiten bereiteten ihnen anscheinend nicht die Schnittstelle oder die Repräsentation der ins System eingebetteten Arbeitsprozesse, sondern vielmehr Plattformen, die mit der Infrastruktur nicht kompatibel waren, unbequeme lokale Computerzentren und Engpässe bei den Ressourcen. Für uns wurde eine relationale Definition von Infrastruktur notwendig, ebenso wie wir gleichzeitig anerkannte Ansichten über die gewinnbringende Anwendung der Ethnografie in der Systementwicklung in Frage stellen mussten.

Wir begannen damit, Infrastruktur als Teil von menschlicher Organisation zu verstehen – und als genauso problematisch wie alle anderen Teile. Wir praktizierten, was Bowker eine »infrastrukturelle Inversion« genannt hat[15] – wir rückten die eigentlichen Hintergrundelemente von Arbeitspraxis in den Vordergrund. Auch neuere wissenschaftshistorische Arbeiten haben die Geschichte umfangreicher Systeme genau auf diese Weise beschrieben.[16] In der Wissenschaft wie in der Kunst erkennen und benennen wir Dinge anders unter verschiedenen infrastrukturellen Regimes. Technische Entwicklungen vollziehen sich entweder von unabhängigen oder von abhängigen Variablen hin zu Prozessen und Beziehungen, die mit Denken und Arbeiten verflochten sind. In unserer Studie zum Einsatz des Worm Community Systems in der Biologie[17] haben Ruhleder und ich der Infrastruktur definitionsgemäß folgende Eigenschaften unterstellt und sie jeweils an Beispielen veranschaulicht:

- *Eingebettetsein.* Infrastruktur ist in andere Strukturen, soziale Arrangements und Technologien eingelassen. Menschen unterscheiden nicht unbedingt zwischen mehreren koordinierten Aspekten von Infrastruktur. In der Worm-Studie machten die von uns Befragten normalerweise keinen Unterschied zwischen Programmen oder Subkomponenten der Software, in der sie einfach »drin« waren.
- *Transparenz.* Infrastruktur ist insofern transparent für ihre Nutzung, als sie nicht jedes Mal neu erfunden oder für jede Aufgabe zusammengebaut werden muss, sondern unsichtbar diese Aufgaben unterstützt. Für die von uns Befragten war die Aufgabe, das System mithilfe des File Transfer Protocol (FTP) downzuloaden, neu und damit schwierig – für einen Informatiker ist dies eine leichte Routineangelegenheit. Daher machte der Schritt, FTP zu nutzen, das System für die Biologen weniger transparent und somit viel weniger nutzbar.
- *Reichweite oder Geltungsbereich.* Dies kann entweder von räumlicher oder von zeitlicher Bedeutung sein – Infrastruktur reicht über ein einzelnes Ereignis oder eine Praxis vor Ort hinaus. So bestand einer der ersten Schritte in der Systementwicklung darin, dass wir den vierteljährlichen Newsletter der Biologen einscannten, damit ein langfristiger Rhythmus der Gruppe online emuliert werden konnte.

15 | G. C. Bowker: »Information Mythology«.

16 | Ebd. Siehe auch P. N. Edwards: *The Closed World*; T. P. Hughes: *Networks of Power* und »The Evolution of Large Technological Systems«; J. Summerton: *Changing Large Technical Systems* sowie J. Yates: *Control Through Communication*.

17 | Vgl. den Beitrag »Schritte zu einer Ökologie von Infrastruktur« in diesem Band.

- *Erlernt als Teil von Mitgliedschaft.* Dass Artefakte und organisatorische Arrangements für selbstverständlich erachtet werden, ist unabdingbar für die Zugehörigkeit zu einer Praxisgemeinschaft.[18] Fremde und Außenseiter erleben Infrastruktur als ein Zielobjekt, über das sie etwas in Erfahrung bringen müssen. Neue Beteiligte erlangen eine verinnerlichte Vertrautheit mit ihren Objekten, wenn sie Zugehörige werden. Zwar waren uns als Ethnografinnen und dem Informatiker viele Gegenstände der Biologie fremd und wir gaben uns besondere Mühe, diese Fremdheit zu überwinden. Doch leicht konnten wir andere Dinge überblicken, die wir bereits verinnerlicht hatten, wie Informationsabrufpraktiken über vernetzte Systeme.
- *Verknüpft mit Praxiskonventionen.* Infrastruktur gestaltet die Konventionen einer Praxisgemeinschaft und wird zugleich von ihnen beeinflusst (z. B. in der Art und Weise, wie Zyklen von Tag- und Nachtarbeit vom Strommengenbedarf beeinflusst werden und ihn zugleich beeinflussen). Generationen von Schreibkräften haben sich die QWERTY-Tastatur von Schreibmaschinen angeeignet – ihre Einschränkungen sind von der Computertastatur und damit vom Design heutiger Computermöbel übernommen worden.[19] Die Praktiken der vierteljährlichen Berichterstattung über den Newsletter ließen sich im System der Biologen nicht ändern – als wir ein kontinuierliches Update vorschlugen, wurde dies als Einmischung in wichtige Praxiskonventionen entschieden abgelehnt.
- *Verkörperung von Standards.* Infrastruktur wird – modifiziert vom Geltungsbereich und oft von kollidierenden Konventionen – transparent, indem sie sich auf eine standardisierte Weise anderen Infrastrukturen und Instrumenten anschließt. Unser System verkörperte viele Standards, wie sie in der biologischen und akademischen Community üblich waren, z. B. Namen und Karten für genetische Stämme sowie Fotos von relevanten Teilen des Organismus. Doch andere Standards entgingen uns anfangs, wie die Verwendung spezifischer Programme für die Erstellung von Fotos auf dem Macintosh.
- *Errichtet auf einer installierten Basis.* Infrastruktur erwächst nicht aus dem Nichts – sie ringt mit der Trägheit der installierten Basis und übernimmt von dieser Basis Stärken und Einschränkungen. Glasfaserkabel verlaufen entlang alter Eisenbahnlinien; neue Systeme werden für eine rückwärtsgewandte Kompatibilität entwickelt, und wenn diese Einschränkungen nicht berücksichtigt werden, kann dies neue Entwicklungsprozesse verzerren oder fatale Folgen für sie haben.[20] Wir machten uns dies teilweise zunutze, indem wir etwa den Newsletter einscannten und ein durchsuchbares Archiv anboten, aber unser Unvermögen, das Ausmaß der Verankerung des Macintosh in der Community zu verstehen, erwies sich als kostspielig.
- *Wird beim Zusammenbruch sichtbar.* Die normalerweise unsichtbare Qualität funktionierender Infrastruktur wird sichtbar, wenn sie zusammenbricht: Der Server stürzt ab, die Brücke ist überschwemmt, es kommt zu einem Stromausfall. Selbst wenn es Backup-Mechanismen oder -Verfahren gibt, hebt ihre Existenz die nun sichtbare Infrastruktur noch stärker hervor. Ein typisches Beispiel für unser Verständnis der Bedeutung von Infrastruktur erlebten wir bei

18 | G. C. Bowker/S. L. Star: *Sorting Things Out* und J. Lave/É. Wenger: *Situated Learning*.

19 | H. S. Becker: *Art Worlds*.

20 | O. Hanseth/E. Monteiro: »Inscribing Behavior in Information Infrastructure Standards«.

Feldbesuchen zur Überprüfung der Brauchbarkeit des Systems. Die von uns Befragten erklärten vor dem Besuch, sie würden das System ohne Probleme nutzen – doch während unseres Besuchs vermochten sie uns nicht einmal zu sagen, wo sich auf ihren lokalen Rechnern das System befand. Diese Fehlleistung wurde zur Grundlage für ein viel differenzierteres Verständnis der relationalen Beschaffenheit von Infrastruktur.

- *Ist in modularen Abstufungen fixiert, nicht auf einmal oder global änderbar.* Weil Infrastruktur groß, vielschichtig und komplex ist und weil sie lokal betrachtet unterschiedliche Bedeutung hat, wird sie niemals von oben geändert. Veränderungen benötigen Zeit und Aushandlung, und auch die Anpassung an andere Aspekte des Systems spielen eine Rolle.[21] Niemand trägt allein die Verantwortung für Infrastruktur. Während unserer Feldbesuche versuchten wir, Systeme aufzusetzen und für die von uns Befragten laufen zu lassen. Unsere Versuche wurden jedoch von den zahllosen Arten und Weisen, mit denen Laborcomputer auf dem lokalen Campus oder im Krankenhaus in Beschlag genommen wurden und durch veraltete Systeme behindert. Es gab schlicht keinen Zauberstab, um damit unsere Entwicklungsbemühungen voranzutreiben.

Infrastruktur und Methoden

Bei diesem relationalen Umgang mit Infrastruktur gibt es erhebliche methodologische Implikationen. Zu untersuchen sind dann etwa Entscheidungen über das Codieren und Standardisieren, das Herumbasteln und Maßschneidern von Aktivitäten[22] sowie die Beobachtung und Dekonstruktion von Entscheidungen, die in infrastrukturelle Formen umgesetzt werden.[23] Die Feldforschung wird in diesem Fall in eine Kombination von historischer und literarischer Analyse, von traditionellen Instrumenten wie Interviews und Beobachtungen, Systemanalysen und Studien zur Benutzerfreundlichkeit umgewandelt. Als ich z. B. die Entwicklung von Kategorien als Teil von Informationsinfrastruktur untersuchte, nahm ich an Meetings von Krankenschwestern teil, die sich darum bemühten, ihre eigene Arbeit zu kategorisieren.[24] Ich studierte die archivierten Meetings der Weltgesundheitsorganisation und ihrer Vorgänger, auf denen über die Einführung und Verbesserung von Kategorien auf Totenscheinen debattiert wurde. Gleichermaßen las ich in alten Zeitungen und Gesetzbüchern Berichte über Fälle von rassischer Neukategorisierung unter dem Apartheidsregime in Südafrika.[25] In jedem Fall ging ich bei der Datenerhebung und -analyse mit ethnografischem Einfühlungsvermögen vor. Dahinter stand die Idee, dass Menschen Dingen aufgrund ihrer Lebensumstände

21 | Ich danke Kevin Powell für diesen Hinweis. Diese Modularität ähnelt in formaler Hinsicht Hewitts Eigenschaften offener Systeme. Siehe C. Hewitt: »Offices Are Open Systems« und S. L. Star: *Regions of the Mind.*

22 | Siehe z. B. L. Gasser: »The Integration of Computing and Routine Work« sowie R. Trigg/S. Bødker: »From Implementation to Design«.

23 | G. C. Bowker/S. L. Star: *Sorting Things Out.*

24 | G. C. Bowker/S. Timmermans/S. L. Star: »Infrastructure and Organizational Transformation«.

25 | G. C. Bowker/S. L. Star: *Sorting Things Out.*

Bedeutung verleihen und dass diese Bedeutungen in ihre Urteile über die errichtete Informationsumgebung eingeschrieben würden.

Ich habe auch mit Informatikern zusammengearbeitet, die komplexe Informationssysteme konstruierten. Diese Arbeit ging ich als eine Art von Informantin über soziale Organisationen an. Zunächst suchten die Informatiker nach Beispielen von realen organisatorischen Problemlösungen, um ein Modell für großangelegte Systeme der Künstlichen Intelligenz zu bilden. Sie ermittelten Probleme aus dem Bereich der komplexen Systementwicklung und baten mich, vergleichbare Probleme in Organisationsumfeldern zu untersuchen, und zwar in erster Linie von Wissenschaftlern und Technikern.[26] Während Designer beispielsweise ein Modell dafür zu erstellen suchten, wie ein smartes System die endgültige Lösung für ein komplexes Problem ermitteln würde, untersuchte ich, wie dies im England des 19. Jahrhunderts von einer Gruppe Neurophysiologen bewerkstelligt wurde, die über die Funktionen des Gehirns debattierten.[27] Daraufhin erstellte ich formale Modelle der Prozesse, die dann den Informatikern rückgemeldet wurden.

Diese frühe Arbeit begann in den 1980er Jahren, vor der gegenwärtigen Entwicklung in Informationssystemen, die Ethnografen mit Informatikern zusammenbrachte, um die Benutzerfreundlichkeit zu verbessern (wie z. B. in der Worm Community Study[28]). Im letzten Jahrzehnt sind einige Ethnografen in vielen Ländern dauerhafte Kooperationen mit Systementwicklern eingegangen, insbesondere auf den Gebieten der Computer-Supported Cooperative Work (CSCW) und der Human Computer Interaction (HCI).[29] Diese Arbeit ist aus einer Reihe intellektueller Traditionen hervorgegangen u. a. der Ethnomethodologie, dem Symbolischen Interaktionismus, der Erforschung von Arbeitsprozessen und der Aktivitätstheorie (der kulturhistorischen Psychologie).

Alle von uns, die sich dieser Arbeit widmen, ringen mit Fragen der Skalierbarkeit, die grundsätzlich Fragen der Infrastruktur berühren. Es ist gewissermaßen möglich, ein traditionelles ethnografisches Forschungsprojekt durchzuführen, wenn dafür eine Gruppe von Menschen und eine kleine Anzahl von Computerterminals erforderlich sind. Doch viele Situationen, die Computerdesign und -nutzung erfordern, entsprechen nicht mehr diesem Modell. Gruppen sind geografisch und zeitlich verteilt und können aus Hunderten von Menschen und Terminals bestehen. Per definitionem sind der Ethnografie immer schon Grenzen der Größenordnung gesetzt. Die arbeits- und analyseintensive qualitative Forschungstätigkeit, verbunden mit einer historischen Betonung der Arbeit des einzelnen Forschers, hat sich noch nie für eine Ethnografie Tausender geeignet.[30]

Gleichzeitig ist die Ethnografie ein verlockendes Instrument zur Analyse von Interaktion im Internet. Ihre Stärke ist es, unterdrückten Stimmen Gehör verschaf-

26 | C. Hewitt: »Offices Are Open Systems« und S. L. Star: *Regions of the Mind.*

27 | S. L. Star: *Regions of the Mind.*

28 | Vgl. den Beitrag »Schritte zu einer Ökologie von Infrastruktur« in diesem Band.

29 | G. C. Bowker et al. (Hg.): *Social Science, Informations Systems and Cooperative Work.*

30 | D. h. zumindest, wenn diese Tausende heterogen, über viele Forschungsstätten verteilt und vielleicht anonym sind. Becker hat mich im persönlichen Gespräch am 25. Februar 1999 darauf hingewiesen, dass einige Ethnografien Tausender in großen Organisationen durchgeführt worden seien; siehe z. B. H. S. Becker/B. Geer/E. C. Hughes: *Making the Grade.*

fen, mit disparaten Bedeutungen jonglieren und die Kluft zwischen Wort und Tat verstehen zu können. Ethnografen sind dafür ausgebildet, Standpunkte und die Definition der Situation zu verstehen. Gefühlsmäßig sind dies anscheinend wichtige Stärken für das Verstehen der enormen Veränderungen, die die Informationstechnik bewirkt. Die Frage nach der Größenordnung bleibt ebenso dringlich wie offen für methodologische Anliegen, die an die Untersuchung der Infrastruktur gerichtet werden. Es ist ein ironischer und verlockender Augenblick – die Informatik verheißt uns eine komplette Übertragung von Interaktionen, nahezu vorgefertigte »Feldnotizen« in Form von Übertragungsprotokollen und Archiven von E-Mail-Diskussionen. Gleichzeitig ist noch eine harte Nuss zu knacken, nämlich die Reduktion dieses Materialvolumens auf einen Umfang, der sowohl bewältigbar wie analytisch interessant ist, auch wenn es zunehmend raffinierte Werkzeuge wie Atlas.ti für die qualitative Analyse gibt. Doch ich kenne niemanden, der Übertragungsprotokolle zur eigenen Zufriedenheit analysiert hat, geschweige denn gemäß einem Standard von ethnografischer Wahrhaftigkeit.[31]

Und wir haben noch nicht das Problem geklärt, wie Online-Interaktionen mit dem Leben von Menschen und mit Organisationen offline übereinstimmen. Bei der Worm Community Study versuchte ich einfach, traditionelle Feldarbeitstechniken in größerem Maßstab zu betreiben – und am Ende musste ich mit meiner Forschungskollegin zu Dutzenden von Laboratorien reisen, Vorarbeiten für jedes einzelne leisten und über hundert Biologen befragen, bis ich völlig erledigt war. Im Illinois Digital Library Project entdeckte unser sozialwissenschaftliches Evaluierungsteam, dass wir unsere ursprüngliche Untersuchung von »emergenten Gemeinschaftsprozessen in der digitalen Bibliothek« (per Feldforschung und Übertragungsprotokollen) zu einer verknüpften Reihe von Interviews mit potenziellen Nutzern und Ethnografien des Designteams umarbeiten mussten. Währenddessen warteten wir darauf, dass sich die System-Testumgebung entwickelte, bis wir unseren Zeitplan um rund zwei Jahre überschritten hatten.[32] Wir mussten uns zusammen mit den Systementwicklern völlig neue Arbeitsweisen ausdenken. Und diese neuen Arbeitsweisen brachen für die von uns Befragten wie für uns alte Formen auf.

Kunstgriffe[33]

Im folgenden Abschnitt werden mehrere Kunstgriffe untersucht, die ich in den oben erwähnten Studien entwickelt habe und die für das »Lesen« von Infrastruktur und das Offenlegen einiger ihrer Merkmale hilfreich sind.

---

31 | Eine gute Darstellung einiger dieser Probleme findet sich bei M. A. Spasser: *Computational Workspace Coordination.*

32 | A. P. Bishop et al.: »Digital Libraries: Situating Use in Changing Information Infrastructure«; L. Neumann/S. L. Star: »Making Infrastructure«.

33 | Die Originalüberschrift »Tricks of the Trade« habe ich von Beckers unschätzbarem Handbuch für sozialwissenschaftliche Forschung *Tricks of the Trade* gestohlen. Dieses Stehlen ist natürlich einer der Haupttricks unseres Fachs. Oder um Latour zu zitieren: »Les deux

Metanarrative und »Andere« ermitteln

Viele Informationssysteme wenden das an, was Literaturtheoretiker ein Metanarrativ nennen würden – eine einzelne Stimme, für die Vielfalt kein Problem darstellt. Diese Stimme spricht unbewusst aus dem mutmaßlichen Zentrum der Dinge. Ein Beispiel für dieses Codieren in Infrastruktur wäre das medizinhistorische Formular für Frauen, das die monogame traditionelle Heterosexualität als einzige Klasse für Antworten in Fragebögen codiert: Es gibt Antwortmöglichkeiten für »Mädchenname« und »Name des Ehemanns«, Antwortmöglichkeiten für »Formen der Empfängnisverhütung«, aber keine für andere sexuelle Praktiken, die medizinische Folgen haben können, und überhaupt keinen Platz für andere Partner außer dem Ehemann, die in einem medizinischen Notfall angerufen werden könnten. Latour erörtert das Narrativ, das dem gescheiterten Metrosystem Aramis eingeschrieben war und eine bestimmte Wagengröße codierte, die auf der vorausgesetzten Kernfamilie basierte.[34] Ein weiteres Beispiel sind Bandagen oder Brustamputationsprothesen, die als »fleischfarben« bezeichnet werden und am ehesten der Hautfarbe weißer Menschen entsprechen.

Auf das Metanarrativ zu hören und es als solches zu identifizieren heißt, sich zuerst mit dem zu identifizieren, das zu etwas anderem oder Ungenanntem gemacht worden ist. Einige der literarischen Kunstgriffe, die Metanarrative darstellen, sind etwa das Erschaffen globaler Akteure oder das Umwandeln eines unterschiedlichen Sets von Aktivitäten und Interessen in einen einzigen Akteur mit einer vorgeblich monolithischen Agenda (»die USA stehen für Demokratie«), die Personifizierung oder das Umwandeln eines Sets von Aktionen in einen einzigen Akteur mit Willenskraft (»die Wissenschaft sucht nach einer Heilung von Krebs«), die passive Stimme (»die Daten ergeben, dass...«) und das Tilgen von Modalitäten. Letzteres haben Wissenschaftssoziologen genau beschrieben – als den Prozess, durch den eine wissenschaftliche Tatsache nach und nach von den Umständen ihrer Entwicklung und den begleitenden Ungewissheiten entkleidet und zur unverblümten Wahrheit wird.

In der oben erwähnten Untersuchung der International Classification of Diseases haben Bowker und ich viele Momente entdeckt, in denen das im Entstehen begriffene Metanarrativ sichtbar wurde. In einem dieser dekonstruktiven Momente etwa versuchte ein Komitee von Statistikern den »Augenblick des Lebens« zu kodifizieren: Wie kann man für den Zweck des Ausfüllens einer Geburtsurkunde feststellen, wann ein Baby lebt? Man debattierte über religiöse Unterschiede (wie z. B. zwischen Katholiken und Protestanten) ebenso wie über phänomenologische Unterscheidungen wie die Anzahl von Atemzügen, die ein Baby machen, zu machen versuchen oder nicht machen würde.[35] In anderen Untersuchungen lasen wir von den konkreten Praktiken beim Ausfüllen von Totenscheinen, wobei die von den »Designern« zuvor getroffenen Unterscheidungen nicht mit der Art und Weise übereinstimmten, wie die begleitenden Ärzte die Welt sahen. Wir erkannten schließlich, dass die Leerstellen in den Formularen sowohl heteropraktisch (auf

mamelles de la science sont péage et bricolage« – Die beiden Zitzen der Wissenschaft sind Gelegenheitsdiebstahl und Bricolage.

34 | B. Latour: *Aramis*.

35 | G. C. Bowker/S. L. Star: *Sorting Things Out*.

unterschiedliche Praktiken je nach Region, lokalen Einschränkungen, Glaubensvorstellungen verweisend) wie heterosprachlich (unterschiedliche Stimmen in das scheinbar monotone Formular einschreibend) waren.

Unsichtbare Arbeit zum Vorschein bringen

Informationssysteme können Arbeit auf mehrfache Weise codieren und einbetten. Sie versuchen etwa, diese Arbeit direkt darzustellen. Sie befinden sich vielleicht inmitten eines Arbeitsprozesses wie ein Fels in einem Strom und erfordern improvisierte Lösungen *(workarounds)*, damit die Interaktion um sie herum weitergeht. Sie können auch Lücken in Arbeitsprozessen hinterlassen, die Echtzeitkorrekturen oder Artikulationsarbeit erfordern, um die Prozesse abzuschließen.

Um die unsichtbare Arbeit in Informationssystemen ausfindig zu machen, muss man nach diesen Prozessen in den Spuren suchen, die Codierer, Designer und Nutzer der Systeme hinterlassen.[36] In manchen Fällen muss man hinter die Kulissen schauen, wie Goffman dies formuliert hat,[37] um die Unordnung wiederherzustellen, die von der langweiligen Gleichförmigkeit der dargestellten Information verschleiert wird. Oft werden in so einer Tätigkeit hinter den Kulissen wichtige Erfordernisse entdeckt. So fanden wir beispielsweise in der Worm Community Study heraus, dass es entscheidende Augenblicke in der Karriere von Biologen gibt – insbesondere in der Zeit unmittelbar nach der Promotion, kurz bevor sie ihr eigenes Labor bekommen –, in denen Geheimhaltung und geschmeidige Professionalität höher geschätzt werden als die üblichen Gemeinschaftsnormen, vorläufige Ergebnisse an halbformellen Tagungsorten mitzuteilen.

Bei jeder Form von Arbeit gibt es stets Menschen, deren Arbeit nicht wahrgenommen oder nicht ausdrücklich anerkannt wird (z. B. Reinigungspersonal, Hausmeister, Dienstmädchen und oft auch Eltern). Wo das Ziel des Systemdesigns die Unterstützung jeder Arbeit ist, kann das Weglassen derer, die lokal als »Nicht-Personen« wahrgenommen werden, ein nichtfunktionierendes System bedeuten. Bei den Biologen beispielsweise hatte ich ursprünglich auch Sekretärinnen in den Publikations- und Kommunikationsverteiler aufnehmen wollen, da sie (jedenfalls für mich) so offenkundig Teil der Community waren. Dem widersprachen sowohl Biologen wie Systementwickler entschieden, da die Sekretärinnen ihrer Meinung nach keine echte wissenschaftliche Arbeit leisteten, und damit wurde der Gedanke fallen gelassen. Eine derartige heikle Balance gibt es oft bei der Frage, ob Dinge sichtbar gemacht oder unausgesprochen gelassen werden sollen. Dies war ein wichtiger Punkt bei den schon erwähnten Krankenschwestern, die alle von ihnen erledigten Aufgaben kategorisieren sollten. Verschwiegen sie ihre Arbeit, wurde sie ignoriert (oder wie es eine Befragte formulierte: »Wir werden dem Zimmerpreis zugeschlagen«). Erwähnten sie sie ausdrücklich, wurde sie von der Kostenstelle des Krankenhauses aufs Korn genommen. Die Aufgabe der klassifizierenden Krankenschwestern war also ein heikler Balanceakt – sie durften ihre Arbeit gerade sichtbar genug machen, damit sie anerkannt wurde, mussten sich aber einen Bereich der Diskretion bewahren. Ohne die Feldarbeit bei ihren Sitzungen, auf denen sie das

36 | S. L. Star und A. Strauss erörtern dies in »Layers of Silence« in Zusammenhang mit dem Design von CSCW-Systemen.

37 | E. Goffman: *The Representation of Self in Everyday Life.*

Klassifikationssystem entwickelten, hätten Bowker, Timmermans und ich keine Ahnung von diesem Konflikt gehabt.[38]

Paradoxien von Infrastruktur

Warum stellt das kleinste Hindernis für den Nutzer eines Computersystems oft eine unüberwindbare Barriere dar? Einer der Befunde unserer Untersuchungen über Nutzer im Illinois Digital Library Project[39] lautet, dass scheinbar triviale Veränderungen in der Routine oder Handlungserfordernisse sie davon abhalten, das System zu nutzen. Dies kann eine zusätzliche Schaltfläche sein, auf die geklickt werden muss, ein weiterer Link, dem gefolgt werden muss, um Hilfe zu finden, oder schlicht die Aufforderung, vom Bildschirm aufzublicken. Die Borniertheit dieser »kleinen« Barrieren stellt auf den ersten Blick eine rätselhafte menschliche Irrationalität dar. Warum sollte man nicht auf ein paar Schaltflächen drücken statt über den ganzen Campus zu spazieren, um eine Kopie von etwas zu bekommen? Warum beharren Menschen darauf, weniger funktionale, sondern eher routinierte Aktionen zu nutzen, wenn günstigere Alternativen zur Hand sind? Sind Menschen so routiniert, so starr in ihrer Unfähigkeit, sich einer Veränderung anzupassen, dass selbst ein so geringfügiges Hemmnis zu viel ist?

Statt die menschliche Natur auf solch grobe Art zu charakterisieren, greife ich lieber auf ein Beispiel aus der Feldarbeit zurück, um dieses Phänomen zu erklären. Auf einer phänomenologischen Ebene geschieht nämlich Folgendes: Diese geringen Hemmnisse vergrößern sich im Lauf des Arbeitsprozesses. Ein zusätzlicher Tastenklick fällt dann etwa so schwer wie zehn zusätzliche Liegestütze. Was geht hier vor?

Zur Erklärung dieses Vergrößerungsprozesses ist ein Verständnis für die hier tatsächlich ablaufenden zwei Arbeitsprozesse notwendig – doch nur einer ist für die traditionelle Analyse des Nutzers am Terminal oder des Nutzers im System sichtbar. Das ist der Prozess, der Tastenklicks und Funktionalität betrifft. Der andere ist der Prozess der Assemblage, das subtile, komplexe Verweben von Desktopressourcen, Organisationsroutinen, das laufende Sich-Erinnern an komplizierte Aufgabenwarteschlangen (von denen nur ein paar das Terminal oder System wirklich betreffen) und alle Arten von Artikulationsarbeit, die vom Nutzer unsichtbar vollzogen werden.

Schmidt und Simone haben darauf hingewiesen, dass in der Arbeitssituation Produktions-/Koordinationsarbeit und Artikulationsarbeit (also das gerade beschriebene zweite Set von unsichtbaren Aufgaben) rekursiv zusammenhängen.[40] Nur wenn wir *sowohl* die Produktionsaufgabe *als auch* die verborgenen Aufgaben der Artikulation beschreiben, und zwar zusammen und rekursiv, können wir zu einer guten Analyse gelangen, warum manche Systeme funktionieren und andere nicht. Die Vergrößerung, der wir in unseren Untersuchungen über Nutzer begegnet sind, hat etwas mit der Störung der Artikulationsarbeit der Nutzer zu tun. Dieses System ist zwangsläufig fragil (genau so, wie es dies in Echtzeit ist), je nach den

38 | G. C. Bowker/S. Timmermans/S. L. Star: »Infrastructure and Organizational Transformation«.

39 | A. P. Bishop et al.: »Digital Libraries«.

40 | K. Schmidt/C. Simone: »Coordination Mechanisms«.

lokalen und situationsbedingten Eventualitäten, und erfordert eine ganze Menge Know-how, damit man es schafft. Kleine Störungen in den Artikulationsprozessen können sich während des Arbeitsflusses des Nutzers verzweigen und so bewirken, dass sich die scheinbar kleine Anomalie oder zusätzliche Geste weitaus stärker auswirkt, als es ein rationales ›Nutzer-trifft-auf-Terminal‹ nahelegen würde.

Das trickreiche Problem der Indikatoren

Eine Schwierigkeit bei der Untersuchung von Infrastruktur besteht im Unterscheiden zwischen verschiedenen Bezugsebenen, die innerhalb einer Thematik gegeben sind. Diese Schwierigkeit besteht bei allen Untersuchungen, die sich interpretativ mit Medien befassen. Nehmen wir zum Beispiel an, man möchte den Zusammenhang zwischen Werbung für Wissenschaft und kulturellen Wertvorstellungen über Wissenschaft verstehen. Auf einer Bezugsebene könnte man die Häufigkeit von Anzeigen zählen, ihre geforderten Verknüpfungen mit Verkäufen und das dazugehörige Werbebudget berücksichtigen, ohne auch nur eine einzige Anzeige zu lesen. In diesem Fall sind die Anzeigen Indikatoren von Mitteln, die für die Werbung für wissenschaftliche Produkte ausgegeben werden. Nimmt man sich nun den Inhalt der Anzeigen vor, könnte man den Betonungen nachgehen, die gewissen Arten von Aktivität gelten, oder dem genderstereotypen Verhalten, das sich in ihnen verkörpert, oder welche Arten von Bildern und welche Ästhetik dazu dienen sollen, den Erfolg zu demonstrieren. Hier muss man die stilistischen Mittel der Autoren der Anzeigen ermitteln – wie ironischen Sprachgebrauch, vielfache Bedeutungsebenen, die angewandten psychologischen Strategien und damit ihre Bedeutungen. Schließlich könnte man die Anzeigen schlicht als buchstäbliches Transkript über den Prozess und Fortschritt von Wissenschaft verstehen, das direkt nach ihren Aussagen interpretiert werden kann, als Indikatoren für wissenschaftliche Tätigkeit. Allgemein gesagt, können wir Informationsinfrastruktur interpretieren als

- materielles *Artefakt*, das von Menschen konstruiert wurde, mit physischen und pragmatischen Eigenschaften in seinen Auswirkungen auf menschliche Organisation. Aus dieser Perspektive ist der Wahrheitsstatus des Inhalts der Information nicht relevant, sondern nur seine Wirkung. Oder als
- *Spur* oder *Aufzeichnung* von Aktivitäten. Hier werden die Information und ihr Status viel relevanter, wenn die Infrastruktur selbst eine Informations-Sammeleinrichtung wird. Transaktionsprotokolle, E-Mail-Archive ebenso wie die Interpretation von Dingen wie Klassifikationsystemen als Nachweis für kulturelle Wertvorstellungen, Konflikte oder andere Entscheidungen, die bei der Konstruktion getroffen werden, gehören zu dieser Kategorie. Hier befindet sich die Informationsinfrastruktur irgendwo zwischen Forschungsassistent der Untersuchenden und dem gefundenen kulturellen Artefakt, was Ruhelosigkeit hervorruft. Dennoch muss die Information analysiert und in einen größeren Rahmen von Aktivitäten eingeordnet werden. Oder als
- wahrheitsgetreue Repräsentation der Welt. Hier wird das Informationssystem unproblematisch als Spiegel von Aktionen in der Welt und oft stillschweigend als einigermaßen vollständige Aufzeichnung dieser Aktionen verstanden. Wo

Interaktionen von Usenet-Gruppen in der Analyse einer bestimmten sozialen Welt Feldnotizen gänzlich ersetzen, haben wir es mit dieser Art von Substitution zu tun.

Diese drei Arten der Repräsentation schließen sich natürlich nicht gegenseitig aus. Es gibt jedoch ein wichtiges methodologisches Argument im Hinblick darauf, wo die Analyse angesiedelt ist. Ich habe schon mehrmals Studenten beraten, die in ihren Abschlussarbeiten diese Funktionen von Indikatoren ausgelassen haben, und es ist ein schwieriger und schmerzvoller Prozess, sie auseinanderzuhalten. Filme über Vergewaltigung können eine ganze Menge darüber aussagen, wie eine bestimmte Kultur sexuelle Gewalt akzeptiert, aber das ist weder das Gleiche wie Polizeistatistiken über Vergewaltigungen noch wie phänomenologische Untersuchungen über das Erlebnis, vergewaltigt zu werden. Filme werden von Filmemachern gedreht, die innerhalb einer Industrie arbeiten und von Budgets, Konventionen und ihren eigenen Vorstellungen eingeschränkt werden. Ähnlich verhält es sich bei einem Beispiel aus der Informationsinfrastruktur, wenn Menschen E-Mails nach gewissen Konventionen und innerhalb gewisser Genres versenden.[41] Der Zusammenhang zwischen E-Mail und der größeren Sphäre gelebter Aktivität kann nicht vorausgesetzt, sondern muss untersucht werden.

Die Prozesse bei der Ermittlung des Status von Indikatoren sind komplex. Dies liegt zum Teil an den Auslassungen, die wir als Forscher vornehmen, und zum Teil an Taschenspielereien derer, die sie erstellen. Ein verbreitetes Beispiel ist das Phänomen, dass beim Erstellen eines Systems von Indikatoren oder Kategorien Stichhaltigkeit durch Genauigkeit ersetzt wird. Wenn in der Entwicklung eines Systems große wissenstheoretische Erkenntnisse zur Debatte stehen, besteht eine politische Taktik darin, von der größeren Frage abzulenken und die Kontrolle über die Indikatoren zu gewinnen. In ihrer Untersuchung des Diagnostic and Statistical Manual of Mental Disorders (DSM) weisen Kirk und Kutchins genau diese Taktiken zwischen Psychoanalytikern und biologisch orientierten Psychiatern bei der Konstruktion des Kategoriensystems nach.[42] Statt sich (wie sie dies tatsächlich jahrelang getan hatten) auf die größeren Fragen von Geist und Psychopathologie zu konzentrieren, formulierten die Entwickler des DSM die Indikatoren neu, einschließlich der Formulierung von Entschädigungsforderungen von Seiten Dritter. Dies erfolgte in einem Zahlenwerk, das nach und nach psychoanalytische Vorgehensweisen ausschloss. Ähnliche Aktivitäten stellte ich bei Hirnforschern um 1900 fest.[43]

Brücken und Barrieren

Spätestens seit Winners klassischem Buchkapitel »Do Artifacts Have Politics«[44] treibt die Frage, ob und wie Werte in technische Systeme eingeschrieben sind, die Gemeinschaften um, die die Technik und ihr Design studieren. Winner verwies auf das Beispiel von Robert Moses, eines Stadtplaners in New York, der hinter den

41 | J. Yates/W. J. Orlikowski: »Genres of Organizational Communication«.

42 | S. A. Kirk/H. Kutchins: *The Selling of the DSM.*

43 | S. L. Star: *Regions of the Mind.*

44 | L. Winner: »Do Artifacts Have Politics?«.

Kulissen eine politische Entscheidung herbeiführte, die Autobrücken über den Grand Central Parkway niedrig zu bauen. Aus welchem Grund? Unter diesen Brücken könnten öffentliche Omnibusse nicht mehr hindurchfahren. Und die Folge? Arme Menschen wären dann praktisch von den reicheren Vorstädten auf Long Island abgeschnitten, jedoch nicht durch die Politik, sondern durch das Design.

Ob man nun dieses Beispiel von Robert Moses für bare Münze nimmt oder nicht (und es ist tatsächlich umstritten), ist es doch recht lehrreich. Millionen kleiner Brücken sind in großangelegte Informationsinfrastrukturen eingebaut, und Millionen öffentlicher Busse können (buchstäblich wie metaphorisch) nicht unter ihnen hindurchfahren. Berüchtigt ist das Beispiel der Computer, die Schulen in Innenstädten und in Entwicklungsländern überlassen werden. Die Computer mögen ja gut funktionieren, aber die Stromversorgung ist mangelhaft oder fehlt ganz. Alte Disketten passen nicht in neue Laufwerke, und neue Disketten sind teuer. Ortsgespräche sind nicht immer kostenlos. Neue Browser sind schneller, benötigen aber mehr Speicherplatz. Und einer dieser heute so beliebten Browser wird nicht den beliebtesten Browser für blinde Menschen im reinen Textformat unterstützen.

In der Informationsinfrastruktur sind alle erdenklichen Formen von Variation in Praxis, Kultur und Norm den tiefsten Ebenen des Designs eingeschrieben. Einige sind gestaltbar, veränderbar und programmierbar – wenn man Wissen, Zeit und andere Mittel hat, um dies zu tun. Andere – wie ein Kategorienset mit starren Wahlmöglichkeiten – stellen Nutzer vor Barrieren, die sich vielleicht nur durch eine umfassende soziale Bewegung überwinden lassen. Denken wir etwa an das Beispiel der Rassenwahlmöglichkeiten in den Zensusformularen der USA. Im Jahr 2000 werden Menschen zum ersten Mal vielleicht mehr als eine Rassenkategorie ankreuzen dürfen. Diese schlichte infrastrukturelle Veränderung erforderte erst einen Marsch nach Washington und jahrelangen politischen Aktivismus, und sie wird Milliarden Dollar kosten. Zu ihren Gegnern zählen auch viele progressive, soziale Gerechtigkeit fordernde Gruppen. Ihrer Ansicht nach sei es zwar biologisch korrekt zu sagen, dass die meisten Amerikaner multiethnisch *(multiracial)* seien. Jedoch würden die diskriminierenden Auswirkungen der Wahlmöglichkeiten im Zensusformular bei der Zählung derer verloren gehen, die für sich multiethnische Ursprünge beanspruchen.

Die Anwendung der Erkenntnisse, Methoden und Sichtweisen der Ethnografie auf diese Klasse von Problemen ist für das, was manche das Informationszeitalter nennen würden, eine ebenso erschreckende wie erfreuliche Herausforderung. Die bisherigen Bemühungen in dieser Richtung haben Historiker, Soziologen, Anthropologen, Philosophen, Literaturtheoretiker und Informatiker zusammengebracht. Die methodologische Seite der gestellten Fragen ist unterentwickelt, im Gegensatz zur Kraft der Befunde dieser »unsichtbaren Universität«.

Dank

Die Autorin dankt Howie Becker, Geof Bowker, Jay Lemke, Nina Wakeford und Barry Wellman für ihre hilfreichen Kommentare. Dieser Artikel ist für die anderen Mitglieder der Gesellschaft von Menschen, die sich für langweilige Dinge interessieren, geschrieben, insbesondere für die Mitgründerin Charlotte Linde.

Literatur

Bateson, Gregory: *Ökologie des Geistes. Anthropologische, psychologische, biologische und epistemologische Perspektiven*, Frankfurt a. M.: Suhrkamp 1994.

Becker, Howard S.: *Art Worlds*, Berkeley, CA: University of California Press 1982.

Becker, Howard S.: *Tricks of the Trade: How to Think About Your Research While You're Doing It*, Chicago, IL: University of Chicago Press 1998.

Becker, Howard S./Geer, Blanche/Hughes, Everett C.: *Making the Grade: The Academic Side of College Life*, New York: John Wiley 1968.

Bishop, Ann Peterson/Neumann, Laura J./Star, Susan L./Merkel, Cecilia/Ignacio, Emily/Sandusky, Robert J.: »Digital Libraries: Situating Use in Changing Information Infrastructure«, in: *Journal of the American Society for Information Science* 51/4 (Special Issue: Digital Libraries: Part 2) (2000), S. 394–413.

Bowker, Geoffrey C.: »Information Mythology and Infrastructure«, in: Lisa Bud-Frierman (Hg.), *Information Acumen: The Understanding and Use of Knowledge in Modern Business*, London: Routledge 1994, S. 231–247.

Bowker, Geoffrey C./Star, Susan L.: *Sorting Things Out: Classification and Its Consequences*, Cambridge, MA: MIT Press 1999.

Bowker, Geoffrey C./Timmermans, Stefan/Star, Susan L.: »Infrastructure and Organizational Transformation: Classifying Nurses' Work«, in: Wanda Orlikowski/Geoff Walsham/Matthew Jones/J. DeGross (Hg.), *Information Technology and Changes in Organizational Work*, London: Chapman and Hall 1995, S. 344–370.

Bowker, Geoffrey C./Star, Susan L./Turner, William/Gasser, Les (Hg.): *Social Science, Information Systems and Cooperative Work: Beyond the Great Divide*, Hillsdale, NJ: Lawrence Erlbaum 1997.

Bucciarelli, Louis L.: *Designing Engineers*, Cambridge, MA: MIT Press 1994.

Clarke, Adele E./Fujimura, Joan H. (Hg.): *The Right Tools for the Job: At Work in Twentieth-Century Life Sciences*, Princeton, NJ: Princeton University Press 1992. https://doi.org/10.1515/9781400863136

Edwards, Paul N.: *The Closed World: Computers and the Politics of Discourse in Cold War America*, Cambridge, MA: MIT Press 1996.

Gasser, Les: »The Integration of Computing and Routine Work«, in: *ACM Transactions on Office Information Systems* 4/3 (1986), S. 205–225. https://doi.org/10.1145/214427.214429

Goffman, Erving: *The Presentation of Self in Everyday Life*, Garden City, NY: Doubleday 1959.

Goguen, Joseph: »Requirements Engineering as the Reconciliation of Technical and Social Issues«, in: Marina Jirotka/Joseph Goguen (Hg.), *Requirements Engineering: Social and Technical Issues*, New York: Academic Press 1996, S. 27–56.

Hanseth, Ole/Monteiro, Eric: »Inscribing Behavior in Information Infrastructure Standards«, in: *Accounting, Management and Information Technology* 7/4 (1996), S. 183–211.

Hanseth, Ole/Monteiro, Eric/Hatling, Morten: »Developing Information Infrastructure: The Tension Between Standardization and Flexibility«, in: *Science, Technology and Human Values* 21/4 (1996), S. 407–427. https://doi.org/10.1177/016224399602100402

Hewitt, Carl: »Offices Are Open Systems«, in: *ACM Transactions on Office Information Systems* 4/3 (1986), S. 271–287. https://doi.org/10.1145/214427.214432

Hughes, Thomas P.: *Networks of Power: Electrification in Western Society, 1880–1930*, Baltimore, MD: Johns Hopkins University Press 1983.

Hughes, Thomas P.: »The Evolution of Large Technological Systems«, in: Wiebe E. Bijker/Thomas P. Hughes/Trevor Pinch (Hg.), *The Social Construction of Technological Systems*, Cambridge, MA: MIT Press 1989, S. 51–82.

Jewett, Tom/Kling, Rob: »The Dynamics of Computerization in a Social Science Research Team: A Case Study of Infrastructure, Strategies, and Skills«, in: *Social Science Computer Review* 9/2 (1991), S. 246–275. https://doi.org/10.1177/089443939100900205

Kirk, Stuart A./Kutchins, Herb: *The Selling of the DSM: The Rhetoric of Science in Psychiatry*, New York: Aldine de Gruyter 1992.

Latour, Bruno: *Science in Action: How to Follow Scientists and Engineers Through Society*, Milton Keynes: Open University Press 1987.

Latour, Bruno: *Aramis, or the Love of Technology*, Cambridge, MA: Harvard University Press 1996.

Latour, Bruno/Hermant, Emilie: *Paris: Ville invisible*, Paris: La Decouverte 1998.

Lave, Jane/Wenger, Étienne: *Situated Learning: Legitimate Peripheral Participation*, Cambridge: Cambridge University Press 1991. https://doi.org/10.1017/CBO9780511815355

Neumann, Laura/Star, Susan L.: »Making Infrastructure: The Dream of a Common Language«, in: Janette Blomberg/Finn Kensing/Elisabeth Dykstra-Erickson (Hg.), *Proceedings of the PDC '96, Palo Alto, CA: Computer Professionals for Social Responsibility* 1996, S. 231–240.

Schatz, Bruce: »Building an Electronic Community System«, in: *Journal of Management Information Systems* 8/3 (1991), S. 87–107. https://doi.org/10.1080/07421222.1991.11517931

Schmidt, Kjeld/Simone, Carla: »Coordination Mechanisms: Towards a Conceptual Foundation of CSCW Systems Design«, in: *Computer Supported Cooperative Work (CSCW): The Journal of Collaborative Computing* 5/2-3 (1996), S. 155–200. https://doi.org/10.1007/BF00133655

Spasser, Mark Aaron: *Computational Workspace Coordination: Design-in-Use of Collaborative Publishing Services for Computer-Mediated Cooperative Publishing*, Dissertation, University of Illinois, Urbana, IL, 1998.

Star, Susan L.: *Regions of the Mind: Brain Research and the Quest for Scientific Certainty*, Stanford, CA: Stanford University Press 1989.

Star, Susan L.: »Power, Technologies and the Phenomenology of Conventions: On Being Allergic to Onions«, in: John Law (Hg.), *A Sociology of Monsters: Essays on Power, Technology and Domination*, London: Routledge 1991, S. 26–56.

Star, Susan L./Ruhleder, Karen: »Steps Toward an Ecology of Infrastructure: Design and Access for Large Information Spaces«, in: *Information Systems Research* 7/1 (1996), S. 111–134. https://doi.org/10.1287/isre.7.1.111

Star, Susan L./Strauss, Anselm: »Layers of Silence, Arenas of Voice: The Ecology of Visible and Invisible Work«, in: *Computer-Supported Cooperative Work (CSCW): The Journal of Collaborative Computing* 8/1-2 (1999), S. 9–30. https://doi.org/10.1023/A:1008651105359

Strauss, Anselm: *Where Medicine Fails*, New Brunswick, NJ: Transaction Books 1979.

Summerton, Jane (Hg.): *Changing Large Technical Systems*, Boulder, CO: Westview 1994.

Trigg, Randall/Bødker, Susanne: »From Implementation to Design: Tailoring and the Emergence of Systematization in CSCW«, in: *Proceedings of ACM 1994 Conference on Computer-Supported Cooperative Work*, New York: ACM Press 1994, S. 45–54.

Winner, Langdon: »Do Artifacts Have Politics?«, in: Judy Wacjman/Donald Mackenzie (Hg.), *The Social Shaping of Technology: How the Refrigerator Got Its Hum*, Milton Keynes: Open University Press 1986, S. 26–37.

Yates, JoAnne: *Control Through Communication: The Rise of System in American Management*, Baltimore, MD: Johns Hopkins University Press 1989.

Yates, JoAnne/Orlikowski, Wanda J.: »Genres of Organizational Communication: A Structurational Approach to Studying Communication and Media«, in: *Academy of Management Review* 17/2 (1992), S. 299–326.

Barrieren, Hinterbühnen, Infrastrukturen

Susan Leigh Stars Packungsbeilagen zur Erforschung der Arbeit im Informationszeitalter

Monika Dommann

Wer die Welt verstehen will, der beachte nicht das Zentrum, sondern die Peripherie, die Hinterhöfe, die Hinterbühnen, die Rückseiten und die Marginalien. Wer die Wissenschaft verstehen will, der schaue nicht auf das Eingemachte, sondern auf das Entstehende, nicht auf Texte, sondern auf Taten. Wer wissen will, wie wissenschaftliche Texte entstanden sind, wem sie geschuldet und gewidmet sind, wer zitiert und wer nicht zitiert wird, der lese nicht die geschliffenen *Abstracts*, sondern die Anfänge, die Vorwörter, die Widmungen, die Dankesbekundungen und die Bibliografien.

Susan Leigh Stars Texte sind immer auch wunderschöne Exkursionsberichte einer Feldforscherin. Sie beinhalten auffällig viele ausführliche Credits und Hintergrundinformationen, die auf das *Making Of*, die Inspirationen, die Musen, die Väter und die unsichtbaren Colleges verweisen – und zwar nicht bloß in den in wissenschaftlichen Texten hierfür vorgesehenen Randzonen. Sie sind als Packungsbeilagen im Dienste eines Wissenschaftsverständnisses zu verstehen, das die den Resultaten zugrunde liegenden Daten und Methoden genauso explizit zu machen versucht, wie die Auswirkungen wissenschaftlicher Tätigkeit auf ihre Untersuchungsgegenstände.

Stars Aufsatz »The Ethnography of Infrastructure«, 1999 in der interdisziplinären sozialwissenschaftlichen Zeitschrift *American Behavioral Scientist* erschienen, beginnt mit einem Aufruf: »This article is in a way a call to study boring things.«[1] In diesem Aufruf zum Studium langweiliger Dinge steckt vielerlei: Der für alle Aufbrüche charakteristische Hang zum Grundsätzlichen und Manifestischen, eine Anrufung (»a call«) der *Scientific Community*, ein ihrem Doktorvater Anselm L. Strauss entliehenes Verständnis von Wissenschaft als permanenter Frontierbewegung (»study the unstudied«[2]), eine feministische Kritik an der Selbstbeschränkung des Feminismus der 1980er Jahre (Identität statt Standards oder Computer), eine Methodik (eine Melange von ethnografischer Feldforschung und historischer Archivarbeit), der Versuch einer radikalen Offenlegung jeglichen Arkanwissens in

1 | S. L. Star: »The Ethnography of Infrastructure«, S. 377.

2 | Ebd., S. 379.

der Wissenschaft (»tricks of the trade«) und ein Programm (die Analyse von Infrastrukturen).[3]

Kollektive Arbeit

»All scientific work is collective«, hatte Star 1989 zu Beginn jenes Buches verkündigt, das aus ihrer medizinsoziologisch und wissenshistorisch ausgerichteten Dissertation zur Hirnforschung hervorgegangen ist.[4] In diesem Bekenntnis, Wissenschaft dezidiert als kollektiven Akt zu betrachten, steckt ein Credo, das Susan Leigh Star in den 1980er Jahren mit jenem einzigartigen Amalgam aus Naturwissenschaftlerinnen, Ethnografen, Philosophinnen, Historikern und Soziologinnen teilt, welche sich unter den Akronymen STS (Science and Technology Studies) und den SSK (Sociology of Scientific Knowledge) versammelt haben. Diese erkenntnistheoretisch und empirisch gleichermaßen produktive Aufbruchsstimmung in der Endphase des Kalten Krieges muss rückblickend auch im Kontext einer Auseinandersetzung mit den (Natur-)Wissenschaften verstanden werden, die zu den Gewinnern des Kalten Krieges gehörten. Die Forschungsförderung in Ost und West wurde als staatliche Aufgabe etabliert, die Wissenschaftsbudgets explodierten dabei. Bereits in den 1960er Jahren hatten Szientometriker vorgerechnet, dass 80 bis 90 Prozent aller je existierenden Wissenschaftlerinnen und Wissenschaftler in der Gegenwart lebten.[5]

Die Verflechtungen der Wissenschafts- und Technikforscherinnen mit dem Kalten Krieg sind nicht unbedingt auf den ersten Blick ersichtlich: Das Philosophen-Historiker-Duo Steven Shapin und Simon Schaffer hat sich beispielsweise in *Leviathan and the Air-Pump*, dem vielleicht originellsten wissenschaftshistorischen Buch des 20. Jahrhunderts, nicht mit der Big Science des Kalten Krieges beschäftigt, sondern mit dem 17. Jahrhundert, dem Jahrhundert der wissenschaftlichen Revolutionen.[6] Shapins und Schaffers Interesse galt dem Experimentallabor Robert Boyles als einem neu entstehenden sozialen Raum. Sie betonten den kollektiven Charakter der Wissensproduktion und warfen ihr Augenmerk insbesondere auch auf den »invisible technician« (die Laboranten, Assistenten, Diener, Operateure etc.) bei der Herstellung von Fakten, denn Boyle griff nicht bloß auf die Hände seiner Gehilfen zurück, sondern ebenso sehr auf ihre Augen, auf ihre Beobachtungen und ihr Urteil.[7] Ihre Unsichtbarkeit war durch den sozialen Status festgeschrieben und wurde durch die Nichtanerkennung von Autorschaft zudem in die wissenschaftlichen Handbücher eingeschrieben. Shapins und Schaffers Konstatierung einer Unsichtbarkeit bezog sich auf zweierlei: auf das fast vollständige Fehlen der subalternen Gehilfen in den naturwissenschaftlichen Texten des 17. Jahrhunderts und ihre abermalige Nichtexistenz in der Wissenschaftsgeschichte der Gegenwart. Die Tendenz, Wissenschaften als Ideen (nicht als Arbeit, wie die Wissenschaftsforschung forderte) und als individualistisches Unterfangen (nicht als Gemeinschaftswerk) zu

3 | S. L. Star: »The Ethnography of Infrastructure«, S. 384.

4 | S. L. Star: *Regions of the Mind*, S. vii.

5 | D. J. de S. Price: *Little Science, Big Science*.

6 | S. Shapin/S. Schaffer: *Leviathan and the Air-Pump*.

7 | S. Shapin: »The Invisible Technician«.

betrachten, schien, so lässt sich im Rückblick sagen, gerade vor dem Hintergrund der hochgradig arbeitsteiligen Big-Science-Labore des Kalten Krieges nicht mehr haltbar. Steven Shapin verweist in seinem kurzen Essay zu den unsichtbaren Technikern explizit auf die Evidenz von Big Science im Zusammenhang mit seiner Kritik an einer individualistischen Ideengeschichte der Wissenschaft:

»In fact, there is much anecdotal evidence that such individualistic and revelatory models of scientific activity persist - even in the modern age of Big Science - constituting a general cultural basis for the invisibility of technicians and other support personnel, and for our tendency to see science predominantly as thought rather than as work.«[8]

Die Betonung des Kollektivcharakters von Wissenschaft und die Hinwendung zu den unsichtbaren Tätigkeiten und zur Arbeit, wie sie in den 1980er Jahren wissenshistorisch von Shapin/Schaffer und wissenschaftssoziologisch von Star praktiziert wurden, ist also auch vor dem Hintergrund einer Auseinandersetzung mit der Arbeitsorganisation zur Zeit des Kalten Krieges zu betrachten.[9] Die Fallstudie von Shapin und Schaffer zu Boyle verstand sich als *pars pro toto.* Sie war ein Angriff auf jene Erkenntnistheorien, welche auf Rationalität fokussiert waren. Die Hinwendung zur unsichtbaren Arbeit, zum informellen Wissen und zum frühneuzeitlichen Labor zielte auch auf eine Kritik an den bereits zu Beginn der neuzeitlichen Wissenschaft sich manifestierenden *biases.*

Vertrackte Unsichtbarkeit

Auch in Susan Leigh Stars Überlegungen zur Erforschung von Infrastrukturen ist die Sichtbarmachung unsichtbarer Arbeit zentral: »Invisible work or the work that other people aren't really attending to.«[10] Die Frage, warum Hausarbeit nicht als Arbeit zählt, sondern als Liebe oder Ausdruck der Natur, *die* Gretchenfrage der Frauenbewegung der 1970er Jahre, wird durch Susan Leigh Star weiterentwickelt und mit einer Analyse der Automatisierung verquickt. Unter »invisible work« versteht Star Arbeit, die sich unterhalb der Aufmerksamkeitsschwelle bewegt (z. B. Hausarbeit oder Elektroschocktherapie) und auch in Standards und Informationssystemen eingelagert werden kann (»plugs, setting, sizes«). Dass im Akt der Sichtbarmachung nicht immer ein emanzipatorischer Akt stecken muss und dass Beharren auf Unsichtbarkeit auch ein Akt des Erhalts von Autonomie, Widerstand gegen Überwachung oder eine Verteidigung von Diskretion sein kann, darauf haben Star und Anselm Strauss in einem gemeinsam verfassten Aufsatz »Layers of Silence«, der im selben Jahr wie »The Ethnography of Infrastructure« erschienen ist, hingewiesen.[11] Das Mikromanagement von Sichtbarkeit und Unsichtbarkeit ist überaus paradox und muss deshalb gemäß Star und Strauss selbst ein sozialwissenschaftlicher Untersuchungsgegenstand werden. Ihr Insistieren auf der Methodik der Mikroanalyse steht im Dienste einer Machtkritik, die nicht bei unsichtbaren ge-

8 | Ebd., S. 561.

9 | Vgl. auch: J. H. Capshew/K. A. Rader: »Big Science«.

10 | M. Zachry: »An Interview with Susan Leigh Star«, S. 450.

11 | S. L. Star/A. Strauss: »Layers of Silence«.

sellschaftlichen Makrostrukturen, sondern bei beobachtbaren sozialen Situationen ansetzt. Was als Arbeit verstanden wird und was nicht, die ungelöste Gretchenfrage der Frauenbewegung, wird von Star und Strauss in eine Frage der Definition von Situationen umformuliert.

Die Mikromacht des Definierens wird in keiner sozialen Situation deutlicher als in Phasen der Reorganisation der Arbeit, wo Unternehmensberater die unterschiedlichsten Arbeitssituationen nach ihrer Notwendigkeit durchforsten. Die mangelhafte Erfassung von Arbeitssituationen kann sich dabei fatal auswirken, etwa wenn sie die Kommunikation der Sekretärinnen nicht als Arbeit, sondern als unproduktiven Klatsch taxieren und dabei außer Acht lassen, dass in diesem Klatsch auch unkomplizierte Kommunikationskanäle ihrer Chefs oder ganzer Abteilungen stecken, und dass eine Wegrationalisierung von Sekretärinnen eine Firma teuer zu stehen kommen kann. Das Verdikt von Star und Strauss, dass die Definition von Arbeit nicht von Indikatoren, sondern von der Definition der Situation geleitet wird, entlehnen sie dem Roman *Beloved* der afro-amerikanischen Schriftstellerin Toni Morrison (»definitions belonged to the definers – not the defined«[12]), der in der Sklavenhaltergesellschaft nach dem Amerikanischen Bürgerkrieg angesiedelt ist. Diese Geste der Referenz, Entlehnung und Weiterentwicklung eines Zitats ist insgesamt charakteristisch für Stars Methodik und auch für ihre wissenschaftliche Prosa. Star bezieht das Material ihrer Argumentation genauso auf ethnografische Feldforschung wie auf Archivarbeit, die Lektüre von Gedichten und Romanen, die Analyse von Filmen und insbesondere auf die Diskussion von Bergen von Forschungsliteratur (auch Steven Shapins Aufsatz zu den »invisible technicians« wird übrigens zitiert), die in ihre Systematisierungen einfließen. Stars Verständnis der Wissenschaft als Grounded Theory, ihr selbstverständliches Mäandrieren zwischen theoretischer und empirischer Arbeit, zwischen dem Konkreten und dem Allgemeinen verschaffen den Texten vielerlei Türen und Fenster und machen sie auch für Leserinnen außerhalb der konzeptstrengen und hermetischen Soziologie so attraktiv. Am Ende entsteht, beinahe beiläufig, eine Matrix – und aus der Empirie Theorie. Im Fall der Frage von Sichtbarkeit und Unsichtbarkeit handelt es sich um eine Liste von sozialen Praktiken, welche für die Definition von Situationen konstitutiv sind (»creating a non-person, disembedding background work, abstracting and manipulation of indicators«).[13]

Paradoxe Infrastrukturen

Susan Leigh Stars Bekenntnis zu den langweiligen Dingen war natürlich weit mehr als eine Koketterie. In einem Interview von Mark Zachry unterstrich Star den Mut und die Kühnheit, die es brauchte, um jene allgegenwärtigen Dinge zu untersuchen, die andere als banal erachtet, ignoriert, belächelt und verachtet haben. Sie erwähnte in diesem Zusammenhang die wichtige Rolle, die den Cultural Studies für die Nobilitierung der alltäglichen, allgegenwärtigen Popkultur zum wissenschaftlichen Untersuchungsgegenstand zukam.[14] Für Star war die Analyse der

12 | S. L. Star/A. Strauss: »Layers of Silence«, S. 14.

13 | Ebd., S. 15.

14 | M. Zachry: »An Interview with Susan Leigh Star«, S. 448.

vordergründig langweiligen Dinge (Listen, Zahlenreihen, Telefonbücher, Handbücher, Gebrauchsanweisungen, Standards, Etiketten, Systeme etc.) das feministische Projekt der Stunde.[15] Identität, die große feministische Forschungsfrage seit den 1980er Jahren, muss im Zeitalter der Algorithmenmodellierung, wo die Schaffung von Profilen und die Praxis des *Profiling* die Konstituierung von Identitäten fundamental verändere, neu formuliert werden: »They can create such a detailed profile, which is not the same thing as identity. A profiler comes from the outside and targets you.«[16] Ähnlich wie die Wissenschaftsforscherinnen und -forscher in den 1980er Jahren die vermeintliche Wertfreiheit der Wissenschaft dekonstruiert und kritisiert haben, stellt das Projekt der Infrastrukturforschung die Neutralität von Abstraktion und Standards in Frage. In den banalsten Listen stecken große Narrative: eine Liste die nur die Ehemänner aufführt, erzählt beispielsweise das Drama einer »heterosexually-biased, sexist society«.[17]

Der neulateinische Neologismus »Infrastruktur«, der jüngst zu einem analytischen Konzept in Technik- und Medienforschung avanciert ist, stammt, darauf hat der Historiker Dirk van Laak hingewiesen, aus dem Werkzeugkasten der Ingenieure des 19. Jahrhunderts und wurde im Kontext des Eisenbahnbaus als Pendant zum Begriff »superstructure« erfunden.[18] Gemeint waren sozusagen die Vorarbeiten bzw. die Unterlagen (wie Landerwerb, Rodungen von Land, Bau von Dämmen, Erstellung von Eisenbahnübergängen und Brücken), auf denen dann das eigentliche Eisenbahnnetz (Gleise, Schienen, elektrische Leitungen, Signale etc.) aufgesetzt werden konnte. Noch in den 1940er und 1950er Jahren bezog sich der Begriff »Infrastruktur« auf ortsfeste Anlagen im Dienste der Mobilität. Erst in den 1950er Jahren entwickelte sich ›Infrastruktur‹ zu einem modernisierungstheoretischen Leitbegriff und einem Modewort, der von westlichen Geldgebern für Investitionen in Entwicklungsländern im Rahmen von technokratischen Modernisierungsprojekten und Planungsoffensiven im Bereich Landwirtschaft, Bildung, Industrie und Nationenbildung Verwendung fand. Diese Konjunktur war von der Idee geleitet, dass mit einem Umtopfen der technischen und ökonomischen Praktiken des Westens der Take-off im Rest der Welt gleichsam automatisch vor sich gehen würde.

Susan Leigh Stars Infrastrukturverständnis setzt bei der bereits in der Geschichte des Begriffs angelegten Verbindung von Technik und Organisation an und stellt die etymologische Codierung des Begriffs auf den Kopf, wenn sie bei Verbindungen immer nach Trennungen fragt, in Brücken und Treppen auch Hindernisse und Barrieren sieht und das Augenmerk auf die komplexen und immer schon paradoxen Verstrickungen legt, die mit der Planung und dem Bau von technischen Artefakten einhergehen. Stars Matrix der Charakteristiken von Infrastrukturen ist von einem Blick auf den Hintergrund, die Hinterbühnen, den Gebrauch und den Nicht-Gebrauch geleitet. Für Star sind Infrastrukturen eingebettet in sozialen Beziehungen. Sie versinken in anderen Strukturen. Obwohl sie nicht immer wieder neu erfunden werden müssen und potenziellen Nutzerinnen und Nutzern zur Verfügung stehen, sind sie an Gemeinschaften gebunden und müssen von Außenstehenden vor dem Gebrauch angeeignet werden. Doch gerade wenn sie transparent

15 | Ebd., S. 449.

16 | Ebd., S. 446.

17 | S. L. Star: »The Ethnography of Infrastructure«, S. 378.

18 | Vgl. D. v. Laak: »Der Begriff ›Infrastruktur‹«; »Infra-Strukturgeschichte«.

und offen für alle sind, werden sie unsichtbar. Viele Infrastrukturen werden erst bei Pannen, Unterbrüchen und bei ihrem Zusammenbruch wieder sichtbar. Ihre räumliche Ausdehnung, die sie zu einem Treiber der Globalisierung prädestinieren, beruht jedoch immer auf einer modularen, lokal verankerten Struktur: »Nobody is really in charge of infrastructure.«[19]

Diese paradoxen Funktionsweisen von Infrastrukturen, die zwar in eine Organisation eingebettet und das Produkt von minutiöser Planung sind, jedoch ebenso sehr auf dem dezentralen Mitwirken von unzähligen Akteuren und materiellen Artefakten beruhen, zeigt sich wohl besonders dramatisch im Fall der durch die Deutsche Reichsbahn organisierten Sonderzüge nach Auschwitz.[20] Infrastrukturen sind auch gerade dann so mächtig, wenn sie reibungslos funktionieren und nicht mehr auf den ersten Blick auffallen.

Raul Hilberg war der erste Historiker, der in den 1970er Jahren das Augenmerk auf das vordergründig Offensichtlichste, jedoch bei der zögerlichen Erforschung der Shoah vollkommen Ausgeblendete gelenkt hat: die Beteiligung der Deutschen Reichsbahn an der Massenvernichtung der Juden. Die Bediensteten der Reichsbahn stellten die Signale auf freie Fahrt, verrichteten ihren Dienst im Dienste einer Infrastruktur und trösteten sich wohl gerade mit dem reibungslosen Funktionieren und mit dem Gedanken, dass sie im Falle einer Weigerung den Gang der Dinge doch nicht hätten aufhalten können. Hilberg hat gezeigt, dass eine Geschichte der Sonderzüge nach Auschwitz durch eine minutiöse Erforschung der Organisation dieser Infrastruktur möglich ist, obwohl das Archiv der Reichsbahn angeblich zerstört wurde. Die Deutsche Reichsbahn wies eine strenge Unterscheidung zwischen Juristen und »Buchhaltungsfachleuten« und Maschinenspezialisten auf. Die finanziellen und die betriebstechnischen Bereiche waren getrennt. Die Trennung dieser beiden Arbeitsgebiete kristallisierte sich auch bei den Judentransporten heraus, was Raul Hilberg zur Schlussfolgerung veranlasste: »Wenn man ihr Zusammenwirken in einem Satz zu beschreiben hätte, müsste man sagen: Die Juden wurden als Menschen verbucht und als Vieh verladen.«[21]

Susan Leigh Star hat die Bedeutung der historischen Arbeit für die Erforschung von Infrastrukturen stets betont. Die Fragen könnten erst durch die Auseinandersetzung mit der Geschichte entwickelt werden und bildeten eine Grundlagenarbeit für die anschließenden teilnehmenden Beobachtungen und philosophischen Erörterungen. Geschichte wurde in den 1980er Jahren zum Steigbügelhalter des Konstruktivismus, die historischen Fallgeschichten dienten als empirisches Anschauungsmaterial für die Formulierung von Theorien. Wie lässt sich die Entstehung des Eingemachten besser beobachten als durch den Blick auf die Vergangenheit? Inzwischen sind die temporären Liaisons der konstruktivistischen Soziologie mit der Geschichte selten geworden, STS, SSK und die Wissensgeschichte gehen weitgehend getrennte Wege.[22]

19 | S. L. Star: »The Ethnography of Infrastructure«, S. 382.

20 | R. Hilberg: *Sonderzüge nach Auschwitz*.

21 | Ebd., S. 41.

22 | Zu den Ursachen und Folgen dieser Scheidung vgl. L. Daston: »Science Studies and the History of Science«.

Viele Historikerinnen kennen Susan Leigh Star bislang fast ausschließlich als Ko-Schöpferin des »Boundary Object«-Konzeptes. Die Medien- und Wissensgeschichte sollte sich die Wiederentdeckung dieser bekannten Unbekannten jedoch nicht entgehen lassen. Die Erforschung der Geschichte der Automatisierung und der Zirkulation von Informationen steht nun an. Ein Gespräch zwischen Historikerinnen, Medienwissenschaftlerinnen, Ethnologen und Technikforschern in der *American Historical Review* hat deutlich gemacht, dass ein solches Forschungsprojekt nur zwischen den Disziplinen stattfinden kann. Gabrielle Hecht und Paul Edwards haben betont, dass hierfür ein komplexes Verständnis von Infrastrukturen zentral sein wird:

»This means we should be thinking not just about information technology, but about knowledge infrastructures. Any system of knowledge, whether it be the indigenous knowledge of oral cultures or the most sophisticated forms of scientific analysis, relies on robust, enduring techniques, technologies (even simple ones), practices, and recording methods.«[23]

Die Erforschung der Wissensinfrastrukturen wird ohne die von Star immer wieder stark gemachten ex negativo-Fragen nicht zu machen sein. Welche Praktiken wurden nicht an Systeme delegiert? Und warum? Welches Wissen ging dabei verloren? Wer hat profitiert von den Einlagerungen von Praktiken in Standards? Und wer blieb dabei auf der Strecke? Warum funktionieren gewisse Systeme und warum scheitern andere? Macht wurde bis Michel Foucault als eine Unterdrückungsmaschinerie verstanden. Foucault hat demgegenüber argumentiert, dass Macht auch eine Wissensproduzentin ist: »Ausgehend von einer Macht über den Körper, war ein physiologisches, organisches Wissen möglich.«[24] Susan Leigh Star gehörte zu jenen Forscherinnen, die den Fokus abermals verschoben haben: Weg vom Blick auf die Makromacht disziplinierender Institutionen, hin zu jenen Systemen, die nicht mehr einer Organisation zuzuordnen sind, sondern durch institutionenübergreifende Agenturen formatiert und in Apparate eingelagert sind.

Susan Leigh Star war nicht bloß eine Meisterin im Entziffern der Packungsbeilagen des Informationszeitalters. Sie hat auch Gedichte geschrieben und eine wissenschaftliche Sprache gepflegt, die nach Klarheit suchte und dabei die Ambivalenz nie ausblendete. Star war eine politisch denkende Feministin, welche schon früh eindringlich davor gewarnt hat, die Technik den Technikern und Technikerinnen und die Computer den Programmierern und Programmiererinnen zu überlassen und uns dabei gezeigt hat, welche gravierende Macht im Mikromanagement steckt.

Die Autorin dankt Esther Laurencikova und Karin Schraner für ihre Unterstützung im *Backstage*.

Monika Dommann lehrt Geschichte an der Universität Zürich.

23 | P. N. Edwards et al.: »Historical Perspectives on the Circulation of Information«, S. 1398.

24 | Foucault: »Interview der Zeitschrift QUEL CORPS (Sept.-Okt. 75)«, S. 134.

Literatur

Capshew, James H./Rader, Karen A.: »Big Science: Price to Present«, in: *Osiris* 2/7 (1992), S. 3–25. https://doi.org/10.1086/368703

Daston, Lorraine: »Science Studies and the History of Science«, in: *Critical Inquiry* 35/4 (2009), S. 798–813. https://doi.org/10.1086/599584

Edwards, Paul N./Gitelman, Lisa/Hecht, Gabrielle/Johns, Adrian/Larkin, Brian/Safier, Neil: »Historical Perspectives on the Circulation of Information«, in: *American Historical Review* 115/5 (2011), S. 1392–1435. https://doi.org/10.1086/ahr.116.5.1393

Foucault, Michel: »Interview der Zeitschrift QUEL CORPS (Sept.–Okt. 75)«, in: Dietmar Kamper/Volker Ritter (Hg.), *Zur Geschichte des Körpers. Perspektiven der Anthropologie*, München/Wien: Hansa 1976, S. 130–137.

Hilberg, Raul: *Sonderzüge nach Auschwitz*, Mainz: Horst-Werner Dumjahn Verlag 1981 [1976].

Laak, Dirk van: »Der Begriff ›Infrastruktur‹ und was er vor seiner Erfindung besagte«, in: *Archiv für Begriffsgeschichte* 41 (1999), S. 280–299.

Laak, Dirk van: »Infra-Strukturgeschichte«, in: *Geschichte und Gesellschaft* 27/3 (2001), S. 367–393.

Price, Derek John de Solla: *Little Science, Big Science*, New York/London: Columbia University Press 1963.

Shapin, Steven/Schaffer, Simon: *Leviathan and the Air-Pump. Hobbes, Boyle, and the Experimental Life*, Princeton, NJ: Princeton University Press 1985.

Shapin, Steven: »The Invisible Technician«, in: *American Scientist* 77/6 (1989), S. 554–563.

Star, Susan L.: *Regions of the Mind. Brain Research and the Quest for Scientific Certainty*, Stanford, CA: Stanford University Press 1989.

Star, Susan L.: »The Ethnography of Infrastructure«, in: *American Behavioral Scientist* 43/3 (1999), S. 377–391. https://doi.org/10.1177/00027649921955326

Star, Susan L./Strauss, Anselm: »Layers of Silence, Arenas of Voice: The Ecology of Visible and Invisible Work«, in: *Computer Supported Cooperative Work* 8/1-2 (1999), S. 9–30. https://doi.org/10.1023/A:1008651105359

Zachry, Mark: »An Interview with Susan Leigh Star«, in: *Technical Communication Quarterly* 17/4 (2008), S. 435–454. https://doi.org/10.1080/10572250802329563

Transparenz jenseits individueller Größenordnungen

Konvergenz zwischen Informationsartefakten und Praxisgemeinschaften (2003)

Susan Leigh Star, Geoffrey C. Bowker und Laura J. Neumann

Frage: »Wie halten Sie sich über Ihr Gebiet auf dem Laufenden?«

Befragter (Professor für Maschinenbau, 40): »Das Gebiet, auf dem ich arbeite ... ich bin schon so lange darin tätig und habe eine Menge Menschen darin ausgebildet. Ich kenne praktisch alle Leute auf der Welt, die darin arbeiten. Ich gehöre auch der Redaktionsleitung einer Reihe von Fachzeitschriften an, und darum bekomme ich in vielen Fällen Dinge zu Gesicht, bevor sie in Druck gegangen sind. Ich persönlich weiß wahrscheinlich beides ganz gut zu nutzen. Ich korrespondiere mit einer Menge Personen, und sie erzählen mir, was sie tun, einfach, weil ich sie kenne ... Und ich nehme an Konferenzen teil, allerdings nur an ein paar. Dort treffe ich meine Kollegen, und wir unterhalten uns. Es passiert mir wahrscheinlich auch fast nie, dass ich auf einem Gebiet etwas recherchieren muss, über das ich überhaupt nichts weiß. Vielleicht niemals.«

Probleme, die Studierende mit dem Bibliothekssystem haben (laut einer Fokusgruppe befragter Studierender):

- Zeitschriften sind über den gesamten Campus verteilt.
- Artikel, die ich brauche, sind immer herausgerissen.
- Die Professoren wollen uns keine Aufsätze allein nach den Abstracts schreiben lassen.
- Ich ziehe lokale, irrelevante Artikel auswärtigen, relevanten vor.

»Nicht alles, was die Anwendung der Internationalen Klassifikation der Krankheiten (ICD) erleichtert, wird intern durch Modifikationen der Liste erarbeitet. Ja, ein Hintergrundfaktor, der großen Einfluss hat, ist die Konvergenz der internationalen Bürokratie. Was wir damit sagen wollen: Im Laufe dieses Jahrhunderts haben sich die Menschen ganz allgemein immer mehr daran gewöhnt, gezählt und klassifiziert zu werden.«[1]

---

1 | G. C. Bowker/S. L. Star: »Knowledge and Infrastructure«, S. 202.

Da Informationssysteme von immer mehr Menschen genutzt werden und unser Leben im Beruf wie in der Freizeit immer stärker durchdringen, müssen Wissenschaftler, die die menschliche Seite der Computerarbeit erforschen, verschiedene Konzepte erweitern, die traditionell als individuell oder psychisch verstanden werden. Generell beschäftigt dieses Problem Informatiker seit Jahren. Bei der Erörterung der Frage, wie sich das Gebiet der Mensch-Computer-Interaktion (HCI) verändert habe, hat beispielsweise Jonathan Grudin festgestellt, dass es sich vom Individuum (Bildschirm) zu Gruppen hin (Groupware) verlagert habe und nun logischerweise danach streben müsse, über die Gruppe hinaus die allgemeine soziale Sphäre zu erfassen.[2] Wenn große Gruppen von Menschen ein weit verbreitetes System nutzen, sind alte Vorstellungen wie »eine Person, ein Terminal« als Grundlage für das Design nicht mehr angemessen. Ähnlich argumentierte Liam Bannon, als er über seine »Pilgerreise« weg von den individualisierten, kognitivistischen Vorstellungen in der Mensch-Computer-Interaktion berichtete.[3] Rob Klings und Walt Scacchis klassische Vorstellung vom »Netz der Computerarbeit« versuchte über das Stereotyp vom Einzelnutzerterminal und formellen Programm hinauszugehen und das Design in einem größeren Kontext von Benutzerfreundlichkeit, dem Arbeitsplatz und seinen sozialen Netzwerken anzusiedeln.[4] John King und Susan Leigh Star haben das Skalierungsproblem an individuellen Entscheidungsunterstützungssystemen (DSS) untersucht und festgestellt, dass die Erweiterung von der Entscheidungsunterstützung über Gruppen-Entscheidungsunterstützungssysteme (GDSS) zu Organisations-Entscheidungsunterstützungssystemen (ODSS) komplex ist.[5]

Das Modell bezieht sich nicht mehr auf eine Person oder ein kleines Team, die oder das Entscheidungen in einer kontrollierten Umgebung optimiert. Auf der Ebene der Organisation umfasst das Entscheiden Fragen der sozialen Gerechtigkeit, vielfache Interpretationen und Konfliktbeilegung über soziale Grenzen hinweg. Auf dem Gebiet der Computer-Supported Cooperative Work (CSCW) und des Designs großangelegter Informationssysteme wie Digitaler Bibliotheken sind solche Skalierungsfragen von entscheidender Bedeutung. Steve Griffin, Programmdirektor der Digital Libraries Initiative (DLI) der National Science Foundation (NSF), stellte bei der Ankündigung einer zweiten Runde von Zuschüssen für Digitale Bibliotheken fest: »Der Schwerpunkt verlagert sich entschieden von der Technik zum Inhalt, zu den Nutzern und der Benutzerfreundlichkeit des Inhalts.«[6] Was wird die richtige Analyseeinheit für das Design solcher Digitalen Bibliotheken sein – Gruppe, Organisation, Gemeinschaft, Netzwerk? Wie sieht eine Gemeinschaftsschnittstelle oder ein Gemeinschaftssystem überhaupt aus? Mit der verbreiteten Nutzung des World Wide Webs und dem Wachstum Digitaler Bibliotheken wird die Lösung dieser Probleme immer vordringlicher.

---

2 | J. Grudin: »The Computer Reaches Out«.

3 | L. Bannon: »A Pilgrim's Progress«.

4 | R. Kling/W. Scacchi: »The Web of Computing«.

5 | J. King/S. L. Star: »Conceptual Foundations«. DSS = decision support systems, GDSS = group decision support systems, ODSS = organizational decision support systems.

6 | V. Kiernan: »U. S. to Offer up to $50 Million in Grants«.

In diesem Aufsatz befassen wir uns mit einem einzigen Aspekt der sozialen Seite des vertikalen Skalierens in Informationssystemen, nämlich wie es sich auf das Konzept von ›Transparenz‹ auswirkt. Transparenz für den einzelnen Nutzer bedeutet, dass er oder sie sich nicht mit der zugrunde liegenden Maschinerie oder Software beschäftigen muss. In diesem Sinn ist ein Auto transparent, wenn Fahrer sich hineinsetzen, den Zündschlüssel drehen und losfahren können, ohne den blassesten Schimmer davon zu haben, wie ein Verbrennungsmotor funktioniert.[7] Wenn wir vom Einzelnutzer zu einer Gemeinschaft übergehen, wird Transparenz komplexer. In höheren Größenordnungen bedeutet dies, dass wir eine Vorstellung von folgenden Fragen haben müssen:

- Für wen, wann und wo ist ein bestimmtes Werkzeug transparent?
- Was geschieht, wenn es für verschiedene Untergruppen von Nutzern unterschiedliche Grade von Transparenz gibt?
- Wie wird etwas unsichtbar nutzbar in höheren Größenordnungen und welche Unterschiede sind im Arbeitsprozess und im Design erforderlich?
- Wie wird Anfängern beigebracht, Werkzeug, Schnittstelle oder Datenabrufsystem für sie selbst transparent zu machen?

Transparenz und Benutzerfreundlichkeit für Gruppen sind Ergebnisse einer sich wandelnden Ausrichtung von Informationsressourcen und sozialen Praktiken. Transparenz ist niemals universal oder permanent zu erreichen, sondern erfordert vielmehr, dass man den Überblick über den Wandel von Politik, Wissen, materiellen Ressourcen und Infrastruktur behält.

Der Impuls, eine vertikal skalierte Vorstellung von Transparenz zu etablieren, geht von Veränderungen in der Informationslandschaft selbst aus. Im gegenwärtigen Trend zu Aufbau und Erforschung Digitaler Bibliotheken und Informationsinfrastruktur stoßen wir auf Orte und Möglichkeiten, an und mit denen neuartige Arrangements für Informationszugang und -organisation geschaffen werden. Insellösungen, die bislang halbautonom gewesen sind, werden nun miteinander vernetzt, etwa zu umfassenden Verbünden von Informationsrepositorien. Ein Beispiel dafür ist die Illinois Digital Library Initiative. Eines der Ziele dieses Projekts ist die nahtlose Vernetzung vereinigter Repositorien. Auch traditionelle Modelle des Informationsabrufs werden derzeit völlig auf den Kopf gestellt – sie können nicht mehr individuelle Nutzer, Informationsvermittler wie Bibliothekare und Repositorien mit einzelnen Dokumenten voraussetzen, die dann an den Arbeitsplatz oder nach Hause zurückgebracht werden. Informationsdokumente und Multimedia werden aufgebrochen und auf unterschiedliche Weise in der Arbeits- und Freizeitlandschaft verteilt. Somit ist ein umfassendes Verständnis von Menschen, ihren Aktivitäten und der Skalierung von Transparenz für eine funktionierende Digitale Bibliothek besonders wichtig, ebenso aber auch für andere komplexe und großangelegte Informationssysteme.[8]

7 | Absolute Transparenz ist natürlich ein Idealtypus, den es in der realen Welt nirgendwo gibt – jedes Auto bleibt hin und wieder stehen oder hat »Eigenheiten«, die einen intensiveren Umgang mit einem Werkzeug erfordern.

8 | A. P. Bishop/S. L. Star: »Social Informatics«.

Transparenz ergibt sich aus der Konvergenz von Praxisgemeinschaften und Informationsartefakten

Transparenz im größeren Maßstab wird zum Teil durch die Konvergenz von Wissen und Ressourcen in Nutzergruppen erzielt. Eine Praxisgemeinschaft[9] ist eine Gruppe von Menschen, die durch Konventionen, Sprache, Praktiken und Techniken verbunden sind.[10] Sie kann sich in einem einzigen räumlichen Territorium befinden – oder auch nicht; in der modernen Informationswelt eher nicht. Sie enthält starke Bindungen, die von Begriffen wie Familie, formelle Organisation oder freiwillige Vereinigung nicht erfasst werden. So ist beispielsweise die Praxisgemeinschaft von Finanzvorständen (CFOs) über viele Unternehmen verteilt – jedes Unternehmen hat nur einen CFO, doch Angehörige der Gemeinschaft von CFOs haben durch ihre Jobs viel miteinander gemeinsam. Andere Beispiele von Praxisgemeinschaften sind Briefmarkensammler, Bergsteiger, Tätigkeitstheoretiker und sozialistische Feministinnen, die alle Diskussionsgruppen im Internet unterhalten. Praxisgemeinschaften lassen sich in Untergruppen unterteilen oder haben sich überschneidende oder teilweise überlappende Interessen – das Ausmaß, in dem sie Angehörige verpflichten oder freiwillig sind, variiert.[11] Ein Informationsartefakt ist alles in einer breit angelegten Ansammlung von Werkzeugen, Systemen, Schnittstellen und Vorrichtungen für das Speichern, Verfolgen, Darstellen und Abrufen von Information, sei es auf Papier, elektronisch oder auf anderen Materialien.

Praxisgemeinschaften und Informationsartefakte konvergieren, wenn Nutzung und Praxis dem Design und Zugang adäquat sind. Während wir hier von ihnen separat sprechen, sind sie in der Praxis schwer auseinanderzuhalten. In einem gewissen Sinn entsprechen Informationsartefakte und Praxisgemeinschaften einander und werden einander sogar im Lauf der Zeit definieren. Das heißt, das Teilen von Informationsressourcen und -werkzeugen ist eine Dimension jeder kohärenten sozialen Organisation – egal, ob die Gemeinschaft der Obdachlosen in Los Angeles Überlebenswissen über Straßenklatsch oder die Gemeinschaft der Hochenergiephysiker elektronische Vorabdrucke über das Archiv von Los Alamos teilt.

Jede Praxisgemeinschaft generiert viele miteinander vernetzte Informationsartefakte, die lose gekoppelt und zuweilen indirekt relevant für den Zweck der Gemeinschaft sein können. Menschen ohne Obdach loggen sich ins Internet ein, und Physiker genießen auf Konferenzen Straßenklatsch – so wie sie sich für ein ganzes Set anderer Informationspraktiken engagieren.[12] Kurzum: Informationsartefakte unterstützen Praxisgemeinschaften, Praxisgemeinschaften generieren wiederum genau diese Informationsressourcen und sind von ihnen abhängig. Konvergenz ist ein Begriff für diesen Prozess des gegenseitigen Konstituierens.

9 | Nach einigen Diskussionen haben wir uns für den Begriff »Praxisgemeinschaft« entschieden, der sich in Informatikkreisen eher als »soziale Welten« eingebürgert hat, obwohl wir glauben, dass beide Begriffe die gleiche Bedeutung haben. »Soziale Welt« ist ein in der Soziologie gebräuchlicher Begriff, der 1978 von Anselm Strauss in »A Social World Perspective« geprägt wurde. Er ist mit der Vorstellung von Bezugsgruppen verwandt.

10 | J. Lave/É. Wenger: *Situated Learning.*

11 | S. L. Star: »Misplaced Concretism«.

12 | C. Palmer: *Practices and Conditions of Boundary Crossing Research Work.*

Das Phänomen der Konvergenz ist im Werk von Elfreda Chatman gut beschrieben worden, in dem sie den produktiven, ganzheitlichen Begriff der »Informationswelt« geprägt hat.[13] Eine Informationswelt ist eine Sammlung von Informationsressourcen, die von einem Individuum, einer Organisation, einer Institution oder einer anderen Gruppe dazu verwendet werden, Probleme zu lösen, zu lernen, zu spielen und zu arbeiten. Informationswelten können so formell wie Bibliotheken und Datenbanken sein. Sie können aber auch informell sein, indem sie etwa die Meinungen von Angehörigen und Freunden zu Gesundheitsfragen oder Bücher und Filme umfassen. Solche Ressourcen sind auch in dem Sinn materiell, dass sie von Zeit, Transport und materiellen kulturellen Praktiken ermöglicht und eingeschränkt werden. Informationsartefakte und Praxisgemeinschaften bilden somit Informationswelten entlang der Definition Chatmans.

Anhand von drei Beispielen wollen wir herausfinden, wie Konvergenz entsteht. Zuerst befassen wir uns damit, wie Konvergenz durch akademische Forscher als Ergebnis von Mitgliedschaft erfahren wird. Dann untersuchen wir eine Studie über die Klassifizierung von Krankenpflege, in der Krankenpflegerinnen dafür sorgen, dass ihre Klassifizierungen über ihre Aktivitäten mit der professionellen klinischen Praxis konvergieren. Und schließlich beschreiben wir die Konvergenz, die ein von der Weltgesundheitsorganisation organisiertes global etabliertes Informationssammel- und -analysesystem unterläuft: die Internationale Klassifikation der Krankheiten (ICD). Diese Konvergenz geht über eine einzelne Berufstätigkeit, Nationalität oder Lokalität hinaus – tatsächlich besteht sie am Ende aus einer großen Zahl von sich überschneidenden Bürokratien und Informationswelten.[14]

An jedem Fallbeispiel untersuchen wir das Wirken entscheidender Feedbackprozesse, die garantieren, dass soziale Welten und Informationsartefakte zusammenpassen. Im Anschluss erörtern wir, wie das Konzept der Konvergenz bei der Entwicklung integrierter soziologischer und informationeller Analysen von Nutzen sein kann, worauf neuere Arbeiten in der Bibliothekswissenschaft wie in der Informatik verweisen.

Konvergenz und Mitgliedschaft

Frage: »Wie finden Sie Informationen oder Quellenhinweise?«

Befragter (seit zwölf Jahren Professor): »Oft bekomme ich einen Aufsatz auf meinen Schreibtisch. Das ist dann wie bei einer archäologischen Ausgrabung ... einfach weil ich Artikel oder bei einer Zeitschrift eingereichte Artikel besprechen möchte, und dann erscheint mir etwas interessant und ich werde es abspeichern. Oder etwas kommt mir interessant vor in einer der Publikationen, die ich abonniert habe.«

Manchmal begeben sich Personen in eine Bibliothek oder nutzen ein anderes Informationssystem und können auf Dinge zugreifen. Sie sitzen anscheinend im metaphorischen Zentrum eines sozialen Netzes und können ein komplexes und

13 | E. A. Chatman: »Information, Mass Media and the Working Poor«, »Channels to a Larger Social World« und *The Information World of Retired Women*.

14 | G. C. Bowker: »Information Mythology and Infrastructure«.

reifes System sozialer Netzwerke feinjustieren, um »Material zu bekommen«. Für diese Menschen ist das System vollkommen transparent. Am anderen Ende des Spektrums stehen die Personen, die das Informationssystem für verwirrend, chaotisch, unüberwindbar und unbrauchbar halten. Sie versuchen, gegebenen Anweisungen zu folgen, und verfehlen das Ziel doch. Bei der beruflichen Sozialisation geht es großenteils darum, aus diesem Zustand des Verlorenseins in den Zustand der Selbstverständlichkeit oder Natürlichkeit zu gelangen. Bei der Analyse auf dieser individuellen Ebene möchte man herausfinden, wie Menschen sich formalen Strukturen anpassen und sie umgehen, wie sie Netzwerke, die ihre Arbeit »speisen«, zusammenfügen und aufrechterhalten und wie sie die Interaktion zwischen bodenständigen und formalen Informations- und Klassifikationssystemen verstehen. So bezeichnen beispielsweise Professoren Artikel, die sie begutachten, oder Dinge, die Kollegen ihnen schicken, als wichtigere Informationsressourcen als die Bibliothek.

Konvergenz ist für den Auszubildenden eine Trajektorie. Sie dient der Bildung von Individuen, die zu verstehen lernen, dass sie Informationsbedürfnisse haben, die von den Informationsressourcen ihrer neuen sozialen Welt befriedigt werden können. Während sich Individuen in dieser Trajektorie voranbewegen, erkunden sie ein Gebiet, dem sie »ihren Stempel aufdrücken« können und werden von ihrer Sozialisation verändert, so dass ihre ursprünglichen »Informationsbedürfnisse« nicht die gleichen sind wie ihre endgültigen. Für Individuen ist dieser Feedbackprozess, insbesondere die Art und Weise, wie sich ihre eigenen Informationsbedürfnisse ändern, häufig unsichtbar. Personen sind oft der Meinung, dass sie am Ende einer akademischen Erörterung die gleiche »große dumme Frage«[15] stellen wie am Anfang, ohne zu erkennen, dass sich die Konstitution der Frage durch ihre Anpassung an ihre relevanten Informations- und sozialen Welten gründlich verändert hat.

38 Forscher und Studierende wurden im Zeitraum von drei Jahren in Bezug auf ein großes Bauprojekt für eine Informationsinfrastruktur befragt. Ziel dieser Befragungen von Individuen und Fokusgruppen war es, mehr über das Informationssuchverhalten von Forschern und Studierenden zu erfahren, etwa über ihre Nutzung von Informationssystemen. In Übereinstimmung mit bekannten Forschungsbefunden in Nutzerstudien über den Informationsabruf nutzten die meisten der älteren Befragten selten formalisierte Informationssysteme.[16] Diese Forscher beschafften sich die benötigten Informationen mithilfe einer ganzen Reihe anderer Informationssuchaktivitäten, sodass sie selten ihren Schreibtisch verlassen und nach etwas suchen mussten. Oft fiel es diesen Menschen schwer, den Zugang zu Dingen zu beschreiben, die sie benötigten – sie waren einfach verfügbar, Teil ihrer unmittelbaren transparenten Umgebung.

Die Möglichkeit, an diese Informationen ohne Weiteres zu gelangen, hängt mit der Position einer Person in einer akademischen Biografie zusammen. Es geht dabei um den Mitgliedschaftsstatus von Insidern in einer akademischen Gemeinschaft – man muss den Ausbildungsprozess hinter sich gebracht haben. Voll partizipierende Zugehörige haben Zugang zu benötigten Ressourcen, doch die Mitgliedschaft muss erst erlangt werden, bevor dieser Zugang gewährt wird. Als er

15 | C. Linde 1997 im persönlichen Gespräch.

16 | W. Garvey/B. Griffith: *Scientific Communication*; T. Pinelli: »The Information-Seeking Habits and Practices of Engineers« und R. S. Taylor: »Information Use Environments«.

nach der fruchtbarsten Ressource in seiner Informationswelt befragt wurde, erwiderte ein Professor, der diesen Status seit vierzehn Jahren innehatte:

»Die Konferenzen, das Gespräch mit Kollegen, Konferenzberichte und -protokolle – all dies wäre wohl am wertvollsten. Aber das bedeutet auch, dass man ein bestimmtes Gebiet bereits beherrscht. In gewisser Weise geht es hier um die Frage, was früher da war – die Henne oder das Ei.«

Im Prozess des Mitglied-Werdens wird man mit der installierten Basis und der bestehenden Infrastruktur der akademischen Welt verbunden. So erfordert beispielsweise die Mitgliedschaft in einer akademischen Welt die Teilnahme an Konferenzen, Diskussionen mit Kollegen und die Zugehörigkeit zu verschiedenen Berufsorganisationen. Professoren publizieren in gewissen zentralen Zeitschriften und folgen Karrierewegen durch zentrale Institutionen. In unseren Befragungen von Nutzern der Digitalen Bibliothek verfügten Professoren bereits über eine für selbstverständlich gehaltene Karte des Gebiets samt akzeptabler Methoden und Vokabular. Oder wie jemand es formulierte, der schon seit zwanzig Jahren Professor war: »Ich betreibe nicht viel Forschung, weil ich mich ständig auf dem Laufenden halten muss. Ich habe eine gute Vorstellung davon, was es da draußen gibt.« Befragte wurden dabei durch eine starke Infrastruktur unterstützt: Bibliotheksdienste kopieren benötigte Artikel und schicken sie zu, Online-Archive senden automatisch Hinweise zu neuen Arbeiten auf dem betreffenden Gebiet. Professoren besprachen und schrieben Artikel und wurden oft Zeitschriftenredakteure. Im weiteren Verlauf ihrer Karriere beteiligten sie sich an beruflichen Entscheidungsgremien oder schlossen sich vielleicht einem Leistungsträger an, der künftige Forschungstrends prägte.

Bei der Etablierung dieser Art von fortgeschrittener Mitgliedschaft wurden Kanäle eingerichtet, durch die Informationen flossen. Die Mechanismen des Berufs, den Akademiker antreten, ermöglichen ihre Beteiligung an einer Gemeinschaft des Informationsaustauschs auf der formellen wie der informellen Ebene. Meist ist es wichtiger, viele Angehörige einer Forschungsgemeinschaft zu kennen und mit ihnen häufig zu sprechen, als Fachzeitschriften zu lesen.[17] Viele Befragte betonten, es gehe darum zu wissen, was in den Zeitschriften stehen werde, bevor sie erscheinen.

Während ihrer Studienzeit und ihres Werdegangs als Professoren konzentrieren Forscher ihre Interessen, die in kollegialen Netzwerken, in den Stapeln und Dateien aufbewahrter Aufsätze, in Forschungsgruppen und in Zeitschriftenpublikationen abgebildet werden. Eine Forscherin (die seit neun Jahren Professorin war) erklärte, ihre wichtigsten Ressourcen begännen damit, »dass ich selbst eine Menge Zeitschriften abonniere, und da ich Mitglied in einer Reihe von Gesellschaften bin, abonniere ich durch sie eine Menge Material und bekomme ihre Konferenzprotokolle. Und ich kaufe auch viele Bücher ... Zuallererst bekomme ich eine Menge Dinge ganz von allein.« Somit bauten Forscher die Möglichkeiten, Artefakte und Prozesse auf, die für die soziale und die Informationskonvergenz notwendig waren. Je höher jemand auf der Karriereleiter klettert und je weiter er oder sie in die spezialisierten Bereiche eines akademischen Fachs vordringt, desto intensiver wird die

17 | D. Crane: *Invisible Colleges*; W. Garvey/B. Griffith: *Scientific Communication* und F. Wolek/B. Griffith: *Policy and Informal Communication*.

Konvergenz. Bruno Latour hat darauf aufmerksam gemacht, dass dies irgendwie der Intuition widerspreche:

»Es gibt eine direkte Beziehung zwischen der Größe der äußeren Rekrutierung von Ressourcen und der Menge von Arbeit, die im Inneren geleistet werden kann ... Ein isolierter Spezialist ist ein Widerspruch in sich. Entweder ist man isoliert und hört ganz schnell auf, ein Spezialist zu sein, oder man bleibt ein Spezialist, aber das bedeutet, dass man nicht isoliert ist.«[18]

Diese Verstärkung der Wissensnetze vieler Forscher kann auch ihre Achillesferse sein. Eine Forscherin hat darauf hingewiesen, dass sie sich tatsächlich fast ausschließlich auf ihr Netzwerk von Kontakten und Abonnements verlasse, und wenn diese Ressourcen Mängel aufwiesen, würde sie es wahrscheinlich nie wissen. Vertrauen kann absolut werden.[19] So wird aus einer zu engen Konvergenz Überdeterminiertheit – ein ausgefahrenes Gleis, das man nicht mehr verlässt. Eine übertrieben enge Kopplung zwischen einer sozialen Welt und ihren Informationsartefakten kann als eine starke Kraft gelten. Sie schließt andere Möglichkeiten der Informationssuche oder das Nutzen der Fantasie aus, weil dies nicht zur Routine gehört. Marcia J. Bates hat beschrieben, wie diese ausgetretenen Denkwege speziell dafür umgeleitet werden können, um Informationen zu finden.[20] Auch Donald T. Campbell erfasst in seinem Aufsatz über die »Fischschuppen-Methode« im Umgang mit interdisziplinärem Wissen intuitiv den Wert teilweiser Überlappungen und einer lockereren Kopplung zwischen sozialen Welten und Informationen.[21]

Für das zugehörige Individuum kann Konvergenz zwar zu Transparenz und leichter Nutzung führen, doch auch das Gegenteil kann geschehen. Diese Erfahrung müssen häufig Neulinge in einer sozialen Welt oder diejenigen machen, die die Mitgliedschaftskriterien für die formellen Informationssysteme nicht erfüllen. Dies führt zu Enttäuschungen – eine missliche Lage, in die oft Studierende geraten, die keine klare akademische Heimat haben, vielleicht auch kein Hauptstudiengebiet, und nicht wissen, was die einschlägigen Zeitschriften sind, wer als wichtig gilt oder gar welche Sprache sie benutzen müssen, um diese Dinge kennenzulernen. So erfuhren wir etwa in Fokusgruppen im Hinblick auf die Informationsbedürfnisse von Studierenden: »Ich brauche bloß fünf Empfehlungen. Irgendwelche fünf Empfehlungen. Die will ich so schnell und so schmerzlos wie möglich kriegen.« Dabei spiele es keine Rolle, wer wann oder warum den Artikel geschrieben habe. Diese Marker und die Gemeinschaftsgestalt, welche Qualität, Relevanz und Nützlichkeit definieren, fehlen funktionell und sind somit irrelevant. Falls und wenn Studierende durch Partizipation Angehörige einer bestimmten Gemeinschaft werden, werden diese Gemeinschaftsstandards und -bedürfnisse ihre eigenen und schließlich transparent.

Wie Lave und Wenger feststellen, erfordert das »Sich-Einarbeiten« in eine neue Gemeinschaft eine legitime periphere Partizipation.[22] Wir lernen, indem wir all-

18 | B. Latour: *Science in Action*, S. 152.

19 | D. R. Swanson: »Undiscovered Public Knowledge«.

20 | M. J. Bates: »Idea Tactics«.

21 | D. Campbell: »Ethnocentrism of Disciplines and the Fish-Scale Model of Omniscience«.

22 | J. Lave/É. Wenger: *Situated Learning*.

mählich zu einem voll partizipierenden Angehörigen einer Gemeinschaft werden – nicht durch kontextlose Information. Das ideale akademische System ist so strukturiert, dass es diesen Raum für legitime periphere Partizipation gewährt – um eine Konvergenz zwischen den sich entwickelnden akademischen, sozialen und artefaktischen Welten der Studierenden und den verfügbaren Informationsartefakten zu bewirken. In der Praxis wird dieses Ideal natürlich oft nicht verwirklicht, wie Lave und Wenger[23] und auch Penelope Eckert[24] anmerken. Lernen kann nicht als bloße Informationsaneignung behandelt werden, da Studierende mit vielfachen komplexen Mitgliedschaften jonglieren. Die Trajektorie zur Konvergenz ist indes nur selten reibungslos.

Wenden wir uns nun dem zweiten Beispiel für Konvergenz aus der Perspektive einer Gemeinschaft von Krankenpflegerinnen zu. Hier erleben wir den gleichen Feedback-Prozess, bei dem die berufliche Krankenpflege durch den Versuch, sich in die professionelle Welt der Medizin zu integrieren, die Informationswelt, von der sie ein Teil wird, prägt und von ihr geprägt wird.

Gemeinschaft und Konvergenz: Informationssysteme mit Gemeinschaftspraktiken ein- und ausrichten

»Ich nahm im Juni am Database Steering Committee der American Nursing Association (ANA) teil, und eine Empfehlung, die sich aus diesem Meeting ergab (und die meiner Meinung nach durch die ANA-Kanäle gelangte), lautete, dass die ANA entschiedene Lobbyarbeit betreiben muss, um die Krankenpflege beim National Committee on Health and Vital Statistics (NCHVS) zu repräsentieren. Die ANA hat sich viel zu sehr für die Current Procedural Terminology (CPT, die dem Codieren für gebührenpflichtige Maßnahmen dient) engagiert, während es doch klar ist (zumindest für mich), dass sich die Lobbyarbeit auf die NCHVS konzentrieren sollte, damit Krankenpflegemaßnahmen schließlich in die Maßnahmenabteilung aufgenommen werden können. Der Krankenpflege ist es nicht gelungen, dort in den inneren Kreis zu gelangen.« (Teilnehmerin an einer Diskussion über den Nursing Interventions Classification Listserv am 18. November 1996)

In der Pflegemaßnahmenklassifikation (Nursing Interventions Classification, NIC) versuchen für die Pflege zuständige Verwaltungsbeamte, eine Standardliste von allem zu erstellen, was Krankenpflegerinnen im Lauf ihres Arbeitstages tun – vom Wechseln einer Bettpfanne oder dem Verabreichen einer Injektion bis zum Erzählen eines Witzes.[25] Warum benötigen sie ein Klassifikationssystem? Die Entwickler der NIC behaupten, die Pflege sei traditionell so eigenwillig, dass keine tragbare Wissenssammlung entwickelt worden sei.[26]

23 | Ebd.

24 | P. Eckert: *Jocks and Burnouts*.

25 | J. M. McCloskey/G. Bulechek (Hg.): *Nursing Interventions Classification* (NIC).

26 | Vgl. D. Turnbull: *On With the Motley* und B. Latour: *Science in Action* über das Transportieren lokalen Wissens. Julius Roth (in *Timetables*) argumentiert ähnlich in Bezug auf die Klassifikation von Tuberkulose. Bevor eine übliche Klassifikation des Patientenzustands eingeführt worden war, konnten Patienten eine einzelne Beschreibung ihres Zustands nicht

Pflegeforscher argumentieren, sie müssten in integrierten Krankenhausinformationssystemen vertreten sein (was sie aber derzeit nicht sind). Dies wäre aus zwei Gründen erforderlich: erstens, um wissenschaftlich den Wert der Krankenpflege in Krankenhäusern nachzuweisen, damit sie die angemessenen Mittel erhält und Anerkennung erfährt, und zweitens, um das Wissen über Krankenpflege weiterzuentwickeln: »Eine Dokumentation der Pflege mit standardisierten Klassifikationen ermöglicht die Integration von Forschung und Praxis.«[27] Jedes dieser institutionellen wie wissenschaftlichen Anliegen will die Dinge so beschreiben, wie sie sind, und jedes erfordert in der Praxis auch die Mitwirkung eines Konvergenzprinzips. Um dies zu erreichen, sind fundamentale Veränderungen bei der buchhalterischen Erfassung der Pflegepraxis nötig. In diesem Beispiel sind die Informationsbedürfnisse der Krankenpflegerinnen den Berufswelten angepasst, in die sie sich zu integrieren versuchen, während diese Welten gleichzeitig Informationssysteme modifizieren, um die Krankenpflege zu repräsentieren. Letztlich geht es um die Errichtung einer Informationswelt, in der die Praktiken von Krankenpflegerinnen sowohl in den Buchhaltungsprogrammen der Krankenhäuser als auch in der vergleichenden Pflegeforschung transparent repräsentiert werden können.

Die NIC bringt viele Akteure der Krankenpflegepraxis – Praktiker, Spezialisten, Ausbilder und Studierende – in einer legitimierten Form von Repräsentation zusammen. Es werde nicht mehr genügen, behaupten Pflege-Informatiker, dass Krankenpflegerinnen lokal im Kontext ihrer Heimatinstitutionen handeln. Um zum Aufbau einer Sammlung von Krankenpflegewissen beizutragen, werden sie genauso handeln müssen, wie Krankenpflegerinnen in anderen Institutionen handeln. Falls die NIC sich durchsetzen sollte, wird die Krankenpflegepraxis so modifiziert werden, dass sie NIC-Interventionen sowohl anspricht wie aufzeichnet. Ferner wird dies durch die Aufnahme der NIC in den Lehrplan der Pflegeausbildung unterstützt. Damit wird das Informationswerkzeug – das Klassifikationssystem – einerseits die Praxis auf dem Gebiet und andererseits die Ausbildung verändern: Die Nutzer werden daraufhin diszipliniert, sowohl in NIC-Form zu handeln als auch ihre Handlungen zu repräsentieren.

Die Sprache der NIC wird so gestaltet, dass sie zur Sprache anderer Wissenschaften passt:

»Am häufigsten steht die Sprache im Mittelpunkt, die von der Medizin und den zahlreichen Naturwissenschaften, die zur wissenschaftlichen Wissensbasis der Medizin beitragen, entwickelt wurde. Auf diese Sprache sind am häufigsten Krankenpflegerinnen fixiert, und zwar aufgrund der lange in der Krankenpflege dominierenden, wegen ihrer relativen Genauigkeit in Bezug auf physiologische Phänomene, ihrer offenkundigen Messbarkeit und ihrer Vertrautheit. Sie wird auch geschätzt wegen ihres sozialen Status als wissenschaftliche Sprache, die von einer politisch mächtigen Berufsgruppe verwendet wird: den Ärzten.«[28]

von einer Institution in eine andere mitnehmen. Es war nahezu unmöglich, Informationen zwischen Institutionen zu teilen oder eine Gemeinschaft oder eine gemeinsame Sprache für Vergleichszwecke aufzubauen. Siehe auch Star und Bowker (in »Of Lungs and Lungers«) zur Analyse der TB-Klassifikation.

27 | J. M. McCloskey: »Standardizing Nursing Language«, S. 14.

28 | P. B. Kritek: »Conceptual Considerations«, S. 25.

Dies bedeutet, dass Krankenpflegerinnen beim Aufbau ihrer Informationsinfrastruktur den erfolgreichen Forschungsapparat anderer Disziplinen nachgebildet haben. Durch die Klassifikation wird die Krankenpflege gezielt zum Gegenstand wissenschaftlicher Tests gemacht. Das informationelle Ziel ist das Erzeugen bearbeitbarer Daten, indem eine Vergleichbarkeit zwischen Pflegeinterventionen garantiert wird, die an unterschiedlichen Lokalitäten durchgeführt werden. Das institutionelle Ziel ist es, die Krankenpflege wie andere Wissenschaften – insbesondere die Medizin – »aussehen und sich anfühlen« zu lassen. Auf dieser Basis sollen die gleichen Rechenschafts- und buchhalterischen Informationspraktiken genutzt werden, die die anderen Wissenschaften so erfolgreich entwickelt haben. Die Krankenpflegerinnen wollen ihre Klassifikation an die medizinische Informatik und standardisierte medizinische Sprachen anpassen, indem sie Allianzen eingehen und sich an andere formale medizinische Sprachsysteme angleichen, etwa das Unified Medical Language System (UMLS) und die Medical Subject Headings (MeSH) der National Library of Medicine.

Krankenpflegerinnen, die die NIC propagieren, sind sich darüber im Klaren, dass ihre Klassifikation mit der übrigen medizinischen Informatik auf einer höheren Ebene kompatibel sein muss. Sie argumentieren, die NIC müsse auch von Ärzten und anderen in der Gesundheitsfürsorge tätigen Personen akzeptiert werden. Die Krankenpflegerinnen erinnern sich dabei an das Phantom einer gescheiterten Klassifikation von Pflegediagnosen – die North American Nursing Diagnosis Association (NANDA):

»Wenn andere Fachleute hören, dass wir NANDA-Begriffe verwenden, würden sie uns am liebsten auslachen, weil einige von ihnen [den NANDA-Begriffen] anscheinend überhaupt nichts mit dem zu tun haben, wovon wir reden!«[29]

Die NANDA jedoch wurde ohne das Feedback von Seiten des größeren Umfelds, das für Konvergenz nötig ist, entwickelt. Pflegeinterventionen müssen sowohl mit medizinischen wie pharmazeutischen Interventionen kompatibel sein:

»Ohne ein einheitliches Sprachsystem, das in andere Initiativen für Standards in der Gesundheitsfürsorge integriert ist, wird der Pflegeberuf nicht in der Lage sein, die Standardsprache zu benutzen, die in gemeinschaftlichen Initiativen für die Gesundheitsfürsorge entwickelt wurde. Und ohne eine solche gemeinschaftliche Initiative wird es auch nicht möglich sein, die einheitliche Sprache mit anderen Entwicklungen in der klinischen Praxis, in Rückvergütungsformeln oder Fallsimulationsmodellen zu integrieren.«[30]

Generell gilt:

»Es genügt nicht, dass Krankenpflegerinnen genau festhalten, was sie tun – sie müssen es in einer Sprache festhalten, die für Ärzte und Verwaltungsmitarbeiter akzeptabel ist und einen neuen, höheren Status herbeiführt.«[31]

---

29 | Persönliches Gespräch mit einem NIC-Entwickler 1993.

30 | K. A. McCormick: »A Unified Nursing Language System«, S. 176.

31 | M. Berg/G. C. Bowker: »The Multiple Bodies of the Medical Record«, S. 529.

Der Feedbackprozess zwischen Informationsbedürfnissen, Klassifikationsschemata und den größeren Berufsgemeinschaften, nach denen sich die Pflege zu richten sucht, erzeugt eine Trajektorie, an deren Ende eine pflegerische Informatik steht, die einfühlsam verändert wird, um diese Integration zuzulassen. Wir haben es hier mit der Konvergenz zwischen Dokumentationssystemen und der Praxisgemeinschaft von Krankenpflegerinnen zu tun – einer neuen Art von pflegerischer Informationswelt, die allgemeiner definiert und strategisch aufgestellt ist.

Wie im oben erörterten Fall individueller Akademiker müssen somit auch Berufsgemeinschaften feststellen, dass sie Probleme mit Transparenz haben. Hier geht es indes nicht so sehr um Mitgliedschaft, sondern darum, Informationssysteme und Praxis so aufeinander abzustimmen, dass die entstehende Informationswelt unter anderen Informationswelten strategisch aufgestellt ist.

Frisch gebackene Akademiker müssen Transparenz durch Lernen und berufliche Sozialisation erlangen. Die berufliche Praxisgemeinschaft als Ganzes erlangt hier ihre Transparenz durch eine Reihe von Übersetzungen und Aushandlungen mit ihren Nachbarn. In keinem der beiden Fälle ist das Bild völlig deterministisch: Das Individuum wie die Gemeinschaft sind in der Lage, die Welt zu rekonfigurieren.

Oft kommt es bei Individuen wie bei Gemeinschaften im Lauf der Zeit zu einem merkwürdigen Vergessen des Lern- und Aushandlungsprozesses. Das Erlangen von Transparenz wird naturalisiert: So ist nun einmal die Welt. Dem reifen Forscher fällt es leicht, die Barrieren und Blockaden zu vergessen, mit denen sich der Anfänger konfrontiert sieht; sobald Praxisgemeinschaften mit größer angelegten Informationssystemen konvergieren, erscheinen die Kategorien als völlig natürlich statt als ausgehandelt.[32] In beiden Fällen garantiert ein Feedback innerhalb des Konvergenzprozesses die wechselseitige Anpassung zwischen einem veränderten Individuum oder einer veränderten Gemeinschaft und einer neuen Informationswelt.

Im folgenden Abschnitt untersuchen wir, wie Konvergenz aussieht, wenn Praxisgemeinschaften zusammengefügt werden und sich in noch größeren Informationssystemen überlappen. Die zehnte Überarbeitung der Internationalen Klassifikation der Krankheiten (ICD-10), die man erstmals vor über 100 Jahren etablierte, wird heute auf der ganzen Welt von so unterschiedlichen Gruppen wie Epidemiologen in nationalen Gesundheitsinstitutionen und individuellen praktischen Ärzten in kleinen Dörfern genutzt.

Konvergenz und Infrastruktur: Verknüpfung mehrerer Praxisgemeinschaften mit weiter skalierten Informationssystemen

»Alain Desrosières[33] hat einleuchtend nachgewiesen, dass Zensusanalysen der Bevölkerung von Deutschland, Frankreich und England eng mit der Geschichte von Gewerkschaften und staatlicher Intervention in diesen Ländern verbunden sind. Wir schlagen vor, dass die universale Anwendung der ICD auf ›natürliche Weise‹ zum Teil aus der verborgenen Verbreitung westlicher Werte resultiert, die auf der Anwendung unserer eigenen bürokratischen Techni-

32 | H. Becker: »Foi por acaso« und G. C. Bowker/S. L. Star: »Knowledge and Infrastructure«.
33 | A. Desrosières: *Les categories socio-professionnelles*.

ken beruht. Diese Techniken scheinen uns rational und allgemein zu sein, doch wenn wir sie uns genauer betrachten, erweisen sie sich als höchst kontingent.«[34]

Wir wollen nun skizzieren, wie mehrere sich überlappende Informationswelten generiert und durch eine größere Konvergenz unterstützt werden. In diesem Überblick befassen wir uns mit der Entwicklung großangelegter Informationssysteme, die von vielen Praxisgemeinschaften geteilt werden – z. B. Zensusdaten, die von Wirtschaftswissenschaftlern, politischen Analysten und kommunalen und staatlichen Behörden, oder Datenbanken über Artenvielfalt, die von Umweltschützern, Biologen, Gemeinschaftsgruppen und so weiter geteilt werden. Hier wird das gleiche Prinzip des wechselseitigen Feedbacks zwischen den Informationsartefakten und den Praxisgemeinschaften angewendet. Das heißt, die größere Sammlung von Informationswelten ändert sich auf die gleiche Weise, wie sich individuelle Mitgliedschaft oder berufliche Praxis im Prozess der Entwicklung einer Informationswelt verändert. Auf dieser Ebene vereint sich Transparenz gerade mit der Auffassung von Infrastruktur – als etwas, das für eine breite Vielfalt von Operationen ohne Weiteres verfügbar ist. Auch das ist niemals ausschließlich der Fall, angesichts der Komplexität von Transparenzen in solchen heterogenen Zusammenschlüssen.[35]

Hier bringt Konvergenz Wissensrepräsentation und Phänomene zusammen, die durch hoch verteilte Wissenssysteme dargestellt werden. Denken wir z. B. an Berufsklassifikationen in Europa – es gibt große Unterschiede zwischen »professional« in England und »cadre« in Frankreich, wie Alain Desrosières anmerkt.[36]

Jedes Klassifikationssystem ist in eine Reihe staatlicher Instrumente wie den Zensus und in eine Reihe organisatorischer Entscheidungen integriert – beispielsweise die Organisation von Gewerkschaften. Jede bringt ihre eigene Art von statistischem Wissen hervor: Epidemiologen beispielsweise verfolgen »Stress« durch eine berufsbezogene Kategorie; Soziologen strukturieren ihre Umfragen mithilfe der gleichen Kategorien; politische Entscheidungsträger übernehmen dann die Befunde, um die von Soziologen gefundenen spezifischen Gruppen gezielt anzusprechen.

In England und Frankreich haben zwei unterschiedliche Informationswelten zwei nicht vergleichbare Untergruppen der Bevölkerung historisch konkretisiert, und diese Untergruppen sind infolge dieser Konvergenz immer realere und besser identifizierbare Untergruppen geworden. Ist Stress in England und Frankreich unterschiedlich verteilt? Die Frage wird vom Strukturieren der Informationsartefakte praktisch untrennbar – ebenso wie von den Praktiken der verschiedenen sozialen Welten, die sie anwenden. Wenn sie innerhalb von Nationen konvergieren, können zwischen Ländern zwei unterschiedliche Transparenzen entstehen.[37] Und wenn sie über nationale Grenzen hinweg standardisiert werden, reicht die Transparenz noch weiter.

---

34 | G. C. Bowker/S. L. Star: »Knowledge and Infrastructure«, S. 202.

35 | S. L. Star und K. Ruhleder gehen in »The Ecology of Infrastructure« ausführlicher darauf ein.

36 | A. Desrosières: *Les categories socio-professionnelles*.

37 | A. Desrosières: *Les categories socio-professionnelles* und *La politique des Grands Nombres*.

Um die Beziehung zwischen Wissen und Infrastruktur an einem dritten Beispiel zu erforschen, wollen wir uns kurz mit der zehnten Revision der Internationalen Klassifikation der Krankheiten (ICD-10) befassen.[38] Die ICD gehört einer Reihe von internationalen Klassifikationssystemen an, die im späten 19. Jahrhundert entwickelt wurden. Diese Klassifikationen reichten von Arbeit über Frachtgut bis zu Ohren. Die Ohrenform, die man ursprünglich mit Arten und Graden von Kriminalität in Verbindung zu bringen glaubte, wurde in die Klassifikation von Menschen für die Zusammenstellung von Bevölkerungs- und Immigrationsstatistiken aufgenommen. Jedes Schema erforderte die Bildung neuer internationaler Führungsgremien sowie die Entwicklung einer Informationswelt, in der diese Gremien arbeiten konnten. Und viele der neuen Klassifikationen wurden in Informationssammelpraktiken fest verankert. Bertillons Klassifikation von Ohren beispielsweise stellt noch immer die Grundlage für die »Dreiviertelpose« auf Fotos der US-Einwanderungsbehörde dar.[39] Im Fall der ICD umfassten die sich überlappenden Gemeinschaften u.a. folgende Gruppen, die Zugang zu den gleichen Informationen haben mussten, um ihre jeweiligen beruflichen Aktivitäten zu koordinieren:

- *Epidemiologen,* die vergleichbare Daten über Krankheiten in verschiedenen Ländern benötigten, um Ausbruchsmuster zu erkennen und dann die Ursachen abzuleiten,
- *Amtsärzte,* die die Grenzen ihres Landes schützen und ansteckende Einwanderer fernhalten sowie die Gesundheit im Landesinnern überwachen mussten,
- *Mitarbeiter von Krankenversicherungen,* die Daten über Krankheiten erfassten, indem sie Ärzte zum Sammeln von Daten hinzuzogen, und die ein für Ärzte verständliches Klassifikationssystem benötigten, und
- *Zensusbeamte,* die vergleichbare internationale Datensätze erstellen mussten. Diese sollten den Bedürfnissen der verschiedenen Berufe dienen, welche auf den Zensus zurückgriffen.

Keine dieser Gemeinschaften wurde bei der Entwicklung der ICD bevorzugt. Im Gegenteil – im Lauf der Entwicklung der endgültigen Klassifikation nisteten sich aus jeder Perspektive Schwachstellen darin ein. Betrachten wir zwei Beispiele. Das erste betrifft die Anzahl der Krankheiten, die codiert werden. Um es Ärzten oder – in abgelegenen Gebieten – Laien zu ermöglichen, Totenscheine mithilfe des Codes auszufüllen, muss es eine begrenzte Anzahl von Krankheitskategorien geben. Dieses Merkmal der medizinischen Praxis wirkt sich aber für Epidemiologen schädlich aus, da eine Nuance in einer bestimmten Klassifikation durchaus einen großen Unterschied im Kontext einer spezifischen Untersuchung machen kann. Dieser Fall weist allerdings die gleichen Konvergenzprinzipien auf, die wir oben beobachtet haben. In den vergangenen hundert Jahren sind Ärzte in ihrer Ausbildung mit der praktischen Nutzung der ICD vertraut gemacht worden. Sie nutzen sie in Abrechnungsformularen, Krankheitsgeschichten und Totenscheinen. Sie haben ihre Praktiken so modifiziert, dass sie die Nutzung einer sich entwickelnden ICD unter-

38 | World Health Organization: *International Statistical Classification of Diseases and Related Health Problems* (ICD-10).

39 | P. Tort: *La raison classificatoire.*

stützen können, die beträchtlich an Umfang und Größe zunimmt und darum auch für Epidemiologen nützlicher wird.

Unser zweites Beispiel ist die Nutzung der ICD in Entwicklungsländern. Die Menschen dort beklagen sich häufig darüber, dass die ICD ihren Bedürfnissen nicht entspricht. In Ländern, wo Kleinkinder meist sterben, bevor sie »genau« diagnostiziert werden können, stellen Entscheidungsträger und Führungspersönlichkeiten die Propagierung komplizierter diagnostischer Erfassungssysteme in Frage.[40] Sie behaupten, die ICD würde ihre eigenen Krankheiten nicht repräsentieren. Dieser Ansicht widerspricht Michel Foucaults Beobachtung, die Fähigkeit von Regierungen, Menschen, Dinge und Krankheiten zu zählen, sei ein Merkmal einer jüngeren »Entwicklung«.[41] Wir haben einen relativ armen Wortschatz, wenn wir über natürliche Todesfälle reden wollen, und die ICD ist überaus reich in ihren Beschreibungen, auf welche Weise in einem jeweiligen historischen Augenblick Menschen in Industriestaaten sterben. Auch andere Todesfälle und Krankheiten lassen sich beschreiben, aber nicht genauso gut. Die Unterscheidung zwischen Insektenstichen und Schlangenbissen beispielsweise ist wichtig für Menschen, die in ländlichen Tropengebieten leben. Doch während Gliederfüßer, Tausendfüßer und Sandflöhe im Register der ICD ausdrücklich unter »Bisse« erwähnt werden, sind Schlangen genauso wie Spinnen nur in »giftig« und »ungiftig« unterteilt.[42] Diese pragmatische Klassifikation ist einigermaßen sinnvoll: Feine Unterscheidungen zwischen Todesarten zu treffen ist dann sinnvoll, wenn diese Unterscheidungen in der Praxis für medizinische oder andere Behörden einen Unterschied machen. Gleichzeitig fühlen sich diese Behörden mehr der westlichen Schulmedizin und der industriellen Welt verpflichtet als traditionellen Systemen.

Mit der Anwendung der Internationalen Klassifikation der Krankheiten in Entwicklungsländern verbreitet sich zugleich die westliche medizinische Praxis, die ihrerseits an die ICD gebunden ist. Somit wird die ICD zum angemessensten Beschreibungsinstrument für Krankheiten. Die Anwendung der repräsentativen Praxis auf dieses einzige Klassifikationsschema ist direkt mit der Verbreitung der Schulmedizin verbunden – und wo die ›allopathische‹ Medizin dominiert, bietet die ICD die beste Beschreibung von Krankheiten.[43] Der Versuch, traditionelle Medizinsysteme zu integrieren, stellt ein anhaltendes Problem für die Weltgesundheitsorganisation (WHO) dar. So kennt beispielsweise die Akupunktur keine Krankheitskategorie per se, sondern sie modelliert Unausgewogenheiten von Kräften im Körper. Daher ist es schwierig, ein Medizinsystem auf ein anderes zu über-

40 | G. C. Bowker/S. L. Star: »Knowledge and Infrastructure«.

41 | M. Foucault: »Governmentality«.

42 | Unter »Äußere Ursachen von Morbidität und Mortalität« (Kap. 20, dem größten Kapitel in der ICD-10) wird der Kontakt mit Giftschlangen und Echsen als X20 eingestuft. Das Kapitel enthält auch eine Liste von acht Schlangen und einer Gila-Krustenechse, die aber in der aktuellen Codierung nicht weiter aufgeschlüsselt werden. Damit können Bewohner ländlicher Gebiete nicht zwischen der Verbreitung von Seitenwinder-Klapperschlagen und anderen Klapperschlangen unterscheiden, wie sie es aus Sicherheitsgründen wahrscheinlich gerne wollen würden.

43 | Wo soziale Bewegungen gegen die westliche Medizin erstarken, wird die ICD entsprechend geschwächt.

tragen, ohne die Ontologie des jeweils anderen zu verletzen. Die ICD gibt es nur als Gesamtpaket. Es wäre ein Fehler, sie »bloß« als ein Klassifikationssystem zu verstehen, das sich so, wie es ist, auf Entwicklungsländer übertragen ließe: Es bezeichnet die Konvergenz vieler Praxisgemeinschaften und ein erweitertes System von Informationsartefakten, das Totenscheine, Software und die epidemiologische Dokumentation der WHO umfasst.

Somit lässt sich die Entwicklung der ICD als wechselseitige Anpassung von mannigfaltigen Informationsartefakten und mannigfaltigen Praxisgemeinschaften verstehen. Angesichts der Komplexität der damit verbundenen Prozesse ist die sich ergebende großangelegte Informationsinfrastruktur nicht nahtlos – und auch nicht »richtig«, wie wir gewissenhaft anmerken. Dank des kontinuierlichen Feedbackprozesses der Konvergenz operiert die ICD als effiziente und verlässliche Klassifikation. Im Fall der großangelegten Infrastruktur sind die Verbindung mit einer installierten Basis, die Aufnahme in mannigfaltigen Gemeinschaften und die Kompatibilität mit anderen Wissenssystemen für den Erfolg notwendig.[44] Und der Erfolg der ICD, der an ihrer fast universalen Übernahme und Anwendung sichtbar wird, basiert ebenso sehr auf der allgemeinen Verwestlichung, Industrialisierung und Bürokratisierung der Welt wie auf der Klassifikation an sich.[45] Die ICD ist ein zentraler Punkt in einem internationalen System von miteinander verschränkten Klassifikationen und standardisierten medizinischen Sprachen, und zugleich ein generell entscheidender strukturierender Agent in der medizinischen Linguistik.[46]

Der ontologische Status von Konvergenz

Wir haben kurz drei Beispiele von Konvergenz betrachtet: aus der Perspektive von Mitgliedschaft und Informationsabruf, einer beruflichen Praxisgemeinschaft und ihrer Kodifizierungs- und Abrechnungsverfahren sowie einer großangelegten Informationsinfrastruktur, die mit mannigfaltigen Gemeinschaften und Informationsartefakten verbunden ist. In jedem Fall haben wir einige ähnliche Prozesse beobachtet, die von der sich entwickelnden Informationsinfrastruktur vermittelt werden: Die Welt beginnt so auszusehen, als ob die konvergente Beschreibung von ihr korrekt und »natürlich« sei. Der in jedem Fall erzielte Grad an Transparenz hängt jeweils von Standort, Strategie und Politik ab. Wird das System vergrößert, ist Transparenz eher abhängig vom Wettstreit, der sich aus der Heterogenität der partizipierenden sozialen Welten ergibt – doch sobald sie erreicht ist, nimmt sie ein beträchtliches Maß an Trägheit und sogar eine zwingende Kraft an.[47]

Der Aspekt der Mitgestaltung von Konvergenz ist für uns hier von zentraler Bedeutung: Während Transparenz ganz und gar natürlich erscheinen mag, ist sie

44 | S. L. Star/K. Ruhleder: »The Ecology of Infrastructure«.

45 | G. C. Bowker/S. L. Star: »Knowledge and Infrastructure«.

46 | M. Berg/G. C. Bowker: »The Multiple Bodies of the Medical Record«.

47 | Dieser Befund ist mit Stars Erörterung in *Regions of the Mind*, wie Wissenschaftler mit Anomalien umgehen, mit Latours Analyse wissenschaftlicher Netzwerke in *Science in Action* und – auf der Ebene umfangreicher Kontrolle – mit Foucaults ursprünglichem Verständnis von ›Disziplin‹ verwandt.

doch niemals unvermeidlich oder universal. Hierin folgen wir Yates' und Orlikowskis Verwendung von Giddens' Strukturierungsmodell: Struktur und Handlung *(agency)* erzeugen sich dialektisch und wechselseitig.[48] Lynda Davies und Geoff Mitchell argumentieren ähnlich.[49]

Mary Douglas stellt fest: »Wie ein Wissenssystem zustande kommt, ist dasselbe Problem, wie die Frage, auf welche Weise kollektive Güter überhaupt erzeugt werden.«[50] In sozialen Institutionen, so Douglas weiter, gehe es um das Reduzieren von Entropie, und

»eine in Entstehung begriffene Institution benötigt ein stabilisierendes Prinzip, das ihre vorzeitige Auflösung verhindert. Dieses stabilisierende Prinzip ist die Naturalisierung sozialer Klassifikationen. Es bedarf einer Analogie, dank deren die formale Struktur eines wichtigen Komplexes sozialer Beziehungen in der physischen Welt, in der übernatürlichen Welt, in der Unendlichkeit oder irgendwo wiederzufinden ist. Dabei kommt es allein darauf an, dass diese Struktur nicht als gesellschaftlich erzeugtes Konstrukt erkannt wird. Wenn die Analogie von einem Set sozialer Beziehungen auf ein anderes angewendet und umgekehrt von diesen auf die Natur übertragen wird, ist ihre wiederholt auftretende formale Struktur leichter erkennbar und mit einer Wahrheit versehen, die für sich selbst spricht.«[51]

Am überzeugendsten ist Douglas, wenn sie entschieden behauptet, grundlegende klassifizierende Urteile seien in dem Sinn sozial, als sie von Institutionen erschaffen, aufrechterhalten und kontrolliert würden: »Nur Institutionen können definieren, was als gleich zu gelten hat. Ähnlichkeit ist eine Institution.«[52] Wie relevant ihre Überlegungen für unsere Ausführungen über Konvergenz sind, ist klar. Sie vertritt die uns nahestehende Position, dass die Entwicklung einer einzelnen Informationswelt in einer bestimmten Umgebung nichts mit der aufgeklärten Entdeckung der Wahrheit über diese Welt zu tun hat, sondern mit der Konsolidierung sozialer Institutionen und Informationssysteme zusammenhängt. Für uns erklärt diese Konsolidierung, warum manche Menschen die Informationsstruktur transparent nutzen und andere dies nicht können oder wollen.

Wir sind jedoch nicht einverstanden damit, dass Douglas »das Soziale« verdinglicht und von der Technik oder von Informationssystemen unterscheidet.[53] Einerseits definiert sie Gesellschaft als etwas, das von der Existenz von Dingen in der Welt getrennt sei. Doch dann hat sie, um eines kausalen Arguments willen, Schwierigkeiten damit, »Gesellschaft« als Determinante auf die eine Seite einer

48 | W. Orlikowski: »Integrated Information Management or Matrix of Control?«, W. Orlikowski/J. Yates: »Genre Repertoire«, J. Yates: *Control Through Communication* und dies.: »Using Giddens' Structuration«.

49 | L. Davies/G. Mitchell: »The Dual Nature of the Impact of IT on Organizational Transformations«.

50 | M. Douglas: *Wie Institutionen denken*, S. 79.

51 | Ebd., S. 84 f. Anm. d. Hg.: Wir haben die bestehende deutsche Übersetzung leicht modifiziert.

52 | Ebd., S. 93.

53 | Sie erliegt hier Latours Argumenten gegen alle großen Teilungen, die zu Determinismus führen. Siehe B. Latour: *We Have Never Been Modern*.

Gleichung und »die Welt« oder »Wissen« auf die andere zu setzen. In dieser Form der funktionalistischen Argumentation gibt es einfach keinen Raum für Mitgestaltung. Schwach ist in diesem Zusammenhang auch, dass sie wie viele Funktionalisten Stabilität zu sehr zur Norm erhebt.

Für unsere Bedürfnisse als Informationswissenschaftler müssen sowohl Informationskonvergenz wie der Mangel an Konvergenz empirisch erklärt werden. Keines von beiden ist als gegeben vorauszusetzen. Oder wie es der Soziologe Everett Hughes formuliert: Wir müssten stets im Auge behalten, »es könnte auch anders gewesen sein«.[54] Douglas' Position impliziert, dass wir alle einer beruflichen Welt, einer sozialen Klasse, einer Ethnizität und so weiter angehören. Sie legt auch nahe, dass die Angleichung dieser Mitgliedschaften in einer kohärenten sozialen Institution als unproblematischer Garant für Informationskonvergenz und damit für Transparenz fungiert. Diejenigen, für die dieses Wissen nicht transparent ist, müssen dann Abweichler sein.[55]

Ungeachtet dieser Kritik sehen wir unser Verständnis von Konvergenz durch Douglas' Arbeit bestärkt. Sie erinnert uns daran, dass Konvergenz ein Ergebnis der Konsolidierung von Institutionen und Techniken ist. Die Informationswissenschaft steuert auch Studien über die mannigfaltigen Pfade bei, auf denen Information konvergiert – etwa Kollegennetzwerke, private Sammlungen und Gemeinschaftspraktiken.[56] Netzwerkanalysen zeigen, wie wichtig wechselseitige Verknüpfungen sind.[57] Weitere Arbeiten untersuchen, wie Computernetzwerke sich auf soziale Netzwerke auswirken. Barry Wellman merkt an, dass Computernetzwerke dazu genutzt werden können, eine große Vielfalt sozialer Beziehungen zu fördern – von dichten und beschränkten bis zu kargen und unbeschränkten. Laut Wellman werden Computernetzwerke tatsächlich dafür genutzt, all diese Beziehungen zu unterstützen.[58] Die Akteur-Netzwerk-Theorie hat nachgewiesen, wie wichtig mannigfaltige Übersetzungsnetzwerke in verschiedenen Praxisgemeinschaften für den Erfolg wissenschaftlicher Vorhaben sind.[59] Dem fügen wir hinzu, dass Konvergenz ein Prozess ist, in dem Status, kulturelle und gemeinschaftliche Praktiken, Ressourcen, Erfahrung und Informationsinfrastrukturen zusammenwirken, um Transparenz in einer größeren Informationswelt zu erzeugen. Konvergenz ist völlig situationsgebunden und nicht universal oder exklusiv. In Zeiten des Wandels weist sie auch

---

54 | E. Hughes: *The Sociological Eye*, S. 26.

55 | Ein anschauliches Beispiel dafür ist die Kategorisierung von wissenschaftlicher Entdeckung (Neuheit) als einer Form von Abweichung, wie sie durch den funktionalistischen Soziologen Robert Merton vorgenommen worden ist. Siehe R. Merton: *The Sociology of Science*.

56 | Vgl. M. Aloni: »Patterns of Information Transfer«; A. P. Bishop/S. L. Star: »Social Informatics of Digital Library Use an Infrastructure«; W. Garvey/B. Griffith: *Scientific Communication*; F. W. Lancaster: »Needs, Demands, and Motivations« und T. Pinelli: »The Information-Seeking Habits and Practices of Engineers«.

57 | C. Haythornthwaite: »Social Network Analysis«; J. Scott: *Social Network Analysis* und S. Wasserman: *Social Network Analysis*.

58 | B. Wellman: »An Electronic Group is Virtually a Social Network«.

59 | M. Callon (Hg.): *La science et ses réseaux*; M. Callon/J. Law/A. Rip (Hg.): *Mapping the Dynamics of Science and Technology*; B. Latour: *Science in Action* und *We Have Never Been Modern*.

eine gewisse Fragilität auf. Konvergenz ist dann größtenteils eine privilegierte Situation.

Von einem konservativen Standpunkt aus würde eine solche »Offenkundigkeit« oder Natürlichkeit eine erfolgreiche Integration in die normative Struktur des sozialen Lebens bedeuten. Dies ist allerdings nur der Fall, wenn Konvergenz für natürlich oder unproblematisch gehalten wird. Wir vertreten nicht diesen Standpunkt, denn Menschen gehören vielen Praxisgemeinschaften an und partizipieren an vielen Informationswelten. Erfolg ist relativ und partiell. Für jede Informationswelt ist der Grad von Konvergenz keine Frage der »richtigen« Sozialisation oder der Verinnerlichung korrekter Normen. Vielmehr gleichen Menschen widersprüchliche Anforderungen unterschiedlicher Informationswelten aus; sie können gute Gründe haben (etwa wichtigere Zugehörigkeiten), Wege zur Mitgliedschaft oder Konvergenz einzuschlagen,[60] oder sie können aus anderen Gründen ausgeschlossen werden (wie Gender, Alter oder Ethnie). Somit ist die Situation des transparenten, offenkundigen, leichten, routinierten Informationsabrufs für Arbeit und Spiel in gewisser Hinsicht ein Sonderfall.

Weil Praxisgemeinschaften und Informationsartefakte oft nicht konvergieren, ist es wichtig, das Scheitern von Transparenz ebenso wie die erfolgreiche Bildung von Informationswelten zu konzeptualisieren. Der Begriff der »Anomie« scheint sich für jene Situationen aufzudrängen, in denen Konvergenz scheitert. Das Oxford English Dictionary führt eine Reihe von Definitionen für Anomie auf, die von »eine Missachtung göttlichen Rechts« bis zum soziologischen Begriff des 19. und 20. Jahrhunderts reichen, der so viel bedeutet wie »ein Fehlen akzeptierter sozialer Standards oder Werte«. Die meisten Sozialwissenschaftler verbinden den Begriff mit Émile Durkheim, der mit ihm ausdrückte, inwieweit die Handlungen eines Individuums einem System sozialer Normen und Praktiken entsprechen oder in es integriert sind.[61] Wenn eine solche Orientierung für das Verhalten vorliege, sei es weniger wahrscheinlich, dass das betreffende Individuum Angst vor Normlosigkeit habe, eine Situation ohne Struktur verinnerliche und sich selbst töte.[62]

Während wir einzelnen Aspekten dieser Erklärung widersprechen, erfasst die Bezeichnung ›Anomie‹ in gewissem Sinn das, was bei einem profunden Ungleichgewicht *(mismatch)* zwischen Praxisgemeinschaft und Informationsartefakten entsteht. Die entmutigten Studierenden, die wir über ihre Bibliotheksnutzung befragten, erlebten Anomie in ihrer alltäglichen Bedeutung – sie kamen nicht klar und waren orientierungslos.

Durkheim definierte Anomie auch formal als Ungleichgewicht und nicht einfach als das Fehlen von Normen. Damit könnte eine Gesellschaft mit großer Rigidität und geringer individueller Verfügungsfreiheit auch eine Art Anomie erzeugen – ein Ungleichgewicht zwischen individuellen Umständen und größeren sozialen Konventionen. Daher kommt es zu einem fatalistischen Selbstmord, wenn

60 | H. Becker: »Whose Side Are We On?«.

61 | É. Durkheim: *Suicide*.

62 | In *Suicide* (dt. *Der Selbstmord*) erklärt Durkheim die im Vergleich zu Protestanten niedrigere Selbstmordrate unter Katholiken damit, dass sie die strengeren, verbindlicheren und klarer spezifizierten Normen und Praktiken des Katholizismus beachteten. Durkheims Werk wurde aus empirischen und methodologischen Gründen weithin kritisiert.

ein Mensch zu sehr von Regeln beherrscht wird. Informationsanomie kann gleichermaßen in beiden Arten von Umgebung entstehen: Sie kann auftreten, wenn soziale Standards, Orientierung oder Werte fehlen, die als sinnvoll von denen akzeptiert werden, die erfolgreich mit dem System arbeiten. Sie kann aber auch entstehen, wenn das System übermäßig rigide ist und keine Anpassung gemäß individueller Bedürfnisse an einem Ort der Praxis zulässt.[63]

Begriffe wie Anomie können freilich viele unerwünschte Nebenbedeutungen haben. Dazu gehört die Vorstellung, dass es nur eine richtige Nutzerschnittstelle gebe und bloß Abweichler bei der transparenten Nutzung dieses gewissermaßen perfekten Rezepts versagen werden. Ebenso weitverbreitet ist auch die Vorstellung, dass es »gute Nutzer« und »schlechte Nutzer« gebe. Unserer Meinung nach ist es produktiver, die Beschaffenheit von Ungleichgewichten und Mangel an Konvergenz zu verstehen, als Nutzern die Schuld zuzuschieben. In höheren Größenordnungen wird dies eine Frage der sozialen Gerechtigkeit. Mangel an Konvergenz kann den Ausschluss oder die Unsichtbarkeit ganzer sozialer Welten oder Klassen von Menschen bedeuten – institutionalisierte Undurchsichtigkeit statt Transparenz.[64]

Verwandte Forschungen in Bibliotheks- und Informationswissenschaft

Die Bibliotheks-, Informations- und Dokumentationswissenschaft (BID) beschäftigt sich in ihren Forschungen mit den meisten inhaltlichen Komponenten der Informationswelten, von denen oben die Rede war. In der Sozioinformatik beschreiben wir, wie diese Komponenten zusammenwirken und analysieren die längerfristige Interaktion von Informationsressourcen und Praxisgemeinschaften. In diesem Abschnitt soll dargelegt werden, wie unser Konvergenzmodell dazu dienen kann, die sozioinformatische Dimension der BID-Forschung zu verorten.

Viele wichtige BID-Untersuchungen befassen sich mit Bibliotheken, Zeitschriften und anderen formalen Informationssystemen. Sie basieren auf einem Modell von »Nutzern«, die zuerst ein Informationsbedürfnis haben und dann losziehen und sich diese Information beschaffen.[65] Die Rolle des Informationswissenschaftlers oder Mittlers ist zwischen diesen beiden Punkten angesiedelt: dem Interpretieren des Informationsbedürfnisses, dem Erstellen und Nutzbarmachen von Dokumentzusammenfassungen und dem Nutzen oder Einrichten eines Systems, um etwas abzurufen, das das Informationsbedürfnis des Nutzers befriedigt. Während die BID die Aufmerksamkeit auf die oft übersehene Rolle des Nutzers lenkt, fragt diese Forschung meist nach den Umständen, die die Brauchbarkeit und Effektivität verschiedener Formen der Dokument- und Systemnutzung, die Darstellung und den Abruf unter unterschiedlichen Umständen beeinflussen.[66]

63 | R. Trigg/S. Bødker: »From Implementation to Design«.

64 | S. L. Star/A. Strauss: »Layers of Silence, Arenas of Work«.

65 | M. J. Bates: »The Design of Browsing and Berrypicking Techniques« und F. W. Lancaster: »Needs, Demands and Motivations«.

66 | M. J. Bates: »The Design of Browsing and Berrypicking Techniques« und L. Covi: »Social Worlds of Knowledge-Work«.

Der Standpunkt dieser Untersuchungen ist oft entlang unterschiedlicher Achsen verteilt, indem sie etwa die Nutzung spezifischer Dokumentformen oder die Nutzung einzelner Systeme unter bestimmten Gemeinschaften erforschen.[67] Lisa M. Covi und Rob Kling kritisieren den stärker segmentierten Standpunkt als eine »geschlossene rationale oder beschränkte Datenbank-Perspektive«.[68] Insbesondere definieren sie sie als eine Perspektive, die die Nutzung eines Systems betrachtet, als wäre dieses System nicht in anderen Ressourcen online und offline, in Gemeinschaftsnormen oder in anderen sozialen Praktiken verortet. Covi und Kling verlangen, man solle von der offenen und naturalistischen Untersuchung mehr Gebrauch machen. Diese integrierte naturalistische Anschauung ist zwar weniger verbreitet, gewinnt aber zunehmend an Interesse und Bedeutung in der BID-Gemeinschaft.[69]

Wir versuchen, in das vorgestellte Konvergenzmodell Umfang und Perspektive des gegenwärtigen Verständnisses von Informationsnutzung einzubeziehen und dieses zu erweitern. Eine solche Perspektivierung ergänzt und unterstützt die vielen Untersuchungen, die die Bedeutung der kollegialen Interaktion für den Informationsaustausch nachgewiesen haben.[70] Andere verweisen auf die Bedeutung privater Sammlungen und Ressourcen.[71] Auch die Bedeutung von physischer Nähe in der Nutzung von Ressourcen ist seit einiger Zeit gut dokumentiert.[72] All diese Ausführungen verweisen auf die Bedeutung verschiedener Elemente in Informationswelten. Unsere Absicht ist es, diese zusammenzufassen.

Weitere ergänzende Forschungen stehen in der Tradition von Untersuchungen der Kommunikationsmuster, die die sozialen Netzwerke ausmachen. Diese besondere Linie der Analyse sozialer Netzwerke ist »eine Vorgehensweise und ein Set von Techniken, die angewandt werden, um den Austausch von Ressourcen unter Akteuren zu studieren«.[73] Sie verfolgt Austauschvorgänge zwischen Akteuren und sucht nach Mustern von Austauschbeziehungen. Diese Beziehungen werden zu Netzwerken zusammengefasst, welche wiederum auf Muster des Informationsaustauschs hin untersucht werden können. Beziehungen zwischen »Knoten« werden gemessen und nach mehreren Eigenschaften wie Stärke, Intensität, Richtung und

67 | Vgl. z. B. M. Aloni: »Patterns of Information Transfer«; N. Baym: »From Practice to Culture on Usenet«; E. Bizot/N. Smith/T. Hill: »Use of Electronic Mail«; D. Crane: Invisible Colleges; F. W. Lancaster: »Needs, Demands and Motivations«; T. Pinelli: »The Information-Seeking Habits and Practices of Engineers« und C. Warden: »User Evaluation«.

68 | L. M. Covi/R. Kling: »Organizational Dimensions of Effective Digital Library Use«.

69 | A. P. Bishop/S. L. Star: »Social Informatics«; siehe auch die Aufsätze in G. C. Bowker/S. L. Star: *Sorting Things Out*.

70 | D. Crane: *Invisible Colleges*, W. Garvey/B. Griffith: *Scientific Communication*; F. W. Lancaster: »Needs, Demands, and Motivations« und F. Wolek/B. Griffith: »Policy and Informal Communication«.

71 | E. A. Chatman: »Channels to a Larger Social World« und *The Information World of Retired Women* sowie M. E. Soper: »Characteristics and Use of Personal Collections«.

72 | C. Gould/K. Pearce: *Information Needs in the Sciences*; D. Hertz/A. Rubenstein: *Team Research*; E. S. Palmer: »The Effect of Distance on Public Library Use«; T. Pinelli: »The Information Seeking Habits and Practices«; V. Rosenberg: *The Application of Psychometric Techniques* und D. Waples: »The Relation of Subject Interests to Actual Reading«.

73 | C. Haythornthwaite: »Social Network Analysis«, S. 1.

Inhalt evaluiert.[74] Bradford W. Hesse, Lee S. Sproull, Sara B. Kiesler und John B. Walsh sowie Barry Wellman haben alle darauf hingewiesen, wie sich Computer und soziale Netzwerke beim Herstellen dieser Beziehungen wechselseitig durchdringen.[75] Die Entwicklung der Stärke dieser Verbindungen verweist auf die mit Konvergenz zusammenhängenden kommunikativen Prozesse. Eine weitere Erforschung der Ähnlichkeiten und Unterschiede zwischen sozialen Netzwerken und Praxisgemeinschaften würde diese Verbindungen verdeutlichen.

Das Aufkommen weit skalierter vernetzter Informationssysteme hat viele neue Diskussionen über Gemeinschaften und Information eröffnet. Eine reizvolle Möglichkeit besteht im Gewinnen, Abrufen und Anpassen von Informationen auf der Ebene einer Gemeinschaft. Dazu gehört auch das Finden von Gemeinschaften im Internet und das eher für Gemeinschaften als für Individuen ausgelegte Gestalten. Sein Erfolg hängt teilweise von den mannigfaltigen Faktoren ab, von denen hier die Rede ist. Es überrascht nicht, dass wir hinsichtlich der individuellen Ebene von Informationsabruf, -zugang und -nutzung über die meisten Kenntnisse verfügen. Ein wenig wissen wir über die Gemeinschafts- oder berufliche Ebene, insbesondere auf den Gebieten wissenschaftlicher Kommunikation. Und wir beginnen gerade etwas über infrastrukturelle Konvergenz als ein Problem in Design und Nutzung zu erfahren. Ole Hanseth, Eric Monteiro und Morten Hartling haben bereits erste Untersuchungen über Informationsinfrastruktur und Standardisierung vorgelegt, die viele dieser Probleme ansprechen.[76] Insbesondere argumentieren sie, die Spannungen zwischen Standardisierung und Flexibilität in der Errichtung von Informationsinfrastruktur seien ein Schlüssel zum erfolgreichen Design in der vernetzten Computerumgebung. Dies unterstreichen auch Bowker und Star[77] sowie Star und Ruhleder.[78]

Eine Schwierigkeit für die BID-Forschung und insbesondere die Sozioinformatik besteht darin, diese vielen Faktoren in einem ganzheitlichen und dynamischen Modell zusammenzufassen. Andere Wissenschaftler[79] weisen darauf hin, dass das Such-und-Abruf-Modell zu vereinfachend, rational und mechanisch sei, um die Dynamik zu beschreiben, mit der Menschen, Gruppen und Infrastruktur als Ressourcen zusammenkommen. Verlangt wird, dass die Untersuchung der Nutzung Digitaler Bibliotheken in Form von offenen natürlichen Systemen untersucht wird. Genauso fordern sie eine Perspektive entlang der »sozialen Welt«, indem sie

74 | J. Scott: *Social Network Analysis* und S. Wasserman: *Social Network Analysis*.

75 | T. Finholt/L. Sproull: »Electronic Groups at Work«; B. W. Hesse et al.: »Returns to Science«; L. Sproull/S. Kiesler: *Connections* und B. Wellman: »An Electronic Group Is Virtually a Social Network«.

76 | O. Hanseth/E. Monteiro: »Inscribing Behavior in Information Infrastructure Standards«; O. Hanseth: *Information Technology as Infrastructure* und O. Hanseth/E. Monteiro/M. Hatling: »Developing Information Infrastructure«.

77 | G. C. Bowker/S. L. Star: »Knowledge and Infrastructure«, »How Things (Actor-Net)work« und *Sorting Things Out*.

78 | S. L. Star/K. Ruhleder: »The Ecology of Infrastructure«.

79 | Z. B. M. J. Bates: »The Design of Browsing and Berrypicking Techniques«; L. Covi: »Social Worlds of Knowledge-Work« und L. Covi/R. Kling: »Organizational Dimensions of Effective Digital Library Use«.

die Nutzung des Systems als einer »beschränkten Welt« durch »rationale Akteure« ebenso betrachten wie den physischen und zeitweiligen Arbeitsplatz, das Berufsgebiet und die Beschäftigungsnische der Nutzer.[80] Dem fügen wir die Vorstellung hinzu, dass diese Variablen für das Verstehen der Nutzung und der Nutzbarkeit Digitaler Bibliothekssysteme oder anderer Informationssysteme entscheidend sind. Ebenso relevant sind diese Variablen für das Verstehen der Menge oder des Mangels an Konvergenz, die ein Mensch, eine Gemeinschaft oder mannigfaltige Gemeinschaften erfahren. Wir befassen uns damit, wie die Inhalte von Informationswelten oder individueller Einheiten darin dynamisch und ökologisch interagieren.

Überdies sind Suche und Abruf keine kleinteiligen Aufgaben, sondern vielmehr Produkte sozialer Prozesse und Beziehungen. Wie Individuen oder Gemeinschaften miteinander verknüpft sind, ist das Ergebnis ihrer jeweiligen Position. Information ist kein statisches Produkt, das »da draußen« darauf wartet, gefunden zu werden, sondern vielmehr ein Konstrukt bestimmter Situationen zu spezifischen Zeitpunkten. Konvergenz ist ein Prozess, bei dem Dinge durch soziale Prozesse – wie z. B. die berufliche Sozialisation oder die Gemeinschaftsbildung – mit der Ko-Konstruktion von Informationsartefakten in unterschiedlichen Größenordnungen zusammentreffen.

Schlussbemerkungen

Wir wissen, dass kein universales Schema Information allen leicht zugänglich machen kann. Manche Systeme der Informationsorganisation werden weitgehend übernommen, etwa das der Library of Congress oder des Telefonbuchs. Doch wie Sanford Berman im Hinblick auf den Schlagwortkatalog der Library of Congress veranschaulicht, können genau diese Schlagworte die systematische Ausgrenzung der Ansichten ethnischer Minderheiten beinhalten. Sie überbetonen westliche Religionen und stellen übliche Namen für Alltagsobjekte nicht gut dar.[81] Ähnliches gilt für andere Versuche, die Welt des Wissens zu organisieren und zu klassifizieren. Derzeitige Versuche, das Chaos des Internets zu katalogisieren und zu klassifizieren, beginnen sich gerade mit universalen organisatorischen Schemata für die Erstellung von Katalogen und Registern auseinanderzusetzen. Sie müssen »Inseln des Indexierens« miteinander verknüpfen, wenn sie mit den leistungsstarken neuen Fähigkeiten von Suchmaschinen und grenzenlosem Hypertext arbeiten.

Dieser Sachverhalt ist eine Chance für Forschende in der Sozioinformatik. Wir haben in diesem Text die Möglichkeit genutzt, etwas über die Beziehung zwischen Menschen, Geschichte, Information sowie materieller und sozialer Ordnung zu begreifen. Es existiert zwar keine sozial perfekte Transparenz. Diese wird es auch nie geben, doch zuweilen gibt es relative Transparenz auf vielen Ebenen einer Größenordnung. Wenn wir Designer und Nutzer von Information studieren, erkennen wir klare und gegenwärtige Unterschiede zwischen Menschen, die sich in einer Informationswelt sehr wohl fühlen (weil sie an eine Reihe von Quellen »angeschlossen« sind und alle Informationen, die sie benötigen, leicht finden können) und denjeni-

80 | L. Covi: »Social Worlds of Knowledge-Work« und L. Covi/R. Kling: »Organizational Dimensions of Effective Digital Library Use«.

81 | S. Berman: *The Joy of Cataloging*.

gen, die durch ihre Beziehungen zu den gleichen Informationen eingeschüchtert, verwirrt und eingeschränkt sind. Diese Unterschiede sind subtil. Bis zu einem gewissen Grad sind sie durch Modelle individueller Nutzerbedürfnisse und Konzepte von unterschiedlichem Fachwissen oder idealisierter, durch Zeit oder Ort nicht modifizierter Transparenz verborgen.

Diese Umstände vermitteln uns Erkenntnisse über Menschen, die Informationsanomie erfahren. Unterschiede zwischen Insidern und Outsidern sind weder trivial, noch leicht verständlich. Manchmal erklären Unterschiede in der beruflichen Entwicklung relative Leichtigkeit und Vertrautheit: Ein Routinier wird sich leichter durch eine Informationswelt bewegen als ein Neuling. Aber vielleicht auch nicht, wenn sich diese Welt als solche verschiebt, rasch verändert und Ausbildungssituationen Studierende gegenüber Professoren begünstigen. Zuweilen gibt es Unterschiede zwischen Insidern und Outsidern, wie sie Berman ermittelt hat, darunter systematisches Ausschließen von Mitgliedern einer bestimmten Gruppe oder Unterschiede im Zugang zu Materialien und Infrastruktur, die eine Digitale Bibliothek derzeit unmöglich machen.[82] Manchmal gilt das eher für andere Arten von Mitgliedschaften.[83]

Das größte Problem für die Errichtung von Informationssystemen besteht darin, dass viele dieser Prozesse für traditionelle Bedarfsanalysen unsichtbar sind. Sie können nur durch die gestaltungsorientierte oder naturalistische Analyse von Informationswelten gesehen werden.

Es kann eine recht knifflige Angelegenheit sein, Konvergenz zu analysieren. Oft maskiert sie sich als etwas Naturgegebenes, aber sie ist das Ergebnis einer bestimmten Konfiguration von Beziehungen zwischen Information und sozialer Ordnung. Konvergenz ist nicht Interoperabilität, sondern vielmehr ein Überlagern von Lösungen und Konventionen, Mitgliedschaften und Standards. Nutzbarkeit stellt eine emergente Eigenschaft dar, die derzeit nicht auf diese Weise angesprochen wird. Dass manche Dinge für einige Menschen offenkundig sind und für andere nicht, hat etwas mit der Verbundenheit zu tun, die manche Menschen erfahren und andere nicht, ebenso wie mit den Mitgliedschaften, die manche haben und andere nicht.

Die Herausforderung, diese Unterschiede zu verstehen und zu erkennen, besteht darin, sie durch Gestaltung anzugehen. Das heißt nicht, dass für Systeme »einfache« statt »komplexe« Schnittstellen geschaffen werden sollen, sondern dass wir vielmehr die grundlegend unterschiedlichen Such- und Nutzungsprozesse erkennen müssen, die für die verschiedenen Informationswelten und Größenordnungen von Belang sind. Unterschiedliche Bedürfnisse zu erkennen, legt den Aufbau von Systemen nahe, die tatsächlich andere Dinge tun. Die heute neu aufgebauten und entwickelten Beziehungen und Zugangspunkte kommen nur einer kleinen Gruppe von Menschen auf einer bestimmten Stufe ihrer Karriereleiter zugute. Systeme werden gerade verknüpft, weil man sich Interoperabilität erhofft, ohne die Trajektorien von Information auf einer systematischen oder infrastrukturellen Ebene zu berücksichtigen. Mehr denn je brauchen wir interdisziplinäre Teams für Design und Nutzung, die den Facettenreichtum von Information adressieren – eine soziale Informatik.

---

82 | S. Berman (Hg.): *Subject Cataloging*.

83 | P. Eckert: *Jocks and Burnouts*.

Dank

Dieser Aufsatz wurde zum Teil von der National Science Foundation, der Defense Advanced Research Projects Agency und der Digital Library Initiative (DLI) der NASA unter der Vertragsnummer NSF 93–141 DLI sowie von der National Science Foundation mit einem Stipendium für Forschung über Klassifizierung und Infrastruktur unter der Vertragsnummer 9514744 unterstützt. Unser Dank gilt Menschen, die Entwürfe dieser Arbeit gelesen und die darin vorgetragenen Ideen diskutiert haben, insbesondere Ann Bishop und dem DLI Social Science Team sowie Teilnehmern des Proseminars der Graduate School of Library and Information Science. Wir danken auch Robert Alun Jones für das Gegenlesen des Abschnitts über Durkheim.

Literatur

Aloni, Michaela: »Patterns of Information Transfer Among Engineers and Applied Scientists in Complex Organizations«, in: *Scientometrics* 8/5-6 (1985), S. 279–300. https://doi.org/10.1007/BF02018054

Bannon, Liam: »A Pilgrim's Progress: From Cognitive Science to Cooperative Design«, in: *AI and Society* 4/4 (1990), S. 259–275. https://doi.org/10.1007/BF01894031

Bates, Marcia J.: »Idea Tactics«, in: *Journal of the American Society for Information Science* 30/5 (1979), S. 280–289. https://doi.org/10.1002/asi.4630300507

Bates, Marcia J.: »The Design of Browsing and Berrypicking Techniques for the Online Search Interface«, in: *Online Review* 13/5 (1989), S. 407–424.

Baym, Nancy K.: »From Practice to Culture on Usenet«, in: Susan L. Star (Hg.), *The Cultures of Computing*, Sociological Review Monograph Series, London: Basil Blackwell 1995, S. 29–52.

Becker, Howard: »Whose Side Are We On?«, in: *Social Problems* 14/3 (1967), S. 239–247. https://doi.org/10.2307/799147

Becker, Howard: »Foi por acaso: Conceptualizing Coincidence«, in: *Sociological Quarterly* 35/2 (1994), S. 183–194. https://doi.org/10.1111/j.1533-8525.1994.tb00406.x

Berg, Marc/Bowker, Geoffrey C.: »The Multiple Bodies of the Medical Record: Towards a Sociology of an Artifact«, in: *Sociological Quarterly* 38/3 (1997), S. 513–537. https://doi.org/10.1111/j.1533-8525.1997.tb00490.x

Berman, Sanford: *The Joy of Cataloging: Essays, Letters, Reviews, and Other Explosions*, New York: Oryx Press 1981.

Berman, Sanford: *Subject Cataloging: Critiques and Innovations*, New York: Haworth Press 1984.

Bishop, Ann/Star, Susan L.: »Social Informatics of Digital Library Use and Infrastructure«, in: Martha E. Williams (Hg.), *Annual Review of Information Science and Technology*, Bd. 31, Medford, NJ: Information Today 1996, S. 301–401.

Bizot, Elizabeth/Smith, Nancy/Hill, Thomas: »Use of Electronic Mail in a Research and Development Organization«, in: *Advances in the Implementation and Impact of Computer Systems* 1 (1991), S. 65–92.

Bowker, Geoffrey C.: »Information Mythology and Infrastructure«, in: Lisa Bud-Frierman (Hg.), *Information Acumen: The Understanding and Use of Knowledge in Modern Business*, London: Routledge 1994, S. 231–274.

Bowker, Geoffrey C./Star, Susan L.: »Knowledge and Infrastructure in International Information Management: Problems of Classification and Coding«, in: Lisa Bud-Frierman (Hg.), *Information Acumen: The Understanding and Use of Knowledge in Modern Business*, London: Routledge 1994, S. 187–216.

Bowker, Geoffrey C./Star, Susan L.: »How Things (Actor-Net)work: Classification, Magic and the Ubiquity of Standards«, in: Philosophia, 25/3-4, S. 195–220.

Callon, Michel (Hg.): *La science et ses réseaux: genèse et circulation des faits scientifiques*, Paris: La Découverte, Conseil de l'Europe: UNESCO 1989.

Callon, Michel/Law, John/Rip, Arie (Hg.): *Mapping the Dynamics of Science and Technology: Sociology of Science in the Real World*, Basingstoke: Macmillan Press 1986. https://doi.org/10.1007/978-1-349-07408-2

Campbell, Donald Thomas: »Ethnocentrism of Disciplines and the Fish-Scale Model of Omniscience«, in: Muzafer Sherif/Carolyn W. Sherif (Hg.), *Interdisciplinary Relationships in the Social Sciences*, Chicago, IL: Aldine 1969.

Chatman, Elfreda: »Information, Mass Media Use and the Working Poor«, in: *Library and Information Science Research* 7/2 (1985), S. 97–113.

Chatman, Elfreda: »Channels to a Larger Social World: Older Women Staying in Contact with the Great Society«, in: *Library and Information Science Research* 13/3 (1991), S. 281–300.

Chatman, Elfreda: *The Information World of Retired Women*, Westport, CT: Greenwood Press 1992.

Covi, Lisa M.: »Social Worlds of Knowledge-Work: How Researchers Appropriate Digital Libraries for Scholarly Communication«, in: Gretchen Whitney (Hg.), *ASIS Mid-Year Meeting Proceedings: The Digital Revolution: Assessing the Impact on Business, Education, and Social Structures*, Medford, NJ: Learned Information 1996, S. 84–100.

Covi, Lisa M./Kling, Rob: »Organizational Dimensions of Effective Digital Library Use: Closed Rational and Open Natural Systems Models«, in: *Journal of the American Society for Information Science* 47/9 (1996), S. 672–689. https://doi.org/10.1002/(SICI)1097-4571(199609)47:9<672::AID-ASI4>3.0.CO;2-P

Crane, Diana: *Invisible Colleges: Diffusion of Knowledge in Scientific Communities*, Chicago, IL: University of Chicago Press 1972.

Davies, Lynda/Mitchell, Geoff: »The Dual Nature of the Impact of IT on Organizational Transformations«, in: Richard L. Baskerville/Ojelanki Ngwenyama/Steve Smithson/Janice DeGross (Hg.), *Transforming Organizations with Information Technology*, Amsterdam u. a.: North Holland 1994, S. 243–261.

Desrosières, Alain: *Les categories socio-professionnelles*, Paris: Editions La Découverte 1988.

Desrosières, Alain: *La politique des Grands Nombres: Histoire de la raison statistique*, Paris: Editions La Découverte 1993.

Douglas, Mary: *How Institutions Think*, Syracuse, NY: Syracuse University Press 1986 (deutsch: *Wie Institutionen denken*, Frankfurt a. M.: Suhrkamp 1991).

Durkheim, Émile: *Suicide: A Study in Sociology*, New York: Free Press 1951 [1897].

Eckert, Penelope: *Jocks and Burnouts: Social Categories and Identity in the High School*, New York: Columbia University Teachers College 1989.

Finholt, Tom/Sproull, Lee S.: »Electronic Groups at Work«, in: *Organization Science* 1/1 (1990), S. 41–64. https://doi.org/10.1287/orsc.1.1.41

Foucault, Michel: »Governmentality«, in: Graham Burchell/Colin Gordon/Peter Miller (Hg.), *The Foucault Effect: Studies in Governmentality*, Chicago, IL: University of Chicago Press 1991, S. 87–104.

Garvey, William D./Griffith, Belver C.: *Scientific Communication: Its Role in the Conduct of Research and Creation of Knowledge*, Key Papers in Information Science, White Plains, NY: Knowledge and Industry 1980.

Gould, Constance C./Pearce, Karla: *Information Needs in the Sciences: An Assessment*, Program for Research Information Management, Mountain View, CA: Research Libraries Group 1991.

Grudin, Jonathan: »The Computer Reaches Out: The Historical Continuity of Interface Design«, in: Jane C. Chew/John Whiteside (Hg.), *Human Factors in Computing Systems: CHI '90 Conference Proceedings (1.–5. April 1990, Seattle, WA)*, New York: ACM Press 1990, S. 261–268.

Hanseth, Ole: *Information Technology as Infrastructure*, Dissertation, Universität Gøteborg, Report 10, Gøteborg Studies in Informatics 1996.

Hanseth, Ole/Monteiro, Eric: »Inscribing Behavior in Information Infrastructure Standards«, in: Bo Dahlbom et al. (Hg.), *Proceedings of the Nineteenth Information Systems Research Seminar in Scandinavia (IRIS): The Future*, Universität Gøteborg: Department of Informatics 1996, S. 293–332.

Hanseth, Ole/Monteiro, Eric/Hatling, Morten: »Developing Information Infrastructure: The Tension between Standardization and Flexibility«, in: *Science, Technology, and Human Values* 21/4 (1996), S. 407–426. https://doi.org/10.1177/016224399602100402

Haythornthwaite, Caroline: »Social Network Analysis: An Approach and Technique for the Study of Information Exchange«, in: *Library and Information Science Research* 18/4 (1996) S. 323–342. https://doi.org/10.1016/S0740-8188(96)90003-1

Hertz, David B./Rubenstein, Albert H.: *Team Research*, Boston, MA: Eastern Technical 1954.

Hesse, Bradford W./Sproull, Lee/Kiesler, Sara/Walsh, John: »Returns to Science: Computer Networks in Oceanography«, in: *Communications of the Association for Computing Machinery* 36/8 (1993), S. 90–101. https://doi.org/10.1145/163381.163409

Hughes, Everett: *The Sociological Eye: Selected Papers*, Chicago, IL: Aldine-Atherton 1971.

Kiernan, Vincent: »U.S. to Offer up to $50 Million in Grants to Support Research on Digital Libraries«, in: *Chronicle of Higher Education* 44/25 (1998), S. 427.

King, John/Star, Susan L.: »Conceptual Foundations for the Development of Organizational Decision Support Systems«, in: *Proceedings of the Twenty-third Hawaiian International Conference on Systems Sciences* 3, Washington, D.C.: EKE Press 1990, S. 143–151. https://doi.org/10.1109/HICSS.1990.205338

Kling, Rob/Scacchi, Walt: »The Web of Computing: Computing Technology as Social Organization«, in: *Advances in Computers* 21 (1982), S. 3–78. https://doi.org/10.1016/S0065-2458(08)60567-7

Kritek, Phyllis B.: »Conceptual Considerations, Decision Criteria and Guidelines for the Nursing Minimum Data Set from a Practice Perspective«, in: Harriet H. Werely/Norma M. Lang (Hg.), *Identification of the Nursing Minimum Data Set*, New York: Springer 1988, S. 22–33.

Lancaster, F. Wilfried: »Needs, Demands, and Motivations in the Use of Sources of Information«, in: *Journal of Information, Communication, and Library Science* 1/3 (1995), S. 13–19.

Latour, Bruno: *Science in Action: How to Follow Scientists and Engineers Through Society*, Cambridge, MA: Harvard University Press 1987.

Latour, Bruno: *We Have Never Been Modern*, Cambridge, MA: Harvard University Press 1993.

Lave, Jean/Wenger, Étienne: *Situated Learning: Legitimate Peripheral Participation*, Cambridge: Cambridge University Press 1992.

McCloskey, Joanne: »Standardizing Nursing Language for Computerization«, in: Morry Etta C. Mills/Carol A. Romano/Barbara R. Heller (Hg.), *Information Management: In Nursing and Health Care*, West Dundee, IL: S-N 1996.

McCloskey, Joanne/Bulechek, Gloria (Hg.), *Nursing Interventions Classification (NIC)*, St. Louis, MO: Mosby [2]1996.

McCormick, Kathleen A.: »A Unified Nursing Language System«, in: Marion J. Ball/Kathryn J. Hannah/Ulla G. Jelger/Hans Peterson (Hg.), *Nursing Informatics: Where Caring and Technology Meet*, New York: Springer 1988. https://doi.org/10.1007/978-1-4757-4160-5_19

Merton, Robert: *The Sociology of Science: Theoretical and Empirical Investigations*, Chicago, IL: University of Chicago Press 1973.

Orlikowski, Wanda: »Integrated Information Environment or Matrix of Control? The Contradictory Implications of Information Technology«, in: *Accounting, Management, and Information Technology* 1/1 (1991), S. 9–42.

Orlikowski, Wanda/Yates, JoAnne: »Genre Repertoire: The Structuring of Communicative Practices in Organizations«, in: *Administrative Science Quarterly* 39/4 (1994), S. 541–574. https://doi.org/10.2307/2393771

Palmer, Carole L.: *Practices and Conditions of Boundary Crossing Research Work: A Study of Scientists at an Interdisciplinary Institute*, Dissertation University of Illinois, Urbana-Champaign, Graduate School of Library and Information Science 1996.

Palmer, E. S.: »The Effect of Distance on Public Library Use: A Literature Study«, in: *Library Research* 3/4 (1981), S. 5–25.

Pinelli, Thomas E.: »The Information-Seeking Habits and Practices of Engineers«, in: *Science and Technologies Libraries* 11/3 (1991), S. 5–25. https://doi.org/10.1300/J122v11n03_02

Rosenberg, Victor: *The Application of Psychometric Techniques to Determine the Attitudes of Individuals Toward Information Seeking*, Masterarbeit, Lehigh University 1966.

Roth, Julius A.: *Timetables: Structuring the Passage of Time in Hospital Treatment and Other Careers*, Indianapolis, IN: Bobbs-Merrill 1963.

Scott, John: *Social Network Analysis: A Handbook*, London: Sage 1992.

Soper, Mary E.: »Characteristics and Use of Personal Collections«, in: *Library Quarterly* 46/4 (1976), S. 397–415. https://doi.org/10.1086/620584

Sproull, Lee/Kiesler, Sara: *Connections: New Ways of Working in the Networked Organization*, Cambridge, MA: MIT Press 1991.

Star, Susan L.: »Misplaced Concretism and Concrete Situations: Feminism, Method, and Information Technology«, in: *Working Paper in the Gender, Nature, Culture Network Working Paper Series* 11, Universität Odense, Dänemark, 1994.

Star, Susan L./Bowker, Geoffrey C.: »Of Lungs and Lungers: The Classified Story of Tuberculosis«, in: Anselm Strauss/Juliet Corbin (Hg.), *Grounded Theory in Practice*, Thousand Oaks, CA: Sage 1997, S. 197–227. https://doi.org/10.1207/s15327884mca0401_2

Star, Susan L./Ruhleder, Karen: »Steps Toward an Ecology of Infrastructure: Design and Access for Large Information Spaces«, in: *Information Systems Research* 7/1 (1996), S. 111–134. https://doi.org/10.1287/isre.7.1.111

Star, Susan L./Strauss, Anselm: »Layers of Silence, Arenas of Voice: The Dialogues between Visible and Invisible Work«, in: *Journal of Computer-Supported Cooperative Work* 8/1-2 (1999), S. 9–30. https://doi.org/10.1023/A:1008651105359

Strauss, Anselm: »A Social World Perspective«, in: *Studies in Symbolic Interaction* 1 (1978), S. 119–128.

Swanson, Don R.: »Undiscovered Public Knowledge«, in: *Library Quarterly* 56/2 (1986), S. 103–118. https://doi.org/10.1086/601720

Taylor, Robert S.: »Information Use Environments«, in: Brenda Dervin/Melvin J. Voight (Hg.), *Progress in Communication Science* 10, Norwood, NJ: Ablex 1991.

Tort, Patrick: *La raison classificatoire. Les complexes discursifs*: Quinze Études, Paris: Aubier 1989.

Trigg, Randall/Bødker, Susanne: »From Implementation to Design: Tailoring and the Emergence of Systematization in CSCW«, in: *CSCW '94: Proceedings of ACM 1994 Conference on Computer-Supported Cooperative Work*, New York: ACM Press 1994, S. 45–54.

Turnbull, David: *On With the Motley: The Contingent Assemblage of Knowledge Spaces*, Dissertation University of Melbourne 1997.

Waples, Douglas: »The Relation of Subject Interests to Actual Reading«, in: *Library Quarterly* 2/1 (1932), S. 42–70. https://doi.org/10.1086/613036

Warden, Carolyn L.: »User Evaluation of a Corporate Library Online Search Service«, in: *Special Libraries* 72/2 (1981), S. 113–116.

Wasserman, Stanley: *Social Network Analysis: Methods and Applications*, Cambridge: Cambridge University Press 1994. https://doi.org/10.1017/CBO9780511815478

Wellman, Barry: »An Electronic Group Is Virtually a Social Network«, in: Sarah Kiesler (Hg.), *Culture of the Internet*, Mahwah, NJ: Erlbaum 1997.

Wolek, Francis/Griffith, Belver: *Policy and Informal Communication in Applied Science and Technology*, Key Papers in Information Science, White Plains, NY: Knowledge Industry 1980.

World Health Organization (WHO): *International Statistical Classification of Diseases and Related Health Problems (ISC-10)*, drei Bände, Genf: World Health Organization [10]1992.

Yates, JoAnne: *Control Through Communication: The Rise of System in American Management*, Baltimore, MD: Johns Hopkins University Press 1989.

Yates, JoAnne: »Using Giddens' Structuration Theory to Inform Business History«, in: *Business and Economic History* 26/1 (1997), S. 159–183.

Gebrauchstauglichkeit als performative Transparenz

Bernhard Nett

Susan Leigh Star, Geoffrey C. Bowker und Laura J. Neumann arbeiteten unter anderem in dem interdisziplinären Umfeld, das die Entwicklung moderner Computertechnik prägte. Für das Verständnis ihres Artikels »Transparency Beyond the Individual Level of Scale: Convergence Between Information Artifacts and Communities of Practice« ist eine Einordnung in diesen Entwicklungskontext instruktiv.

An der Entwicklung von Computern hatten im Zweiten Weltkrieg Forscher vor allem aus Mathematik und Elektrotechnik bzw. Elektronik zusammengearbeitet und hierdurch einen neuen Bereich der Kybernetik (d.h. Steuerungstechnik) im Umfeld des Maschinenbaus und darüber hinaus etabliert. Für praktische Anwendungen wie die Entschlüsselung von Geheimcodes und Flugbahnberechnungen wurden auch Wissenschaftler aus anderen Bereichen hinzugezogen. Die Anwendungen schienen klar vorgegeben, z.B. durch militärische Interessen, und die Computerentwicklung vor allem auf zunehmende Rechner- und Speicherkapazitäten (bald auch auf Miniaturisierung) angelegt.

Als ebenso allgemein wie ›der‹ Computer sollte das generische Konzept der ›Datenverarbeitung‹ konzipiert werden. Die Konzeption des Computers als Turing-Maschine basierte auf der darin angesetzten Gleichheit aller Symbole, die in den ›Rechner‹ ›ein-‹ und von ihm ›ausgegeben‹ werden können, als Elemente einer formalen Sprache. Die Definierbarkeit formaler Maschinensprachen schien die Dateneingabe und -ausgabe zum rein technischen Problem zu machen: ›Eingabe‹ in den Computer war die Umsetzung von Inhalten jeweils als Menge definierter Elemente und ihre ›Speicherung‹ als vordefinierte physikalische Werte bestimmter Speicherstellen. Da Computer ›intelligent‹ sein sollten, sollten auch die Arbeitsbefehle als einzugebende Daten konzipiert werden.

Als ›Ausgabemedien‹ fungierten zunächst Lampen, Lochkarten, Magnetbänder und Monitore, doch im Lauf der Zeit wurden dafür, sowie für die Eingabe, immer neue Geräte entwickelt. Durch die konzeptionelle Allgemeinheit des Datenverarbeitungskonzepts wurden nicht nur Eingaben und Ausgaben sowie die Verarbeitung selbst als Daten speicherbar, sondern Daten konnten bald auch – nach Fortschritten in Sensorik, Synchronisation und Wandlern – in verschiedenster Form in der ›Realwelt‹ aufgenommen und auch ›multimedial‹ wiedergegeben werden.

Als die Kognitionspsychologie den *information overload* entdeckte (die Überforderung menschlicher Aufnahmefähigkeit durch ein Übermaß an Informationen[1]),

1 | Vgl. H. Helson: *Adaptation-Level Theory.*

machte sie mit solchen software-ergonomischen Phänomenen etwas zum Forschungsgegenstand, das vorher als bloße Konsequenz von Technikentwicklung verstanden worden war: deren Nutzung (speziell als Computernutzung). Die Psychologie erforschte als *Human Factors* solche performanz-kritischen Mensch/Maschine-Interaktionen, die sie im Labor anhand vordefinierter allgemeiner Metriken messen konnte. Um ›harte Fakten‹ und eindeutige Designimplikationen liefern zu können, untersuchte sie den Menschen als Störfaktor des Rechners. Es entwickelte sich eine Forschergemeinschaft mit eigenen Diskussions- und Publikationsforen.

1982 öffnete sich die renommierte, ingenieurwissenschaftliche *Association for Computing Machinery* (ACM) den *Human Factors,*[2] die nun als *Human Factors in Computing Systems* in einen neuen Kontext, die *Computer-Human-Interaction* (CHI), gesetzt wurden. Für sie wurde eine *Special Interest Group* (ACM SIGCHI) etabliert. *Computer-Human-Interaction* wurde später in *Human-Computer-Interaction* (HCI) umbenannt, während sich der deutsche Zweig nach der international seltener gebräuchlichen Formel der *Man-Machine-Interaction* (MMI) »*Mensch und Computer*« benannte.

»HCI ist eine Disziplin, die sich mit der Entwicklung, Evaluation und Implementierung interaktiver Computersysteme für menschliche Nutzung befasst, sowie mit zentralen Phänomenen, die diese umgeben.«[3] Diese Definition war wesentlich breiter als die der Informatik *(Computer Science)*, die sich auf ›algorithmische Prozesse‹ stützte.[4] *Human-Computer-Interaction* richtete sich auf praktische Anwendungen der Computer, wobei als ›Interaktion‹ sowohl die Eingabeaktivitäten von Nutzern, ihre Rezeption von Maschinenausgaben, als auch die zwischenmenschliche Interaktion mit dem Computermedium gefasst werden konnten.[5] Dennoch definierte sich *Human-Computer-Interaction* zunächst durch ihren Bezug zur ›Nutzerschnittstelle‹, den Teil eines Informationsartefakts, der seine Ein- und Ausgaben formt.

Beim soziotechnischen Design wurde die Entwicklung von Formen der Mensch-Maschine-Interaktion selbst thematisch: Das *Interaction Design*[6] strebte die Entwicklung praktischer Anwendungen an, etwa mithilfe von Szenarien oder *Use Cases* (Interaktionssequenzen zwischen Mensch und Maschine). Wenn dabei Entwicklung voluntaristisch als willkürliches Definieren gefasst wurde, verblieb *Human-Computer-Interaction* im behavioristisch-kognitivistischen Paradigma. »Die HCI-Forschung entwickelte sich als Systematisierungsbemühung *post festum*, nämlich mit dem Ziel des Verstehens der interaktiven Computingtechniken, die bereits [...] entwickelt worden waren.«[7]

Computernutzer: Vom Störfaktor zum Potenzial des Computers

Viele Forscher waren mit dem skizzierten Paradigma unzufrieden. Auch Star, Bowker und Neumann wollten von einer dialektischen Ko-Kreation von *structure*

2 | Vgl. M. S. Sanders/E. J. McCormick: *Human Factors in Engineering and Design.*

3 | T. Hewett et al.: *ACM SIHCHI Curricula for Human-Computer Interaction.*

4 | A. Newell/A. Perlis/H. Simon: »Computer Science«.

5 | M. Blattner/R. B. Dannenberg: *Multimedia Interface Design.*

6 | J. Preece/Y. Rogers/H. Sharp: *Interaction Design.*

7 | K. Schmidt: »Von niederer Herkunft«.

(Artefakt) und *agency* (Nutzung) ausgehen und nicht von einem eindimensionalen Funktionalismus. Entwickler wie Mark Weiser[8] forderten – wie später Star, Bowker und Neumann – von der Fixierung auf eine ›Nutzerschnittstelle‹ abzurücken. Weiser eröffnete mit Mitstreitern mit der *Ubicomp* (für: *Ubiquitous Computing*) eine Forschungsrichtung, bei der Nutzungsinteraktion selbst zum Forschungs- und Entwicklungsgegenstand wurde. Das war u.a. auch bei der Usability- bzw. Gebrauchstauglichkeitsforschung der Fall, die ebenfalls zu einem zentralen Forschungsfeld wurde.

Die *Usability* eines Softwareproduktes wurde als Metrik dafür verstanden, wie effektiv, effizient und zufriedenstellend es in bestimmten Nutzungskontexten bestimmten Nutzern erlaubt war, bestimmte Ziele zu erreichen – wobei diese Voraussetzungen ebenso wie die *Usability* selbst als relativ stabil und realistisch erfassbar gesehen wurden (Star, Bowker und Neumann kritisieren ja gerade diese Annahmen). Die *Usability Experience Professionals Association* entwickelte sich zu einer eigenen Community, verblieb aber – anders als die *Ubicomp* – innerhalb der *Computer-Human-Interaction* (der deutsche Teil etablierte sich als eigener »Track« auf der »Mensch und Computer«).

Die *Usability*-Forschung setzte als Evaluation bereits entwickelte Artefakte (zumindest Prototypen) voraus. Zur Beurteilung der Nutzung wurden diese im Labor simuliert und nach Nutzungskrisen *(critical incidents)* als Indikator fehlender Gebrauchstauglichkeit gesucht; ausbleibende Nutzungskrisen waren Indikator für Gebrauchstauglichkeit. Doch war es nicht klüger, Gebrauchstauglichkeit bereits in der Entwicklungsarbeit zu berücksichtigen? Vorgehenskonzepte wie das *Usability Engineering*[9] oder das *User-Centered Design*[10] wollten Technikforschung im Produktentwicklungsprozess nach vorne verlagern – nicht zuletzt, weil inzwischen eine kommerzielle Softwarebranche entstanden war.

Automatisierung war lange Zeit nur für Handarbeit *(blue collar work)* ins Auge gefasst worden; nun wurde sie zunehmend auch für (und als) Wissensarbeit[11] *(white collar work)* in Betracht gezogen. Anfang der 1980er Jahre ergab das Szenario eines ›papierlosen Büros‹ dem Konzept einer allgemeinen Verwaltungsautomatisierung Auftrieb. Im Rahmen der kritischen Auseinandersetzung damit wurde 1984 der Begriff *Computer-Supported Cooperative Work* (CSCW) von Irene Greif (IBM) und Paul Cashman (DEC) auf einem Workshop des Massachusetts Institute of Technology geprägt. 1986 fand eine erste internationale Konferenz statt (»CSCW '86«), auf der sich Computer-Supported Cooperative Work als interdisziplinäres Forschungsgebiet etablierte,[12] das nicht individuelle Computeranwendungen, sondern solche in Organisationen und Teams erforschen und mitentwickeln wollte.[13]

In Computer-Supported Cooperative Work fanden sich von Anfang an Anthropologen, Soziologen, Arbeits-, Organisations-, Sozial- und Medienwissenschaftler, die die in *Human-Computer-Interaction* damals dominanten Forschungsparadigmen quantitativer Laborforschung weitgehend nicht teilten. Stattdessen wurde z.B. früh

8 | Vgl. M. Weiser: »The Computer for the 21st Century«.

9 | J. Nielson: *Usability Engineering.*

10 | ISO 13407: *Human Centered Design Processes for Interactive Systems.*

11 | Vgl. P. F. Drucker: *The Landmarks of Tomorrow.*

12 | A. Gerlicher: »Computer-Supported Cooperative Work (CSCW)«.

13 | J. Grudin: »Computer-Supported Cooperative Work«.

ethnografische Feldforschung eingesetzt.[14] Verbindende Schwerpunkte waren zunächst Vorstellungen von *Groupware* als speziellem Produkt von Computer-Supported Cooperative Work (ähnlich der ›Nutzerschnittstelle‹ bei *Human-Computer-Interaction*) oder ›Koordinationsmechanismen‹ als allgemeiner Fokus. Die Basistheorie blieb jedoch umstritten: Einige stützten sich auf die *Activity Theory*,[15] andere auf die Ethnomethodologie[16] oder die Theorie ›sozialer Welten‹ von Anselm Strauss.[17] Dessen Begriff der *articulation work* (inspirierend auch für Star) wurde zu einem Kernelement der Computer-Supported Cooperative Work-Forschung,[18] die technische Innovationen in Organisationen unter Berücksichtigung der dort wirksamen formellen Selbstorganisation und informellen *articulation work* forschend in einer Weise mitentwickeln wollte, die diese Kompetenzen nicht übersehen und zerstören sollte.

Transparenz als krisenfreie, machterhaltende Performanz

Damit sind wir bei Star, Bowker und Neumann angelangt. Diese beziehen sich in ihrem Text auf eine ›Pilgerreise‹ der informationstechnischen Theoriebildung, die ich holzschnittartig zu rekonstruieren versucht habe. Als ihren Beitrag konstruieren sie eine allgemeine Metaebene, in der Probleme als Ausdruck zwischengemeinschaftlicher Perspektivdifferenzen erklärt werden: Anwendungsfelder sollen nicht als abgeschlossene Systeme und die sie umfassende Gesellschaft als dynamisch behandelt werden. Die Annahme eines »Modells [...] in einer kontrollierten Umgebung«[19] ist ungeeignet für eine Technikforschung, in der schon die (zentrale) Frage nach der »passenden Analyseeinheit für Community-Schnittstellen oder Systeme« unklar ist.

Als Alternative zur Effizienz und Effektivität im *Usability*-Begriff – der Wissen um antizipierte Bedarfe, Nutzer und Kontexte voraussetzt – führen Star, Bowker und Neumann das Kriterium der ›Transparenz‹ an. Darunter verstehen sie Kohärenz zwischen Artefakt und Nutzung: Wie in der ›klassischen‹ *Usability*-Forschung wird Nutzbarkeit von Technik darin gesehen, dass deren Mediencharakter im Ge-

14 | Im Büroumfeld etwa: L. Suchman/E. Wynn: »Procedures and Problems in the Office«.

15 | K. Schmidt/L. Bannon: »Taking CSCW Seriously«. Die *Activity Theory* wurde als kulturhistorische Schule der sowjetischen Psychologie durch Wygotski, Luria und Leontjew entwickelt. Sie gingen von einem soziohistorischen Charakter von Technik aus, der Nutzern nur begrenzt bewusst ist. Erst aktive Differenzierung von Handlungsebenen erlaubt, das individualistische Manko zu revidieren: eine Handlung ist zwar auch für die Activity Theory das, was ein individueller Akteur zielgerichtet ausführt, doch unterhalb dieser Ebene liegen Routinen als (oft habituell sozialisierte) Elemente, darüber die ›Activity‹ als gesellschaftlicher Zusammenhang der individuellen Handlungen.

16 | L. Suchman: *Plans and Situated Action*.

17 | A. Strauss: »Work and the Division of Labor«.

18 | So wie der Einsatz des Mikroskops in der Medizin die Erforschung von Bakterien erst ermöglicht hatte, weil so sichtbar geworden war, was bis dato nicht wahrnehmbar gewesen war, sollte der Blick auf die Artikulationsarbeit im ›Ist-Zustand‹, der in der Technikentwicklung (wenngleich i. d. R. nur implizit) das ›Soll‹ der Anforderungsanalyse rahmt, Praxen sichtbar machen.

19 | S. L. Star/G. C. Bowker/L. J. Neumann: »Transparency Beyond the Individual Level of Scale«.

brauch ›unsichtbar‹, intuitiv zugänglich wird. Wenn Technik so funktioniert wie gedacht, erscheint sie ›natürlich‹. Solch eine ›Transparenz‹ entstehe jedoch nur in bestimmten Konstellationen.

Die Perspektive von Star, Bowker und Neumann weist einerseits in der ingenieurwissenschaftlichen Frage nach gebrauchstauglichen Produkten die Kontingenz, Interdependenz und Relevanz des Nutzungskontexts auf. Andererseits wendet sich die Annahme einer ›Ko-Konstruktion‹ von Artefakt und Nutzungspraxis gegen das *Usability Engineering* selbst: Gebrauchstauglichkeit erscheint als fluide, kontingente Perspektive, in der (anders als im Titel angedeutet) nur Partikularität herrscht. Auch Transparenz ist keine Alternative, da sie im Relativismus der Perspektiven verbleibt.

Dieser Relativismus basiert bei Star, Bowker und Neumann auf einer Adaption von Lave und Wengers *communities of practice*: emergenten Lern-Gemeinschaften, die sich in der Gesellschaft um alle möglichen Praxen herum bilden können.[20] Ähnlich wie bei der Akteur-Netzwerk-Theorie[21] wird (auch) in der Praxisgemeinschaft durch Nachahmung gelernt, beim Neuling durch *legitime periphere Partizipation*. Doch Nachäffen reicht nicht: Praxisgemeinschaften verlangen rationales Verhalten, das bei jeder Praxisgemeinschaft so eine spezifische Prägung bekommt. Obgleich sie funktionale Beiträge für die Gesellschaft liefert, prägt eine Praxisgemeinschaft Interaktion in einer (aus der Außenperspektive gesehen) kontingenten Weise. Sie entsteht auch nicht ›automatisch‹, wenn gesellschaftlich bestimmte Funktionen benötigt werden.

Praxisgemeinschaften sind durch emergente ›Trajektorien‹ (Prozessdimensionen) gekennzeichnet: die individuelle Trajektorie (vom Neuling zur Zentralfigur) wird von Wenger[22] um eine kollektive erweitert (Reifeprozesse der Praxisgemeinschaft selbst). Sie erscheinen ihren Mitgliedern ›natürlich‹ und, wenngleich in unterschiedlichem Maße, verständlich. Statt Situationen immer völlig neu zu interpretieren, werden diese auf die eigene Praxis abgebildet und eigenen Lösungsvorstellungen zugeordnet. Dies kann zu gefährlichen Verkürzungen führen – aber auch handlungsentlastend und durch Kultivierung intelligibler Muster sogar lernförderlich sein: Aufmerksamkeit kann auf Differenzierungen fokussiert werden, die für die Praxisgemeinschaft wichtig sind.[23]

Die Problemwahrnehmung wie auch das in Betracht gezogene Lösungsportfolio einer Praxisgemeinschaft ist (wie bei der *Activity Theory*) verbunden mit Praxen und ihren materiellen Gegenständen. Im Prozess der Akkulturation wird also eine je spezifische Nutzung erlernt.[24] Was dabei für Professionelle transparent wird, ist

---

20 | J. Lave/É. Wenger: *Situated Learning*.

21 | Bruno Latour stützte die Akteur-Netzwerk-Theorie durch seine Adaption von Tarde auf Innovation und Nachahmung: »Agency plus influence and imitation, is exactly what has been called, albeit with other words, an actor network.« Vgl. B. Latour: »Gabriel Tarde and the End of the Social«, S. 119.

22 | É. Wenger: *Communities of Practice*.

23 | Ähnlich hatte Bourdieu die Funktion des Habitus in sozialen Milieus beschrieben: P. Bourdieu: *Die feinen Unterschiede*.

24 | Diese Einbeziehung der materiellen Welt in die Konstitution des Sozialen erinnert an Bijkers Adaption von Collins' *Empirical Programm of Relativism*, dem es auch um die Berücksichtigung von kontingenten Interaktionszusammenhängen und die Rolle technischer Arte-

für den Neuling (noch) chaotisch. Doch Neulinge (und die Praxisgemeinschaft) können sich ja entwickeln. Star, Bowker und Neumann sehen Gesellschaft also als Ensemble emergenter Praxisgemeinschaften. Aus dieser Perspektive sind ›Professionen‹ (die bei angelsächsischen Autoren wie Abbott[25] und Freidson[26] nicht Berufe, sondern akademisch monopolisierte Felder wie Justiz, Medizin o. ä. bezeichnen) kein Gegensatz, sondern Endpunkt von Praxisgemeinschaften: ›Professionen‹ sind solche Praxisgemeinschaften, die die ›Kanäle des Informationsflusses‹ bestimmen und »hegemoniale Vokabulare«[27] setzen können. Ihre allgemeinen Klassifikationen beinhalten nicht Wahrheit, sondern Möglichkeiten der Konvergenz und Vereinfachung – für die Mächtigen.

Die *critical incidents* – die *Usability*-Experten als Metrik fehlender *Usability* interpretieren – ähneln daher dem funktionalistischen Anomiebegriff Durkheims, der eine absolute Eigenschaft da betrachtet, wo es um situationsbedingte Synergien geht. Aus der Perspektive offener Systeme kann es daher keine ›absolute‹ Gebrauchstauglichkeit für Informationsartefakte geben: Anwendungen und Praxisgemeinschaften sind ebenso im Fluss wie ›allgemeine‹ Klassifikationen. Das aber geht nicht über die etablierte *Usability*-Forschung hinaus, die ja selbst die Notwendigkeit der Bestimmung von Nutzern, Nutzungen und Kontexten betont.[28]

Die Um-Etikettierung von Gebrauchstauglichkeit in Transparenz akzentuierte also bloß die Voraussetzungshaftigkeit und Fluidität des Gegenstandes bis zu dem Punkt, an dem sie selbst als fluide Kontingenz erscheint. Technik bleibt Verkörperung von Zwecken. Der Interdisziplinarität im Allgemeinen und der Sozioinformatik im Besonderen wird eine kritische Rolle in der Technikentwicklung zugeschrieben – mit den verwendeten Methoden aber auch das Ziel der Gebrauchstauglichkeit preisgegeben.[29] Und während in der Computer-Supported Cooperative Work betont wird, dass Technikforschung nicht durch Gestaltungsperspektiven vorab eingeengt, aber auch nicht völlig gestaltungsindifferent angelegt werden solle,[30] reklamieren

---

fakte dabei ging. Anders als Bijkers *Social Construction of Technology* thematisierten Star et al. jedoch keine eher äußerlichen Aspekte der Technik, sondern Transparenz als krisenfreie Nutzung. Sie teilten damit die Kritik der Akteur-Netzwerk-Theorie an der Social Construction of Technology, dass das »Soziale« der Technik konkret im Einzelfall gezeigt werden sollte. Jedoch konzipierten sie ihre Sozioinformatik gegen die Akteur-Netzwerk-Theorie: Intuitive Zugänglichkeit eines Werkzeugs setzte bei ihnen zwar keinen *common sense* voraus, aber doch ein lebensweltlich geprägtes Streben als subkulturelles Pendant. Dies wollten sie weder allgemein voraussetzen wie die Ingenieurwissenschaften noch vollständig in der Bestimmtheit des eigenen Akteursnetzwerk aufgehen lassen wie bei der Akteur-Netzwerk-Theorie (in seinem »zweiten Empirismus« wollte Latour »mentale Phänomene« – da nicht direkt beobachtbar – ja gänzlich ausblenden, vgl. B. Latour: *Reassembling the Social*).

25 | A. Abbott: *The System of Professions*.

26 | E. Freidson: *Professionalism*.

27 | R. Rorty: *Kontingenz, Ironie und Solidarität*.

28 | Methodologisch wichtig ist die Kritik von Star et al. dahingehend, dass bei der Entwicklung neuer technischer Medien andere, existierende, nicht einfach ignoriert werden sollten.

29 | Sie unterstützte zudem ungewollt Ingenieurskonzepte, die sich ganz auf eigene Modelle stützen und praktische Nutzungsfragen ganz ausblenden wollen.

30 | K. Schmidt: »The Critical Role of Workplace Studies in CSCW«.

Star, Bowker und Neumann kritisches Potenzial auch für eine allgemeine, gestaltungsindifferente Konzeption.

Mit dieser entlarven sie bei den Ingenieuren Fluidität und die Zurichtung ihres Gegenstands – thematisieren diese bei ihrem eigenen Gegenstand (Transparenz) und auf ihren Anwendungsfeldern jedoch recht wenig. *Usability* wird kritisiert, aber die Vorstellung einer skalierbaren Nützlichkeit noch pluralisiert. Warum nicht ›Anwendungen‹ selbst als Hypostasierung von Erwartungen in Produkteigenschaften, von Produkten in Zweckverkörperungen kritisieren? Oder Sprünge zwischen Präskription und Deskription bei der Transparenz? Die von Star et al. identifizierten emergenten ›Transitorien‹ könnten dafür in ihrer Bedeutung für etablierte, zielgerichtete Projekte und deren Zielen relational statt relativistisch[31] analysiert werden. Existierende Formen der Repräsentation von Arbeitsbündnissen, Zielen und Ergebnissen können dafür wichtige Rahmungen darstellen, für die mögliche legitime Forschungsdesigns erprobt werden müssen.[32] Es könnte also gezeigt werden, wann und warum ›Naturalisierungen‹ praktisch hilfreich sein können – die allgemeine Absage an Naturalisierungen durch Star, Bowker und Neumann könnte gerade dafür sensibilisieren.

Bernhard Nett lehrt Medienwissenschaft an der Universität Siegen.

Literatur

Abbott, Andrew: *The System of Professions: An Essay on the Division of Expert Labor,* Chicago, IL: Chicago University Press 1988.

Bijker, Wiebe E./Hughes, Thomas P./Pinch, Trevor (Hg.): *The Social Construction of Technological Systems,* Cambridge, MA: MIT Press 1989.

Blattner, Meera M./Dannenberg, Roger B: *Multimedia Interface Design, Reading,* MA: ACM Press 1992.

Bourdieu, Pierre: *Die feinen Unterschiede. Kritik der gesellschaftlichen Urteilskraft,* Frankfurt a. M.: Suhrkamp 1982.

Drucker, Peter Ferdinand: *The Landmarks of Tomorrow,* New York: Harper and Row 1959.

Freidson, Eliot: *Professionalism: The Third Logic. On the Practice of Knowledge,* Chicago, IL: Chicago University Press 2001.

Gerlicher, Ansgar: »Computer-Supported Cooperative Work (CSCW) – kollaborative Systeme und Anwendungen«, in: Roland Schmitz (Hg.), *Kompendium Medieninformatik,* Berlin: Springer 2007, 143–195. https://doi.org/10.1007/978-3-540-36630-0_3

Grudin, Jonathan: »Computer-Supported Cooperative Work. History and Focus«, in: *IEEE Computer* 27/5 (1994), S. 9–26.

Helson, Harry: *Adaptation-Level Theory,* New York: Harper and Row 1964.

Hewett, Thomas et al.: *ACM SIHCHI Curricula for Human-Computer Interaction,* New York: Association for Computing Machinery 1992. https://doi.org/10.1145/2594128

31 | K. Hübner: *Zur Kritik der wissenschaftlichen Vernunft.*

32 | B. Nett/A. Boden/C. Müller: »Business Ethnography als ethnografische Gestaltungsperspektive«.

Hübner, Kurt: *Zur Kritik der wissenschaftlichen Vernunft*, Freiburg: Kurt Alber 1978.

ISO 13407: *Human Centred Design Processes for Interactive Systems*. 7. November 2007. www.usabilitynet.org/tools/13407stds.htm vom 3.8.2017.

Lave, Jean/Wenger, Étienne: *Situated Learning. Legitimate Peripheral Participation*, Cambridge: Cambridge University Press 1991. https://doi.org/10.1017/CBO9780511815355

Latour, Bruno: »Gabriel Tarde and the End of the Social«, in: Patrick Joyce (Hg.), *The Social in Question. New Bearings in History and the Social Sciences*, London: Routledge 2002, S. 117–132.

Latour, Bruno: *Reassembling the Social: An Introduction to Actor-Network-Theory*, Oxford: Oxford University Press 2005.

Nett, Bernhard/Boden, Alexander/Müller, Claudia: »Business Ethnography als ethnografische Gestaltungsperspektive«, in: Sonja Windmüller/Beate Binder/Thomas Hengartner (Hg.), *Kultur-Forschung. Studien zur Alltagskulturforschung*, Münster: LIT 2009, S. 111–131.

Newell, Allen/Perlis, Alan/Simon, Herbert: »Computer Science«, in: *Science* 157/3795 (1967), S. 1373–1374. https://doi.org/10.1126/science.157.3795.1373-b

Nielson, Jakob: *Usability Engineering*, San Francisco, CA: Morgan Kaufmann 1994.

Preece, Jenny/Rogers, Yvonne/Sharp, Helen: *Interaction Design. Beyond Human-Computer Interaction*, New York: Wiley & Sons 2002.

Rorty, Richard: *Kontingenz, Ironie und Solidarität*, Frankfurt a. M.: Suhrkamp 1989.

Sanders, Mark S./McCormick Ernest J.: *Human Factors in Engineering and Design*, New York: McGraw-Hill 1987.

Schmidt, Kjeld: »The Critical Role of Workplace Studies in CSCW«, in: Christian Heath/Jon Hindmarsh/Paul Luff (Hg.), *Workplace Studies: Recovering Work Practice and Informing Design*, New York: Cambridge University Press 2000, S. 141–149. https://doi.org/10.1017/CBO9780511628122.007

Schmidt, Kjeld: »Von niederer Herkunft. Die praktischen Wurzeln des interaktiven Computing«, in: *Zeitschrift für Medienwissenschaft* 12/1 (2015), S. 140–157.

Schmidt, Kjeld/Bannon, Liam: »Taking CSCW Seriously: Supporting Articulation Work«, in: *Computer-Supported Cooperative Work* 1/1-2 (1992), S. 7–40. https://doi.org/10.1007/BF00752449

Suchman, Lucy: *Plans and Situated Action: The Problem of Human-Machine Communication*, Cambridge: Cambridge University Press 1987.

Suchman, Lucy/Wynn, Eleanor: »Procedures and Problems in the Office«, in: *Office Technology and People* 2/2 (1984), S. 134–154.

Star, Susan L./Bowker, Geoffrey C./Neumann, Laura: »Transparency Beyond the Individual Level of Scale: Convergence between Information Artifacts and Communities of Practice«, in: Ann P. Bishop/Barbara P. Buttenfield/Nancy Van House (Hg.), *Digital Library Use: Social Practice in Design and Evaluation*, Cambridge, MA: MIT Press 2004, S. 247–270.

Strauss, Anselm: »Work and the Division of Labor«, in: *The Sociological Quarterly* 26/1 (1985), S. 1–19. https://doi.org/10.1111/j.1533-8525.1985.tb00212.x

Weiser, Mark: »The Computer for the 21st Century«, in: *Scientific American. Communications, Computers and Networks* 265/3 (1991).

Wenger, Étienne: *Communities of Practice: Learning, Meaning, and Identity*, Cambridge: Cambridge University Press 1998.

Mit Standards leben (2009)

Susan Leigh Star und Martha Lampland

Eine Freundin, die vor kurzem in die Niederlande umgezogen ist, möchte einen Termin mit einem amerikanischen Steuerberater vereinbaren. Sie hat kein Telefon. Also sucht sie die Kanzlei des Steuerberaters auf und will sich einen Termin für den nächsten Tag geben lassen.

»Wie lautet Ihre Telefonnummer bitte?«, erkundigt sich der höfliche junge Mann, der den Terminkalender organisiert.
»Ich habe keine.«
»Tut mir leid, aber ohne eine Telefonnummer darf ich Ihren Termin nicht in den Kalender eintragen.«
»Ja, aber ich habe doch keine.«
Schweigen.
»Soll ich mir vielleicht eine ausdenken?«, schlägt unsere Freundin vor.
»Aber ja«, erwidert der Kalenderverwalter seufzend, »das wäre toll.«
»1-2-3-4-5-6-7«, sagt unsere Freundin.
»Ausgezeichnet!«, erwidert der junge Mann. »Der Computer hat sie einwandfrei akzeptiert. Dann bis morgen!«

Diese kleine Anekdote veranschaulicht eines der Hauptthemen dieses Texts:[1] Wie interagieren Menschen heute mit standardisierten, in die Infrastruktur eingebauten Formularen, Techniken und Konventionen? Das vorliegende Buch *Standards and Their Stories* ist eines von bislang wenigen, in dem die aktuelle Auseinandersetzung mit dieser Frage analysiert wird. Es widmet sich dem zunehmenden Stellenwert aller Arten von formellen wie informellen Standards in unserem Alltagsleben.[2] Dieses Wachstum von Standards ist unübersehbar, auf der Mikro- wie auf der Makroebene. Im Supermarkt etwa wimmelt es nur so von Etiketten, die sich auf Standards beziehen. Zuweilen klebt auf jedem Stück Obst eine Zahl, die auf einen bestimmten Bauernhof oder eine Ernte verweist; oft stehen da noch weitere

---

1 | Anm. d. Hg.: Es handelt sich bei dem vorliegenden Text um die Einleitung in den Sammelband *Standards and Their Stories*, die wir editorisch für dieses Buch behutsam angepasst haben.

2 | J. Bingen/L. Busch: *Agricultural Standards*; N. Brunsson/B. Jacobsson et al.: *A World of Standards* und L. Busch: »The Moral Economy of Grades and Standards«.

Informationen über Vorschriften, standardisierte Praktiken oder andere techno-sozial-landwirtschaftliche Einschränkungen. Standards für das Etikettieren von Lebensmitteln ändern sich ständig, wobei diese Etiketten seit einiger Zeit auch Angaben über die Herstellung ausweisen, etwa ob das Lebensmittel aus einer Fabrik stammt, in der auch Nüsse, Weizen oder andere Allergene verarbeitet werden. In den USA findet man auf Lebensmittelverpackungen bisweilen Warnungen vor gentechnisch veränderten Organismen (GVO); in Europa sind solche Warnungen mittlerweile Standard. Standards für Bezeichnungen von Produkten aus rein biologischem Anbau sind vor kurzem in Kalifornien eingeführt worden; Begriffe wie »natürlich« oder »Freilandanbau« sind nicht standardisiert und im Grunde nichtssagend. Und außerhalb des Supermarkts sind Anzahl und Ort von Parkplätzen für Behinderte standardisiert und amtlich reguliert.

Dies ist nur ein rascher kleiner Überblick. Eine genauere Untersuchung allein eines Supermarkts würde Tausende von ineinandergreifenden Standards offenbaren (und sogar noch mehr, wenn es sich um den Laden einer Supermarktkette handeln würde). Wie können wir uns diesem Dickicht annähern?

Dieser Text befasst sich mit einer speziellen Frage: Wie gehen Menschen normalerweise mit diesen Millionen von ineinandergreifenden Standards um? Die eingangs geschilderte Anekdote ist zwar amüsant, hat aber zugleich eine durchaus ernste Seite. Derartige improvisierte Lösungen *(workarounds)* und Hinhaltetaktiken hinsichtlich der Auswirkungen von Computereinträgen sind allgegenwärtig – die Arbeit muss schließlich getan werden, selbst wenn die Einheitsgröße niemals allen passt. Die Daten, die fehlen, wenn dies geschieht, sind Teil eines riesigen Bereichs von Schattenarbeit,[3] der sich nie ganz rekonstruieren lässt. Gleichzeitig können diese Praktiken von entscheidender Bedeutung für unser Verständnis davon sein, wie sich die Dinge am Arbeitsplatz wirklich abspielen. Wir hoffen hier auf bescheidene Weise dazu beizutragen, den Impuls zur Standardisierung von Allem zu dämpfen – ein Impuls, der moderne Organisationen oft überkommt. Wir sind keineswegs gegen das Standardisieren – sondern nur dagegen, dass die Gesellschaft so darin vernarrt ist.

Unsere Absicht ist nicht, hier eine umfassende Geschichte der Standardisierung zu schreiben. Vielmehr geht es darum, dass Standards Phänomene darstellen, die eine eigenständige Untersuchung aus vielen sozialwissenschaftlichen Blickwinkeln wert sind. Wir hoffen, damit andere Untersuchungen anzuregen, über banale wie obskure Dinge, über die unbewusste Verwendung von Standards und Zahlen wie zu deren ganz bewusster Nutzung in intellektueller Entwicklung und Forschung. In Formulare zu investieren ist ein kulturhistorisches Projekt, genauso wie die zunehmende Marginalisierung oder Tilgung von Inhalten und residualen Kategorien.[4] In diesem Text und mit der eklektischen Collage verstreuter Beispiele versuchen wir, uns mit den Phänomenen der Standardisierung und Quantifizierung auf mehreren Gebieten auseinanderzusetzen: Biologie, öffentliche Nachrichtenmedien, Nahrungszubereitung, Arbeit und Arbeitseinheiten, Versicherungswirtschaft, Bildung, Erziehung und Alltagsaktivitäten wie Shopping.

3 | I. Illich: *Shadow Work*.

4 | L. Thévenot: »Rules and Implements«.

Analytische Gemeinsamkeiten

Um dieses Vernarrtsein in Standardisierungen besser zu verstehen und über Erzeugung, Gebrauch und Missbrauch von Standards durch Menschen nachzudenken, werden wir im Folgenden ihre Gemeinsamkeiten analysieren. Eines der Ergebnisse besagt, dass Standards wie alle ähnlichen Formen der Verdichtung und der Repräsentation von Handlungen

- ineinander verschachtelt sind,
- ungleichmäßig über die soziokulturelle Landschaft verteilt sind,
- von Praxisgemeinschaften abhängig sind – ein Standard, der zu einer Person gut passt, kann für eine andere ein unerträglicher Albtraum sein,
- in vielen Organisationen, Nationen und technischen Systemen zunehmend miteinander verknüpft und ineinander integriert sind,
- Ethik und Werte verschlüsseln, verkörpern oder vorschreiben, oft mit bedeutenden Konsequenzen für Individuen (man denke etwa an standardisierte Prüfungen in Schulen).

Betrachten wir nun jeden dieser Aspekte genauer.

Verschachtelt

Bezeichnen wir Standards als verschachtelt, dann sprechen wir von der Art und Weise, wie sie ineinander passen, etwa wie ein Satz russischer Holzpuppen (Matrjoschkas). Wenn wir noch einmal das scheinbar simple anfängliche Beispiel aufgreifen, dann können wir bei jedem darin angesprochenen Thema feststellen, dass seine Implikationen in vielen Systemen wiederkehren. So gibt es offenkundig kleinste Standards wie die Form der Eingabe der Telefonnummer in den elektronischen Kalender des Steuerberaters. Die meisten Menschen, die in den USA eine Steuerberaterkanzlei aufsuchen, besitzen ein Telefon und kennen dessen Nummer – indes nicht alle, aus einer Vielzahl von Gründen. Amerikaner, die im Ausland leben, aber noch immer an die USA Steuern entrichten, haben vielleicht vorübergehend kein Telefon. Ein Obdachloser mag kein Telefon haben, wird aber vielleicht Steuern zahlen und sogar Hilfe dabei benötigen. Menschen, die gerade umgezogen sind, haben vielleicht noch kein gängiges Arrangement zum Empfang von Telefonaten getroffen und so weiter. Der Standard, ein Telefon zu haben, ist mit einer Terminvereinbarung verknüpft, die wiederum mit einem starren, standardisierten Computerkalender verknüpft ist. Wir wollen das kleine Beispiel nicht überstrapazieren, doch da lauern zusätzlich mittelgroße Standards im Hintergrund einer viel größeren, übergreifenden »Verschachtelung«: So ist etwa das Steuerrecht in den USA so komplex standardisiert, dass die meisten Angehörigen der Mittelschicht zwischen 300 und 1000 Dollar dafür bezahlen, damit jemand anderes ihre Steuererklärung jeweils zum 15. April abgibt. Ziemlich große Standards und Praktiken verschachteln die kleine Interaktion mit dem Kalender – darunter der prozentuale Anteil, den Steuern am Einkommen einer Person einnehmen und der Fakt, dass man sich dem Steuerzahlen kaum entziehen kann. Viele sehr reiche Menschen zahlen keine Steuern – sie haben genug Geld, um sich Steueroasen und andere Formen der Umgehung der Standardsteuersätze leisten zu können.

Laurent Thévenot hat in seinem Aufsatz »Rules and Implements: Investment in Forms« dargelegt, dass wir zunehmend gezwungen sind, derartige Standards und die sie begleitenden Formulare (die inzwischen zwar meist computererzeugt sind, aber immer noch eine Menge Papier verbrauchen) zu erstellen und zu nutzen.[5] Die Hauptaufgabe der Bürokratie ist gerade dieses Investieren in Formulare. Inhalte, wie etwa eine Telefonnummer, können von Fall zu Fall variieren, doch die Gestalt der Formulare wird zur primären Investition von Humankapital. Die Flexibilität solcher Verknüpfungen ist, ebenso wie jedes Formular, variabel. Optionen wie »Andere« oder ein Kästchen mit der Überschrift »Andere Kontaktformen« würden tatsächlich die Möglichkeit eröffnen, dass das Formular die Interaktion vorantreibt. Gleichzeitig jedoch bleibt die verschachtelte Struktur der Formulare erhalten und wird im Wesentlichen nicht durch eine kleine Anzahl solcher improvisierten Lösungen *(workarounds)* oder residualer Räume gestört. Martin Lengwilers Betrachtung des unterdurchschnittlichen Menschen[6] verortet diesen im Rahmen der Konzeption eines Standardmenschen, eines Objekts und einer Reihe von Ereignissen, die sich ständig neu bildet. Martha Lamplands arbeitswissenschaftliche Standards sind in einer Hierarchie sozialer Ungleichheiten und einem Engagement für bestimmte moralische Prinzipien verschachtelt, die ständig neu verhandelt werden, während sich die Arbeit als solche verändert.[7] Auf die gleiche Weise ist die Privilegierung des chronologischen Alters in Strukturen von Verwaltungsformularen und von Rechten verschachtelt – etwa der Berechtigung zu wählen, Alkohol zu trinken, beim Militär zu dienen und Auto zu fahren.[8] Die von Florence Millerand und Geoffrey Bowker beschriebenen formalen Techniken zur Quantifizierung sind innerhalb anderer Standards verschachtelt, um Informationen zusammenzufassen, und Metadaten sind innerhalb eines ganzen Systems von Standards verschachtelt.[9]

Ungleichmäßig verteilt

Hinsichtlich ihrer Auswirkungen wie der damit verbundenen Verpflichtungen sind soziotechnische Standards ungleichmäßig verteilt. So müssen sich beispielsweise die meisten Schüler in den meisten westlichen Ländern auf verschiedenen Stufen ihrer Schullaufbahn standardisierten Prüfungen unterziehen. Dies ist eine heikle, politisch aufgeladene Frage. Die ganz Reichen wie die ganz Armen hingegen entziehen sich oft den obligatorischen Tests oder sie haben andere Einstellungen dazu. Die Kinder der Reichen werden vielleicht auf eine Weise erzogen und ausgebildet, die sie von standardisierten Prüfverfahren befreit: in Eliteinternaten, die nicht dem staatlichen Prüfungsrecht unterliegen oder von Privatlehrern anstelle des Unterrichts in Schulklassen, der für die Prüfung standardisiert ist. Arme Kinder und Jugendliche kehren der Schule ganz den Rücken, wachsen in einem Milieu auf, das nicht geeignet ist, sie für Prüfungen zu bilden und das die Prüfungsergebnisse infragestellt. Sie beginnen, schon als Kinder zu arbeiten oder sie erlangen nie eine

5 | L. Thévenot: »Rules and Implements«.

6 | M. Lengwiler: »Double Standards«.

7 | M. Lampland: »Classifying Laborers«.

8 | J. Treas: »Age in Standards and Standards for Age«.

9 | F. Millerand/G. C. Bowker: »Metadata Standards«.

grundlegende Lektürekompetenz durch Schulunterricht. Martha Lampland weist darauf hin, dass die Bedeutung eines Standards – wie etwa einer Arbeitsstunde – je nach politischem Regime und Klassenzugehörigkeit variiert. Wann und wo ein Individuum geboren wird, spielt eine große Rolle. Dies erkennen wir gleich, wenn wir in die Vergangenheit zurückblicken, um nach einer ungleichen Verteilung von Standards zu suchen. Allein schon die Definition von Alter stellt eine kulturelle Variable dar, die im Laufe der historischen Epochen ungleichmäßig verteilt auftritt. Sie ist von staatlichen Bedürfnissen, Arbeitsreserven und davon, wer wirklich zählt, abhängig.

Wer in den vergangenen Jahren der Umstellung auf Computer Englisch sprechen konnte, war im Hinblick auf die Standardisierung überaus privilegiert. Die Einführung der meisten Programme war bis vor kurzem (und selbst heute noch, auch wenn vieles besser geworden ist) vom Codiersystem ASCII abhängig, das Menschen, deren Alphabet keine ASCII-Schriftzeichen verwendet, unverhältnismäßig benachteiligte. Die von Daniel Pargman und Jacob Palme erwähnten Beispiele aus dem Schwedischen verdeutlichen, welche subtilen, aber realen Vorteile die Suchbarkeit im Internet bietet und wie die Verwendung von Nicht-ASCII-Schriftzeichen dies beeinflusst.[10]

Zudem erlebten einige von uns beim schockierenden Anblick der Fernsehberichte über die Ereignisse vom 11. September 2001 eine unverhältnismäßige Verwendung eines Standardsets von Bildern und die Verfestigung einer Story, die in die Art und Weise eingriff, wie Nachrichten gemacht und akzeptable Erzählungen konstruiert werden.[11]

Relational zu Nutzern und Praxisgemeinschaften/Sozialen Welten

Standardformulare sind nicht nur ungleichmäßig verteilt, sondern auch relational in ihrer Wirkung, ihrer Bedeutung und ihrem Eingreifen in das Leben von Individuen und Organisationen. Standards und die Handlungen, die sie umgeben, treten nicht kontextunabhängig auf. Jedes individuelle Beispiel ist stets von einer Art Ökonomie und Ökologie von Standards umgeben. Somit kann das, was einmal für eine Person wohltuenderweise Standard ist, für eine andere ein Hindernis oder gar ein lebensbedrohlicher Vorgang sein. Der Akt des Vorzeigens eines Passes in einer Standardgeste und in einem Standardformat beispielsweise klappt für Millionen Menschen die meiste Zeit. Aber natürlich sind manche Menschen staatenlos, die Legitimität mancher Staaten wird von anderen Staaten in Frage gestellt, und manche Menschen (z. B. Kinder und Gefangene) können zwangsläufig mit anderen verbunden sein, damit sie über eine standardmäßige Staatsbürgerschaft verfügen. Steven Epstein berichtet von unterschiedlichen Standards für unterschiedliche Körper,[12] Lengwiler stellt Standardleben den (laut einer Versicherungsfirma) unterhalb von Standards rangierenden Leben gegenüber.[13] Dieser relationale Sinn

10 | D. Pargman/J. Palme: »ASCII Imperialism«.

11 | Die erste offizielle Sitzung der Standardforschungsgruppe fand am Dienstag, dem 11. September 2001, statt.

12 | S. Epstein: »Beyond the Standard Human?«.

13 | M. Lengwiler: »Double Standards«.

von Standards liegt klar auf der Hand. Millerand und Bowker stellen fest, dass Standards stets abhängig von der Infrastruktur sind, innerhalb derer, auf der sie, ja zuweilen gegen die sie implementiert sind.[14] Damit entsteht ein Bedarf nach Metastandards und eine Politik der Metastandards, auch wenn das Problem hier nicht aufhört – es ist rekursiv.

Integriert

Wenn wir uns morgens mit einer Tasse Tee oder Kaffee hinsetzen und unsere E-Mails öffnen und beantworten, dann lesen wir vielleicht einen Gruß von einem Freund, eine neue Deadline vom Chef oder den Einwand einer Studentin gegen eine Note, die sie neulich bekommen hat. Egal, welchen Wortlaut oder welche emotionalen Töne die E-Mails enthalten – wenn wir sie lesen, nutzen wir Tausende von Standards (besser gesagt: wir rufen sie auf). Damit E-Mails richtig funktionieren, müssen diese Standards miteinander integriert sein. Das beginnt bei der Zugangsquelle zum Internet (dem Serviceprovider), der Software zur Darstellung von Nachrichten aus vielen Quellen und in vielen Formaten, bei Telefon- und anderen Telekommunikationsstandards und reicht bis zum Maschinencode im Computer auf dem Schreibtisch und hinaus ins Internet mit seinen komplexen, sich ständig weiterentwickelnden Sets von Handshakes und Protokollen.[15] Diese Integration ist tiefreichend und global (wenn auch nicht universal), nimmt zu und entwickelt sich weiter. Sozialwissenschaftliche Theoretiker stehen vor neuen Herausforderungen, wenn sie verstehen wollen, wie genau diese Integration Handeln formt und antreibt. Wenn Eltern beispielsweise ihr Mobiltelefon benutzen, um herauszufinden, wo sich ihre Teenagertöchter und -söhne aufhalten, ist dies dann eine neue Form von Überwachung? Wie konfigurieren sich Familien dann um den Kontakt, der ihnen hier zur Verfügung steht? Die älteren Formen, wie Eltern das Verhalten von Jugendlichen überprüften und handhabten, bestanden darin, dass sich die Kinder »telefonisch zurückmelden« und an feste Heimkehrzeiten halten oder sich in Sichtweite oder in Begleitung an einem beaufsichtigten Ort aufhalten mussten. Verändert nun die durch ein Mobiltelefon ermöglichte Anruferidentifikation die Art und Weise, wie der Nachwuchs Informationen über seinen Aufenthaltsort handhabt? Wenn die Möglichkeit zum Aufspüren dank GPS in Mobiltelefonen und Familienautos integriert ist, verändert dann die daraus resultierende emotionale Ökologie den Sinngehalt von Vertrauen? Wir sind gerade dabei, derartige Fragen zu untersuchen und erste Antworten zu finden.[16] Gleichzeitig ändert sich die Lage sehr schnell.

Ethik und Werte verkörpern

Ein Handeln, einen Prozess oder ein Ding zu standardisieren heißt – auf einer gewissen Ebene – eine unbegrenzte Vielfalt auszublenden. Zuweilen kann es bedeuten, sogar eine begrenzte Vielfalt auszublenden. Ein Beispiel: Ungeachtet der Tatsache, dass transsexuelle und intersexuelle Individuen seit mindestens zwanzig

14 | F. Millerand/G. C. Bowker: »Metadata Standards«.

15 | J. Abbate: *Inventing the Internet*.

16 | F. Millerand/G. C. Bowker: »Metadata Standards«.

Jahren ein öffentlich weit bekanntes Phänomen der Gegenwartskultur sind, enthalten fast alle Formulare zur Erhebung demografischer Daten nur eine binäre Wahlmöglichkeit – »m/w« (männlich/weiblich). Und obwohl Partnerschaftsformen von der lebenslangen Vereinigung eines einzelnen Mannes und einer einzelnen Frau in einer Ehe bis zu polyamourösen Arrangements mit mehreren Partnern mehrfachen Geschlechts reichen, fragen die meisten demografischen Formulare nach »Verheiratet« (Antwort: »ja/nein«) oder dem funktionalen Äquivalent. Das Unterdrücken der Wahlmöglichkeit »Andere« ist hier eine moralische ebenso wie eine technische und auf das Sammeln von Daten abzielende Entscheidung. Wohin »gehören« auf einem Formular die Transsexuellen? Wohin »gehören« Menschen mit gemischter Herkunft (also im Grunde wir alle) in traditionellen Volkszählungsdaten (auch wenn sich das an vielen Orten gerade dramatisch ändert)? Oft müssen sich Individuen dafür entscheiden, irgendeinen Aspekt ihrer Abstammung selbst zu unterdrücken.[17] Epstein spricht in bewegenden Worten von den Ironien des Widerstands und der Politik der Repräsentation in medizinischen Tests.[18] Wenn sich eine Person für eine Seite ihrer Herkunft entscheidet, tut sie dies oft, um Ungleichheiten zu beseitigen, die vom geringeren Status verursacht wurden; andere Aspekte von ihr bleiben unsichtbar. Diese Unsichtbarkeit ist nur eine der Formen moralischer Prägung, die auf das Standardisieren von Formularen und Prozessen zurückgehen. Umgekehrt werden Dinge auf eine positive Weise sichtbar gemacht – etwa durch Aufführen von Umweltdaten bei ökonomischen Einschätzungen und von emotionalen Stressfaktoren oder physischer Gefahr bei Einkünften, wobei die Einkünfte umso höher sind, je stressiger oder gefährlicher der Job ist, und dies formelhaft ein Teil des Einkommens wird. Zuweilen geht Alter, wie Judith Treas darlegt, mit altersbezogenen Vorteilen oder Ehren einher – aber genauso oft mit Diskriminierung.[19] Das breite Spektrum von Werten in Design, Nutzung und Verbreiten von Standardsystemen bietet eine weitere Gelegenheit für die sozialwissenschaftliche/technische Analyse. Im folgenden Abschnitt betrachten wir einige Möglichkeiten, wie die Schattenarbeit weiterhin vermehrt wird.

Standards – einige Betrachtungen über Unsichtbarkeit

Standards and Their Stories ist das Ergebnis der Arbeit einer Forschergruppe, die gründlich über drei verbundene Phänomene nachgedacht hat: Standardisierung, Quantifizierung und formale Repräsentation.[20] Dies sind Phänomene, die wie das

17 | Siehe G. C. Bowker/Susan Leigh Star: *Sorting Things Out*, Kap. 5.

18 | S. Epstein: »Beyond the Standard Human?«.

19 | J. Treas: »Age in Standards and Standards for Age«.

20 | *Quantifizierung* ist die Repräsentation einer Handlung, einer Seinsweise oder eines Modells durch Zahlen. Formale Darstellungen sind nicht mit einer bestimmten Situation oder einer Reihe empirischer Daten verbunden, sondern vielmehr eine Synthese von Daten und einer Darstellung von Regeln für das Kombinieren und Handeln. Diese Darstellungen werden oft in visueller Form vermittelt, als Graphen, Tabellen oder Formeln. Sie können auch in narrativer Form vermittelt werden, wie etwa konventionelle Redensarten oder Standardcharakterisierungen von Phänomenen.

Investieren in Formulare das heutige Leben durchdringen. Für uns als Sozialwissenschaftlerinnen besteht einer der interessanten Aspekte darin, dass sie als soziokulturelle Projekte an sich großenteils der unablässigen Aufmerksamkeit entgehen. Die Arbeit, die zu ihrer Erzeugung führt, ist oft unsichtbar oder wird in Beschreibungen ihrer Entwicklung getilgt. Das Standardisieren von Kleidungsgrößen, das Entwickeln von Indizes für Wirtschaftswachstum, das Erstellen von Computerdatenbanken, das Ermitteln des sachdienlichen Bevölkerungsanteils für klinische Versuche in der Medizin, das Anordnen von Prüfungen in Schulen – all diese Verfahren beinhalten Prozesse der Standardisierung und der Quantifizierung (und meist auch der formalen Repräsentation).[21] Doch die Standards, Zahlen und Modelle sind im Allgemeinen eigenständige Blackboxes. Sie können als sekundär oder als Begleiterscheinungen der Verfahren dargestellt werden, an denen sie beteiligt sind: des Marketings für den Massenkonsum, der Strategien zur Wirtschaftsentwicklung, der Übermittlung von Informationen, der Tests medizinischer Erfindungen und der Erziehungsförderung und Bildung von Kindern.

Wenn wir mit Produktingenieuren, Forschern, Lehrern, Medizinern oder Fabrikmanagern sprechen, erfahren wir, dass ihr Leben damit ausgefüllt ist, Standards zu erzeugen oder sich nach bestehenden Standards zu richten. Institutionen wie das American Standards Institute oder die International Standards Organisation (ISO) sind vertraute Erscheinungen in der gegenwärtigen Technik- und Produktionslandschaft. Immer mehr Standards gibt es inzwischen auch in den Geisteswissenschaften und in den schönen Künsten. Wieso entgehen sie dann so oft der sozialwissenschaftlichen Analyse?[22] Vielleicht weil viele Sozialwissenschaftlerinnen (auch wir beide) es uns zu leicht machen, wenn wir Zahlen und Modelle oder Spezifikationen als etwas betrachten, das »außerhalb der sozialen Ordnung« steht. Möglicherweise liegt diese Vernachlässigung zum Teil an der in den Sozialwissenschaften vorherrschenden byzantinischen Politik von qualitativen versus quantitativen Methoden.

Zweifellos hängen Standards auf komplexe Weise mit Quantifizierung, formaler Modellbildung und Data Mining, Wiederverwendung und Klassifizierung zusammen. Es wäre mindestens noch ein Buch erforderlich, um die Rolle jedes einzelnen dieser Phänomene zu beschreiben. Aus historischer und aus soziologischer Perspektive ist die Analyse von Quantifikation am weitesten entwickelt.[23] Eine gewisse Aufmerksamkeit gilt der formalen Modellbildung und ihren Konsequenzen, vor allem im Werk von Geografen und dem von Philosophen der Biologie.[24] Der Einfachheit halber verwenden wir überall den Begriff Standardisieren. An vielen Schnittstellen allerdings spielen Zahlen und andere formale Werkzeuge neben Standards eine entscheidende Rolle, und wir versuchen, uns dessen stets bewusst zu sein.

21 | Siehe M. Lynch: »Pictures of Nothing«.

22 | Eine Ausnahme bildet hier die ökonomische Analyse vernetzter Standards; siehe z. B. P. David: »Clio and the Economics of QWERTY«.

23 | Siehe z. B. T. M. Porter: *Trust in Numbers*; D. MacKenzie: *Mechanizing Proof.*

24 | W. C. Wimsatt: »Simple Systems and Phylogenetic Diversity«; J. R. Griesemer: »Modeling in the Museum«; siehe auch M. S. Morgan/M. Morrison (Hg.): *Models as Mediators*.

Standardisieren ist ein zentrales Merkmal des sozialen und kulturellen Lebens in der Moderne geworden.[25] Der Zweck des Standardisierens – um Verfahren zu optimieren oder Verhaltensweisen zu regeln, bestimmte Ergebnisse zu fordern oder Schaden vorzubeugen – wird selten in Frage gestellt, weil es als nützlicher und notwendiger, wenn auch mühsamer Prozess verstanden wird. Gewiss gibt es Diskussionen über Ausmaß oder Grad des Standardisierens und insbesondere darüber, wie und ob das Ergebnis des Standardisierens zu messen ist (z. B. im Hinblick auf die Beschaffenheit und kulturelle Voreingenommenheit des IQ-Tests und des SAT-Tests für amerikanische Studienplatzbewerber). Aber die Frage, ob überhaupt standardisiert (oder quantifiziert) werden soll, wird oft unterdrückt. Zuweilen hat es den Anschein, als ob das Standardisieren ungleich wichtiger sei als die primäre Aktivität, d. h. das Investieren in Formulare überwiegt den performativen Inhalt der Formulare. So kritisieren u. a. Lehrer, Krankenschwestern und Psychotherapeuten, dass immer mehr Zeit für Standards von Pflege, Lehre und Tests aufgewendet werden müsse und immer weniger Zeit dafür übrig bleibe, »die eigentliche Arbeit« zu verrichten. Diese Berufstätigen beklagen sich häufig über den ganzen Papierkram – etwa Belege für Versicherungen und Behörden zu erstellen –, mit dem man ihre Praxis und deren Bewertung zu standardisieren versucht. Und auch Fabrikmanager, Entwicklungsingenieure, Architekten, Baumeister und Sozialarbeiter können leicht und schnell eine ellenlange Liste von Codes und Vorschriften vorlegen, die alle in ihrer täglichen Arbeit berücksichtigt werden müssen. Aber die Tätigkeit des Messens und Standardisierens gilt oft als einziger »wahrer Beweis für Ergebnisse«. Es lässt auf einen Mangel an Fantasie schließen, dies zu glauben.

Bei der Errichtung moderner Industrie- und Stadtwelten wurden Standards in sie eingebaut. Denken Sie an irgendeine moderne Institution: Bildungswesen, Stadt, Überwachung, Militär, Börse. Jede ist bis zu einem gewissen Grad aufgebaut auf Messinstrumenten, dem Erwerb standardisierter Waren (oder Investitionen in die Zukunft von Waren)[26] und der Messung und formalen Darstellung von Ergebnissen. Und so ganz und gar zentral diese Prozesse auch sind, wird ihr Mandat oft nicht in Frage gestellt.

Eine einfache Erklärung dafür, warum die Frage »Wieso wird standardisiert?« übergangen wird, liefert die Tatsache, dass das Standardisieren als eine unabdingbare Technik gilt, um andere Aufgaben zu erleichtern. Oft begegnen wir Standards als voll entwickelten Formen, wie im Falle eines Stromnetzes oder einer Gesundheitsvorschrift. Die sich ergebende Ahistorizität ist ein weiterer Faktor, der dazu führt, dass die von Grund auf soziokulturellen und ethischen Aspekte von Standards übergangen werden. In diesem Sinn ist der Prozess des Standardisierens ein ebenso verborgenes wie zentrales Merkmal des heutigen sozialen und kulturellen

---

25 | Bitte beachten Sie, dass Standardisierung nicht per se ein ausschließliches Merkmal der Moderne ist, aber sie hat sich – wie bereits erwähnt – mit ihren elektronischen und globalen Formen beschleunigt. Zwischen einer Konvention und einem Standard oder vielleicht einem sekundären Standard zu unterscheiden ist in manchen Fällen schwierig (so Michael Evans im Gespräch mit uns). Im Lauf der Zeit werden einstige soziale Konventionen zunehmend auf formale Weise standardisiert, wonach der Unterschied zwischen einem Standard und einer Konvention nicht mehr geringfügig, sondern qualitativ ist.

26 | W. Cronon: *Nature's Metropolis*.

Lebens.[27] Oder weil Standards so beherrschend sind, dass sie in unserer Alltagswelt für selbstverständlich gehalten werden, sind sie vielleicht ironischerweise vollständig eingebettet in Dingen des alltäglichen Gebrauchs. Man denke etwa an die japanischen Toiletten, die routinemäßig den Urin überprüfen, um festzustellen, ob mehrere medizinische Parameter aus dem Rahmen fallen. Residuale Kategorien (z. B. »Keine der Aussagen trifft zu« oder »Anderenorts nicht klassifiziert«) können uns dabei helfen, die Grenzen von Standards zu erkennen, z. B. bei seltenen Krankheiten wie einer Allergie gegen Zwiebeln[28] oder nicht diagnostizierbaren chronischen Schmerzen.

Eine unordentliche Wirklichkeit enthalten

Es kann eine unschöne und unangenehme Aufgabe sein, die Ränder und den Schutt der Infrastruktur zu untersuchen. Als Susan Leigh Star beispielsweise die Geschichte der Taxidermie studierte, musste sie Firmen für Zoologieartikel aufsuchen, die Dinge wie z. B. Glasaugen in Standardgröße für die verschiedenen Tiere in den Museumsdioramen, Geräte zum Scheren und Weichmachen von Tierhäuten und andere Werkzeuge für das Präparieren und Konservieren von Exemplaren und Habitaten lieferten. Die Glasaugen sind in Bezug auf Farbe und Größe standardisiert und sollen »lebensecht« aussehen. Weil bei der Tierpräparation die unschönen Szenen des Jagens und Fangens von Tierexemplaren weggelassen und stattdessen eine saubere, fast transzendentale Vision der Natur erschaffen werden sollte, waren handwerkliche Fertigkeiten und die Verwendung von standardisierten Teilen und Arbeitsmitteln notwendig. In dieser Hinsicht hat die Taxidermie viel mit medizinischen Illustrationen, dem Debuggen komplexer Computerprogramme und dem Umzug aus dem von Blut, Schweiß und Geschrei erfüllten Entbindungsraum in ein aufgeräumtes, friedvolles Schlafzimmer gemeinsam.

Ein letzter und ziemlich komischer Grund, warum Standards bei der soziokulturellen Erforschung von Wissenschaft und Technik vernachlässigt werden können, besteht darin, dass sie einfach langweilig sind. Oft sind sie, wie gesagt, tief eingebettet in verschiedenartige Infrastrukturen, sichtbar als Kabel, Stecker, Listen, Etiketten und andere semikulturelle Formen. Sobald diese Formen bemerkt und untersucht werden, sind sich die meisten Sozialwissenschaftler einig, dass sie tatsächlich von Bedeutung sind[29] – aber sie entgehen der Beachtung, und daher kann es eine einsame Angelegenheit sein, sie zu untersuchen. Vor rund zehn Jahren taten sich in Palo Alto in Kalifornien mehrere Kollegen zu einer neuen Berufsvereinigung zusammen. Die Idee zu dieser Vereinigung entstand in einer Reihe von Gesprächen, die wir über unsere etwas ungewöhnlichen Forschungsthemen geführt hatten – diese doch recht semikulturellen Dinge, die die meisten Menschen

27 | A. Slaton/J. Abbate: »The Hidden Lives of Standards«.

28 | Vgl. den Beitrag »Macht, Technik und die Phänomenologie von Konventionen« in diesem Band.

29 | Zu nennen sind hier u. a. die Anthropologen Charlotte Linde und Susan Anderson, der Historiker Geoffrey Bowker, der Informatiker David Levy, der Arzt und Philosoph Marc Berg, die Soziologinnen Leigh Star, Sigrid Müller und später Martha Lampland.

ziemlich fade finden. Wir nannten sie »The Society of People Interested in Boring Things« – die Gesellschaft von Menschen, die sich für langweilige Dinge interessieren. Zu den langweiligen Tagesordnungspunkten, die die Gründer in den ersten Sitzungen behandelten, zählten beispielsweise die Eintragung des Geschlechts in Arbeitslosenformulare der Stadt Hamburg, die Schwierigkeiten beim Messen der Urinabgabe in einer postoperativen Krankenstation in den Niederlanden und Vorschläge zur Konstruktion besser geeigneter Messbecher. Hinzu kamen das Firmenmaskottchen und die Slogans einer großen Versicherungsfirma im Mittleren Westen, die damit eine Firmenkultur aufbauen wollte, und die Methoden von Nematologen,[30] ihre Wurmexemplare mithilfe von Computern zu verfolgen. Dies sind, gelinde gesagt, keine zentralen Themen der Sozialwissenschaft – jedenfalls noch nicht.

Wie sollten also nun diese langweiligen Spuren, die die Entwicklung von Standards belegen, untersucht werden? Die Autorinnen *von Standards and Their Stories* nehmen die Welten von Infrastruktur auf ökologische Weise wahr. Wir alle halten es für notwendig, langweilige Hintergrundelemente zu dekonstruieren. Damit suchen wir die Narrative dieser Standards wiederherzustellen: ihre historische Entwicklung, ihre politischen Konsequenzen und die verqualmten Zimmer, in denen stets Entscheidungen über sie getroffen werden. Das bedeutet, dass wir die anfängliche analytische Langeweile überwinden und darüber hinaus eine tiefere Ökologie als die von Input/Output oder Systemanalyse untersuchen müssen. Wir müssen auf die Infrastruktur hören und Fantasie aufbringen, um ihre Komponenten mitsamt ihrer Funktionen zu verstehen.

Wenn wir auf die Infrastruktur hören, lässt sich nicht alles in zugängliche Fragen auflösen. Das relative Abwägen von sozialem Handeln und sozialer Struktur stellt seit langem ein analytisches Dilemma dar. Verschiedene Traditionen haben dieses Spannungsverhältnis auf unterschiedliche Weise gelöst. Es geht hier weniger um ein relatives Gewichten, sondern darum, festzustellen, wann und wo wir im Standardisieren und im Verwenden von Standards (oder wenn wir sie nicht verwenden) Menschen, Objekte und emergente Eigenschaften (Strukturen) identifizieren können. Standards wie Gewichtstabellen für Menschen, Blutgruppen und elektrischer Strom wirken inzwischen fixiert und neutral, obwohl diese Trägheit die enorme Arbeit verschleiert, die nötig war, Wissen zu stabilisieren, Handeln einzustellen, Ausreißer und Rückstände zu tilgen und die Verwendung zu ermöglichen. Während wir das Standardisieren untersuchen, besteht die Schwierigkeit darin herauszufinden, welche Fäden es aufzudröseln gilt, um die ansonsten banale und lückenhafte Beschaffenheit von Standards und quantifizierten oder formal dargestellten Phänomenen sichtbar und lebendig zu machen. Wir prüfen Berichte über die Unvermeidlichkeit von technischer Entwicklung und die Neutralität von Quantifizierung, untersuchen Behauptungen über die Autorität standardisierter Repräsentationen und suchen die politischen wie ethischen Probleme im Zentrum dieser Bemühungen zu enthüllen. Mit anderen Worten: Wann eine Struktur eine Struktur wird und wann ein sozialer Akteur ein Agent ist, gehört unabdingbar zu der Geschichte, die hier erzählt werden soll.

30 | Biologen, die Würmer erforschen – in diesem Fall wollten sie das Genom von *Caenorhabditis elegans* sequenzieren.

Zwar werden Standards entscheidend (und zuweilen sichtbar), doch sobald sie stabilisiert worden sind, variieren die physischen Merkmale oder phänomenalen Manifestationen erheblich. Enorme Infrastrukturen wie Eisenbahnstrecken oder die städtische Kanalisation[31] können gewaltige beobachtbare Gebilde aus Metall und PVC sein, während andere nicht minder zentrale Infrastrukturen wie die Computersprache ASCII,[32] Standards für Lebensalter[33] oder die Umweltpolitik der EU weniger handfest sind. (Sie werden in fleißigen Komitees erörtert, deren Erkenntnisse selten das Licht der Geschichte erblicken. Bestenfalls manifestieren sie sich vielleicht in schriftlichen Dokumenten, die kaum von anderen als ihren unmittelbarsten Nutzern studiert werden.) Aber schon früh legten unvollständige Formen des Standardisierens ebenso Parameter fest, innerhalb derer soziales Handeln stattfindet. Rückblickend, während wir die »Archäologie von Dingen und ihrer Ordnung« betreiben, werden wir sie vielleicht eindeutig als das Produkt einer langen Reihe von Ereignissen und Handlungen erkennen, die vollzogen wurden, um sie zu dem zu machen, was sie sind.

Der vielleicht faszinierendste Aspekt von Standards ist ihre stets schon unvollständige und – verglichen mit einem Ideal – inadäquate Beschaffenheit.[34] Der Drang zu standardisieren setzt die Fähigkeit voraus, ein Phänomen innerhalb eines bestimmten Sets von Dimensionen einzuengen und ein Verhalten vorzuschreiben, um die eng definierten Dimensionen zu erzielen, die das Ergebnis bedingen. Eine Menge Arbeit wird dafür aufgewendet, um den Standard zu ermöglichen, woraufhin sich Agenten für seine Durchsetzung und Überwachung engagieren müssen. Noch einmal: Standardisieren ist eine rekursive Praxis, die zwangsläufig historisch und in eine Reihe komplexer Vorgänge und sozialer Strukturen eingebettet ist. Das ist ganz evident in Gerichtsverfahren, die die Anwendung von Standards und Vorschriften anordnen, aber keineswegs auf den Bereich des Rechts beschränkt.

Üblich ist die formale Einhaltung von Standards ohne eine substanzielle Veränderung in der Praxis. Papiere werden ausgefüllt, um den zuständigen Behörden zu versichern, dass Vorschriften anerkannt werden, doch dies kann himmelweit vom tatsächlichen Erfüllen dieser Vorschriften entfernt sein. Offenkundig gibt es hier eine ganze Verhaltensbandbreite, die vom Fast-Einhalten von Vorschriften bis zu ihrer unverhohlenen Missachtung reicht. So wurden beispielsweise sowohl technische wie ethische Rechnungslegungsstandards in der Zeit nach dem ENRON-Skandal entschieden in Frage gestellt. Das unethische Verhalten ließ sich kaum den Standards an sich zuschreiben. Doch große Umstrukturierungen und Skandale wie diese hinterlassen ein Erbe. Häufig führen sie zu einem Überdenken der Gestaltung und Brauchbarkeit der Standards. Unternehmen suchen dann vielleicht nach Möglichkeiten, Standards effektiver zu machen, wenn es darum geht, ein Ergebnis zu erzielen, das im gesamten Anwendungsgebiet konsistent ist.

Der Versuch, Standardisierungsprozesse zu reinigen und zu vereinfachen – durch bürokratische Manöver oder umstrittenere juristische Verfahren –, trägt di-

31 | S. Collier: »The Intransigence of Things«.

32 | D. Pargman/J. Palme: »ASCII Imperialism«.

33 | G. C. Bowker/S. L. Star: *Sorting Things Out* und J. Treas: »Age in Standards and Standards for Age«.

34 | Ähnlich argumentiert A. Barry: *Political Machines*, S. 62-84.

rekt zur überbestimmten oder vielschichtigen, sozial und kulturell eingebetteten Qualität von Standards bei. Im Lauf der Zeit kann dieser Prozess zu dem führen, was Callon »Irreversibilität« nennt.[35] Dies ist in erster Linie eine funktionale Irreversibilität – was wäre beispielsweise erforderlich, um die Bedeutung einer roten Ampel in »Gehen« und die einer grünen Ampel in »Halt« zu ändern? Offensichtlich würden wir zig Milliarden investieren und irgendeine politische Plattform zur Begründung der Änderung einrichten müssen, um diese Umkehrung herbeizuführen.

Ein damit zusammenhängender Reifungs- und Vergegenständlichungsprozess, der im Lauf der Zeit zu komplex rekursiven Standards führt, ist der von Wimsatt unter der Rubrik »generative Verzweigung« entwickelte Prozess.[36] Kleine Veränderungen, die früh im Leben irgendeines Entwicklungssystems erfolgt sind, werden sich während des gesamten Wachstums des Systems verzweigen und sich damit immer schwerer löschen lassen. Wimsatt griff ursprünglich auf ein Phänomen aus der Embryologie zurück, die Teratogene, um den Prozess zu veranschaulichen. Kommt es im Frühstadium des Fötus zu einer Fehlentwicklung, wird sich diese systematisch verzweigen. In einem späteren Stadium hingegen wird sie wahrscheinlich eher unbedeutend sein. Und genauso verhält es sich mit Standards. Kleine Konventionen, die früh übernommen werden, werden weitergegeben und verzweigen sich zugleich im gesamten System.

Somit können wir sagen, dass eine Verzögerung zwischen einem Standard und seiner Umsetzung in Handeln (wie etwa die ausgedachte Telefonnummer im Eingangsbeispiel) eine entscheidende Analyseeinheit für die Untersuchung von Standardisierung und Quantifizierung ergeben wird. Bei der historischen Analyse kann dies bedeuten, dass es gilt, Irreversibilitäten und Prozesse der generativen Einbindung zu analysieren. Was wird da standardisiert, für welchen Zweck und mit welchem Ergebnis? Wann begann dies? Was waren die ersten Einbindungen? Was kann und sollte verändert werden? Welche Akteure sind am Prozess der Standardisierung beteiligt und ändern sie sich in unterschiedlichen Augenblicken der Genese und der Reifung eines Standards? Wann ist ein Standard genügend stabilisiert, um als ein Objekt oder als eine Qualität zu gelten, die soziales Verhalten beeinflusst? Wie sprechen wir die objektartige Qualität von Standards an, während wir zugleich die zwangsläufig historische und prozessuale Qualität ihrer Entstehung, ihrer Umwandlung und ihres (unterschiedlich) langen Lebens im Auge behalten? Wie nehmen in einem Kontext entwickelte Standards eine modulare Beschaffenheit an, die es ermöglicht, sie zu bewegen oder als Schablonen für die Entwicklung anderer Standards zu verwenden? Und infolge dieses immens sozialen historischen Prozesses ist es notwendig, die Zufälligkeit und manchmal auch die Beliebigkeit der Standards selbst zu akzeptieren. Die Verwirrung, die Wut und die Frustration, die Menschen gegenüber Standards empfinden, hängen ohne weiteres mit dem scheinbar alogischen oder irrationalen Charakter von Standards zusammen. Die Assoziierung von Standards mit Irrationalität bestätigt wie kaum etwas anderes Max Webers eindringliche Erkenntnis, dass die Bewegung hin zur modernen Rationalität zwangsläufig zu Formen von Irrationalität führt. Der eiserne Käfig der Bürokratie ist vielleicht ein soziotechnischer Käfig geworden – un-

35 | M. Callon (Hg.): *The Laws of the Markets*.

36 | W. C. Wimsatt: »Simple Systems«.

nachgiebig und teilweise verpflichtend, aber auch mit Informationsarchitekturen und menschlichem Verhalten komplex strukturiert. Dies steht im Gegensatz zu den Argumenten heutiger Neoinstitutionalisten, dass Veränderung linear und eingleisig verlaufe.

Arten von Standards

Was wird standardisiert und wer wird standardisiert? Was ist der Unterschied zwischen einem Goldstandard und einem funktionierenden Standard? Wie wird überdies die Vergleichslinie für einen Standard festgelegt? Wie wird er naturalisiert oder standardisiert, sodass er ins Reich des gesunden Menschenverstands und des impliziten Wissens hinübergleitet? In vielen Fällen werden sich die Kausalbeziehungen nur schwer auf einfache Weise analysieren lassen. Standardisierte Verfahren werden von staatlichen Behörden erdacht und durchgesetzt, andere von Privatunternehmen, Berufen und lokalen Vorschriften, wieder andere von einzelnen Laboren, Familien und sogar von Individuen. Manche Standards beklagen wir, andere loben wir; einigen widerstehen wir ganz und gar, während wir uns andere freudig auferlegen.

Eine weitere Reihe von Fragen, die für das Studium von Standardisierung ausschlaggebend sind, betrifft Größenordnung und Geltungsbereich eines Standards. Die Standards für Schokolade unterscheiden sich in beiderlei Hinsicht von den Standards für die Reinheit von Benzin. Die Geschichte der modernen Standards zeigt, dass ihre Reichweite sowie ihre relativen Größenordnungen und Geltungsbereiche dramatisch zunehmen. Dies führt zu einem der erstaunlichen Merkmale heutiger Standardisierungsgremien – der Annahme nämlich, dass ihre Arbeit zwangsläufig globale Auswirkungen hat. Gewiss, das Koordinieren der Kommunikation über das World Wide Web oder zwischen Computern an unterschiedlichen Standorten erfordert ungeheuer viel Arbeit, damit Daten bequem bewegt und ausgetauscht werden können. Es handelt sich um eine Arbeit, die vielleicht mit den bedeutenden Projekten wie dem Bau von Eisenbahnen und tiefen Kanälen im 19. Jahrhundert vergleichbar ist, die den Transport von Gütern ermöglichten (und schließlich zum Gebrauch der Metapher ›Datenautobahn‹ führten). Wir dürfen allerdings nicht die simple Tatsache aus den Augen verlieren, dass Standards ausgesprochen lokal sind, da sie trotz ihrer globalen Reichweite ganz bestimmte Gemeinschaften in ganz bestimmten Kontexten betreffen.

In ihrem Buch *Sorting Things Out* (1999) untersuchen Bowker und Star ausführlich die International Classification of Diseases.[37] Diese »Internationale statistische Klassifikation der Krankheiten und verwandter Gesundheitsprobleme« ist ein gutes Beispiel für mehrere der Fragen, die wir bislang aufgeworfen haben – darüber hinaus ist sie weit verbreitet, standardisiert und inzwischen über hundert Jahre alt. Damit umfasst sie Altsysteme, vielfache und zuweilen konkurrierende Architekturen und Hunderte von Standards. In diesem Fall ist klar ersichtlich, dass in der Liste der Sterblichkeits- und Krankheitsbezeichnungen westliche und Mittelschichtwerte enthalten sind. So nehmen beispielsweise Heroin- und Absinthabhängigkeit einen prominenten Platz im Bereich »Drogenmissbrauch« der me-

37 | G. C. Bowker/Susan Leigh Star: *Sorting Things Out*.

dizinischen Klassifizierung ein; das in den Entwicklungsländern weitverbreitete Benzinschnüffeln und die legale Abhängigkeit von Schmerzmitteln oder von Ritalin in den Industrieländern werden hingegen ignoriert. Wenn wir uns dem Teil des Klassifizierungsschemas zuwenden, der Unfälle codiert, so fällt ein Mensch vielleicht *aus* einem Auto oder von einem Toilettensitz (ein verbreiteter Unfall bei der häuslichen Altenpflege in den Industrieländern), aber nicht etwa von einem Elefanten oder aus einer Sänfte. Diese Bezeichnungen dienen u.a. dazu, Totenscheine auszufüllen und weltweite Epidemien zu registrieren. Sie sind somit wichtige, wenn auch oft unsichtbare Hilfsmittel, um Hilfe zuzuweisen und internationalen Gesundheitsbedenken nachzugehen, die wiederum auf vielfache Weise standardisiert und quantifiziert werden. Die Vorstellung von Graden des Delegierens ist ein anderes wesentliches Merkmal von Standards, das mit Fragen von Geltungsbereich und Verteilung zusammenhängt. Wie wird die Durchsetzung von Standards (und der mit ihnen einhergehenden moralischen Ordnungen) gemanagt? In den Industrieländern erfolgt das Delegieren zunehmend über Schnelltests, durch Anweisungen, die der Apotheker ausdruckt, oder durch ein lückenhaftes Netzwerk von Sozialarbeitern und Altenpflegekräften. Die Bedeutung von Graden des Delegierens wird uns vielleicht dabei behilflich sein, zwischen dem Charakter von Konventionen, wie etwa Ärzte Patienten in ihrer Sprechstunde behandeln, und Standards zu unterscheiden, die auf staatlicher oder nationaler Ebene der ärztlichen Praxis verordnet werden – wie etwa Vorschriften zur Sauberkeit oder zur Art der Entsorgung toxischer Substanzen. Diese Vorstellung von Graden des Delegierens erinnert an Bruno Latours Vorstellung vom »Handeln auf Distanz«,[38] ist aber auch wieder eindeutig von Webers grundlegendem Werk über moderne Bürokratien und seinen Untersuchungen komplexer Organisationen geprägt.

Was ist Infrastruktur?

Infrastruktur zu definieren ist nicht so einfach, wie es vielleicht scheint. Ständig verwenden wir den Begriff und begegnen ihm bei anderen im Kontext der Standardisierung. Wir hatten eine Alltagsvorstellung von Infrastruktur im Sinn, als wir uns über die Beschaffenheit »langweiliger Dinge« ausließen – Infrastruktur ist danach etwas, auf dem andere Dinge »laufen«, etwas, das Vorgänge und Bewegungen trägt: Bahnlinien, Autobahnen, Kanalisation, Stromnetze und seit neuerer Zeit die ›Datenautobahn‹. Eine gute Infrastruktur ist per definitionem unsichtbar, ein Teil des Hintergrunds für andere Arten von Arbeit. Sie ist einfach da. Dieses Bild reicht für die meisten Zwecke aus – wenn wir den Wasserhahn aufdrehen, um ein Glas Wasser zu füllen, greifen wir auf eine riesige Infrastruktur von Rohrleitungen und Wasserregulierung zu, ohne uns normalerweise allzu viele Gedanken darüber zu machen.

Doch im Licht einer tieferen Analyse von Infrastruktur und insbesondere dann, wenn wir im Entstehen begriffene großräumige technische Systeme verstehen oder die Lebenslagen von Menschen untersuchen wollen, denen keine bestimmte Infrastruktur zu Gebote steht, ist dieses Bild ebenso zu oberflächlich wie zu absolut. Für einen Autobahningenieur ist die Fahrbahndecke keine Infrastruktur,

38 | B. Latour: *Science in Action*, S. 219. Im Original: »action at a distance«.

sondern ein Thema für Forschung und Entwicklung. Für blinde Menschen sind die Grafiksoftware und die Standards für das World Wide Web keineswegs hilfreich bei der Computernutzung, sondern Barrieren, die umgangen werden müssen.[39] Oder, um es auf Standards zu übertragen: Was für die einen Infrastruktur ist, ist für andere eine Ziegelmauer, und in manchen Fällen ist die Ziegelmauer für andere wiederum ein Objekt für den Abriss. Laut Susan Leigh Star und Karen Ruhleder ist Infrastruktur ein grundlegend relationaler Begriff und wird zur realen Infrastruktur erst in Relation zu organisierten Praktiken.[40] Innerhalb eines gegebenen kulturellen Kontexts also betrachten Lehrer die Wandtafel als funktionierende Infrastruktur, die von wesentlicher Bedeutung für den Unterricht ist. Für den Architekten der Schule oder für den Hausmeister ist sie eine Variable in einem räumlichen Planungsprozess oder ein Zielobjekt fürs Reinemachen. »Analytisch gesehen erscheint Infrastruktur nur als eine relationale Eigenschaft, nicht als ein von seiner Nutzung befreites Ding.«[41]

Infrastruktur ist Teil der Organisation des Menschen und damit so problematisch wie jeder andere Teil. Wir haben eine Art von Wechsel zwischen Figur und Hintergrund vollzogen, eine »infrastrukturelle Inversion«, wie Geoffrey Bowker dies genannt hat[42] – wir rücken die eigentlichen Hintergrundelemente der Arbeitspraxis, die langweiligen eingebetteten Dinge und natürlich die Infrastruktur in den Vordergrund. Wissenschaftshistoriker haben damit begonnen, die Geschichte großer technischer Systeme genau auf diese Weise zu beschreiben.[43] Allgemein formuliert: In der Wissenschaft wie in der Kultur betrachten und benennen wir Dinge unter verschiedenen infrastrukturellen Regimes unterschiedlich. Technische Entwicklungen sind Prozesse und Relationen, die mit Denken und Arbeit verflochten sind. In ihrer erwähnten Studie über Nematologen haben Star und Ruhleder die Eigenschaften einer Infrastruktur aufgelistet: Eingebettetsein, Transparenz, Reichweite oder Geltungsbereich, als Teil von Mitgliedschaft erlernt, Verbindungen mit Konventionen von Praxis aufweisend, Standards verkörpernd, auf einer installierten Basis (und ihrer Trägheit) errichtet, beim Zusammenbruch sichtbar werdend und in modularen Abstufungen fixiert, wobei diese nicht zentral oder aus einer Vogelperspektive geändert werden.

Die Fremdartigkeit von Infrastruktur ist nicht die übliche anthropologische Fremdartigkeit, in der wir eine andere Kultur mit einer Art von antrainiertem, temporär aufgehobenem Urteilsvermögen betreten, um bereitwillig die Kategorien dieser Kultur kennenzulernen, statt ihr unsere eigenen aufzunötigen. Infrastrukturelle Fremdartigkeit ist eine eingebettete Fremdartigkeit, eine Fremdartigkeit der zweiten Ordnung, des Vergessenen, des Hintergrunds, des auf der Stelle Erstarr-

39 | S. L. Star: »Power, Technologies and the Phenomenology of Standards«.

40 | S. L. Star/K. Ruhleder: »Steps Toward an Ecology of Infrastructure«. Siehe auch T. Jewett/R. Kling: »The Dynamics of Computerization«.

41 | S. L. Star/K. Ruhleder: »Steps Toward an Ecology of Infrastructure«, S. 113.

42 | G. C. Bowker: »Information Mythology and Infrastructure«.

43 | G. C. Bowker: *Science on the Run*; T. P. Hughes: *Networks of Power* und »The Evolution of Large Technological Systems«; J. Yates: *Control Through Communication*; P. N. Edwards: *The Closed World* und J. Summerton (Hg.): *Changing Large Technical Systems*.

ten. Sie interagiert zwar immer mit jeder gegebenen Kultur,[44] aber sie kann sowohl lokal wie global oder vielfach standardisiert und angepasst sein.

Die Ökologie von verteilten Hightech-Arbeitsplätzen, Haushalten oder Schulen wird von dieser relativ unerforschten Infrastruktur, die all ihre Funktionen durchdringt, zutiefst beeinflusst. Wenn wir eine Stadt untersuchen und dabei ihre Kanalisation und Energieversorgung nicht beachten – wie dies viele Wissenschaftler tun –, entgehen uns wesentliche Aspekte der Verteilungsgerechtigkeit und Planungsmacht.[45] Wenn wir ein Informationssystem studieren und seine Standards, Verkabelungen und Einstellungen nicht beachten, entgehen uns gleichermaßen wesentliche Aspekte von Ästhetik, Gerechtigkeit und Wandel. Wenn wir aufhören würden, uns Computer als ›Datenautobahnen‹ vorzustellen, und sie einmal bescheidener als Symbolkanäle *(symbol sewers)* betrachten würden, würde sich uns dieser Bereich vielleicht ein wenig mehr eröffnen.

Viele Aspekte von Infrastruktur sind aus zwei Gründen schwerer zu lokalisieren. Erstens neigen Menschen dazu, diese infrastrukturellen Aspekte als unerheblich für das Wissen oder für ihre Aufgaben abzutun. Sie erwähnen sie daher nicht in offiziellen historischen Berichten oder eher beiläufig.[46] Zweitens überschneiden sich Details wie Materialien, Standards und Annahmen für die formale Modellbildung nicht immer offenkundig mit den Variablen und Prozessen, die uns bei der Analyse menschlicher Interaktionen vertraut sind. Die bekannten Variablen wie Geschlecht, Rasse, Status, Karriere, Macht und Erneuerungswege werden in Infrastrukturen fast unmerklich dargestellt, insbesondere wenn sie in Prozessen des Standardisierens und Quantifizierens erscheinen.[47] Wenn man jedoch die Geschichten hinter den langweiligen Aspekten von Infrastruktur zutage bringt, wird offenbar (oft auf eine sehr direkte Weise), wie Wissen beschränkt, aufgebaut und bewahrt wird. Wir wollen lediglich die Ziegel in der Infrastrukturmauer sichtbar machen, die dort in Form von Codes, Protokollen, Algorithmen und so weiter untergebracht werden.

Intellektueller Hintergrund: Wissenschaftsforschung

In den Naturwissenschaften begannen Wissenschaftler in den 1970er Jahren zu erforschen, wie Labore arbeiten, und später verband sich diese Forschungstätigkeit mit dem Interesse an Infrastrukturen. In Europa und in den USA wurde vor allem seit dem Erscheinen von Bruno Latours und Steve Woolgars Buch *Laboratory Life*[48] das Labor wie ein Forschungsgebiet der Anthropologie untersucht, in dem Wissenschaftler den ›Stamm‹ darstellen. Das Buch ist eine ethnografische Unter-

44 | Siehe z. B. M. Akrich: »Inscription et coordination socio-techniques« über die Nutzung von Stromnetzen in Afrika und H. Verran: *Science and an African Logic* über die Anwendung der Mathematik in Nigeria.

45 | Siehe B. Latour/E. Hernant: *Paris: Ville invisible* und S. Collier: »The Intransigence of Things«.

46 | A. E. Clarke/J. H. Fujimura: »What Tools?«.

47 | Siehe A. M. Stern: »Making Better Babies«.

48 | B. Latour/S. Woolgar: *Laboratory Life*.

suchung der Produktion wissenschaftlicher Ergebnisse. Es betrachtet die von Latour und Woolgar »Inskriptionsvorrichtungen«[49] genannten Geräte, die Biologen verwenden, um Daten aufzuzeichnen und zu bewahren. Dabei enthüllen Latour und Woolgar die schrittweise Tilgung von ungewissen und einschränkenden Aussagen, die aus dem Laboratorium hervorgehen. Ausdrücklich versuchen sie auf die offensichtlichen Kategorien zu verzichten, die frühere, größer angelegte Wissenschaftsuntersuchungen hervorgebracht haben: berufliche Schichten, die Rolle von Nationalkulturen in der Wissenschaft usw. Die Autoren beabsichtigten, sich der Wissenschaft mit einer neuen Blickrichtung zu nähern, die Wissensbildung empirisch in einem detaillierten Kontext von Angesicht zu Angesicht zu betrachten, etwa wie ein Anthropologe sich einem neuen Stamm (so die Metapher der Autoren) nähern würde.

Mit dem Erscheinen von *Laboratory Life* tat sich ein Fenster zu einer Reihe mehr qualitativer, intensiv auf Beobachtung ausgerichteter Untersuchungen wissenschaftlichen Arbeitens und seiner Praxis auf. Viele der im Lauf der nächsten beiden Jahrzehnte entstehenden Arbeiten untersuchten Phänomene wie das Gespräch im Laboratorium, die Aneignung manueller Fertigkeiten bei der Durchführung von Tests, die Mehrdeutigkeit wissenschaftlicher Gegenstände und die Überschneidung heterogener Standpunkte beim Verfertigen wissenschaftlicher Theorien. In den 1990er Jahren begann die Forschungsgemeinschaft mit der systematischen Untersuchung des Designs und der Nutzung von Informationstechnologien.[50] Diese Entwicklung hin zur »Technikwende« in der Wissenschaftsforschung, d.h. zur ethnografischen Untersuchung von Design und Nutzung moderner Technologien wie dem Computer, hatte zahlreiche Auswirkungen auf die Forschung. Sie bediente sich zwar vergleichbarer Techniken wie die frühere Laboruntersuchung von Wissenschaft, veranlasste jedoch auch direkt Sozialwissenschaftler, Kommunikationsmaschinen, das Aufkommen des Personal Computers (PC) und des World Wide Webs sowie Versuche zur Modellbildung menschlichen Verhaltens zu untersuchen. Zudem erschienen in den frühen 1990er Jahren mehrere detaillierte Studien der materiellen Aspekte wissenschaftlicher Arbeit. Viele dieser Forschungen griffen andere Aspekte langweiliger Dinge auf, etwa das einfache Material, das in Experimenten verwendet wird,[51] sowie die Art und Weise, wie Gerätschaften und ihre Gestaltung ein bestimmtes wissenschaftliches Engagement widerspiegeln. Neuere Untersuchungen haben diese Kombination von Technikwende und Materialitätsstudien tief in die Erforschung von Infrastruktur hineingeführt.[52] Der ethnografische Blick, der dazu beitrug, das innere Funktionieren der Forschung und Entwicklung von Wissenschaft oder Technik zu enthüllen, lässt sich genauso auch auf die gestaltete wissenschaftlich-technische Umgebung anwenden. Auseinandersetzungen über Standardisierung, Auswahl und Wartung von Werkzeugen und die richtigen Materialien für die Aufgabe der Wissensproduktion rücken allmählich über diese Synthese in den Mittelpunkt.[53] Damit einher geht eine Wieder-

49 | Anm. d. Hg.: im Original »inscription device«.

50 | Siehe z. B. S. L. Star (Hg.): *Ecologies of Knowledge*.

51 | Siehe A. E. Clarke: *Disciplining Reproduction*.

52 | Siehe S. L. Star/K. Ruhleder: »Steps Toward an Ecology of Infrastructure«.

53 | A. E. Clarke/J. H. Fujimura (Hg.): *The Right Tools for the Job*.

entdeckung einiger der Forschungsinstrumente verwandter Disziplinen, die zuvor die materielle Kultur und die gestaltete Umgebung analysiert hatten. Dies sind u. a. Gebiete wie Architektur (in der Wissenschaftler die gestaltete Umgebung zuweilen als eine Art von Text verstehen), Literaturtheorie (insbesondere jene Aspekte von Literaturtheorie, mit deren Hilfe sich verborgene stilistische Annahmen und narrative Strukturen aufdecken lassen) und Sozialgeografie (in der die in Werkzeugen wie Karten immanenten Werte und Vorlieben ein lebendiges Forschungsthema sind). Arbeiten über Quantifizierung und Standards, die Wissen strukturieren, verdanken diesen Gebieten viel, ebenso wie der kognitiven Anthropologie und der Linguistik – Gebieten, auf denen Forscher Werkzeugcharakter und Ursprung verschiedener Modellbildungssysteme untersuchen.

Ein Beispiel für die Untersuchung eines technischen Projekts, in der Infrastruktur und Standards von zentraler Bedeutung sind, ist die soziologische Studie über das biologische Mammutprojekt des »Worm Community System« aus den frühen 1990er Jahren. Susan Leigh Star und Karen Ruhleder entdeckten darin eine Welt voller widerstreitender Bedeutungen zwischen den Konstrukteuren und den Nutzern des Systems.[54] Das Projekt entstand kurz vor dem Aufkommen des Internets, als sich in der akademischen Welt zwischen 1991 und 1994 E-Mail-Nutzung (insbesondere in den Naturwissenschaften) verbreitet hatte. Star und Ruhleder erforschten eine wissenschaftliche Gemeinschaft und ein speziell gestaltetes System, das zusammen mit der Gemeinschaft konstruiert worden war. Die meisten Befragten erklärten, ihnen gefalle das System, und lobten seine leichte Anwendung und sein Verständnis des Problembereichs. Andererseits beteiligten sich die meisten Forscher nicht daran. Viele zogen es stattdessen vor, Gopher und andere einfachere Netzdienste mit einer geringeren technischen Funktionalität zu nutzen; später wandten sie sich natürlich dem World Wide Web zu. Offensichtlich war dies ein Problem, das den Systementwicklern und -bewertern einige Sorgen bereitete. Trotz eines guten Feedbacks der Nutzer des Prototyps und ihrer Beteiligung an der Systementwicklung gab es unvorhergesehene komplexe Herausforderungen bei der Nutzung der damit verbundenen Standards, und der infrastrukturellen und organisatorischen Zusammenhänge. Das System wurde weder allgemein angenommen, noch hatte es einen nachhaltigen Einfluss auf das Forschungsgebiet, als die Ressourcen und Kommunikationskanäle, die es anbot, durch andere (oft leichter zugängliche) Mittel verfügbar wurden. Immerhin vermittelte es Sozialwissenschaftlern Erkenntnisse über den profunden Einfluss von Infrastruktur auf Gruppeninteraktionen. Kurzum, die Untersuchung ergab, dass Probleme mit lokaler Infrastruktur und mit der Standardisierung zur Zustimmung zu oder zur Ablehnung von kostspieligen Experimenten führen können. Jede Form von Standardisierung, Quantifizierung oder Modellbildung steht auf einer anderen und wird von ihr getragen, aber nicht auf eine glatte oder nahtlose Weise. Manche Mauern stürzen ein, andere bleiben jahrtausendelang stehen. (Das Gleiche gilt auch interessanterweise für gotische Kathedralen, von denen viele tatsächlich eingestürzt sind.[55]) Somit werden manche Formen von Infrastruktur hinzugefügt und erhalten, andere vernachlässigt. In jedem Fall gleichen sich die Verschachtelungs-

54 | S. L. Star/K. Ruhleder: »Steps Toward an Ecology of Infrastructure«.

55 | D. Turnbull: »The Ad Hoc Collective Work of Building Gothic Cathedrals«.

eigenschaften von Infrastruktur menschlichem Verhalten an, um ein sich komplex dachziegelartig überlappendes, chaotisches Ganzes zu bilden.[56]

Die Metapher der dachziegelartigen Überlappung *(imbrication)* ist wichtig für uns. Sie gibt ein plastisches Bild von unzementierten Dingen, die ein größeres Ganzes ergeben. Überlappung impliziert auch, dass sich jeder Teil in seiner Beschaffenheit verändern kann, wenn das Ganze bearbeitet oder neu angeordnet wird. So kann ein Schlussstein – etwa ein starrer Standard – zu einer anderen, späteren Zeit ein unbedeutender austauschbarer Deckstein werden. Die Aufgabe des Analytikers wissenschaftlicher oder technischer Werke und der sie begleitenden Standards ist es daher, diese zweit- oder drittrangigen Fragen über Existenz und Beschaffenheit des ganzen Klassifikationsschemas zu stellen, der als selbstverständlich geltenden Instrumente in der intra- und interdisziplinären Kommunikation. Ein Aspekt besteht darin, die eingebetteten Vorlieben in Wissensrepräsentationen ans Licht zu bringen, die sowohl ganz unverhohlen (z.B. in der Werbung) wie subtil (z.B. in Datenbankkategorien) sein können. »Andere« Wissensmöglichkeiten, um es hier einmal wie ein Analytiker moderner Wissenssysteme auszudrücken, können wichtige Brücken darstellen, die zu »unseren« Wissensmöglichkeiten zurückführen. Unser Ethnozentrismus und unsere Annahmen über Infrastruktur und Standards rücken in den Vordergrund, wenn wir für uns wilden Repräsentationen begegnen. Ein reichhaltiger Ort der Begegnung ist, wie bereits gesagt, kulturell vielfältig und auf andersartigen Karten verzeichnet. Radikal andere Karten gehen auf nichtkartesianische, relationale, kognitive Einstellungen zurück, in denen Dinge wie Zeit, Gefühl und Vertrauen oft ausdrücklich als Teil der Kartografie erscheinen.

Die kulturellen Werte, die durch alternative Karten repräsentiert werden, wirken hingegen ziemlich transparent – insbesondere im Gegensatz zu standardisierten flachen Karten. Zugrunde liegende Standarddatenbanken speisen diese Karten. Es ist gar nicht so einfach, Zugang zu den geografischen Informationssystemen zu finden, denen viele heutige Karten zugrunde liegen, insbesondere wenn sie Metadaten koordinieren und standardisieren.[57]

Metadaten sind genauso voller Werte, wie es alle Karten sind, doch diese Werte sind viel schwerer wahrzunehmen. Entweder liegt dies daran, dass sie in Zahlen oder im Layout eingebettet sind, oder weil wir nur selten einen Einblick erhalten, wie die Metadaten verteilt, gesammelt, standardisiert oder gestaltet sind.[58] Die Politik hinter Metadaten ist Nutzern nur selten zugänglich. Vielmehr ist sie über die

---

56 | Gemeint sind sich überlappende Ebenen, wie man sie in einer guten englischen Steinmauer findet, nicht aber Stapel. Die Metapher des dachziegelartigen oder schuppenförmigen Überlappens steht für die heterogene Vielfalt von Dingen, die einander teilweise halten, wie Diskurse, Handlungen, Architektur, Arbeit und Standards/Quantifizierungen/Modelle.

57 | Der aus der Bibliothekswissenschaft und Informatik stammende Begriff *Metadaten* bedeutet so viel wie Daten über Daten. Metadaten über eine Bibliothekssammlung beispielsweise geben Auskunft darüber, welche Arten von Dokumenten sich in einer Sammlung befinden können (Karten, Manuskripte, Archive, Zeitschriften oder Bücher), aber nicht über die genauen Ein- und Abgänge der Sammlung. Dies ist ein Echo auf unser Eingangsbeispiel – was geschieht, wenn man versucht, unsere Freundin unter der Nummer 1-2-3-4-5-6-7 anzurufen? Man wird einer Form begegnen, die frei von Inhalt ist.

58 | N. Chrisman: *Exploring Geographic Information Systems*.

bürokratischen, kulturellen und militärischen Landschaften verteilt, wobei sie in Gestalt von Einstellungen, Standards und technischen Aspekten von Nutzerhandbüchern auftritt. Wenn wir die Tiefenstruktur von interdisziplinärer Kommunikation besser verstehen wollen, ist die Entwicklung guter Werkzeuge zur Metadatenanalyse wichtig – in kultureller und politischer ebenso wie in technischer Hinsicht. Es muss noch viel getan werden, wenn wir alle Verästelungen dieser Tiefenanalyse von Standards verstehen wollen. So müssen wir beispielsweise mehr über die Entscheidungen wissen, die hinter den Kulissen über Dinge wie Codieren und Standardisieren getroffen werden, Entscheidungen auch über die Gestaltung von bastelnden und anpassenden Aktivitäten[59] wie über die Beobachtung und Dekonstruktion von Entscheidungen, die in infrastrukturellen Formen umgesetzt werden. Wir müssen auch mehr darüber wissen, wie sich Metadaten entwickeln (oder gerade nicht), etwa in interdisziplinärer Arbeit. Eine dekonstruktive Interpretation von Infrastruktur offenbart rasch die Anwesenheit dessen, was Literaturtheoretiker eine Meistererzählung nennen, d.h. eine Einzelstimme, die Vielfalt nicht problematisiert. Dies ist die Stimme des unbewussten Zentrums, des pseudoinklusiven Gattungsmäßigen. Ein Beispiel für dieses Codieren von Infrastruktur ist ein Formular für die Krankheitsgeschichte von Frauen, das monogame traditionelle Heterosexualität als einzige Klasse für Antworten codiert: mit Textfeldern für »Mädchenname« und »Name des Ehegatten«, mit Textfeldern für »Form der Empfängnisverhütung«, aber keinen für andere sexuelle Praktiken, die medizinische Folgen haben können, und keinem Platz für andere Partner als den Ehemann, die in einem medizinischen Notfall angerufen werden können. Latour befasst sich mit der Erzählung, die dem gescheiterten Personentransportsystem Aramis eingeschrieben war und eine bestimmte Wagengröße codierte, die auf der angenommenen Kleinfamilie basierte.[60] Heftpflaster oder Brustprothesen, die als »fleischfarben« bezeichnet werden und dabei der Hautfarbe weißer Menschen am nächsten kommen, sind weitere Beispiele für eingebettete Annahmen. Wir können sie nacheinander aufdecken, doch wir benötigen auch tiefer gehende theoretische Analysen, die uns auf unseren Wanderungen und bei der Entwicklung einer besseren Möglichkeit leiten. Florence Millerand und Geoffrey Bowker sprechen den doppelten Prozess von Dekonstruktion und funktionierenden Systemen an, die mit Echtzeit ebenso wie mit archivarischen Formen von Information jonglieren.[61] Standardisieren und individuelles Anpassen bilden ein absolutes, chaotisches Tandem.

Viele Informationssysteme repräsentieren und codieren Arbeitsprozesse, und zwar direkt oder indirekt (Lohnbuchhaltungssysteme, Arbeitszeiterfassungsbögen, Tätigkeitsberichte und Flussdiagramme gehören zu den vielen infrastrukturellen Werkzeugen, die diese Funktion am Arbeitsplatz erfüllen). Solche Werkzeuge sind, wie die Sprache selbst, stets unvollkommen im Hinblick auf die Komplexität wie die Indexikalität der dargestellten Prozesse. Menschen passen sich immer an und versuchen Standards zu umgehen, um in ihren Jobs und in ihrem Leben weiterzukommen.

59 | *Tinkering and tailoring*, siehe z. B. L. Gasser: »The Integration of Computing and Routine Work« und R. Trigg/S. Bødker: »From Implementation to Design«.

60 | B. Latour: *Aramis, or the Love of Technology*.

61 | F. Millerand/G. C. Bowker: »Metadata Standards«.

Aber die Lösung für dieses stillschweigende Verhalten und seine negativen Folgen besteht nicht immer einfach darin, die Dinge für alle sichtbar zu machen. Als Geoffrey Bowker und Susan Leigh Star beispielsweise die Versuche einer Gruppe von Krankenschwestern, ihre Arbeitsprozesse zu klassifizieren, analysierten[62], erkannten sie, dass die Schwestern sich auf einem heiklen Grat zwischen Sichtbarkeit und Unsichtbarkeit bewegten. Sie wollten, dass ihre Arbeit dargestellt wurde, um sie zu legitimieren – doch wenn sie all ihre Aufgaben kategorisierten und dann die Formulare in die Krankenhausdokumentation über diese Arbeit integrierten, riskierten sie, dass die Krankenhausbuchhaltung und die Health Maintenance Organization (HMO) ihre Arbeit vereinfachten und versuchten, Teile von billigeren ungelernten Kräften erledigen zu lassen.[63] Verliere also kein Wort über die Arbeit, und sie gerät in Vergessenheit (oder wie es eine der Befragten formulierte: »Wir werden dem Zimmerpreis zugeschlagen.«). Rede über die Arbeit, und sie wird ein Ziel für Überwachung. Die Aufgabe der klassifizierenden Krankenschwestern bestand also darin, irgendwo in der Mitte zu balancieren: ihre Arbeit gerade sichtbar genug zu machen für ihre Legitimation, und zugleich einen Bereich der Diskretion zu bewahren.

Infrastruktur ist großenteils von derartigen unsichtbaren Problemen geprägt. In akademischen Fachbereichen treibt die Frage, welche Arbeit sichtbar sein und welche auf Beförderungen und Amtszeit angerechnet werden sollte, dieses Dilemma oft auf die Spitze. Forscher, die große Informationssysteme entwickeln, darstellende und bildende Künstler, Menschen, deren Arbeit viel Zeit benötigt, um Früchte zu tragen (wie Architekten), sind oft im Nachteil gegenüber Beförderungsausschüssen. Diese sind vielleicht nicht in der Lage, die für die Forschung aufgewandte unsichtbare Arbeit zu bewerten oder zu verstehen, die nicht in einem Buch oder einem Artikel in einer begutachteten Zeitschrift kulminiert. Ähnliche Probleme treten in Beförderungs- oder Verhaltensstandards großer Handelsfirmen auf.

Langweilige Dinge

Dieser Text soll einen kurzen Überblick über das große Terrain des soziotechnischen Verständnisses von Standards, Quantifizieren und Formalisieren bieten, wobei das Standardisieren im Mittelpunkt steht. Wie alle Karten, insbesondere diejenigen, die relativ unerforschtes intellektuelles Terrain zeigen, ist auch dieser Überblick unvollständig, wobei er die zu seiner Erstellung erforderliche Arbeit tilgt (wenn auch vielleicht nicht ganz, wie wir hoffen). Er weist auch mehrere Orte auf, wo die alte Inschrift »Hier sind Drachen« die Blackbox künftiger Forschung umgibt. Wer die Reichhaltigkeit der Dinge und Ideen sortiert, um ein Archiv zu erschaffen, wirft zwangsläufig die Frage nach der Auswahl und Politik der Repräsentation auf. Nicht alles kann entweder gewusst oder bewahrt werden; Politik hin oder her – es gibt einfach keinen Raum für jedes Stück Papier, Artefakt und jede Form der Repräsentation. Grenzen der Größe werden politische Grenzen: Wessen Ideen und wessen Dinge *zählen*? Damit stehen wir vor einer weiteren Art von Dilemma – einerseits hat Wissen verschiedene Größen, metaphorisch gesprochen (und manchmal auch buchstäblich), andererseits hat ein Archiv den Zweck, im

62 | G. C. Bowker/S. L. Star: *Sorting Things Out*.

63 | M. Lampland: »Classifying Laborers«.

Vorgriff auf die Zukunft Dinge aufzubewahren, wobei es schwierig ist, vorab zu wissen, was nützlich sein wird. Das Gebot zu wissen ist mit der Fähigkeit verbunden, aufzubewahren und festzuhalten – Autorität entsteht sowohl aus dem Klassifizieren wie aus der Eigentümerschaft. In der Informatik gibt es den ernsthaften utopischen Traum, sich an alles gleichermaßen zu erinnern (so gibt es beispielsweise ein vor Jahren vom Informatiker Douglas Lenat begonnenes Projekt, das Cyc-Projekt, das das gesamte Allgemeinwissen eines durchschnittlichen Erwachsenen in einer riesigen elektronischen Enzyklopädie speichern will). Diese visionären Träumereien vom ständig sich erweiternden Speicherplatz verdecken (einmal mehr) die Politik von Sammlung und Gedächtnis.[64] Diese Politik ist für die Konstruktion von Archivprojekten, selbst von so großen wie dem Cyc-Projekt, von zentraler Bedeutung. Das Allgemeinwissen wandelt sich so lebendig wie die Sprache; Suchabfragen werden noch immer von Algorithmen, bezahltem Raum in einem Informationsfeld und anderen Fragen der sozialen Schichtung organisiert. Die berühmte Suchmaschine Google verkauft wie alle kommerziellen Suchmaschinen elektronischen Grundbesitz, der es ermöglich, dass der Name einer Firma an erster Stelle in einer Suche auftaucht, auch wenn andere Treffer weiter unten in der Auflistung erscheinen. Kämpfe darum, an welches Wissen erinnert wird und wer über Rechte verfügt, daran zu erinnern, werden sichtbar auf Konferenzen und in Computercentern ausgetragen. Sie werden aber letztlich in den Strukturen der Daten selbst abgelegt sein, samt ihren politischen und kommerziellen Eigenheiten. Wie Martha Lampland darlegt, beeinflussen größere politische Vorgänge und Strukturen, wie Arbeit erinnert wird. Versuche, sie zu standardisieren und zu erinnern, können sich im Lauf der Zeit radikal verändern. Ebenso können verschiedene Formen von Wissen und Austausch (bäuerliche Messungen und Tauschsysteme versus zentralisierte Versuche, Arbeitszeit zu messen) miteinander in Konflikt stehen.[65]

Einer der Bereiche, der bislang kaum näher erläutert worden ist, ist der Unterschied zwischen Standards und Konventionen menschlichen Verhaltens. Standardisiert nennen wir viele Beispiele von erlerntem, wiederholtem Verhalten, das nach einer Vorschrift oder einem Verbot entwickelt worden ist. Unfeinfühlig und absichtlich stolpern wir daher in den Teil der Karte, den viele Soziologen und Anthropologen für Verhaltensnormen, konventionelle Handlungsarten oder Arten von Standardhandlungen abgesteckt haben, die um materielle Einschränkungen und die Funktionen sozialer Welten herum entwickelt werden – so wie Becker sie in *Art Worlds*, einer ergiebigen Analyse dieser Prozesse, beschrieben hat.[66] Warum dauert ein Theaterstück normalerweise zwei bis drei Stunden? Becker legt dar, dass diese Dauer aus einer Überschneidung von Arbeitsauflagen resultiert. Die Produktionskosten und die Gagen und Löhne für Schauspieler, Wachpersonal, Parkwächter und Caterer sind so kalkuliert, dass ein Durchbrechen dieses zeitlichen Ablaufs zu teuer werden kann. Im Lauf der Zeit wird diese Konvention weitverbreitet sein – allerdings niemals absolut. Verhaltens- und technische Normen beeinflussen infrastrukturelle Elemente wie die Dauer einer Aufführung. Babysitter müssen bezahlt werden, damit Eltern das Stück sehen können, und rechtzeitig wieder zu Hause sein, damit sie zu einer festgelegten Stunde in die Schule gehen können – vielleicht

64 | G. C. Bowker: *Memory Practices in the Sciences*.

65 | M. Lampland: »Classifying Laborers«.

66 | H. S. Becker: *Art Worlds*.

sogar zu einer standardisierten Stunde, in der sich Schulglocken- und Sperranlagen mit Standardprotokollen für Computersysteme überlappen. Menschen trainieren ihren Körper darauf, dass sie so und so lang sitzen können – und nicht länger. Im Westen ist die Toleranz für Schweigezeiten, Lärm und Stimmengewirr variabel, aber in der Regel nicht groß.

Wo werden aus solchen Konventionen und Normen Standards, Quantitäten oder Teile formaler Modelle? Wie wir vielleicht erwarten, gibt es eine durchlässige Grenze unter all diesen Handlungs- und Einschreibungsarten. Für das Alltagsleben haben wir keine schriftlichen Richtlinien, sondern Faustregeln.[67] Sie entsprechen Konventionen in Form eines losen Konglomerats aus quantifizierten Inskriptionen, technischem Delegieren und sowohl lokalen wie auf Distanz wirkenden Handlungen (Standards), umfassen normalerweise aber keine vergänglichen Bräuche wie Rocklänge, gewohnheitsmäßige Redewendungen oder lokal spezifische Zeiten, zu denen Mahlzeiten gewöhnlich eingenommen werden.

Wie alle Schlussbetrachtungen ist auch diese zweifellos keine befriedigende oder umfassende Untersuchung darüber, wie zutreffend derartige Dinge sind. Ja, in diesem Sinn ist die erwähnte Faustregel sowohl eine Konvention wie ein Standard. Die Beiträge in *Standards and Their Stories* bewegen sich in der Mitte. Sie enthalten eine Reihe empirischer Beispiele und analytischer Konzepte, die uns dabei behilflich sind, die chaotischen Überlappungen wenn schon nicht zu bereinigen, so doch zumindest zu genießen. Es gilt zu verstehen, wie sie funktionieren, und das Leiden zu lindern, das übermäßig spezifische oder zu wenig spezifische Vorgehensweisen mit sich bringen können.

Literatur

Abbate, Janet: *Inventing the Internet*, Cambridge, MA: MIT Press 1999.

Akrich, Madeleine: *Inscription et coordination socio-techniques: Anthropologie de quelques dispositifs énergétiques*, Dissertation, Universität Lille III 1993.

Barry, Andrew: *Political Machines: Governing a Technological Society*, London: Athlone Press 2001.

Becker, Howard S.: *Art Worlds*, Berkeley, CA: University of California Press 1982.

Bingen, Jim/Busch, Lawrence: *Agricultural Standards: The Shape of the Global Food and Fiber System*, New York: Springer 2006.

Bowker, Geoffrey C.: »Information Mythology and Infrastructure«, in: Lisa Bud-Frierman (Hg.), *Information Acumen: The Understanding and Use of Knowledge in Modern Business*, London: Routledge 1994, S. 231–247.

Bowker, Geoffrey C.: *Science on the Run: Information Management and Industrial Geophysics at Schlumberger, 1920–1940*, Cambridge, MA: MIT Press 1994.

67 | Der Begriff Faustregel lautet im Englischen »Rule of thumb«, also Daumenregel, und dieser faszinierende Begriff geht zurück auf einen juristischen Begriff und ein Sozialsystem, das leider noch immer existiert. In der frühen Neuzeit bezog sich der Begriff Daumenregel auf die Dicke des Geräts, mit dem ein Ehemann seine ungehorsame Frau schlagen darf. Natürlicherweise sind Daumen unterschiedlich dick, aber keiner ist so groß wie ein Baseballschläger oder ein Holzscheit für den Kamin.

Bowker, Geoffrey C./Star, Susan L.: *Sorting Things Out: Classification and Its Consequences*, Cambridge, MA: MIT Press 1999.

Bowker, Geoffrey C.: *Memory Practices in the Sciences*, Cambridge, MA: MIT Press 2006.

Brunsson, Nils/Jacobsson, Bengt et al.: *A World of Standards*, Oxford: Oxford University Press 2000.

Busch, Lawrence: »The Moral Economy of Grades and Standards«, in: *Journal of Rural Studies* 16/3 (2000), S. 273–283. https://doi.org/10.1016/S0743-0167(99)00061-3

Callon, Michel (Hg.): *The Laws of the Markets*, Maiden, MA: Blackwell Publishers/The Sociological Review 1998.

Chrisman, Nicholas: *Exploring Geographic Information Systems*, New York: J. Wiley and Sons 1997.

Clarke, Adele E./Fujimura, Joan H. (Hg.), *The Right Tools for the Job: At Work in Twentieth-Century Life Sciences*, Princeton, NJ: Princeton University Press 1992. https://doi.org/10.1515/9781400863136

Clarke, Adele E./Fujimura, Joan H.: »What Tools? Which Jobs? Why Right?«, in: Adele E. Clarke/Joan H. Fujimura (Hg.), *The Right Tools for the Job: At Work in Twentieth-Century Life Sciences*, Princeton, NJ: Princeton University Press 1992, S. 3–43. https://doi.org/10.1515/9781400863136.3

Clarke, Adele E.: *Disciplining Reproduction: Modernity, American Life Sciences and the »Problem of Sex«*, Berkeley, CA: University of California Press 1998.

Collier, Stephen: »The Intransigence of Things: Marker Adjustment and the Problem of Pipes«, in: *Post-Socialist City: The Government of Society in Neo-Liberal Times*, Dissertation, University of California, Berkeley 2001.

Cronon, William: *Nature's Metropolis: Chicago and the Great West*, New York: W.W. Norton 1991.

David, Paul: »Clio and the Economics of QWERTY«, in: *American Economic Review* 75/2 (1985), S. 332–337.

Edwards, Paul N.: *The Closed World: Computers and the Politics of Discourse in Cold War America*, Cambridge, MA: MIT Press 1996.

Epstein, Stephen: »Beyond the Standard Human?«, in: Susan L. Star/Martha Lampland (Hg.), *Standards and Their Stories. How Quantifying, Classifying, and Formalizing Practices Shape Everday Life*, Ithaca, NY: Cornell University Press 2009, S. 35–53.

Gasser, Les: »The Integration of Computing and RoutineWork«, in: *ACM Transaction on Office Information Systems* 4/3 (1986), S. 205–225.

Griesemer, James R.: »Modeling in the Museum: On the Role of Remnant Models in the Work of Joseph Grinnell«, in: *Biology and Philosophy* 5/3 (1990), S. 3–36. https://doi.org/10.1007/BF02423831

Hughes, Thomas P.: *Networks of Power: Electrification in Western Society, 1880–1930*, Baltimore, MD: Johns Hopkins University Press 1983.

Hughes, Thomas P.: »The Evolution of Large Technological Systems«, in: Wiebe E. Bijker/Thomas P. Hughes/Trevor Pinch (Hg.), *The Social Construction of Technological Systems*, Cambridge, MA: MIT Press 1989, S. 51–82.

Illich, Ivan: *Shadow Work*, Boston, MA: Marion Boyars 1981.

Jewett, Tom/Kling, Rob: »The Dynamics of Computerization in a Social Science Research Team: A Case Study of Infrastructure, Strategies, and Skills«, in: *Social Sci-*

ence Computer Review 9/2 (1991), S. 246–275. https://doi.org/10.1177/089443939100900205

Lampland, Martha: »Classifying Laborers: Instinct, Property, and the Psychology of Productivity in Hungary (1920–1956)«, in: Susan L. Star/Martha Lampland (Hg.), *Standards and Their Stories. How Quantifying, Classifying, and Formalizing Practices Shape Everday Life*, Ithaca, NY: Cornell University Press 2009, S. 123–142.

Latour, Bruno/Woolgar, Steve: *Laboratory Life*, Thousands Oaks, CA: Sage Publications 1979.

Latour, Bruno: *Science in Action. How to Follow Scientists and Engineers through Society*, Cambridge, MA: Harvard University Press 1987.

Latour, Bruno: *Aramis, or the Love of Technology*, Cambridge, MA: Harvard University Press 1996.

Latour, Bruno/Hernant, Emilie: *Paris: Ville invisible*, Paris: La Découverte 1999.

Lengwiler, Martin: »Double Standards: The History of Standardizing Humans in Modern Life Insurance«, in: Susan L. Star/Martha Lampland (Hg.), *Standards and Their Stories. How Quantifying, Classifying, and Formalizing Practices Shape Everday Life*, Ithaca, NY: Cornell University Press 2009, S. 95–113.

Lynch, Michael: »Pictures of Nothing: Visual Construals in Social Theory«, in: *Sociological Theory* 9/1 (1991), S. 1–22. https://doi.org/10.2307/201870

MacKenzie, Donald: *Mechanizing Proof Computing, Risk and Trust*, Cambridge, MA: MIT Press 2001.

Millerand, Florence/Bowker, Geoffrey C.: »Metadata Standards: Trajectories and Enactment in the Life of an Ontology«, in: Susan L. Star/Martha Lampland (Hg.), *Standards and Their Stories. How Quantifying, Classifying, and Formalizing Practices Shape Everday Life*, Ithaca, NY: Cornell University Press 2009, S. 149–165.

Morgan, Mary S./Morrison, Margaret (Hg.): *Models as Mediators: Perspectives on Natural and Social Science*, Cambridge: Cambridge University Press 1999.

Pargman, Daniel/Palme, Jacob: »ASCII Imperialism«, in: Susan L. Star/Martha Lampland (Hg.), *Standards and Their Stories. How Quantifying, Classifying, and Formalizing Practices Shape Everday Life*, Ithaca, NY: Cornell University Press 2009, S. 177–199.

Porter, Theodore M.: *Trust in Numbers: The Pursuit of Objectivity in Science and Public Life*, Princeton, NJ: Princeton University Press 1995.

Slaton, Amy/Abbate, Janet: »The Hidden Lives of Standards: Technical Prescriptions and the Transformation of Work in America«, in: Michael Allen/Gabrielle Hecht (Hg.), *Technologies of Power*, Cambridge, MA: MIT Press 2001, S. 95–143.

Star, Susan L.: »Power, Technologies and the Phenomenology of Standards: On Being Allergic to Onions«, in: John Law (Hg.), *A Sociology of Monsters? Power, Technology and the Modern World*, London: Routledge 1991, S. 26–56.

Star, Susan L. (Hg.): *Ecologies of Knowledge: Work and Politics in Science and Technology*, Albany, NY: SUNY Press 1995.

Star, Susan L./Ruhleder, Karen: »Steps Toward an Ecology of Infrastructure: Design and Access for Large Information Spaces«, in: *Informations Systems Research* 7/1 (1996), S. 111–134. https://doi.org/10.1287/isre.7.1.111

Stern, Alexandra Minna: »Making Better Babies: Public Health and Race Betterment in Indiana, 1920–1935«, in: *American Journal of Public Health* 92/5 (2002), S. 742–752. https://doi.org/10.2105/AJPH.92.5.742

Summerton, Jane (Hg.): *Changing Large Technical Systems*, Boulder, CO: Westview Press 1994.

Thévenot, Laurent: »Rules and Implements: Investment in Forms«, in: *Social Science Information* 23/1 (1984), S. 1–45. https://doi.org/10.1177/053901884023001001

Treas, Judith: »Age in Standards and Standards for Age: Institutionalizing Chronological Age as Biographical Necessity«, in: Susan L. Star/Martha Lampland (Hg.), *Standards and Their Stories. How Quantifying, Classifying, and Formalizing Practices Shape Everday Life*, Ithaca, NY: Cornell University Press 2009, S. 65–87.

Trigg, Randall/Bødker, Susanne: »From Implementation to Design: Tailoring and the Emergence of Systematization in CSCW«, in: Richard Furata/Christine Neuswirth (Hg.), *Proceedings of ACM 1994 Conference on Computer-Supported Cooperative Work*, New York: ACM Press 1994, S. 45–54. https://doi.org/10.1145/192844.192869

Turnbull, David: »The Ad Hoc Collective Work of Building Gothic Cathedrals with Templates, String, and Geometry«, in: *Science, Technology and Human Values* 18/3 (1993), S. 315–343. https://doi.org/10.1177/016224399301800304

Verran, Helen: *Science and an African Logic*, Chicago, IL: University of Chicago Press 2001.

Wimsatt, William C.: »Simple Systems and Phylogenetic Diversity«, in: *Philosophy of Science* 65/2 (1998), S. 267–275. https://doi.org/10.1086/392638

Yates, JoAnne: *Control through Communication: The Rise of System in American Management*, Baltimore, MD: Johns Hopkins University Press 1989.

Wenn aus Klassifikationen Standards werden

Infrastrukturen des Klassifizierens bei Susan Leigh Star und Martha Lampland

Jörg Strübing

Biografische Vorbemerkung

Als ich 1998 ein halbes Jahr in Urbana-Champaign bei Leigh Star und Geoff Bowker verbrachte, arbeiteten die beiden schon an der Endfassung ihres Buches *Sorting Things Out*, das in diesem Band in Auszügen ebenfalls vertreten ist. Leigh Stars Beschäftigung mit der sozialen Bedeutung von Standards und Normen geht also tatsächlich bereits bis in die frühen 1990er Jahre zurück. In meiner Zeit dort hatte ich aber kaum einen Begriff davon, was genau das Thema und was das Spannende an diesem Thema war – auch wenn die beiden im Vorwort mir und gefühlt 500 anderen Kolleginnen und Kollegen für unsere »most helpful comments« danken. Ich war mehr damit beschäftigt mir, immer wieder geduldig angeleitet von Leigh Star, den amerikanischen Pragmatismus als sozialphilosophische und epistemologische Perspektive zu erschließen. Dass beides, die soziologische Untersuchung von Standards, Normen, Kategorisierungen durch Geoffrey Bowker, Susan Leigh Star und andere mit den Kernaussagen des Pragmatismus in einem engen Zusammenhang standen, hat sich mir erst in den Jahren danach erschlossen.

Der Text, um den es hier geht, ist der Einführungsaufsatz des Sammelbands *Standards and Their Stories*, den Susan Leigh Star und Martha Lampland 2009 herausgegeben haben. Die in Chicago und Minnesota ausgebildete Anthropologin Martha Lampland ist Associate Professor an der University of California in San Diego, wo sie seit 1988 lehrt. Unter den diversen beruflichen Stationen von Star nahm San Diego ebenfalls eine wichtige Rolle ein: Nach ihrer Zeit an der Graduate School for Library and Information Sciences an der University of Illinois in Urbana-Champaign ging sie gemeinsam mit Geoffrey Bowker von 1999 bis 2004 an die UCSD, unter anderem, weil dort einige Wissenschafts- und Technikforscherinnen aus der skandinavischen Tradition der Tätigkeitstheorie lehrten, z. B. Yrjö Engeström. *Reckoning with Standards* ist der einzige gemeinsame Text von Susan Leigh Star und Martha Lampland.

Die Alltäglichkeit von Standards

Rein vom Titel her ist der Band *Standards and Their Stories* fast ein Kontrapunkt zu *Sorting Things Out* von Geoffrey Bowker und Susan Leigh Star: Damals ging es ja um, wie es im Untertitel heißt, *Classification and Its Consequences*, also: Was macht es mit uns, wenn wir klassifizieren und klassifiziert werden? »[C]lassifications and standards are two sides of the same coin«,[1] schreiben Star und Bowker im Vorwort zu *Sorting Things Out*. In dem Band, den der hier zu besprechende Aufsatz einleitet, geht es dagegen um die Alltäglichkeit von Standards, die gewissermaßen die Voraussetzung dafür bilden, dass wir überhaupt klassifizieren können. Schon die einfache Unterscheidung in ›Normal‹ und ›Unnormal‹ beruht auf der erfolgten Etablierung eines Standards für Normalität in Bezug auf bestimmte Dimensionen oder Merkmale.

Der belgische Astronom Adolphe Quételet (1796–1874) hat einmal bei einer Untersuchung der Körpergröße von jungen französischen Männern bei der Musterung festgestellt, dass abweichend von der Normalverteilung merkwürdig viele Probanden in der Kategorie unter 157 cm auftauchten, die nächsthöhere Kategorie von 157 bis 157,9 cm dafür aber stark unterbelegt war. Er konnte damit zeigen, dass eine nicht unerhebliche Zahl dieser jungen Männer sich duckend dem Militärdienst entziehen konnten, denn die normierte Standardgröße für taugliche Rekruten waren mindestens 157 cm.[2] Ähnlich agieren Firmen bei der Preisfestsetzung von Artikeln: Fast immer endet der Preis auf »9«, »90« oder »99«, weil die Firmen antizipieren, dass die Kundinnen mit dem Preissprung auf die nächste runde Zahl eine neue Preisklasse assoziieren und dann eher vom Kauf absehen – auch wenn die reale Preisdifferenz marginal ist. Die Preise ducken sich wie die Rekruten unter die Kategoriengrenze.

Standards haben also soziale Konsequenzen, das ist evident. »One size never fits all«,[3] so Star und Lampland. Die Standardgröße für napoleonische Rekruten oder die Abstufungen des Dezimalsystems boten bzw. bieten denen an den Rändern der gefragten Kategorie Möglichkeiten, mit dem Standard zu spielen. Dagegen stellen sich Standards im Alltag – den sie zugleich ermöglichen – immer wieder als Hindernisse heraus, die es zu überwinden gilt, um Handlungsziele zu realisieren. Fahrkartenautomaten, die gebrauchte Geldscheine zurückweisen, Konfektionsgrößen, die kleine dicke Männer ebenso ausschließen wie große schlanke Frauen, universitäre Online-Lernplattformen, die nur Menschen mit Matrikelnummer zugänglich sind, nicht aber der frisch eingetroffenen ERASMUS-Studentin der Partner-Uni ... Standards sind weder unschuldig noch neutral: »Each standard and each category valorizes some point of view and silences another.«[4] Was für die Einen selbstverständlicher Bestandteil ihrer Routinen ist oder wird, verursacht bei Anderen eine,

---

1 | G. C. Bowker/S. L. Star: *Sorting Things Out*, S. 15.

2 | Vgl. S. M. Stigler: *The History of Statistics*, S. 215 f.

3 | M. Lampland/S. L. Star (Hg.): »Reckoning with Standards«, S. 4. »[D]ie Arbeit muss schließlich getan werden, selbst wenn die Einheitsgröße niemals allen passt.« Übersetzung aus diesem Band, S. 484.

4 | G. C. Bowker/S. L. Star: *Sorting Things Out*, S. 5.

wie Mead sagen würde, »Handlungsblockierung«[5], die zu kreativen Problemlösungen herausfordert. Das Beispiel, mit dem der Text eingeleitet wird, spricht in dieser Hinsicht Bände: Eine Terminplanungssoftware, in der Termine nur zu vergeben sind, wenn die Kundin eine Telefonnummer angeben kann.[6] Für Menschen ohne Telefon ist das eine schwer zu überwindende Hürde, die im berichteten Fall durch die kreative Idee der Eingabe einer Fantasienummer bewältigt wird.

Standards haben aber zugleich auch eine Geschichte, sie sind nicht gegeben, sondern geworden, genauer: gemacht worden. Von Menschen. Damit sind involviert: Entscheidungen, Konflikte, Macht. Ideale Voraussetzungen also für soziologische Analysen, zumal, wenn sie wie die Arbeiten von Susan Leigh Star stark von politisch-ethischen Fragen getrieben sind. Es geht ihr und Martha Lampland aber nicht um belehrende oder entlarvende Forscherinnenperspektiven, sondern um eine von soziologischer Neugierde befeuerte kritische Analyse, die an den Handlungszusammenhängen derer ansetzt, die Standards etablieren bzw. sich alltäglich mit ihnen auseinandersetzen müssen. Denn wir können Standards in ihrer sozialen und politischen Bedeutung nur verstehen, wenn wir eine multiperspektivische Rekonstruktion der Prozesse ihrer Etablierung, also ihrer sozialen Gemachtheit leisten.

Genau dieser Zusammenhang ist es, der für mich die Verbindung dieser Forschungshaltung zum Pragmatismus deutlich hervortreten lässt: Es ist eines der frühen Motive der klassischen amerikanischen Pragmatisten, dichotome Kategorisierungen elementarer Art immer wieder herauszufordern und in Frage zu stellen. Es geht also darum, die ontologischen Trennungen von Leib/Seele, Akteur/Umwelt oder Individuum/Gesellschaft nicht als gegebene zu akzeptieren, sondern sie wieder in die Prozesse aufzulösen, denen sie entstammen und in denen wir sie fortwährend reproduzieren. Erst dann wird die politische Dimension von Trennungen, Kategorisierungen und Normierungen ebenso deutlich wie die in sozialen Prozessen auf allen Ebenen fortgesetzte und von vielen Seiten eingebrachte Kreativität.

Klassifizierungen können standardisiert werden oder eben nicht, schreiben Bowker und Star.[7] Mit der Standardisierung gehe dann eine größere Dauerhaftigkeit der damit getroffenen Unterscheidungen einher, aus ad hoc-Klassifizierungen werden Klassifikationssysteme, also ganze Infrastrukturen zur Klassifikation. Zu unterscheiden, d.h. zu entscheiden, gehört zu den alltäglichsten menschlichen Verrichtungen. Es macht den Kern unserer Handlungsfähigkeit aus und ist im Zweifel überlebenswichtig. Wenn die dabei herangezogenen Klassifizierungskriterien nicht mehr ad hoc generiert werden und wenn sie in zunehmend größeren sozialen Aggregaten Verwendung finden, dann gehen damit immer auch Prozesse der Normierung einher, es gibt Gewinner und Verlierer, es kommt Macht ins Spiel. Standards sind also Bestandteil von Herrschaftsformationen. Man kann das im Großen beobachten, wenn es etwa um die TTIP-Verhandlungen zur Vereinheitlichung von Standards im transatlantischen Maßstab geht, aber auch im Kleinen, wenn mein neues Notebook plötzlich keinen VGA-Ausgang mehr hat und der Beamer noch keinen HDMI-Eingang.

5 | G. H. Mead: »Die objektive Realität der Perspektiven«, S. 221.

6 | Ebd., S. 3.

7 | Vgl. G. C. Bowker/S. L. Star: *Sorting Things Out*, S. 15.

Standards und ihre Eigenschaften

Indem Susan Leigh Star und Martha Lampland in »Reckoning with Standards« die Autorinnen und Themen des Sammelbandes vorstellen, entwickeln sie zugleich die zentralen Dimensionen für ein soziologisches Verständnis von Standards. Diese sind *erstens* ineinander eingebettet und verschachtelt wie russische Matrjoschka-Puppen.[8] So zieht ein Standard den anderen fast unweigerlich nach sich, etwa im Falle standardisierter Notebook-Prozessoren, die in standardisierten Gehäusen bestimmte Mengen von Hitze erzeugen, die nach der Etablierung von Mindeststandards für Kühlsysteme verlangen, damit Hersteller sich in der Lage sehen, einen standardisierten Umfang von Garantieleistungen für die Geräte auszuloben. Aber es geht Star und Lampland nicht allein um technische Standards, sondern wesentlich allgemeiner um verlässliche Verhaltenserwartungen. Sie zielen also auch auf Konventionen wie etwa die, dass man in der westlichen Welt mindestens *eine* Telefonnummer hat oder dass man bestimmte Spezialisten nicht einfach aufsucht, sondern zuvor einen Termin vereinbart (was ohne ein gemeinsames, standardisiertes Schema zur Einteilung von Zeit auch gar nicht funktionieren würde).

Zweitens sind Standards, so stellen sie fest, im soziokulturellen Feld ungleichmäßig verteilt.[9] Damit ist gemeint, dass wir je nach Grad der Verfügung über materielle und kulturelle Ressourcen bestimmten Standards unterschiedlich intensiv ausgesetzt sind. Star und Lampland geben hier das vor allem im amerikanischen Bildungssystem relevante Beispiel von formalisierten Eingangstests und Abschlussexamina, denen sich beispielsweise sehr wohlhabende Jugendliche und junge Erwachsene deshalb nicht unterwerfen müssen, weil sie die Mittel für private Bildung einschließlich entsprechender Abschlüsse haben. Kinder aus sehr armen Familien hingegen brechen die Schule häufig ab und schulen sich anderswo für ihr Leben bzw. beginnen ohne nennenswerte Bildung direkt mit der Arbeit.

Zum *Dritten* sind Standards in ihrer Wirkung und Bedeutung relativ zu den verschiedenen sozialen Welten, in denen sie eine Rolle spielen. Bleiben wir beim Beispiel der Terminvereinbarung: Was für Ärzte eine Erleichterung sein mag, weil sie die anfallende Arbeit besser über die Zeit verteilen können, zwingt Sprechstundenhilfen zu möglicherweise lästigen Aushandlungen mit Patienten, für die die Tatsache, dass sie nicht einfach vorbeischauen können, eine ärgerliche Einschränkung ihrer Zeitsouveränität darstellt. Allgemeine Arbeitszeitregelungen, um ein anderes ubiquitäres Beispiel zu bemühen, sind für alle Mitarbeiter verbindlich – nur nicht für die, die im Status höher stehen: leitende Angestellte im Unternehmen, Professoren in Universitäten oder Beschäftigte in Kreativabteilungen.

Zum *Vierten* sind Standards nicht nur ineinander verschachtelt, sondern über viele Systeme, kulturelle und geografische Grenzen hinweg ineinander integriert. Die internationalen Abkommen TTIP und CETA sind Versuche, diese Integration aus ökonomischen Gründen noch weiter zu treiben. Aber schon jetzt ist die Vielfalt international geltender und technische Systeme übergreifender Standards mit Händen zu greifen: Computerzeichensätze wie ASCII und Unicode, das System der Domain-Namen im Internet, IP-Adressen, normierte Papierformate (denen wiederum die Drucker und Scanner entsprechen müssen) etc. Standard-Container be-

8 | Vgl. M. Lampland/S. L. Star: »Reckoning with Standards«, S. 5ff.

9 | Ebd., S. 6f.

stimmen inzwischen nicht nur die Gestalt von Frachtschiffen, sondern das Layout ganzer Seehäfen und die Schichtpläne von Hafenarbeitern. Mehr noch: In unserem Alltag nutzen wir tagtäglich und buchstäblich in jedem Moment eine Vielzahl von Standards, etwa Stromspannung, Arbeitshöhen von Schreibtischen, Wasserdruck für Toilettenspülungen und Sicherheitsstandards für Kleinkinder. So darf man z. B. in die USA keine Kinder-Überraschungseier einführen, aber Familien dürfen in ihrer Wohnung Schusswaffen offen aufbewahren. In Deutschland ist es umgekehrt.

Schließlich sehen Star und Lampland, *fünftens*, in Standards in vielfältiger Weise ethische Normen und Werte eingeschrieben, mit entsprechenden Konsequenzen für Individuen und Kollektive. Also etwa Intersexuelle, die sich in amtlichen und kommerziellen Formularen nicht wiederfinden oder Menschen mit einem Partnerschaftsstatus, der sich mit »verheiratet: ja/nein« nicht erschließen lässt. An der Debatte um die Mammografie als flächendeckende Vorsorgeuntersuchung oder um die Verbindlichkeit von Masernimpfungen lässt sich die Orientierung an spezifischen und historisch wandelbaren ethischen Normen ebenfalls gut demonstrieren. Noch schlagender ist die Debatte um das Cochlea-Implantat, eine operativ in den Hörnerv zu applizierende technische Apparatur, die es vollständig Gehörlosen erlaubt, wieder zu hören. Medizinerverbände haben vorgeschlagen, allen gehörlos geborenen Kindern standardmäßig auch gegen den Willen der Eltern ein solches Gerät einzupflanzen, damit die Gehörlosen am gesellschaftlichen Leben teilnehmen können.[10] Gehörlosen-Selbsthilfegruppen haben dagegen scharf protestiert – mit dem Argument, dass Gehörlose gleichermaßen Teil der Gesellschaft seien und dass man mit dem Eingriff als Standardmaßnahme gehörlose Kinder der Kultur ihrer Eltern entfremden würde.[11]

Sichtbar/unsichtbar: Das Politische von Standards

Die unsichtbare Seite von Arbeit und von anderen im Hintergrund wirkenden Prozessen ist, wie sich auch anhand des ebenfalls in diesem Band vertretenen Texts »Layers of Silence, Arenas of Voice: The Ecology of Visible and Invisible Work« von Star und Anselm Strauss sehen lässt, ein wichtiges Thema in den Arbeiten von Susan Leigh Star. Es geht ihr in pragmatistischer Manier immer wieder um die Auflösung von Verdinglichungen in ihre Genese- und Wirkprozesse: Welche Entscheidungen, Konstellationen und Verläufe bringen einen bestimmten Standard hervor? Wie wird er fortwährend in Situationen zur Geltung gebracht und dabei z. B. unterlaufen, gestärkt, fortentwickelt, in Abrede gestellt oder verabsolutiert? Dies herauszuarbeiten ist harte soziologische Analysearbeit, gerade weil Standards und Klassifikationen häufig ›subkutan‹ wirksam werden, wir also mit ihnen umgehen, ohne es zu wissen und zu bemerken. Nichtsdestotrotz aber standardisieren Standards und klassifizieren Klassifikationen und greifen so mitunter tief in unsere Alltagsgestaltung ein. Die Arbeitshöhe von Küchenmöbeln war in Deutschland jahrzehntelang so normiert, dass sie in den 1950er und 1960er Jahren den Bedürf-

10 | Vgl. S. Müller/A. Zaracko: »Haben gehörlose Kleinkinder ein Recht auf ein Cochlea-implantat?«.

11 | Vgl. Deutscher Gehörlosen Bund: Stellungnahme zu dem Artikel »Haben gehörlose Kleinkinder ein Recht auf ein Cochlea-Implantat?«.

nissen durchschnittlich großer Frauen entsprachen. Ob diese auch das Bedürfnis verspürten, die Küchenarbeit ohne die ihnen angetrauten Ehegatten zu verrichten, war damit schwerer zu thematisieren, denn den Männern war es einfach schlecht zumutbar, an so niedrigen Spülen und Anrichten Küchenarbeit zu verrichten.

Ein solches Argument sollte nicht im Sinne eines Determinismus von Klassifikationssystemen missverstanden werden: Das Wirken von Standards vollzieht sich immer nur über entsprechende Situationsdefinitionen, die wir handelnd und aushandelnd vornehmen, auch ohne uns immer über diese Tatsache und deren Implikationen bewusst zu sein. Das politische Moment von Standards wird immer dann sichtbar, wenn sie problematisch werden: Im Fall der Küchenmöbel hat die (zögerliche) Durchsetzung anderer Arbeitsteilungsmodelle in Familien dazu geführt, dass Männer verstärkt den Arbeitsplatz Küche nutzen und die geringe Höhe der Möbel zunehmend problematisch wurde. Zudem hat die Durchschnittsgröße von Frauen zugenommen. Auf beide Entwicklungen haben Küchenhersteller mit höheren Möbeln reagiert. Allerdings um den Preis, dass die geringeren Höhen herkömmlicher Küchenmöbel nun – weil sich ein neuer Standard durchgesetzt hat – auch nicht mehr umstandslos verfügbar sind, kleiner gewachsene Menschen[12] also nun das Nachsehen haben. Der zum Idealmaß erklärte Body-Mass-Index (BMI) zwischen 18,5 und 25 ist zum Problem geworden, nachdem in den letzten Jahren medizinische Studien festgestellt haben, dass Menschen mit leichten ›Übergewicht‹ durchaus eine höhere Lebenserwartung haben, als Menschen mit dem vermeintlichen Idealgewicht. In den weit verbreiteten Fitness-Apps auf Smartphones regiert derweil der BMI 25 als Obergrenze ungerührt weiter.

Die Unauffälligkeit und der Hintergrundcharakter von Standards haben diese lange Zeit auch dem analytischen Interesse der Soziologie entzogen: »One [...] reason why standards may be neglected in sociocultural research into science and technology is that they are boring«.[13] In der Dynamik sonstiger sozialer Prozesse geraten sie leicht aus dem Fokus der Aufmerksamkeit. Hinzu kommt, dass sowohl ihre Genese als auch ihre Wirkungsweise nur selten offensichtlich ist und auch in Alltagszusammenhängen nicht eben häufig problematisiert wird. Das wirft auch für Star und Lampland die Frage auf, wie man empirisch dieser kaum sichtbaren und oft »langweiligen« Spuren habhaft werden kann, die Zeugnis von der Entwicklung von Standards geben. Mit ihrer Antwort greifen sie auf Ideen zurück, die Star – teilweise gemeinsam mit Karen Ruhleder – für die Analyse von Infrastrukturen formuliert hat.[14] Sie schreiben: »We have to listen to infrastructure and bring imagination to understanding its components and how they work.«[15]

12 | Dies sind immer noch eher Frauen.

13 | M. Lampland/S. L. Star: »Reckoning with Standards« S. 11. »Ein letzter und ziemlich komischer Grund, warum Standards bei der soziokulturellen Erforschung von Wissenschaft und Technik vernachlässigt werden können, besteht darin, dass sie einfach langweilig sind.« Übersetzung aus diesem Band, S. 492.

14 | Vgl. hierzu S. L. Star: »Listening for Connections«; S. L. Star: »The Ethnography of Infrastructure«; S. L. Star: »Infrastructure and Ethnographic Practice«; S. L. Star/K. Ruhleder: »Steps Toward an Ecology of Infrastructure«.

15 | M. Lampland/S. L. Star: »Standards and Their Stories«, S. 13. »Wir müssen auf die Infrastruktur hören und Fantasie aufbringen, um ihre Komponenten mitsamt ihrer Funktionen zu verstehen.« Übersetzung aus diesem Band, S. 493.

Standards als Infrastrukturen und Grenzobjekte

Standards und Klassifikationen bilden selbst Infrastrukturen, z. B. technische Normen und Regelwerke, und sind zugleich in größere Infrastrukturzusammenhänge eingelassen, deren Funktionieren sie erst ermöglichen – etwa im Falle des normierten TCP/IP-Protokolls, das den Netzverkehr im Internet regelt und den vielen dort bereitgestellten Diensten zugrunde liegt. Diese analytisch in den Vordergrund zu rücken, erfordert ein aktives und theoretisch angeleitetes Befragen. Denn Infrastrukturen bilden Umwelten, die als solche nur existieren, wenn sie unproblematisch funktionieren. Im Krisenfall hingegen wird aus der Elektrizitätsinfrastruktur eine Ansammlung von Schaltern, Kabeln und Geräten: »Analytically, infrastructure appears only as a relational property, not as a thing stripped of use.«[16] Gerade das infrastrukturelle Moment verflüchtigt sich im Fall der Funktionskrise. Im Unterschied zu Interaktionskrisen, aus denen Garfinkel wie Goffman ihre Inspiration bezogen, sind infrastrukturelle Funktionskrisen als soziologisch-analytische Eingriffspunkte eher weniger geeignet. Es braucht hier also andere Formen generativen Fragens, die den Zusammenhang – etwa in Gestalt schleichender Prozesse der Standardisierung – als Zusammenhang sichtbar machen. Und es braucht im Kern ethnografische Zugänge, um Infrastrukturen von Standards und Klassifikationssystemen ›bei der Arbeit‹ zu beobachten, denn sie lassen sich nicht als isolierte Objekte im sozialwissenschaftlichen Labor untersuchen.

Standards sind analytisch betrachtet auch »Grenzobjekte« und insofern Exempel für ein zentrales Konzept im theoretischen Werk von Susan Leigh Star. Schon in Stars und Griesemers Aufsatz von 1989 werden »standardized forms«[17] als ein Typus von Grenzobjekten eingeführt – lange, bevor Star und ihre Kolleginnen sich dezidiert mit Standards und Klassifikationen beschäftigten. Schon in dieser frühen Arbeit wurde für Star deutlich, dass Standards Lokales und Globales miteinander vermitteln, wobei funktionierende Standards sowohl die lokalen wie auch die globalen Anforderungen in einer überlokal rezipierbaren Form repräsentieren. Über Infrastrukturen machen Star und Ruhleder später eine analoge Aussage: *»An infrastructure occurs when the tension between local and global is resolved.«*[18] Es ist das Funktionieren dieses Vermittlungszusammenhanges, das über das Schicksal von Standards und manchmal auch über das der mit ihnen konfrontierten Akteure entscheidet.

Jörg Strübing lehrt Soziologie an der Universität Tübingen.

16 | S. L. Star/K. Ruhleder: »Steps Toward an Ecology of Infrastructure«, S. 113. »Analytisch gesehen erscheint Infrastruktur nur als eine relationale Eigenschaft, nicht als ein von seiner Nutzung befreites Ding.« Übersetzung aus diesem Band, S. 498.

17 | S. L. Star/J. R. Griesemer: »Institutional Ecology, ›Translations‹ and Boundary Objects«, S. 441.

18 | S. L. Star/K. Ruhleder: »Steps Toward an Ecology of Infrastructure«, S. 114. *»Eine Infrastruktur entsteht, wenn die Spannung zwischen dem Lokalen und dem Globalen gelöst wird.«* Übersetzung aus diesem Band, S. 364.

Literatur

Bowker, Geoffrey C./Susan L. Star: *Sorting Things Out: Classification and Its Consequences*, Cambridge, MA: MIT Press 1999.

Deutscher Gehörlosenbund: Stellungnahme zu dem Artikel »Haben gehörlose Kleinkinder ein Recht auf ein Cochlea-Implantat?«, www.kestner.de/n/verschiedenes/presse/2010/dgb_pm_stellungnahme_rechtCI4.pdf vom 23.11.2015.

Lampland, Martha/Star, Susan L.: *Standards and Their Stories. How Quantifying, Classifying, and Formalizing Practices Shape Everyday Live*, Ithaca, NY/London: Cornell University Press 2009.

Mead, George H: »Die objektive Realität der Perspektiven«, in: George H. Mead, *Gesammelte Aufsätze*, Bd. 2, hg. von Hans Joas, Frankfurt a. M.: Suhrkamp 1987, S. 221–224.

Müller, Sabine/Zaracko, Ariana: »Haben gehörlose Kleinkinder ein Recht auf ein Cochleaimplantat?«, in: *Nervenheilkunde* 29/4 (2010), S. 244–248, www.deutsche-gesellschaft.de/fokus/haben-gehoerlose-kleinkinder-ein-recht-auf-ein-cochleaimplantat/artikel-mueller-zaracko.pdf vom 23.11.2015.

Star, Susan L.: »Listening for Connections«, in: *Mind, Culture, and Activity* 2/1 (1995), S. 12–17. https://doi.org/10.1080/10749039509524681

Star, Susan L.: »The Ethnography of Infrastructure«, in: *American Behavioral Scientist* 43/3 (1999), S. 377–391. https://doi.org/10.1177/00027649921955326

Star, Susan L.: »Infrastructure and Ethnographic Practice: Working on the Fringes«, in: *Scandinavian Journal of Information Systems* 14/2 (2004), S. 107–122.

Star, Susan L./Griesemer, James R.: »Institutional Ecology, ›Translations‹ and Boundary Objects: Amateurs and Professionals in Berkeley's Museum of Vertebrate Zoology, 1907–1939«, in: *Social Studies of Science* 19/3 (1989), S. 387–420. https://doi.org/10.1177/030631289019003001

Star, Susan L./Lampland, Martha: »Reckoning with Standards«, in: Martha Lampland/Susan L. Star (Hg.): *Standards and Their Stories. How Quantifying, Classifying, and Formalizing Practices Shape Everyday Live*, Ithaca, NY/London: Cornell University Press 2009, S. 3–33.

Star, Susan L./Ruhleder, Karen: »Steps Toward an Ecology of Infrastructure: Design and Access for Large Information Spaces«, in: *Informations Systems Research* 7/1 (1996), S. 111–134. https://doi.org/10.1287/isre.7.1.111

Stigler, Stephen M.: *The History of Statistics. The Measurement of Uncertainty Before 1900*, Cambridge, MA/London: Harvard University Press 1986.

Quellennachweise

Grenzobjekte

Star, Susan L./Griesemer, James R.: »Institutional Ecology, ›Translations‹ and Boundary Objects: Amateurs and Professionals in Berkeley's Museum of Vertebrate Zoology, 1907–39«, in: *Social Studies of Science* 19/3 (1989), S. 387–420. https://doi.org/10.1177/030631289019003001. Übersetzt mit freundlicher Genehmigung von SAGE Publications.

Star, Susan L.: »The Structure of Ill-Structured Solutions: Boundary Objects and Heterogeneous Distributed Problem Solving«, in: Les Gasser/Michael N. Huhns (Hg.), *Distributed Artificial Intelligence* Vol. 2, London/San Mateo, CA: Pitman, Morgan Kaufmann 1999, S. 37–54. Übersetzt mit freundlicher Genehmigung von Les Gasser und Michael N. Huhns.

Bowker, Geoffrey C./Star, Susan L.: »Categorical Work and Boundary Infrastructures: Enriching Theories of Classification«, in: Dies., *Sorting Things Out. Classification and Its Consequences*, Cambridge, MA (u. a.): MIT Press 1999, S. 285–317. Übersetzt mit freundlicher Genehmigung von MIT Press.

Star, Susan L.: »This is Not a Boundary Object: Reflections on the Origin of a Concept«, in: *Science, Technology, & Human Values* 35/5 (2010), S. 601–617. Übersetzt mit freundlicher Genehmigung von SAGE Publications.

Marginalität und Arbeit

Star, Susan L.: »Power, Technologies and the Phenomenology of Conventions: On Being Allergic to Onions«, in: John Law (Hg.), *A Sociology of Monsters: Essays on Power, Technology and Domination*, London (u. a.): Routledge 1991, S. 26–56 [zuvor erschienen als Special Issue of *The Sociological Review* 38/S1 (1990), S. 26–56]. Übersetzt mit freundlicher Genehmigung von John Wiley & Sons Ltd.

Star, Susan L./Strauss, Anselm: »Layers of Silence, Arenas of Voice: The Ecology of Visible and Invisible Work«, in: *Computer Supported Cooperative Work* 8/1-2 (1999), S. 9–30. https://doi.org/10.1023/A:1008651105359. Übersetzt mit freundlicher Genehmigung des Springer-Verlags.

Star, Susan L.: »Living Grounded Theory: Cognitive and Emotional Forms of Pragmatism«, in: Antony Bryant/Kathy Charmaz (Hg.), *The SAGE Handbook of Grounded Theory*, London: Sage Publications Ltd. 2007, S. 75–93. Übersetzt mit freundlicher Genehmigung von SAGE Publications.

Infrastrukturen und Praxisgemeinschaften

Star, Susan L./Ruhleder, Karen: »Steps Toward an Ecology of Infrastructure: Design and Access or Large Information Spaces«, in: *Information System Research* 7/1 (1996), S. 111–134. Übersetzt mit freundlicher Genehmigung des Institute of Operations Research and the Management Sciences (INFORM).

Star, Susan L.: »Ethnography of Infrastructure«, in: *American Behavioral Scientist* 43/3 (1999), S. 377–392. https://doi.org/10.1177/00027649921955326. Übersetzt mit freundlicher Genehmigung von SAGE Publications.

Star, Susan L./Bowker, Geoffrey C./Neumann, Laura J.: »Transparency Beyond the Individual Level of Scale: Convergence between Information Artifacts and Communities of Practice«, in: Ann P. Bishop (Hg.), *Digital Library Use. Social Practice in Design and Evaluation*, Cambridge, MA (u.a.): MIT Press 2003, S. 241–269. Übersetzt mit freundlicher Genehmigung von MIT Press.

Star, Susan L./Lampland, Martha: »Reckoning with Standards«, in: Dies. (Hg.), *Standards and Their Stories. How Quantifying, Classifying, and Formalizing Practices Shape Everyday Practices*, Ithaca, NY/London: Cornell University Press 2009, S. 3–33. Übersetzt mit freundlicher Genehmigung von Cornell University Press.

Autorinnen und Autoren

Geoffrey C. Bowker ist seit 2012 Professor an der School of Information and Computer Science der University of California at Irvine. Forschungsschwerpunkte: Geschichte der Industrieforschung; Wissenschaftsgeschichte; Theorie, Geschichte und Gestaltung von Informationsinfrastrukturen. Publikationen u. a.: zusammen mit Susan Leigh Star: *Sorting Things Out. Classification and its Consequences*, Cambridge, MA 1999; *Science on the Run. Information Management and Industrial Geophysics at Schlumberger, 1920–1940*, Cambridge, MA 1994; *Memory Practices in the Sciences*, Cambridge, MA 2005.

James R. Griesemer ist seit 1996 Professor für Science and Technology Studies und Gründungsdirektor des History and Philosophy of Science Program der University of California, Davis. Forschungsschwerpunkte: Philosophie, Geschichte und Soziologie der Lebenswissenschaften mit Fokus auf Evolutionsbiologie, Genetik und Entwicklungsbiologie. Publikationen u. a.: gemeinsam mit Linnda R. Caporael/William C. Wimsatt (Hg.): *Developing Scaffolds in Evolution, Culture, and Cognition*, Cambridge, MA/London 2013; »Sharing Spaces, Crossing Boundaries«, in: Geoffrey Bowker et al. (Hg.), *Boundary Objects and Beyond: Working with Leigh Star.* Cambridge, MA 2015, S. 201–208; »Reproduction in Complex Life Cycles: Toward a Developmental Reaction Norms Perspective«, in: *Philosophy of Science* 38/5 (2016), S. 803–815.

Martha Lampland ist seit 1995 Professorin für Soziologie und Fakultätsdirektorin des Science Studies Program an der University of California, San Diego. Forschungsschwerpunkte: Europäische Kulturgeschichte; Sozialtheorie und -geschichte; Ethnografie; die Auswirkung wissenschaftlichen Denkens auf soziale Praktiken. Publikationen u. a.: *The Object of Labor: Commodification in Socialist Hungary*, Chicago, IL/London 1995; zusammen mit Susan Leigh Star (Hg.), *Standards and Their Stories: How Quantifying, Classifying, and Formalizing Practices Shape Everyday Life*, Ithaca, NY/London 2009; *The Value of Labor: The Science of Commodification in Hungary, 1920–1956*, Chicago, IL/London 2016.

Laura J. Neumann wurde an der Graduate School of Library and Information Science, University of Illinois at Urbana-Champaign promoviert. Forschungsschwerpunkte: Informationsorganisation und -nutzung; wissenschaftliche Arbeitsplätze; der Mehrwert bibliotheks- und informationswissenschaftlicher Erkenntnisse für die Medienindustrie. Publikationen u. a.: *Communities of Practice as Information Sys-*

tems: Humanities Scholars and Information Convergence, Ph. D., University of Illinois at Urbana-Champaign 2001; zusammen mit William S. Brockman: *Scholarly Work in the Humanities and the Evolving Information Environment*, Washington, D.C. 2001); zusammen mit Carole L. Palmer: »The Information Work of Interdisciplinary Humanities Scholars: Exploration and Translation«, in: *The Library Quarterly* 72/1 (2002), S. 85–117.

Karen Ruhleder ist seit 2000 Professorin für Information and Computer Science und derzeit als Assistant Director an der Graduiertenschule der University of Illinois at Urbana-Champaign tätig. Forschungsschwerpunkte: Computer-Supported Cooperative Work; Participatory Design; Erforschung von Informationssystemen. Publikationen u. a.: zusammen mit Brigitte Jordan: »Co-Constructing Non-Mutual Realities: Delay-Generated Trouble in Distributed Interaction«, in: *International Journal of Computer Supported Cooperative Work* 10/1 (2001), S. 113–138; »Understanding Online Community: The Affordances of Virtual Space«, in: *Information Research: An International Electronic Journal* 7/3 (2002), www.informationr.net/ir/7-3/paper132.html vom 29.08.2017; »Changing Patterns of Participation: Interactions on a Synchronous Audio+Chat Classroom«, in: Caroline Haythornthwaite/Michelle M. Kazmer (Hg.), *Learning, Culture, and Community in Online Education*, New York u. a. 2004, S. 163–176.

Susan Leigh Star (1954–2010) war bis zu ihrem Tod im Jahr 2010 als Doreen E. Boyce-Professorin für Library and Information Science an der School of Information Sciences der University of Pittsburgh tätig. Forschungsschwerpunkte: Science and Technology Studies; Techniksoziologie; Wissenschaftsgeschichte. Publikationen u. a.: *Regions of the Mind. Brain Reseach and the Quest for Scientific Certainty*, Stanford 1989; *Ecologies of Knowledge. Work and Politics in Science and Technology* (Hg.), Albany 1995; *Cultures of Computing* (Hg.), Oxford 1995; zusammen mit Geoffrey C. Bowker: *Sorting Things Out. Classification and its Consequences*, Cambridge, MA 1999. Gesammelte Schriften liegen vor in Geoffrey C. Bowker et al. (Hg.): *Boundary Objects and Beyond: Working With Leigh Star*, Cambridge, MA 2016.

Anselm Strauss (1916–1996) war Vertreter der Chicago School of Sociology und wurde international als Mitbegründer der Grounded Theory und der modernen Medizinsoziologie bekannt. Forschungsschwerpunkte: interaktionistische Handlungstheorie; Emotionsforschung; empirische Erforschung von Arbeitsprozessen; Methoden qualitativer Forschung. Publikationen u. a.: zusammen mit Barney Glaser: *Awareness of Dying*, Chicago, IL 1965; zusammen mit Barney Glaser: *The Discovery of Grounded Theory*, Chicago, IL 1967; *Qualitative Analysis for Social Scientists*, Cambridge, MA 1987.

Herausgeber und Herausgeberin

Sebastian Gießmann ist derzeit Leiter der Werkstatt Praxistheorie »Geschichte und Ethnographie der kooperativen Medienpraktiken« im Sonderforschungsbereich *Medien der Kooperation* an der Universität Siegen. Von 2014 bis 2016 war er wissenschaftlicher Koordinator des DFG-Graduiertenkollegs *Locating Media*. Forschungsschwerpunkte: Mediengeschichte und politische Ökonomie der Kreditkarte und des digitalen Bezahlens, Internet- und Digitalisierungsforschung, Praxistheorie der Medien, History of Computing. Publikationen u. a.: *Die Verbundenheit der Dinge. Eine Kulturgeschichte der Netze und Netzwerke*, Berlin ^{2}2016; gemeinsam mit Holger Brohm, Gabriele Schabacher und Sandra Schramke (Hg.): *Workarounds. Praktiken des Umwegs* (=ilinx, Berliner Beiträge zur Kulturwissenschaft 4, 2017). gemeinsam mit Tobias Röhl (Hg.): *Materialität der Kooperation*, Wiesbaden 2018 (in Vorbereitung).

Nadine Taha ist wissenschaftliche Mitarbeiterin im Bereich Medientheorie an der Universität Siegen. Forschungsschwerpunkte: Science and Technology Studies, Schnittstellen von Medientheorie und Industriegeschichte, Medienkulturen in firmeninternen Forschungseinrichtungen, Praxistheorien. Publikationen u. a.: »Patent in Action: Das US-Amerikanische Patent aus der Perspektive der Science and Technology Studies«, in: *Zeitschrift für Medienwissenschaft* 6/1 (2012), S. 36–47; »Die Wolkenphotographie in der Wettermanipulation. Zu Räumen militärisch-industrieller Unsicherheit«, in: Lars Nowak (Hg.), *Medien – Krieg – Raum*, München 2017 (im Erscheinen); gemeinsam mit Ulrike Bergermann, Monika Dommann, Erhard Schüttpelz, Jeremy Stolow (Hg.), *Connect and Divide: The Practice Turn in Media Studies*, Berlin, Zürich 2018 (in Vorbereitung).

Register

B

C

D

E

H

I

Medienwissenschaft

Thilo Hagendorff

Das Ende der Informationskontrolle

Zur Nutzung digitaler Medien jenseits von Privatheit und Datenschutz

Januar 2017, 264 S., kart.
29,99 € (DE), 978-3-8376-3777-9
E-Book
PDF: 26,99 € (DE), ISBN 978-3-8394-3777-3

Carolin Wiedemann

Kritische Kollektivität im Netz

Anonymous, Facebook und die Kraft der Affizierung in der Kontrollgesellschaft

2016, 280 S., kart.
29,99 € (DE), 978-3-8376-3403-7
E-Book
PDF: 26,99 € (DE), ISBN 978-3-8394-3403-1

Ramón Reichert, Annika Richterich, Pablo Abend, Mathias Fuchs, Karin Wenz (eds.)

Digital Culture & Society (DCS)

Vol. 2, Issue 2/2016 – Politics of Big Data

2016, 154 p., pb.
29,99 € (DE), 978-3-8376-3211-8
E-Book
PDF: 29,99 € (DE), ISBN 978-3-8394-3211-2

Leseproben, weitere Informationen und Bestellmöglichkeiten finden Sie unter www.transcript-verlag.de